William Hope Harvey

Coin on money, trusts, and imperialism

William Hope Harvey

Coin on money, trusts, and imperialism

ISBN/EAN: 9783744740166

Printed in Europe, USA, Canada, Australia, Japan

Cover: Foto ©Suzi / pixelio.de

More available books at **www.hansebooks.com**

AUGUST KOBERSTEINS GRUNDRISS DER GESCHICHTE DER DEUTSCHEN...

August Koberstein

AUGUST KOBERSTEINS

GRUNDRISS DER GESCHICHTE

DER

DEUTSCHEN NATIONALLITERATUR.

SECHSTE UMGEARBEITETE AUFLAGE

VON

KARL BARTSCH.

ERSTER BAND.

LEIPZIG,
VERLAG VON F. C. W. VOGEL.
1884.

AUGUST KOBERSTEINS

GESCHICHTE

DER

DEUTSCHEN NATIONALLITERATUR

BIS ZUM ENDE DES SECHZEHNTEN JAHRHUNDERTS.

SECHSTE UMGEARBEITETE AUFLAGE

VON

KARL BARTSCH.

LEIPZIG,
VERLAG VON F. C. W. VOGEL.
1884.

VORWORT

— · —

Es ist bekannt, dass Koberstein die letzten Jahre seines Lebens
den Vorarbeiten zu einer neuen Ausgabe des ersten Bandes seines
Grundrisses widmete. Schon waren dieselben zum Abschlusse gelangt, schon rüstete er sich zur Ausarbeitung, als der Tod ihn von
seiner für die Wissenschaft so fruchtbringenden Thätigkeit abrief.
Die Ausführung wurde von Verleger und Erben mir angetragen, und
ich glaubte mich der Aufgabe nicht entziehen zu dürfen. Dass sie
keine leichte sein würde, wusste ich von vorn herein; es wäre mir
in mancher Hinsicht weniger schwer geworden einen neuen Grundriss zu entwerfen, als das Werk eines Anderen dem heutigen Standpunkte der Forschung gemäss umzugestalten. Denn dass der Verfasser eine durchgreifende Umarbeitung beabsichtigte, liess sich nach
dem langen Zeitraum, der seit dem Erscheinen des ersten Bandes
in vierter Auflage verflossen war, erwarten und ergibt sich am klar-
sten aus den hinterlassenen, sehr umfänglichen Excerpten. Dem
Verfasser wäre es unbenommen gewesen, überall in freiester Weise
den Text der letzten Ausgabe zu verändern; der an seine Stelle
tretende Bearbeiter musste sich überall fragen, in wie weit der alte
Text noch beibehalten werden konnte oder nicht. Das Mass der
Aenderungen liess sich schwer feststellen; so werde ich dem einen
zu sehr, dem anderen zu wenig conservativ erscheinen. Im Allgemeinen mussten die vorhandenen Excerpte und Randbemerkungen
als Fingerzeige dienen; aus ihnen war freilich die Ansicht des Ver-

fassers keineswegs überall zu entnehmen, da er mit seinen eigenen
Bemerkungen nur gelegentlich darin hervortritt. Ein Referieren der
verschiedenen, sich oft entgegenstehenden Meinungen wäre in den
meisten Fällen nicht im Interesse des Lesers gewesen, und so ist
in der Regel eine Ansicht aufgenommen, die abweichenden als Anmerkung hinzugefügt worden. Meine wissenschaftlichen Ueberzeu-
gungen mussten hierin schliesslich oft den Ausschlag geben, gleichwohl habe ich sie unterdrückt, wo ich eine entschiedene Ansicht
Kobersteins aus dem vorhandenen Material durchblicken sah. Ihnen
zu folgen schien mir schon deshalb erlaubt, weil ich bei der älteren
Literatur meinen Namen fast auf jeder Seite citiert, mithin den Verfasser sich auf mich berufen sah. Am augenfälligsten wird die Umgestaltung des Textes in dem Abschnitt über das Nibelungenlied
hervortreten, wo eine von der früheren abweichende Ansicht in den
Text aufgenommen ist. Auch hierzu glaubte ich die Berechtigung
aus der Thatsache ableiten zu dürfen, dass ich aus meinen Untersuchungen über das Nibelungenlied ein Excerpt von 53 enggeschrie-
benen Quartseiten vorfand, wozu noch ein Excerpt des Metrischen
von 20 Seiten kommt. Denn es ist doch wohl nicht anzunehmen,
dass der Verfasser sich dieser Mühe unterzogen haben würde, wenn
er die Resultate des Buches verworfen hätte. Seine abweichende
Meinung würde er in den Excerpten ebensowenig zurückgehalten
haben, wie er es Holtzmanns Untersuchungen gegenüber gethan hat.*)
Ich durfte um so eher hier meiner Ansicht folgen, als sie mit der
Grundanschauung Kobersteins von der Entstehung des volksthümlichen Epos aus Volksliedern keineswegs im Widerspruche steht.
Viel durchgreifender für die ganze Anlage des Buches wäre die Ver-
schiebung der Grenzen zwischen der zweiten und dritten Periode
gewesen. Vor der Mitte des zwölften Jahrhunderts liegt jetzt er-
wiesener Massen eine bedeutende Anzahl von Dichtungen, die Kober-

---

*) Allerdings findet sich an einer Stelle eine solche Abweichung mit Bezug
auf meine Untersuchungen S. 515; zu der Zeile: 'Hoch auf dem Berg Sinai'
(: treu) bemerkt K.: 'allein Bartsch übersieht hier, dass Luther offenbar tréu
: Sinái gereimt hat, und nicht gemessen Sínai'. Die dreisilbige Messung ergeben
jedoch deutlich die übrigen Strophen; der Verf. hat also nicht eu: ai, sondern
trü: Sinai (ü: i) gereimt.

stein der dritten Periode zutheilte. Sie alle ihr zu entziehen hätte
eine völlige Umgestaltung beider Perioden zur Folge gehabt, und
darauf deutete nichts in den Excerpten und Randbemerkungen hin;
ich half mir dadurch, dass ich den Beginn der dritten Periode in
den Anfang statt in die Mitte des zwölften Jahrhunderts rückte,
indem so auch Denkmäler, welche, wie die alte Genesis, sicherlich
noch dem elften Jahrhundert angehören, ihr verbleiben konnten, da
sie uns wenigstens nur in Quellen aus dem zwölften überliefert sind.

So reiches Material Koberstein gesammelt hatte, so fehlte doch
viel an Vollständigkeit desselben. Ich hatte anfänglich die Absicht,
nur das von ihm hinterlassene zu bearbeiten und das seit seinem
Tode hinzugekommene anzureihen; bald jedoch überzeugte ich mich,
dass dann die Arbeit lückenhaft sein und den Anforderungen einer
Neubearbeitung nicht ganz entsprechen würde. Daher habe ich weiterhin, wo ich die Vorarbeiten unvollständig fand, sie nach bestem
Wissen ergänzt. So ist eine Reihe von Nachträgen erwachsen, die
theils von Koberstein Uebersehenes, theils seit seinem Tode Er-
schienenes enthalten. Später sind derartige Nachträge gleich in das
Buch eingereiht worden.

Den Text wird man, ich hoffe nicht zum Schaden des Buches,
gegen die Anmerkungen bereichert finden; es sind namentlich historische und biographische Daten so wie literarische Urtheile, die
früher in letzteren standen, dem ersteren einverleibt worden. Man
liest nun in Abschnitten wie § 111 nicht ein blosses Namenverzeich-
niss im Texte, sondern jedem Dichter sind kurze charakterisierende
und erläuternde Bemerkungen beigegeben. Auch durch Seitenüber-
schriften suchte ich der Uebersichtlichkeit des Stoffes zu Hülfe zu
kommen; vom zweiten Bande an ist ausserdem die Zahl der §§ am
Rande beigefügt, da deren Länge das Aufsuchen von Verweisungen
bei der früheren Einrichtung sehr erschwerte.

Der erste Band umfasst in seiner jetzigen Gestalt nur vier Perioden; die fünfte ist dem zweiten zugetheilt worden, während die
sechste Periode die übrigen Theile umfassen wird. Die Ungleichheit in der Behandlung dieser letzten Periode, die etwa dreimal so
viel Raum als die fünf übrigen einnahm, wird auch in der neuen

Bearbeitung nur annähernd aufgehoben werden können. Es wäre
allerdings nicht schwer gewesen, mit Hülfe der Excerpte auch den
ersten Perioden eine ähnliche Ausdehnung zu geben; allein ich
zweifle, ob dies im Sinne des Verfassers gelegen. Der Umfang der
beiden letzten Bände erklärt sich durch die ausführlichen Mittheilungen
aus dem Leben und den Werken der Schriftsteller selbst;
hier wäre er durch mehr oder weniger wörtliche Mittheilungen aus
der gelehrten, jedem Fachmanne leicht zugänglichen Literatur er-
zielt worden, und damit wäre schwerlich jemand gedient gewesen.

Auch in den folgenden Bänden, von denen der zweite bald
erscheinen wird, soll das biographische Material und die Urtheile
möglichst in den Text verarbeitet werden, was dem Buche an seinem
Werthe nichts entzieht, seinen praktischen Gebrauch aber eher er-
leichtert als erschwert.

Heidelberg, Ostern 1872.

VORWORT
ZUR SECHSTEN AUFLAGE.

———

Mein Bestreben bei der neuen Auflage von Kobersteins Grundriss musste vor allem darauf gerichtet sein, die reichhaltige in den
letzten zwölf Jahren erschienene Literatur nachzutragen und zu ver-
werthen. Mancher Nachweis ist erst während der Correctur hinzugekommen, um möglichst auf den heutigen Standpunkt der Forschung zu gelangen; freilich war es in solchen Fällen nicht mehr
möglich, die etwa daraus zu gewinnenden Ergebnisse im Texte zu
verarbeiten. Durch eine etwas sparsamere Druckeinrichtung ist erreicht worden, dass trotz zahlreicher Zusätze der Umfang des ersten
Bandes der fünften Auflage nur wenig überschritten worden ist.

Ich habe jedoch nicht nur zu den in der früheren Ausgabe enthaltenen Denkmälern Ergänzungen und Berichtigungen gegeben, sondern eine ziemliche Anzahl von solchen, die früher theils unerwähnt
geblieben waren, theils erst in den letzten zwölf Jahren bekannt
geworden sind, aufgenommen.

Im Uebrigen ist Einrichtung und Anlage dieselbe wie früher
geblieben; die Zahl der §§ ist diesmal auch im ersten Bande am
Rande beigefügt worden. Eine grössere Aenderung hat nur bei der
zweiten und dritten Periode stattgefunden. Der Uebelstand, dass durch
die frühere Scheidung der Perioden um 1150 eine Reihe Denkmäler,
die nach neuerer Forschung der Zeit vor 1150 angehören, bei der
dritten Periode behandelt waren, war auch bei der in der fünften

Auflage durchgeführten Begrenzung der Perioden durch den Anfang
des zwölften Jahrbunderts, die ich auch jetzt für richtiger und sach-
gemässer halte, nicht ganz gehoben. Ich habe daher jetzt mehrere
Denkmäler, die entweder noch dem elften oder dem Uebergang vom
elften zum zwölften Jahrhundert angehören, da behandelt, wohin sie
gehören: bei der zweiten Periode (S. 74 ff.).

Heidelberg, Juli 1884.

K. Bartsch.

INHALT DES ERSTEN BANDES.

EINLEITUNG.

1) **Die Literatur der Deutschen überhaupt** umfasst die Gesammtheit der von diesem Volke in Sprache und Schrift niedergelegten Geistesprodukte, ohne Rücksicht auf Form und Inhalt derselben. — Die **deutsche National-Literatur** ist ein Theil jener Gesammtheit: sie begreift, streng genommen, nur diejenigen schriftlichen Werke, welche auf künstlerischem Wege hervorgebracht, sowohl ihrer Form, wie ihrem innern Wesen nach ein eigenthümlich deutsches Gepräge an sich tragen, wodurch sie sich von den literarischen Erzeugnissen anderer Nationen schon an sich und ohne Rücksicht auf die Sprache unterscheiden. Man bezeichnet sie auch als Denkmäler der **schönen Redekünste** Deutschlands und theilt sie nach der Form, in welcher sie abgefasst sind, in Denkmäler der **deutschen Poesie** und in Denkmäler der **deutschen Beredsamkeit**.

2) **Die Geschichte der deutschen National-Literatur** soll den Gang darstellen, den das deutsche Volk von der ältesten Zeit bis zur Gegenwart in dem ihm eigenthümlichen literarischen Leben, sofern es sich in der Poesie und Beredsamkeit ausgesprochen, verfolgt hat, und hat dessen verschiedene Richtungen aufzuzeigen in ihrem Entstehen, Wachsen, Abnehmen und Verschwinden, wie in ihrer wechselseitigen Einwirkung auf einander.

3) Unter den bezeichneten Denkmälern sind die poetischen in sofern die wichtigeren, als sie, ihren Zweck in sich selbst tragend, auf eine freiere, deutsches Gemüth und deutschen Geist entschiedener aussprechende Weise entstanden sind, als die meisten Werke der Beredsamkeit, das Wort im weitern Sinne verstanden, da bei deren Abfassung in der Regel praktische oder wissenschaftliche Zwecke vorzugsweise gewaltet haben. Demnach verlangt in einer Geschichte

der deutschen National-Literatur die Geschichte der Poesie
vorzügliche Berücksichtigung; die Geschichte der wissenschaftlichen
Prosa aber grossentheils nur in soweit, als sie es mit einer Reihe von
Werken zu thun hat, die, ausser ihrem sachlichen Gehalte, auch durch
ihre mehr oder minder durchgebildete, zur Schönheit erhobene oder
sich ihr annähernde Form merkwürdig sind, oder die auf den Ent-
wickelungsgang der Poesie einen bedeutenden Einfluss ausgeübt haben,
oder endlich allein ein Bild von dem Leben und der Gestalt der Sprache
in Zeiten zu geben vermögen, aus denen sich nur wenige oder gar
keine poetischen Denkmäler erhalten haben.

4) Da ferner aus den frühesten Perioden der Geschichte unserer
Literatur, neben einer nicht unbeträchtlichen Anzahl von Prosawerken
und geistlichen Dichtungen, nur sehr wenige Bruchstücke der Volkspoesie erhalten sind, diese aber damals nicht bloss in schwachen
Anfängen bestanden haben kann, vielmehr schon zu voller Blüthe
gelangt sein muss; so wird die Geschichte der deutschen National-
Literatur alles das zu berücksichtigen haben, was auf anderm Wege,
als durch die einstmals vorhandenen Volksgesänge selbst, von diesen
der Nachwelt bekannt sein kann oder vermuthet werden darf, zumal
durch eine solche Berücksichtigung allein die Entwickelung und Gestaltung der deutschen Poesie in den folgenden Zeiträumen begründet
und anschaulich gemacht werden kann. Die altdeutsche Volkspoesie
wurzelt aber in der Volkssage: die Geschichte jener ist also durch
die Geschichte dieser wesentlich bedingt. Darum ist die Ausführung
eines Bildes der einen ohne Hinzuziehung der andern nicht möglich.

5) Die deutsche National-Literatur hat sich nicht, wie die griechische, von Anfang bis zu Ende in voller Selbständigkeit, nach
innern organischen Gesetzen allein, und ohne Einwirkungen von
aussen her entwickelt. Schon im Mittelalter, weit mehr aber noch
in der neuern Zeit, haben auf ihren Bildungsgang fremde Elemente
ihren Einfluss ausgeübt. Die Literaturen der Franzosen, Italiener,
Spanier und Engländer, die der beiden Völker des classischen Alterthums, zum Theil selbst, wenigstens mittelbar, die des Morgenlandes
haben zu verschiedenen Zeiten mehr oder minder das literarische
Leben der Deutschen in Stoff, Form und Gehalt bestimmen helfen,
bald störend, bald fördernd, mitunter wohl gar seine Volksthümlich-
keit tief untergrabend und mit völligem Untergange bedrohend. Diese
Einwirkungen zu ermitteln und die Folgen, die sich daraus für die

deutsche Literatur ergeben haben, aufzudecken, muss daher gleichfalls von einer Geschichte der letzteren gefordert werden.

6) Endlich steht die National-Literatur eines jeden Volkes, also
auch des deutschen, mit unendlich vielen andern Aeusserungen seines
geistigen und sittlichen Lebens in engem Zusammenhange. Die Religion, die politischen Verhältnisse, der Zustand der Sitten, herrschende Ansichten, die Sprache, die einzelnen Wissenschaften und
Künste, die Individualität derjenigen, welche sich in Poesie und
Prosa versuchen: alles wirkt auf die Gestaltung der volksthümlichen
Literatur ein, und diese wird um so lebensvoller und gehaltreicher
sein, je mehr sie, ohne Aufgeben ihrer eigensten Natur, alle jene
Lebensrichtungen in sich abspiegelt und als deren Gipfel und Blüthe
erscheint. Pflicht des Literaturhistorikers wird es aber sein, dieselben aufzusuchen, ihre Verzweigungen und Verkettungen in dem Bildungsgange der Literatur nachzuweisen und Alles zu einem anschaulichen Bilde zusammenzufassen.

7) Der folgende Grundriss kann auf die Lösung der im Obigen
gestellten Aufgabe keinen Anspruch machen. Seinem Begriffe und
Zwecke nach soll er nur Andeutungen von dem geben, was einer
wirklichen Geschichte der deutschen National-Literatur auszuführen obliegt.

ERSTE ABTHEILUNG.

DIE HEIDNISCHE ZEIT UND DAS MITTELALTER.

Erste Periode.

Von den ältesten Zeiten deutscher Geschichte bis in die Mitte des vierten Jahrhunderts.

Ursprung der Deutschen. — Culturzustand derselben in den ältesten
Zeiten. — Ihre Sprache und Poesie.

§ 1.

Die ältesten Nachrichten über Deutschland finden sich bei einigen
Schriftstellern des classischen Alterthums[1]. Unter diesen hält Tacitus
die Germanen[2] für Eingeborne des Landes (Aboriginen) und deutet an,
dass diess ihr eigener Glaube gewesen sei[3]. Wenn Geschichtschreiber
und Dichter seit dem siebenten Jahrhundert von einer trojanischen
Abkunft einzelner deutscher Völkerschaften, namentlich der Franken,
berichten[4], so ist in diesen Sagen weniger eine Erinnerung an frühere
Einwanderung aus dem Orient[5], oder an den Seezug der Franken
i. J. 280 n. Chr.[6], als eine allmählig immer mehr specialisierende Ausmalung eines gelehrten Missverständnisses zu suchen[7]. Wichtiger sind

---

§ 1. 1) Koch, Kompendium I, 3. Die Geschichtschreiber der deutschen Urzeit.
I. Band. Uebersetzt von J. Horkel. Berlin 1849. 8. 2. Aufl. neu bearbeitet von W.
Wattenbach. Leipzig 1854. S. 2) Ueber die Benennungen Germanen und
Deutsche s. J. Grimm, deutsche Gramm. I², 10 ff.; über die Bedeutung des Namens
Germanen s. Zeuss, Grammatica celtica, 2. Ausg. p. 773. 3) Tacitus, German. 2.
Vgl. W. Wackernagel in Haupts Zeitschr. 6, 15 ff. 4) Schon Fredegar, in
der Mitte des 7. Jh., gedenkt dieser Herkunft der Franken, und nach ihm viele.
5) Ueber die Sagen von Einwanderung aus dem Osten überhaupt vgl. W.
Wackernagel, Lit.-Gesch. S. 5, Anm. 1. (2. Ausg. S. 1.) 6) Letztere Deutung hat
schon Mascow, Geschichte der Teutschen 197. Vgl. Göttling, Nibelungen und
Gibelinen 69; Jen. Lit.-Zeitung 1822, St. 15, S. 117 ff. 7) Zarncke, über die
sogenannte Trojanersage der Franken, in den Berichten über die Verhandlungen
der k. sächs. Gesellsch. d. Wiss. zu Leipzig. Philol.-histor. Classe 1866, 257 ff. E.
Lüthgen, die Quellen und der historische Werth der fränkischen Trojasage. Bonn
1875. 9. (Dissertation). Dagegen sucht K. L. Roth, die Trojasage der Franken
(Pfeiffers Germania 1, 34 ff.) die Sage als gallische und germanische Stammsage

§ 1 schon die nordischen Sagen von dem Zuge Odins aus Asien durch das östliche Europa ins nördliche Deutschland nach Scandinavien[k]. Am bestimmtesten aber spricht für die asiatische Abkunft der Deutschen die unleugbare Grundähnlichkeit, die sich zwischen den germanischen und andern abendländischen Völkern einerseits, und einigen morgenländischen andererseits in Sprachen[9], religiösen Anschauungen[10], Rechtsgebräuchen und Sitten[11], Sagen[12] und selbst Schriftzeichen[13] findet. Darnach scheinen die Germanen mit den Indern, Persern, Griechen, Lateinern und andern europäischen Völkerstämmen von einem Urvolke ausgegangen zu sein, welches seine Sitze in den Gegenden des Kaukasus und kaspischen Meeres gehabt haben mag. Die Zeit ihrer ersten Einwanderung in Europa lässt sich nicht angeben: wahrscheinlich kamen Völkerzüge in verschiedenen Zwischenräumen.[14]

§ 2.

Nach den nordischen Sagen hat Odin zugleich mit der Religion der Asen die Buchstabenschrift (Runen) in Scandinavien eingeführt[1]. Aus einer missverstandenen Stelle des Tacitus[2] hat man sonst zu beweisen gemeint, die Germanen seiner Zeit seien mit dem Schriftge-

---

zu erweisen, die über die Zeit der historischen Bezüge zwischen Franken und Römern hinaufreiche, und zwar sei der eigentliche Kern ursprünglich ein religiöser Mythus. Eine ältere Erklärung s. Lange, Untersuchungen über die Geschichte und das Verhältniss der nord. u. deutsch. Heldensage S. 171 ff. Ueber die Auffassung der Sage von einem Franzosen des 16. Jh. vgl. Holland in Pf. Germ. 2, 379. Vgl. noch M. Rieger ebenda 3, 178 f. J. Grimm, Geschichte der d. Sprache 1, 520. 523 f. Bezzenberger in seiner Ausgabe des Annoliedes (Quedl. 1845) S. 105 f. Massmann, Kaiserchronik 3, 491 ff.   8) Hierher gehört besonders der Anfang der Ynglinga Saga und der Prolog zur jüngern Edda (den Hauptzügen nach in Köppens liter. Einleit. in d. nord. Mythol. [Berlin 1837] S. 157 ff. zu finden); vgl. auch J. Grimm, d. Mythol.[3] 171 ([4], 156); Gesch. d. d. Sprache 2, 725 f. 767 ff.   9) J. Grimm, deutsche Grammatik, besonders in den die deutschen Sprachen mit den verwandten fremden vergleichenden Abschnitten; dazu Bopps Recension, S. 251—303; 725—759; dessen vergleichende Grammat. des Sanskrit, Zend, Griechischen, Lateinischen, Lithauischen, Altslawischen, Gothischen u. Deutschen. Berlin 1833 ff. 4. 3. Ausg. 1868 ff.; Graffs althochd. Sprachschatz; und Potts etymologische Forschungen. Lemgo 1833 ff. 2. Ausg. 1859 ff. J. Grimm, Geschichte der deutschen Sprache. W. Scherer, zur Geschichte d. d. Sprache. Berlin 1868. 8.   10) J. Grimm, deutsche Mythologie. Besonders ist hier zu vergleichen Kap. 14 der 2. (4.) Ausg.   11) J. Grimm, deutsche Rechtsalterthümer S. XIII ff.   12) Dessen Reinhart Fuchs S. CCLXXIX ff. und Kinder und Hausmärchen der Brüder Grimm, I, S. XXVII.   13) W. Grimm, über deutsche Runen S. 124 ff.   14) Fr. Schlegels Vorles. über die Gesch. der Literatur I, 218. W. Grimm a. a. O. 160.

§ 2. 1) Grimm, Mythol.[3] 136 ([4] 124). Hauptwerke über die Runen: W. Grimm, über deutsche Runen. Göttingen 1821. 8. und derselbe in den Wiener Jahrb. 43, 1—42 (kl. Schriften 3, 85 ff.). L. Wimmer, Runeskriftens oprindelse og udvikling i Norden. Kopenhagen 1874. 8. (aus Aarbøger f. nordisk Oldkyndighed og Historie). 2) Germ. 19.

brauch schlechterdings unbekannt gewesen[3]. Vielmehr besassen sie § 2 in den Runen eine allen germanischen Stämmen gemeinsame Schrift, welche, auf dem römischen Alphabet der Kaiserzeit beruhend[4] und ursprünglich aus 24 Zeichen bestehend[5], bei den einzelnen germanischen Stämmen durch Aufgeben älterer, durch Annahme neuerer Zeichen sich modificierte[6]. Das Wort *rúna* bezeichnet Geheimniss; doch ist diess nicht so zu verstehen, als seien die Runen eine Geheimschrift gewesen, sondern der Ausdruck bezieht sich auf die geheimnissvolle Kraft, welche man ihnen beilegte. Denn ihre Verwendung war ursprünglich nur auf bestimmte geweihte Functionen beschränkt, indem man den Willen der Götter durch sie erforschte, Zauber, Segen und Fluch damit übte[7]. Ein solches Runenalphabet besassen nun auch die Gothen, schon vor Ulfila (Vulfila), dem griechische Schriftsteller des fünften, lateinische des sechsten und siebenten Jahrhunderts irrig die Erfindung desselben beilegen. Er näherte die heidnischen Runen durch kleine Veränderungen möglichst den entsprechenden Buchstaben des griechischen Alphabets, welches er, wie sich aus seiner Schreibung der Doppellaute (*ai*, *au*), der Brechungen (*ai*, *aú*), der Längen von *i* und *u* (*ei*, *iu*), des nasalen

---

3) Adelung, älteste Gesch. der Deutsch. S. 373 ff.   4) Andere wollen, dass die Runenschrift auf dem griechischen, speciell dorisch-äolischen Alphabet beruhe: Bäumlein, Untersuchungen über die ursprüngliche Beschaffenheit des griechischen und über die Entstehung des gothischen Alphabets S. 8 f. 108 f. Wackernagel in Haupts Zeitschrift 9, 570. Die richtige Ansicht sprach zuerst A. Kirchhoff, das gothische Runenalphabet. Programm des Joachimsthalschen Gymnasiums. 2. Aufl. Berlin 1854 (1. Aufl. 1851) aus; ausführlicher begründet hat sie Wimmer a. a. O.   5) Diesen Beweis hat Wimmer a. a. O. geführt.   6) Die Hauptstellen aus Venantius Fortunatus VII, 18 und Hrabanus Maurus s. bei W. Grimm S. 61 ff. 79 ff. Ueber muthmassliche Anwendung der Runen in heidnischen Gedichten: J. Grimm, Gramm. 1³, 25. 26. Zu der Sammlung scandinavischer Runendenkmäler von G. Stephens (Kopenh. 1866 ff.) vgl. Massmann in Haupts Zs. 1, 296—305; A. Kirchhoff, zur Würdigung der franz. Runen (ebend. 10, 197—215); Massmann in Pfeiffers Germania 2, 209—211; F. Dietrich, Inschriften mit deutschen Runen auf den hannöverschen Goldbracteaten etc. (German. 10, 257—305); derselbe, Runeninschriften eines goth. Stammes (ebend. 11, 177—209); ein westfäl. Runenalphabet (ebend. 13, 77—91); die Runeninschriften der Goldbracteaten (Haupt 13, 1—105); die burgund. Runeninschrift von Charnay (ebend. 105—123); sieben deutsche Runeninschriften (ebend. 14, 73—104); fünf northumbr. Runensprüche (ebend. 104—123); Müllenhoff in Haupts Zeitschrift 18, 250—257; Rieger in Zachers Zeitschrift 5, 375—381; Rieger im Correspondenzblatt des Gesammtvereins der deutschen Geschichtsvereine 1877, S. 30 ff; Cosijn in Verslagen en Mededeelingen van der kgl. Akad. van Wetenschap 1878 (über den Bukarester Runenring). Eine gute Uebersicht gibt: Der gegenwärtige Stand der Runenkunde, Grenzboten 1868, S. 91—107.   7) Zur Runenlehre. Zwei Abhandlungen von R. v. Liliencron und K. Müllenhoff (Abdr. a. d. Allgem. Monatsschrift f. Wissensch. und Litter.). Halle, 1852. S. Wackernagel, Literat.-Geschichte S. 11 ff.

§ 2 *gg*, und den Zahlenwerthen der Buchstaben ergibt, zu Grunde legte'.

§ 3.

Besassen die Germanen schon ein eigenthümliches Alphabet, so dürfen sie nicht für so rohe Naturmenschen angesehen werden, als zu welchen sie einige Schriftsteller haben machen wollen[1]. Dagegen sprechen auch ihr häusliches und öffentliches Leben, wie es Tacitus schildert, die Beschaffenheit ihrer Religion[2], ihre Bekanntschaft mit dem Gelde und dem Gebrauch des Eisens[3], endlich die schnellen Fortschritte, die sie in der Civilisation nach ihrer nähern Bekanntschaft mit den Römern und der Annahme des Christenthums machten. Auf der andern Seite darf man ihnen aber auch nicht eine zu hohe Bildung beilegen, wie diess nicht nur in der neuesten Zeit[4], sondern selbst schon im sechsten Jahrhundert geschehen ist[5].

§ 4.

Von dem Zustande der deutschen Sprache während dieses Zeitraums können wir uns nur ein sehr unvollkommenes Bild machen. Die einzigen unmittelbaren Zeugnisse davon sind Völker-, Oerter- und Personennamen, die bei römischen und griechischen Schriftstellern aus dem Jahrhundert vor Christo und den zunächst folgenden vor-

---

8) Zacher, Disquisitiones grammaticae de alphab. goth. origine. Lips. 1854. 4, und Das goth. Alphabet Vulfilas und das Runenalphabet. Leipzig 1855. 8; vgl. German. 1, 124. 2, 209. Anders Waitz (über das Leben und die Lehre des Ulfila, S. 51 ff.), indem er, wenn die Gothen auch früher eine Runenschrift besassen, den Ulfilas doch 'die ihm wohlbekannten griech. Buchstaben, und vielleicht einzelne lateinische, auf seine Sprache anwenden und dabei nur einige wenige von den alten mit den Runen zusammentreffenden Bezeichnungen seiner Sprache beibehalten' lässt; wogegen sich schon Löbe (Jen. Lit.-Zeit. 1841, Nr. 50, S. 397) erklärt hat.
§ 3. 1) Unter andern Adelung in der angeführten Schrift.   2) Nicht nach den dürftigen Nachrichten, die sich darüber bei griechischen und römischen Schriftstellern finden, sondern nach dem zu urtheilen, was uns J. Grimm in der deutschen Mythol. gelehrt hat.   3) Fr. Schlegels Vorles. über neuere Geschichte S. 34; vgl. Rühs, ausführl. Erläuterung S. 48 und 190; namentlich aber J. Grimms Rechtsalterthümer; Grammatik 3, 325—476 und Geschichte der deutschen Sprache; ferner W. Wackernagel über Gewerbe, Handel u. Schiffahrt der Germanen in Haupts Zs. 9, 530—578; Förstemann, der urdeutsche Sprachschatz, German. 14, 337—372. 15, 385—410; und Förstemann, Geschichte des deutschen Sprachstammes. Bd. 1—2. Nordhausen 1874—75. 8.   4) Namentlich von Radlof, ausführl. Schreibungslehre S. 14 ff. und Neue Untersuchungen des Keltenthums. Man vgl. damit, was Görres in Fr. Schlegels d. Mus. Bd. 3 u. 4 über die Chronik des sogenannten Hunibald aufgestellt hat.   5) Jornandes, de origine ortuque Getarum (um 551), c. 5 u. 11, schildert die Gothen, die er mit den Geten vermischt, als ein schon frühzeitig in die Philosophie und Astronomie eingeweihtes Volk; vgl. jedoch Löbe, in den Blättern f. literar. Unterhaltung 1843, Nr. 110—112. Ueber Jornandes: H. v. Sybel, de fontibus libri Jordanis, Berlin 1838. J. Grimm, über Jornandes und die Geten, Berlin 1846. 4. (kl. Schriften 3, 171). Ausg. von Mommsen in Monum. Germ.

kommen[1]. Die Geschichte der Sprache kann daraus beinahe nur für die § 4
Kenntniss der Wurzeln, Buchstaben, Wortbildungen und Zusammensetzungen einigen Gewinn ziehen, wenigen oder gar keinen für die
Einsicht in den damaligen Zustand der Wortbiegungen[2]. Allein aus
dem Bildungsgange der Sprache seit Ulfilas bis auf unsere Zeit kann
man mit grosser Wahrscheinlichkeit schliessen, dass dieselbe vor der
Mitte des vierten Jahrhunderts noch edlere, reinere, vollkommenere
und mannigfaltigere Formen gehabt habe, als die uns bekannte gothische, welche in dieser Beziehung, so wie in sinnlicher Fülle überhaupt und Durchsichtigkeit der Wörter als Bilder der Begriffe alle
spätern Mundarten übertrifft[3]. Daraus würde auch folgen, dass die
Sprache dieses Zeitraums dem poetischen Ausdruck noch Mittel geboten habe, auf welche die Folgezeit mehr oder weniger Verzicht
leisten musste. Dass ein Gesetz der Quantität in der ältesten deutschen Poesie, ähnlich dem in der griechischen, gewaltet, lässt sich
wenigstens nicht geradezu ableugnen[4], und einzelne Erscheinungen in
der deutschen Verskunst des Mittelalters[5] dürften mit einigem Grunde
als Nachwirkungen einer ältern vollkommnern Silbenmessung anzusehen sein. Indessen muss das Uebergewicht, welches das Gesetz
der Betonung über das der Quantität in dem Versbau der ältesten
erhaltenen Gedichte bereits erlangt hat, so wie die im Laufe der Zeit
immer gewaltiger, aber auch einseitiger wirkende Kraft der erstern
auf die Sprachbildung, in den Folgerungen einer einstmaligen Annäherung deutscher Versmessung an griechische vorsichtig machen.

§ 5.

Was wir mit Sicherheit, aber freilich nur in sehr unbefriedigen-
der Weise, von der ältesten Poesie der Deutschen wissen, beschränkt
sich fast allein auf das, was Tacitus darüber berichtet. Er legt den
alten Germanen eigenthümliche Lieder bei. Zuvörderst solche, in
denen sie die Stammväter des Volkes, den Gott T u i s c o, den Erd-
gebornen, und dessen Sohn M a n n u s, dem wieder drei oder mehr
Söhne zugeschrieben wurden[1], feierten. Diese Lieder waren a l t und

---

§ 4. 1) Koch, Kompend. I, 17; J. Grimm, Grammatik 1, S. XXXVIII.   2)
J. Grimm, a. a. O. XL.   3) J. Grimm, a. a. O. XXVI ff.   4) Daselbst 1[2], 16. 20.
    5) Man vergleiche, was Lachmann über althochd. Betonung und Verskunst,
insbesondere S. 1. 2. 31 ff. (kl. Schriften 1, 358 f. 388 ff.) über das Durchbrechen der
Quantität im althochd. Versbau ermittelt hat.
    § 5. Vgl. Fr. Diez, antiquissima German. poeseos vestigia. Bonn 1831 (jetzt
in Diez''kleinere Arbeiten' S. 84—100); K. Müllenhoff, de antiquissima Germanorum
poesi chorica. Kiel 1847. 4 ; ferner Heinzel, über den Stil der altgerman. Poesie.
Strassburg 1875. 8. Arndt, über die altgerm. epische Sprache. Paderborn 1880. 8.
Gummere, the anglo-saxon metaphor. Halle 1881. 8. (gegen Heinzel).   1) Ueber
Tuisco und seine Nachkommenschaft s. Grimm, Mythol.[2] 318 ff. [4] 285 ff. (anders hatte

§ 5 galten ihnen als einzige Art geschichtlicher Erinnerung und Ueberlieferung[2]. Dann hatten sie Schlachtgesänge, in welchen sie vor dem
Beginne des Kampfes den sogenannten Herkules[3] als den ersten
aller tapfern Männer priesen. Aus dem Tönen des Schlachtgesanges,
welcher Barditus[1] hiess, und durch Vorhalten der Schilde vor den
Mund noch rauschender gemacht zu werden pflegte, ahnten sie den
Ausfall des Treffens[5]. Ueber den sogenannten Ulysses der Germanen
muss es unter ihnen wenigstens eine, wenn auch nicht allgemein verbreitete Sage gegeben haben[6]; besonderer Lieder über diesen fabelhaften Helden gedenkt Tacitus nicht. Aber dass das Andenken des
Arminius in Gesängen fortlebte, welche zu seiner Zeit gesungen
wurden, bezeugt er ausdrücklich[7]. Endlich erwähnt er auch noch
des frohen Sanges, den die Germanen in der Nacht vor einer
Schlacht beim festlichen Mahle ertönen liessen[8]. Von dessen Inhalt
sagt er nichts; eben so wenig Julian, um die Mitte des vierten Jahrhunderts, von dem Inhalte der Volkslieder, welche die Deutschen
am Rhein sangen[9]. Ob dieselben in diesem Zeitraum noch andere
Gesänge über Götter, Helden etc. besassen, können wir nicht wissen,
höchstens vermuthen.

---

er den Tuisco in der ersten Ausg. S. 204 u. Anh. S. XXIX zu deuten versucht.) Vgl. auch
H. Leo in Haupts Zeitschr. 2, 533 ff. Grimm, Gesch. d. d. Sprache 524 ff. W. Wackernagel in Haupts Zeitschr. 6, 15—20. Müllenhoff in Schmidts Zeitschr. für Gesch.
8, 217 ff. und bei Haupt 9, 259—261. M. Rieger ebend. 11, 177—205.   2) German. c. 2.   3) Ueber ihn s. Grimm, Mythol.[3] 337 ff. (1[4], 301 ff. und Nachtr. 3,
107). Hier wird er in *Irmin* gesucht, vgl. Rieger a. a. O. 183 f.; Müllenhoff, in der
Zeitschrift f. d. Alt. 23, 1 ff.; die erste Ausg. S. 202 brachte ihn mit *Sahsnôt* zusammen.   4) J. Grimm, Rechtsalterth. 876, bringt ihn, wie bereits vor ihm Rühs,
ausführl. Erläuter. 144. mit dem altfriesischen *baria* (*manifestare, clamure; barid—
clamor*, Mythol. 614, Note 2 [4, 540]) in Verbindung. Die besten Hss. haben aber
barditus (vgl. Müllenhoff, de poesi chorica 19 f. Wackernagel, Lit.-Gesch. 9) vom
altn. *bardhi*, Schild. Nach Müllenhoff (W. Scherers Geschichte der deutschen Literatur S. 13. 725) bedeutet es 'Bartrede' d. h. sie ahmten die Stimme des Donner-
gottes nach.   5) German. c. 3.   3. Das Singen vor der Schlacht kommt auch sonst
vor, vgl. Histor. II, 22. Diese Sitte erhielt sich viele Jahrhunderte durch bei den
Deutschen.   6) German. c. 3. Eine Muthmassung über den deutschen Namen
dieses Helden findet sich Mythol. 349 (4 312). Vgl. Müllenhoff, deutsche Altertums-
kunde 1 (Berlin 1870), S. 32.   7) Ann. II, 88. Grimm, Mythol.[3] 326 (4 292) ist geneigt zu glauben, dass des Tacitus Zeugniss auf einem Missverständniss beruhe,
und dass der Held der Gesänge nicht der geschichtliche Arminius, sondern der
Halbgott Irmin gewesen. Demnach würden Herkules und Arminius, in des Römers
Auffassung gesondert, als Gegenstände des Liedes in Irmin zusammenfallen (S. 339,
4 302). Dagegen Gesch. d. d. Spr. S. 614 gibt er zu, dass das Lied Arminius' Thaten
gefeiert, nur dass sich frühe damit der Preis des Gottes Irmin vermischte, den Ar-
mins eigener Name voraussetzt. Vgl. auch Wackernagel a. a. O. 8 (3 6 f)   8) Ann.
I, 65.   9) Misopogon (Paris 1630) II, 56. Wackernagel (Lit.-Gesch. S. 9, 2. Aufl. S. 7)
meint, Julian spreche hier nicht vom Kriegsleben der überrheinischen Barbaren,
der Alamannen.

§ 6.

So reichten vielleicht die Gesänge der Gothen über ihren unter dem König **Berig** und **Filimer**[1], einem seiner Nachfolger, unternommenen Zug aus Scanzien (Scandinavien) nach dem Süden[2], deren um die Mitte des sechsten Jahrhunderts als alter, in fast historischem Ansehen stehender Lieder gedacht wird[3], ihrem Ursprunge nach schon in diesen Zeitraum hinauf. Gewiss stammt aus ihnen das her, was Jornandes über jenen Zug erzählt. Gleiches dürfte von der Genealogie der Gothen gelten, die derselbe Geschichtschreiber mittheilt[4]. Lieder, worin das Andenken der alten gothischen Könige fortlebte, wurden den Nachkommen gesungen[5]. Aber nur sehr wenige Züge der spätern deutschen Heldensage verrathen noch einen Zusammenhang mit dem Inhalte dieser alten Gesänge[6].

§ 7.

Dagegen dürfte es nicht unerlaubt sein, schon in diesem Zeitraum die ersten muthmasslichen Gestaltungen von Sagen und Dichtungen zu suchen, die freilich so nicht, wie sie damals im Volke lebendig sein mochten, wohl aber in spätern Umbildungen und Erweiterungen erhalten worden sind: der **Nibelungen-** oder genauer **Siegfriedssage** und der **Thiersage vom Wolf und Fuchs.** Dass beider Alter über die bekannte Geschichte unseres Volks hinausreicht, ist kaum zu bezweifeln, mag man von ihrer gemuthmassten Ueberkunft aus dem Morgenlande mit einwandernden deutschen Völkerschaften auch halten, was man wolle[1]. Der durchaus mythische

---

§ 6. 1) In welchem Helden der jüngern Sage Filimer in sehr später Zeit gesucht wurde, kann man bei G. Lange, Untersuchungen, S. 293 Anm., nachlesen. 2) Ueber die Verdrehung der Sage, dass die Gothen aus dem Norden nach der Weichsel und Donau gezogen seien, s. J. Grimm, über Jornandes S. 46 (kleinere Schriften 3, 220); Gesch. der d. Spr. 446. 609. 727 ff. 3) Jornandes c. 4. 4) Cap. 14: ut ipsi suis fabulis ferunt; vgl Mythol.[1] S. XXV ff. des Anhanges (wiederholt am Schluss des 3. Bandes der 4. Ausg.). — Auch in den Genealogien der altsächsischen Stammsagen (nach angelsächs. Ueberlieferung mitgetheilt Mythol.[1] Anh. S. 1 ff.), worin sich Götter, Helden und Könige mischen, erblickt Grimm, Mythol.[2] 149 (⁴135), ¹ 111, Anh. S. XIX, noch von mehr als einer Seite ein Eingreifen in die älteste epische Poesie unsrer Vorfahren, ja in der Nebeneinanderstellung einiger Namen ist er nicht ganz abgeneigt, Ueberreste der Alliteration zu spüren, die auf uralte Gedichte zurückwiese. 5) Jornandes c. 5. Ueber verschiedene Gelegenheiten, bei denen Gothen und Burgunder sangen, s. Uhland, Schriften zur Gesch. d. Dichtung und Sage 1, 112 f. Vgl. auch Müllenhoff, zur Geschichte der Nib. Not S. 11 f. 6) W. Grimm, deutsche Heldensage, S. 1. 22. J. Grimm, Mythol. Kap. 15, besonders S. 340 ff. Müllenhoff, Zeugnisse und Excurse zur deutschen Heldensage in Haupts Zeitschrift 12, 253 ff.

§ 7. 1) P. E. Müller, Sagenbibliothek II, bei G. Lange, Untersuchungen S. 357 bis 365; wogegen Lachmann, Kritik der Sage von den Nibelungen, S. 458 (Anmkk.

§ 7 Charakter der ersten in ihrer ältesten, auf dem Wege der Kritik gefundenen Gestalt[2], rückt ihren Ursprung wenigstens in ein Zeitalter
hinauf, wo die deutschen Stämme, unter denen sie nachher fortlebte,
noch heidnisch waren; und dass sie in dieser mythischen Gestalt
nicht erst aus dem länger heidnisch gebliebenen Scandinavien nach
Deutschland gekommen, sondern von hier dahin gelangt ist, kann
man als erwiesen ansehen[3]. Vielleicht bestanden auch schon andere
Sagen von rein mythischem Charakter, die später, wie die Siegfriedssage, zu menschlichen umgebildet, sich mit dieser durch Vermittelung
von Sagen über ursprünglich historische Helden vereinigten[4]. — Für
das hohe Alter der Thiersage zeugen, ausser der durch spätere Entlehnung nicht leicht erklärbaren Uebereinstimmung zwischen ihr und
der morgenländischen und griechischen, hauptsächlich die Namen der
beiden Hauptbelden, Isengrim und Reinhart[5]. — Wo beide Sagen
zuerst festen Boden gewonnen haben, wird in der folgenden Periode
angedeutet werden.

---

zu den Nib. S. 338); W. Müller, Versuch einer mythol. Erklärung der Nibelungensage (Berlin 1841) S. 18, Note 1; M. Rieger, die Nibelungensage, in Pfeiffers Germ.
3, 163—198.—J. Grimm, Reinhart Fuchs, S. CCLXXIX ff.   2) Lachmann, a. a. O.
S. 416—458; W. Müller, a. a. O.; Grimm, Mythol.[3] 344 f. ([4]307 ff.) War Siegfried ursprünglich ein göttliches Wesen, so denkt Lachmann (a. a. O. 456) bei ihm an den
nordischen, jetzt auch für das eigentliche Deutschland gesicherten *Balder;* wogegen W. Müller in ihm den nordischen *Freyr* (ahd. *Frô* = *Frouwo*, Mythol.[3] 190 ff.)
sucht; vgl. noch desselben 'Siegfried und Freyr' (Haupts Zeitschr. 3, 43—53) und
'Ueber Lachmanns Kritik der Sage von den Nibelungen', German. 14, 257—269,
worin auch Uhlands Bedenken gegen Lachmanns Kritik geltend gemacht sind.
Ueber die Vergeblichkeit des Bemühens, den Kern der Sage in geschichtlichen
Personen und Ereignissen aufzufinden, wie dieses sowohl früher (vgl. Uhlands Schriften 1, 129 ff, wo eine übersichtliche Zusammenstellung der früheren geschichtlichen
Deutungen) als auch in neuester Zeit (vgl. u. A. Giesebrecht, über den Ursprung
der Siegfriedssage, in Hagens Germania 2, 203 ff.; und E. Rückert, Oberon von
Mons und die Pipine von Nivella. Leipz. 1836. 8.) geschehen, s. W. Müller, Versuch etc.
Einl.   3) W. Grimm, Heldensage S. 4 ff.; Lachmann, a. a. O. 446, und J. Grimm
in Haupts Zeitschr. 1, 2—6. 572.   Die Zeit der Verpflanzung nach dem Norden darf
nach W. Müller a. a. O. 19 ff. 33 nicht früher, als höchstens gegen Ende des 5ten
Jahrhunderts angenommen werden.   4) Für solchen ursprünglich mythischen
Charakter der Sage hält Lachmann, a. a. O. 415, den Rüdiger; vgl. Müllenhoff in
Haupts Zeitschr. 10, 162 f.   Dass er aus der Sage erst in die Geschichte gekommen
ist, hat Waitz (Ranke's Jahrbücher des deutsch. Reichs I, 170—176) darzuthun gesucht. — Ueber die mythischen Elemente in Iring und Irnfried vgl. Lachmann a.
a. O.; W. Grimm, a. a. O. 117 ff., 394 ff.; J. Grimm, Mythol.[3] 331 ff. ([4]296 ff.)   5)
J. Grimm, Reinhart Fuchs CCXL ff. Anders Müllenhoff (Haupts Zeitschrift 18, 1
bis 9) und W. Scherer (Preuss. Jahrbücher 16, 122 ff.), die die Sagen vom Wolf
und Fuchs nicht für ursprünglich germanische, sondern zunächst aus dem griech.
und röm. Alterthum in das Mittelalter verpflanzte und von der Geistlichkeit ausgebildete halten.

§ 8.

Weil die ältesten auf uns gekommenen Gedichte in deutscher Sprache alliterierend sind, auch bei den Angelsachsen und im Norden die Alliteration in der Poesie dem Reime vorangegangen ist, so darf man vermuthen, dass diese Form auch schon in den Liedern dieses Zeitraums angewandt gewesen sei [1]. Beweisen lässt sich hierin natürlich nichts [2]. — Auch über die Vortragsart der alten Lieder wissen wir nichts; die früheste Erwähnung von Saiteninstrumenten, womit der Gesang begleitet wurde, findet sich erst im sechsten Jahrhundert.

§ 9.

Ganz unerweislich ist es, dass es bei den alten Germanen eine eigne Sängerkaste gegeben habe, wie bei den celtischen Nationen die Barden waren [1]. Kein einziges Zeugniss spricht wider die Annahme, dass, wie in späterer Zeit, so auch in der ältesten, die Sänger keinem besondern Stande angehörten und ihre Kunst frei und unabhängig von allem Kastenzwang übten, wenn gleich manche ihren alleinigen Beruf und Erwerb daraus machten, woran sich Rechte und Verpflichtungen knüpfen mochten [2].

---

§ 8. 1) Scharfsinnig schliesst J. Grimm, Mythol.[2] 325 ([1] 291), auf Alliteration in den Liedern, deren Tacitus gedenkt, aus den Anlauten der Namen, welche die Stammväter des deutschen Volkes führten; vgl. auch Götting. G. A. 1837, Nr. 189 (kl. Schriften 5, 265); Müllenhoff, älteste Spuren der deutschen Alliteration, in Haupts Zeitschrift 7, 527 f.; Wackernagel, Lit.-Gesch. 10 f. ([3] 9 f.) — Ueber den sich aus der ganzen Lebenshaltung der alten Deutschen ganz natürlich einstellenden Gebrauch der Alliteration vgl. H. Leo's geistvollen Aufsatz 'Von den Anfängen der deutschen Poesie' etc. (Morgenblatt 1840, Nr. 297—307) S. 1150 ff.   2) Wenn Adelung, älteste Geschichte der Deutschen S. 399 ff., aus der oben (§ 5, 9) angeführten Stelle aus Julian auf das Dasein des Reimes im vierten Jahrhundert schliessen wollte, so hätte er, nach seiner Interpunktion, eben so gut die Alliteration darin finden können; aber keines von beiden liegt darin; vgl. der Brüder Grimm Ausgabe der beiden ältesten deutschen Gedichte, S. 35*). — Die Ursprünglichkeit deutscher Alliteration, die besonders von Rühs in mehreren Schriften angefochten ward, kann man jetzt als gesichert betrachten, nachdem Ueberreste altdeutscher Alliterationspoesie in Handschriften des 9ten und beginnenden 10ten Jahrhunderts aufgefunden sind, die durch ihre Sprache (die baierische und thüringische) noch überzeugender, als durch ihre Fundorte darthun, dass diese poetische Form eben so wohl den hoch- und mitteldeutschen Volksstämmen, wie dem sächsischen eigen und vertraut war.

§ 9. 1) Bekannt genug ist die Herleitung deutscher Barden aus dem *Barditus* bei Tacitus (s. § 5, 4) und die Zusammenstellung dieses Wortes mit dem Bar der Meistersänger, einer Bezeichnung, die vor dem 14ten Jahrhundert nicht vorkommt. J. Grimm, Meistergesang S. 77. 193 ff. Meisterlieder der Kolm. Handschrift 157, 12. Grimm, d. Wbuch 1, 1121. Wackernagel, Lit.-Gesch. S. 11.   2) J. Grimm, a. a. O. 28. W. Grimm, Heldensage 375. A. Köhler, über den Stand berufsmässiger Sänger im nationalen Epos germanischer Völker: Germania 15, 27—50.

Zweite Periode.

Von der Mitte des vierten bis zum Anfang des zwölften Jahrhunderts.

ERSTER ABSCHNITT.

Die Völkerwanderung und die Einführung des Christenthums in ihrer allgemeinsten Einwirkung auf die Bildung der Deutschen überhaupt und auf deren Poesie insbesondere. — Karls des Grossen Verdienste um die Bildung seines Volkes. — Blüthe und Verfall der Kloster- und Domschulen; deren Verhältniss zur vaterländischen Literatur. — Anderweitige Begünstigungen für die Entwickelung des deutschen Geistes.

§ 10.

Schon durch die frühern Kriege der Deutschen war eine Bekanntschaft derselben mit den ihnen an geistiger und gesellschaftlicher Bildung unendlich überlegenen, an sittlicher Tiefe und jugendlicher Frische aber weit nachstehenden Völkern der alten Welt eingeleitet worden. Die Völkerwanderung brachte die germanische Welt mit der römischen in eine noch nähere Verbindung. Diese Berührungen mussten ihren Einfluss auf die Bildung der Deutschen, vorzüglich der sich in den römischen Provinzen niederlassenden Stämme, in vielfacher Beziehung äussern. Zugleich gestaltete sich das Verhältniss der deutschen Völkerschaften durch jene Bewegungen so sehr um, dass von denen, die zur Zeit des Tacitus die mächtigsten gewesen waren, wenige in ihren alten Sitzen blieben, mehrere ganz verschwanden oder unter ihren Ueberwindern sich verloren, noch andere den vaterländischen Boden mit neuen, eroberten Wohnsitzen in den römischen Provinzen vertauschten. Gothen, Langobarden, Burgunden, Franken, Alemannen, Baiern, Thüringer, Sachsen und Friesen traten nunmehr als die vornehmsten deutschen Völkervereine auf. Besassen die alten Germanen nun auch eine reichere Sagenpoesie, als ihnen wirklich streng nachgewiesen werden kann, so musste diese, so fern sie mächtig gewesenen Stämmen vorzugsweise angehört hatte, mit deren Zurücktreten oder Verschwinden leicht verblassen oder ganz § 10 verloren gehen[1]; und die Lieder, welche nach dem vierten Jahrhundert in Deutschland und den angrenzenden Ländern gesungen wurden, und aus denen in der Folge die deutsche Heldendichtung des Mittelalters erwuchs, hatten Sagen zum Inhalt, die vornehmlich jenen eben genannten Völkerschaften angehörten. Dieselben mochten zum Theil ihrem Ursprung nach über die Zeiten der Völkerwanderung hinausreichen[2], erhielten aber in den Sagen, die sich über die Helden dieser grossen Weltbegebenheit bildeten, einen festen, so zu sagen historischen Halt und höchst bedeutenden Zuwachs.

§ 11.

Jedoch den grössten Einfluss auf die Umgestaltung der geistigen und sittlichen Zustände der Deutschen hatte die Einführung des Christenthums[1]. Er musste sich natürlich auch auf die Volkspoesie äussern. Je mehr den christlichen, aus der Fremde kommenden Bekehrern daran gelegen war, ihrer Lehre nicht bloss Eingang in Deutschland zu verschaffen, sondern auch deren Dauer zu sichern, desto eifriger mussten sie bemüht sein, alles das aus dem Leben, den Sitten und der Vorstellungsweise der Neubekehrten zu entfernen, was diese an ihre alte Götterwelt erinnern, die Sehnsucht darnach in ihnen erwecken, den Rückfall in das Heidenthum herbeiführen konnte[2]. Die Geistlichkeit trat daher gleich von vorn herein in ein entschieden feindliches Verhältniss zu der Volkspoesie, da diese mehr oder minder mit dem alten Glauben zusammenhängen musste. So konnte die alte heidnische Göttersage als solche nicht mehr im Gesange lebendig bleiben, und die alten Lieder aufzuzeichnen die Geistlichkeit, welche doch lange vorzugsweise im Besitz der Schreibkunst war, sich wohl am wenigsten berufen fühlen. Anders war das Verhältniss später im scandinavischen Norden, besonders in Island, wo das Christenthum allmähliger und weniger gewaltsam, als in Deutschland, eingeführt

---

§ 10. 1) So giengen wahrscheinlich die Lieder über Arminius, sofern sie je vorhanden waren (§ 5, 7), früh unter; denn wer wird wohl mit Mone (Quellen und Forschungen I, 69 ff.) und Giesebrecht (a. a. O. 222—229) in den spätern Dichtungen von Siegfried einen Nachklang jener Lieder erkennen wollen? 2) Dass einzelne Spuren davon sich in der spätern gothischen Sage zeigen, ist oben (§ 6) angedeutet worden; vgl. auch § 7.

§ 11. 1) Vgl. zu diesem § Rud. v. Raumer, die Einwirkung des Christenthums auf die althochdeutsche Sprache. Stuttgart 1845. S; und Weinhold, die gotische Sprache im Dienste des Kristentums. Halle 1870. S. 2) Wenn aber auch die Geistlichkeit den alten Glauben stürzte, ganz ausrotten konnte sie ihn nicht. Noch bis in die neuesten Zeiten hat sich in der Vorstellungsweise des Volks, in seinem Aberglauben, seinen Sitten, Gewohnheiten, Spielen und Lustbarkeiten Vieles erhalten, was durch nie abgerissene Fäden mit dem alten Heidenthum zusam-

§ 11 wurde, und gebildete einheimische Geistliche die ältesten Sammler und Aufzeichner von Sagen und Liedern der heidnischen Vorzeit
waren.   Auch die angelsächsische Geistlichkeit trat schon dadurch,
dass sie der Muttersprache befreundet blieb und in ihren auf kirchlicher Grundlage beruhenden Gedichten den hergebrachten Ton, die
epischen Formeln und viele Vorstellungen aus der alten volksmässigen Dichtung festhielt, dieser bei weitem weniger feindselig gegenüber, als die deutsche[3]. Die Geistlichkeit in Deutschland gab selbst
dann noch nicht ihr Ankämpfen gegen die Volkspoesie ganz auf,
als dem Christenthum die Fortdauer in dem grösseren Theil von
Deutschland lange gesichert war[4]. Da sie aber frühzeitig an die Stelle
dessen, was sie zu verdrängen trachtete, etwas Anderes zu setzen
sich veranlasst fühlte, ward sie die Gründerin einer aus der kirchlichen Gelehrsamkeit der damaligen Zeit geschöpften Literatur in
deutscher Sprache, die sowohl in gebundener[5], wie ungebundener Rede
der Laienwelt geboten ward. Wir haben demnach in diesem Zeitraum zwei Hauptseiten in der Entwickelung des literarischen Lebens
einander gegenüber zu stellen, die echt volksthümliche in der Volkspoesie, und die gelehrte in der kirchlichen deutschen Literatur. Zwischen beiden finden allerdings Uebergänge statt.

§ 12.

Unter allen deutschen Völkern waren die Gothen die ersten,
welche sich dem Christenthum ergaben. Schon in der zweiten Hälfte
des vierten Jahrhunderts übersetzte der Bischof Ulfilas die heilige
Schrift in die Sprache seines Volkes; Beweises genug, dass er auf
Leser rechnen durfte, und dass mithin die Gothen damals nicht mehr
so roh und ungebildet sein konnten, wie man sie sich gewöhnlich
zu denken pflegt[1]. Nur ein Volk, in welchem schon zahlreiche Bildungskeime im Hervorbrechen begriffen waren, konnte sich zu der
bedeutenden Stellung erheben, welche wir die Gothen in den beiden
nächsten Jahrhunderten und namentlich unter dem grossen Theodorich in der politischen und civilisierten Welt behaupten sehen.

---

menhängt. Wie viel mehr musste davon im Mittelalter vorhanden sein, noch ausser
dem Vielen, wovon eine Kunde zu uns gelangt ist!   3) Vgl. J. Grimm, Andreas
und Elene, S. V ff.   4) Sogar bis zum Schluss des Mittelalters; vgl. Fr. Pfeiffer,
der Dichter des Nibelungenliedes, Wien 1862, S. 47, Anm. 33. Wackernagel, Lit.-
Gesch. S. 39 ff. 75 ff. ([2] 47 ff. 95 ff.). Megenberg ed. Pfeiffer S. XXXIX u. 741. Haupts
Zeitschrift 12, 374. Wie sich im 8. und 9. Jahrhundert Fürsten und Geistliche im
fränkischen Reiche die Hand boten zur Verdrängung des Volksgesanges, wird im
dritten Abschnitt näher angedeutet werden.   5) Von der Behandlung christlicher Stoffe durch gothische Dichter wissen wir nichts.

§ 12. 1) J. Grimm, Grammatik 1[1], S. XLVI; W. Grimm, über deutsche
Runen S. 38.

§ 13.

Die gothische Herrschaft erhielt sich nicht lange in Italien; eine Hauptursache ihrer kurzen Dauer war die Anhänglichkeit der Gothen an der arianischen Lehre. Ihnen folgten als Herren des obern und mittlern Italiens die Langobarden, aber auch ihr Reich bestand nur wenige Jahrhunderte; sein Sturz wurde vornehmlich durch die feindselige Stellung der Könige dem römischen Stuhle gegenüber herbeigeführt. Fester war die Macht, welche Chlodowig gründete, als er sich mit seinen Franken zum Christentum bekannte; sie erstreckte sich über den grössten Theil des alten Galliens und weit in Deutschland herein. Die vielen Theilungen des Reichs unter den nachfolgenden Königen, die Befehdungen derselben unter einander und ihre immer fühlbarer werdende Schwäche hemmten freilich auf längere Zeit die innere Erstarkung und höhere Entwickelung des Frankenreichs; dagegen schritt dasselbe in beiden Beziehungen rasch vorwärts, seitdem die königliche Macht immer mehr in die Hand der Hausmeier übergieng, und endlich mit Pipin ein neuer Herrscherstamm auf den Thron kam.

§ 14.

Die christlichen Bekehrer, die bereits im siebenten Jahrhundert von den britischen Inseln[1] nach Deutschland kamen und besonders in den südwestlichen und nordwestlichen Theilen desselben das Christenthum predigten, suchten es durch Klöster und Bisthümer zu befestigen. Von den erstern verbreitete sich auch bald auf ihre nähern Umgebungen der segensreiche Einfluss der Bildung, welche die Stifter dieser Anstalten aus ihrer Heimath in sie herüber gepflanzt hatten. Vornehmlich zeichnete sich St. Gallen früh durch stille und sorgsame Pflege der Wissenschaften und Künste aus; hier tauchen auch die ersten Anfänge der kirchlichen gelehrten Literatur in hochdeutscher Sprache auf. Natürlich wurde nun auch der Schriftgebrauch in Deutschland allgemeiner, blieb aber, wie bemerkt, noch lange vorzugsweise Eigenthum der Geistlichkeit, welche gleich von Anfang an sich des lateinischen Alphabets bediente[2]. — Die nähere Verbin-

---

§ 14. 1) Hier war bereits die ältere celtische Bevölkerung christlich, als es seit ungefähr 600 auch die angelsächsischen Eroberer zu werden anfiengen. Von den allmählig aufkommenden Schulen gieng bald eine gelehrte Bildung aus, die dann auch nach Deutschland durch die Bekehrer getragen wurde.   2) Indess verlor sich der Gebrauch der Runen in christlicher Zeit nicht gleich ganz. Nicht bloss im nördlichen, auch im südlichen Deutschland waren sie bis zur Mitte des 9. Jahrh. noch bekannt und wurden bisweilen angewandt; vgl. W. Grimm, a. a. O. S. 123, und Massmann in v. Aufsess Anzeiger 1832, 27—32. Ueber die Verwendung des Wortes *rûna* zur Bezeichnung verschiedener Arten von Geheimschrift in diesem Zeitraum s. Graff, ahd. Sprachschatz 2, 523 ff.

§ 14 dung, welche Karl Martell zwischen dem fränkischen Reiche und
dem römischen Bischofe eingeleitet hatte, wurde enger geschürzt und
auf den grössten Theil von Deutschland einflussreich durch den Angelsachsen Winfried oder Bonifatius. Er vermehrte die schon vorhandenen Bisthümer und Klöster durch neue, befestigte dadurch das
Christenthum im Innern des Landes und gründete die deutsche Kirchen-
verfassung. Die Geistlichkeit erhielt im fränkischen Reiche, dem
Adel zur Seite, eine hohe politische Stellung und dadurch einen ent-
scheidenden Einfluss auf die öffentlichen Angelegenheiten.

§ 15.

Auf die Bildung aller deutschen Völkerschaften musste die Regierung Karls des Grossen in vieler Beziehung höchst einflussreich werden. Durch seine Kriege mit den Sachsen und deren end-
liche Unterwerfung ward das nördliche Deutschland christlich und
dem fränkischen Reiche einverleibt. Sein Zug gegen die spanischen
Araber sicherte das Abendland vor der Weiterverbreitung des Muha-
medanismus, dessen erstes gewaltiges Vordringen schon Karl Martell
gehemmt hatte. Die Kriege mit den Langobarden führten die Vereinigung des nördlichen Italiens mit der fränkischen Monarchie und
die Wiederherstellung des abendländischen Kaiserthums herbei, wodurch die spätere, für die Gestaltung der deutschen Verhältnisse so
wichtige Verbindung Deutschlands mit Italien eingeleitet ward. Die
Gesetze, welche Karl seinen Völkern gab oder bestätigte, und über
deren Aufrechthaltung er wachte, sicherten die Ruhe und den Wohlstand im Innern seiner Länder. — Unmittelbar wirkte er auf die
Bildung der Deutschen ein durch die wissenschaftlichen Anstalten,
die er gründete[1]. Er gieng von dem Grundsatze aus, die Bildung
seines Volkes mit der Geistlichkeit anzufangen. Zu dem Ende berief
er gelehrte Männer des Auslandes, wie Peter von Pisa, Paulus
Diakonus[2] und Alkuin[3], den Angelsachsen, in seine Nähe[4] und
übertrug ihnen den Unterricht der fränkischen Geistlichkeit; Alkuin
und Andere wurden veranlasst, Lehrbücher für die mit den geistlichen Hochstiftern und Klöstern verbundenen Schulen abzufassen[5].

---

§ 15.   1) Ueber Karls des Gr. Verdienste vgl. W. Scherer, über den Ursprung
der deutschen Literatur in Preuss. Jahrbüch. 13 (1864), 445—464. (= Vorträge und
Aufsätze S. 71—100); Müllenhoff und Scherer, Denkmäler, Einleitung, besonders
S. XXVII.   2) Aus Forli in Italien. Vgl. Bethmann, Paulus Diaconus' Leben
und Schriften, im Archiv der Ges. für ältere deutsche Geschichtskunde, Bd. 10
(Hannover 1851). Ebert, allgemeine Geschichte der Literatur des Mittelalters 2
(Leipzig 1880), S. 36—56.   3) Vgl. K. Werner, Alcuin und sein Jahrhundert. Wien 1876. 8. Ebert, a. a. O. S. 12—36.   4) Vgl. Hauréau, Charle-
magne et sa cour. Paris 1851. 8.   5) Die angelsächsische Einwirkung auf die

Auch an seinem Hofe stiftete Karl eine Schule für seine und seiner § 15
Dienstleute Kinder⁴. Er selbst schämte sich nicht, noch in seinen
männlichen Jahren sich im Lateinischen und als Greis sogar in der
Schreibkunst unterweisen zu lassen. Als das sicherste Mittel, das
Volk im Christenthum zu befestigen und durch dasselbe zu bilden,
wurden in seinen letzten Regierungsjahren Verordnungen an die höhere
Geistlichkeit erlassen, dafür zu sorgen, dass die Laien das apostolische Glaubensbekenntniss und das Vater Unser in den Landessprachen auswendig lernten, ihnen auch darin gepredigt würde⁷. Auf
Veranlassung Karls fasste Paulus Diakonus ein neues Homiliar ab,
welches Predigten der berühmtesten Kirchenväter enthielt, 'schnell
überall in Kirchen und Klöstern Eingang und Verbreitung fand und
bis in die spätesten Zeiten die vorzüglichste Sammlung blieb, aus der
man Predigten vorlas, übersetzte und als Muster nachahmte.' Dergleichen Verordnungen wurden auch späterhin wiederholt, namentlich
im Jahre 847 auf einer Mainzer Kirchenversammlung unter Hrabanus
Maurus. — Seine Liebe für vaterländische Sprache und Poesie be-
urkundete Karl dadurch, dass er sich selbst mit der Grammatik der
erstern beschäftigte⁵, die vaterländischen Monats- und Windnamen be-
stimmte⁹ und die alten Heldenlieder seines Volkes sammeln liess¹⁰.
Wahrscheinlich wurde dieser rege Eifer Karls für vaterländische
Sprache und Poesie auch Anlass, dass bald darauf, noch im Laufe
des neunten Jahrhunderts, deutsche Geistliche es nicht mehr für un-
ziemlich hielten, in deutscher Sprache, freilich meistens nur über
kirchliche oder damit verwandte Gegenstände, zu dichten¹¹.

§ 16.

Nach dem Vorbilde der Schule zu Tours, welcher Alkuin vorstand, wurde die Klosterschule zu Fulda durch Hrabanus Maurus¹
eingerichtet. Bald ward der Ruhm dieser gelehrten Anstalt so gross,

---

deutsche Poesie lässt sich mehrfach, selbst noch in späterer Zeit, verfolgen; vgl.
Piemer, Genesis und Exodus S. XXXVII ff.   6) Dass an Karls Hofe auch eine
Art von Akademie bestanden habe, zu deren Mitgliedern er selbst gehört, ist in
neuester Zeit geleugnet worden. Vgl. Barthold, Geschichte der fruchtbring. Gesellschaft S. 90.   7) Die darauf bezüglichen Stellen in den Beschlüssen der
Concilien und Synoden sind zusammengestellt in Eccard, Catechesis theotisca
S. 2—7, und bei Wackernagel, Wessobr. Gebet S. 26 ff. Vgl. auch Massmann, die
deutschen Abschwörungsformeln S. 6 ff., und Leyser, deutsche Predigten S. IX ff.
    8) Einhards Worte inchoavit et grammaticam patrii sermonis lassen ver-
schiedene Auslegungen zu. Vgl. Müllenhoff, Denkmäler S. IX unten.   9) Nicht
neu machte: s. J. Grimm, Gramm. 1¹, S. LV.   10) Vgl. § 31.   11) Wackernagel, die Verdienste der Schweizer S. 25.
    § 16. 1) Geb. gegen das J. 776 zu Mainz, seit 801 Diakonus zu Fulda, seit
804 Vorsteher der dortigen Schule. Eine Zeit lang verliess er das Kloster, kehrte

§ 16 dass von nah und fern Jünglinge dahin eilten, um seine Schüler zu werden[2]. Hier wurden ausser den theologischen Studien auch die, in dem Trivium und Quadrivium[3] begriffenen, weltlichen Wissenschaften, nebst den classischen Sprachen betrieben[4]. Zugleich ward diese Schule eine Pflanzstätte für Ausbildung der deutschen Sprache, die neben der lateinischen zur Schriftsprache zu erheben, sich Hrabanus unter seinen Zeitgenossen mit vorzüglichem Eifer angelegen sein liess[5]. Er, wie es scheint, hielt zuerst seine Schüler zur Bezeichnung des Tons deutscher Wörter an; es gelang ihm und seinen Zeitgenossen auch, der barbarischen Nachlässigkeit im Deutsch- und Lateinischschreiben fast plötzlich ein Ziel zu setzen[6]. Dass die berühmten sogenannten brabanischen Glossen[7], wenn auch nicht von ihm selbst herrühren, doch aus dem Fuldaischen Kloster zu seiner Zeit hervorgiengen, ist höchst wahrscheinlich[8]. Bald mehrten sich die Klosterschulen, die nach dem Muster der Fuldaischen eingerichtet und von dieser aus mittelbar und unmittelbar mit Lehrern versehen wurden: so Hirschau, das 830 mit Mönchen aus Fulda besetzt wurde, St. Gallen, Reichenau, Weissenburg, Corvey und Prüm[9]. Durch fleissiges Abschreiben erwarben sich die meisten dieser Anstalten, in deren einigen eine Chronik zu schreiben und fortzuführen gesetzlich war, allmählig kleine Bibliotheken[10], wo sich mitunter schon frühzeitig deutsche Bücher vorfanden: denn nicht nur in Uebersetzungen lateinischer Werke ins Deutsche übten sich einzelne Klosterbrüder; auch die deutsche Dichtkunst fand bei ihnen Begünstigung. Schon

---

aber dahin 817 zurück, ward 822 zum Abt erwählt, entsagte 842 seiner Würde, verliess das Kloster zum zweiten Male und zog sich in die Einsamkeit zurück, aus der er aber 847 durch Ludwig den Deutschen auf den erzbischöflichen Stuhl von Mainz berufen wurde. Er starb zu Mainz 856. Vgl. Hoffmann, althochd. Glossen S. IV ff.; N. Bach, Hrabanus Maurus, der Schöpfer des deutschen Schulwesens. Programm. Fulda 1835. 4.; F. Kunstmann, Hrabanus Magnentius Maurus. Eine historische Monographie. Mainz 1841. 8; Köbler, Rhabanus Maurus und die Schule zu Fulda. Chemnitz 1870. 8; Ebert. a. a. O. 2, 120—145; Richter, Rhabanus Maurus. Ein Beitrag zur Geschichte der Pädagogik. Malchin 1882. 4   2) Zu ihnen gehörte auch Otfried.   3) Vgl. hierüber Schmidt, Petrus Alfonsus S. 110 ff.
    4) Dass Hrabanus zuerst griechische Sprachkenntniss nach Deutschland brachte, erzählt Tritheim in dessen Leben; Docen, Miscell. 1, 172°); Bach, a. a. O. S. 10. 11.   5) Hoffmann, a. a. O. S. VIII, Aum. 10·   6) Lachmann, über althochd. Betonung S. 8 (Kl. Schriften 1, 365).   7) Gedr. in Eccards Comment. de reb. Frauciae orient. 2, 950—976; vgl. Diutiska 3, 192—195; jetzt im 1. Bande der althochd. Glossen von Steinmeyer und Sievers. Vgl. K. Heinemann, über das brabanische Glossar. Halle 1881. 8; L. Wüllner, das brabanische Glossar und die ältesten bairischen Sprachdenkmaler. Berlin 1882. 8.   8) Docen, a. a. O. 1, 168—175; Hoffmann, a. a. O. S. IV—VIII. Die neueren Forschungen (s. Anm. 7) haben den bairischen Charakter der Glossen festgestellt.   9) Vgl. Eichhorn, Gesch. d. Litt. I, 731 ff.   10) Raumer, Gesch. der Hohenstaufen 6, 417 ff., 517.

§ 16

821 befand sich in Reichenau (Sindleozesouwa) ein Buch mit deutschen Gedichten, auch carmina diversa ad docendam theodiscam linguam[11]. Besonders zeichneten sich die St. Galler Mönche durch ihren
auf deutsche Schriftwerke verwandten Fleiss aus. Auch unterrichteten
sie im neunten und zehnten Jahrhundert die Söhne des benachbarten
Adels in der Tonkunst, was vielleicht auf die deutsche Poesie, welche
sich späterhin in jenen Gegenden so lebendig zeigt, nicht ohne Einfluss gewesen ist[12]. So blühte ein wissenschaftliches, dem Vaterländischen mit zugewandtes Leben in Deutschland unter Karls nächs-
sten Nachfolgern, Ludwig dem Frommen und Ludwig dem
Deutschen, auf, die selbst deutsche Dichtkunst, sofern sie nur
geistlichen Zwecken diente, begünstigten und beförderten. Ludwig
der Fromme soll eine poetische Darstellung der Geschichten des alten
und neuen Testaments einem berühmten sächsischen Dichter aufgetragen haben, wovon uns vielleicht ein Theil in der altsächsischen
Evangelienharmonie erhalten ist (§ 45). Von Ludwig dem Deutschen
vermuthet man[13], er habe vielleicht selbst die altbaierischen Verse
vom jüngsten Gericht auf leere Blätter und Ränder der Handschrift
geschrieben, die uns dieselben erhalten hat. Dass Otfried ihm sein
Gedicht gewidmet, bezeugt gleichfalls des Königs Zuneigung zu Poesien
in der Muttersprache. Dagegen schätzte freilich Ludwig der Fromme,
ungleich seinem grossen Vater, deutschen Volksgesang gering und
hielt ihn von sich entfernt. Er hatte deutsche Volksgesänge in der
Jugend gehört und im Gedächtniss behalten, aber er achtete sie hernach nicht und wollte sie nicht mehr lesen noch anhören noch selbst
hersagen[14]. Ob Ludwig der Deutsche hierin anders dachte, wissen
wir nicht.

§ 17.

Die Klosterbildung wurde in manchen Theilen Deutschlands auf
einige Zeit (880—940) durch die Einfälle und Streifereien der Normannen, Slaven und Ungarn gestört, ja in einigen Provinzen fast

---

11) Hoffmann, a. a. O. S. VII; J. Grimm, latein. Gedichte des 10. u. 11. Jahrh.
S. VII, Anm. Aus solchen Büchern, die, wie ausdrücklich berichtet wird, zum Er-
lernen der deutschen Sprache bestimmt waren, mochte vielleicht auch Otfried, oder
bereits sein Lehrer Hrabanus, sich die Gesetze der deutschen Verskunst abstrahiert
haben, wenn sie sie nicht dem unmittelbaren Vortrage der Sänger abhörten; vgl.
Lachmann über Otfried, S. 282 (Kl. Schriften 1, 460). 12) Vgl. v. d. Hagen,
Briefe in die Heimath I, 149 ff. Wackernagel, Verdienste der Schweizer S. 7—11.
Uhland, Walther v. d. Vogelweide S. 7 (Schriften 5, 10). 13) Schmeller, Muspilli, S. 6; vgl. § 44. Müllenhoff, Denkmäler S. 276 (² 264). 14) W. Grimm,
Heldensage S. 27. 28.

§ 17 ganz vernichtet[1]. Als aber die ersten Könige aus dem sächsischen Hause Deutschlands Ruhe und Ansehen gesichert hatten, erhob sich auch wieder die literarische Bildung desselben. Sie gieng nun nicht mehr bloss von den Klöstern aus; Dom- und Stiftsschulen[2], unter denen die zu Utrecht, Lüttich, Köln, Bremen, Hildesheim, Paderborn, Trier, Corvey besonders berühmt waren, auf denen Könige und Fürsten des In- und Auslandes ihre Söhne unterrichten liessen, von denen mehrere bald Bibliotheken erhielten[3], wurden Hauptsitze der Wissenschaften, welche an den sächsischen Kaisern selbst eifrige Pfleger und Beförderer fanden: Otto II und III besassen für ihr Zeitalter ausgezeichnete römische und griechische Gelehrsamkeit. Das Studium der alten Classiker ward mit Fleiss betrieben, und die Folgen davon wurden bald in den lateinisch geschriebenen geschichtlichen Werken sichtbar, welche in diese Zeit oder bald nachher fallen, so in denen eines Widukind († um 1004), Dietmar von Merseburg († 1018), Wippo (um 1046), Hermannus Contractus († 1054), Lambert von Hersfeld (um 1077). Auch die lateinische Poesie, die bereits seit Hrabanus Maurus für Deutschland angehoben hatte und in den Klosterschulen fleissig geübt ward[4], fand noch im zehnten und elften Jahrhundert Pflege bei der gelehrten Geistlichkeit. Indem sie aber nicht mehr bei der Nachbildung der aus dem Alterthum überlieferten Kunstformen stehen blieb, sondern sowohl für geistliche wie weltliche Stoffe die Formen und den Ton der volksmässigen Dichtung wählte[5], und indem sie auf der andern Seite auch die Gegenstände des deutschen Volksgesanges sich anzueignen ferner nicht verschmähte, wird sie gerade in diesen Jahrhunderten, wo die Quellen für die Geschichte der deutschen Dichtkunst so spärlich fliessen, für uns von besonderer Wichtigkeit. Sie erscheint uns in ihrem halbdeutschen Kleide zuerst im Kirchengesange, dann aber seit Otto I auch als eine Seite der weltlichen Hofpoesie in lateinischer Sprache[6]. Auch von deutscher oder vielmehr halbdeutscher Hofpoesie haben wir ein Beispiel in dem

---

§ 17. 1) Eichhorn, a. a. O. I, 736.   2) Vgl. Scherer, Leben Willirams (Aus d. 23. Bde. d. Wiener Sitzungsber.) Wien 1866, S. 261 ff.   3) Eichhorn, a. a. O. I, 754. Wachler, Handbuch der Gesch. der Literatur 2, 19.   4) J. Grimm, lat. Gedichte S. VII. VIII.   5) Diesen Unterschied in der Form der latein. Gedichte des Mittelalters bezeichnet man am kürzesten mit den Benennungen carmina metrica und carmina rhythmica. Ein altes, ungefähr bis zu 917 hinaufreichendes Zeugniss für diese schon damals gültige Unterscheidung und Benennung findet man bei J. Grimm, a. a. O. S. XXX; vgl. auch Schmeller, über den Versbau in der alliterirenden Poesie, bes. der Altsachsen (Abhandl. der Bair. Akademie 1839) S. 213, und § 28, 8.   6) Ueber das Verhältniss der lateinischen Poesie dieses Zeitalters zu der Volksdichtung überhaupt, sowie über lateinische Gedichte in volksmässigen Formen insbesondere, s. J. Grimms angeführte Einleitung; F. Wolf, über die Lais, besonders S. 119—121; Lachmann, über die Leiche, S. 429 (Kl. Schriften

Leiche auf Otto den Grossen, in dem lateinische und deutsche Zeilen § 17
in regelmässiger Abwechslung gemischt sind[7].

§ 18.

Als aber die Geistlichkeit immer reicher und mächtiger wurde,
verfielen nach und nach ihre Schulen. Der Unterricht, ursprünglich
von den Domherren selbst ertheilt, ward mit der Zeit schlecht be-
soldeten Vicarien übertragen; der Einfluss der deutschen Könige auf
das Unterrichtswesen hörte auf, nachdem unter Heinrich IV und
seinen Nachfolgern der Clerus in geistlichen Dingen unabhängig von
der weltlichen Macht geworden war. Gleiches Schicksal mit den
Domschulen hatten die Klosterschulen; ihr Verfall begann schon vor
der Mitte des elften Jahrhunderts[1].

§ 19.

Die Bildung der Deutschen ward im zehnten Jahrhundert und
im Anfange des elften noch durch andere Anlässe gefördert, als
durch die Schulen, welchen die Geistlichkeit vorstand. Seit Otto
dem Grossen war die römische Kaiserwürde auf die deutschen Könige
übergegangen; die Verbindung, in welche dadurch Deutschland mit
Italien kam, musste in mancher Beziehung vortheilhaft auf die geistige
Entwickelung des erstern wirken[1]. Die Verwandtschaftsbande zwischen dem sächsischen und byzantinischen Kaiserhause belebten das
Studium der griechischen Sprache, welches schon früher auf einzelnen
Schulen betrieben worden war[2], noch mehr. Durch Gerbert, den
nachmaligen Pabst Silvester II (999—1003), wurden auch nach Deutschland die Kenntnisse verpflanzt, welche er sich auf den Schulen der
spanischen Araber erworben hatte. Sein Beispiel reizte andere zur
Nachfolge; die mathematischen Wissenschaften, die Philosophie und

---

1, 334 f.); Chr. W. Fröhner, zur mittellateinischen Hofdichtung, in Haupts Zeit-
schrift 11, 1—29; Möllenhoff u. Scherer, Denkmäler S. 26—40. 307—315 (²28—42.
328—346); Bartsch, die lateinischen Sequenzen des Mittelalters. Rostock 1868,
S. 145—165.   7) Ueber das Mischen lateinischer und deutscher Wörter oder
Verse im Mittelalter überhaupt vgl. Hoffmann, Gesch. des deutsch. Kirchenliedes
S. 159 ff. und desselben In dulci jubilo. Hannover 1854. 8.

§ 18. 1) Eichhorn a. a. O. 1, 760 ff. Man lese auch die Klagen, welche Williram
in der lateinischen Vorrede zum Hohenliede über den Verfall echter Gelehrsamkeit während des 11. Jahrb. erhebt; Scherer, Leben Willirams S. 223.

§ 19. 1) Noch immer war Italien das cultivierteste Land Europas. Von daher
kam auch die Kirchenmusik nach Deutschland, schon unter Karl dem Grossen,
nachher verbessert durch Guido von Arezzo (um 1028), dessen Verdienste sich
jedoch auf einige methodische Handgriffe, die nach ihm wieder unbrauchbar
wurden, und auf Verbesserung der Schrift durch Einführung der Linien für die
Neumen-Bezeichnung beschränken. Vgl. J. Raff in Weimar. Jahrb. 1, 179 f. Hall.
Litt. Zeitung 1843, Nr. 143, Sp. 533 f.   2) Vgl. § 16, 4; Eichhorn, a. a. O. 1, 826 ff.;
v. d. Hagen, Briefe in die Heimath 2, 250.

§ 19 Medicin erhielten dadurch einen höhern Schwung, sowohl im Abendlande überhaupt, als in Deutschland besonders[3].

§ 20.

Dieses nahm auch immer mehr an innerem Wohlstand zu, seitdem sich in den Städten ein freier Bürgerstand gebildet hatte, unter
welchem Gewerbe und Kunstfertigkeiten bald in Aufnahme kamen.
Der Handel ward bedeutender nach Entdeckung der Harzbergwerke,
welche edle und unedle Metalle lieferten, und durch die Verbin-
dungen Deutschlands mit dem oströmischen Reiche und Italien. Die
Ruhe, deren das Land unter den sächsischen Kaisern genoss, sicherte
das Besitzthum des Einzelnen. Die Ausbildung des Lehnswesens und
die Anfänge des Ritterthums brachten mit dem Reichsoberhaupt den
hohen Adel, mit diesem den niedern in nähere Verbindung, die freien
Stände überhaupt in ein das Ganze fester zusammenhaltendes Verhältniss gegenseitiger Abhängigkeit. Zu noch höherer Kraft erstarkte
Deutschland unter den ersten fränkischen Regenten. Die unruhige
und unglückliche Regierung Heinrichs IV erschütterte zwar auf
einige Zeit den innern Frieden und Wohlstand des Landes, so dass
selbst die nächsten Nachfolger im Reiche die Ordnung nicht ganz
wieder herzustellen, die eingerissene Rohheit, Gewaltthätigkeit und
Verwilderung zu zähmen vermochten; allein Deutschlands Cultur war
schon zu weit vorgeschritten, als dass es in Barbarei hätte versinken
können, und im zwölften Jahrhundert traten Ereignisse ein, welche
es in seiner geistigen und sittlichen Entwickelung um ein Bedeutendes weiter führten. Sie veranlassten zugleich in dem Geschmack
der Nation einen Umschwung, der den Anfang einer neuen Periode
in der Geschichte ihrer National-Literatur bezeichnet.

ZWEITER ABSCHNITT.
Sprache. — Verskunst.

§ 21.

I. In der Sprache sämmtlicher germanischen Stämme lassen
sich, soweit die Quellen zurückreichen, als Hauptmundarten unterscheiden: die gothische, die hochdeutsche, die niederdeutsche oder sächsische, die angelsächsische, die nordische und als sechste, zwischen den drei zuletzt genannten mitten
inne liegende, die friesische. Da sich in der zweiten dieser
Mundarten vorzugsweise die eigentlich deutsche Literatur entwickelt

---

3) Eichhorn, a. a. O. 1, 876; 2, 1, 32. Raumer, Gesch. d. Hohenst. 6, 416.

bat, so ist für die Geschichte der letzteren die Geschichte der hoch- § 21
deutschen Sprache die wichtigste. Viele Erscheinungen in derselben
würden aber mehr oder minder unverständlich bleiben ohne eine
Vergleichung mit der Geschichte der andern Hauptmundarten, unter
welchen wiederum die gothische und sächsische vor den drei übrigen
besondere Berücksichtigung erfordern: jene, weil in ihr sich die
ältesten schriftlichen Denkmäler in deutscher Sprache überhaupt erhalten haben, sie also für die Geschichte aller deutschen Mundarten
von gleich grosser Wichtigkeit ist, und überdiess zu der hochdeutschen in einem besonders nahen Verwandtschaftsverhältniss steht;
diese, weil sie, räumlich die hochdeutsche zunächst berührend, auf
deren historische Entwickelung zu verschiedenen Zeiten Einflüsse
ausgeübt hat, auch in ihr Werke abgefasst worden sind, die in der
Geschichte der deutschen Poesie eine bedeutende Stelle einnehmen.
Die Geschichte des Angelsächsischen, Friesischen und Nordischen kann
hier ganz aus dem Spiele bleiben; die Gestaltung der drei übrigen
Mundarten in diesem Zeitraum muss dagegen nach den allgemeinsten
Zügen charakterisiert, und theils jetzt, theils in der Folge die Veränderung angedeutet werden, die sie während dieser und während
der folgenden Perioden, sofern sie noch als Schriftsprachen fortbe-
standen, erlitten haben[1].

§ 22.

Die gothische Sprache, der mit dialectischen Verschiedenheiten die der Gepiden, Vandalen, Heruler, vielleicht auch der Bastar-
nen, verschwistert war, lebte nur so lange fort, als das Reich der
Ostgothen in Italien und das der Westgothen in Spanien bestanden.
In wiefern sich beide Zweige des früher vereinigten Volkes in ihrer
Sprache dialectisch unterschieden, wissen wir nicht. Von westgo-
thischen schriftlichen Denkmälern, wenn dergleichen vorhanden waren, hat sich nichts, von ostgothischen nur sehr Weniges erhalten.
Die Hauptquelle, aus welcher wir die Sprache dieses Volksstammes
kennen, sind die Ueberbleibsel der dem Ulfilas[1] zugeschriebenen
Bibelübersetzung, welche bis in eine Zeit hinaufreichen, wo sich Ost-

§ 21. 1) Ich kann bei diesem und den vier zunächst folgenden §§ nur im
Allgemeinen auf J. Grimms deutsche Grammatik und Geschichte der deutschen
Sprache verweisen; über die räumliche Begrenzung der Hauptmundarten vgl. be-
sonders 1¹, 2 ff. Vgl. ferner die Einleitung zu den Denkmälern von Müllenhoff und
Scherer; auch P. Piper, die Sprache u. Literatur Deutschlands bis zum 12. Jahrh.
2 Theile. Paderborn 1880. 8.

§ 22. Vgl. zu diesem § W. Weingärtner, die Aussprache des Gothischen
zur Zeit des Ulfilas. Leipzig 1858. 8; Fr. Dietrich, über die Aussprache des
Gothischen. Marburg 1862. 8. 1) Ueber ihn und seinen Antheil an der
Uebersetzung s. § 49. Dass die auf uns gekommenen Stücke in den einzelnen
Handschriften verschiedene Recensionen des gothischen Textes, wahrscheinlich von

§ 22 und Westgothen kaum erst äusserlich getrennt hatten [2]. In ihnen zeigt
sich, wie schon oben (§ 4) bemerkt wurde, das Gothische ausgezeichnet in Allem, was das sinnliche Dasein einer Sprache charakterisiert.
Ueber ihre Wortfülle können wir freilich, bei der Spärlichkeit der
Quellen, nicht vollständig urtheilen; doch ist es selbst hiernach erlaubt, auf einen Reichthum an Wurzeln und Bildungen zu schliessen,
der den jeder andern bekannten deutschen Mundart übertreffen möchte.
Dagegen verstattet das Erhaltene ein sicheres Urtheil über das Verhalten der Buchstaben, Wortbiegungen und Wortbildungen zu fällen.
Die Buchstaben, sowohl Vocale wie Consonanten, fügen sich überall in
klarer, fasslicher Weise zu Silben und Wörtern zusammen.   Eine Trü-
bung ursprünglich reiner Vocale durch Umlaut oder Assimilation zeigt
sich nirgend; Brechung nur nach fester Regel vor bestimmten Consonanten; Wechsel endlich nur unter wenigen Lauten. Längen und
Kürzen, hohe und tiefe Laute sind in der reichsten Mannigfaltigkeit
zwischen Wurzeln und Endungen vertheilt. Die Consonantenreihen
sind in ihren einzelnen Gliedern fest bestimmt, und wo Uebergänge
stattfinden, beruhen sie auf Wohllautsgesetzen. An Wortbiegungen
und Abwandlungsmitteln ist die gothische die reichste unter allen
deutschen Sprachen: nirgend ein noch so vollständiger Organismus
und ein so scharfes Auseinandertreten der Flexionssilben, wie hier,
wogegen einzelne höhere Vollkommenheiten späterer Mundarten nicht
in Anschlag kommen können. Aehnliches gilt von den Mitteln zu
Wortbildungen durch Laut und Ablaut, Ableitung und Zusammensetzung, obgleich hierin das älteste Hochdeutsch dem Gothischen nahe
kommt, ja es in vollständiger Bewahrung einzelner Ableitungsmittel
wohl noch übertrifft. Endlich die Wortfügung anlangend, so ist hierüber unser Blick wieder sehr beschränkt aus Mangel an freien, namentlich poetischen Erzeugnissen. Indessen geht sowohl aus Ulfilas
Werk, wie aus dem ganzen Organismus der Sprache hervor, dass sie
die Fähigkeit besass, sich in freier, gedrängter, durch innere Mittel
zusammengehaltener Wortstellung den alten classischen Sprachen in
einem bemerkenswerthen Grade anzunähern.

§ 23.

Die hochdeutsche Sprache, von den ältesten Zeiten her
im obern Deutschland einheimisch, führt in der Gestaltung, welche
sie in diesem Zeitraum zeigt, den Namen der althochdeutschen.

---

sehr ungleichem Alter, enthalten, in denen sich eine allmählig eingetretene, freilich
noch immer sehr mässige Erweichung und Abschwächung der ursprünglich schrof-
fern und schärfern Sprachformen wahrnehmen lässt, haben Gabelentz und Löbe
in den Prolegomenen ihrer Ausgabe, S. XVIII—XXIV, nachgewiesen.

2) J. Grimm, Grammatik 1¹, S. XLVI.

Sie ist nicht, wie doch der Hauptsache nach die uns bekannte go- § 23
thische, eine einzige sicher begrenzte Mundart, vielmehr begreift sie
Unterdialecte in sich, die ursprünglich gewiss nach Volksstämmen
und Landschaften streng geschieden waren, in den seit dem siebenten
Jahrhundert beginnenden Schriftwerken aber, bei aller bis auf die
einfachsten Sprachelemente sich erstreckenden Eigenthümlichkeit fast
eines jeden derselben, schon so in einander verfliessen, dass es häufig
sehr schwer ist, einem jeden althochdeutschen Sprachdenkmale seine
besondere Heimath mit genügender Sicherheit nachzuweisen[1]. Diess
erklärt sich aus den vielfachen politischen Berührungen und Ueber-
gängen, welche seit dem siebenten Jahrhundert, und auch schon früher,
unter den oberdeutschen Völkerschaften stattfanden. Indessen lassen
sich im Allgemeinen drei althochdeutsche Hauptmundarten unterscheiden: die alemannische oder schwäbische, die baierische[2] und die fränkische[3]. Unter ihnen erlangte die fränkische
durch ihre geographische Stellung wie ihren sprachlichen Charakter,
der die Mitte hält zwischen den rauhern oberdeutschen und den
weichern niederdeutschen Dialecten, eine besondere Bedeutung. Aus
ihr entwickelte sich schon damals eine Art Hof- und Literatursprache,
die ihren Mittelpunkt am karolingischen Hofe fand. Sie sondert sich
wieder in drei Untermundarten, das Hochfränkische, Rheinfränkische
und Nord- oder Niederfränkische[4]. Zwischen dem Althochdeutschen
und Altniederdeutschen liegen Uebergangsmundarten, welche man
jetzt allgemein als mitteldeutsche bezeichnet, und unter denen die
thüringisch-hessische die bedeutendste ist. Jede hat sich im Laufe
der Jahrhunderte, theils in sich selbst, theils in Folge der Berührung
mit andern, vielfach verändert. Hiernach ist eine allgemeine Charakteristik der althochdeutschen Sprache sehr schwierig. Das Folgende liefert nur wenige Hauptzüge[5].

§ 24.

Der Wortreichthum ist bewundernswürdig gross: er tritt uns fast
noch mehr in den zahlreichen deutschen Glossen[1], als in den zusam-

§ 23. 1) Grimm, Grammatik I[3], 4 ff.   2) An die baierische grenzte die
Mundart der Langobarden, an die alemannische die der Burgunden; beide aber
sind bis auf geringe Spuren verschwunden. Vgl. Massmann, Langobardisches
Wörterbuch, in Haupts Zeitschrift 1, 548—62. K. Meyer, Sprache und Sprachdenkmäler der Langobarden. Paderborn 1877. S. W. Wackernagel, Sprache und
Sprachdenkmale der Burgunden in Bindings Gesch. d. burgundisch-roman. König-
reichs. Leipzig 1868. S. S. 329—404. (Kl. Schriften 3, 331—460).   3) Vgl. jetzt besonders Müllenhoffs Einleitung zu den Denkmälern.   4) Müllenhoff, Denkmäler
S. IX ff., wo die charakteristischen Kennzeichen der einzelnen angegeben sind.
5) Man hat das Fränkische vor und vom 9. Jahrh. an zu unterscheiden; vgl. J.
Grimm, a. a. O. S. 4. 5.
     § 24. 1) Eine Uebersicht der Glossen und der Arbeiten über dieselben bis

§ 24 menhängenden Schriftwerken entgegen. Aus einer Menge noch in
voller Lebensfrische thätiger Wurzeln ist eine beinahe unübersehbare
Fülle von Wortstämmen und Zweigen in Bildungen, Ableitungen und
Zusammensetzungen erwachsen, die, mehr oder weniger durchsichtig,
den Bildungstrieb errathen lassen, der bei ihrer Erzeugung gewaltet
hat. Dagegen ist das Althochdeutsche dem Gothischen gegenüber
schon offenbar in den Buchstabenverhältnissen gesunken. In den
Vocalen der Wurzeln, die zwar noch überall den Unterschied zwischen
organischen Kürzen und Längen festhalten, bricht bereits seit dem
siebenten Jahrhundert, und vielleicht noch früher, der Einfluss der
Endungen durch, der sich in Umlauten, Brechung und Neigung zu
Assimilationen äussert. Die letzteren verrathen sich auch schon früh,
wenngleich in anderer Weise, in den Endungen selbst, und wenn
hierbei die Sprache zum Theil an Wohllaut gewann, so verlor sie doch
an Deutlichkeit der Formen, zumal die nirgend folgerichtig durchgeführten Assimilationen sie in einem, bis zur völligen Abschwächung
der Endungen fortdauernden Schwanken zwischen den Gesetzen des
Wohllauts und der Abstammung erhielten. In der Sprache des gewöhnlichen Lebens wird man hierin noch weiter gegangen sein als
in den literarischen Denkmälern, die manches Alte länger gleichsam
künstlich conservierten[2]. Aber durch eben dieses in den Flexions-
und Bildungsendungen allmählig um sich greifende Abschwächen
ursprünglich volltönender, sowohl langer wie kurzer Vocale erlitt die
Sprache eine noch bei weitem grössere Einbusse. Der Grund der
Abschwächung lag vornehmlich in dem einseitig den Wurzelsilben
zugetheilten Hauptton, vor dem die Nebentöne auf den nicht wurzel-
haften Silben immer mehr zurücktraten und damit auch früher klang-
reiche Laute sinken liessen, so dass sich diese gegen das Ende des
Zeitraums schon ganz entschieden zu völliger Tonlosigkeit und Verstummung hinneigten. Die althochdeutschen Consonanten tragen,
wie die Vocale, bereits in den ältesten Denkmälern die Spuren eines
gestörten, früher reineren Organismus an sich. Unter den einzelnen
Gliedern jeder Consonantenreihe haben, wie die Vergleichung mit

---

1845 gibt R. v. Raumer, die Einwirkung des Christenthums auf die ahd. Sprache.
Stuttgart 1845. S. Vgl. dazu A. Holtzmann, die alten Glossare in Pfeiffers Germania 1,
110—116. 8, 385—414. 11, 30—69. Zahlreiche Glossen sind mitgetheilt in Haupts
Zeitschrift, Pfeiffers Germania und Zachers Zeitschrift, und schon früher in Graffs
Diutiska und Aufsess-Mone's Anzeiger. Eine vollständige Sammlung der ahd.
Glossen haben Steinmeyer und Sievers unternommen, 1. Bd.: Glossen zu biblischen
Schriften. Berlin 1879. S. (vgl. Piper im Literaturblatt f. germ. u. rom. Philol. 1,
8—12). 2. Bd.: Glossen zu nichtbiblischen Schriften. 1882. Ueber die hrabanischen
Glossen vgl. § 16, 7; über die keronischen Glossen: Kögel, zu den Murbacher
Denkmälern und zum keronischen Glossar, bei Paul u. Braune, Beiträge 9, 301 bis
360; ferner § 50, 2.   2) Müllenhoff-Scherer, Denkmäler S. 472 (² 533).

dem Gothischen und Altsächsischen lehrt, Verschiebungen stattgefun- § 24
den, die nach einem neuen, folgerichtigen Systeme strebend, doch
nie völlig dazu gelangt sind. Dazu kommt das Schwanken in dem
Gebrauch unter sich verwandter, ursprünglich aber identisch gewe-
sener Laute, je nachdem sie am Anfange, in der Mitte oder zu Ende
eines Wortes stehen, ein Schwanken, das nicht nur in dem Verhältniss einzelner Mundarten zu einander, sondern fast in jedem Schriftwerke, dasselbe ganz für sich betrachtet, wahrgenommen wird, so
sehr auch in einzelnen Denkmälern das Streben sichtbar wird, diese
Unsicherheit zu zügeln. Ferner haben mit der Zeit zunehmende
Assimilationen, Abschleifungen und völlige Abwerfungen, besonders
in den Endungen, das ihrige gethan, den Consonantismus der althochdeutschen Sprache zu verwirren. Dass mit so grossen Veränderungen in den Elementen der Wörter auch die Wortbiegungen und
Wortbildungen an charakteristischer Schärfe und Bestimmtheit verlieren mussten, begreift sich von selbst. Je näher dem elften Jahrhundert, desto mehr stumpfen sich die Endungen ab und rücken sich
dadurch näher; und zwar sind auf diesem Wege wieder die ihrem
ganzen Wesen nach zarteren Flexionen schneller vorgeschritten, als
die schon mehr der Natur der Stämme sich annähernden Ableitungen.
Bei allem dem besass die althochdeutsche Sprache, zumal in der
frühesten, uns näher bekannten Zeit, noch einen so reichgegliederten
leiblichen Organismus, dass sich damit die Gestaltungen dieser Mundart in den folgenden Zeiträumen gar nicht vergleichen lassen. Sie
enthielt demnach auch noch eine Menge innerer syntactischer Mittel,
die dem spätern Hochdeutsch abgehen; und wenn wir dieselben nicht
in dem Umfange verwandt sehen, wie sich erwarten liesse, so dürfen
wir nicht vergessen, dass die meisten althochdeutschen Werke nur
Uebersetzungen aus dem Lateinischen sind. Wo sich die Sprache
freier bewegt, namentlich in der gebildeten Prosa des zehnten und
elften Jahrhunderts und in den geistlichen Gedichten, entfaltet sie
auch einen grössern Reichthum an natürlichen und geschickten Wortfügungen, und dieser wird gewiss noch bedeutender gewesen sein in
den Werken der Volkspoesie, von deren Sprache wir uns aber aus
den wenigen Ueberbleibseln nur eine sehr unvollkommene Vorstellung machen können.

§ 25.

Die niederdeutsche Sprache dieses Zeitraums wird die
altniederdeutsche, oder gewöhnlicher die altsächsische genannt[1]. Wir kennen sie vornehmlich aus einem für die Geschichte
der deutschen Sprache und Poesie höchst bedeutenden Denkmale, der

§ 25. 1) Vgl. J. Grimm, Geschichte d. d. Sprache S. 646 ff.

§ 25 alliterierenden Evangelienharmonie aus der ersten Hälfte des neunten Jahrhunderts. Die sonst erhaltenen Denkmäler dieser Mundart sind meist von geringem Umfang[2] und fallen mit jener so ziemlich in dieselbe Zeit. Aus diesem Grunde, und weil fast keinem altsächsischen Werke seine besondere Heimath mit einiger Sicherheit angesehen werden kann, lässt sich die Geschichte dieses Dialects weder räumlich noch zeitlich so verfolgen, wie die des althochdeutschen[3]. Fassen wir ihn bloss nach der Gestaltung auf, worin ihn uns die Evangelienharmonie zeigt, so steht er in seinem wirklich dargelegten Wortreichthum hinter dem althochdeutschen zwar zurück; aber hierbei ist wieder, wie beim Gothischen, die Beschränktheit der Quellen in Anschlag zu bringen. Dagegen ist er im Vortheil durch eine grössere Menge poetischer Ausdrücke und Umschreibungen, die aus der Volksdichtung in die Behandlung eines geistlichen Stoffes herübergenommen sind. An Vocalen ist das Altsächsische ärmer, als das Althochdeutsche, indem ursprüngliche Diphthonge zu einfachen Längen geworden sind und sich mit organischen Längen gemischt haben, ohne dass dafür ein erheblicher Ersatz durch Hervorbrechen anderer Doppellaute eingetreten wäre. Sonst sind die Verhältnisse der Wurzelvocale ungefähr dieselben, wie im Althochdeutschen, nur sind der Umlaut und die Brechung in den Wurzeln, sowie die Assimilationen in den Endungen von etwas geringerer Ausbreitung und weniger gleichmässig durchgeführt. In Rücksicht des Consonantismus steht das Altsächsische dem gothischen Organismus näher, in der charakteristischen Mannigfaltigkeit der Flexionen und Wortbildungen entfernter, als das Althochdeutsche. Durch Freiheit, Kühnheit und Reichthum der Wortfügungen und durch Geschicklichkeit im Periodenbau zeichnet sich aber diese Mundart, eben weil wir in ihr lebendige Poesie kennen lernen, vorzüglich aus[4].

- - - - -

2) Sie sind gesammelt herausgegeben von M. Heyne, Kleinere altniederdeutsche Denkmäler. Paderborn 1867. § 2. Aufl. 1877.   3) Das Altsächsische der Evangelienharmonie dürfte nach J. Grimm, Grammatik 1³, 4, etwa zwischen Münster, Essen und Cleve zu Haus gewesen sein. Die Dialectverschiedenheiten beider fast gleich alten Handschriften möchte Schmeller (Heliand, 2, S. IX) mit der Annahme erklären, dass der in England aufbewahrte Codex von einem angelsächsischen Schreiber vielleicht aus mündlicher Recitation eines Altsachsen oder Thüringers aufgenommen (richtiger wohl nach einer altsächsischen Vorlage abgeschrieben) worden sei, wozu man vgl. J. Grimm, a. a. O. 218 f.   4) Wie überaus reich die altsächsische Sprache noch an Genitiv-Constructionen ist, hat Vilmar nachgewiesen im Programm des Marburger Gymnas. von 1831: De genitivi casus syntaxi quam praebeat Harmonia Evangeliorum, saxonica dialecto seculo IX. conscripta, commentatio. Vgl. Grimm, Grammatik 4, 646, Anm. 2. Andere, syntaktische Erscheinungen des Alts. betreffende Arbeiten s. in Behaghels Heliandausgabe (1882) S. IX f.

§ 26.

II. Die deutsche Verskunst hat, so weit sie sich in den poetischen Werken der Vorzeit zurückverfolgen lässt, wenn sie nicht durchaus verwildert war, immer das Gesetz der Betonung als oberste Regel anerkannt, d. h. der deutsche Vers besteht aus einer bestimmten Anzahl stark betonter Silben oder Hebungen, zwischen welchen sich andere minder betonte, oder Senkungen, einschieben können, nicht gerade müssen, wenigstens nicht in der älteren Zeit, so dass noch nicht, wie späterhin, die Gesammtheit der Silben für ein bestimmtes Maass an eine sich immer gleich bleibende Zahl gebunden ist. Zu Hebungen taugten ursprünglich nicht bloss Stammsilben, denen der Hauptton des Wortes gebührt, sondern auch nicht wurzelhafte Silben mit bedeutend hervortretendem Nebenton. Die Stärke des auf eine Silbe fallenden Nebentons wurde aber schon von Alters her durch die Länge und Kürze der zunächst vorangehenden Silben bedingt, und in sofern war der altdeutsche Versbau auch an das Gesetz der Quantität gebunden. So galt die Regel, dass in Wörtern von zwei Silben nur dann die letzte einen zur Hebung stark genug hervortretenden Nebenton hatte, wenn die erste lang, nicht, wenn sie kurz war; in Wörtern von drei Silben der stärkste Nebenton auf die zweite Silbe fiel, wenn die erste lang, auf die dritte, wenn sie kurz war. Hieraus ergibt sich schon, dass die alte Sprache, welche nicht nur lange und kurze Wurzelsilben neben einander besass, sondern auch in volltönenden, fast die ganze Vocalleiter durchlaufenden Endungen Längen und Kürzen unterschied, eine grosse Mannigfaltigkeit von Versgliedern in einem metrischen Bau hat müssen entwickeln können, der auf der Wechselwirkung des Accents und der Quantität beruhte. Am geregeltsten und kunstmässigsten hat er sich in der althochdeutschen Poesie gestaltet, wogegen die ungebundene Freiheit des altsächsischen Verses unvortheilhaft absticht. — Das besondere Verhältniss zwischen den Hebungen und Senkungen des althochdeutschen geregelten Verses besteht nun darin, dass 1) jede Senkung minder stark betont sein muss, als die zunächst voraufgehende Hebung; 2) wo zwischen zwei Hebungen die Senkung fehlt, die erste Silbe durch Vocal oder Position lang sein und einen logisch-höheren Ton haben muss als die zweite; und 3) nur der Auftact allenfalls mehrere Silben zulässt, die übrigen Senkungen aber nur einsilbig sein dürfen.

---

§ 26. Vgl. hierzu und zu den folgenden drei §§ Lachmann, über althochd. Betonung und Verskunst. Abhandl. d. Berlin. Akademie 1832 (— Kleinere Schriften 1, 358—391, und S. 391—406 der bis dahin ungedruckte Anfang der 2. Abtheilung). Schade, die Grundzüge der altdeutschen Metrik, im Weimar. Jahrbuch 1, 1—57. Jessen, Grundzüge der altgermanischen Metrik, in Zachers Zeitschrift 2, 114—117.

§ 26 Diese Versregeln werden durch Elision von Vocalen, Wortverkürzungen und Verschleifung zweier durch einfache Consonanten getrennten Silben, deren erste kurz ist, nicht aufgehoben.

§ 27.

Die ältesten deutschen Verse, die wir kennen, sind zu Anfange
des neunten Jahrhunderts niedergeschrieben; gothische Verse besitzen
wir nicht, denn was man dafür ausgegeben[1], beruht auf Irrthum[2].
Der deutsche Vers bildete ursprünglich eine Langzeile von acht Hebungen und diess war das uralte volksthümliche Maass der deutschen
nicht bloss, sondern der indogermanischen epischen Poesie[3]. Jede
Langzeile zerlegte sich in zwei, durch eine stark ins Ohr fallende
Cäsur gesonderte Vershälften (von je vier Hebungen, zwei stärkern
und zwei schwächern), die, wie es scheint, gerade nicht nothwendig,
aber in den auf uns gekommenen Gedichten doch fast durchgebends,
bis ins achte und neunte Jahrhundert durch die Alliteration, von da
an durch den Endreim zusammengehalten werden[4]. Die Alliteration[5] beruht auf dem Gleichlaut der Buchstaben, mit welchen
mehrere der am stärksten betonten Silben einer Langzeile anheben,
wobei die einzelnen Vocalanlaute alle unter einander Bindefähigkeit
besitzen. Gewöhnlich sind in der ersten Hälfte der Zeile ein oder
zwei reimende Anfangsbuchstaben, in der zweiten einer: jene heissen
nach der nordischen Kunstsprache die Stollen, dieser der Haupt-

---

§ 27. 1) Karajan, über eine bisher unerklärte Inschrift. Wien 1854.   2)
Doch besitzen wir wenigstens einen halb lateinischen, halb gothischen Hexameter:
Massmann in Haupts Zeitschrift 1, 379—384. Wackernagel, Lit.-Gesch. S. 16
(3 S. 18), Anm. 2.   3) Bartsch, der saturnische Vers und die altd. Langzeile.
Leipzig 1867. 8. J. Grimm, latein. Gedichte des 10. u. 11. Jahrhunderts, S. XXXVIII.
Hier ist auch S. XXIII ff. ausführlich über die Berührungen und Aehnlichkeiten
gehandelt, welche sich zwischen dem Bau der altdeutschen Langzeile einerseits, und
den Eigenthümlichkeiten des mittelalterlichen latein. Hexameters, so wie nur rhythmisch gemessener latein. Verse des 11. Jahrh. andrerseits aufweisen lassen. Hiergegen geht Wackernagels Ansicht dahin, dass der Vers von vier Hebungen erst
durch die geistliche Poesie des 9. Jahrh. nach dem Vorgange der latein. Hymnen
eingeführt worden.   4) J. Grimm a. a. O. S. XXX. XXXVIII; Lachmann a. a. O.
S. 2 (Kl. Schriften 1, 359); und über Otfried, S. 281° (Kl. Schriften 1, 455). Wie
natürlich sich aber beide Bindemittel in bloss rhythmisch gebildeten Versen einstellen, weist F. Wolf, über die Lais S. 14. 15, gut nach.   5) Ueber die altdeutsche
Alliterationspoesie vgl. Lachmann, Alliteration in Ersch und Grubers Encyclopädie
3, 166 f. (Kl. Schriften 1, 137—139) und über das Hildebrandslied. Berlin 1833 (Kl.
Schriften 1, 407—415); aber auch Bartsch in Pfeiffers Germania 3, 9 f. 7, 115; F. Vetter, zum Muspilli und zur altgermanischen Alliterationspoesie. Wien 1872. 8; E. Wilken, zur Alliterationspoesie, Germania 24, 257—292; E. v. der Recke, zur altgermanischen Metrik, Zeitschrift f. d. Alt. 23, 405—418. Ueber altsächsische, Schmeller,
über den Versbau in der alliter. Poesie, besonders der Altsachsen. München 1839. 4.
(Akadem. Vortrag); Rieger, die alt- und angelsächsische Verskunst, in Zachers Zeit-

stab, alle zusammen die Liedstäbe". Nicht selten finden sich § 27
aber auch vier Stäbe, je zwei in jeder Halbzeile, die entweder alle
unter sich gleich, oder zu zweien gebunden sein können, in welchem
letztern Falle[7] sie überschlagende Buchstabenreime bilden. Auf die
wievielste der acht Hebungen der Langzeile jeder Liedstab fallen
müsse, ist, bis auf eine gewisse Schranke, die, bei nur zwei oder drei
Liedstäben, der letzte nach dem Versende zu in der Regel nicht überschreiten darf[8], durch kein Gesetz vorgeschrieben. — Indess in keinem
der alliterierenden Werke, die im eigentlichen Deutschland entstanden sind, ist, neben dem Festhalten der nothwendigen Liedstäbe, auch
der geregelte rhythmische Versbau streng durchgeführt[9]; vielmehr hat
das Gewicht, welches die Alliteration den sie tragenden Hebungen
verlich, allmählig eine gänzliche Unterdrückung der schwächern Hebungen veranlasst. Daher sind die uns überlieferten alliterierenden
Verse theils kürzer, theils, und diess noch mehr in der altsächsischen
Evangelienharmonie, länger als das ursprüngliche Gesetz erfordert.
Besonders häufig sind die Verse mit ungebührlich vielen schwächer
betonten Silben in dem altsächsischen Gedicht[10]. — Eine strophische
Gliederung alliterierender Gedichte ist im Deutschen nicht nachgewiesen, wenn auch Lachmann[11] sie für möglich erklärte und W. Müller[12]
wirklich versuchte, das Hildebrandslied und Muspilli strophisch ab-
zutheilen[13], indem er jenes in Strophen von drei, dieses in Strophen

schrift 7, 1—64 (auch separat erschienen). Ueber allit. Verse (und Reime) in den
friesischen Rechtsquellen vgl. M. Heyne in Pfeiffers Germania 9, 437—449; über
nordische Alliterationspoesie, Rask, die Verslehre der Isländer, verdeutscht von
Mohnike. Berlin 1530. 8. F. Dietrich, über Liodhahättr in Haupts Zeitschr. 3, 94 ff.
Sievers, Beiträge zur Skaldenmetrik, in Paul und Braune, Beiträge zur Geschichte
der deutschen Sprache und Literatur, Bd. 5, 6 u. S.   6) Vgl. hierzu J. Grimm,
Andreas und Elene S. LVI.   7) Auch für die angelsächsische Poesie weist
diesen Fall, jedoch, wie es scheint, als einen sehr seltenen, Leo nach, in Haupts
Zeitschr. 3, 185; für die altsächsische Schmeller a. a. O.; vier gleiche Stäbe sind
jedoch wohl mit besserem Rechte zu leugnen: vgl. Wackernagel in Zachers Zeitschrift 1, 307.   8) Vgl. Schmeller, Heliand 2, S. XII"; Ettmüller, N. Jen. Litt.
Zeit. 1843, Nr. 42, S. 170. Anders ist es bei vier Liedstäben, wo der letzte so weit
ans Ende rücken kann, dass er nur noch eine der schwächern Hebungen hinter
sich hat (wie Hildebrandslied Z. 9. 17); oder gar keine (wie Z. 24 bei Lachmann,
a. a. O.).   9) Die Annahme Lachmanns (über das Hildebrandslied), dass das
Hildebrandslied wirklich in Langzeilen von acht Hebungen verfasst sei, lässt sich
ohne Zwang nicht durchführen. Vgl. Rieger in Pfeiffers Germania 9, 295—320.)
    10) In der angelsächsischen und nordischen Poesie heissen die minder be-
tonten Wörter im Verse Mahlfüllung.   11) Ueber Singen und Sagen S. 4 (kl.
Schriften 1, 464).   12) In Haupts Zeitschr. 3, 447 ff. Auch W. Grimm, zur Geschichte des Reims S. 180, glaubt, dass die strophische Abtheilung die ursprüngliche
beim Hild. gewesen.   13) Eine ähnliche Abtheilung in Strophen hat neuerdings
Möller am Beowulf versucht: Das altenglische Volksepos in der ursprünglichen
strophischen Form. Kiel 1883. 8.)

§ 27 von vier Langzeilen zerlegte[14], und die nichtstrophische Form alliterierender Gedichte, wie sie die sächsische Evangelienharmonie darbietet, als die jüngere annimmt, gegen welche die ältere später zurückgetreten[15]. Ebenso wenig ist das Vorkommen der nordischen Strophenform *liodhaháttr* in Deutschland erweislich[16].

§ 28.

Der Endreim ist in der deutschen Poesie jünger, als die Alliteration. Zur Alleinherrschaft gelangt zeigt er sich zuerst in Gedichten, die aus der zweiten Hälfte des neunten Jahrhunderts stammen; von da an beherrscht er die Poesie ausschliesslich, und es ist ein vereinzelter Fall, wenn in dem Gedichte von Himmel und Hölle der Reim gänzlich aufgegeben wird oder nur dazwischen mit unterläuft[1]. Einzelne Spuren von ihm finden sich aber schon früher in den alliterierenden Gedichten[2], so wie umgekehrt die Alliteration auch nicht gleich auf einmal aus der Poesie mit Endreimen verschwand[3]. So tritt der Reim ein paarmal im Hildebrandsliede auf[4]; auch in den Merseburger Gedichten finden sich, abgesehen von andern wohl nur zufälligen Endreimen in alliterierenden Zeilen, zu Ende des ersten zwei gleiche Ausgänge der sich entsprechenden Vershälften[5], und

---

14) Auch die kleineren althochd. Ueberbleibsel in Alliterationsform möchte er als strophische abgefasst ansehen, den poetischen Theil des Wessobrunner Gebets als drei Strophen von je drei Langzeilen, von den beiden Merseburger Gedichten das erste als eine, das andere als zwei Strophen, jede von vier Langzeilen.

15) Dann wäre auch in der Geschichte der Alliterationspoesie dieselbe Erscheinung, welche wir in der Umsetzung der otfriedischen Reimstrophe in die fortlaufenden kurzen Reimpaare der spätern Zeit wahrnehmen (vgl. §§ 30. 67).

16) Wie Müllenhoff wollte: in Haupts Zeitschr. 11, 262 und de carmine Wessofontano. Berol. 1861; vgl. Bartsch in Pfeiffers Germ. 7, 113—117.

§ 28. 1) Vgl. M. Haupt in den Monatsberichten der Berliner Akademie, November 1856, und Müllenhoff u. Scherer, Denkmäler S. 332 ff. (³ 368 ff.). Schade, Veter. Monumentorum theotisc. decas, Weimar 1860, S. 9—15. 2) In diesen uralten Reimen alliterierender Lieder, meint J. Grimm (a. a. O. S. XLIV), beruhe am ungezwungensten der allmählig unter allen Völkern deutscher Zunge aufgeblühte Endreim. Aber man wird zugeben müssen, dass sein frühes Aufkommen in der christlich römischen oder lateinischen Poesie des Mittelalters (er lässt sich darin bis um 270 zurückverfolgen) und seine allmählige, fortschreitende Entwickelung, sowohl in den sogenannten leoninischen Hexametern, wie in rhythmisch gemessenen Gedichten, nach der Festigung des Christenthums in Deutschland viel, wo nicht das meiste zu dem Siege beigetragen hat, den in der deutschen Poesie der Endreim über die Alliteration errang. ('Die Alliteration scheint zuerst in Hochdeutschland, dann auch in Sachsen, gerade darum dem christlichen Reim zu erliegen, weil sie in heidnischen, damals noch nicht verhallten Gesängen geherrscht hatte.' J. Grimm, Mythologie S. 9.) 3) So kommt selbst noch bei Otfried eine, noch dazu reimlose Langzeile mit Alliteration vor (I, 18, 9), welche sich wörtlich eben so in dem alliterierenden Muspilli findet; vgl. auch Lachmann, über Otfried, S. 280 f. (Kleinere Schriften 1, 456 f.) 4) Lachmann, über das Hildebrandslied S. 9 (Kl. Schr. 1, 415). 5) Nach J. Grimms Deutung (über zwei entdeckte Gedichte S. 19, kl. Schr. 2, 21)

noch bewusster im Muspilli, zum Theil bei fehlender Alliteration[6]. § 28 Auch in der nordischen und angelsächsischen alliterierenden Poesie sehen wir den Reim hervorbrechen[7]. Alliteration und Reim scheinen also eine Zeit lang neben einander bestanden zu haben. Der Reim, ein Wort, dessen Ursprung aus dem lateinischen *rhythmus*[8] jetzt wohl allgemein angenommen wird[9], kam in die deutsche Poesie aus der christlichen, lateinischen[10], aus welcher er ebenso in die romanischen Sprachen eindrang[11]. Das erste Werk, welches ganz in Reimversen abgefasst ist, ist Otfrieds Evangelienharmonie, und wahrscheinlich war er überhaupt der erste, der in Deutschland, nach dem Vorgange der christlichen Hymnenpoesie, den Reim in einem grösseren Gedichte anwendete[12]. Seine Verse sind ihrem Grundtypus nach ganz wie die ursprüngliche altepische Langzeile gebaut, d. h. sie bestehen aus Langzeilen von acht Hebungen, mit deren letzter der Vers schliesst[13]. Statt der Alliteration, mit deren Untergange auch das übermässige Gewicht der höchstbetonten Hebungen und die Unterdrückung der minderbetonten aufhörte, treten nun aber Endreime[14] als Bindemittel

könnten sie gleichfalls zufällig sein, nach W. Wackernagel aber scheinen sie, der Alliteration entbehrend, wirklich mit Bewusstsein gesetzte Reime zu sein. Dürfte daraus geschlossen werden, dass diese letzte Langzeile jüngern Ursprungs sei als die drei vorhergehenden?   6) Vgl. Bartsch in der Germania 3, 8.   7) Vgl. J. Grimm, Andreas und Elene S. XLIII ff. und Dietrich, altnord. Lesebuch S. XXXVI.   8) Schmeller, bair. Wb. 3, 86 (2², 93 f.) Mone im Anzeiger 8, 454 und altd. Schauspiele 89. *Versus rhythmici* sind nach dem Accent gebaute Verse, in denen der Reim am frühesten auftritt; daher übertrug man die Benennung auf das augenfälligste Merkmal, den Reim.   9) Andere suchen darin ein ursprünglich deutsches Wort, *hrîm* oder *rîm* (Graff 2, 506. Wackernagel, altd. Wb. 235, doch vgl. Wackernagels Lit.-Gesch. S. 58, 2. Ausg. S. 71), Zahl, numerus. Vielleicht dass man dem aus dem Romanischen aufgenommenen Worte ein deutsches, im Sinne nicht fern abstehendes, anpasste.   10) Schmeller, Carmina Burana S. VIII. W. Grimm, zur Geschichte des Reims, Berlin 1852, S. 177 ff.   11) Die Meinung, dass der romanische Reim aus spanisch-arabischen Einflüssen zu erklären sei, ist längst aufgegeben. Ueber die lateinische Reimpoesie des Mittelalters und ihr Verhältniss zu der Volksdichtung in den Landessprachen vgl. J. Grimm, lat. Gedichte S. XXIII f.; F. Wolf, über die Lais, besonders S. 161 ff., 198 ff.   12) W. Grimm a. a. O. S. 181.   13) Ueber Otfrieds Versbau vgl. Lachmann, über althochd. Betonung und Verskunst und dessen Anmerkungen zu Iwein, 2. A. S. 370. 351. 391 f. 401. 410. 436. 555. Dazu R. Hügel, über Otfrieds Versbetonung. Leipzig 1869. 8. M. Trautmann, Lachmanns Betonungsgesetze und Otfrieds Vers. Halle 1877. 8. (vgl. Behaghel in der Germania 23, 365—371). Schmeckebier, zur Verskunst Otfrieds. Kiel 1877. 8. Sievers, das Tieftongesetz ausserhalb des Mittelhochdeutschen, in den Beiträgen von Paul und Braune 4, 522—539. Ingenbleek, über den Einfluss des Reims auf die Sprache Otfrieds. Strassburg 1880. 8. Wilmanns, über Otfrieds Vers- und Wortbetonung, Zeitschrift f. d. Alt. 27, 105—135; vgl. auch Wilmanns, metrische Untersuchungen über die Sprache Otfrieds, Zeitschrift f. deutsch. Alt. 16, 113—131.   14) Ueberschlagende oder sich kreuzende Reime kennt die althochd. Poesie noch nicht; sie bindet nur immer die beiden Hälften einer Langzeile: der eine Reim

§ 28 je zweier Vershälften ein. Sie fallen auf die letzte Hebung jedes Verses, sind also einsilbig oder **stumpf**. Stumpfe Reime, wie sie die mittelhochdeutsche Poesie kennt, wo die letzte Hebung auf zwei verschleifte Silben fällt, von denen die erste immer kurz sein muss, gehören bei Otfried zwar zu den Seltenheiten, sind jedoch nicht ganz unerhört[15]. Häufiger sind die Fälle, wo nur in einer Halbzeile die letzte Hebung auf zwei verschleifte Silben fällt[16]. Hier kann der Reim nur durch eine Silbe gebildet werden, die nach mittelhochdeutscher Weise stumm sein würde[17]. Dass die Reime immer Wurzelsilben treffen, ist durchaus nicht nothwendig: bei der Mannigfaltigkeit und Volltönigkeit der Endungen genügen diese noch vollkommen zur Bindung der Hauptglieder. Völliger Gleichlaut ist noch keineswegs durchgreifende Regel; blosse Assonanz ist ausreichend. Für den ungenauen Reim gilt die Regel, dass bei gleichem Vocal verschiedene Consonanten, die aber nicht ungleichartig sein dürfen, bei gleichem Consonanten verschiedene Vocale zulässig sind[18]. Der Fälle, wo auch die Assonanz fehlt, sind nur sehr wenige. Andrerseits lässt sich nicht verkennen, dass der Dichter darnach gestrebt habe, ausser den Endsilben auch die diesen zunächst voraufgehenden, also auch häufig Wurzelsilben, in zwei zusammengehörenden Versen einander ähnlich zu machen, entweder durch Gleichheit der Vocale bei verschiedenen Consonanten, oder umgekehrt; ja sehr oft geht diess in völligen Gleichlaut über, der nun durch zwei bis drei Silben eine Halbzeile mit der andern bindet[19]. Auf diese Weise entstehen Ausgänge der Vershälften, die den klingenden Reimen der spätern Poesie analog scheinen[20], von ihnen aber dadurch unterschieden sind, dass die ältere Verskunst auf die gleichlautenden Silben **zwei** Hebungen, die jüngere, wo sie wirklich klingende und stumpfe Reime sondert, nur **eine** fallen lässt[21].

§ 29.

Alle althochdeutschen Gedichte mit Endreimen, die vor dem elften Jahrhundert entstanden sind, bestehen aus Strophen. Die einfachste, die Otfried sein ganzes Gedicht hindurch festhält, befasst

---

bildet also die Hauptcäsur, der andere den Schluss der ganzen Zeile; vgl. dazu Wolf, a. a. O. 165.   15) Ein Beispiel von solchem Reim und Gegenreim steht II, 12, 31.   16) I, 5, 3; II, 9, 31; IV, 24. 15.   17) Vgl. dagegen Hügel a. a. O. 33—35.   18) W. Grimm, a. a. O. 69. Wackernagel, altfranz. Lieder S. 215, Lit.-Gesch. S. 59 (² 75). Die Entwickelung der Assonanz von Otfried an bis auf Konrad von Würzburg zeigt lehrreich Cl. Fr. Meyer, de theotiscae poeseos verborum consonantia finali. Berol. 1846. 8. (deutsch in Meyers histor. Studien. 1. Theil. Mitau und Leipzig 1851).   19) Lachmann, über Otfried S. 281 (Kl. Schriften 1, 458); Grimm, Grammatik 1³, 205, Anm. 1.   20) Für klingende hat sie auch noch Grimm, Grammatik 1³, 16 ff. genommen.   21) In wiefern die althochdeutsche Behandlungsweise scheinbar klingender Versausgänge auch noch im 13. Jahrhundert fortdauert, wird sich weiter unten zeigen.

zwei Langzeilen oder vier Halbzeilen, wie Otfried selbst rechnete und § 29 wie auch die geläufigste Hymnenstrophe, die Otfried zum Muster diente, eintheilt[1]. Die gleiche Form begegnet in dem ältesten Beispiel paarweise gereimter achtsilbiger Verse in der romanischen Poesie, der Passion Christi, in der die Assonanz wie bei Otfried zum Reime genügt und ebenfalls vier Zeilen zu einer Strophe verbunden werden[2]. Der Otfriedischen Strophe zunächst steht die dreizeilige, die ungemischt mit andern Strophenarten nur in einem kurzen Liede auf den heil. Petrus[3] gefunden wird, so jedoch, dass die letzte Langzeile in allen drei Strophen mit ihren nicht deutschen, sondern griechischen Worten, wiederkehrt, also eine Art von Refrain bildet, der in der Melodie nicht abgeändert wurde, während die beiden vorhergehenden Langzeilen in der Strophe sich darin nicht wiederholten[4]. Mehr als zwei oder drei Verse enthält keine durch ein ganzes Gedicht durchgeführte Strophe; dagegen wächst die Zahl der Langzeilen zu vier, fünf, sechs und neun, wo verschiedene Strophenarten in einem Gedichte gemischt erscheinen, obgleich auch hierbei, nach den uns erhaltenen Stücken[5] zu urtheilen, die zwei- und dreizeilige entschieden bevorzugt ist. Man darf in den Gedichten dieser Art die ersten sogenannten Leiche[6] sehen, eine poetische Form, die dem eine Strophenart festhaltenden Liede[7] zur Seite geht. Die deutschen

---

§ 29. 1) Vgl. Bartsch, der Strophenbau in der deutschen Lyrik, Germania 2, 257 f.   2) Diez, zwei altromanische Gedichte. Bonn 1852. 8. S. 5 f.   3) Docens Miscell. I, 4; Hoffmanns Fundgruben I, 1; dessen Geschichte des Kirchenliedes (3. A.) S. 22; Wackernagel, altd. Lesebuch[3] 277 ff.; Müllenhoff und Scherer, Denkmäler Nr. 9. Vgl. noch Schade in den Wissenschaftl. Monatsblättern 4, 55—60.

4) Vgl. das Facsimile des Textes mit überschriebenen Neumen bei Massmann, Abschwörungs-Formeln, und F. Wolf, a. a. O. S. 308, 152, wo auch von S. 19 an ausführlich über die Geschichte des Refrains gehandelt ist. Doch ist die Verschiedenheit der Melodie so gering, dass man kaum einen Leich darin erblicken kann; vgl. Scherer, Denkmäler S. 277([2] 291).   5) Es sind diess: Christus und die Samariterin (§ 43), der Lobgesang auf König Ludwig (§ 35), der 138ste Psalm (§ 43), alle drei unter zweizeilige Strophen nur dreizeilige mischend; der Leich auf den heil. Georg (§ 43), und das halb lateinische und halb deutsche Gedicht auf die beiden Heinriche (§ 17, 7), jener nach Lachmanns Abtheilung aus fünf-, sechs- und neunzeiligen, dieses aus vier- und dreizeiligen Strophen bestehend. Ueber die Metrik der kleineren ahd. Reimgedichte s. Siegfried in der Festschrift zu der 2. Säcularfeier des Friedrich-Werderschen Gymnasiums. Berlin 1881. 8.   6) Der Name bedeutet in dieser Zeit ganz allgemein Gesang, modus, canticum; über die frühere Bedeutung vgl. Grimm, Mythol.[3] 35 ([4] 32), über die spätere Uebertragung des romanischen *lai* durch *leich*, so wie über den Ursprung des romanischen Wortes aus dem Celtischen vgl. F. Wolfs Buch; Wackernagel, altfranz. Lieder und Leiche, Basel 1846. 8. S. 226.   7) Schon Notker Labeo († 1022) unterscheidet *lied* *unde leicha*; der erstere Ausdruck bereits im 6. Jahrhundert bei Venantius Fortunatus VII, 8: *leudos* oder *liedos*. Vgl. Wackernagel, Literat.-Geschichte S. 10 ([2] S. 9).

§ 29 Leiche stehen in nahem Zusammenhange mit dem Volksgesange', in welchem, wie das goth. *laiks* wahrscheinlich macht, zum Tanze gesungene Lieder von alter Zeit her üblich waren. Ferner ab liegen mit ihrem künstlicheren rhythmischen Bau die seit dem neunten Jahrhundert aufkommenden Prosen und Sequenzen, d. h. die zu rhythmischer Gliederung ausgebildeten und gereimten Worte, welche den früher textlosen Melodien oder Modulationen des Neuma oder der Jubilation des Alleluja angepasst wurden. Der St. Galler Notker Balbulus († 912) und seine Zeitgenossen und Schüler waren, wenn auch nicht die Erfinder, doch die eigentlichen Einführer und eifrigen Verbreiter derselben[9]. Die Mitte zwischen den deutschen Leichen und den lateinischen Sequenzen halten die Erzeugnisse der lateinischen Hofpoesie des zehnten und elften Jahrhunderts[10]. — Dass alle strophisch abgefassten Gedichte für den Gesang bestimmt waren, unterliegt keinem Zweifel; von den uns erhaltenen alliterierenden Werken darf man es wenigstens vermuthen[11]. Otfried spricht ausdrücklich von dem Gesang seines Gedichts[12], auch ist in einer Handschrift desselben eine Strophe mit Musiknoten überschrieben; der Notenzeichen über den Textworten des Liedes auf den heil. Petrus ist bereits gedacht worden. Für die Bestimmung zum Gesange spricht bei Otfried auch die Verwendung des Refrains, eines ganz musikalischen Elementes[13].

§ 30.

Im elften Jahrhundert hebt schon die Ausartung der deutschen Verskunst in den Gedichten mit Endreimen an und dauert bis gegen die Mitte des nächstfolgenden fort, wenigstens in den Werken der gelehrten Dichter. Denn die eigentliche Volkspoesie wird immer reinere und strengere Formen bewahrt haben. Auch in den nicht volksmässigen, aber von Gesang begleiteten Dichtungen machte schon die Melodie eine grössere Strenge der Form nothwendig. Daneben aber finden wir nun Gedichte, nicht mehr in Strophen verfasst, die auch formell freier und regelloser gebaut sind; der Art ist die gegen

---

8) Vgl. Liliencron in Haupts Zeitschr. 6, 91; Müllenhoff, Denkmäler S. XXIX f. u. S. 283(²297). 9) F. Wolf a. a. O. 29 ff. 100; Schubiger, die Sängerschule St. Gallens. Einsiedeln 1858. 4. Bartsch, die lat. Sequenzen des Mittelalters in musikalischer und rhythmischer Beziehung. Rostock 1868. 8. W.Wilmanns, welche Sequenzen hat Notker verfasst? in Haupts Zeitschr. 15, 267—294. 10) Bartsch a. a. O. S. 145—169; Lachmann, über die Leiche; F. Wolf, über die Lais. 11) Lachmann, über Singen und Sagen, S. 3, 4 (Kl. Schriften 1, 463 f). 12) Hoffmann, Kirchenlied (3. A.) S. 23 ff. Zu weit aber geht Ph. Wackernagel, wenn er (das deutsche Kirchenlied, I. Bd.) unter Nr. 78—83, 111 Strophen Otfrieds unter Quellen des Kirchenliedes mittheilt. 13) Vgl. über den Refrain bei Otfried Erdmann in Zachers und Höpfners Zeitschrift 1, 347 ff. Selbst der unstrophische Heliand könnte nach Schmellers Vermuthung (2, S. IX'), wo nicht durchweg, doch theilweise gesungen sein.

Ende des elften Jahrhunderts entstandene gereimte Bearbeitung der §·30
Genesis und Exodus (vgl. § 90), und das Bruchstück einer Weltbeschreibung[1]. Beide zeigen die Zerlegung der alten Langzeile in zwei
Verse, die zwar die frühere Weise der Reimbildung beibehalten, jedoch
paarweise, und ohne dass sie sich zu grössern, nach bestimmter me-
trischer Regel zusammengefassten Gliedern abschlössen, an einander
gereiht, die beliebteste Versart erzählender Gedichte des folgenden
Zeitraums in rohen Anfängen zeigen. Bald zu kurz, bald zu lang,
verläugnen diese Verse eben so oft ihren Ursprung, als sie die Zahl
von vier Hebungen entweder nicht erreichen, oder überschreiten; und
was wohl die meiste Rohheit verräth, bisweilen sind ganz kurze mit
sehr langen gereimt[2]. Dabei sind die Reime selbst nicht genauer,
als bei Otfried. — Dass diese Umgestaltung der alten Strophe nicht
mehr sangbar war, sondern dass darin abgefasste Gedichte, wie späterhin, schon jetzt vorgelesen wurden, darf wohl mit ziemlicher Sicherheit angenommen werden.

DRITTER ABSCHNITT.

Volkspoesie.

§ 31.

Obgleich es sich kaum bezweifeln lässt, dass die Volkspoesie
in diesem Zeitraum schon zu voller und reicher Blüthe gelangte, so
können wir uns doch, da sich von ihren Werken nur überaus Weniges
erhalten hat, kein vollständiges und lebendiges Bild von ihr machen.
Eine Ursache dieser dürftigen Ueberlieferung ist bereits oben (§ 11)
berührt worden. Die höhern Geistlichen im Allgemeinen und oft
auch die Fürsten waren dem Volksgesange nicht günstig und verfolgten ihn sogar lange Zeit. Das sprechendste Zeugniss dafür legen
die Verbote ab, welche von der Zeit des heil. Bonifatius an auf
Concilien und in Capitularen der fränkischen Könige gegen das Ab-
singen weltlicher Lieder, zunächst an die Geistlichkeit selbst, dann
auch an die Laien, wiederholt erlassen wurden[1]. Daher wurden ge-

§ 30. 1) Unter dem Titel Merigarto herausgegeben (vgl. § 47). 2) Ein
Versuch, das Metrum zu regeln, ist in der Bearbeitung Schades, Veter. Monum.
theotisc. decas S. 15—29 und in den Denkmälern von Müllenhoff u. Scherer N. XXXII
gemacht worden; vgl. dazu Bartsch in Pfeiffers Germania 9, 60 f.
§ 31. Ueber die Literatur des ahd. Zeitraumes vgl. namentlich die Denkmäler von Müllenhoff und Scherer; auch Pipers oben (§ 21, 1) angeführtes Buch.
1) Die Beweisstellen bei W. Wackernagel, Wessobrunner Gebet S. 27 ff.

§ 31 wiss bis gegen Ausgang des achten Jahrhunderts nur höchst selten
dergleichen Gesänge aufgeschrieben, und wo diess dennoch, wie namentlich in Frauenklöstern[2], geschah, konnten erneute Verbote und
die Wachsamkeit der Obern leicht den Untergang des Niedergeschriebenen bewirken. Erst nachdem Karl der Grosse das Beispiel gegeben, alte Heldenlieder seines Volks zu sammeln[3], wobei er sich
höchst wahrscheinlich geistlicher Hände bediente, mögen einzelne
Klosterbrüder sich ihrer Neigung für das Volksepos ungestörter hin-
gegeben haben und die Aufzeichnungen der Lieder zahlreicher geworden sein[4]. Verschmähten es doch selbst die Geistlichen des zehnten und elften Jahrhunderts nicht mehr, Gegenstände des deutschen
Volksgesanges, alte heimische Sagen und wirkliche Ereignisse aus
der nächsten Vergangenheit, sich anzueignen und in kunst- oder volksmässiger Form lateinisch zu bearbeiten. Hierher gehören der Waltharius (nach alemannischer), der Rudlieb (nach baierischer), die Ecbasis
captivi (nach lothringischer Ueberlieferung), so wie mehrere kleinere,
nicht aus älterer Sage hervorgegangene Stücke[5]. 'Es muss unter den
lateinisch Gebildeten jener Zeit, also zunächst Geistlichen, besondere
Lust geherrscht haben, sich in der poetischen Darstellung solcher
Gegenstände zu versuchen'. Diese Dichtungen, 'in die sich eine Menge

---

2) In einem Capitulare von 759 wird den Klosterfrauen verboten winileodes
scribere vel mittere. Vgl. Müllenhoff in Haupts Zeitschr. 9, 129 ff.   3) Ein-
bard, c. 29 von Karl dem Grossen: item barbara et antiquissima carmina, quibus
veterum actus et bella canebantur, scripsit memoriaeque mandavit. Diese berühmte und viel besprochene Stelle, sonst auf Bardenlieder bezogen, zu deren
Auffindung einst ein Preis ausgesetzt wurde (Bragur VI, 2, 246 ff.), ward zuerst
von A. W. v. Schlegel (Athenäum II, 2, 306 ff.) auf alte Gedichte aus dem Sagenkreise der Nibelunge gedeutet. Dass darunter wenigstens Lieder zu verstehen
seien, die deutschen Heldensagen angehörten, ist kaum zu bezweifeln; ob sie aber
nicht noch andere Sagen betrafen, als die uns aus spätern Dichtungen bekannten,
kann nicht so leicht entschieden werden. So waren noch zu Ende des 9. Jahrhunderts Lieder über merovingische Könige bekannt (W. Grimm, Heldensage S. 27);
auch dergleichen konnten sich wohl in Karls Sammlung befinden. Müllenhoff (zur
Geschichte der Nibel. Not S. 74, vgl. Haupts Zeitschrift 6, 435) will sie sogar auf
fränkische Lieder beschränkt wissen, die die Thaten von Karls Vorfahren feierten.
Dagegen lässt sich gar nicht erweisen, dass darin ein Lied von der Nibelunge
Noth auch nur enthalten gewesen sein könnte (Lachmann, Kritik d. Nib. S. 400).
— Ueber sonstige frühe Aufzeichnung deutscher Lieder vgl. W. Grimm, a. a. O.
S. 378, und oben § 16, 13.   (4) So verdanken wir vermuthlich einem Fuldai-
schen Mönche die Aufzeichnung des Hildebrandsliedes; vgl. Lachmann, über das
Hildebrandslied S. 23 (Kleinere Schriften 1, 430), der aber, nach dem Vorgange von
W. Grimm, Aufzeichnung durch zwei Mönche annimmt). In Reichenau befand sich
821 de carminibus theodiscae vol. I, und 842 XII carmina theodiscae linguae for-
mata, und carmina diversa ad docendum theodiscam linguam. Neugart, Episcopatus Constant. 1, 539. 550. Massmann in Pfeiffers Germania I, 359. Scherer, Denkmäler S. 470 (2 530).   ) 5) Hinter jenen dreien in J. Grimms u. Schmellers latein.

Stoff geflüchtet, den die heimische Dichtkunst erzeugte, aber kein § 31
Mittel mehr hatte, zu erhalten', haben vielfach zur Vermittelung ge-
dient zwischen der absterbenden althochdeutschen und der aufblühen-
den mittelhochdeutschen Poesie⁶. Aus dem Schluss des zehnten
Jahrhunderts haben wir ein bestimmtes Zeugniss von dem Vorhan-
densein deutscher Bücher, die Lieder über einen Theil der grossen
Heldensage enthielten⁷. Indessen wird wohl auch in dieser spätern
Zeit die weltliche Poesie noch immer vorzugsweise im Munde des
Volkes und der Sänger gelebt haben. Dass nun aber von dem, was
wirklich durch die Schrift festgehalten wurde, nur so geringe Ueberbleibsel auf die Nachwelt gekommen sind, davon werden wir die
Gründe wohl hauptsächlich in der allmählig veraltenden, den jüngern
Geschlechtern immer unverständlicher werdenden Sprache der niedergeschriebenen Lieder, sowie in dem neuen Geschmack suchen müssen,
der nach der Mitte des zwölften Jahrhunderts in der deutschen Poesie
aufkam. Beides musste die poetischen Denkmäler der Vorzeit überhaupt früh in Vergessenheit bringen und, wenn sie nicht zufällig in
Klosterbibliotheken sich versteckt hielten, dem Untergange zuführen.
Auch mag dazu das seinige der Stillstand beigetragen haben, der im
zehnten und beginnenden elften Jahrhundert für die deutsche Poesie
eingetreten zu sein scheint⁸; denn mit der Abnahme der poetischen
Kraft und des poetischen Sinnes musste auch das Interesse an den
Dichtungen schwinden, die aus frühern Zeiten in diese herüberreich-
ten. — Das, was wir von der Volkspoesie dieses Zeitraums wissen,
und was noch von ihren Werken übrig ist, kann unter folgenden
Gesichtspunkten zusammengestellt werden.

A. Stoffe der Volkspoesie. — Erhaltene Werke.

§ 32.

1. Deutsche Heldensage. — Die seit dem sechsten Jahrhundert beginnenden Zeugnisse für das Bestehen und Fortbilden
deutscher, aus mythischen und geschichtlichen Grundlagen hervorge-
gangener und in einander verwachsener Heldensagen¹ befinden sich

---

Gedichten des X. u. XI. Jahrh. und anderswo gedruckt.   6) Vgl. J. Grimm und
Schmeller, a. a. O., besonders S. IX. X. L. 223; Gervinus, I², 91 ff. (I², 150 ff.).
7) W. Grimm, a. a. O. 30 ff.; 378.   8) In wiefern diese Erscheinung bereits
lange vorher vorbereitet war, deutet J. Grimm, a. a. O. S. VII, treffend an: 'Nachdem das Christenthum die noch aus heidnischer Wurzel entsprossene Dichtung des
8. u. 9. Jahrh. verbsäumt oder ausgerottet hatte, musste die deutsche Poesie eine
Zeit lang still stehen, einer Pflanze nicht ungleich, der das Herz ausgebrochen ist.'
§ 32. 1) Die Zeugnisse finden sich bei W. Grimm, die deutsche Heldensage.
Göttingen 1829; 2. Ausg. Berlin 1867. 8. Auf dieses vortreffliche Werk, so wie auf

§ 32 fast alle theils in Geschichtschreibern und Chronisten dieses Zeitraums, theils in angelsächsischen und nordischen Gedichten, theils
endlich in den deutschen und lateinischen Ueberbleibseln der Volksdichtung selbst. — Am weitesten reichen die Zeugnisse zurück, welche
sich auf die Sage von dem Gothenkönig E r m a n r i c h beziehen, der
unter dem Namen E r m a n a r i c u s auch bei Jornandes vorkommt.
Was dieser von ihm, und insbesondere von seinem Ende erzählt[2],
ist gewiss der Inhalt eines gothischen Liedes gewesen. Dafür spricht
nicht bloss der von Jornandes sagenhafter Erzählung abweichende,
mehr historische Farbe tragende Bericht von jenes Königs Tode bei
einem ältern Geschichtschreiber[3], sondern auch das Fortleben dieser
Sage in den spätern Dichtungen Deutschlands und des Nordens.
Dort ward Ermanrichs Sage, die nach Zeugnissen aus den folgenden
Jahrhunderten umfassender war, als sie bei Jornandes erscheint[4], an
die Dieterichssage geknüpft, und diese Verknüpfung lässt sich bis
zur Scheide des zehnten und elften Jahrhunderts zurückverfolgen;
im Norden lehnte sie sich an die Siegfriedssage an; wann, lässt sich
nicht mehr sagen: den alten Eddaliedern[5] war diese Verbindung schon
bekannt. Die S i e g f r i e d s s a g e verräth sich von da an, wo sie, das
Gebiet der Götter- und Dämonenwelt aufgebend, ihre Helden als
blosse Menschen erscheinen lässt, durch Namen und Oertlichkeit als

---

die nicht minder ausgezeichneten Forschungen von P. E. Müller, Sagabibliothek
(Kopenhagen 1817—20. 3 Bde.; deutsch der erste Band von Lachmann, der zweite
von G. Lange), und Lachmann, Kritik der Sage von den Nibelungen verweise ich
für diesen und den folgenden §. Dazu kommen neuerdings A. Rassmann, die deutsche Heldensage und ihre Heimath. 2 Bde. Hannover 1857—59. 8; Müllenhoff,
Zeugnisse und Excurse zur deutschen Heldensage, in Haupts Zeitschrift 12, 253
bis 386. 413—436; Nachlese von Jänicke, ebend. 15, 310—332; R. v. Muth, Untersuchungen und Excurse zur Geschichte und Kritik der deutschen Heldensage und
Volksepik. Wien 1878. 8 (aus den Sitzungsberichten der Akademie); von ältern
ist noch zu nennen Mone, Untersuchungen z. Gesch. d. teutschen Heldensage. Quedlinburg 1836 8.   2) Jornandes c. 23. 24.; vgl. Grimm, Mythol. 345 (4 308), und
in Haupts Zeitschrift 3, 151 ff.; auch Uhland, Schriften z. Geschichte d. Dichtung
und Sage 1, 113. Welches Inhalts die Lieder waren, womit die Westgothen den
Leichnam ihres in der Catalaunischen Schlacht gefallenen Königs bestatteten, lässt
sich aus den Worten des Jornandes, c. 41, nicht errathen.   3) Ammianus Mar-
cellinus 31, 3.   4) Die spätern Zeugnisse dieses Zeitraums bringen mit Er-
manrich schon seine Neffen, die Harlunge, zusammen, über die es auch sehr früh
Sagen gab.   5) Die Sammlung altnordischer Gesänge, welche unter dem Namen
der Sämundischen oder alten Edda (im Gegensatz zu der jüngern, prosaischen oder
Snorraischen, von Snorri Sturluson nur theilweise verfassten) bekannt ist, rührt zwar
erst aus dem 13. Jahrh. her (mit unzureichenden Gründen bezeichnete man den 1133
gestorbenen Sämund als Sammler); die Gesänge selbst aber, worunter eine bedeutende Anzahl die früheste bekannte Gestaltung der deutschen Heldensage im
Norden gibt, sind weit älter. Doch gehen auch die ältesten in der uns erhaltenen
Gestalt nicht über das 9. Jahrhundert zurück; sie sind wieder meist Nachbildungen

eine **fränkische** vom Niederrhein. Auch ohne ausdrückliche Zeug- § 32
nisse darf man den Zeitpunkt, wo diese Umwandlung vollendet war,
etwa im siebenten Jahrhundert ansetzen. — Schon früher, wohl noch
im fünften Jahrhundert, muss es Lieder gegeben haben, deren Inhalt
sich auf ein geschichtliches Ereigniss bezog, auf den Untergang des
burgundischen Königs Gundicarius mit den Seinigen durch die
Hunnen (i. J. 437)[6]. Mit dieser burgundischen Sage verschmolz
späterhin die fränkisch gewordene Siegfriedssage, und die fränkischen Nibelunge fielen nun mit den burgundischen Königen zusammen. Jene bildet den Kern des zweiten Theils der spätern Nibelunge
Noth, diese den des ersten. Wann diese Verschmelzung vor sich
gieng, die auf verschiedene Weise in der deutschen und in der nordischen Darstellung stattgefunden hat[7], wissen wir nicht. Zu spät
darf man sie aber nicht ansetzen, da sie wenigstens nach einem nordischen Zeugniss schon zu Anfang des neunten Jahrhunderts vollbracht gewesen sein muss[8]. — Eine vierte grosse Sage, die in diesem
Zeitraum aufkam, ist die von Dieterich, in welchem höchst wahrscheinlich gleich von Anfang an Theodorich der Grosse zu
suchen ist. Dass dieser schon im siebenten Jahrhundert zu einem

und Umarbeitungen noch älterer Lieder. — Die Hauptausgabe der alten Edda ist
die Kopenhagener, 1787—1828. 3 Thle. 4.; neuere sind die von Munch (1847), Lüning
(1859), Möbius (1860), Bugge (1867), Grundtvig (1868) und Hildebrand (1876). Die der
deutschen Heldensage am nächsten stehenden Lieder sind herausgegeben, erklärt und
übersetzt durch die Brüder Grimm: Lieder der alten Edda. Berlin 1815. Uebersetzung der ganzen Edda von Simrock. Stuttg. 1851. 8. Aufl. 1882. 8. In Prosa
übersetzt und erklärt von A. Holtzmann, die ältere Edda. Vorlesungen, herausgegeben von A. Holder. Leipzig 1875. 8.   6) Nicht durch Attila, wie man früher
annahm, im J. 436, sondern durch hunnische Hülfstruppen des Aetius; vgl. Waitz,
Forschungen zur deutschen Geschichte 1, 3 ff. Müllenhoff in Haupts Zeitschrift
10, 146 ff.   7) Die wesentliche Verschiedenheit, die zwischen der deutschen
und nordischen Auffassung der Sage in Betreff der Urheber von Günthers und
der Seinigen Untergang herrscht, erklärt W. Müller (Versuch einer mythol. Erklär.
30 ff.) daraus, dass nach der Wanderung der Sage nach dem Norden in Deutschland ihre Gestaltung noch eine bedeutende Einwirkung durch den von der burgundischen Chlothilde, Gemahlin des Frankenkönigs Chlodwig i. J. 538 herbeigeführten Untergang des burgundischen Königshauses erlitten habe.   8) Ich bin
in dem, was hier von der Geschichte der Siegfrieds- und Dieterichssage angedeutet
ist, wesentlich Lachmann gefolgt; vgl. noch Müllenhoff, a. a. O. Rieger, die Nibelungensage, in Pfeiffers Germania 3, 163—198. In vielen Punkten haben Lachmanns Untersuchungen und die von Müller und Grimm zu gleichen oder ähnlichen
Resultaten geführt; in einigen wesentlichen Dingen weichen sie aber von einander
ab. Im Allgemeinen kann man sagen, dass Müller und Grimm die Sage mehr aus
mythischen Elementen entstehen lassen, die erst im Laufe der Zeiten mehr oder
minder glücklich an historische Charaktere und Begebenheiten angelehnt worden
seien; Lachmann aber neben dem mythischen Element in der für uns ältesten
Siegfriedssage andere Hauptbestandtheile der Sage annimmt, die gleich von vorn
herein auf historischen Ereignissen begründet waren. So unterscheiden jene beiden

§ 32 Helden der Sage geworden, beweist die von Fredegar und Aimoin mitgetheilte[9] gothisch-byzantinische Heldensage[10]. Schon zu Anfang des neunten Jahrhunderts finden wir ihn in Verbindung mit Attila oder Etzel, mit dem er ursprünglich wohl eben so wenig in der Sage, wie in der Geschichte zusammenhieng. Vielleicht ist schon um dieselbe Zeit, durch Vermittelung der Sage von Etzel, Dieterich in die Sage von der Burgunden Untergang eingeführt worden: etwas Gewisses lässt sich darüber nicht ermitteln. Wahrscheinlich ist er aber erst auf diesem Wege, und nicht durch unmittelbare Anknüpfung an Siegfried, in die burgundisch-fränkische Nibelungensage gekommen, wie wir sie aus der spätern deutschen Darstellung kennen[11]: denn die nordische Gestaltung weiss von ihm so gut wie gar nichts.

§ 33.

Ausser diesen vier grossen Fabelkreisen, die gewiss in zahlreichen Liedern unter dem Volke fortlebten und sich fortbildeten, gab es in diesem Zeitraum noch eine Anzahl mehr oder minder umfangreicher Heldensagen, die allmählig in jene Kreise aufgenommen wurden, da wir sie in deren späteren Gestaltungen wiederfinden. Dahin gehören die, den Zeugnissen nach, schon in das achte, vielleicht

---

einen mythischen Atli von dem historischen Attila, welchen letztern Lachmann allein in der Sage gelten lassen will (vgl. auch W. Müller, a. a. O. 29 f. und Müllenhoff S. 146); wogegen er zwei verschiedene Günther annimmt, den Nibelung, der zuerst in der fränkischen Sage erscheint, und den burgundischen König (vgl. Müllenhoff, S. 155 f., der auch glaubt, noch bestimmt genug nachweisen zu können [S. 157], dass die Verbindung von Geschichte und Mythus in der Vorstellung des Volks wenigstens schon vor 453 vollzogen war: der Tod Attilas habe die Sage zum Abschluss gebracht). Auch neigt sich Grimm mehr dazu hin, den Dieterich für einen ursprünglich unhistorischen, vielleicht selbst mythischen Charakter anzusehen, der erst späterhin auf den historischen Theodorich übertragen sei, während Lachmann nur den letzten festhält. 9) Bei J. Grimm, Reinh. Fuchs S. XLIX; vgl. auch Mythol. 346 (⁴ 308 f.) und Uhland in Pf. German. 1, 335 f. 10) W. Müller, die geschichtliche Grundlage der Dietrichssage, in Hennebergers Jahrbuch f. deutsche Literaturgeschichte I (Meiningen 1855), 159—179. L. Uhland, Dietrich von Bern, in Pfeiffers Germ. 1, 304—311. K. Meyer, die Dietrichssage in ihrer geschichtlichen Entwickelung. Basel 1868; vgl. E. Martin in Heidelb. Jahrbücher 1868, S. 149—161, und dagegen K. Meyer, Germ. 14, 432 ff. — Einem andern, von dem ostgothischen ursprünglich ganz verschiedenen Dietrich von Bern möchte Lersch (Jahrb. d. Vereins f. Alterthumskunde im Rheinlande, 1, 24 ff.) die Gegend um Bonn und Cöln als den eigentlichen Schauplatz seiner Sage anweisen. Die Zeugnisse dafür sind aber zu jung, und es dürfte sich wohl eher behaupten lassen, dass die Versetzung des Helden an den Rhein durch die Verwechselung des italien. Bern (Verona) mit dem rheinischen (Bonn) oder durch Berührung mit der austrasischen Dietrichssage (Müllenhoff in Haupts Zeitschr. 6, 435 ff.) veranlasst worden sei.   11) Welche Personen aus andern verwandten Sagen Dieterich wiederum in die Nibelungensage nach sich gezogen hat, gibt Lachmann an, Anmerk. zu den Nibel. S. 9.

siebente Jahrhundert hinauf rückenden Sagen von Heime[1], Witige[2] § 33
und des letztern Vater Wieland[3]. Besonders berühmt muss die von
Wieland gewesen sein, da sie sich selbst über die Grenzen der germanischen
Länder verbreitet hat[4]. Ferner die Sage von Walther
von Aquitanien, die uns zuerst im zehnten Jahrhundert begegnet[5];
die von Irnfried und Iring, wovon der erstere zugleich als historische
Person unter dem Namen König Irmenfried von Thüringen
bekannt, der andere mit ihm, 'nach einer uns aus dem zehnten Jahrhundert
überlieferten Sage[6], in die Geschichte von dem Untergange
des thüringischen Reichs verflochten ist, allein, wie schon oben bemerkt
wurde[7], ursprünglich ein rein mythischer Held gewesen sein
dürfte, was auch von Ruediger vermuthet wurde[8], wenn dieser auch
später als historische Person galt, und sich erst um die Mitte des
zwölften Jahrhunderts Lieder über ihn erwähnt finden. — Endlich
ist hier noch einer, von allen bisher genannten, wie es scheint, immer
unabhängig gebliebenen Sage zu gedenken, der von Gudrun, die
in dem nordwestlichen Deutschland, besonders in den Niederlanden,
Friesland, so wie auch in einem Theile von Scandinavien heimisch
gewesen sein mag; ein Haupttheil derselben, die Sage von Hetel und
Hilde, war schon in der zweiten Hälfte des elften Jahrhunderts in
Oberbaiern verbreitet[9]. Die ersten Niedersetzungen eines Theils derselben
lassen sich nach angelsächsischen und nordischen Zeugnissen[10]

---

§ 33. 1) Ueber die früheste Verbindung von Witege und Heime vgl. Müllenhoff
in Haupts Zeitschr. 12, 308; über Heime auch S. 302 ff. 2) Ueber den historischen
Vorläufer des mythischen Witege, den gothischen Vidigoja bei Jornandes,
vgl. Müllenhoff a. a. O. 255—259. 3) Vgl. über diese drei Helden Grimm, Mythol.
349—352; 451 (⁴ 312—314; 399); Uhland in Pfeiffers German. 6, 340 ff.; K. Meyer,
die Wielandsage, ebenda 14, 283—300; Zupitza in der Z. f. deutsches Alt. 19, 129 f.
4) W. Grimm a. a. O. 41 ff.; 401 f.; über die Sage von Wieland und besonders
über ihre Ausbreitung in Frankreich vgl. auch Véland le forgeron. Dissertation
sur une tradition du moyen âge, avec les textes islandais, anglo-saxons, anglais,
allemands et français-romans, qui la concernent. Par G. B. Depping et Fr. Michel.
Paris 1833. 8.; und F. Wolf in den altd. Blättern 1, 34—47. Eine Zusammenstellung
des Wesentlichsten von dem, was W. Grimm, P. E. Möller und Depping ermittelt
haben, findet man auch bei Stieglitz, die Sage von Wieland dem Schmied, dem Dädalus
der Deutschen. Leipzig 1835. 8. 5) Vgl. §. 34 und Müllenhoff in Haupts
Zeitschrift 10, 163 f.; 12, 273—279. 6) Bei Widukind im ersten Buche; vgl. J.
Grimm a. a. O. 331 f. und 332 Anm. (⁴ 296 ff.). 7) § 7, 4. 8) S. ebendas.
9) Müllenhoff in Haupts Zeitschr. 12, 314. 317. 10) W. Grimm a. a. O. 327 ff.; H.
Leo, altsächs. und angelsächs. Sprachproben. Halle 1838. 8. S. 75, Anm.; J. Grimm
in Haupts Zeitschr. 2, 2 ff.; vgl. auch Ettmüllers Vorrede zu den Gudrunliedern
und die in § 101 erwähnte Literatur über das mhd. Gedicht. Verwandte Sagen hat
A. Schott in der Einleitung zu Vollmers Ausgabe der Gudrun S. XIX ff. nachzuweisen
gesucht, darin aber sehr viele willkürliche Annahmen und Schlüsse, besonders
über die Verwandtschaft, ja das theilweise Ineinanderaufgehen der Gudrun-
und Siegfriedsage sich erlaubt, ganz abgesehen von der Zusammenstellung

§ 33 wenigstens bis in das neunte, ja achte Jahrhundert hinauf verfolgen; im zwölften muss sie schon weit ausgebildet und in ganz Deutschland bekannt gewesen sein[11].

§ 34.

Gegen diesen Reichthum an eigentlichen alten Heldensagen, den Deutschland schon vor dem zwölften Jahrhundert besass, erscheint nun freilich das, was sich davon in dichterischen Gestaltungen erhalten hat, dem Umfange nach äusserst ärmlich; und selbst der besondere und innere Werth der geretteten Ueberbleibsel ist dadurch sehr geschmälert, dass von den beiden Gedichten, die ihren Inhalt ganz und allein aus diesen Sagen entlehnt haben, das eine und einzige, woraus wir die alte Form der Heldenlieder kennen lernen, kein abgeschlossenes Ganze, das andere, wenn gleich vollständig, doch nicht in deutscher Sprache abgefasst ist. /Jenes ist das berühmte Hildebrandslied, dieses der Walther von Aquitanien. Das erstere, zu Anfang des neunten Jahrhunderts wahrscheinlich in Fulda niedergeschrieben, verräth eine dem Niederdeutschen sehr nahe stehende Mundart, in der thüringische Formen durchblicken[1]; jedoch beruht es auf einer oberdeutschen Grundlage[2]. Sonst für ein zusammenhängendes, aber mitten in der Erzählung abbrechendes Fragment gehalten, hat es sich schärferer Betrachtung als eine Reihe vereinzelter, vielleicht nicht einmal richtig geordneter, durch prosaische Zwischensätze hie und da zusammengehaltener Bruchstücke dargestellt[3]. Seinem Inhalt nach gehört es in den Sagenkreis von

---

der deutschen Sage von Hilde-Gudrun mit der von Helena und dem Persephone-Mythus.   11) Zur Sage vgl. auch J. Haupt, Untersuchungen zur Gudrun. Wien 1866. 8. C. Hofmann in den Sitzungsber. d. Münch. Akad. 1867. II, 206 ff. Klee, zur Hildesage. Leipzig 1873. 8.

§ 34. 1) Nach Müllenhoff, Denkmäler S. VIII, ist es in Thüringen oder Hessen entstanden. Ueber die Handschrift vgl. F. G. C. Gross. Cassel 1879. 8 (aus der Zeitschrift für hessische Geschichte. N. F. 8. Bd.).   2) Vgl. A. Holtzmann in Pfeiffers German. 9, 289—293, K. Meyer, ebenda 15, 17—27, hat den Versuch gemacht, es in oberdeutsche Mundart zurückzuübersetzen. Die Ausgabe von A. Vollmer und K. Hofmann, Leipzig 1850, gibt sogar einen sächsischen und gothischen Text.   3) Dass so ungefähr das erhaltene Stück beschaffen sein möchte, deutete schon W. Grimm (Götting. gel. Anz. 1830, Nr. 48, kl. Schr. 2, 423 ff.) an; den Beweis lieferte Lachmann nebst einem kritisch verbesserten Texte mit und in seiner Abhandlung über das Hildebrandslied. Nachdem das zuerst 1729 von Eccard in den Comment. de reb. Franc. orient. 1, 864—902, bekannt gemachte Gedicht lange für ein Stück eines altniederdeutschen Prosaromans gegolten hatte, wiesen die Brüder Grimm zuerst in ihrer Ausgabe (die beiden ältesten Gedichte, Cassel 1812. 4) die Alliterationsform darin nach (vgl. § 27). Eine neue Musterung des Textes nebst Erläuterungen gab dann J. Grimm, altdeutsche Wälder 2, 97 ff., und ein genaues Facsimile der in Cassel aufbewahrten Handschr. W. Grimm: de Hildebrando antiquissimi carminis

Dieterich: 'der alte Hildebrand, mit Dieterich von Ottacker vertrie- § 34
ben, kehrt nach dreissig Jahren heim und kämpft mit seinem eigenen
Sohne Hadubrand'. Den Ausgang des Kampfes erfahren wir nicht:
wahrscheinlich bildete nicht der Fall des Vaters, sondern der des
Sohnes den tragischen Schluss des Gedichtes[4], ebenso wie in der
persischen Dichtung von Rustum und Zohrab und dem gallischen
Gedichte von Conlach und Cuchullin[5]. Merkwürdig ist es, dass, wie
die diesem Liede zum Grunde liegende Sage die erste ist, die uns
in lebendiger Poesie aus unserm Alterthum entgegentritt, sie auch
die ist, die unter allen Stoffen der deutschen Heldensage sich am
längsten, bis ins siebzehnte Jahrhundert herein, im lebendigen Volksgesange erhalten hat[6]. — Walther von Aquitanien[7] oder Waltharius manu fortis wurde in lateinischen nicht leoninischen Hexametern, bei denen in Ausdruck und Stil Virgil zum Vorbilde diente,
etwa 930 als metrische Jugendübung von dem St. Galler Mönche
Eckehard I († 973) gedichtet und von seinem älteren Zeitgenossen
und Lehrer Geraldus corrigirt[8], später von einem Bruder desselben

teutonici fragmentum. Gotting. 1830. fol. Die erste kritische Bearbeitung unternahm Lachmann: über das Hildebrandslied. Abhandl. der Berliner Akademie 1833
(Kl. Schriften 1, 407 – 448). Seit der Zeit haben sich um Kritik und Erklärung verdient gemacht W. Wackernagel, altd. Lesebuch 63 ff., 5. Ausg. 233 ff.; C. Hofmann,
in den Münch. Gel. Anzeig. 1855, Nr. 6 f.; C. W. Grein, das Hildebrandslied. Götting.
1858. 8. 2. Aufl. 1880 (mit e. Photogr. der Hs.) auf neuer Vergleichung der Hs. beruhend; Rieger in der German. 9, 295 – 320; Wilken in Zachers Zeitschrift 4, 315;
Zarncke in den Berichten der k. sächs. Gesellsch. d. Wissensch. 1870, S. 197 f.; Edzardi in den Beiträgen von Paul u. Braune 8, 480 ff ; Schulze zur Geschichte und
Kritik des H. Naumburger Programm. 1876. 4. Der Text bei Müllenhoff und Scherer,
Denkmäler deutscher Poesie und Prosa aus dem VIII—XII Jahrh., Berlin 1864. 8
(Nr. 2), 2. Aufl. 1873, fusst auf Lachmann und behandelt das Metrische nach dessen
Grundsätzen (vgl. § 27, 9). In photograph. Facsim. gab das H. L. heraus E. Sievers.
Halle 1872. 8. Im Gegensatze zu Lachmann und Rieger (Germ. 9, 317) halten Grein
und C. Hofmann (Münch. Gel. Anz. 1860, Nr. 24) das Lied für vollständig. Eine Er-
gänzung der Lücken versuchte H. Feussner, die ältesten alliterirenden Dichtungs-
reste in hochdeutscher Sprache. Hanauer Gymnasial-Programm von 1845. 4.
    4) Rieger in Pfeiffers Germania 3, 310 – 315. 5) H. Lambel in Pf. Germ.
10, 336 f. Mit der russischen Sage von Ilja Murometz hat das Lied verglichen Or.
Müller im Archiv f. d. Studium d. neueren Sprachen 33, 257 – 280. 6) Ueber das
Verhältniss des alten Liedes zu dem jüngern Volksliede, sowie zu der zwischen
beiden liegenden Gestaltung der Sage, wie sie uns die Vilkina-Sage kennen lehrt,
vgl. W. Grimm, Heldensage 22 ff.; Lachmann, Hildebrandslied S. 2 (Kl. Schriften 1,
408). 7) Die gelehrte Uebersetzung des althochd. Wascônôlant. W. Grimm,
a. a. O. S. 87. 8) Den alten Eckehard (des berühmten Notker Oheim und
Lehrer) nennt als Verfasser der gleichnamige spätere Ueberarbeiter; den Geraldus
ein Prolog, den zwei Handschriften, und darunter die älteste von allen, geben.
Vgl. W. Grimm, zur Geschichte des Reims S. 139. Meyer von Knonau, die Ekke-
harte von S. Gallen. Basel 1876. 8. — Zuerst herausgegeben von F. C. J. Fischer,
de prima expeditione Attilae ac de rebus gestis Waltharii, Aquitan. principis. Lips.

§ 34 Klosters, Eckehard IV⁰, durchgesehen und überarbeitet. Das Gedicht enthält die Sage[10] von des Helden Aufenthalt bei Attila, seiner Flucht mit Hildegund und dem Kampf, den er in der Nähe von Worms mit den Helden des Königs Günther und zuletzt mit diesem selbst zu bestehen hat. Die nähere Quelle des Gedichtes war wahrscheinlich ein im zehnten Jahrhundert gangbares deutsches Lied, dessen wahrhaft epische Kraft sich auch noch unter den Fesseln einer fremden Sprache und Form fühlbar macht und dessen Vorhandensein durch die Auffindung von Bruchstücken eines angelsächsischen Walther noch wahrscheinlicher geworden ist[11]. — In loserer Berührung mit der eigentlichen Heldensage steht das um die Mitte des elften Jahrhunderts in leoninischen Hexametern verfasste Gedicht, das nach dem Helden Rudlieb benannt ist, und das man mit Unrecht dem Tegernseeer Mönche Froumund oder Fromund beigelegt hat[12]; vielleicht dass es in seinem fernern Verlauf (wir besitzen nur Bruchstücke[13])

1780. 92. s.; dann von A. F. Molter, Beiträge zur Gesch. u. Literat. Frankf. a. M. 1798; von J. Grimm in den latein. Gedichten des 10. u. 11. Jahrb., S. 3—53, wo auch der Prolog (S. 59 f.) mitgetheilt ist (er steht auch in Mone's Quellen und Forschungen 1, 183). Die neuesten Ausgaben sind von R. Peiper, Berlin 1873. 8 (vgl. Pannenborg in den Gött. Gel. Anz. 1873, Nr. 29) und von Scheffel und Holder. Stuttgart 1874. 8. mit Uebersetzung von Scheffel. Dazu Anmerkungen zum Waltharius von A. Geyder in Haupts Zeitschrift 9, 145—166, der Fauriels irrige Ansicht (histoire de la poésie provençale 1, 269 ff.) widerlegt, wonach das Gedicht in Südfrankreich entstanden sei; W. Meyer, philologische Bemerkungen zum Waltharius. München 1873. 8 (aus den Sitzungsber. d. Akademie); F. Müller in Zachers Zeitschrift 9, 161—172. Uebersetzt auch von San-Marte. Magdeburg 1853. 8. Ueber den Versbau, die Sprache und die Literatur des Gedichts, über seinen oder seine Verfasser, die Sage und ihre anderweitigen Bearbeitungen, so weit sie damals bekannt waren, handelt J. Grimm ausführlich in der Vorrede, und S. 54—126; vgl. auch Götting. G. A. 1838, Nr. 137 (kl. Schr. 5, 286 ff.). Ueber die polnische Waltharisage vgl. R. Rischka im Programm des Gymnas. zu Brody 1879. 8.   9) Ueber ihn vgl. E. Dümmler in Haupts Zeitschrift 14, 1—73. Er war um 980 geboren und † etwa 1060; mit Hattemer (Denkmahle des Mittelalters 1, 339) auf 1070 herabzugehen ist kein Grund. Er war ein Schüler von Notker Labeo. unter Erzbischof Aribo von Mainz (1020—1031) Schulvorsteher in Mainz, nach Notkers Tode kehrte er nach St. Gallen zurück.

    10) Lachmann, Kritik d. Nibel. Sage, S. 439, und J. Grimm, a. a. O. S. X erkennen darin eine alemannische Ueberlieferung.   11) Vgl. Two leaves of king Walderes lay, publ. by G. Stephens, London 1860. 8; und Müllenhoff in Haupts Zeitschrift 12, 264—279. Ueber die Bruchstücke eines deutschen Walther in Strophenform aus dem 13. Jahrb. s. § 102.   12) Schon W. Grimm, z. Gesch. d. Reims S. 148, stimmte Schmellers Vermuthung über den Verf. nicht bei, wegen des verschiedenen Reimgebrauchs in den echten Gedichten Fromunds und aus andern Gründen; vgl. auch S. 143 ff.   13) Herausgeg. von Schmeller in den latein. Gedichten des X. XI. Jahrb. S. 129 ff.; weitere Fragmente in Haupts Zeitschrift 1, 401 ff. Neue kritische Ausgabe von F. Seiler. Halle 1882. 8. Vgl. L. Laistners Recension im Anzeig. f. d. Alt. 9, 70—106; dazu F. Seiler, die Anordnung der Rudliebfragmente und der alte Rudliebus, Zeitschrift f. d. Alt. 27, 332—342; auch Schepps in Zachers Zeitschrift 15, 119—433.

tiefer in die Heldensage eingriff oder, falls es nie vollendet worden, § 34 eingreifen sollte. Besonderen Reiz gewinnt das Gedicht, das als Composition Erfindung des Dichters unter Benutzung von Sagenelementen ist, durch die darin enthaltenen culturgeschichtlichen Schilderungen.

§ 35.

2. Volkssagen und Volkslieder, die nicht zu den grossen deutschen Heldensagen gehörten, muss es in diesem Zeitraume auch in grosser Zahl gegeben haben. Dergleichen waren a) die Stammsagen[1] einzelner deutscher Völkerschaften, von denen freilich die meisten untergegangen zu sein scheinen, manche indess in die ältesten lateinischen Geschichtswerke des Mittelalters aufgenommen[2], oder in späteren Dichtungen in erneuter Gestalt aufbehalten worden sind[3]. Ausser den gothischen bei Jornandes, deren schon gedacht ist, gehört hierher eine ganze Reihe schöner noch ganz von poetischem Geiste durchdrungener Sagen der Langobarden bei Paulus Diakonus[4]. Von besondern Volkssagen der Franken aus der merovingischen Zeit hat sich wenig in ihren ältesten Geschichtschreibern erhalten[5]; die später sich bildende kürlingische Heldensage, deren Mittelpunkt Karl der Grosse wurde, war eigentlich heimisch nur bei den Franzosen und wohl niemals diesseit des Rheins, über den sie erst in romanischen Werken, und nicht vor dem zwölften Jahrhundert, zu uns herübergekommen zu sein scheint[6]; obgleich nicht geleugnet werden kann, dass auch in Deutschland sich einzelne Sagen, aber von anderm Inhalt und Charakter an Karls Namen anknüpften[7]. Von baierischen, schwäbischen und sächsisch-thüringischen Sagen haben sich nur wenige Trümmer erhalten. — Dass diese Volkssagen in Liedern lebten, lässt sich wohl von allen oder den meisten ver-

---

§ 35. 1) Ueber Helden der Stammsagen, so weit uns ihre Namen überliefert sind, oder wir sie errathen können, so wie über ihren Zusammenhang mit Mythen des germanischen Heidenthums, vgl. Grimm, Mythologie 318—347 (⁴ 281—310).
2) Das Meiste der Art findet man auf eine ansprechende Weise mit Angabe der Quellen wiedererzählt in der Brüder Grimm deutschen Sagen, 2. Bd.   3) Namentlich in der sogenannten Kaiserchronik aus dem 12. Jahrh. (§ 91). Mehreres daraus ist in der eben genannten Sammlung zerstreut zu finden.   4) De gestis Langobardorum.   5) Vgl. K. Müllenhoff, die merovingische Stammsage, in Haupts Zeitschrift 6, 430—435, und die austrasische Dietrichssage 6, 135—159; dazu 7, 524 ff.
6) Vgl. W. Grimm, Ruolandes Liet, S. CXX ff. Dabei mag aber, wie Grimm meint, in frühester Zeit jenseit des Rheines, das Rolandslied, in welchem sich die deutschen Namen der Helden noch zum Theil in der spätern Gestaltung (vgl. § 91) erhalten haben, auch in fränkischer Sprache gesungen und erst nach deren Verschwinden der romanischen Poesie ausschliesslich zugefallen sein. Einen mythischen Charakter legt der Rolandssage bei E. H. Meyer, Programm der Hauptschule zu Bremen. 1868. 4.   7) Dahin gehören weniger die Mönchsfabeln, die der Monachus Sangallensis (zwischen 881—887) als Gesta Caroli M. erzählt, als solche

4*

§ 35 muthen, aber nur von einzelnen beweisen. So gedenkt, um der gothischen Lieder zu geschweigen, Paulus Diakonus der Gesänge, worin des langobardischen Königs Alboin Tapferkeit, Kriegsglück und Freigebigkeit noch Jahrhunderte nach seinem Todo unter Sachsen, Baiern und andern deutschen Stämmen gepriesen wurden'. Zu Ende des neunten Jahrhunderts werden Volkslieder über fränkische Theodoriche und kärlingische Helden erwähnt³, und am Schlusse des zehnten oder Anfange des elften Jahrhunderts beruft sich der Verfasser der historia fundationis monasterii Tegernseensis, als welchen Pez den oben (§ 34, 12) erwähnten Froumund bezeichnet, indem er die ältesten sagenhaften Schicksale der Baiern berührt, auf alte Lieder[10]: er erzählt dabei eine Sage, die in naher Verwandtschaft mit der baierischen von Adelger steht, wie sie in eine ungefähr anderthalb Jahrhunderte jüngere Dichtung[11] aus einem älteren, wahrscheinlich in sechszeiliger Strophenform abgefassten Gedichte[12] aufgenommen ist. — Hieran reihen sich *b*) **Lieder und Sagen über Helden und Begebenheiten der Gegenwart oder nicht gar ferner Vergangenheit.** Der Art ist einer der ältesten uns erhaltenen Leiche, gewöhnlich das **Ludwigslied** genannt, welcher, dem darin herrschenden Tone nach zu urtheilen, sicherlich von einem fränkischen, mit der Volkspoesie nicht unbekannten Geistlichen im Jahre 881 oder mindestens zu Anfang des nächsten Jahres[13] auf den Sieg gedichtet ward[14], den der westfränkische König Ludwig III, ein Sohn Ludwigs des Stammlers, über die Normannen bei Saucourt erfocht[15]. Als Verfasser hat man den Mönch Hucbald († 930) ver-

sagenhafte Aufzeichnungen, wie sie in der Brüder Grimm deutschen Sagen 2, 102 bis 111, nachgewiesen und nacherzählt sind; vgl. W. Grimm a. a. O. und Massmann, Kaiserchronik 3, 972 ff.   8) De gest. Langob. I, 27.   9) Der Poeta Saxo V, 117 (vgl. W. Grimm, Heldensage 27, Müllenhoff a. a. O. 435) nennt die Lieder vulgaria carmina.   10) Vgl. J. Grimm, Reinhart S. L ff.   11) In die schon erwähnte Kaiserchronik, vgl. Massmann, Kaiserchronik 3, 751 ff; daraus in die deutschen Sagen 2, 192 ff.   12) Vgl. O. Schade, Einleitung zur Crescentia, Berlin 1853, und Geistliche Gedichte des XIV. und XV. Jahrh. vom Niederrhein, Hannover 1851, S. LV.   13) Nach Lachmann, über Otfried S. 290 (Kl. Schriften 1, 455), im August oder September 881.   14) Nach Müllenhoff, Denkmäler S. XX f., in rheinfränkischer Mundart, aber mit grosser Annäherung an das Hochfränkische.
    15) Ein merkwürdiges altfranzösisches Gedicht, von dem Bruchstücke bekannt geworden (Reiffenberg's Ausgabe von Phil. Mouskés Chronique 2, 10 ff., neue und bessere Ausgaben von A. Scheler, Bruxelles 1876. 8. und von Heiligbrodt in Böhmers Romanischen Studien Bd. 3; vgl. F. Wolf, über die Lais S. 25. 189 f., wo aber gesagt ist, dass das deutsche Gedicht lange 'fälschlich' auf den Sieg von Saucourt bezogen sei, und Heiligbrodt, zur Sage von Gormund u. Isembart, Roman. Studien 4, 119—123), bezieht sich auf denselben Sieg, und kann leicht die Chanson sein, auf welche Hariulf an der bekannten Stelle hinweist. Vgl. Müllenhoff und Scherer, Denkmäler S. 256 (²303). — Zuerst wurde der Leich auf Ludwig, nach einer Abschrift, die Mabillon von der durch ihn entdeckten, dann aber auf lange Zeit

muthet, einen Günstling Karls des Kahlen und seiner Kinder, der § 35
auch sonst als Dichter bekannt ist[16]. So lebte auch im Volksgesang
des zehnten Jahrhunderts der über den fränkischen Herzog Eberhard
bei Eresburg (912) von den Sachsen errungene Sieg fort[17]. Wohl
noch aus demselben Jahrhundert, aber gewiss später als 962, ist der
unstreitig von einem Geistlichen herrührende halb lateinische, halb
deutsche Leich auf Otto den Grossen, oder von den beiden
'Heinrichen, in welchem die zweite Versöhnung Otto's mit seinem
Bruder Heinrich, die zu Weihnachten 941 in Frankfurt stattfand,
besungen wird[18]. Dies im Ganzen hochdeutsche, aber in den Sprach-

wieder verschwundenen Handschrift genommen hatte, von Schilter herausgegeben,
Strassb. 1696. 4. (wiederholt in seinem Thesaurus II), in sehr verderbtem Texte,
den Docen (Lied eines fränkischen Dichters auf Ludwig III. München 1813.), Lachmann (Specimina ling. franc. 15—17), Hoffmann (Fundgr. 1, 6—9) und Wackernagel
(altd. Leseb. 1 43 f.) mit ungleichem Erfolge zu bessern suchten. In allen diesen
Versuchen zur Textberichtigung war vorausgesetzt, dass das Gedicht in der otfriedischen Strophe von zwei Langzeilen oder vier Halbversen abgefasst, und uns
lückenhaft überliefert sei. Erst nachdem durch Hoffmann die alte Handschrift zu
Valenciennes wieder aufgefunden, von ihm in einem treuen Abdrucke des Eln o-
nensia. Monuments des langues romano et tudesque dans le IXe siècle etc., pu-
bliés par Hoffmann et Willems. Gand. 1837. 4 (2. Ausg. Gand. 1845) einverleibt und
daraus in Wackernagels altd. Leseb. 2 105 ff. (5. A. 251 ff.) aufgenommen worden war
(auch noch unter der Ueberschrift Lied), stellte sich das Ganze als ein Leich
(vgl. § 29) dar, dem nur kurz vor dem Schlusse einige Buchstaben und Wörtchen
fehlen. Die neueste Ausgabe in Müllenhoff und Scherers Denkmälern Nr. 11, vgl.
S. 254—257 (2 298—304). Ueber die weitere Literatur dieses sehr merkwürdigen Gedichts vgl. Hoffmann, Fundgr. 1, 4 ff. und Hall. Litt. Zeit. 1839, Nr. 52. Dazu J. Grimm
in Pfeiffers Germ. 1, 233 ff., der darin biblische Anklänge zu erblicken glaubt. Vgl.
Müllenhoff in Haupts Zeitschr. 14, 556 f. und Zacher in seiner Zeitschr. 1, 473—489.
3, 307—313 (Text nach neuer Abschrift von W. Arndt); Sambaber im Programm
von Frauenstädt in Oest. 1577. 8, und derselbe, die Sprache im Ludwigslied. 1878.
8. — Noch weiter als der Leich auf König Ludwig würden die in einigen nordwestlichen Landstrichen Deutschlands unter dem Volke fortlebenden in der d.
Mythol. 3 329 (4 294) mitgetheilten Reime ihrem Ursprunge nach reichen, wenn sie,
was J. Grimm nicht für unmöglich hält, 'die durch die lange Tradition der Jahrhunderte gegangenen und wahrscheinlich dadurch in den Worten entstellten Ueberreste eines Liedes wären, das zu der Zeit erscholl, da Karl der Grosse die Irmen-
säule zerstörte'.   16) Nach Willems. Hucbald ist auch in der Geschichte der
Musik von Bedeutung; vgl. Raff im Weimar. Jahrbuch 1, 179; O. Paul im Musikal.
Wochenbl. 1854, Nr. 12 f.   17) Widukind I, 636 bei Meibom. Vgl. Lachmann, über
Otfried, S. 279 (kl. Schr. 1, 305), Anm. 5.   18) Vgl. Lachmann, über die Leiche
S. 430 (kl. Schr. 1, 335). u. R. Köpke in den von L. Ranke herausgeg. Jahrb. d. deutsch.
Reichs I, 2, 52. 97 f. — Zuerst herausgeg. und ganz falsch gedeutet von Eccard (Veter.
Monum. Quaternio, Lips. 1720, p. 50); mit Wackernagels Besserungen in Hoffmanns
Fundgr. 1, 340 f.; am besten von Lachmann in den angezogenen Jahrb. I, 2, 97; seitdem
von Hoffmann v. Fallersleben, In dulci jubilo, Hannover 1854, S. 1 ff., wo S. 3 f. auch
über die ältesten Prosawerke, in denen Sprachmengerei sich zeigt, gehandelt ist;
O. Schade, Veterum monumentorum theotiscorum decas, Weimar 1860, S. 5—9; und
bei Müllenhoff u. Scherer Nr. 18, und S. 304—307 (2 324—325). Ueber ähnliche, ganz in

§ 35 formen zum Niederdeutschen hinneigende Gedicht[19] ist offenbar in höfischen Kreisen entstanden und gibt die bei Hofe übliche Darstellung des Ereignisses[20]. Im elften Jahrhundert gab es verloren gegangene Volkslieder von Erzbischof Hatto's an Adalbert von Babenberg verübtem Verrath[21]; auch von dem heil. Ulrich wurde nach dem Zeugniss Eckehards IV im Volke gesagt und gesungen[22]; von den Heldenthaten und Eigenheiten des Grafen Konrad oder Kuono, mit dem Beinamen Kurzbold († 948)[23]; von des baierischen Erbo Büffeljagd; von den Diensten, die Bischof Benno in jüngern Jahren während der Ungarnkriege Kaiser Heinrich III geleistet hatte[24]. Gewiss hatten sich auch schon in diesen Jahrhunderten Sagen und Lieder über einzelne ursprünglich historische Charaktere, wie Kaiser Otto den Grossen[25], Herzog Ernst von Baiern[26], Graf Hoyer von Mansfeld[27], gebildet, die wir in spätern deutschen Darstellungen als poetische Figuren kennen lernen.

§ 36.

3. Die Thiersage, deren hohes, über die bekannte Geschichte hinausreichendes Alter oben vermuthet wurde, muss, wie die Sieg-

---

lateinischer Sprache abgefasste Gedichte aus dieser Zeit s. F. Wolf, über die Lais S. 120. 313—315; Müllenhoff-Scherer, Denkmäler Nr. 19—22; Fröhner in Haupts Zeitschrift 11, 1—29; Jaffé, ebenda 14, 119—496; Scherer, Leben Willirams S. 294; über ein zweites ebenfalls aus Latein und Deutsch gemischtes Gedicht s. Haupts Zeitschrift 14, 491; Müllenhoff-Scherer ² 327.   19) Ueber die Sprache vgl. Müllenhoff a. a. O. VIII f. und XXIII.   20) Scherer, in den Denkmälern S. 306 (² 326).   21) Uhland in der Germania 4, 45. Für das 11. Jahrh. bezeugt es Eckehard (Monum. Germ. 2, 83), für das 12. Otto von Freisingen; Wackernagel, Litt.-Gesch. S. 75 (² S. 97); O. Schade, geistliche Gedichte S. LV.   22) Uhland a. a. O.   23) Vgl. Haupts Zeitschrift 3, 188 und Germania 5, 301.   24) Die Stellen, worin dieser verlorenen Lieder bei den Schriftstellern des Mittelalters Erwähnung geschieht, s. deutsche Sagen 2, S. XI. XII. Die im Anhange der latein. Gedichte von J. Grimm und Schmeller mitgetheilten Gedichte nennt W. Grimm, zur Geschichte des Reims S. 165, 'ins Lateinische übertragene Volkslieder'.
25) Die Sagen von ihm s. deutsche Sagen 2, 156 ff.; in der Einleitung zu Hahns Ausg. des spätern, aus einer dieser Sagen hervorgegangenen Gedichtes 'Otte mit dem barte', S. 21 ff, und in dem Gedichte vom guten Gerhard (vgl. § 98). In beiden Sagen, so wie in der vom Herzog Ernst, ist Otto der Grosse mit seinem Sohne, Otto dem Rothen, verwechselt.   26) Dass seine Sage in gereimten lateinischen Hexametern, ähnlich der von Rudlieb, womit sie überhaupt eine gewisse Aehnlichkeit hat, bereits im 11., wo nicht im 10. Jahrhundert abgefasst worden sei nahm man früher (Docen, im altd. Museum 2, 250; Schmeller, lat. Gedichte S. 222 f.) irrig an; vgl. Haupt in seiner Zeitschrift 7, 267 ff. Ueber die geschichtlichen Elemente der Sage s. Bartsch, Herzog Ernst, S. LXXXV ff. und Dümmler in Haupts Zeitschrift 14, 256 ff. 559.   27) Hoyer von Mansfeld, der 1115 in der Schlacht bei dem Welfesholze fiel, war zu Anfang des 13. Jahrh. schon so sagenhaft geworden, dass Wirnt von Grafenberg ihn im Wigalois zu einem Zeitgenossen des Artus machen konnte; vgl. Benecke's Wigalois S. 451 ff.

friedssage, bei den Franken früh heimisch gewesen und durch sie § 36
über den Rhein nach Lothringen, Flandern und Nordfrankreich verpflanzt worden sein[1]; denn in diesen Gegenden hat sie sich vorzüglich ausgebildet, und ihnen gehören auch ihre ältesten poetischen
Gestaltungen an, die wir kennen, die Ecbasis, der Isengrimus
und der Reinardus. Alle drei sind lateinisch abgefasst, die Ecbasis
in nicht leoninischen Hexametern, die beiden andern in Distichen,
beruhen unstreitig auf Volkssagen und Volksliedern, rühren höchst
wahrscheinlich von Geistlichen her und fallen, die erste in das zehnte
Jahrhundert, die beiden andern etwa in den Anfang und die Mitte
des zwölften. Die Ecbasis Captivi, das schwächste dieser Gedichte,
in welchem ein Stück echter Thiersage in eine andere Fabel ein-
gerahmt ist, beruht auf lothringischer Ueberlieferung und ist von
einem jungen Mönche aus Tull im Jahre 936 verfasst[2]. Der in Süd-
flandern gedichtete Isengrimus[3] ist verarbeitet in den jüngern, viel
umfangreichern, aber minder trefflichen Reinardus, der in Nord-
flandern um 1150[4] von einem sonst unbekannten Magister Nivardus[5]
abgefasst zu sein scheint[6]. Noch nicht in der Ecbasis, erst in den
beiden andern Gedichten begegnen wir den charakteristischen Thiernamen, insbesondere denen der beiden Haupthelden des Thierepos
in ihrer ganz persönlichen Auffassung und Darstellung als Isengrim
und Reinhart[7]. Aber wie diese Namen selbst nur in einer weit
ältern Zeit entstanden und dem Wolf und Fuchs beigelegt sein können,
so lässt sich das Bestehen der Thierfabel im Allgemeinen auch schon
seit dem siebenten Jahrhundert bei den Franken[8] nachweisen; bei

§ 36. 1) Ich verweise im Allgemeinen auf J. Grimm, Einleitung zum Reinh.
Fuchs; latein. Gedichte des X. u. XI. Jahrh. S. 286 ff.; Sendschreiben an K. Lach-
mann S. 3 ff. Ueber das gegensätzliche Verhältniss der Thiersage zur Götter- und
Heldensage vgl. W. Grimm, Thierfabeln bei den Meistersängern (Berlin 1855. 4.)
S. 1 f.   2) Herausgegeben von J. Grimm, latein. Gedichte S. 243 ff.; vgl. zu dessen
Erörterungen über den Werth, Verfasser etc. Götting. G. A. 1838, Nr. 137 (kl. Schr. 5,
286 ff.), und sein Sendschreiben an Lachmann S. 4 f. Neueste Ausgabe von E. Voigt.
Strassburg 1875. S. dazu desselben Untersuchungen über den Ursprung der Ecbasis.
Berlin 1874. 4. (Programm des Friedrichs-Gymnasiums); vgl. Seiler in Zachers Zeit-
schrift 8, 362—374; Peiper im Anz. f. d. Alt. 2, 87—114; Zacher in s. Zeitschr. 8, 374 f.;
Grosse in den Wiss. Monatsbl. 1875, S. 102 ff. Ueber die Anwendung des Reims in
der Ecbasis s. W. Grimm, Zur Geschichte des Reims S. 149 f.   3) Herausg.
von J. Grimm, Reinhart Fuchs S. 1—24; vgl. Mone's Anzeiger 6, 176 ff.   4)
F. Martin in Zachers Zeitschrift 1, 161, Anm.   5) Von Lachmann ermittelt: latein.
Gedichte S. XIX, Anm.   6) Herausg. von Mone, Reinardus Vulpes. Stuttgart
und Tübingen 1832. 8. Vgl. zu beiden Gedichten und der Thierfabel überhaupt
auch Mone's Anzeiger 3, 185 ff.; 294 ff.; 4, 47 ff.; 151 ff.; 350 ff.; 456 ff und J. H.
Bormans, Notae in Reinardum Vulpem. Gandav. 1836 sqq.   7) Auch sonstige
Zeugnisse für diese die Hauptträger des Thierepos bezeichnenden Namen reichen
nur bis ins 12. Jahrh.; sie sind zu finden bei Grimm, Reinh. Fuchs S. CXCV ff.
8) In Fredegars Chronik: J. Grimm a. a. O. S. XLVIII.

§ 36 den Baiern auf der Scheide des zehnten und elften Jahrhunderts, und
zwar mit einem für ihre ursprüngliche Deutschheit zeugenden Merk-
male, indem in der von Froumund von Tegernsee mitgetheilten Fabel[9], die in Baiern gangbar gewesen sein muss, der Bär als König
der Thiere erscheint, was der deutschen Auffassung der Fabel, wie
Grimm schon entwickelt hat, weit angemessener ist, als wenn, wie
bei dem älteren Fredegar oder einem aus der Zeit Karls des Grossen
stammenden lateinischen Gedichte[10] sowie in der Ecbasis, bei Aimoin
und in der spätern deutsch-französischen Fabel, der Löwe diese Rolle
spielt[11]. Wenn sich nun auch zwischen diesen frühen, uns zum Theil
nur aus Geschichtschreibern des Mittelalters bekannten Ueberbleibseln
deutscher Thiersage und der griechischen Fabel eine grosse Aehnlichkeit findet, so steht doch einer Herüberkunft der erstern aus dem
byzantinischen Reiche, die gerade nicht unmöglich wäre, zu vieles
im Wege, als dass man sie nicht lieber für deutsches Eigenthum
halten sollte[12]. Zu jenen drei grösseren Gedichten aus dem Kreise
der Thiersage kommen eine Anzahl kleinerer, wie **A l v e r a d e n s**
E s c l i n, **P r i e s t e r u n d W o l f**, **H a h n u n d F u c h s**, welche in
rhythmischen Versen abgefasst sind[13], auch der **U n i b o s**[14] gehört,
wie der Titel beweist, einem deutschen, nicht einem französischen
Dichter an und behandelt einen auch in deutschen Märchen noch
heute umlaufenden Stoff[15]. — Die schon vor mehr als einem Jahrhundert aufgebrachte, in neuester Zeit wieder aufgenommene und weiter
ausgeführte Meinung, dem deutsch-französischen Thierepos liege ein
geschichtliches Ereigniss des neunten Jahrhunderts zum Grunde[16],
hat sich, nach tieferer Erforschung der Geschichte der Sage, als unhaltbar gezeigt. Dagegen ist unleugbar, dass im Laufe der Zeit

---

9) J. Grimm a. a. O. S. XLIX ff.   10) Mitgetheilt von Dümmler in Haupts Zeitschrift 12, 459; vgl. 450.   11) Vgl. auch F. Wolf, über die Lais S. 238, Anm. 74, der,
wie mir scheint, die Stelle aus Froumund besser auslegt, als Mone, Anzeiger 5, 443.
12) Die Gründe für und wider die Entlehnung aus dem Griechischen bei J. Grimm
S. LI f. und CCLXVI ff., womit zu vgl. Gervinus 1³, 123 ff. (1⁴, 212 ff.)   13) Im
Anhange von J. Grimm und Schmeller, latein. Gedichte, gedruckt; neue Ausgabe
von E. Voigt. Strassburg 1878. 8. Vgl. Seiler im Anzeiger f. d. Alt. 5, 99—125.
14) Ebenfalls bei J. Grimm-Schmeller und bei Voigt.   15) Der Umstand, dass
derselbe bloss von altfranz. Dichtern (Barbazan et Méon, contes et fabliaux 3,
296 ff., 4, 1 ff.) behandelt worden ist, kann nichts beweisen.   16) Eccard (in
der Vorr. zu Leibnitz Collectan. etym. Hannover 1717) suchte den Reinhart in
einem Herzog Reginarius, der zu der Zeit des lothringischen Königs Zuentibold
lebte; den Isengrim in einem Grafen Isanricus, der mit König Arnulf in Händel
verwickelt war. Diese Ansicht hat Mone, zuerst im Morgenblatt 1831, Nr. 222
bis 226, und dann in seiner Ausgabe des Reinardus, den er demgemäss zum Theil
im 9. Jahrh. entstehen lässt, mit einigen Veränderungen wieder aufgenommen und
weiter zu begründen gesucht (auch später noch im Anzeiger, an den oben Anm. 6
angeführten Orten, sowie Anz. 6, 28 ff.). Vgl. J. Grimm S. CCLI ff.

satirische Beziehungen auf geschichtliche Personen, Ereignisse und § 36
Verhältnisse hineingelegt worden sind. — Deutsche hierher gehörige
Dichtungen haben sich aus diesem Zeitraum nicht erhalten.

§ 37.

4. Ausser den Liedern, deren Inhalt in Sagen bestand, oder die
sich auf historische Personen und Begebenheiten bezogen, waren in
diesem Zeitalter allerdings noch andere vorhanden, über deren besondere Beschaffenheit wir aber nur zum geringen Theil einigen Aufschluss gewinnen können[1]. Dass darunter schon eigentliche Liebeslieder in lyrischer Form gewesen, ist kaum glaublich: alles was in
Deutschland bis zum zwölften Jahrhundert von weltlicher Poesie
vorhanden war, hatte, wenn auch nicht immer rein epischen Inhalt,
doch sicher durchgehends die Form und Farbe der Erzählung[2]. Der
bereits zu Ende des achten Jahrhunderts[3] und späterhin öfter sich
vorfindende Ausdruck *winiliod*, der wörtlich Freundes-[4], dann aber
auch Liebeslieder bedeutet, beweist schon darum nicht das Vorhandensein rein lyrischer Liebeslieder[5], als er in diesem Zeitraum
noch für Volksgesänge überhaupt gebraucht zu sein scheint. Dagegen
weisen einige nicht deutsche, in den Schriften des fränkischen Zeitalters vorkommende Bezeichnungen für den Gesang der Laien darauf
hin, dass es eine Art fröhlicher, leichtfertiger, vielleicht auch possen-
hafter Dichtungen gab, die in den Häusern, auf den Gassen und im
Freien, oft sogar in der Nähe der Kirchen, ja in diesen selbst unter
Schmausereien, Spielen, Vermummungen, das spätere Volksdrama vor-
bildenden Vorstellungen und Tänzen, woran auch Personen weiblichen
Geschlechts thätigen Antheil nahmen, gesungen wurden[6]. Und besonders dergleichen Lieder, welche auch wohl Otfried vorzugsweise
im Auge hat, wenn er von dem unzüchtigen Gesang der Weltleute

---

§ 37. 1) Vgl. zu diesem § K. Müllenhoff, Commentat. de antiquissima Germanorum poesi chorica. Kiel 1847. 4. Wackernagel, Litt.-Geschichte S. 16. 75.
(² S. 18. 96). 2) Vgl. Lachmann, über Otfried S. 279 (Kl. Schriften 1, 453).
Pfeiffer, der Dichter des Nibelungenliedes S. 9. Liliencron in Haupts Zeitschr. 6, 72.
3) Vgl. § 31, 2; Wackernagel, Wessobr. Gebet S. 28; Graff, Sprachschatz 2, 199.
4) d. h. Lieder unter Gesellen gesungen ('Gesellschaftslieder, Liebeslieder,'
Graff, a. a. O.), Grimm, Grammatik 2, 505, wo, sowie auch S. 518, und Graff 6, 250 ff.
noch andere deutsche Benennungen für Liederarten aufgeführt werden, von denen
aber mehrere blosse Nachbildungen lateinischer Bibelausdrücke sein mögen. Auch
puellarum cantica, Mädchenlieder, werden sie genannt: Köpke, Hrotsuit von Gandersheim, Berlin 1869, S. 206. 5) Die Erklärung 'Liebeslied' ist überhaupt
wohl zu eng, wenngleich das erotische Element sicher nicht fehlte. Auch wo das
Wort im Mhd. vorkommt (Neidhart 62, 33. 96, 14 H.), heisst es eher Volkslied, mit
verächtlichem Nebensinn, wie unser 'Gassenhauer': vgl. Müllenhoff in Haupts Zeitschrift 9, 129. 6) Wackernagel a. a. O. Hoffmann, Kirchenlied S. 8, 2. Ausg. S. 14.
Wie lange noch das Tanzen mit Gesang und unter Vermummungen auf Kirch-

§ 37 spricht[7], scheinen den Eifer der Geistlichkeit gegen die Volkspoesie überhaupt erregt zu haben, da sie in ihnen und in den Erlustigungen, zu deren Erhöhungen sie beitrugen, gewiss nicht ohne Grund Ueberbleibsel des alten Heidenthums, seiner Opferversammlungen, Festfeiern und Spiele sah[x]. Daher wurden sie auch Teufelsgesänge, carmina diabolica, genannt, eine Bezeichnung, die sich noch insbesondere auf diejenigen angewandt findet, die gegen die Mitte des neunten Jahrhunderts auf den Gräbern ihrer Todten zu singen den Sachsen verboten wurde[9]. — Zauberlieder oder Zaubersprüche der überelbischen Nordmannen, welche in Runen abgefasst waren, werden um dieselbe Zeit von Hrabanus Maurus erwähnt[10]. — Auch Spottlieder waren nicht unbekannt und wurden sehr früh, schon 744[11], verboten. Der Inhalt dieser Spottlieder, wenn er angegeben ist, zeigt, dass sie etwas Schimpfliches erzählten[12]. Erhalten hat sich ein solcher Spottvers in einer St. Galler Handschrift auf einen Mann, der seine Tochter verheirathete, die ihm jedoch wieder gebracht wurde[13]; offenbar ein Liedchen, wie sie um dieselbe Zeit Notker erwähnt[14]. Wie sie sich auf Personen und Vorfälle des Tages bezogen, so hat das zunächst Erlebte und Vernommene gewiss häufig zu noch andern Volksgesängen der verschiedensten Art, ernsten und schwankartigen, den Stoff hergegeben, was sich schon aus einer nicht unbedeutenden Anzahl solcher kleinen lateinischen, in Form und Ton ganz volksmässigen Gedichte, die aus diesem Zeitraum auf uns gekommen sind, schliessen lässt[15]. — Unter den wenigen poetischen Stücken in deut-

---

höfen und in den Kirchen selbst sich hier und da erhielt, zum grossen Aergerniss ernster und frommer Leute, zeigt, ausser den im 13. und 14. Jahrh. von der höhern Geistlichkeit erlassenen Verboten gegen dergleichen Unfug (vgl. Hoffmanns Fundgr. 2, 212), das aus einer Handschr. des 15. Jahrh. in den altd. Blättern 1, 52 ff. mitgetheilte Prosastück, S. 54 und 62.   7) In der Zueignung an Luitbert: laicorum cantus obscoenus. Man findet auch die Ausdrücke cantica rustica et inepta, oder turpia et luxuriosa; vgl. W. Grimm, zur Geschichte des Reims S. 179 f.
8) Wackernagel a. a. O. u. J. Grimm, Götting. G. A. 1838, Nr. 56 (kl. Schr. 5, 277 ff.) u. Mythol.[1] 438 ff. (wo von dem hohen Alter der bis in die neuesten Zeiten noch hier und da fortdauernden Frühlings- und Sommerfeier und der dabei vorkommenden Gesänge gehandelt wird).   9) Wackernagel a. a. O. S. 25, Anm. 1; vgl. Hoffmann, Kirchenlied S. 9. 10, Anm. 11 und 13 (3. Ausg. S. 15, Anm. 21 und 23) und Grimm, Mythologie Anhang S. XXXIII. XXXV, sowie S. 628 der 1. Ausg., wo er die dâdsisas des indiculus superstitionum deutet.   10) Vgl. W. Grimm, Runen, S. 79 – 82, wo die Stelle näher bezeichnet und erläutert ist.   11) Vgl. Wackernagel a. a. O. S. 29, Anm. 2.   12) Vgl. Lachmann, über Otfried S. 279 (k. Schr. 1, 453).   13) Hattemers Denkmahle des Mittelalters 1, 409[x]. Müllenhoff und Scherer, Denkmäler Nr. 28[x] und S. 325 f. ([x] 365). Ueber einen anderen Spottvers aus S. Gallen vgl. Müllenhoff in Haupts Zeitschrift 18, 261 f.   14) Psalm 69, 13 sâzen ze nîne unde sungen fone mir: só tuont noh kenuoge. singent fone demo der in iro unreht weret.   15) Vgl. § 36, 13; J. Grimm, latein. Gedichte S. XVII f., wo auch im Anhange mehrere Stücke der Art mitgetheilt werden; danach bei Müllenhoff und Scherer Nr. 23 – 25.

scher Sprache, die hierher fallen, sind die merkwürdigsten zwei § 37
alliterierende Zaubersprüche, nach ihrem Fundort die Merseburger
Gedichte genannt, von dem ersten Herausgeber Idisi und Bal-
ders Fohlen überschrieben, die zwar erst im Beginn des zehnten
Jahrhunderts aufgezeichnet sind, aber als unverkennbare Ueberreste
heidnischer Dichtung weit früher abgefasst sein müssen: beide durch
ihren Inhalt von unschätzbarem Werth für die Geschichte des heidnischen Glaubens unserer Vorfahren[16]. Es finden sich darin sieben
Namen von Göttern und Göttinnen, deren zwei dem vollständigen
System der nordischen Mythologie ganz unbekannt sind, die übrigen
darin wiederkehren. Die Mundart der Gedichte, zwischen Althochdeutsch und Altsächsisch schwebend, verräth sich als thüringisch;
entstanden sind sie spätestens im achten Jahrhundert; als nicht gerade unstatthafte Mittel zu Besprechungen und Heilungen wurden sie
aus der heidnischen Zeit in die christliche mit herübergenommen,
und Grimm zweifelt nicht, dass gar manche, allmählig immer mehr
entstellte Zauberformeln der spätern Jahrhunderte[17] ihren fast immer
erzählenden Eingängen nach auf ähnlichen heidnischen Liedern und
Weisen beruhen. Gleichfalls im zehnten Jahrhundert aufgezeichnet
ist ein Bienensegen in einer, aus dem Kloster Lorsch stammenden Handschrift der Vaticana, welcher nach einem prosaischen Eingange aus vier richtig gemessenen, theilweise gereimten Langzeilen
besteht[18]; während der in einer Wiener Handschrift aufbewahrte
Hirten- oder Hundesegen, von dem austreibenden Hirten über
seine Hunde gesprochen, schon in der Aufzeichnung ins neunte Jahr-

---

16) Waitz fand sie im Spätherbst 1841 mitten unter lat. kirchl. Stücken in einer
Handschr. der Merseburger Dombibliothek, woraus sie dann sofort J. Grimm in
seiner akademischen Abhandlung: Ueber zwei entdeckte Gedichte aus der Zeit des
deutschen Heidenthums. Berlin 1842. 4. (kl. Schr. 2, 1 ff.), mit einem Facsimile der
Handschrift bekannt machte. Seitdem oft herausgeg.und erklärt: in Wackernagels
altd. Lesebuch², Vorrede S. IX (⁵ 197 f.), in Feussners erwähntem Programm (§ 34, 3);
in Müllenhoff u. Scherers Denkmälern Nr. 4, dazu S. 262—265 (² 273—277); die Erklärungen weichen vielfach von denen Grimms und unter sich ab. Mit photogr. Facsim.
herausgeg. von Sievers. Halle 1872. 8. Vgl. noch Münchner G. A. 1842, Nr. 91—96;
Ettmüller in der N. Jen. Litt. Zeit. 1843, Nr. 42. 43., und J. Grimm selbst in Haupts
Zeitschr. 2, 189 ff.; 252 ff.; Mythol. 205—210; 372 f; 667; Wilken in der Germania 21,
213—225; Zacher in seiner Zeitschrift 3, 462 ff. Ueber die Form des zweiten, die
man strophisch zu gliedern versuchte, vgl. W. Müller in Haupts Zeitschrift 3, 447 ff.
und O. Schade, Crescentia S. 16; in der Form des ersten glaubt E. v. der Recke
(Zeitschrift für d. Alt. 23, 408 ff.) die nordische Strophe dróttkvaeði zu finden.
17) Vgl. Anhang zur Mythol. 1. Ausg. (wieder abgedruckt im 3. Bde. der 4. Ausg.).
Dazu A. Kuhn in seiner Zeitschrift 13, 49; R. Köhler in der Germania 8, 62.
18) Herausgeg. von Fr. Pfeiffer, Forschung und Kritik auf dem Gebiete des deutschen Alterthums 2 (Wien 1866. 8.), 1—19 und bei Müllenhoff-Scherer ², Nr. 16.
Vgl. dazu C. Hofmann in den Sitzungsberichten der Münch. Akad. 1866, II, 2, 103 ff.

§ 37 hundert zurückreicht[19]. Ausserdem können hier nur noch angeführt werden einige alliterierende Verse über das Runenalphabet in einer St. Galler Handschrift des neunten Jahrhunderts, wahrscheinlich von einem Angelsachsen aus Niedersachsen nach St. Gallen gebracht und dort aufgezeichnet[20], und drei kleine in einer St. Gallischen Rhetorik aufbewahrte Bruchstücke des zehnten oder elften Jahrhunderts in gereimten Langzeilen[21], aus welchen der Charakter der Lieder, denen sie entnommen sind, sich nicht mehr mit Sicherheit errathen lässt[22], an deren volksthümlichem Ursprung jedoch nicht zu zweifeln ist. Von noch geringerem Umfange ist ein aus anderthalb Zeilen bestehendes Bruchstück, vielleicht aus einem Beispiel[23], und ein nur in lateinischer Fassung überlieferter Spielmannsreim[24]. Das viel berufene in einer Wiener Handschrift aufgefundene Schlummerlied[25] würde, wenn seine Echtheit zu erweisen wäre[26], an Bedeutung

---

19) Aus der Wiener Hs. 552 herausgeg. von Karajan, Zwei bisher unbekannte deutsche Sprachdenkmale aus heidnischer Zeit. Wien 1858. 8. Der Herausgeber substituiert hier heidnische Götternamen, an deren Stelle Christus und S. Martin getreten (das zweite 'Denkmal' ist eins der häufigen Abracadabras: vgl. F. Stark in der Germ. 3, 127 f.). Vgl. dazu K. Müllenhoff in Haupts Zeitschrift 11, 257—262; K. Weinhold, über die ersten der beiden von Karajan veröffentlichten Sprüche. Wien 1858. 8.; Diemer in seinen Beiträgen zur ältern d. Sprache u. Lit. 4 (Wien 1858. 8.), 3—11; O. Schade, veterum monum. decas (Weimar 1860) S. 1—4. 20) Müllenhoff u. Scherer Nr. 5 u. 271—273 (²253—255), wo man die übrige Literatur angegeben findet.   21) Vgl. Hoffmanns Fundgruben 1, 15, wo auch die früheren Abdrücke angegeben sind.; Wackernagel, Leseb. ³ 109—112 (⁵311—314); Müllenhoff und Scherer Nr. 26 und S. 315 ff. (²316 ff.) und die dort verzeichnete Literatur; O. Schade in der German. 14, 40—47. Hoffmann setzt sie ins 10., Lachmann (über Singen u. Sagen S. 4, Anm. 2 ▬ kl. Schriften 1, 461) und Wackernagel (4. u. 5. Ausg.) ins 11. Jahrb.   22) Sicher ist, dass das erste einem andern Liede angehört als das zweite und dritte; man hat sie bald als Spruch eines Boten (Lachmann, Müllenhoff, Scherer), bald als Stücke eines Räthsels oder eines Lügenmärchens (Schade) angesehen. J. Grimm (Mythol. 632) glaubte in dem letzten eine Erinnerung an den göttlichen Eber des Frô zu erkennen. Vgl. Scherer, Leben Willirams S. 210 ff. und F. Liebrecht in der Germania 1, 478 f.   23) Bethmann in Haupts Zeitschr. 5, 203; Wackernagel Leseb. ⁴ 140 (²319); 'Hirsch und Hinde' bei Müllenhoff und Scherer Nr. 6; vgl. S. 273(²285 f.). Unsicher ist, ob in alliterierender oder Reimform.   24) Belm Monachus San-Gallensis (Monum. Germ. 2, 736); danach ins Deutsche zurückübersetzt bei Müllenhoff u. Scherer Nr. 8, vgl. S. 274 f. (²288 f.). 25) Aufgefunden u. herausgeg. von G. Zappert in den Sitzungsberichten der Wiener Akademie 29 (1858), 302 ff. Der Codex ist suppl. Nr. 1668.   26) Seine Echtheit bestritt zuerst W. Müller in den Gött. Gel. Anz. 1860, S. 201—211; dann V. Grohmann, über die Echtheit des ahd. Schlummerliedes. Prag 1861. 8. Dagegen nahm J. Grimm das Lied für echt und beabsichtigte in seiner letzten Lebenszeit darüber zu schreiben (vgl. German. 11, 243—245). Eine Rettung der Echtheit versuchte Fr. Pfeiffer, Forschung und Kritik 2 (1866), 43—86. Dagegen haben sich mit überzeugenden Gründen für Fälschung erklärt Jaffé in Haupts Zeitschr. 13, 496—501; C. Hofmann in den Sitzungsberichten der Münch. Akad. 1866, II, 2, 103 ff. und W. Müller in den Gött. Gel. Anz. 1866, S. 1057—1070.

den Merseburger Sprüchen gleich kommen, da es drei Namen deut- § 37
scher Göttinnen anführt, welche dem von der Mutter eingewiegten
Kinde Gaben bringen sollen.

**B. Sänger. — Ihr Verhältniss zur Sage. — Allgemeiner
Charakter der Heldenpoesie.**

§ 38.

1. Die reichsten und am meisten benutzten Stoffe des Volksgesanges, dessen Blüthe wir in das neunte Jahrhundert setzen dürfen,
waren wohl immer die Heldensagen. Lebten diese auch, wie nicht
zu bezweifeln ist, in dem Bewusstsein des ganzen Volkes, und mochte
jeder, wes Standes er war, sofern er Beruf dazu in sich fühlte, Lieder
dichten und singen: so gab es doch schon gewiss seit uralter Zeit,
wie auch oben (§ 9) angedeutet wurde, eigene Sänger[1], die aus ihrer
Kunst ein Gewerbe machten, dieselbe erlernt hatten und auf Andere
vererbten[2]. Ihnen werden wir vorzüglich die Abfassung und Fortpflanzung der Heldenlieder zuschreiben müssen, die, wie die Volksgesänge überhaupt, in diesem Zeitraum noch bei allen Ständen, den
vornehmen wie den geringen, freundliche Aufnahme fanden, oder,
wie es in der Sprache des Mittelalters hiess, 'zu Hofe und an der
Strasse', in curiis et compitis, gesungen wurden[3]. Dass diejenigen,
welche die Kunst zum Lebensberuf machten, in Deutschland je den
höhern Ständen selbst angehört hätten, lässt sich historisch nicht
erweisen; die Sänger von Adel, welche die Sage in Dichtungen aus
dem Anfange des dreizehnten Jahrhunderts der Vorzeit zuschreibt,
üben die Kunst nur immer neben ihrem Hauptgeschäft, dem ritterlichen Waffenhandwerk[4]. Aber als gemeine Bänkelsänger dürfen wir

---

§ 38. 1) Eine der ältesten, wohl die älteste deutsche Benennung für Dichter
ist *scof* (nd. *scop*), bedeutungsvoll zusammenhängend mit schaffen und schöpfen
(finden), vgl. J. Grimm, Rechtsalterthümer 802, Anm. und 776, Anm. 1; desselben
Frau Aventiure S. 27; und Myth. [3] 379, Anm. 2 ('337 f., Anm. 4), Schmeller, baier.
Wörterbuch 1, 537 (1[2], 725) unter finden; Graff, Sprachschatz 6, 434; Wackernagel,
Litter. Gesch. [2] S. 11. 51. Nach Müllenhoff (Haupts Zeitschr. 9, 129) ist *scof* ein ganz
allgemeiner Ausdruck und nicht ausschliesslich auf epische Dichtung zu beziehen.
Auch *sangari*, cantor, ist sehr alt, Gramm. 2, 127; Graff 6, 254; blosse Umschreibung
des latein. poeta aber *versmachari*, Hoffmann, althochd. Glossen S. 14. Ueber die Ausdrücke dichten, Dichter (vom latein. dictare) vgl. Schmeller a. a. O. 1, 355 (1[2], 486 f.);
F. Wolf, über die Lais, S. 252 ff.; und R. Köpke, Hrotsuit von Gandersheim S. 42.
2) Vgl. Wackernagel, Litt.-Geschichte S. 17 ([2] 19); Pfeiffer, der Dichter des
Nibelungenliedes S. 35; A. Köhler, über den Stand berufsmässiger Sänger im nationalen Epos germanischer Völker, in der Germania 15, 27—50. Ueber die Namen
altgermanischer Sänger s. Müllenhoff in Haupts Zeitschrift 7, 530 f.   3) 'Sie
wurden dem Volke auf Plätzen und Kreuzwegen, dem Reichen über seinem Gast-
mahl vorgespielt und vorgesungen'. J. Grimm, latein. Gedichte S. XVIII.   4)
Vgl. hierzu Uhland, Schriften zur Geschichte der Dichtung und Sage 1, 271 ff.

§ 38 sie uns darum noch nicht alle denken. Zwar werden die Volkssänger, wo ihrer in diesem Zeitraum Erwähnung geschieht, meist unter die niedrige und verachtete Classe von Leuten mitbegriffen, welche man Spielleute, Fiedeler, Gaukler, Mimen, joculatores, histriones[5] etc. nannte, und nur ein Beispiel aus der ersten Hälfte des zwölften Jahrhunderts zeigt uns einen sächsischen Sänger von Gewerbe[6] in einem Verhältniss zu zwei fürstlichen Personen, das ihn über jene Classe erhebt. Was aber noch so spät stattfinden konnte, wo mit dem Verfall der Kunst die, welche sie übten, gewiss schon tief in der allgemeinen Achtung gesunken waren, wird man wohl weit eher noch, wenigstens für einzelne Fälle, in Zeiten annehmen dürfen, wo jene in voller Blüthe stand und in ihren Erzeugnissen Anerkennung von Männern fand, wie Karl der Grosse war. Diess bestätigen auch die auf alten Sagen und Sitten beruhenden Dichtungen der spätern Zeit: die Sänger und Spielleute bilden darin einen Stand, dem noch nichts Erniedrigendes und Schimpfliches anhaftet. — Bei Hof- und Volksfesten haben sie gewiss nie gefehlt; denn dabei gab es am ersten etwas zu verdienen. Das Wanderleben, das hierdurch bedingt wurde, und ihr harmloses, auf Erheiterung Anderer gerichtetes Gewerbe befähigten sie vorzüglich zu Botendiensten unter Leuten vornehmen Standes; und in diesem Charakter zeigen sie sich nicht nur in der Sage, sondern auch in der Person jenes sächsischen Sängers. — Häufig scheinen auch Blinde als Volkssänger sich ihren Erwerb gesucht zu haben. Ein altes Zeugniss[7] berichtet von einem blinden Friesen, der die Thaten der Vorfahren und die Kämpfe der Könige, also epische Lieder, gesungen habe, und erwähnt, dass ihn darum seine Nachbarn besonders lieb gehabt. Sein Name, Bernlef, ist neben dem sächsischen Siward der einzige, der uns von einem Volkssänger aus diesen Jahrhunderten aufbewahrt worden ist[8].

§ 39.

Für die Vortragsart der Gedichte galten im Mittelalter die Ausdrücke Singen und Sagen. In späterer Zeit lag in ihnen ein bestimmter Gegensatz, je nachdem ein Gedicht entweder wirklich gesungen oder gesprochen, d. h. für die meisten Fälle, vorgelesen wurde. Ursprünglich aber scheinen beide Begriffe nothwendig

---

5) Vgl. Köpke, Hrotsuit S. 175.   6) Saxo Gramm. XIII, 239 nennt ihn quendam genere Saxonem, arte cantorem; vgl. über die auch für die Geschichte der Nibelungensage sehr wichtige Stelle W. Grimm, Heldensage 48; und Müllenhoff in Haupts Zeitschr. 12, 335, wonach der sächsische Sänger Siward geheissen.
7) Brüder Grimm, deutsche Sagen 2, S. XII.   8) Zu diesem § und dem folgenden vgl. Grimm, Heldensage 373—377; Lachmann, über Singen und Sagen, und Uhland, Schriften, 1, 350 f.

zusammengehört zu haben, sodass der eine vorzugsweise das Musi- § 39
kalische des Vortrages, der andere den Ausdruck der Gedanken durch
Worte bezeichnete. Erst allmählig mögen sie sich gesondert haben,
wenigstens findet man sie vor dem zwölften Jahrhundert nie einander
entgegengesetzt. Hieraus dürfte man wohl schliessen, dass die epischen Lieder, welche vor dieser Zeit die Volksdichter vortrugen, nie
bloss gesagt, sondern immer zugleich gesungen wurden. Möglich
aber ist es, dass sich diess bereits zu Anfang dieses Jahrhunderts
änderte, in dessen zweiter Hälfte ohne allen Zweifel erzählende Werke
der Volkspoesie bestanden, die nicht mehr gesungen, sondern allein
gesagt wurden. — Für den Vortrag der Volksgesänge unter Beglei-
tung von Saiteninstrumenten gibt es sehr alte Zeugnisse. Nach Jornandes wurden die Lieder von den alten gotbischen Königen mit
der Zither[1] begleitet, und in demselben Jahrhundert legt ein lateinischer Dichter den Deutschen die Harfe[2] eigenthümlich bei. Andere
musikalische Instrumente kommen in den nächstfolgenden Jahrhunderten vor, darunter die Fiedel[3], deren sich die Volkssänger frühzeitig bedient haben mögen.

§ 40.

2. Man hat das Leben der Sage treffend mit dem der Sprache
verglichen: wie diese so ruht auch jene in dem Bewusstsein des
Volkes; die eine ist so wenig willkürlich erfunden, als die andere,
über beider Entstehung und Wachsthum waltet, wie über dem innern
Wirken der Natur und des Geistes, ein Geheimniss[1]. Aber wie die
Sprache erst durch die Schriftsteller ihre geistige Ausbildung erhält
und die Mittel darzulegen vermag, die sie zum Ausdruck aller Art
von Empfindungen und Gedanken in sich bewahrt, so gelangt die

---

§ 39. 1) cithara, Jornandes c. 5; vgl. Schmeller, über den Versbau der Altsachsen S. 212, Anm., und besonders W. Wackernagel, Litt.-Gesch. S. 10 (¹9), Anm.
20.   2) Barbaros leudos harpa relidebat sagt Venantius Fortunatus. Die Stelle
in ihrem ganzen Zusammenhange und das Wort leudus scheinen wenigstens dafür
zu sprechen, dass unter barbarus deutsch zu verstehen sei, dass also die harpa,
als das eigentlich deutsche Instrument, der mitgenannten römischen lyra, griechischen achilliaca und britischen chrotta entgegengesetzt werde; nichts desto weniger
scheint Wolf a. a. O. S. 58 unter den barbari leudi celtische Gesänge zu begreifen
und die harpa als den Celten eigenthümlich zugehörig anzusehen, obgleich er wiederum S. 157, Anmerk. 4, leudus für ein deutsches Wort (Lied) anerkennt und nur
unentschieden lässt, ob es sich nicht etwa mit dem gaelischen laoidh (vgl. S. 8)
auf eine gemeinsame Wurzel zurückführen lasse.   3) Fidula, schon bei Otfried, V, 23, wo auch andere Instrumente genannt sind. Vgl. Grimm, Grammatik
3, 468; und F. Wolf a. a. O. 242—248.
      § 40. 1) Ein hübscher Aufsatz, der auch auf die Sagenbildung eingeht, von
G. F(reytag?) über 'das historische Volkslied der Deutschen' steht in den Grenzboten 1866, S. 23—33.

§ 40 Sage auch erst durch die Dichter zu sinnlicher, lebensvoller Gestaltung[2]. Hiermit ist im Allgemeinsten das Verhältniss bezeichnet, in welchem die alten Volkssänger zu den Volkssagen, und insbesondere zu den grossen Heldensagen standen[3]. Sie durften diese ihrem allgemeinen Zusammenhange nach als überall bekannt voraussetzen. Sie fanden also überlieferte Stoffe vor, in die sie nur hineinzugreifen brauchten, um für das epische Lied Gegenstände zu gewinnen, die auch in ihrer Vereinzelung allen verständlich waren[4]. Ihr Takt aber musste sie leiten, wenn sie in dem Einzelnen zugleich ein bedeutendes, in sich selbst, so weit wie möglich, abgeschlossenes Ganze geben wollten, und ihre dichterische Geschicklichkeit konnte sich dann nur darin bewähren, dass sie den gewählten Gegenstand zu einem abgerundeten, durch einen Grundgedanken getragenen und durch eine innere Einheit zusammengehaltenen, anschaulichen Gebilde gestalteten. An eine eigentliche Erfindung ihrer Stoffe dürfen wir darum bei unsern alten Sängern gar nicht denken; eben so wenig werden sie in dieser frühern Zeit sich willkürliche Abänderungen der überlieferten Stoffe erlaubt haben. Nichts desto weniger war es möglich, dass die Sagen nach und nach bedeutende Umwandlungen erlitten. Schon der verschiedene Standpunkt, von dem ein und dieselbe Begebenheit aufgefasst werden konnte, brachte diess mit sich. Noch mehr mussten dazu beitragen die sich mit der Zeit verändernden Sitten, das Zurücktreten des Uebernatürlichen und Wunderbaren, das noch mit dem heidnischen Glauben zusammenhieng, die Verknüpfung ursprünglich von einander unabhängiger Sagen, ihre Erweiterung durch neu aufgenommene Charaktere, die Parteilichkeit für einzelne Helden und anderes mehr[5].

2) Vgl. Uhland, Schriften 1, 24 ff.; 134 ff.   3) Ueber den Ursprung der Volkspoesie und die stete Umwandlung ihrer Gestaltung, so lange sie nicht aufgeschrieben ist, spricht sehr treffend, zunächst mit Bezug auf das serbische Epos, F. Miklosich in der Oesterreich. Revue 1863, 2, 6; vgl. Germ. 9, 160.

4) Vgl. Uhland a. a. O. 401—404; Germania 11, 462. 'Das Gedächtniss des Sängers scheint der Dauer des Vortrags und dem Umfange der Lieder ein Ziel zu setzen.' Es folgt aus dieser Beschränkung, 'dass der Gesang nicht anders als rhapsodisch sein konnte, d. h. dass aus dem Grossen und Ganzen, welches nur in der allgemeinen Vorstellung des Volkes und der Sänger gleichzeitig und vollständig vorhanden war, immer nur einzelne, zwar zu einer selbständigen Handlung abgeschlossene, aber doch auf den allgemeinen Zusammenhang hinweisende Theile von mässigem Umfange vorgetragen wurden. An Reichhaltigkeit, Verknüpfung und Ausführung verschieden, tauchten diese einzelnen Gebilde aus dem lebendigen Ganzen hervor und sanken auch wieder in demselben unter. Wurden sie aber durch die Schrift festgehalten in verschiedenen Zeiten und aus verschiedenem Munde, so konnte derselbe Gegenstand in sehr abweichenden Darstellungen zu Tage kommen'.   5) Vgl. Grimm, Heldensage 342—395; Lachmann, Hildebrandslied S. 1 f.; 36 f. (Kl. Schriften 1, 407 f. 445).

§ 41.

3. Ein ungefähres Urtheil über die innere Beschaffenheit der alten epischen Volksgedichte lässt sich nur bilden, wenn man mit den wenigen uns erhaltenen Resten die der Volkspoesie des neunten Jahrhunderts noch nahestehende altsächsische Evangelienharmonie, die alten der deutschen Heldensage verwandten Eddalieder und einzelne angelsächsische Gedichte[1] vergleicht. Darnach scheinen vor dem zwölften Jahrhundert in Deutschland noch keine grössern Dichtungen bestanden zu haben, die in fortlaufender, geordneter Erzählung und planmässiger Entwickelung Sagen von mehr oder minder bedeutendem Umfange wiedergegeben hätten. Vielmehr werden diese epischen Stoffe wohl nur in einzelnen Liedern dargestellt worden sein, die, wie vorher bemerkt wurde, zwar immer das lebendige Bewusstsein von einem ganzen Sagenkreise voraussetzten, sich auch wohl auf einander bezogen, aber immer nur eine einzelne Begebenheit aus der Masse heraushoben und diese in gedrängter, oft springender, nie bei einem Punkte lange verweilender, dagegen das Einzelne wiederholender und kräftig hervorhebender, und dabei leicht in dramatische Lebendigkeit übergehender Erzählung veranschaulichten. Dabei scheint dieser Poesie früh ein Vorrath von wiederkehrenden Wendungen, Umschreibungen und bildlichen Ausdrücken eigenthümlich gewesen zu sein, zu dessen Wahrung und Vermehrung die Alliterationsform von selbst nöthigte, und der den Sängern die poetische Umkleidung des Stoffes erleichterte, auf der andern Seite aber auch die individuelle Ausmalung von Charakteren und Begebenheiten hemmte. Mit der Zeit, und zumal nach dem Aufhören der Alliteration, mag die Schroffheit und Starrheit, die mit einer solchen Darstellungsweise nothwendig verbunden war, aus dem Volksgesange mehr und mehr verschwunden und eine grössere Breite und Milde der Behandlung eingetreten sein, wie sie in dem Ludwigsliede wirklich sichtbar ist, wenn man es dem Hildebrandsliede gegenüber stellen will[2]. Ob ihm damit aber nicht manches von der Schärfe und Sicherheit der Zeichnung, die, wie in dem Hildebrandsliede, mit wenigen Strichen viel auszudrücken vermochte, verloren gieng, können wir aus jenem Ueberbleibsel fränkischer Poesie allein um so weniger entnehmen, als dasselbe, auch in seiner Art vortrefflich,

---

§ 41. 1) 'Von althochd. Poesie sind uns nur kümmerliche Bruchstücke gefristet, gerade so viel noch, um sicher schliessen zu dürfen, dass Besseres, Reicheres untergegangen ist. Aber das Vermögen der Sprache, den nationalen Stil der Dichtkunst erkennen lassen uns nur die angelsächsischen und altnordischen Lieder, jene, weil sie dessen älteste, diese, weil sie eine noch heidnische Auffassung sind.' J. Grimm, Andreas und Elene S. V. 2) Hiergegen halte man die Ausführung von M. Rieger in der Germania 9, 306.

§ 41 wahrscheinlich von einem Geistlichen, und nicht von einem eigentlichen Volkssänger herrührt, und überdiess einen Gegenstand behandelt, der einem ganz andern Gebiete, als dem der Heldensage
angehört[3].

VIERTER ABSCHNITT.
Kirchliche und gelehrte Literatur in deutscher Sprache.

§ 42.

Die Anfänge der kirchlichen Literatur in deutscher Sprache
fallen mit der Einführung und Ausbreitung des Christenthums bei
den deutschen Völkerschaften fast zusammen; erst später hebt die
nicht streng kirchliche, obgleich von der Geistlichkeit gepflegte ge-
gelehrte Literatur an. In der einen wie in der andern gehen der
Zeit nach die Prosawerke den poetischen vorauf. Die erstern bestehen fast ausschliesslich in Uebersetzungen; die letztern, obgleich
auch mehr oder weniger auf fremder Unterlage ruhend, bewegen
sich doch freier und dürfen, mit der gehörigen Beschränkung, als
deutsche Originalwerke betrachtet werden. Es scheint daher schick-
lich, auf sie zuerst hier näher einzugehen.

A. Geistliche und gelehrte Poesie.

§ 43.

1. Indem mit der römischen Liturgie die lateinische Sprache
in Deutschland Kirchensprache wurde, blieben die Laien von aller
thätigen Theilnahme am kirchlichen Gottesdienst ausgeschlossen und
nur auf das Anhören lateinischer Messen und Hymnen, Evangelien
und Episteln und der Predigten beschränkt, die allein deutsch zu
halten, den Geistlichen zur Pflicht gemacht war. Dadurch wurde
die Entstehung eines eigentlichen Kirchengesanges in der Landessprache so gut wie unmöglich. Allmählig bildete sich zwar durch
verschiedene Anlässe etwas dem Kirchenliede Aehnliches, das religiöse Volkslied; aber anfänglich bestand diess in nichts weiter,
als in dem Rufe Kyrie eleison, Christe eleison, oder dem
des Halleluja, welche das Volk entweder allein, oder in refrain-
artiger, die lateinischen Gesänge der Priester beantwortender Wiederholung bei ausserkirchlichen gottesdienstlichen Handlungen, wie
bei Processionen, Kirchgängen, Begräbnissen, Erhebung der Gebeine

---

3) Vgl. zu diesem § Lachmann a. a. O. S. 2—6 (Kl. Schriften 1, 408—413); und
über Otfried, S. 280 (Kl. Schriften 1, 454 f.); W. Grimm a. a. O. 9 f.; 367; und Leo
im Morgenblatt 1840, S. 1159—1167.

§ 43. Ueber die älteste geistliche Dichtung vgl. Scherer, über den Ursprung
der deutschen Literatur, Preuss. Jahrbücher 13, 445—161 (Vorträge und Aufsätze

von Heiligen, Kirchweihen, Jahresfesten der Schutzheiligen, oder § 43
auch vor und in der Schlacht anstimmte[1]. Karl der Grosse und
seine Nachfolger dachten allerdings an eine weitergehende Betheiligung des Volkes am kirchlichen Gesange: nach dem Capitular
Karls von 780 sollte es gemeinschaftlich mit dem Geistlichen das
Gloria Patri und Sanctus singen, und nach dem Capitular Ludwigs II
von 856 andächtig und gleichstimmig mitwirken[2]. Seit der Mitte des
neunten Jahrhunderts scheinen einzelne Geistliche jene Aus- und Zu-
rufe durch Vorsetzung deutscher Verse erweitert und in den mehr
volksmässigen Formen des lateinischen Kirchengesanges, den sogenannten Tropen und Prosen oder Sequenzen, eigentliche Gesänge religiösen Inhalts zur Erbauung des Volks bei Anlässen, wie sie eben
angedeutet sind, gedichtet zu haben. Einen Volksgesang dieser Art
besitzen wir zuverlässig in dem althochdeutschen Bittgesang an
den heiligen Petrus aus dem neunten Jahrhundert, dessen bereits oben gedacht wurde[3] und den man ohne Grund dem Otfried,
aus dessen Zeit er allerdings sein muss, zugeschrieben hat[4], weil eine
Langzeile mit einer otfriedischen übereinstimmt[5]. Von einem andern,
den in demselben Jahrhundert der St. Galler Mönch Ratpert, ein
Zeitgenosse (condiscipulus) von Notker Balbulus und um 902 gestorben, über das Leben und zu Ehren des heiligen Gallus in gleichgebauten, aber in der Melodie abweichenden (also einen Leich bildenden),
rhythmisch gemessenen[6] Strophen von je fünf in otfriedischer Weise
gereimten Langzeilen abfasste, und von dem ausdrücklich gemeldet
wird, dass er dazu bestimmt war, vom Volke gesungen zu werden[7],
haben wir nebst der Melodie nur eine wörtliche lateinische Uebersetzung aus dem elften Jahrhundert von Eckebard IV, einem Schüler
von Notker Labeo[8]. Von deutschen Gesängen in Leichform dürften

S. 71 ff.), worin in ein Bild ein Theil der Forschungen zusammengefasst ist, welche
in den Denkmälern von Müllenhoff und Scherer niedergelegt sind.   1) Vgl.
Hoffmann, Kirchenlied S. 1—19, 3. Ausg. 3—30, u. F. Wolf, über die Lais S. 29 f. 113 bis
118. 192.   2) Hoffmann a. a. O. [3] 9.   3) Vgl. § 29, 3.   4) Vgl. Lachmann,
über Singen und Sagen S. 4 (Kl. Schriften 1, 164), Anm. 1, eine Stelle, die Ph. Wackernagel, Kirchenlied S. XIV, entgangen sein muss.   5) Nach Wackernagel, Ueber
Otfried, in den Elsäss. Neujahrsblättern 1847, S. 235 (Kl. Schriften 2, 211) sind die
Verse Otfrieds (1, 7, 27 f.) Anlass und Grundlage für den Bittgesang geworden;
nach Müllenhoff (Denkmäler[2] S. 289) ist der gemeinsame Vers aus einem ältern
Bittgesange herzuleiten.   6) Ueber den Versbau und die musikalische Behandlung s. J. Grimm S. XXXIV ff., wo auch ein Versuch einer theilweisen Rücküber-
setzung ins Ahd., F. Wolf S. 307 f. u. Scherer, Denkmäler S. 292 f. ([2]309 ff.).   7) Rat-
pertus ... fecit carmen barbaricum populo in laudem S. Galli canendum sagt Eckebard.
8) Vgl. § 31, 9. Der Gallusleich ist vollständig zuerst herausgeg. von J. Grimm,
lateinische Gedichte S. XXXIV ff., dann aus der Originalhs. Eckebard mit den Lesarten der übrigen in Hattemers Denkmalen 1, 337 ff.; Müllenhoff und Scherer
Nr. 12, dazu S. 287—293 ([3]304—311). Vgl. noch G. R. Zimmermann, Ratpert der erste

5*

§ 43 hierher gehören drei althochdeutsche Stücke[9] des neunten Jahrhunderts: Christus und die Samariterin, eine Bearbeitung
des 138. Psalms (nebst drei Langzeilen des 139.) und das Gedicht
auf den heiligen Georg[10]. Das erste derselben, von einem baierischen Schreiber nach einer wahrscheinlich fränkischen Vorlage aufgezeichnet, vielleicht alemannischen Ursprunges[11], ist uns in der
Originalhandschrift der Annales Lauveshamenses (9. Jahrhundert),
doch nicht vollständig, überliefert, und war möglichenfalls Otfried
schon bekannt[12]. Die Psalmenbearbeitung ist nach der Ansicht der
neuesten Herausgeber[13] alemannischen Ursprungs[14] und um 890 zu
setzen[15]; auch der Georgsleich[16], über dessen strophische Gliederung
die Ansichten ziemlich weit auseinander gehen[17], gehört wohl noch dem
neunten Jahrhundert an. Ein Leis von zwei Kurzzeilen, in älterer und
jüngerer Fassung (jene wohl noch aus dem neunten Jahrhundert) überliefert[18], wurde sicherlich vom Volke gesungen, während zwei poetische Gebete[19] schwerlich je diese Bestimmung hatten[20].

§ 44.

Aber schon mit dem Ende des achten oder dem Anfange des
neunten Jahrhunderts hebt für uns eine andere Gattung der geistlichen Poesie an, die nicht sowohl für den Gesang von Volksmassen,
als zur Erbauung Einzelner, oder zum Vortrag durch besondere Sänger

---

Zürcher Gelehrte. Ein Culturbild aus dem 9. Jahrb. Basel 1878. S.   9) Ueber
Dichtungen in lateinischer und andern Sprachen, die den hier aufgeführten Stücken
gleichen, so wie über deren gemeinsamen Ursprung s. Wolf a. a O. S. 311—313.
10) Vgl. über die Form dieser drei Stücke § 29, 5. Sie finden sich insgesammt
bei Hoffmann, Fundgr. 1, 1—4; 10—13, wo auch die früheren Abdrücke aufgeführt
sind (s. auch Grimm, Grammatik 1 ¹, LVIII f.), und bei Müllenhoff und Scherer Nr.
10. 13. 17.   11) So nach Müllenhoff u. Scherer ² S. 295; vgl. Lachmann über
Otfried 250 (Kl. Schr. 1, 455).   12) Denkmäler 281 f. (² 296). Gedruckt ist der Leich
auch in Wackernagels altd. LB. ² 103 ff.; ³ 279 ff.   13) Denkmäler S. 294 (² 312).
14) Schade, Crescentia S. 17 weist sie den niederrheinischen Denkmälern zu und
zerlegt sie in sechszeilige Strophen; Scherer dagegen in vierzeilig (je zwei Langzeilen).   15) Graff, der Diutiska 2, 371 f. sie gleichfalls herausgab, irrt entschieden, wenn er sie (Sprachschatz I, S. LXI) ins 11. Jahrb. setzt. Nach W. Grimm,
zur Geschichte des Reims S. 179 nicht viel später als Otfried; vgl. S. 181.
16) In treuem diplomatischen Abdruck und in kritisch gereinigter Gestalt herausgegeben von M. Haupt in den Monatsb. d. Berl. Akad. 1851, S. 501—512; wiederholt in den Denkmälern Nr. 17 u. S. 299 ff. (² 317 ff.). Ueber die lateinische Quelle vgl.
Weber in der Zeitschrift f. roman. Philologie 5, 516 f.   17) Vgl. C. Hofmann
in den Sitzungsberichten der Münchener Akademie 1871, S. 562 ff.; Zarncke in den
Berichten der sächsischen Gesellschaft der Wissensch. 1874, 23. April; Scherer
in der Zeitschrift f. d. Alt. 19, 101 ff.   18) Denkmäler Nr. 29, vgl. S. 329 f.
(³ 366 f.).   19) Denkmäler Nr. 14. 15 als Augsburger Gebet und Gebet des
Sigihart bezeichnet, vgl. S. 296 f. (² 314 f.) wo die übrigen Drucke (zu denen noch
Wackernagel LB. ⁴, 255 kommt) angegeben sind.   20) Lachmann, über Singen
und Sagen S. 4 (Kl. Schriften 1, 464), Anm. 1.

bestimmt gewesen zu sein scheint. Ob die Kirche zu deren Aus- § 44
bildung selbst Anlass gegeben, oder dabei bloss Nachsicht geübt
habe, ist schwer zu sagen: jedenfalls müssen Geistliche entweder selbst
die Dichter solcher Werke gewesen sein, oder dabei wenigstens ge-
holfen haben. Hierher fallen Bearbeitungen biblischer Stoffe, insbesondere Darstellungen der Schöpfungsgeschichte, des jüngsten Gerichts, des Lebens des Heilandes, bald verkürzt, bald erweitert der
Fassungskraft des Volks angepasst. Manches dieser Art ist gewiss
untergegangen, anderes entweder ganz oder in Bruchstücken auf uns
gekommen. — Das älteste hierher zu rechnende Denkmal ist das
Wessobrunner Gebet, so benannt, weil die Handschrift, die es
enthält, früher im Kloster Weissenbrunn sich befand[1]. Es gehört
vielleicht noch dem Ende des achten, spätestens dem Anfange des
neunten Jahrhunderts an und besteht aus drei Theilen, wovon zwei
aus einem noch ältern und grössern poetischen Werke, einer Bearbeitung der Schöpfungsgeschichte, entlehnt sein mögen, der erste unmittelbar, der andere auszugsweise. In jenem ist die Alliterationsform
unverkennbar, in diesem weniger sicher. Beide bilden Einleitung und
Uebergang zu dem dritten Theil, dem eigentlichen Gebet an Gott,
welches prosaisch ist[2]. Von einem baierischen Schreiber aufgezeichnet, beruht es in seinem ersten Theile sicher auf einer altsächsischen
Grundlage, in welcher man[3] ein Bruchstück der altsächsischen poetischen Bearbeitung des alten Testamentes zu erblicken geglaubt hat.
Mit diesem Denkmal steht in einer gewissen geistigen Verwandtschaft
das gleichfalls alliterirende, aber rein hochdeutsche, vermuthlich
von einem Baier herrührende Bruchstück Muspilli[4], Verse vom

---

§ 44. 1) Die Alliterationsform ward zuerst von den Brüdern Grimm nachgewiesen: die beiden ältesten deutschen Gedichte etc.; W. Wackernagel (das Wessobrunner Gebet. Berlin, 1827. 8, und altd. Leseb. 67 f.; ⁵, 45 f.) gebührt das Verdienst, die drei Theile darin erkannt und gesondert, auch das Ganze auf gründliche Weise erläutert zu haben. Ueber die weitere Literatur vgl. Massmann, Erläuterungen zum Wessobr. Gebet. Berlin 1824. 8. Spätere Ausgaben sind von
Feussner in dem erwähnten Programm, von C. Müllenhoff, de carmine Wessofontano. Berol. 1861, der in dem ersten Theile die Form des liodhaháttr zu erkennen
glaubte; vgl. Bartsch in der German. 7, 113 ff. und Holtzmann ebend. 9, 71 f.; wiederholt in Müllenhoffs und Scherers Denkmälern Nr. 1; von C. Hofmann in der
Germ. 8, 270—272; C. W. M. Grein ebenda 10, 310; vgl. Wilken in Zachers Zeitschr.
4, 313—315. 2) Andere, wie Müllenhoff, Hofmann, Grein erblicken auch in dem
letzten Theile Verse. 3) W. Wackernagel, die altsächsische Bibeldichtung
und das Wessobrunner Gebet, in Zachers und Höpfners Zeitschrift 1. 251—309.
4) Herausgegeben und erläutert von J. A. Schmeller, München 1832. 8; von
Wackernagel, LB. 69 ff.; ⁴ 253 ff.; von Müllenhoff und Scherer, Denkmäler Nr. 3;
vgl. Bartsch in der German. 9, 56 ff.; von F. Vetter, zum Muspilli und zur altgerm.
Allitterationspoesie. Wien 1872. 8; von P. Piper, in der Zeitschrift f. d. Philol. 15,
69—104: urkundlicher Text mit grammat. Abhandlung und hergestelltem Text.

§ 44 jüngsten Gericht, die um die Mitte des neunten Jahrhunderts wahrscheinlich von keinem Geringeren als Ludwig dem Deutschen (§ 16, 13)
niedergeschrieben wurden. Auch dieses Bruchstück ist aus wenigstens
zwei verschiedenen Dichtungen zusammengesetzt, in denen bei allem
Festhalten an der dogmatischen Anschauung, doch die Einwirkung
volkstümlicher Vorstellungen durchblickt, wenn man auch jetzt nicht
mehr von einem direkten Nachhall altheidnischer mythischer Vorstellungen[5] sprechen kann.

§ 45.

Die umfangreichsten und wichtigsten Werke der geistlichen Poesie
im neunten Jahrhundert sind die beiden Evangelienharmonien, die
altsächsische alliterierende und die althochdeutsche otfriedische mit
Endreimen, jene gewöhnlich Heliand genannt, während der authen-
tische Titel dieser Evangelienbuch (liber evangeliorum) ist[1].—Wie
schon oben (§ 16) erwähnt wurde, ist der Heliand[2] vielleicht ein
Theil des Werkes, welches, zufolge einem alten glaubwürdigen Zeugniss, der lateinischen Vorrede zu dem Werke und einer Anzahl lateinischer Hexameter über den Dichter[3], von Ludwig dem Frommen
einem berühmten sächsischen Sänger aufgetragen war und zu seiner
Zeit, wegen der gelungenen Ausführung, in grossem Ruhme stand.
Dieselbe Quelle berichtet, der Dichter sei ein Bauer (d. h. ein unge-

---

Zur Literatur über dieses Denkmal vgl. J. Grimm in der Germ. 1, 327 f.; Bartsch
ebenda 3, 7—21; J. Feifalik in den Sitzungsberichten der Wiener Akademie, Bd. 26;
Müllenhoff in Haupts Zeitschr. 11, 381—393; Zarncke in den Berichten der sächs.
Ges. d. Wissensch. 1866, S. 191—228; C. Hofmann in den Sitzungsberichten der
Münch. Akademie 1866, II, 225—235; F. Vetter in der German. 16, 121—155; Wilken
ebend. 17, 329—335. — Ueber die Bedeutung des Wortes Muspilli geben die Ansichten auseinander; s. Grimm, Mythol.[3] 568, 767 ff.; Schmeller, Heliand 2, 80b;
Vetter a. a. O. 151.   5) Vgl. Grimm, Mythol.[3] 530 (⁴ 468); Bartsch a. a. O.; Fei-
falik a. a. O.
    § 45. 1) Der Titel 'Krist', den Graff Otfrieds Gedicht gab, ist unberechtigt.
    2) Heliand, die altsächs. Form für Heiland. Herausg. von J. A. Schmeller,
Hêliand, poema Saxonicum seculi noni, München 1830. 4. (2. Band: Glossarium
1840), nach den beiden bekannten Handschriften in fortlaufenden Zeilen, aber mit
Bezeichnung der Alliteration. Neuere Ausgabe; von J. R. Köne. Münster 1855.
8; M. Heyne. Paderborn 1867. 8 (3. Aufl. 1883); von H. Rückert. Leipzig 1876. 8;
E. Sievers. Halle 1878. 8. und O. Behaghel. Halle 1882. 8. Von einer dritten He-
liandhandschrift ist in Prag jüngst ein Blatt entdeckt worden: herausg. von H.
Lambel. Wien 1881. 8 (aus dem 90. Bd. der Sitzungsberichte der Akademie), vgl.
dazu Germania 26, 256. Vgl. E. Püning, die Handschriften des Heliand. Programm
von Recklinghausen 1883. Uebersetzt von G. Rapp. Stuttg. 1856. 8; von K. Simrock. Elberf. 1856. 8. (3. Aufl. 1882); von Grein. 2. Bearb. Cassel 1869. 8. Dazu
A. F. C. Vilmar, Deutsche Alterthümer im Heliand. Marburg 1845. 4. (2. Ausg. 1862.
8.). Die Literatur am vollständigsten bei Behaghel.   3) Beides bei Schmeller 2,
S. XIII f.; vgl. auch Lachmann, Hildebrandslied 5 f. (Kl. Schriften 1, 411 f.)

lehrter Laie) gewesen, den eine übernatürliche Stimme zur Abfassung § 45 heiliger Gesänge berufen habe: eine Erzählung, welche offenbar durch Uebertragung dessen, was Beda von dem Angelsachsen Cädmon berichtet, entstanden ist[4]. Dass er darauf in den geistlichen Stand getreten, wird nicht gesagt. Man muss es aber fast voraussetzen, oder ihm einen geistlichen Gehülfen bei seiner Arbeit zuschreiben, weil sonst unbegreiflich bleibt, wie ein ungelehrter Laie in damaliger Zeit sich eines so weitschichtigen Stoffes, wie die Geschichten des alten und neuen Testaments sind, bemächtigen konnte[5]. Ob der Dichter auch das alte Testament in gleicher Weise bearbeitet hat, ist aus den Erwähnungen nicht mit Sicherheit festzustellen[6]; ebensowenig ist eine ansprechende Vermuthung[7] zur Gewissheit zu erheben, dass ein Theil der angelsächsischen Genesis, der aus dem Altsächsischen umgeschrieben ist, den Helianddichter zum Verfasser habe. Die Abfassungszeit ist wahrscheinlich zwischen 825—835 zu setzen, wie sich aus der Benutzung von Hrabanus Maurus' Matthaeuscommentar ergibt[8]. In dem uns bekannten Theile seines Gedichts, für welches er als Hauptquelle die Evangelienharmonie des Alexandriners Ammonius, der sich vorzüglich an Matthaeus anschliesst, benutzte[9], hat er sich im Ganzen genau an die Erzählung der Evangelisten gehalten, nichts Wesentliches übergangen und nur da im Ton der Volkspoesie weiter ausgemalt, wo der Gegenstand zu epischer Belebtheit aufforderte[10]. Der Darstellung verleiht das Versmass einen raschen, eilenden Gang in kurzen Schritten. Die Sprache, reich an kühnen und glücklichen Wortfügungen und nirgend mit störenden Flickwörtern überladen, trägt durchweg das Gepräge einer schon ausgebil-

4) Vgl. Schmeller 2, S. XIV f., wo auch noch andere Vermuthungen über das Alter, die Heimath und die Abfassung des altsächs. Gedichts aufgestellt sind; besonders aber Zarncke in den Berichten der sächs. Ges. d. Wiss. 1865, S. 104 ff.; und E. Windisch, der Heliand und seine Quellen. Leipzig 1868. 8. Grein, die Quellen des Heliand. Cassel 1869. 8. M. Heyne, über den Heliand, in Zachers Zeitschrift 1, 275—290. 5) Vgl. Bartsch in der Germania 13, 112. Doch ist der ganze Bericht, wenngleich ihm ein Factum zu Grunde liegen mag, jedenfalls durch Zusätze sehr entstellt und getrübt. 6) Die Frage bejaht unbedenklich Wackernagel, der in dem Wessobrunner Gebet einen kleinen Theil des alten Testaments erhalten glaubt (§ 44, 3), Grein ist derselben Ansicht geneigt; Zarncke und Windisch verneinen sie. 7) Von E. Sievers, der Heliand und die angelsächs. Genesis. Halle 1875. 8. 8) Vgl. Windisch a. a. O.; wogegen Grein ihn um 820 im Wesentlichen vollendet annimmt. Vgl. noch Middendorf, über die Zeit der Abfassung des Heliand (aus der Zeitschr. f. Gesch. u. Alterthumskunde Westphalens). Münster 1862. 8. 9) Das Weitere über die Quellen s. bei Windisch und Grein. Vgl. noch Keintzel, der Heliand im Verhältniss zu seinen Quellen. Programm von Sächsisch-Regen 1882. 10) In einigen Einzelheiten seiner Darstellung glaubte Grimm, Mythol. ² 284 (⁴ 255); 613 (⁴ 539), Anm., noch Gedanken und Vorstellungen des germanischen Heidenthums zu finden.

§ 45 deten, aber in der metrischen Form von der ältern Regel bereits stark abweichenden[11] Kunst, die sich in den Eigenheiten gefällt, welche oben der Volkspoesie als Erleichterungsmittel des poetischen Ausdrucks zugeschrieben wurden. Von einem fremden Vorbilde ist, trotz der stofflichen Abhängigkeit von den benutzten Quellen, keine Spur in diesem Werk; auch tritt nirgend die Persönlichkeit des Dichters, dessen Heimath wir wohl in Westfalen zu suchen haben[12], so heraus, dass dadurch das Ganze oder einzelne Theile eine subjective Färbung erhielten. Eine wohltuende Wärme durchdringt gleichmässig die ganze Dichtung.

§ 46.

Um vieles anders verhält es sich mit Otfrieds Gedicht. Otfried, wahrscheinlich ein geborner Franke[1] und Schüler des Hrabanus Maurus, vermutlich in der von diesem geleiteten Klosterschule zu Fulda gebildet, deren Ruf auch Jünglinge von fern her herbeizog[2], schrieb in dem elsässischen Benedictinerkloster zu Weissenburg, wohin er sich wieder aus Fulda begab, sein Evangelienbuch in fünf Büchern, den mittleren Theil zuletzt; nachdem er bereits, wie es scheint, die beiden früher gedichteten Theile, einen jeden mit einem deutschen Zueignungsgedicht einigen geistlichen Freunden und Gönnern zu St. Gallen und Constanz übersandt hatte, widmete er das um 870 vollendete Werk, gleichfalls mit einem deutschen Zueignungsgedicht, König Ludwig dem Deutschen und zugleich, mit einer lateinischen Vorrede, dem Erzbischof Liutbert von Mainz[3]. Bei der Abfassung seines Wer-

---

11) Vgl. § 27.   12) Eine andere Ansicht stellte A. Holtzmann, German. 1. 474. 11, 224, doch ohne sie näher zu begründen, auf, dass der Heliand nur aus dem Angelsächsischen übersetzt sei. Vgl. auch Schmeller, Glossar z. Heliand S. XIV, und Diemer, Genesis und Exodus, Wien 1862, S. XXXVII.

§ 46. 1) J. Grimm, Gesch. d. d. Sprache 499. 511 hält ihn für einen Alemannen, Wackernagel für einen Elsässer.   2) So die St. Galler Werinbert und Hartmuat, die Otfried in Fulda kennen gelernt haben muss, da ein Aufenthalt Otfrieds in St. Gallen nicht zu erweisen ist.   3) Ueber sein Leben vgl. Lachmann in Ersch und Grubers Encyclopädie III, 7, 275—282 (Kl. Schriften 1, 448—460), und W. Wackernagel in den Elsäss. Neujahrsblättern 1847, 210 ff. (Kl. Schriften 2, 193 ff.) Unter den erhaltenen Handschriften (zu Wien, Heidelberg, München und eine zerschnittene, deren Bruchstücke in verschiedenen Bibliotheken sich finden) ist die erstgenannte von Otfried eigenhändig durchcorrigirte von besonderem Werthe: über die Schicksale der Hss. und die ältere Literatur des Gedichts s. Hoffmanns Fundgruben 1, 38—47. Piper sucht die Heidelberger Handschrift als Otfrieds Reinschrift zu erweisen. Aelteste Ausgabe von Matth. Flacius.   Basel 1571. 8.; dann in Schilters Thesaurus I; neuerdings unter dem Titel Krist von Graff. Königsberg 1831. 4.; von J. Kelle. I. Regensburg 1856. 8. II. 1869 (Grammatik). III. 1881. (Wörterbuch); von Piper, 2 Bde, Paderborn 1878—84. 8. (vgl. Seemüller im Anz. f. d. Alt. 5, 186—216; Erdmann in Zachers Zeitschrift 11, 80—126) und kleinere Textausgabe. Freiburg 1882—84. 8; von O. Erdmann. Halle 1882. 8. (eine grössere und

kes hatte Otfried den allgemeinen Zweck im Auge, damit der Volks- § 46
poesie entgegenzuwirken, seine Landsleute für fromme und erbauliche
Gesänge zu gewinnen und dadurch dem Verständnisse des Evangeliums näher zu bringen[1]; er wollte auch insbesondere den Franken
ein christliches Heldengedicht schenken, bei welchem ihm lateinische
Vorbilder aus der classischen und christlichen Zeit vorschwebten[5].
Sein Werk kann daher als der erste Versuch der Deutschen im
Kunstepos angesehen werden. Der Stoff ist nach festen Gesichtspunkten geordnet, eine Wahl in den darzustellenden Begebenheiten
getroffen, manches aus der evangelischen Geschichte nur angedeutet,
anderes ganz zurückgeschoben; überall hat der Dichter sein persön-
liches Gefühl mit eingemischt, seine Gelehrsamkeit durchblicken
lassen und die Erzählung mit mystischen, geistlichen und moralischen
Deutungen im Geiste seiner Zeit unterbrochen. Auf wahre epische
Ausführlichkeit trifft man bei ihm selten, so wenig auch seine Darstellung gedrängt heissen kann; dagegen wird sein Ton bisweilen
lyrisch, besonders in den Gebeten, noch öfter aber trocken lehrhaft,
zumal in jenen, ganz im Predigtstil ausgeführten Deutungen und Betrachtungen, für welche hauptsächlich er theologische Werke von
Hrabanus Maurus, Beda, Alcuin benutzte[6]. Seine Sprache, von der
er, gewiss nicht mit vollem Recht, selbst sagt, dass er sie roh und
ungebändigt vorgefunden, ruht weniger, als die im Heliand, auf der
breiten und durchgebildeten Unterlage der Volkspoesie, die er ja

kleinere Ausgabe). Uebersetzungen von G. Rapp. Stuttgart 1858. 8.; von Fr. Rechen-
berg. Chemnitz 1862. 8.; und von J. Kelle. Prag 1870. 8. Die Otfriedliteratur
findet man am vollständigsten in Pipers grösserer Ausgabe (ergänzt bis 1882 in
der 2. [Titel] Ausgabe. Freiburg 1882). Vgl. noch Sobel, die Accente in Otfrids
Evangelienbuch. Strassburg 1882. 8. Socin, die ahd. Sprache im Elsass und Otfrid von Weissenburg. Strassburger Studien I, 101—176. Erdmann, kleine Nachträge zu Otfrid, Zeitschrift f. d. Philol. 16, 70. — Andere Schriften schrieb man
ihm früher irrig zu (so Tritheim), wie es noch neuerdings K. Roth (Predigten
S. XII ff.) gethan hat.   4) In der lateinischen Vorrede an Liutbert sagt er
'dum rerum quondam sonus inutilium pulsaret aures quorundam probatissimorum
virorum eorumque sanctitatem laicorum cantus inquietaret obscoenus, a quibus-
dam memoriae dignis fratribus rogatus maximeque cuiusdam venerandae matronae
verbis nimium flagitantis, nomine Judith, partem evangeliorum eis theotisce con-
scriberem, ut aliquantulum huius cantus lectionis ludum secularium vocum deleret
et in evangeliorum propria lingua occupati dulcedine sonum inutilium rerum no-
verint declinare' etc. Ob hier unter dem sonus inutilium rerum noch etwas anderes zu verstehen sei, als unter dem laicorum cantus obscoenus? Fast scheint
es so: man könnte an Heldenlieder denken.   5) Im Verfolg der eben angezogenen Stelle nennt er Virgilius, Lucanus, Ovidius nebst Juvencus, Arator, Pru-
dentius. Vgl. damit I, cap. 1.   6) Den Nachweis der Quellen lieferte Kelle in
seiner Ausgabe mit dankenswerther Sorgfalt. Lachmann S. 279 (Kl. Schriften 1,
451) nahm an, es liege den Betrachtungen ein umfassenderes und kürzeres Werk
zum Grunde.

§ 46 verachtete. Eine gewisse Gewandtheit und Freiheit der Bewegung muss ihr zwar zugestanden werden, aber nur zu oft treten dem leichten Fluss die besonders durch Reimnoth im Uebermaass herbeigeführten Flickwörter, zumal gewisse immer wiederkehrende adverbielle Ausdrücke in den Weg, die viel schwerfälliger und lebloser sind, als die wiederkehrenden Umschreibungen und Beiwörter im Heliand[7]. — Von geistlichen Dichtungen des zehnten Jahrhunderts besitzen wir nur das durch seine Form merkwürdige von Himmel und Hölle (§ 28, 1), in welchem die regelrecht gebildete althochdeutsche Langzeile, aber ohne Reim angewendet wurde, ein Versuch, der wahrscheinlich durch die antikisierenden Bestrebungen der ottonischen Zeit angeregt wurde. — Zahlreicher sind die geistlichen Dichtungen des ausgehenden elften und beginnenden zwölften Jahrhunderts. In dieser Zeit finden wir namentlich in österreichischen Klöstern eine rege literarische Thätigkeit, aber auch in Franken, wo Bamberg hervorzuheben, und im mittleren Deutschland (Wetterau). Hierher gehört zunächst die freie Bearbeitung mosaischer Geschichten: wir besitzen sie in dreifachem Texte[8]; die Vorauer Handschrift, welche nur die Geschichte Josephs bietet[9], steht dem Originale am nächsten; die Texte einer Wiener[10] und der Milstäter Handschrift[11] stehen in näherem Zusammenhange unter sich, sie enthalten die ganze Genesis und einen Theil der Exodus[12], der letztgenannte Text in stärkerer Umarbeitung, die aber mehr und mehr in eine blosse Abschrift übergeht. Eine ferner abliegende Bearbeitung, in welche ausser den Büchern Mosis auch Stücke aus Josua und den Richtern aufgenommen sind, und in welcher die Geschichte Josephs[13] mitten inne steht, findet sich in der Vorauer Handschrift[14]. Von alttestamentlichen Stoffen wurde

---

7) Ueber das Verhältniss von Otfried und Heliand vgl. C. Grünhagen, Otfried und Heliand. Breslau 1855. 4.; Behringer, Krist und Heliand. Würzburger Schulprogramm 1870, und Gervinus 1³, 83 ff. (1⁵, 115 ff.), so wie auch Lechler in den Theolog. Studien und Kritiken 1849, S. 51—90 (angeregt durch Vilmars Alterthümer im Heliand).   8) Ueber die Geschichte dieser Bearbeitung vgl. Scherer, zu Genesis und Exodus. (Geistliche Poeten der Kaiserzeit. 1. Heft). Strassburg 1874. S. F. Vogt, über Genesis und Exodus, in Paul u. Braune's Beiträgen 2, 208—317. 586 bis 592. Rödiger in der Zeitschr. f. d. Alt. 18, 263—280. 19, 148—151. V. Pniower, zur Wiener Genesis. Halle 1883. S. (Berliner Dissertation).   9) Daraus herausgegeben von J, Diemer, Beiträge zur älteren deutschen Sprache und Literatur. 5. Theil. Wien 1865. 9.   10) Herausgeg. in Graffs Diutiska 3, 40—112; Massmanns Ged. des 12. Jahrh. 235—310; am besten in Hoffmanns Fundgruben 2, 9—101.

11) Herausgeg. von Diemer, Genesis und Exodus. 2 Bde. Wien 1862. 8.; vgl. dazu Bartsch in der German. 8, 217—252; Bech und Diemer ebend. 8, 466 bis 489, und Bartsch, ebend. 9, 213—217.   12) Der Wiener geht bis Exod. 8, 17, der Milstäter bis zum Schlusse des 14. Capitels.   13) Vgl. Anm. 9.

14) Diemer S. 3—90. Diese Bearbeitung ist in verschiedene Theile von verschiedenen Verfassern zu zerlegen; sie schliesst sogar lyrische Partien in sich:

in dieser Zeit noch bearbeitet die Geschichte der Judith[15], und § 16 zwar zweimal, das erste Mal[16] wohl noch an der Scheide des elften und zwölften Jahrhunderts[17] von einem mitteldeutschen Dichter[18], der wahrscheinlich auch das in der Handschrift unmittelbar vorhergehende Gedicht von den drei Jünglingen im Feuerofen[19] verfasst hat. Die jüngere Judith in ausgeführterer Darstellung[20] ist aber auch nicht viel nach dem Anfang des zwölften Jahrhunderts zu setzen. Von mehr lyrischer Haltung ist das gleichfalls mitteldeutsch gefärbte Lob Salomons[21], welches wie die vorhergenannten Gedichte uns in der Vorauer Handschrift[22], der unschätzbaren Fundgrube für diese Poesie des Uebergangs, erhalten ist[23]. Aus dem neuen Testamente haben wir die sicher noch dem elften Jahrhundert[24] angehörenden Bruchstücke eines Lebens Christi in altmitteldeutscher Sprache, die sich durch Reinheit des Versbaues vor den übrigen geistlichen Dichtungen auszeichnen[25]; ferner eine Bearbeitung der evangelischen Geschichte, mit Einschluss des Antichrists[26] und des jüngsten Gerichtes, in doppeltem Texte; der ältere, in der Vorauer Handschrift[27], nennt als Verfasserin eine Frau Ava, die sich als Mutter zweier Kinder bezeichnet, wahrscheinlich dieselbe, die 1127 als Klausnerin in einem österreichischen Kloster starb[28]; der jüngere, dem der Schluss

---

Denkmäler Nr. 40 und S. 359 f. (²439 ff.). Ein Bruchstück einer andern IIa. ist gedruckt German. 7, 230 ff. 15) Vgl. C. Hofmann, über die mhd. Gedichte von Salomon und Judith, in den Münchener Sitzungsberichten 1871, 5. Heft. 16) Diese ältere Bearbeitung in Diemers Gedichten des 11. und 12. Jahrh. Wien 1849. S. S. 119—123. In Leichform herzustellen versucht bei Müllenhoff und Scherer, Denkmäler Nr. 37; in sechszeiligen Strophen bei Schade, Geistl. Gedichte vom Niederrhein S. XL ff. 17) Denkmäler S. 383 (²430). 18) Denkmäler S. 370 (²414). 19) Denkmäler Nr. 36; bei Diemer S. 117—119 mit der Judith vereinigt. 20) Bei Diemer S. 127—180. Holtzmann (German. 2, 48) war geneigt, sie dem Dichter des Alexander, Lamprecht, beizulegen. Vgl. J. Pirig, Untersuchungen über die sogen. jüngere Judith. Bonn 1881. S. 21) Diemer S. 107—114. Denkmäler Nr. 35; hier in strophischer Form, mit angenommenen Interpolationen, dargestellt; vgl. dazu Bartsch in der German. 9, 62 f. 22) Ueber die Vorauer Hs. sowie über die im Inhalt und Charakter verwandte Milstäter, sowie eine dritte nur in Bruchstücken erhaltene Sammlung vgl. Scherer, drei Sammlungen geistlicher Gedichte. (Geistliche Poeten der Kaiserzeit, 2. Heft). Strassburg 1875; und dazu Rödiger im Anz. f. d. Alterth. 1, 65—88. 23) Vgl. Scherer, Salomo und der Drache, Zeitschrift f. d. Alt. 22, 19—24. 24) Nach Schade, veter. monum. decas S. 16 f. sogar aus dem Anfang des 11. oder aus dem 10. Jahrh. 25) Herausg. von Weigand in Haupts Zeitschr. 7, 412—418, und mit neuen Bruchstücken vermehrt, 8, 258—274. Als Friedberger Christ und Antichrist in Müllenhoffs und Scherers Denkmälern Nr. 33. 26) Bis zu dem auch der mitteldeutsche Christ reichte. 27) Bei Diemer S. 229—292. 28) Diemer S. XV. Vgl. Langguth, Untersuchungen über die Gedichte der Ava. Budapest 1880. S. Als ihre Söhne betrachtet Diemer (jedoch mit Unrecht) Heinrich, den Dichter der Erinnerung an den Tod, und Hartmann, den Verfasser der Rede vom heil. Glauben. Vgl. Einleitung S. XVI ff. und Diemers Beiträge etc. 3. und 4. Theil.

§ 46 der Vorauer Handschrift fehlt, nennt keinen Namen[29] und schickt ein gereimtes Leben Johannes des Täufers voraus. Besonderes Interesse aber nimmt in Anspruch das von dem Bamberger Scholasticus Ezzo gedichtete Lied von den Wundern Christi. Es entstand auf der Pilgerfahrt, welche der Bischof Gunther von Bamberg im Jahre 1065 nach dem heiligen Lande unternahm. Ezzo dichtete aber nur den Text, die Weise (Melodie) dazu verfasste ein anderer Geistlicher, Wille[30]. Dem niederfränkischen Gebiete fällt zu ein am Anfang des zwölften Jahrhunderts entstandener Legendar, von welchem beträchtliche Bruchstücke erhalten sind[31].

§ 47.

2. Das einzige zeither näher bekannte und mit voller Sicherheit diesem Zeitraum zugehörige Denkmal gelehrter Poesie, das nicht einen eigentlich geistlichen Inhalt hat, obwohl es zuverlässig von einem hochdeutschen, vermutlich ostfränkischen, Geistlichen herrührt, ist der schon oben (§ 30) angeführte Merigarto[1] (das Wort bedeutet 'Welt'[2]), Bruchstück eines Werks des elften Jahrhunderts, wahrscheinlich um 1070[3], welches von grossem Umfange und eine Art

---

29) Gedruckt in Hoffmanns Fundgruben 1, 127—204.   30) Ezzo scholasticus in eodem itinere cantilenam de miraculis Christi patria lingua nobiliter composuit. Vita Altmanni (Mon. Germ. S. 12, 230). Ezzo begunde scriben, Wille vant die wise. Diemer, Gedichte S. 319. — Der Text der Vorauer Hs. (Diemer S. 319—330) ist ein vielfach interpolierter, wie die Auffindung des besseren Textes durch Barack (Zeitschr. f. d. Alt. 23, 209 ff. und in besonderer Ausgabe mit photogr. Facsim. Strassburg 1879. fol.) beweist. Versuche, den ursprünglichen Text herzustellen, sind (vor Auffindung der zweiten Hs.) gemacht worden von Schade, veter. monum. decas. Weimar 1860, S. 30 ff., der das Gedicht in sechszeiligen Strophen gibt; von Müllenhoff, Denkmäler Nr. 31, der es als Leich darstellt (vgl. auch Müllenhoff in der Zeitschr. f. d. Alt. 19, 493 f.); von Diemer, Beiträge etc. 6. Theil. Wien 1867. 8., der es in zwölfzeilige Strophen zerlegt; und von C. Hofmann (Sitzungsberichte der Münchener Akademie 1871, 3, 291—318). Vgl. noch Giske in der Germania 28, 89—98.   31) Herausgeg. von Barack, Germ. 12, 90—96; Schade, fragmenta carminis theotisci veteris. Königsberg 1866. 8., dazu die viel beträchtlicheren in Halberstadt, welche H. Busch mit den früheren zusammen in Zachers Zeitschrift Bd. 10 u. 11 herausgegeben und eingehend behandelt hat. Aus Quellen, wie dieser, hat die Kaiserchronik geschöpft. Vgl. Rödiger im Anz. f. d. Alt. 6, 221 ff.

§ 47. 1) Aufgefunden und herausgeg. von Hoffmann. Prag 1834. 8., und in seinen Fundgruben 2, 1—8; dazu J. Grimm in den Gött. G. A. 1838, Nr. 56, S. 547 ff. (kl. Schr. 5, 279 f.) Neuere Ausgaben von Wackernagel, altd. LB.[3], 317 ff. (theilweise), bei Schade, veterum monum. decas. Weimar 1860, S. 18—24, und bei Müllenhoff und Scherer Nr. 32. Ueber das Formelle vgl. § 30, 2.   2) Den Titel, den Hoffmann ihm beigelegt hat, hält J. Grimm, Götting. G. A. 1838, Nr. 56 für um so gewagter, als das Wort selbst in den erhaltenen Versen gar nicht vorkommt. Müllenhoff und Scherer haben den Titel in der allein nachweisbaren Form meregarte beibehalten.   3) Grimm a. a. O.; Müllenhoff und Scherer S. 353. Anfangs (Gött. G. A. 1835, S. 1564) war Grimm geneigt, es um 1010 zu setzen, und Hoffmann

Kosmographie gewesen zu sein scheint. Der Verfasser hat den Stoff § 47 dazu hauptsächlich aus Isidors Etymologieen, aus mündlicher Ueberlieferung und aus eigener Erfahrung geschöpft[4]. Das Bruchstück, so weit es erhalten ist, handelt vorzüglich von den Gewässern der Erde und insbesondere von einigen wunderbaren Quellen. Interessant ist eine kurze Stelle über Island. Der Anfang dürfte noch Nachklang älterer Darstellungen der Schöpfungsgeschichte sein. Der geistlichen Lehrdichtung gehört an das Memento mori von Noker[5], in welchem man richtiger als einen der Notkere von St. Gallen vielmehr einen der Nokere in Muri erblicken darf.

B. Prosa.

§ 48.

Die prosaischen Werke dieses Zeitraums gehören nur als Denkmäler der Sprache in das Gebiet der National-Literatur, da sie, wie schon erwähnt, fast alle Uebersetzungen und Umschreibungen griechischer und lateinischer Texte sind, und die spärlichen, nicht übersetzten Ueberbleibsel auch nicht als Erzeugnisse einer freien Geistesthätigkeit angesehen werden können[1]. Der sprachliche Werth der

---

stimmte ihm vor dem zweiten Abdruck bei. Auch Schade a. a. O. und Pfeiffer, über Wesen und Stellung der höfischen Sprache, Wien 1861, S. 12 setzen es in den Anfang des 11. Jahrhunderts. 4) Vgl. hierüber die Vorrede des Herausgebers und Denkmäler S. 347 ff. (² 386 ff.). 5) Herausgeg. von Barack, Zeitschrift f. d. Altertum 23, 209 ff. und in besonderer Ausgabe mit photogr. Facsim. Strassburg 1979. fol. Auch bei Piper, Notker 1, 863 ff. Vgl. noch Zeitschr. f. d. Alt. 24, 426—450. 23, 118.

§ 48. 1) Ausgenommen etwa das, was in den § 51 aufgeführten Werken nicht geradezu aus den lateinischen Texten übersetzt ist, wie z. B. das interessante, Prologus Teutonice überschriebene Vorwort zu dem St. Galler Boethius (auch bei Wackernagel, altd. LB. ⁴ 299 f.), und, wenn sie nicht Uebersetzungen sind, die § 50 erwähnten Predigten des 10. (oder 11.?) Jahrhunderts. Dagegen haben, nebst einzelnen in den folgenden §§ angeführten Stücken, für die Geschichte unserer Literatur von Seiten der Sprache mehr oder weniger Werth unter den nicht übersetzten Ueberbleibseln: die wenigen deutschen Sätze in der sogenannten Notitia sinium Wirceburgensium (zuletzt herausgegeben in Müllenhoffs und Scherers Denkmälern Nr. 64, wo man S. 473 (² 534) auch die früheren Ausgaben verzeichnet findet; der Schwur Karls des Kahlen und des deutschen Heeres unter Ludwig zu Strassburg 842 (Denkmäler Nr. 67, dazu S. 479 (² 540). Bartsch, altfranz. Chrestomathie p. 3 f. J. Brakelmann in Zachers Zeitschrift 3, 85 ff.); eine Eidesformel, welche zu weihende Geistliche dem Bischofe deutsch zu schwören hatten; einige ärztliche Recepte; einige altsächsische Beschwörungsformeln (in denen sich noch Spuren der Alliteration zeigen); ein Paar Heberegister, gleichfalls in niederdeutscher Sprache, alles aus dem 8. bis 10. Jahrh. und mit allen literarischen Nachweisen zu finden bei Massmann, Abschwörungsformeln 59—62; 182; 189 f.; Graff, Diutiska 2, 189 f.; Dorow, Denkmale, Heft 2, 3.; und bei Müllenhoff und Scherer; und eine Augsburger Schenkungsurkunde vom Jahre 1070 (bei Wackernagel ⁵ 325 f.)

§ 48 einzelnen Schriften ist wieder sehr verschieden, je nachdem man
bloss auf Wortfülle und Wortformen, oder auch auf Wortfügung, Gewandtheit des Ausdrucks und stilistische Geschicklichkeit Rücksicht
nimmt. Die zuletzt genannten Eigenschaften treten besonders in einigen Werken aus dem Ende des zehnten oder dem Anfang des elften
Jahrhunderts hervor. Sie sind in St. Gallen entstanden und gehören
nicht sowohl der rein kirchlichen, als der gelehrten Literatur überhaupt an. Die Vortrefflichkeit dieser Prosa zeigt wenigstens, was
sich schon damals hätte in ungebundener deutscher Rede leisten
lassen, wäre es den schreibenden Gelehrten eingefallen, statt der
lateinischen sich der Muttersprache zu bedienen.

§ 49.

Das älteste Denkmal deutscher Prosa und zusammenhängender
deutscher Rede überhaupt sind die Ueberbleibsel einer gothischen,
aus dem Griechischen übersetzten Bibel, die wir dem gothischen
Bischof Ulfilas verdanken. Ulfilas[1], mit seinem gothischen Namen
Vulfila[2], 311 geboren, als die Gothen noch jenseit der Donau wohnten,
wurde 341 vom Lector zum Bischof der Gothen geweiht; sieben Jahre
später von einem heidnischen Fürsten seines Volks vertrieben und
auf römischem Boden aufgenommen, liess er sich mit vielen am
Christenthum festhaltenden Landsleuten am Fusse des Haemus nieder,
war 360 auf der Synode zu Constantinopel, wohin er auch 381 gieng,
um die arianische Lehre, der er, wie auch sein Testament bezeugt,
eifrig anhieng, gegen ihre Verächter und Verfolger zu vertheidigen,
daselbst aber noch in demselben Jahre starb. Dass er die Bibel
übersetzte, berichten andere, ihm in der Zeit sehr nahe stehende
Kirchenschriftsteller, nicht die Pariser Handschrift ausdrücklich, sondern nur, dass er in griechischer, lateinischer und gothischer Sprache,
in denen allen dreien er auch predigte, mehrere Abhandlungen und
viele Uebersetzungen[3] hinterlassen habe. Wenigstens begonnen hat
er die Uebersetzung, wenn er sie auch bis zu dem Umfange, den
das Zeugniss des Philostorgius[4] angibt, wonach er die ganze heilige

---

§ 49.   1) Was über sein Leben früher bekannt war (Prolegomena zur Ausgabe von Gabelentz u. Löbe) hat erwünschte Ergänzung gefunden aus einer sehr
alten zu Paris entdeckten Handschrift, welche G. Waitz (Ueber das Leben und
die Lehre des Ulfila. Hannover 1840. 4.) zum Theil herausgegeben hat. Vgl. dazu
Bessel, über das Leben des Ulfilas und die Bekehrung der Gothen zum Christenthum. Göttingen 1860. 8.; G. L. Kraft, de fontibus Ulfilae Arianismi. Bonnae 1860. 4.
C. P. V. Kirchner, über die Abstammung des Ulfilas. Chemnitz 1879. 4. (Programm).
G. Kaufmann, kritische Untersuchung der Quellen zur Geschichte Ulfilas, in der
Zeitschrift f. d. Alt. 27, 193—261.   2) Wackernagel, Litt.-Gesch. § 8, Anm. 4.
   3) plures tractatus et multas interpretationes volentibus ad utilitatem et ad
aedificationem. Waitz S. 19.   4) S. die Stelle bei Waitz S. 59.

Schrift mit Ausnahme der Bücher der Könige übersetzt, oder den § 49
auch nur die uns erhaltenen Theile bezeichnen, nicht allein ausgeführt hat. Dass die Gothen das ganze alte wie das neue Testament
in ihrer Sprache besassen, obschon uns von vielen Theilen des ersten
und einzelnen des zweiten bisher noch alle Spur abgeht, darf kaum
bezweifelt werden; auch dass der Uebersetzung der griechische Text
zum Grunde gelegt worden, ist gewiss; doch hat auf die Fassung einer
ganzen Anzahl von Stellen ein lateinischer Text, den Ulfila daneben
benutzte, nur nicht der der Vulgata eingewirkt[5]. Die erhaltenen Theile
bestehen in grossen Bruchstücken aus den vier Evangelien, allen un-
bestrittenen paulinischen Briefen, freilich zum guten Theil auch nur
fragmentarisch, und kleineren Stücken aus Esra und Nehemia[6]. Die
Uebersetzung, wenn auch sehr wortgetreu, kriecht doch keineswegs,
wie wohl behauptet worden, dem griechischen Texte knechtisch nach,
sondern lässt überall den Eigenheiten der gothischen Sprache ihr

5) Hierüber sowohl, wie über den Antheil, den Ulfilas und andere ihm gleichzeitig
oder später lebende Gothen, die ungenannt geblieben sind, an der Uebersetzung und
Ueberarbeitung der auf uns gekommenen Stücke für sich in Anspruch nehmen dürften,
vgl. die erwähnten Prolegomena; Loebe in der Jen. Litt. Zeitung 1811, Nr. 50,
S. 396, und in den Blättern für litterar. Unterhaltung 1843, Nr. 110—112; Mass-
manns Gotthica minora, in Haupts Zeitschrift 1, 294 f.; E. Bernhardt, kritische
Untersuchungen über die goth. Bibelübersetzung. 1. Heft. Meiningen 1864. 2. Heft.
Elberfeld 1868. S. Bangert, der Einfluss latein. Quellen auf die gotische Bibelübersetzung des Ulfila. Rudolstadt 1880. 8., und besonders C. Marold, kritische
Untersuchungen über den Einfluss des Lateinischen auf die gotische Bibelübersetzung, in der Germania, Bd. 26—28. so wie Wissenschaftl. Monatsblätter 1875,
S. 159 ff. 6) Ueber die Geschichte der Handschriften, besonders des berühmten Codex argenteus, und die weitere Literatur dieser Bibelübersetzung
(erste Ausgabe der damals bekannten Stücke von Fr. Junius, Dortrecht 1665. 4.)
bis 1819 vgl. die Einleitung zu Zahns Ausgabe, Weissenfels 1805. 4.; Grimm,
Grammatik 1¹, XLIV ff.; die Prolegomena von Gabelentz und Löbe; Massmann
a. a. O., und Löbe in den Blättern für litter. Unterhaltung, a. a. O. Von
den seltdem aufgefundenen Theilen sind die Bruchstücke aus Esra, Nehemia,
Matthäus und die paulinischen Briefe, zuerst von A. Mai und C. O. Castiglioni
gemeinschaftlich, dann von dem letztern allein, nach und nach (Mailand 1819—39. 4.)
herausgegeben (nebst der Skeireins und dem Bruchstück des goth. Kalenders), findet sich,
begleitet von einer lateinischen Uebersetzung, einem Glossar und (als 2. Theil des
2. Bandes) einer gothischen Grammatik in der kritischen Ausgabe von v. Gabelentz u. Löbe: Ulfilas. Veteris et novi Testamenti versionis Gothicae fragmenta
quae supersunt etc. Altenburg und Leipzig 1836; und Leipzig 1843. 3 Bde. 4.
Spätere Ausgaben erschienen von A. Uppström. Upsala 1854 (diplomatischer Abdruck des Codex Argenteus; dazu v. Gabelentz und Löbe, Uppströms Codex argenteus. Leipzig 1860. 4.); von Massmann, Stuttg. 1855—57. 8.; von Fr. L. Stamm.
Paderborn 1858. 8.; 3. bis 7. Aufl. (1875) besorgt von M. Heyne; zuletzt von E.
Bernhardt. Halle 1875. 8. (mit griechischem Texte); vgl. Piper in der Germania
21, 83—90; Gering in Zachers Zeitschrift 7, 103—113; Wissensch. Monatsblätter

§ 49 Recht widerfahren[7]. — Ausserdem besitzen wir in gotbischer Sprache nicht unbeträchtliche Bruchstücke einer Art paraphrasierter Harmonie der Evangelien, gewöhnlich Skeireins (d. h. interpretatio) genannt[8], etwa aus dem Ende des fünften Jahrhunderts, welche der erste Herausgeber ohne zureichende Gründe dem Ulfilas zusprechen und als Uebersetzung einer Schrift des Bischofs Theodor von Heraclea ansehen zu dürfen glaubte[9]. Ferner zwei Reihen von Unterschriften gothischer Priester unter Urkunden[10], wahrscheinlich aus dem Zeitalter Theodorichs des Grossen, und einige vereinzelte Zeilen in dem Fragment eines gothischen Kalenders[11].

§ 50.

Die kirchlichen Prosawerke in althochdeutscher Sprache[1] heben mit dem achten Jahrhundert an: in diesem, nicht wie man früher annahm, im siebenten, ist das Glossar des heil. Gallus[2] niedergeschrieben, welches aber, wie alle Glossen und Glossarien

1579, S. 81—93. Vgl. auch J. Peters, gotische Conjecturen. Leitmeritz 1876. 1579. 8. Dazu kommt Uppströms (der schon 1561 die Matthäusfragmente nach dem Cod. Ambros., die des Römerbriefs aus dem Wolfenbüttl. Codex herausgegeben hatte) auf neuer Collation beruhende Ausgabe der Ambrosianischen Hss. Codices gotici Ambrosiani etc. Holmiae et Lipsiae 1868. fol. (vgl. L. Meyer in der Germania 10, 225—236 und Heyne in Zachers Zeitschrift 1, 373) und der Abdruck der von Reifferscheid entdeckten Turiner Blätter durch Massmann in Pfeiffers Germania 13, 271—284.   7) Vgl. Grimms Grammatik 4. Bd., und Löbe in Hagens Germania 2, 359 ff.   8) Herausg. und erläutert von Massmann, Skeireins Aivaggeljons thairh Johannen. München 1834. 4; der Text allein, verbessert bei Gabelentz u. Löbe, in den Ulfilas-Ausgaben von Massmann, Stamm (Heyne) und Bernhardt; und von A. Uppström (1861). Die Bruchstücke der Skeireins herausgeg. von Al. Vollmer. München 1862. 8.   9) Widerlegt von Löbe, Beiträge zur Textberichtigung und Erklärung der Skeireins, Altenburg 1839, S. 4 ff.; vgl. Jen. Litt. Zeit. 1841, Nr. 50, S. 396.   10) Sie finden sich bei Zahn a. a. O. 76 ff. (vgl. Grimm, Grammatik 1¹, S. XLVII), dann (mit Schriftnachbildungen) besonders herausgegeben von Massmann: Frabauhtabokos, oder die gothischen Urkunden von Neapol und Arezzo. Wien 1836. Fol.; vgl. Löbe in der Jen. Litt. Zeit. 1838, Nr. 159.   11) Zuerst gedruckt in dem von Mai und Castiglioni herausgegebenen Ulfilae partium ineditarum specimen. Mailand 1819; dann bei Gabelentz und Löbe etc. Die übrigen kleineren Reste gothischer Sprache hat Massmann (in Haupts Zeitschrift Bd. 1) und neuerdings J. W. Schulte (Zeitschrift f. d. Alt. 23. u. 24. Bd.) eingehend behandelt.
        § 50. 1) Näheres über die ältere Literatur des in diesem § Aufgeführten ist zu finden in Grimms Grammatik 1¹, S. LII ff.; das vollständigste Verzeichniss der althochd. Sprachdenkmäler überhaupt aber in Graffs Vorrede zum ersten Bande des Sprachschatzes. Dazu vgl. R. v. Raumers mehrfach erwähnte Schrift, die Einwirkung des Christenthums auf die althochd. Sprache. Stuttgart 1845. 8, und dessen Abhandlung über den geschichtlichen Zusammenhang des gothischen Christenthums mit dem althochdeutschen, in Haupts Zeitschr. 6, 401—412.   2) Vollständig abgedruckt bei Graff a. a. O. S. LXV ff.; viel fehlerhafter in Greiths Specileg. Vatican. 35 ff.; am besten in Wackernagels LB.² 27—32, bei Hattemer, Denkmahle des Mittelalters 1, 5—14 und bei Steinmeyer u. Sievers; besondere Ausgabe von J. C. H. Büchler:

dieses Zeitraumes[2], nicht in die Geschichte der deutschen Literatur, § 50 sondern der Sprache gehört. Aus dem achten Jahrhundert[1] besitzen wir Bruchstücke einiger Homilien[3], namentlich der Isidorischen Epistel de nativitate domini[6], wie sie kurz bezeichnet wird, deren Uebertragung man früher mit Unrecht ins siebente, ja sechste Jahrhundert setzte, während andere sie ins neunte hinabrückten[7]. Sodann die Ueberbleibsel einer Uebertragung des Evangeliums Matthäi[8], die ohne Grund dem St. Galler Mönche Kero (um 760) zugeschriebene Interlinearversion der Regel des heiligen Benedict[9] und die mit der Matthäus-Uebersetzung wohl gleichzeitige Exhortatio ad plebem christianam, welche sich in zwei Handschriften, einer Fuldaer und einer Freisinger, erhalten hat,

---

St. Galli vocabularius etc. Brilon 1869. 8. E. Sievers, zum Vocabul. S. Galli und den Glossae Keronis, in Haupts Zeitschr. 15, 119—125. Vgl. jetzt besonders Henning, über die Sanct-gallischen Sprachdenkmäler bis zum Tode Karls des Grossen. Strassburg 1874. S. 3) S. über diese Graff a. a. O. und § 24, 1. 4) Ueber die Ansicht Scherers, dass unsere Literatur keine älteren Denkmäler habe als aus der Zeit Karls des Grossen, dass einige wenige vielleicht in seine ersten Regierungsjahre, die meisten der ins 8. Jahrh. gesetzten aber erst nach 803 fallen, vgl. A. Holtzmann in Pfeiff. Germania 9, 71 ff. 5) Von Endlicher und Hoffmann herausgegeben, s. Anm. 8. 6) Der Uebersetzer, nach Müllenhoff Denkm. S. XVI f. ein Rheinfranke, ist unbekannt. Erste Ausgabe von Palthen, Greifswald 1706; dann in Schilters Thesaurus I; von Graff in Hagens Germ. 1, 57—89; am besten von A. Holtzmann: Isidori Hispalensis de nativitate domini, passione etc. epistolae ad Florentinam sororem versio francisca saeculi octavi quoad superest. Carolsruhae 1836. 8. u. von Weinhold, die altd. Bruchstücke des Tractats des Bischofs Isidorus von Sevilla de fide catholica contra Judaeos. Paderborn 1874. 8. vgl. Germ. 20,375 ff. Dazu Holtzmann, Germ. 1, 462—475, der die Uebersetzung des Isidor u. des Matthäus denselben Hand zuschreibt u. als den Uebersetzer Pirmin, den Stifter der Klöster Reichenau am Bodensee, Murbach im Elsass und Monsee in Oesterreich betrachtet. Vgl. dagegen Müllenhoff u. Scherer S. 453. 468 (? S. 513. 528) und wieder Holtzmann German. 9, 70. Ein Stück aus einer andern als der Pariser Hs. in den Fragmenta Theotisca, und ein neu gefundenes in der Germania 14, 66; vgl. C. Hofmann in den Sitzungsberichten der Münch. Akad. 1869, I, 4. 7) Letzteres that Lachmann, zu den Nibelungen S. 51. 8) Herausg. von Endlicher und Hoffmann in Fragmenta Theotisca versionis antiquiss. Evang. St. Matthaei et aliquot homiliarum. Wien 1834. (vgl. dazu Haupt in den Wiener Jahrb. Bd. 67; neue Ausgabe von Massmann, Wien 1841. 4; s. dazu Haupts Zeitschrift 1, 563 ff.), wo auch die übrigen Bruchstücke von deutschen Homilien des 8. Jahrh. zu finden sind. Bruchstücke einer andern Hs. sind veröffentlicht durch E. Friedländer und Zacher in Zachers Zeitschrift 5, 381 ff. — Fragmente einer dem Ende des 11. Jahrh. angehörenden Uebersetzung der Evangelien, wahrscheinlich aus St. Gallen sind herausgegeben von Keinz in den Sitzungsberichten der Münchener Akad. 1869, I, 4, S. 549 ff.; von J. Haupt in der Germania 14, 410 ff. vgl. dazu Tomanetz in Zachers Zeitschrift 14, 257—285. 9) Herausgeg. in Schilters Thesaurus I. (vgl. Graffs Diutisk. 3, 198 ff.) und mit einer Einleitung, worin auch über Keros Zeitalter und über andere ihm beigelegte Schriften gehandelt ist, diplomatisch genau nach der Handschrift in Hattemers Denkmahlen 1, 13—125 (vgl. 1, 250). Collation der Hs. in Haupts Zeitschrift 17, 431 ff., wo auch

§ 50 eine Ermahnung in deutscher Sprache an die Laien, welche die
Taufe empfangen haben, das apostolische Glaubensbekenntniss und
das Vaterunser sorgfältig auswendig zu lernen[10]. Wie diese, so
dürften dem achten Jahrhundert noch einige andere jener kleineren
Stücke, Uebersetzungen und Umschreibungen des Vater
Unser, Glaubensbekenntnisse, Beichtformeln, geistliche Ermahnungen und dergleichen[11] zuzuschreiben sein, die
nächst einer Interlinearversion lateinischer Kirchenhym-
nen aus der elsässischen Abtei Murbach[12] und der um 823 entstandenen
und wahrscheinlich unmittelbar durch Hrabanus Maurus angeregten
Uebersetzung der sogenannten Tatianischen Evangelienharmonie[13] so wie den Fragmenten einer Psalmenüber-

die im folgenden erwähnten St. Galler Sprachdenkmäler bei Hattemer neu verglichen sind. Vgl. auch Piper in der Zeitschr. f. d. Philol. Bd. 11—13. Nach Scherer,
Denkmäler S. 459 (²519), ist die Uebersetzung jünger als 802. Ueber die Grund-
losigkeit der Attribution vgl. Scherer in Haupts Zeitschrift 18, 143 ff. S. Singer, wie
kam Goldast zu dem Namen Kero? Anz. f. d. Alt. 10, 278 f. Vgl. noch F. Seiler,
die ahd. Uebersetzung der Benediktinerregel, bei Paul und Braune, Beiträge 1,
402—485. 2, 168—171.   10) Herausgegeben von W. Grimm. Berlin 1848. 4.;
und bei Müllenhoff und Scherer Nr. 54, wo man S. 411 (² 501) die übrigen Abdrücke verzeichnet findet.   11) Am vollständigsten, mit literar. Nachweisungen, bei Massmann, die deutschen Abschwörungs-, Glaubens-, Beicht- und Bet-
formeln vom 8. bis 12. Jahrh. Quedlinburg u. Leipzig 1839 8. Was davon zu St.
Gallen handschriftlich aufbewahrt wird, und darunter auch einiges, das Massmann
noch nicht bekannt war, gibt, bis auf die Notkerischen Stücke, Hattemer 2, 323
bis 330. Die meisten auch bei Müllenhoff und Scherer Nr. 55—95. Eine Regensburger Beichte und Gebet und eine Fuldaer Beichte gab, unter Benutzung neuer
Quellen, Pfeiffer heraus in: Forschung und Kritik II. Wien 1866, S. 20 ff. 39 ff.;
zwei ahd. Beichten, Fr. Pfeiffer: Germania 13, 385 ff. die Beichte der Tepler Handschrift (Regensburger Beichte) auch bei Pfannerer im Pilsener Gymnasialprogramm
von 1870; eine Lorscher Beichte, Müllenhoff u. Scherer ² S. 630 ff. u. Bartsch, Germ.
20, 1—3; vgl. Dümmler in Haupts Zeitschr. 18, 308.   12) Mehrere dieser sonst
fälschlich als fränkische Kirchenlieder bezeichneten Stücke, die J. Grimm in den
Anfang des 9., Wackernagel (LB.² 55 ff.; 33 ff) bereits in das 8 Jahrhundert setzt,
wurden schon von Hickes und Eccard herausgegeben; vollständig machte sie bekannt mit Einleitung und Anmerkungen J. Grimm: Hymnorum veteris ecclesiae
XXVI interpretatio theotisca Gotting. 1830 4. Beste Ausgabe von E. Sievers,
die Murbacher Hymnen. Halle 1874. 8. Vgl. Erdmann in Zachers Zeitschrift 6,
236—212; Wilken in der Germania 20, 81—84. Ueber ein scheinbar ähnliches
Stück, das zuerst Docen, Miscell. 1, 18 bekannt machte, vgl. Massmann a. a. O. S. 8;
53—55; 173—175.   13) Der Uebersetzer ist unbekannt, muss aber mit Otfried
ziemlich gleichzeitig und wahrscheinlich um die Mitte des 9. Jahrhund.
(Müllenhoff, Denkmäler S. X. XIV) gelebt haben (über den sogenannten Tatianus
vgl. § 45, 9). Herausgeg. von Palthen, Greifswald 1706; und darnach in Schilters
Thesaur. II, beidemal mit einer beträchtlichen Lücke. Das Ganze von J. A. Schmeller
(der schon früher, Stuttgart 1827, das Matthäus-Evangel. besonders herausgab)
unter dem Titel: Ammonii quae et Tatiani dicitur, harmonia evangeliorum in linguam latinam et inde in francicam translata Viennae 1841. Neuerdings von Sie-

setzung[14] den Bestand der prosaischen Ueberbleibsel des neunten Jahr- § 50
hunderts bilden. Aehnliche kleine Stücke nebst Bruchstücken
von Predigten[15] haben sich aus dem zehnten Jahrhundert erhalten,
dessen Schluss vielleicht auch noch die Uebersetzung und Umschreibung der Psalmen von Notker zu St. Gallen angehört,
ein Werk, das wegen seiner Sprache und Ausdrucksweise zu den
vortrefflichsten Denkmälern der althochdeutschen Prosa gezählt werden muss. Unter mehreren St. Galler Mönchen dieses Namens kann
nur der dritte Notker, mit dem Beinamen Labeo († 1022), der unter
Abt Burkart II (1001—1022) die Klosterschule leitete, der Uebersetzer
sein[16]. Bei den erklärenden Umschreibungen des Psalmtextes, welche
zum Zwecke des Unterrichts in einer Mischung von Lateinisch und
Deutsch gehalten sind, benutzte er die Auslegung Augustins. Von
den Psalmen und den ihnen in den Handschriften angehängten Uebertragungen einzelner kürzerer Stücke des alten und neuen Testaments[17]
ist nur eine vollständige, aber ziemlich junge und ungenaue Handschrift erhalten, die St. Galler; in einer zweiten, schwerlich viel ältern
Wiener, die voll von willkürlichen Aenderungen ist, fehlen fünfzig
Psalmen[18]. Noch im zwölften Jahrhundert war diese Uebersetzung

vers (mit ausführlichem Glossar). Paderborn 1872. 8. Dazu E. Sievers, Untersuchungen über Tatian. Halle 1870. 8. Fragmente einer Hs. in Haupts Zeitschrift
17, 71 ff. Vgl. noch J. Harczyk ebend. 76 ff. Den lateinischen Text gab nach einer
Casseler Hs. Grein im Anhange seiner Schrift: Die Quellen des Heliand. Cassel
1869. heraus. 14) Herausg. von J. A. Schmeller in Stelchele's Beiträgen zur
Gesch. des Bisthums Augsburg. und im zweiten Abdruck (2 Blätter), der aber nur
an Freunde vertheilt wurde; wiederholt durch Pfeiffer in seiner Germania 2, 95
bis 105. Bruchstücke einer jüngeren abd. Psalmenübersetzung: German. 23, 55
bis 62. 15) Abgedruckt in Hoffmanns Fundgruben 1, 59 ff.: eine auch bei
Wackernagel, LB.² 159 f., ⁵ 329 ff., hier aber ins 11. Jahrh. gesetzt. Vgl. Denkmäler²
Nr. 86, Wessobrunner Predigten; dazu ein neues Fragment, herausgeg. von Keinz,
Zeitschr. f. d. Alt. 26, 176—152. Die Wessobrunner Predigten auch bei Piper, Notker 3, 399 ff. Predigtbruchstücke aus dem 11. Jahrh. in Zachers Zeitschr. 11, 418—420.
16) Vgl. über ihn v. Arx, Geschichten von St. Gallen I, 276 ff.; v. d. Hagens
Briefe in die Heimath 1, 150; 2, 280; Hoffmann, In dulci jubilo S. 3. 17) S.
Anm. 21. 18) Nach jener ist der mit neuen Fehlern vermehrte Abdruck in
Schilters Thesaurus I, und das was Graff in seiner Ausg. der Windberger Psalmen
aufgenommen hat; aus der andern stehen mehrere Stücke in Hoffmanns Fundgr.
1, 49 ff. und Graffs Diutiska 3, 121—141. Aus ältern und echtern, nur bruchstückweise erhaltenen Handschr. befindet sich Einzelnes in Massmanns Denkmälern 1, 120 ff.,
und bei Wackernagel, Baseler Handschriften 11—18; LB.²,127 ff. ⁵ 289 ff.; vgl. Wackernagel, die Verdienste der Schweizer S. 26, Anm. 12, und Baseler Handschr. S. 9 f.
Vollständige Ausgabe in Hattemers Denkmahlen Bd. 2; am besten herausg. von
Piper, Schriften Notkers und seiner Schule (3. Bde. Freiburg i. B. 1882—83. 8) im
2. Bde. Die S. Pauler Bruchstücke hat Holder in der German. 21, 129 ff. veröffentlicht; vgl. dazu Heinzel in der Zeitschr. f. d. Alt. 21, 160 ff. Vgl. noch Ernst Henrici,
die Quellen von Notkers Psalmen. Strassburg 1878. 8 (vgl. Seiler in Zachers Zeitschrift 10, 225 ff.; so wie Anz. f. d Alt. 5, 216 ff) und derselbe, der lat. Text in Not-

6*

§ 50 bekannt und beliebt: die sogenannten Windberger Psalmen[19] sind eine
Erneuerung in der Sprache des zwölften Jahrhunderts, und noch im
vierzehnten finden wir Notkers Psalmen sprachlich verjüngt[20]. Ungefähr in dieselbe Zeit wie Notkers Psalmen fallen die Uebertragungen einzelner kürzerer Stücke des alten und neuen
Testaments[21], welche, wenn auch nicht von Notker selbst, dem
sie beigelegt zu werden pflegen, doch gewiss von St. Galler Mönchen
herrühren. Aus dem elften Jahrhundert (um 1065) stammt die Uebersetzung und umschreibende Auslegung des Hohenliedes[22]
von Williram, der 1085 als Abt zu Ebersberg in Baiern starb[23].
Sie ist wahrscheinlich noch während seines Aufenthaltes in Bamberg
verfasst und zeigt dieselbe Mischung von Latein und Deutsch, die
wir bei Notker fanden, nur dass sie hier des Lehrzweckes entbehrt
und auf Gefallen an Sprachmengerei beruht. Auch dieses Werk, viel
beliebt und abgeschrieben, besitzen wir in alemannisch-elsässischer
Verjüngung des zwölften oder dreizehnten Jahrhunderts, die sich in
einer Wiener Handschrift erhalten hat[24]. Ferner fällt ins elfte Jahrhundert die sogenannte Reda umbe diu tier[25], eine Umdeutung der

kers Psalmencommentar, in der Zeitschrift f. d. Alt. 23, 217—258. Der Wiener
Text ist herausgegeben von Heinzel und Scherer. Strassburg 1876. 8; und bei
Piper im 3. Bande, vgl. Steinmeyer im Anz. f. d. Alt. 3, 131—161; F. Henrici, zum
Wiener Notker, in der Zeitschrift f. d. Alt. 22, 226—231; Heinzels Darstellung der
Sprache und des Wortschatzes in den Sitzungsberichten der Wiener Akad. 1875.
        19) Herausgegeben von Graff: Deutsche Interlinearversion der Psalmen.
Quedlinburg und Leipzig 1839. 8., wo auch ein grosses Stück einer unbekann-
ten, dem Niederdeutschen sich nähernden Interlinearversion des 13. Jahrhunderts
mitgetheilt ist. Vgl. Diutiska 3, 549 ff. Einen Anhang dazu gab aus Cod. germ.
Monac. vom Jahre 1178 Schmeller in Haupts Zeitschrift 8, 120 ff.   20) Docen, Miscell. 1, 32 ff., wo auch zuerst Nachricht und Proben der Windberger
Psalmen.   21) Gleichfalls bei Schilter hinter den Psalmen, in Hattemers
Denkmahlen und bei Piper; so wie das, was Diutiska 3, 121 ff. enthält, alles, und
was eben darnach Wackernagel bekannt gemacht hat, zum Theil in Stücken besteht, die hierher fallen.   22) Erste Ausgabe von Merula, Leiden 1598; auch
bei Schilter 1; dann in doppelten Texten nach zwei Handschr. mit Wörterbuch
von Hoffmann, Breslau 1827. 8.; von einer Berliner Handschr. ein Abdruck in
Hagens Germania 4, 153 ff.; 5, 143 ff. Ein Bruchstück einer Hs. durch O. Zingerle veröffentlicht in Zachers Zeitschr. 9, 156 ff. Neueste Ausgabe, mit Einleitung
und Glossar, von J. Seemüller. Strassburg 1878. 8. (vgl. Pietsch in Zachers Zeitschrift 10, 214—227). Vgl. Seemüller, die Handschriften und Quellen von Willirams
Paraphrase. Strassburg 1877. 8.; vgl. Pietsch in Zachers Zeitschrift 9, 231—240.
        23) Vgl. über ihn W. Scherer, Leben Willirams, Abtes von Ebersberg in Baiern.
Beitrag zur Gesch. des 11. Jahrhs. Wien 1866. 8. (Abdruck aus dem 53. Bde. der
Sitzungsber. d. Akademie); auch Riezler, Williram Abt zu Ebersberg. Magdeburg
1877. 4. (s Zachers Zeitschrift 9, 227 ff.).   24) Herausg. von Josef Haupt.
Wien 1864. 8., der zwei elsässische Aebtissinnen, Rilindis und Herrat (1147—96)
als die Erklärerinnen ansieht; doch vgl. F. Bech in der Germania 9, 352—370.
        25) Zuletzt in Müllenhoff und Scherers Denkmälern Nr. 81, vgl. S. 498(² 575), wo die

Eigenschaften verschiedener Thiere auf Christus und den Teufel, ver- § 50
sehen mit Bibelstellen und guten Lehren für die sündige Menschheit.
Die Quelle, welcher der Verfasser hauptsächlich folgt, sind des Pseudo-
Chrysostomus dicta de natura bestiarum[26]. Eine andere Bearbeitung
gehört erst dem Anfange des zwölften Jahrhunderts an[27], sie wurde
nicht viel später in unregelmässige Reimverse gebracht[28]. — Bei
weitem kleiner ist die Zahl und geringer der Werth der hierher fallenden altniederdeutschen Denkmäler[29]: ein sächsisches Taufgelöbniss[30], wohl noch im achten Jahrhundert[31] nach hochdeutscher
Vorlage ins Niederdeutsche übertragen und unzweifelhaft mit Karls
des Grossen Sachsenbekehrung zusammenhangend[32], eine Uebersetzung einiger Psalmen[33], die wahrscheinlich nicht viel jünger
als der Heliand und sicher noch aus dem neunten Jahrhundert ist[34],
Bruchstücke eines Psalmen-Commentars[35], eine Beichtformel[36]
und ein Stück der Uebersetzung einer Homilie Bedas[37] ist alles,
was davon aufgeführt werden kann.

§ 51.

Zuletzt ist hier noch insbesondere der althochdeutschen Prosawerke zu gedenken, die der gelehrten, nicht streng geistlichen Literatur angehören, und auf deren Zeitalter, Heimath und besondern
Werth schon oben hingedeutet wurde. Ausser den zahlreichen, in

frühere Literatur angegeben ist. Auch in Zechmeisters Scholia Vindobonensia.
Vindobonae 1877. S. 26) Im Archiv für Kunde österreichischer Geschichtsquellen 2, 552–582. 27) Gedruckt in Graffs Diutiska 3, 22–39; Massmann,
deutsche Gedichte des 12. Jahrh. S. 311–325. 28) In der Milstäter Hs., daraus
in Karajans Sprachdenkmalen des 12. Jahrh. Wien 1846, S. 73–106, mit den Bildern der Hs. 29) Man findet sie sämmtlich vereinigt in: Kleinere altniederdeutsche Denkmäler von M. Heyne. Paderborn 1867. S. 2. Aufl. 1877. 30) Zuletzt bei Müllenhoff u Scherer Nr. 51, vgl. S. 435 ff. (*491 ff.), wo die früheren Drucke
angegeben sind; und bei Heyne a. a. O. 85 (88). Nach J. Grimm, Mythol.³ 146 f.
vielleicht ein ripuarisches Denkmal; vgl. Scherer a. a. O. 436. 31) Nach Müllenhoff und Scherer bald nach 772 in Fulda aufgezeichnet; nach Wackernagel
(in Zachers Zeitschrift 1, 298) von einem Angelsachsen geschrieben. 32) Denkmäler S. 437 (² 496). Ein hochd. (fränkisches) Taufgelöbniss, welches nach Mainz und
in die Zeit von Rikulf (787–813) gesetzt wird, bei J. Grimm, über zwei entdeckte
Gedichte S. 25 (kl. Schr. 2, 28); u. Denkmäler N. 52, vgl. S. 437 ff. (² 197 ff.). Mit photogr.
Facsim. herausg. von Sievers. Halle 1872. S. 33) Bei Heyne a. a. O. S. 1–40, wo
man auch die früheren Drucke angegeben findet. 34) Wackernagel in Zachers
Zeitschrift 1, 293. 35) Bei Heyne S. 59–61 (60–63). 36) Zuerst in
Lacomblets Archiv f. d. Gesch. des Niederrheins 1, 4–9; zuletzt bei Müllenhoff und
Scherer Nr. 71 (72) u. bei Heyne S. 83 (86 f.). 37) Eins der sogenannten Essener
Bruchstücke (bei Lacomblet 1, 11 ff.; Graff, Diutiska 2, 190 f.), auch unter der Be-
zeichnung eines Bruchstücks der Legende von der Verwandlung des heidnischen
Pantheons zu Rom in eine christliche Kirche durch Pabst Bonifacius IV bekannt;
vgl. Hoffmann in Aufsess Anz. 1832, 267, u. Massmann zu Eraclius S. 175, Anm. 3. Zu-
letzt und am besten bei Müllenhoff u. Scherer Nr. 70 und bei Heyne S. 63 f. (65 f.).

§ 51 verschiedene lateinisch abgefasste Schriften[1], wie die sangallische
Rhetorik[2], die Abhandlungen de syllogismis und de partibus logicae[3], und den Brief Meister Rudperts von St. Gallen[4] eingefügten,
theils übertragenen, theils ursprünglich deutschen Sätzen, worunter
auch eine Reihe von Sprichwörtern[5], die wohl die ältesten in deutscher Sprache aufgezeichneten auf uns gekommenen sein dürften, —
sind diess die mit Bemerkungen, Erläuterungen und weitern Ausführungen ausgestatteten Uebersetzungen eines Theils des
aristotelischen Organons[6], nicht unmittelbar nach dem griechischen Texte, sondern einer lateinischen Bearbeitung desselben, mit
Erläuterungen versehen, welche des deutschen Uebersetzers eigene
Arbeit[7] sind; des philosophischen Trostbuches des Boethius[8], deren zweite Hälfte von einem andern Verfasser nach 1022
herrührt[9]; und der zwei ersten Bücher der Vermählung
Mercurs mit der Philologie von Marcianus Capella[10].

§ 51. 1) Sie sind sämmtlich in Hattemers Denkmablen zu finden. Eine Collation des Textes durch Steinmeyer, in Haupts Zeitschrift 17, 431 ff.
2) Nach einer Züricher Hs. herausgegeben von W. Wackernagel in Haupts Zeitschrift 4, 463—478; vgl. dazu E. Plew in der Germania 11, 47—65. Die Verse
darin auch bei Müllenhoff und Scherer. Zu den Versen vom Eber vgl. L. von
Hörmann, der heber gât in litun. Innsbruck 1873. 8. u. Schädel in Zachers Zeitschrift 9, 93—99.   3) Ein Stück in Wackernagels LB.³ 313 ff.   4) In Wackernagels LB.⁵ 297 f.; Müllenhoff und Scherer Nr. 79 (50), vgl. S. 496 (² 570 ff.).
5) In der Handschr., welche die Abhandlung de partibus logicae enthält. Herausg. von
Wackernagel in altd. Blättern 2, 133—136, bei Hattemer 3, 537—540, u. bei Müllenhoff
u. Scherer Nr. 27, 1; vgl. S. 320 f. (³ 350 f.). — Ueber die Ausdrücke f. Sprichwort in
unserer Sprache seit der ältesten Zeit s. C. Schulze in Haupts Zeitschr. 8, 376—381.
Lateinische Sprichwörter bei Müllenhoff u. Scherer Nr. 27, 2, vgl. S. 322 ff. (² 352 ff.);
andere (11. Jahrh.) herausg. von Bartsch, German. 18, 310—353.   6) Herausgegeben von Graff: Althochdeutsche, dem Anfange des 11. Jahrh. angehörige, Uebersetzung und Erläuterung der aristotelischen Abhandlungen κατηγορίαι und περὶ
ἑρμηνείας. Berlin 1837. 4.   7) Unter Hinzuziehung des Commentars des
Boethius.   8) Gleichfalls von Graff herausgegeben: Althochdeutsche dem Anfange des 11. Jahrh. angehörige, Uebersetzung und Erläuterung der von Boethius
verfassten 5 Bücher de consolatione philosophiae. Berlin 1837. 8. (zugleich erschien Graffs Schulausgabe: althochd. Lesebuch, enthaltend die althochd. Uebersetzung der consolatio philosophiae des Boethius, mit spracherläuternden Anmerkungen, aber ohne die Erläuterungen und den Prolog des Uebersetzers, sowie auch
hier der lateinische Text fehlt); dann von Hattemer im 3. Bande der Denkmable
und bei Piper im 1. Bande der Schriften Notkers. Vgl. noch O. Fleischer, das
Accentuationssystem Notkers in seinem Boethius, in Zachers Zeitschrift 14, 129
bis 172. 283—300, und R. Löhner, Wortstellung der Relativ- und abhängigen Con-
ditionalsätze in Notkers Boethius, ebd. 14, 173—217. 300—330. Dass in dem deutschen Boethius schon antike Versmaasse nachgebildet seien, wie man früher annahm
(vgl. v. d. Hagen, Denkm. des MA. S. 7 f.), lässt sich durchaus nicht erweisen.
9) Wackernagel, Litt.-Gesch. § 37, Anm. 28.   10) Auch dieses Werk ist erst
durch Graff vollständig bekannt gemacht worden: Althochdeutsche, dem Anfange
des 11. Jahrh. angehörige, Uebersetzung und Erläuterung der von Martianus Capella

Alle drei verdanken wir demselben Notker, der die Psalmen über- § 51
setzt und umschrieben hat, wie sich aus einem Briefe Notkers[11] ergibt, worin diese und noch viele andere Uebersetzungen ins Deutsche,
wie von Virgils Bucolica, Terenz Andria, dem Buche Hiob, erwähnt
werden: mindestens sind sie unter seiner Leitung und Anregung entstanden, wenn man den Ausdruck jenes Briefes nicht wörtlich nehmen
will[12]. Dazu kommt noch ein Bruchstück einer Abhandlung
über Musik, das gleichfalls aus St. Gallen herrührt, dessen Verfasser aber unbekannt ist[13], so wie einer lateinisch-althochdeutschen
Logik[14], welche in Oesterreich oder Baiern verfasst und insofern
ein anziehender Beleg für die Ausbreitung der Sanct-Gallischen Bestrebungen ist[15]. — Diese Werke beweisen mehr als alles andere den
regsamen Eifer, womit man gegen Ende des zehnten und zu Anfang
des elften Jahrhunderts in St. Gallen nicht nur überhaupt eine allgemeinere, über rein kirchliche Zwecke hinausgehende wissenschaftliche Bildung erstrebte, sondern sie auch insbesondere durch die
Muttersprache, indem man diese mit glücklichem Erfolg an die
Darstellung philosophischer und anderer abstracter Gegenstände ge-
wöhnte, zu vermitteln suchte.

---

verfassten zwei Bücher de nuptiis Mercurii et Philologiae. Berlin 1837. 8. Neu
herausg. von Piper im 1. Bande.   11) Herausg. von J. Grimm in den Götting.
GA. 1835, Nr. 92 (kl. Schriften 5, 190); bei Müllenhoff und Scherer Nr. 79 (50);
bei Piper 1, 859 ff.   12) Indem man *transtuli* im Sinne von *transferre feci*
nimmt. So Wackernagel, Litt.-Gesch. S. 81 (² 104), der die genannten Werke, wie
den Boethius (LB.⁴ 121 ff.), theilweise dem erwähnten Rudpert zuschreibt. Vgl. schon
Wackernagel, Verdienste der Schweizer S. 10, 26.   13) Gedruckt nach der St.
Galler Hs. bei v. d. Hagen, Denkmale des Mittelalters S. 25 ff., der es, Andern bei-
stimmend, S. 9 auch dem Notker beilegt, und bei Piper, Notker, Bd. 1, 851 ff. Nach
einer Wolfenbüttler Hs. bei Schönemann, Bibliotheca Augusta 22 ff. Bruchstück
einer Hs. mitgetheilt von Keinz in den Münchener Sitzungsberichten 1870, I,
529 ff.   14) Herausgeg. von J. M. Wagner in der Germania 5, 288 f. und bei
Müllenhoff und Scherer Nr. 80 (81).   15) Denkmäler S. 197 (² 574 f.).

Dritte Periode.

Vom Anfang des zwölften bis gegen die Mitte des vierzehnten Jahrhunderts.

ERSTER ABSCHNITT.

Aeussere und innere Verhältnisse Deutschlands in ihrer Einwirkung auf die Entwickelung und den beginnenden Verfall der Poesie. — Die wissenschaftliche Bildung der Deutschen mehr durch auswärtige, als durch einheimische gelehrte Anstalten gefördert.

§ 52.

Ungefähr um dieselbe Zeit, in welcher die Staufen zur Herrschaft gelangten, begann für die deutsche National-Literatur ein neues, glänzendes Zeitalter. In ihm entfaltete die Poesie in ihrer neuen, durch frühere Ereignisse vorbereiteten, durch gleichzeitige ins Leben gerufenen, durch verschiedene Begünstigungen geförderten und durch eine Reihe ausgezeichneter Individuen vollendeten Gestaltung zum zweitenmal eine etwa hundert Jahre hindurch (1140—1240) dauernde Blüthe, worauf sie, theils durch äussere in der Ungunst der Zeit liegende Umstände, theils durch das allmählige Versiegen ihrer innern Lebenssäfte und die Entwickelung des Keimes der Zerstörung, den sie mit ihrer Befruchtung zugleich in sich aufgenommen hatte, wieder in Verfall gerieth, anfangs unmerklicher, gegen das Ende des dreizehnten Jahrhunderts aber schon auf eine sehr sichtbare Weise. Dagegen entwickelte sich die Prosa, obschon auch sie, im Vergleich mit frühern Zeiten, Fortschritte zu grösserer Freiheit und Selbständigkeit der Darstellung machte, viel weniger reich und glänzend. Denn der Kreis, in welchem sie sich bewegte, war noch sehr eng: theils blieb die lateinische Sprache noch immer vorzugsweise, ja fast ausschliesslich, das Organ der Wissenschaft, theils fügte sich beinahe alles, was deutsch geschrieben wurde, der dem Zeitalter besonders zusagenden poetischen Auffassungs- und Darstellungsweise, so dass selbst das, was zu andern Zeiten nur in ungebundener Rede

niedergelegt zu werden pflegt, damals in poetischer Form erscheinen § 52
konnte. Lange blieb die Prosa allein auf die Predigt beschränkt,
die nach dem Abblühen der Poesie in der zweiten Hälfte des dreizehnten Jahrhunderts einen mächtigen Aufschwung nahm. — Damit
die neue Wendung, der Aufschwung, sowie der allmählige Verfall der
Poesie in dieser Periode begreiflich werde, müssen zuvörderst die
Anregungen, Begünstigungen und Störungen bezeichnet werden, die
für sie aus den Verhältnissen des öffentlichen und gesellschaftlichen
Lebens hervorgiengen.

§ 53.

Unter der Regierung der Kaiser aus dem sächsischen und der
beiden ersten aus dem fränkischen Hause hatte es zwar in Deutschland nicht ganz an innern Kämpfen gefehlt, doch hatten diese zu
keiner Zeit das Reich eigentlich in Parteien zerrissen, am allerwenigsten aber hatten sich weltliche und geistliche Macht feindlich
gegenübergestanden. Als indess zwischen Heinrich IV und Gregor VII
der Kampf ausbrach, der, wenn er auch zu Zeiten beigelegt schien,
doch fast zwei Jahrhunderte hindurch unter ihren Nachfolgern immer
von neuem entbrannte, mussten sich die Folgen davon nicht nur im
Grossen in der Umgestaltung der öffentlichen Zustände Deutschlands,
sondern auch in der Entwickelung des geistigen Lebens der Individuen kund geben. Denn die Spaltungen des Reiches selbst in
eine kaiserliche und eine päbstliche Partei und die dadurch veranlassten Kriege, die Gefahren, die in unruhigen Zeiten dem Leben,
der Freiheit und dem Besitzthum jedes Einzelnen drohten, die Zerrüttung, die durch die Fehden der Grossen oft bis in die engsten
Lebenskreise eindrang und die heiligsten Bande sprengte, vor allem
aber die Nothwendigkeit, in welche sich Edle und Freie nur zu
häufig versetzt sahen, selbst Partei in dem Kampf zwischen Kaiser
und Pabst zu ergreifen, und sich also entweder des Treubruchs an
ihrem weltlichen Oberherrn schuldig zu machen, oder, nach den
damaligen Begriffen, zeitliche und ewige Verdammniss auf sich zu
laden, brachten nothwendig in den Geistern eine Unruhe und Bewegung hervor, vor der die Unbefangenheit verschwand, mit der man
in weniger aufgeregten Zuständen das Leben ergriffen und genossen
hatte. Gegen diesen Druck der Aussenwelt konnte nur ein Gegengewicht in der inneren Welt des Gemüthes gefunden werden. So
ward der Geist zur Einkehr in sich selbst gedrängt, und das Selbstbewusstsein entwickelte sich und erstarkte in dem Widerstreit, in
welchen das Gefühl mit dem Verstande, der Glaube mit der Ver-
nunft, eine Pflicht mit der andern geriethen. Mochten nun auch beim
Ausbruch jenes grossen welthistorischen Streites bei weitem die mei-

§ 53 sten sich nur durch äusserliche Beweggründe in ihrem Handeln bestimmen lassen, und nur wenige Einzelne in solchen innern Kämpfen
nach Selbstbestimmung und geistiger Freiheit ringen: die Zahl der
letztern musste nach und nach um so mehr anwachsen, je länger der
Streit dauerte, je anhaltender die Spannung und innere Aufregung
der Nation war, und je mehr sich die weltliche Macht zur Bekäm-
pfung des Gegners, neben der Stärke des Arms, auch geistiger Waf-
fen bediente. War aber einmal das Selbstbewusstsein in dem geistig
regsamen Theile des Volkes auf diese Weise geweckt, so konnte es
nicht fehlen, dass die poetische Thätigkeit, wenn sie sich wieder im
Volke zu heben und einen neuen Aufschwung zu nehmen begann,
ihren Erzeugnissen ein subjectiveres Gepräge aufdrückte, als in frühern
unbefangenern, von solchen Gegensätzen noch nicht zerrissenen Zeiten.
Und wirklich ist die mit der Zeit immer mehr wachsende Neigung
zur subjectiven Darstellungsweise ein charakteristisches Kennzeichen
der Poesie dieser Periode: sie führte die erste Blüthe der lyrischen
Gattung in Deutschland herbei; sie bedingte das Aufkommen des
Lehrgedichts; sie trug endlich wesentlich zu der neuen Gestaltung
bei, welche die epische Poesie erhielt.

§ 54.

Doch schwerlich würde der Kampf zwischen der weltlichen und
geistlichen Macht allein den Beginn und die schnelle Entwickelung
neuer poetischer Richtungen veranlasst und vollbracht haben, wären
in diesem Zeitalter nicht noch andere Ereignisse und Umstände eingetreten, durch welche die Gemüther erst begeistert, die Phantasie
befruchtet, die Talente zu schöpferischer Thätigkeit getrieben und
darin erhalten werden konnten. Solche Wirkungen brachten vorzüglich die Kreuzzüge, theils unmittelbar, theils mittelbar hervor. Mochten
diese kriegerischen Pilgerfahrten auch späterhin von Vielen aus sehr
weltlichen Absichten unternommen werden, so giengen sie doch zuerst aus einer ganze Nationen ergreifenden Begeisterung hervor, die
sich die Erlangung eines heiligen, in der Vorstellungsweise der damaligen Welt unendlich erhabenen Besitzthums zum Ziele gesetzt
hatte. Schon das gemeinsame, zugleich stürmische und fromme Streben so vieler Tausende nach diesem fernen Ziele musste die Geister
so spannen, die Tiefen der Seele so erregen, die Phantasie so beleben, dass poetische Ergüsse nur als die natürlichsten Aeusserungen
der innern Bewegungen erscheinen konnten. Aber wie vielseitig
waren noch überdiess die Anregungen, welche die Geister in dem
Verkehr so zahlreicher, an Naturell, Sitte, Bildung und Lebensweise
mehr oder minder von einander abweichender Völkerstämme fanden,
zumal in der Berührung mit den Bewohnern des altgriechischer

Cultur noch nicht völlig entfremdeten byzantinischen Reichs und mit § 54
den an intellectueller, geselliger und politischer Bildung in vielen
Beziehungen den westlichen Europäern überlegenen Orientalen! Die
grosse Erweiterung des Verkehrs und des Ideenkreises der abendländischen Völker, der reiche Gewinn an neuen Anschauungen der
verschiedensten Art, der erleichterte Austausch der Begriffe, die Sagen, Legenden, Erzählungen, Märchen, kurz die Fülle der poetischen
Stoffe, welche die Kreuzfahrer unterwegs und in Asien selbst kennen
lernten, sich aneigneten und in die Heimath verpflanzten: diess Alles
wirkte zusammen, die poetische Stimmung der noch im Jugendalter
stehenden abendländischen Nationen zu erhöhen, die einmal geweckte
productive Thätigkeit zu nähren und die Mittel, durch welche sie
sich äussern konnte, zu vervielfältigen. Dazu kam noch, dass durch
diese Kriegszüge, die von der Kirche nicht bloss gut geheissen, sondern in jeder Art befördert wurden, Laien und Geistliche sich näher
traten, als bisher, da beide Stände in den Kreuzheeren sich be-
gegneten, durch gleiche Interessen verbunden wurden, dieselben Er-
fahrungen machten, dieselben Anschauungen empfiengen; dass in dieser
wechselseitigen Berührung die kirchliche und gelehrte Bildung der
erstern auch auf die letztern überzugehen begann, wie umgekehrt
die Geistlichen mit der volksthümlichen Bildung bekannter und ver-
trauter wurden, sodass sich eine allgemeinere geistige Cultur zu verbreiten anfieng, in der sich auch allmählig der scharfe Gegensatz
einer weltlichen und einer geistlichen Literatur in den Landessprachen verlor, wie er früherhin, namentlich in Deutschland, bestanden
hatte. — Zuerst zeigten sich die Folgen der Kreuzzüge in einigen
romanischen Ländern, besonders in Frankreich, da der erste vorzüglich von provenzalischen, französischen und normannischen Rittern
unternommen worden war, denen sich verhältnissmässig nur wenige
Deutsche angeschlossen hatten. In Deutschland wurden sie in weiter
Ausdehnung erst seit der Mitte des zwölften Jahrhunderts sichtbar,
als unter Konrad III die Nation an der zweiten grossen Kreuzfahrt
Theil genommen hatte. Diesen Zug hatten die Deutschen in Gemeinschaft mit den Franzosen angetreten, und diese Verbindung insbesondere, die sich später auf der Kreuzfahrt Friedrichs I wiederholte, und die unter demselben Kaiser auch in der Heimath selbst
durch die engere Vereinigung Burgunds mit dem Reiche vermittelt
wurde, war auf die Entwickelung der deutschen Poesie vielleicht
von grösserm, gewiss nicht von geringerm Einfluss, als alle sonstigen,
mehr allgemeinen Einwirkungen der Kreuzzüge. Denn nicht nur
brachte die nähere Berührung beider Nationen einen grossen Reichthum an poetischen Stoffen nach Deutschland, die hier bald mit besonderer Vorliebe bearbeitet wurden; sondern sie trug auch ganz vor-

§ 54 züglich dazu bei, dass die deutsche Poesie ihre neue, von der frühern durchaus verschiedene Gestaltung erhielt.

§ 55.

Das Ritterthum nämlich, in seinen ersten Anfängen mit altgermanischen Einrichtungen zusammenhangend, hatte zwar bereits seit dem zehnten Jahrhundert in dem aus edelbürtigen und vollfreien Leuten gebildeten Reiterstande, der schon lange vor den Kreuzzügen in Deutschland und den germanisierten Ländern Europa's den Kern der Heere ausmachte, besonders unter dem Einflusse des Lehnswesens und der Kriegsspiele an den Hoflagern der karolingischen und sächsischen Kaiser eine festere Abgeschlossenheit, doch seine volle und charakteristische Ausbildung erst kurz vor und in dem ersten Kreuzzuge durch die französischen Normannen erhalten, von denen es bald zu den übrigen romanischen Völkerschaften und dann auch zu den Deutschen übergieng. In dieser seiner ausgebildeten Form verlangte der Ritterstand von jedem, der in ihn aufgenommen werden wollte, vor allem andern die Nachweisung adeliger Abkunft, legte seinen Mitgliedern besondere Pflichten auf, gewährte ihnen aber dafür auch ausgezeichnete Vorrechte. Damit sonderte er sich, als eine vielfach bevorzugte Classe, die bald die Blüthe des Adels in jedem Lande umfasste, von allen übrigen weltlichen Ständen scharf ab, während er auf der andern Seite, an keine volksthümliche Beschränkung gebunden und allen seinen Mitgliedern dieselben Befugnisse verleihend, unter ihnen eine Annäherung bewerkstelligte und ein Verhältniss der Gleichheit begründete, wodurch für sie die Unterschiede der Nationalität und des angebornen Ranges bei weitem mehr ausgeglichen wurden, als diess früher bei dem west- und mitteleuropäischen Adel und noch jetzt bei den nicht adeligen Ständen der Fall war[1]. — Indem nun in Frankreich das Ritterthum seine Vollendung erhalten und der erste Kreuzzug die provenzalische und nordfranzösische Ritterschaft mit einem besondern Glanze umgeben hatte, gab diese in allem, was auf ritterliches Leben Bezug hatte, für den Adel der übrigen Länder den Ton an. Unter ihr hatte sich aber wiederum früher, als anderswo, vorzüglich in Folge des ersten Kreuzzuges, mit der Erweiterung der Lebensbedürfnisse, der Verfeinerung des Sinnengenusses, der erhöhten geistigen Regsamkeit und dem belebten geselligen Verkehr, in welchem die Frauen die bedeutendste Rolle spielten, jene feinere gesellschaftliche Bildung eingestellt, die von den Orten, wo sie vorzüglich gefunden werden konnte, die hö-

---

§ 55. 1) Vgl. Leo, Lehrbuch der Universalgeschichte 2. 184 ff., wo er das, was bereits in seinem Lehrbuch der Geschichte des Mittelalters S. 313 ff. steht, in einer neuen und erweiterten Bearbeitung gibt.

fische genannt ward, und deren schönste Blüthe eine unter der § 55
Pflege und dem Schutze des ritterlichen Adels erwachsende Kunstpoesie war[2]. Es war also sehr natürlich, dass die deutsche Ritterschaft, nachdem sie durch den zweiten und dritten Kreuzzug, so wie
durch die Verhältnisse zwischen Deutschland und Burgund mit der
französischen in nähere Berührung gekommen, mit deren Sprache
und Sitten bekannter geworden war, auch darnach trachtete, sich
ihre höfische Bildung anzueignen, womit zugleich der Trieb in ihr
erweckt werden musste, sich den Besitz einer Kunst zu verschaffen,
die sie bei ihren Nachbarn als einen der edelsten Lebensgenüsse
kennen gelernt hatte[3]. Daher ward denn auch jetzt die Poesie in
Deutschland nicht mehr, wie früherhin, bloss von Volkssängern und
Geistlichen geübt, vielmehr nahm sich seit dieser Zeit der Ritterstand ihrer mit besonderer Vorliebe an und erhob sie, nach dem Beispiel der Franzosen, zu einer höfischen Kunst, die während ihres
Blüthenalters, wenn auch nicht ausschliesslich, doch vorzugsweise
in den Händen adeliger Dichter blieb und als die vornehmere, glän-
zendere und feiner gebildete bei den höhern Ständen die ältere Volkspoesie zu verdrängen suchte. · Die letztere, selbst durch die Einwirkung der Kunstpoesie wesentlich umgestaltet, trat damit zu dieser
in eine Art von gegensätzlichem Verhältniss, ähnlich dem, welches
in der vorigen Periode zwischen ihr und der geistlich-gelehrten Poesie
stattgefunden hatte.

§ 56.

Unter der kraftvollen Regierung Friedrichs I und Heinrichs VI
gelangte Deutschland nach manchen Erschütterungen und Schwan-
kungen in seinem Innern zu einer solchen Festigkeit und Ruhe, dass
es als ein grosses wohlgegliedertes Ganzes angesehen werden konnte.
Der Wohlstand des Landes wuchs mit der Zunahme und Erweiterung
des Handels, als in Folge der Kreuzzüge die Waaren aus dem Orient
unmittelbar von den italienischen Seestädten bezogen wurden und
nun nach dem Norden von Europa ihren Weg durch Deutschland

---

2) Vgl F. Diez, die Poesie der Troubadours S. 16 ff.; 48.   3) Dass eine
nicht unbedeutende Zahl deutscher Dichter aus dem Ritterstande einen Kreuzzug
mitgemacht habe, wird durch ihre Werke selbst bezeugt; Gleiches gilt von vielen
romanischen Dichtern, namentlich Provenzalen. Auf dem zweiten Kreuzzuge soll
die Königin Eleonore von Frankreich (ein deutsches Liedchen aus der Mitte des 12.
Jahrh. [MF. 3, 7] nimmt wahrscheinlich auf sie Bezug; Lachmann, über Singen und
Sagen S. 16. [kl. Schriften 1, 477]) auch einige Troubadours in ihrem Gefolge gehabt
haben. Merkwürdig ist die Sage von den Wettgesängen französischer und deutscher Dichter vor dem Kaiser zu Mainz, aber wohl ohne allen historischen Grund.
Vgl. Görres, Heidelberg. Jahrbücher 1813, S. 765 ff.; dazu aber J. Grimm, Gedichte
des MA. auf Friedrich I. Berlin 1844. 4. S.4 [kl. Schriften 3, 2) und Pfeiffer in
der Germania 1, 452 Anm.

§ 56 nahmen. Die Städte blühten immer mehr auf; die Bekanntschaft, welche die Deutschen auf den Zügen ihrer Kaiser nach Italien mit dem dortigen Städtewesen machten, konnte nicht ohne Rückwirkung auf die Heimath bleiben. Dabei die Blüthezeit des deutschen Ritterthums, der Glanz der grössern und kleinern Höfe, die häufigen festlichen Zusammenkünfte weltlicher und geistlicher Fürsten und Herren bei Königswahlen, Reichstagen, Vermählungen, Turnieren, Schwertleiten; der Aufwand und die Pracht, die bei solchen Anlässen aufgeboten wurden: diess alles musste den Sinn für frohen Lebensgenuss wecken und einen Zustand der Dinge herbeiführen, in dem sich die Gegenwart mit heiterm Behagen bewegte, die Poesie wie von selbst einstellte, und nach welchem das nächstfolgende Geschlecht wie nach einer dahingeschwundenen goldenen Zeit sich zurücksehnte. Denn gleich nach Heinrichs VI Tode trat der unselige, durch eine doppelte Königswahl veranlasste Zwiespalt im Reiche ein, der es mehrere Jahre hindurch zum Schauplatz vielfacher Unordnungen und blutiger Kriege machte, wodurch die Gemüther entsittlicht, das Land verwüstet und öffentliche und Privatverhältnisse zerrüttet wurden. Indessen waren Lage und Stimmung Deutschlands während dieser Zeit und unter Friedrich II, mit so vielen Widerwärtigkeiten derselbe auch zu kämpfen hatte, noch immer nicht so trostlos, dass sie die Freude an poetischen Genüssen hätten aus dem Leben ganz verdrängen können. Vielmehr fällt gerade in diese Jahrzehnte die eigentliche Wirksamkeit der meisten ausgezeichnetern Dichter dieses Zeitraums, deren Jugend und erstes Mannesalter ja noch jenen bessern Tagen angehört und sie mitgenossen hatte. Auch betrafen die Streitigkeiten, die damals das Reich aufregten, noch nicht so, wie späterhin, bloss persönliche Verhältnisse; die ganze Nation nahm mehr oder weniger daran Theil, und die Dichter konnten, wenn sie ihre Stellung und Umgebung begriffen, in dem, was das öffentliche Leben ihnen von dieser Seite darbot, die Mittel finden, auf die Meinung des Tages Einfluss zu gewinnen, sich selbst die Gunst der Grossen und ihren Dichtungen schnelle und weite Verbreitung zu verschaffen. Und wirklich bewegen sich viele der schönsten lyrischen Gedichte dieser Zeit ganz in den Verhältnissen des öffentlichen Lebens, auf dessen Beurtheilung und Erfassung sie bei den Zeitgenossen nicht ohne Einwirkung gewesen sein können[1]. Denn diese Poesie war keine gelehrte, schreibende, sondern unmittelbar in der Gegenwart stehende und aus ihr erwachsene, und gerade deshalb wieder von Einfluss auf die öffentlichen Dinge[2].

§ 56. 1) Vgl. Uhland, Walther v. d. Vogelweide (= Uhlands Schriften zur Gesch. der Dichtung u. Sage Bd. 5) S. 19 ff.; 52 ff.; 114 ff ; Götting. GA. 1823, S. 229; u. Lachmanns Walther² 160 ff. 2) Lucae, Leben Walthers v. d. Vogelweide S. 7.

§ 57.

Von dem wichtigsten Einfluss, nicht bloss auf die innere Umwandlung der deutschen Poesie, sondern auch auf die Ehre und die
Vortheile, die mit ihrer Ausübung verbunden waren, musste der Antheil sein, den insbesondere die Fürsten und der reiche und mäch-
tige Adel an der neu erwachten poetischen Regsamkeit nahmen.
Gieng diese auch, wie man alle Ursache anzunehmen hat, vorzugsweise von dem ärmern, dienenden Adel aus[1], zu dem bis gegen die
Mitte des dreizehnten Jahrhunderts bei weitem die meisten namhaften Dichter gerechnet werden müssen, so scheinen doch schon
frühzeitig einzelne grosse Herren Lust am Dichten gefunden zu haben;
es gehörte nach der Vorstellung des dreizehnten Jahrhunderts geradezu mit zu den Tugenden eines feingebildeten Adeligen, dass er
auch Minnelieder zu singen verstand. So beschliesst Hartmann das Lob
seines armen Heinrich mit den Worten: *er sanc vil wol von minnen*[2].
So werden dem Staufen Heinrich VI Liebeslieder zugeschrieben,
deren Echtheit allerdings angezweifelt worden ist[3]. Solche Beispiele
munterten gewiss wieder Andere aus dem hohen Adel zur Nachfolge
auf. Der vornehme Stand dieser Dichter, der Glanz ihrer Stellung
im Staate und in der Gesellschaft mussten aber auch die Poesie in
den Augen aller Volksclassen mit einer höhern Würde umkleiden,
und die, welche sie wirklich als Kunst übten und davon lebten, in
der allgemeinen Achtung heben. Aermere Dichter, mochten sie nun
von Adel oder von bürgerlicher Herkunft sein, durften daher, sofern
sie nur den feinen, höfischen Ton trafen, für ihre Werke immer einer
freundlichen Aufnahme bei kunstliebenden Herren und Frauen gewiss sein und für sich selbst auf deren Schutz und Unterstützung
rechnen. Der Preis fürstlicher Gönner, das Lob ihrer Freigebigkeit
(*milde*), worauf wir in den Werken dieser Zeit so oft stossen, bürgt
hinlänglich für die Begünstigung, welche unbegüterte Kunstgenossen
bei der vornehmen Welt fanden[4]. Bisweilen standen sie zu gesang-

---

§ 57. 1) J. Grimm, über den altd. Meistergesang S. 20; vgl. Diez a. a. O.
S. 19 ff.; 259.   2) Vgl. Wackernagel, Walther von Klingen, Basel 1845. 4. S. 6 f.
(kl. Schriften 2, 332).   3) Von M. Haupt im Berliner Index Lectionum 1857—58,
in des Minnesangs Frühling S. 226—229, und in seiner Zeitschrift 11, 563; vgl.
schon Lachmanns Walther² 195. Für die Echtheit haben sich ausgesprochen J.
Grimm, Germania 2, 477; F. Pfeiffer, über Wesen und Bildung der höfischen
Sprache; und K. Meyer in der Germania 15, 424—431.   4) Besonders zeichneten sich, anderer nicht zu gedenken, in dieser Hinsicht während der Blüthezeit
der mittelhochdeutschen Dichtkunst die Höfe von Thüringen (unter Landgraf
Hermann) und zu Oesterreich (unter den babenbergischen Herzogen) aus. Uhland
a. a. O. S. 13; 37; 77; Lachmanns Wolfram S. XIX; Wackernagel zu Simrocks Walther
2, 133; und in v. d. Hagens MS. 4, 438. Dass auch die Staufen Philipp, Friedrich II und sein Sohn Heinrich, sowie Konrad IV deutscher Dicht- und Sanges-

§ 57 liebenden Fürsten und Edlen in einem nähern Verhältniss, indem
sie sich entweder in einer Art freiwilliger Dienstbarkeit an sie anschlossen und an ihrem Hofe, ohne ein anderes Amt zu verwalten,
nur ihrem Dichterberuf nachgiengen, oder als wirkliche Dienst-
mannen ihre Kunst nur nebenbei als einen geistreichen Zeitvertreib
für sich und die Herrschaft übten[5]; oft aber auch, gleich den Volkssängern, das unstäte Wanderleben vorziehend[6], oder dazu gezwungen,
reisten die höfischen Dichter von einem Hoflager zum andern, zogen
den Festlichkeiten nach und suchten sich mit dem Vortrag ihrer erzählenden Gedichte und Lieder Lohn und Unterhalt zu verdienen[7].
Dass auch die eigentlichen Volkssänger den Weg in die höhern Kreise
der Gesellschaft zu finden verstanden, in ihnen nicht immer ungern
gesehen wurden und den höfischen Dichtern ihren Verdienst zu schmä-
lern trachteten, beweisen die häufigen Klagen der letztern über die
Zudringlichkeit und den Erfolg dieser fahrenden Leute.

§ 58.

Als aber nach dem Tode Friedrichs II und dem Untergange
seines Hauses das Band zerrissen wurde, welches so lange die einzelnen Glieder des deutschen Reichs verknüpft hatte; als man Aus-
länder zu Kaisern erwählte, die so wenig eine wirkliche Macht ausübten, dass eine Zeit der Willkür und Gesetzlosigkeit, gewöhnlich
das Interregnum genannt, eintrat; die Sitten ausarteten, das Ritterthum in Verfall gerieth, die Fürsten und der Adel sich unter einander
und mit den Städten befehdeten, die meisten aus dem Herrenstande
nur selbstsüchtige Zwecke verfolgten, und jedes gemeinsame höhere

kunst nicht abhold waren, lässt sich schon aus dem Verhältniss schliessen, in
welchem Walther von der Vogelweide zu den beiden ersten stand (Uhland S. 24; 55 ff.;
vgl. W. Grimm, Vridanc S. XL ff.; und Lachmanns Anmerk. zu Walther), und daraus,
dass dem letzten Rudolf von Ems seine Weltchronik (§ 97) widmete: an Heinrichs Hofe lebten Gottfried von Hohenlohe, Burkart von Hohenfels und Gottfried
von Neifen. (Ueber die beiden Staufischen Friedriche in ihrem Verhältniss zur
romanischen Poesie vgl. F. Diez, Leben u. Werke der Troubadours S. 396, Anm.; 604;
und Raumer, Gesch. der Hohenstaufen 3, 576; 6, 513; 516; über das Verhältniss der
Staufen zur Poesie: Pfeiffer, Wesen und Bildung der höfischen Sprache S. 16 f.)
Dass Friedrichs II natürlicher Sohn Manfred ein Freund des Gesanges war und
eine grosse Anzahl deutscher Sänger und Spielleute um sich versammelt hatte, bezeugt Ottacker (Schacht, aus und über Ottokar v. Horn. Reimchronik. Mainz
1821, S. 16; v. d. Hagen, MS. 4, 873 ff. und Massmanns Kaiserchronik 2, 595 f.).
Ueber andere kunstliebende Fürsten des 12. und 13. Jahrh. vgl. Gervinus 1², 192
und 323 ff. (1³, 511 ff.).   5) In der einen Art scheint z. B. die Stellung Walthers
v. d. Vogelweide zu seinen verschiedenen Herren und Gönnern, in der andern die
Hartmanns zu dem Herrn von Aue gewesen zu sein.   6) Ueber das Leben
und Treiben der wandernden armen Sänger im 12. Jahrh. vgl. J. Grimm, Gedichte
auf Friedrich I S. 17 ff. (kl. Schriften 3, 16 ff.).   7) Uhland S. 31; W. Grimm,
Heldensage S. 376.

Interesse aus dem Leben verschwunden zu sein schien[1]: da fieng § 58
auch die Poesie an den Vornehmen fremder zu werden und, wie die
damalige Zeit, den heitern, lebensfrischen Geist zu verlieren, der in
ihr früher geherrscht hatte. Zwar gab es noch längere Zeit Dichter
von hoher Abkunft, die die Kunst zu eigener Lust übten; ja die
meisten Fürsten und Grafen, von denen uns Gedichte aufbehalten
sind, reichen mit ihrer Lebenszeit über die Mitte des dreizehnten
Jahrhunderts herüber, einige berühren sogar dessen Schluss und den
Anfang des vierzehnten, so dass nicht einmal für alle die Annahme
gelten könnte, sie hätten nur in ihrer Jugend gedichtet, und diese
wäre in die ersten Decennien des dreizehnten Jahrhunderts gefallen.
Bemerkenswerth ist es indess, dass die meisten dieser fürstlichen
Dichter dem nördlichen Deutschland, den Niederlanden und den öst-
lichen und nördlichen germanisierten Ländern, Böhmen, Schlesien,
Rügen, Mecklenburg, angehören: hier wurde die Liebe zur höfischen
Poesie erst heimisch, als sie im Süden schon abzublühen begann, wie
auch die Heldenlieder des deutschen Sagenkreises noch lange auf
den norddeutschen Ritterburgen in Ansehen blieben, also wohl nicht
so früh und so schnell von den Werken der höfischen Poesie ver-
dunkelt und verdrängt waren, als diess an den Höfen und
auf den Burgen von Süddeutschland der Fall gewesen zu sein scheint[2].
Die Dichter, welche von ihrer Kunst lebten, fanden jetzt nicht mehr
die Begünstigung und Unterstützung, die ihren Vorgängern zu Theil
geworden war: überall hörte man nun Klagen über die Nichtachtung
der Dichtkunst und die Kargheit der Reichen und Mächtigen gegen
diejenigen, welche sie ausübten[3]. Allein auch über 'die falsche
Milde, die der kunstreichen Dichter nicht achte und unter dem

---

§ 58. 1) Dieser Wendung des häuslichen und öffentlichen Lebens zum
Schlechtern und Schlechtesten gedenken auch die gleichzeitigen Dichter häufig
genug und suchen ihr mit Mahnung und Rüge entgegenzutreten. Wahrzunehmen
war sie aber schon vor der Mitte des 13. Jahrh.: bereits Walther von der Vogelweide trauert und klagt in seinen spätern Jahren über den Verfall deutscher Zucht,
Ehre und Herrlichkeit; der Stricker (Kleinere Gedichte, herausgegeben von Hahn,
S. 52 ff.) will nicht mehr, wie er zeither gethan, zur Unterhaltung dichten, weil
alle Freude von deutscher Erde geschwunden scheine; aber Klage muss er erheben
über die Untugenden und Laster, die überall aufgetaucht sind: und etwa zwei
Jahrzehnte später (1257) entwirft Ulrich von Lichtenstein (im Frauenbuch) von
dem höfischen und ritterlichen Leben insbesondere ein Bild, das schon sehr dunkle
Schatten hat.   2) Vgl. die Vorrede zur Vilkina-Saga: P. E. Müllers Sagabibliothek bei G. Lange S. 279; W. Grimm, Heldensage S. 176.   3) Unzählige
Gedichte dieser Zeit sind solcher Klagen voll, und nicht bloss Dichter von unter-
geordneten Talenten fanden sich dazu veranlasst. Man lese z. B. das rührende
Bekenntniss Konrads von Würzburg zu Anfang seines trojanischen Krieges und
über die durch die Unzahl schlechter Dichter in Missachtung gerathene Kunst den
Eingang seines Partonopier. Wie sehr sich aber auch in dieser Beziehung schon

§ 58 elenden Haufen gemeiner Sänger und dem übrigen fahrenden Volk
reichlich ihre Gaben vertheile', werden die Klagen nun lauter[4], so
wie über die Feilheit der Lottersänger, die durch die gröbsten
Schmeicheleien sich die Gunst der Herren zu verschaffen suchen, und
die falschen Lobsinger, denen die übeln Herren auch lieber
geben, als den nothhaften Armen[5]. Diess sowohl, als die Verwilderung und Rohheit, die schnell unter dem Adel einriss, scheint Ursache
gewesen zu sein, dass die Aermern dieses Standes sich immer mehr
von einem Gewerbe zurückzogen, durch das sich wenig mehr verdienen liess, und dafür lieber im Dienste fehde- und beutelustiger
Herren von den Unruhen im Reiche Vortheil zu ziehen suchten. —
Die Wahl Rudolfs von Habsburg, dessen ernstliches Streben dahin
gieng, der Zerrüttung des Reiches Einhalt zu thun, blieb für die Poesie
ohne erspriessliche Folgen. Rudolf, wenn er auch vielleicht der Dichtkunst nicht gerade abgeneigt sein mochte, fand sich wenigstens nicht
veranlasst, arme Dichter zu unterstützen, so sehr diese auch hofften,
es werde mit ihm die alte Zeit für sie wiederkehren[6]. Da dieser
Fürst der erste war, der die Verbindung Italiens mit dem Reiche
aufgab, so unterblieben auch die Züge in jenes Land, und mit ihnen
verschwanden alle grossartigen Verhältnisse, in welchen bis dahin
Deutschland zum Auslande gestanden hatte. Die einzelnen Versuche,
welche von einigen nachfolgenden Kaisern gemacht wurden, den
alten Verband wieder herzustellen, waren zu vorübergehend, als dass
sie wieder höhere politische Interessen in Deutschland hätten rege
machen können.

§ 59.

Unterdessen war mit der Entartung des Ritterthums die höfische
Poesie immer ausschliesslicher in die Hände Nichtadeliger gekommen.
Ein so tüchtiger Sinn und kräftiger Verstand sich nun auch in dem
Bürgerstande zu regen und zu entwickeln angefangen hatte, so fehlte

gegen die Mitte des 13. Jahrh. die Dinge in Deutschland und namentlich in Oester-
reich verändert hatten, lehrt das Beispiel vom Frass: Wackernagel LB.² 585 ff.;
dem Stricker legen es bei v. d. Hagen in seiner Germania 2, 82 ff. und Bartsch,
Karl der Grosse S. II. XLVIII.   4) Vgl. Konrads von Würzburg Klage der
Kunst, im altd. Mus. 1, 62 ff.; Hagen, MS. 3, 334 ff.; W. Grimm, zur Geschichte des
Reims S. 87 scheint das Gedicht nicht für echt zu halten.   5) S. die für die
Zeit- und Sittengeschichte, besonders Oesterreichs, sehr merkwürdigen, zwischen
1289—1299 abgefassten Gedichte des sogenannten Seifried Helbling, herausgeg.
durch Karajan in Haupts Zeitschrift 4, 1—284, besonders S. 77 ff. und 151. Dass
Helbling nicht als Verfasser anzusehen, hat E. Martin in Haupts Zeitschrift 13,
464—466 dargethan.   6) Vgl. A. W. v. Schlegel, Gedichte auf Rudolf v. Habsburg, von Zeitgenossen, in Fr. Schlegels deutsch. Museum 1, 289 ff.; und Docen,
über die deutschen Liederdichter etc. S. 200, welche v. d. Hagen, MS. 4, 452 f. zwar
zu widerlegen gesucht hat, aber schwerlich bis zur Ueberzeugung des Lesers.

es ihm doch an der feinern Bildung und der freiern, von einem § 59
höhern Standpunkte genommenen Ansicht des Lebens, wodurch sich
die adeligen und die ältern bürgerlichen Dichter, die an den Höfen
und auf den Ritterburgen verweilten und verkehrten, ausgezeichnet
hatten. Der Mangel dieser Eigenschaften machte sich in der Poesie
immer fühlbarer: ihr Gehalt wurde beschränkter und dürftiger; sie
war nicht mehr der Spiegel eines reichen, anmuthigen, phantasie-
vollen, von heimischer und fremder Sage genährten, von frischer
Weltlust und religiöser Begeisterung getragenen Lebens, nicht mehr
der Ausdruck tiefer, inniger Empfindung und sinniger Betrachtung;
sondern das Abbild eines zwar auf sittliche Tüchtigkeit und religiöse
Erbauung gerichteten, dabei aber engbegrenzten, durch keine grossen
öffentlichen Ereignisse aufgeregten und in dem Sinne für das gemein
Praktische befangenen Daseins, welches durch frostige, bald im Uebermaass hervortretende Allegorien und eine gezierte Gelehrsamkeit nicht
gehoben, durch das Ueberhandnehmen trockener Reflexion nicht belebt werden konnte. So erstarrte die lyrische Gattung immer mehr
in dem eigentlichen Kunstliede, und nur im Volksgesang, von dem
wir aber aus dieser Zeit wenig oder gar nichts besitzen, mochte sie
sich noch ein frischeres Leben bewahren; in der epischen Poesie
war das Beste kaum mehr, als ein schwacher Nachwuchs des frühern Reichthums an trefflichen Werken, und selbst die didaktische
Dichtung, deren Gedeihen unter solchen Verhältnissen am ersten
vorausgesetzt werden könnte, überragte nur durch die Masse ihrer
Erzeugnisse die frühere Zeit, vermochte aber nichts mehr hervorzubringen, was den ältern ausgezeichneten Werken dieser Gattung an
die Seite gesetzt zu werden verdiente. — Wie dieser Verfall der höfischen Poesie aber gewissermassen schon durch den Gang, den sie
von Anfang an genommen hatte, bedingt worden, in wieweit auch
die Volksdichtung darin mit begriffen war, und in wiefern er sich
nicht bloss in dem Gehalte, sondern auch in den Formen kund that,
wird im Folgenden näher angedeutet werden.

§ 60.

Als die Poesie gegen die Mitte des vierzehnten Jahrhunderts
schon die deutlichsten Spuren des Verfalls an sich trug, sollten die
Wissenschaften in Deutschland erst recht ins Leben treten. Denn
diese hatten während dieses Zeitraums nicht die Pflege gefunden,
welche jener zu Theil geworden war. Die Kloster- und Stiftsschulen
waren nicht mehr das, was sie im zehnten und elften Jahrhundert
gewesen, ihre Ausartung war immer sichtbarer geworden[1]. Wenn

---

§ 60. 1) St. Gallen war 1291 so ausgeartet, dass der Abt und das ganze
Kapitel nicht schreiben konnten. Dabei aber dichtete derselbe Abt weltliche Tage-

§ 60 daher in Deutschland noch ein wissenschaftliches Leben fortdauerte, so ward diess weniger in einheimischen Schulen geweckt, als in den gelehrten Anstalten, die sich in Italien und Frankreich erhoben hatten, und die erst um die Mitte des vierzehnten Jahrhunderts in Deutschland Nachahmung fanden. Auf den Universitäten zu Paris, Padua, Bologna und Salerno studierten viele junge Deutsche Theologie, Philosophie, die Rechte und die Arzneiwissenschaft. Einige Kaiser liessen es an Aufmunterung dazu nicht fehlen, und der hohe Adel gieng dem niedern und dem Bürgerstande mit gutem Beispiel voran. So wurde die aristotelische oder scholastische Philosophie auch nach Deutschland gebracht und für dieselbe von Männern, wie Otto von Freisingen († 1158) und Albertus Magnus eifrig gewirkt. Die Bekanntschaft der Deutschen mit dem römischen Rechte war vielleicht nicht ohne Einfluss auf die in das dreizehnte Jahrhundert fallende Abfassung der beiden Gesetzbücher, des Sachsen- und Schwabenspiegels; und wenn das Studium römischer Classiker in Deutschland nicht ganz untergieng, so war der Aufenthalt deutscher Jünglinge auf einigen jener Universitäten wohl hauptsächlich davon die Ursache[2].

ZWEITER ABSCHNITT.

Sprache. — Verskunst. — Schule. — Allgemeines Verhältniss der höfischen Dichtkunst zur Volkspoesie.

§ 61.

1. Das Verhältniss, in welchem die beiden Hauptmundarten, die nach dem elften Jahrhundert in Deutschland gesprochen wurden, zur Literatur dieses Zeitraums stehen, ist ein durchaus verschiedenes. Während sich in der hochdeutschen die ganze neue Blüthe der Poesie entfaltete, gelangte die niederdeutsche, so weit sie uns aus ihren spärlichen Denkmälern bekannt ist, gar nicht einmal dahin, wieder eine selbständige, kunstmässig ausgebildete Dichtersprache zu werden; und in der Prosa ward sie wenigstens, was Reichthum und innern Gehalt der Werke betrifft, von jener überflügelt. Die formelle Vollendung gebricht der niederdeutschen Poesie ganz, und nur einigermassen entschädigt sie dafür durch eine gewisse naive Frische, die dem volksthümlichen Elemente näher steht als die spätere hochdeutsche Poesie[1]. Daher wird hier von dem Nieder-

---

lieder. Vgl. Wackernagel, die Verdienste der Schweizer S. 14 und 35; und dessen Walther von Klingen S. 6, Anm. 2 (kl. Schriften 2, 332, Anm. 1). 2) Vgl. hierüber v. Raumer Hohenstaufen 6, 452; 462; 472; 490; 447.

§ 61. 1) Vgl. Bartsch in der Germania 1, 243.

deutschen nur nebenbei, von dem Hochdeutschen aber vorzugsweise § 61
die Rede sein dürfen, welches letztere in der Niedersetzung, zu der
es in diesem Zeitraum gelangte, das Mittelhochdeutsche genannt wird.

§ 62.

Die mittelhochdeutsche Sprache in ihrer ganzen Reinheit schliesst
sich in der Geschichte unserer Literatur nicht unmittelbar an die althochdeutsche an, deren Fortsetzung sie allerdings ist; sondern zwischen beide schiebt sich eine Uebergangsperiode ein, welche den
grössten Theil des zwölften Jahrhunderts ausfüllt und die Sprache
von ihrer formellen Seite in einem doppelten Schwanken begriffen
zeigt. Einmal nämlich kann sie sich noch nicht entscheiden, die aus
dem frühern Zeitraum ihr übrig gebliebenen vollern und reinern Wortbildungen schlechthin fallen zu lassen gegen die durch das Kürzen
und Zusammenziehen der Endungen und das Weitergreifen des Um-
lauts lange vorbereiteten, nun immer unaufhaltsamer einer festen Regel
zustrebenden knappern und getrübtern Formen der spätern Zeit.
Dann aber sind auch die wenigsten Denkmäler dieser Zwischenperiode in reinem Hochdeutsch abgefasst: die meisten, und namentlich die poetischen, jedoch wieder die weltlichen Gedichte weit mehr
als die geistlichen, lassen, bei einer unverkennbar hochdeutschen
Grundlage, eine mehr oder minder starke Neigung zum Einmischen
niederdeutscher Formen und Ausdrücke wahrnehmen. Diese zwischen
Ober- und Niederdeutsch in der Mitte liegende Sprache, welche in
ihrem Consonantismus wesentlich mit dem hochdeutschen stimmt, im
Vocalismus aber abweicht, wird jetzt allgemein als die mitteldeutsche
bezeichnet[1]. Sie reicht in ihren Ursprüngen in die althochdeutsche
Zeit zurück und begleitet die eigentliche mittelhochdeutsche Literatur
durch das ganze dreizehnte und vierzehnte Jahrhundert hindurch;
aber nie zeigt sich die Einwirkung des niederdeutschen Elementes
so stark wie in der Poesie des zwölften Jahrhunderts. Die Verfasser
der Gedichte von weltlichem Inhalt in dieser Zeit lebten vorzugsweise an den Höfen des mittlern und niedern Deutschlands und bedienten sich, da sie es bei ihren Werken doch wohl hauptsächlich

---

§ 62. 1) Sie erkannt zu haben ist ein Verdienst Fr. Pfeiffers (Deutsche
Mystiker 1. Band. Leipzig 1845), mit dem gleichzeitig W. Grimm (Athis und Prophilias. Berlin 1846 [— kl. Schr. 3. Bd.]; die Abhandlung ist im Januar 1844 gelesen)
die gleiche Thatsache aufdeckte. Weiter ausgeführt und begründet unter Bezug auf
J. Grimms Widerspruch (Haupts Zeitschrift 8, 544—549) hat sie Pfeiffer in seinen
Beiträgen zur Geschichte der mitteldeutschen Sprache und Litteratur. Stuttgart 1854.
Dazu sein Aufsatz 'Mitteldeutsch' in der German. 7, 225—230. Wie man behaupten
kann, dass Lachmanns Bruchstücke nrh. Gedichte auf die Entdeckung geführt
haben (Müllenhoff u. Scherer, Denkmäler S. XXVIII) ist unbegreiflich.

§ 62 auf die Unterhaltung der Fürsten und ihrer adeligen Umgebung abgesehen hatten, nun auch der üblichen Hofsprache; während die
geistliche Poesie, mehr in den Klöstern des südlichen Deutschlands
geübt, ein reineres Hochdeutsch festhalten konnte. Einerseits sind
die Gedichte geistlichen Inhalts, von deren Verfassern wir etwas
Näheres wissen, meist wirklich im südlichen Deutschland abgefasst,
und andrerseits standen die namhaftesten unter den ältern Verfassern
weltlicher Dichtungen in nächster Beziehung zu niederdeutschen und
mitteldeutschen Höfen: wie der Pfaffe Konrad und Eilhart von
Oberge (§ 91) zu dem von Braunschweig (Heinrich der Stolze, Heinrich
der Löwe), Heinrich von Veldeke (§ 92)[2] zu denen von Cleve
und von Thüringen (Pfalz-, dann Landgraf Hermann). So scheint die
weltliche Poesie dieses Zeitraums, sofern sie eine höfische wurde,
besonders vom nordwestlichen Deutschland, vielleicht mit in Folge
von Anregungen, die von Flandern kamen, ausgegangen und über
Thüringen erst nach dem Süden vorgedrungen zu sein, wo sie freilich erst ihre volle Ausbildung und grösste Ausbreitung erlangte.
Dass besonders am Niederrhein im zwölften Jahrhundert eine grosse
poetische Regsamkeit war, beweisen ausser Heinrich von Veldeke, dem ältesten der eigentlich kunstmässigen erzählenden Dichter,
der den grössten Theil seiner Eneide am Clever Hofe verfasste,
das Lobgedicht auf den heil. Anno (§ 90) und die von Lachmann[3]
herausgegebenen Bruchstücke niederrheinischer Gedichte[4]. Am Thüringer Hofe zu Eisenach, scheint es, liebte man sogar noch zu Ausgang des zwölften und im Anfange des dreizehnten Jahrhunderts,
als das reine Mittelhochdeutsch in der höfischen Poesie schon vollständig durchgedrungen war, Gedichte, die darin abgefasst waren,
in jene Mischsprache umschreiben und sich vorlesen zu lassen[5].

§ 63.

Unmittelbar nach Heinrich von Veldeke, am Ausgang des
zwölften Jahrhunderts, zeigt sich die rein mittelhochdeutsche Sprache
schon als herrschend in den Werken der höfischen Poesie. Sie trägt
vorzugsweise die besondere Farbe der schwäbischen oder alemannischen Mundart an sich, deren allmählig hervortretendes Uebergewicht über die andern hochdeutschen Unterdialekte bereits im vorigen Zeitraum (§ 23) bemerkt wurde, und die noch mehr an Ansehen

---

2) Ueber seine Sprache vgl. Grimm, Gramm. 1², 153 f.; Ettmüllers Ausgabe
S. VI ff.; Pfeiffer in der German. 3, 493 ff.; Bartsch ebendas. 5, 410 ff. und jetzt vor
allem Behaghels Einleitung zu seiner Ausgabe der Eneide.   3) In den Schriften der Berliner Akad. v. J. 1836 (kl. Schr. 1, 519 ff.); vgl. S. 160 f. (520 f.)   4) Vgl.
auch Vilmar, die zwei Recensionen der Weltchronik Rudolfs von Ems, S. 34.
5) Wenigstens meint Lachmann, Wolfram S. XIX, dass wir diesem Hofe wohl meistens
die halbniederdeutschen Handschriften älterer weltlicher Gedichte verdanken.

und Einfluss auf die Sprache der Höfe und des Adels, zumal im **§ 63** südlichen Deutschland, gewinnen musste, nachdem sie als die angeborne Mundart der Staufen mit deren Thronbesteigung die Sprache des kaiserlichen Hofes geworden war[1]. Von den höhern und gebildeten Ständen gesprochen, stellte sie sich als die feine Sprache des Hofes[2] den rohern Volksmundarten gegenüber und erhob sich, als sich die höfische Poesie im Süden Deutschlands niederliess und hier ihre schönsten Blüthen trieb, zunächst zur allgemeinen Dichtersprache, die dann aber auch, als die Prosa nach höherer Bildung strebte und sich freier zu entwickeln begann, für diese in Anwendung kam. Allerdings sind in ihr auch noch dialektische Unterschiede wahrzunehmen, wodurch die Dichter bald ihre eigentlich schwäbische, bald ihre baierisch-österreichische, oder eine rheinische, fränkische und thüringische Abkunft verrathen. Allein sie begründen nicht mehr einen so bedeutenden Abstand der Sprech- und Schreibweise nach Landschaften, wie diess im voraufgehenden Zeitraum der Fall war[3]. Selbst niederdeutsche Dichter eignen sich nun schon mitunter die hochdeutsche poetische Sprache in dem Grade an, dass ihre Heimath kaum noch durch einzelne Ausdrücke oder Reime durchblickt, während andere freilich die angelernte Mundart mit der angebornen stärker färben[4].

§ 64.

Mit der althochdeutschen Sprache verglichen zeigt die mittelhochdeutsche, weniger in den Wortstämmen, als in den Endungen, viele und grosse Veränderungen. Die Wurzelvocale sind, bis auf die abgeschwächten in einer Reihe unselbständiger Partikeln, im Wesentlichen dieselben geblieben; namentlich dauert in ihnen die strenge Unterscheidung von Kürzen und Längen fort; nur der Umlaut (aber fast gar nicht die Brechung) hat seit dem zwölften Jahrhundert viel weiter um sich gegriffen und die Reinheit des Vocalismus noch mehr getrübt, als im Althochdeutschen, auf der andern Seite aber bei der Abwandlung der Wörter die Unterscheidungsmittel, welche früher in den Endungen lagen, theilweise ersetzt. Dagegen ist in den Bildungssilben der ehemalige Reichthum an volltönenden Vocalen, der schon im spätern Althochdeutsch stark im Abnehmen war, noch viel mehr geschwunden. Kurze und lange Laute, wenn sie nicht

---

§ 63. 1) Eine abweichende Ansicht hat Fr. Pfeiffer, Ueber Wesen und Bildung der höfischen Sprache in mittelhochd. Zeit, Wien 1861. S. (Sitzungsberichte der W. Akademie 37, 263 ff.) aufgestellt, wonach nicht die schwäbische, sondern die österreichische Mundart den Hauptbestandtheil der höfischen Sprache ausmache.
2) Vgl. Wackernagel, sechs Bruchstücke einer Nib. Hs. S. 27; dagegen Pfeiffer in der German. 6, 239—241. 3) Vgl. Grimm, Grammatik 1², 417—452; 931 ff.; 1³, 5; 201 ff. 4) Vgl. Grimm, Grammatik 1³, 455 ff.; Bartsch, Berthold von Holle S. XL f.

§ 64 etwa durch gewisse darauf folgende Consonantverbindungen geschützt
werden, oder in Silben stehen, die den Schein von Wurzeln angenommen haben, schwächen sich in der Regel zu unbetontem oder
stummem *e* ab, oder verlieren sich wohl ganz. Noch weiter geht
diese Verdumpfung und Abwerfung in den Vocalen der Flexionssilben:
bis auf wenige vereinzelte, meistens nur in den Werken der Volkspoesie auftauchende Ausnahmen, sind sie alle zu jenem tonlosen oder
stummen, noch häufiger, als in den Bildungen, wegfallenden *e* geworden, für welches so wie für das der Bildungen[1] in den Werken
des zwölften Jahrhunderts häufig ein nicht stärker betontes *i* steht.
Ueberhaupt sind, wie bereits oben angedeutet ist, in diesem Jahrhundert die Flexionen noch sehr schwankend, theils durch das noch
öftere Hervorbrechen althochdeutscher Formen, theils durch die Einmischung des Niederdeutschen. — Weniger Einbussen und Veränderungen hat der alte Consonantismus in Wurzeln und Ableitungen erlitten, und selbst, da jetzt eine einzelne Mundart vorherrscht, in gewisser Weise wieder festere Bestimmungen gewonnen, als in der
Mannichfaltigkeit der althochdeutschen Dialekte. Sie zeigen sich
hauptsächlich in dem geregelten Wechsel verwandter Consonanten,
je nachdem sie im In- oder Auslaute der Wörter stehen, und kommen der Genauigkeit des Reimes sehr zu statten, wobei freilich ein
gewisses Absterben des Gefühls für den organischen Ursprung der
Laute nicht zu verkennen ist. In den Flexionen haben sich die Consonanten nicht viel weiter verändert, als im spätern Althochdeutsch.
— Mit dieser grossen Abschleifung der Bildungs- und der noch
grösseren der Flexionssilben hat die Sprache nicht bloss viel von
ihrem alten Wohllaut eingebüsst, sondern es hat sich auch ein dem
Sprachorganismus schädliches Zusammenfallen vieler, in früherer Zeit
mehr oder weniger scharf unterschiedener Wortformen eingestellt.
Die Sprache muss nun, zur Vermeidung von Zweideutigkeit, eine Anzahl Bildungen ganz oder grossentheils fallen lassen und sich dafür
zusammengesetzter Wörter bedienen. Sorgt sie auf diese Weise für
ungeschmälerten Wortreichthum, so entäussert sie sich dagegen frei-
willig, besonders in der höfischen Poesie des dreizehnten Jahrhunderts, mancher aus dem Althochdeutschen überkommenen und in den
Gedichten des zwölften noch öfter wiederkehrenden unzweideutigen
Ausdrücke. Dafür führt sie aber andere ein, welche die ältere Poesie
entweder gar nicht kannte, oder doch mit grösserer Einschränkung
gebrauchte; und so behauptet sich allerdings die mittelhochdeutsche
Sprache noch immer im Besitz einer Wortfülle, die der althochdeutschen wenig oder gar nicht nachsteht, ihr sogar, wenigstens so weit

---

§ 64. 1) Hier in gewissen Fällen auch noch in den Gedichten des 13. Jahrhs.

wir sie kennen, durch die Lebenswärme und Feinheit der Bezeich- § 64
nung, die jeder Ausdruck unter der Hand der Dichter empfangen
hat, sehr überlegen ist. — Im Syntaktischen muss sie auch wieder,
wegen der so weit vorgeschrittenen Abschleifung der Endungen, auf
manche Freiheit und Schönheit Verzicht leisten, deren sich die althochdeutsche noch rühmen konnte; nichts desto weniger ist sie, in
der Poesie, wie in der Prosa, noch reich genug an Wendungen und
zum Bau leichter und verschlungener Perioden geschickt. Weniger
bewähren diess die ältern Werke des zwölften, am meisten die aus
dem Ende dieses und den ersten Decennien des folgenden Jahrhunderts. In den Gedichten insbesondere ist dort Alles einfacher, un-
geschmückter; es stellen sich noch öfter, neben den Ausdrücken,
auch die herkömmlichen Wendungen der ältern Volkspoesie ein, oder
neue, jenen glücklich nachgebildete, und der Stil leidet an einer gewissen Trockenheit und Unbelebtheit[2]. Hier dagegen wird in der
besten Zeit Alles individuell beseelt, mannigfaltig in Ausdruck und
Wendung; die Perioden sind kunstreich und geschmackvoll gebaut,
und der Stil, der Natur des Stoffes angepasst, trägt dabei immer
das Gepräge der besondern Persönlichkeit des Dichters. Mit welcher
Leichtigkeit, Anmuth und Frische auch die mittelhochdeutsche Prosa
gehandhabt werden konnte, thut sich vornehmlich in Predigten kund,
die wir aus dem dritten Viertel des dreizehnten Jahrhunderts besitzen.

§ 65.

Die hohe Ausbildung, welche die mittelhochdeutsche Sprache
durch die grossen Meister zu Ende des zwölften und zu Anfang des
dreizehnten Jahrhunderts erhalten hatte, setzte auch noch nach der
Mitte dieses letztern, als die Poesie ihrem innern Gehalt nach schon
zu sinken begann, die Dichter eine Zeit lang in den Stand, ihren
Werken eine äussere Vollendung und Zierlichkeit zu verleihen, die
wenig oder nichts zu wünschen übrig lässt; ja, einige der grössten
Sprachkünstler dichteten erst gegen die Mitte des dreizehnten Jahrhunderts[1] und noch später. Allmählig indess, als die höhern Stände
die vaterländische Poesie immer mehr ihrem Schicksal überliessen,
vergröberte und verschlechterte sich auch die Dichtersprache. — Die
Unsitte, französische Wörter und ganze Redensarten in deutsche Gedichte aufzunehmen[2], die schon im zwölften Jahrhundert, wenn gleich
mässig angehoben, zu Anfang des dreizehnten aber weiter um sich
gegriffen hatte und selbst von einigen der ausgezeichnetsten Dichter

---

2) Vgl. Lachmann, über das Hildebrandslied S. 4 (kl. Schriften 1, 410).
§ 65. 1) Namentlich Rudolf von Ems, und unter den spätern Konrad von
Würzburg.   2) Vgl. darüber W. Wackernagel, altfranz. Lieder und Leiche,
Basel 1846. S. 195 f.

§ 65 mehr als billig begünstigt worden war[3], verlor sich zwar wieder nach und nach; dafür aber drängten sich immer mehr Wörter und Formen aus den einzelnen Volksmundarten und bei den ihre Gelehrsamkeit zur Schau tragenden Dichtern aus dem Lateinischen (und mittelbar auch aus dem Griechischen) in die Schriftsprache; die Dichter wurden nachlässiger in Beobachtung der grammatischen Gesetze, in ihrem Stile oft gesucht, gezwungen und geziert, oder trocken und farblos, und konnten, wenn sie aus niedern Ständen waren, ihre Herkunft nicht immer in ihren Ausdrücken verleugnen. So hatte die Sprache bereits in der ersten Hälfte des vierzehnten Jahrhunderts viel von der grammatischen Schärfe, Reinheit, Anmuth und Gefügigkeit verloren, deren sie sich hundert Jahre früher rühmen durfte.

§ 66.

2. Zu der Verwilderung der deutschen Verskunst, die wenigstens schon im elften Jahrhundert begonnen hatte (§ 30) und bis etwa zum letzten Viertel des zwölften in den uns erhaltenen Werken fortdauert[1], wo ihr wieder durch eine geregelte Messung der Zeilen und die Einführung genauer Reimgebände ein Ziel gesetzt wird, mochte, ausser allgemeinern, mehr äussern Ursachen, hauptsächlich zweierlei beigetragen haben: das allmählige Verdünnen und Abschleifen der Wortendungen, und das Aufkommen solcher Gedichte, die zum Lesen bestimmt waren. Durch jenes mussten die alten Gesetze der Betonung ins Schwanken gerathen, indem die Zahl tieftoniger, zu Vershebungen und Reimen tauglicher Silben sich minderte, ohne dass die abgeschwächtern unter ihnen den Anspruch auf höhern Anschlag im Verse sofort aufgaben; und diese Unsicherheit konnte erst aufhören mit dem Ende des zwölften Jahrhunderts, als die Tonlosigkeit oder die Verstummung der Flexionen völlig durchgedrungen und der Silbenwerth der Bildungen und Vorsetzpartikeln nach einer bestimmten Abstufung festgesetzt war. Durch Gedichte aber, die bloss gelesen

---

3) Bisweilen scheinen freilich die Dichter mit der Einmischung französischer Wörter bloss ihren Scherz getrieben zu haben; vgl. Hoffmann, Kirchenlied S. 160, Anmerk. 172, der die von ihm angezogene Stelle wohl richtiger beurtheilt, als Uhland, Walther S. 102. Besonderes Wohlgefallen an solchem fremden Putz muss Gottfried von Strassburg gefunden haben; wogegen Wolfram von Eschenbach selbst einmal über die in seinen Gedichten eben nicht sparsam gebrauchten französischen Ausdrücke scherzt, da wo er seine mangelhafte Kenntniss der fremden Sprache heiter bekennt, Wilh. 237,3. Besser als beide verfuhr in dieser Beziehung Hartmann von Aue: je mehr er sich in seiner Kunst vervollkommnete, desto reiner hielt er seine Sprache auch von französischen Wörtern; vgl. Haupts Erec S. XV.

§ 66. 1) Schade im Weimar. Jahrbuch I, 37 sucht die rhythmischen Freiheiten in der Poesie jener Zeit als Ueberladung der ersten Vershälfte, durch häufigere Annahme eines viersilbigen Auftaktes zu erklären.

wurden, konnte sich um so eher eine grössere Willkür in der Vers- § 66
messung einschleichen, als hier der Zügel fehlte, der bei singbaren
in der begleitenden Musik lag. — Allein wir dürfen nicht glauben,
dass das alte Gesetz der hochdeutschen Verskunst, wie es uns besonders Otfried kennen lehrt, aus der deutschen Poesie des elften
und des grössten Theils des zwölften Jahrhunderts ganz geschwunden gewesen sei. Gewiss erhielt es sich nebst dem Gefühl für den
Wohllaut im Verse immer in der Volkspoesie: denn daraus allein
konnten die mittelhochdeutschen Dichter, als sie auch in nicht singbaren Gedichten den Vers an die alte feste Regel zu binden anfiengen,
diese entnehmen und sich aneignen. Auch ohne das ausdrückliche
Zeugniss von Ueberbleibseln epischer Volkslieder aus jener Zeit findet
diese auf innerer Nothwendigkeit beruhende Annahme noch äusserliche Stützen sowohl in den ältesten, ihrem formellen Bestandtheile
nach sicher unmittelbar an den epischen Volksgesang sich anlehnenden
lyrischen Strophen des zwölften Jahrhunderts, als auch an der metrischen Beschaffenheit der ursprünglichen Gestalt des Gedichts von
der Nibelunge Noth: hier wie dort herrscht bereits zu einer Zeit,
wo die Werke in kurzen Reimpaaren noch keineswegs eine feste
Abgrenzung der Verslänge gefunden haben, ein geregeltes Mass, und
zeigt der innere Bau der Verse eine Gesetzmässigkeit, die von den
sorgfältigsten unter den höfischen Dichtern nicht übertroffen wird.

§ 67.

a. Versmessung[1]. — Die ganze Rohheit des altdeutschen Versbaues gewahrt man in der Bearbeitung mosaischer Geschichten (§ 46),
die ihrer ursprünglichen Gestalt nach sicher dem Schluss des elften
Jahrhunderts angehört. Von eigentlichem Rhythmus kann darin kaum
die Rede sein, wenn gleich die althochdeutsche Regel, die für den
aus der Zerlegung der Langzeile entstandenen Vers vier Hebungen
erforderte, noch immer durchblickt; unmittelbar neben ganz kurzen
Versen stehen oft übermässig lange, und beide Arten sind ohne Anstoss mit einander durch den noch sehr unvollkommenen Reim gebunden[2]. Diess Ungeschick in der Behandlung des nicht gesungenen
Verses überhaupt, so wie insbesondere der Gebrauch überlanger Zeilen
von mindestens fünf Hebungen und ihrer Bindung mit kürzern dauern
zulängst bei den Dichtern geistlichen Standes fort: die meisten von
ihnen verharren dabei bis in die achtziger Jahre des zwölften Jahr-

---

§ 67. 1) Ueber den Versbau im Allgemeinen vgl. M. Riegers Anweisung
zum Verständniss der mhd. Verskunst nach ihrer Erscheinung im classischen
Volksepos (Anhang zu Ploennies' Kudrun S. 241—279). 2) Gleichwohl hat
man im Eingange der Exodus in der Milstäter Handschrift eine kunstreiche Form
zu erblicken geglaubt: Scherer, Denkmäler S. 371 (² 414).

§ 67 hunderts[3]. Sehr merkwürdig sind die Verse eines paarweise gereimten Gedichtes, das Himmelreich[4], welches sicher noch dem zwölften Jahrhundert angehört: hier geben die Zeilen sämmtlich über vier Hebungen, meist bis zu sechs, hinaus und wohl mit Recht ist darin eine Nachbildung lateinischer Hexameter zu erblicken[5]. Dagegen strebt bei den weltlichen Dichtern, die dem Volksgesange eher die Regel des Versbaues abhorchen konnten, und die überdiess im Allgemeinen wohl mehr als jene auf den mündlichen Vortrag Rücksicht zu nehmen hatten, in den erzählenden Werken alles früher und erfolgreicher nach Gesetzmässigkeit und fester Begrenzung[6], und nur einzelne Geistliche, wie namentlich Wernher, der Dichter des Marienlebens (§ 90), eifern ihnen darin bereits seit dem Anfange der Siebziger nach. Um diese Zeit herrscht das Mass von vier Hebungen in stumpf gereimten, und von drei oder ebenfalls vier in klingenden Verspaaren schon entschieden bei jenen vor, mit der besondern Freiheit, dass die Abschnitte der Erzählung gern mit einer Zeile schliessen, die bis zu fünf Hebungen mit einer klingenden Schlusssilbe verlängert ist[7]. Endlich verschwindet in dem letzten Viertel des Jahrhunderts auch diese halbe Unregelmässigkeit aus der gebildeten Poesie in kurzen Reimpaaren; im Pilatus, Athis und Profilias, bei Eilhart von Oberge und Heinrich von Veldeke kommen keine überlangen Zeilen mehr vor[8]: auch in dem Gedichte diu Mâze[9] bedarf der sorgfältige Versbau nur selten der Nachhülfe, es hat mit den genannten Gedichten die metrische Behandlung, mit dem Tristrant Eilharts allein die Freiheit der Reime gemein[10]. Stumpfreimige Zeilen überschreiten von jetzt an nie mehr die Zahl von vier Hebungen; klingend gereimte sind, gewöhnlich dreimal, seltener viermal gehoben, wobei in jenem Falle die nachklingende Silbe, wie im Althochdeutschen, die vierte Hebung bildet, in diesem nach romanischem Vorgange gar nicht mitzählt. Als Regel gilt hier, dass die beiden Verse eines klingenden

---

3) W. Wackernagel in seiner Litteratur-Geschichte hat den Ausdruck 'Reimprosa' für diese Dichtungen in freierer Form in Anwendung gebracht, dehnt ihn aber offenbar zu weit aus.   4) Herausgegeben von J. A. Schmeller in Haupts Zeitschrift 8, 145—155.   5) Bartsch in der Germania 7, 371.   6) W. Grimm, Graf Rudolf[2] S. 12—14; vgl. Lachmann, niederrhein. Gedichte S. 160 (kl. Schr. 1, 520 f.); und Haupt, altd. Blätter 2, 264 oben.   7) So in der Crescentia, dem regelmässigsten der in die Kaiserchronik aufgenommenen Gedichte (vgl. § 91), im Grafen Rudolf (vgl. Lachmann, Wolfram S. XXVIII; W. Grimm a. a. O.), und in Wernhers Marienleben: denn dass hier die Verlängerung der Schlusszeilen schon vor der uns allein vollständig erhaltenen Ueberarbeitung vorhanden war, lehrt das Bruchstück des ursprünglichen Textes (bei Docen, Miscell. 2, 107, 96; Fundgruben 2, 214, 24).   8) W. Grimm a. a. O., wo allerdings der Aegidius (Fundgruben 1, 246) zu streichen ist, denn er ist älter: Bartsch, Untersuchungen über das Nibelungenlied S. 255.   9) Herausgeg. von Bartsch in der German. 5, 97—105.   10) Bartsch a. a. O. 103.

Reimpaares immer gleiches Mass haben müssen: wo dieses Gesetz § 67 verletzt, also ein Vers von vier Hebungen mit klingender Endsilbe auf einen nur dreimal gehobenen gebunden ist, da verräth sich Rohheit. — In den ältesten singbaren Gedichten, die noch vor die Zeit der kunstmässig ausgebildeten Lyrik fallen, finden sich zwar auch schon neben dem alten Verse von vier, oder wenn er klingend ausgeht, von drei stark betonten Hebungen, der auch hier noch immer vorherrscht, andere, theils kürzer, theils länger gemessene Zeilen; aber diese verschiedenen Versarten wechseln so wenig im Liede wie im Leich willkürlich mit einander, vielmehr sind sie, wo sich ihrer zwei oder mehr beisammen finden, in ihrer Aufeinanderfolge an feste Regeln gebunden.

§ 68.

Der mittelhochdeutsche Versbau in seiner geregelten Gestaltung[1], wie sie uns vornehmlich das gebildete Volksepos und die höfischen Dichter des beginnenden dreizehnten Jahrhunderts, obgleich nicht alle in gleicher Sorgfalt und Vollkommenheit[2], kennen lehren, beobachtet rücksichtlich der Silbenverwendung zu Hebungen und Senkungen ungefähr dieselben Gesetze, wie der althochdeutsche; nur sind jetzt, bei der sehr verminderten Zahl starker Nebentöne auf den Endungen der Wörter, die Hebungen des Verses vorzugsweise an Stammsilben gebunden; doch können sie nicht nur immer, wo es im Althochdeutschen erlaubt war, auf die noch vorhandenen tieftonigen Worttheile, sondern unter gewissen Bedingungen selbst auf Silben mit tonlosem *e* fallen[3]. Zwei unbetonte *e* in den Endsilben

§ 68. 1) Im Allgemeinen verweise ich zu diesem § vor Allem auf die an den scharfsinnigsten und feinsten Beobachtungen über die mittelhochdeutsche Metrik reichen Anmerkungen Lachmanns zu den Nibelungen und zur Klage, so wie zur 2. Ausg. des Iwein. Lachmanns Regeln der mhd. Metrik in knapper Fassung, die er ihnen 1841 gab, sind abgedruckt in Pfeiffers Germania 2, 105—109. Eine wissenschaftliche Darstellung der mhd., wie überhaupt der altdeutschen Metrik gebricht noch. Die 'mittelhochdeutsche Metrik' von R. v. Muth. Wien 1882. S. steht auf einem durchaus einseitigen Standpunkt. Eine allgemeine Uebersicht der mhd. Metrik gibt Pfeiffer in der Einleitung seiner Waltherausgabe. Metrische Beobachtungen über einzelne Dichter findet man in vielen der neueren kritischen Ausgaben. Die Metrik des Nibelungenliedes ist eingehend behandelt in Zarnckes Einleitung zu seiner Ausgabe und Bartsch' Untersuchungen über das Nibelungenlied. Alte Zeugnisse für die metrischen Gesetze begegnen nicht vor dem Ende des 13. Jahrh.: solche finden sich bei Heinrich Hesler und Nicolaus v. Jeroschin. Sie sind behandelt und erläutert von Bartsch in der Germania 1, 192—202; vgl. Pfeiffers und Strehlke's Jeroschin-Ausgaben und Bech in der German. 7, 74—101.

2) Gottfried von Strassburg als den am wenigsten kunstgerechten unter den berühmtesten Meistern anzusehen, wie Lachmann (zu den Nibel. S. 4; zur Klage 1355; zu Iwein 4098. 7764) wollte, berechtigt nichts: vgl. Pfeiffer in der German. 3, 68 ff. Viel mehr verletzt z. B. die Gesetze des feinern Versbaues Wolfram.

3) Von der Hebungsfähigkeit tonloser *e* im Reime siehe weiter unten.

§ 68 eines Wortes taugen nach einer Länge, oder was dasselbe ist, nach
zwei Kürzen (nicht aber nach einer Kürze) zur Hebung und Senkung, nicht nur wenn sie durch Position bildende Consonanz getrennt sind (*tihténnes, sórgénde, ridelénde*); sondern auch, wenn sie
einen einfachen Consonanten zwischen sich haben, wobei die zweite
Silbe mit *e* oder einem Consonanten schliessen kann (*lieberen, michélen,
michéler, ándere, rerirréte*)[4]. Eine Silbe mit tonlosem (nicht stummem)
e ist auch dann hebungsfähig, wenn das *e* der dazu gehörigen Senkung dem folgenden Worte angehört und von ihm wenigstens durch
einen Consonanten getrennt ist[5]. Länge der ersten von zwei gehobenen Silben, zwischen denen die Senkung fehlt, ist nicht durchaus nothwendig, sofern sie nur eine von Natur hochbetonte ist[6] und
einen logisch höhern Ton als die folgende hat[7]. Verschleifung einer
kurzen Stammsilbe mit der zunächst folgenden ist, wenn sie ein
stummes *e* enthält[8], unter der Hebung sehr gewöhnlich; nicht weniger
beim Herabsteigen von der Hebung die Verschmelzung eines tonlosen
e mit dem Vocalanlaut der nächsten Senkung[9]. Für die Senkungen
dagegen gilt der Grundsatz, 'dass sie, mit Ausnahme der ersten oder
des Auftaktes in nicht singbaren Versen, nie zweisilbig sein dürfen,
ausser durch Synizese oder durch Verschleifung zweier einen einfachen Consonanten umgebenden unbetonten *e*'[10]. Ausnahmen von
dieser Regel sind nur scheinbar und erklären sich entweder aus der
die einsilbige Aussprache begünstigenden Beschaffenheit der nächstfolgenden vocalisch anlautenden Hebung[11], oder aus einer freiern,
zwischen und über zwei Silben schwebenden Betonung, besonders

4) Lachmann beschränkte diesen Fall darauf, dass die zweite Silbe mit *n* schliessen müsse: vgl. dagegen Pfeiffer in der German. 3, 70 ff. Bartsch, Untersuchungen
über das Nibelungenlied S. 96 ff.   5) *longén enrant, wérlde gewin, jéneme
gerilde, hoúbet verlorn*, aber nicht *schümele erklunc* oder *lünde entrán*; vgl. zu
Iwein 5111; 6575; 5873; zu Nibel. 305. 1; 1193, 4. Spätere, wie Konrad von Würzburg, gehen aber solchen auf ein tonloses *e* gelegten Hebungen schon gern aus
dem Wege; vgl. Haupts Zeitschrift 2, 375, und Haupt zu Engelhard 3174.
6) Hierhin gehören nicht bloss die ursprünglich zweisilbigen, sondern auch solche,
die bereits im ältesten Hochdeutsch einsilbig waren, wie *nam, got*, selbst wenn
das folgende Wort nicht consonantisch anhebt; ja sogar die erste in mehrsilbigen,
wie *gotinne, minunge* (zu Iwein 6441). Doch nicht alle Dichter scheinen sich
diese Belastung einer kurzen Silbe vor Vocalanlaut gestattet zu haben; dem Konrad
von Würzburg möchte sie Haupt, zu Engelhard S. 228, nicht zutrauen.   7)
Letzteres ist von Lachmann nicht beachtet, der daher auch den Artikel und die
einsilbigen Präpositionen vor dem Subst. hebungsfähig erklärt. Vgl. Bartsch,
Untersuchungen S. 139 ff.   8) z. B. *sô manec guot ritter ulsô dâ; dise von
séneder arbeit; si giengen stáhende umbe sich.*   9) Wie *dem volget saelde und
êre; er neic ir unde enpfienc si.*   10) *er sprách 'so ensol ich döch den lip;
wéder si ensách dar noch enspruch; — kléidete sine man; saúde geláe; in liebte
den hóf unde den lip*; s. zur Klage 27; zu Iwein 651. 1159. 1169.   11) Wie
ichn hán nidr (= *nider) iuwern hulden*; zu Iwein 726.

zu Anfang des Verses[12]. Die grösste Behutsamkeit im Gebrauch der § 68 Silben gewahrt man in der letzten Senkung stumpfreimiger Zeilen: hier, wie in den Reimen und in den Cäsuren, halten sorgfältige Dichter am meisten auf eine reine Aussprache und vermeiden deshalb auch Wortkürzungen, die sie sich in andern Versstellen schlechthin versagen[13]. — Eine durchgreifende Ausnahme von dem Gesetze der Einsilbigkeit der Senkungen bilden die Verse in dactylischem Rhythmus. Dieser Rhythmus, dessen die mittelhochdeutschen Dichter sich selten mit grossem Geschick bedient haben, weil er dem Grundsatz deutscher Verskunst widerspricht, kam auf doppeltem Wege in die deutsche Dichtkunst. Einmal aus der lateinischen Poesie des Mittelalters, insbesondere aus den Sequenzen, in welchen rein und gemischt dactylische, aber nach dem Accent gebaute Verse lange üblich waren[14]: daher finden wir sie am frühesten in deutschen Leichen. So in dem von einer Frau verfassten Arnsteiner Marienleich[15] und in der Sequenz von Muri[16], deren Formen sich theilweise an eine bekannte lateinische Sequenz[17] anschliessen: jener fällt sicher vor, diese in die Zeit von Heinrich von Veldeke[18]. Dann aber finden wir dactylische Verse, und fast durchgängig Verse von vier Hebungen und einer bestimmten Silbenzahl[19], bei den höfischen lyrischen Dichtern, die französische Muster nachahmten, und hier entspricht dem dactylischen Verse von vier Füssen der romanische zehnsilbige Vers, der seinerseits auch, aber nicht unmittelbar, auf einer lateinischen dactylischen Versart beruht[20]. Die Dichter, die zuerst davon Gebrauch machten, sind Heinrich von Veldeke und Friedrich von Hausen[21]: bis zum Ende des zwölften Jahrhunderts und noch im Anfang des nächsten war er ziemlich in Gebrauch, von da an aber kommt er nur selten vor[22]. — In dem Wechsel der Hebungen und Senkungen gestattet

---

12) S. zu Nibel.1631, 3; 1803, 2; 2011, 1; zur Klage 27; zu Iwein 33; 1118; Haupt zu Eraclius 1279; 3102; 3130 in der Zeitschr. 3, 164 ff.; u. zu Engelhard 3056; Rieger a. a. O. S. 275 ff.   13) Vgl. Lachmann zu d. Nib. 307, 1; 319, 3; 588, 2; 856, 1; zu Iwein 137; 318; 838; 881; 1159; 2751; 4098; 4365; 7438; 7764; Haupt zu Engelhard S. 213 f.; zu V. 411; 463; 545; 809.   14) Vgl. Bartsch, die lateinischen Sequenzen S. 96 ff.
15) In Haupts Zeitschr. 2, 193—199 und bei Müllenhoff u. Scherer Nr. 38. Vgl. zu demselben jetzt noch Jellinghaus in Zachers Zeitschrift 15, 343—358.
16) In Graffs Diutiska 2, 291—296; in ihrer wahren Form erst erkannt von Lachmann, über die Leiche S. 425—429 (kl. Schr. 1, 330—334). Nach neuer Vergleichung der Hs. bei Wackernagel LB.[3] 437 ff., danach bei Müllenhoff und Scherer Nr. 42. Bruchstück einer andern Hs., mitgetheilt von C. Hofmann in den Münchener Sitzungsberichten 1870, II, 109 ff.   17) Ave maris stella.   18) Denkmäler S. XXIII.   19) Den Auftakt abgerechnet haben sie bei stumpfem Reime zehn, bei klingendem elf Silben. Vgl. Bartsch in der Germania 7, 369 f.   20) Vgl. Bartsch in der Revue critique 1866, II, 410.   21) Vgl. Bartsch in Haupts Zeitschr. 11, 160 f., wo auch die andern Lyriker aufgeführt sind, die sich dactylischer Verse bedienten.   22) Vgl. Bartsch in der Germania 7, 369 f. Wackernagel, Geschichte d. d. Hexameters etc. S. XXVIII f.

§ 68 sich der Vers des rein erzählenden Gedichts und des epischen Volksgesanges grössere Freiheit, als der lyrische. In jenem fehlt die Senkung zwischen zwei Hebungen sehr oft, und geschickte Dichter wissen
von dieser Freiheit für den Ausdruck der Gedanken und Empfindungen grosse Vortheile zu ziehen. Alle Senkungen auszulassen war
schon im Anfang des dreizehnten Jahrhunderts nicht häufig[23], wie überhaupt von da an, und immer mehr seit der Mitte des Jahrhunderts,
das Streben sich zeigt, Hebung und Senkung regelmässig wechseln
zu lassen, die Senkungen auszufüllen[24] und die Silbenzählung einzuführen[25]. Unter den classischen Dichtern hat dies Streben am
meisten Gottfried von Strassburg[26]; unter den späteren Ulrich von
Liechtenstein und Konrad von Würzburg, jener nicht bloss in dem
strophisch abgefassten Frauendienst, sondern auch im Frauenbuch,
das er in kurzen Reimpaaren dichtete, und dieser in allen seinen
erzählenden Werken[27]. In dem lyrischen Verse, der überhaupt noch
strengern Gesetzen, als der erzählende, unterworfen ist und daher
auch mehrsilbige Auftakte[28] flieht, ist das ununterbrochene Steigen
und Fallen der Silben Regel, von der nur ausnahmsweise abgewichen wird[29]. Der Auftakt wird von den lyrischen Dichtern seit dem
Ende des zwölften Jahrhunderts auch darin geregelt, dass sie in
manchen Liedern nur auftaktlose Verse, in andern nur Verse mit
Auftakt zulassen, oder dass bestimmte Zeilen einer Strophe Auftakt
oder nicht haben[30]. — Eine andere bemerkenswerthe Eigenheit, wodurch sich der Vers erzählender Gedichte mit fortlaufenden Reimpaaren und einiger strophisch abgefassten Werke der epischen Volkspoesie von dem lyrischen Verse unterscheidet, beruht in der verschiedenen Veranschlagung tonloser Schlusssilben in den Versaus-
gängen. Dort nämlich müssen sie fast das ganze dreizehnte Jahrhundert hindurch noch für kräftig genug gehalten werden, die letzte
Hebung zu tragen[31]; hier kam, unter Einwirkung der romanischen
Lyrik, die jenen ursprünglich deutschen Gebrauch des klingenden Vers-

23) Vgl. Iwein 419. 915. 3734. Parz. 283, 7. W. Grimm, Graf Rudolf² S. 12 u. über
Freidank. Zweiter Nachtrag (1855) S. 4.   24) Liliencron über die Nibel. IIs.
C., S. 178. Bartsch, Untersuchungen etc. S. 380.   25) Vgl. Wingerath, der Ur-
sprung des Princips der Silbenzählung. Rostock 1867. S.   26) Vgl. Bechsteins
Ausgabe des Tristan 1, S. XXXIX f.   27) Am ersten gestattet er sich noch
die Senkung nach der dritten Hebung, zumal mitten im Wort, zu unterdrücken;
vgl. jedoch Haupt zu Engelhard 366.   28) Er kann im Volksepos und in
kurzen Reimpaaren bis zu drei Silben anwachsen: zu den Nibel. 1900, 4; zu Iwein
S. 305, 3752; S. 435, 2170.   29) Vgl. Simrocks Walther 1, 187.   30) Vgl.
Rieger, Anweisung etc. S. 268; Pfeiffers Ausgabe des Walther³ S. LV f; Wilmanns
Walther S. 39 ff.   31) Am deutlichsten zeigt sich diess an solchen stumpfen
Reimen, wie sie bei Lachmann zu d. Nibel. 1362, 2; 1916, 1; und zu Iwein 617
angemerkt sind.

ausganges nicht kannte, namentlich seit Friedrich von Hausen[32] § 68
und Heinrich von Veldeke neben der beibehaltenen deutschen
Art die romanische Verwendung auf, wonach auf der unbetonten Silbe
des klingenden Reimes bloss ein schwaches Nachtönen derselben nach
der zunächst voraufgehenden stark betonten Silbe ruht. Nur wenn
dieser Unterschied zugegeben wird, der als eine theilweise Nachwirkung des althochdeutschen Versbaues und Reimbrauchs angesehen werden muss[33], darf in Gedichten mit fortlaufenden Reimpaaren den Versen, die klingend reimen, dasselbe Mass mit den
stumpfreimigen beigelegt werden: sonst enthalten diese vier, jene
aber nur drei Hebungen. Für die Richtigkeit der Sache spricht,
dass bis kurz vor jenen Dichtern auch in singbaren Gedichten solche
tonlosen Versschlüsse durchgängig oder doch zum Theil als gehoben
galten[34]; ihr verschiedener Gebrauch stellte sich erst mit der schar-
fen Sonderung stumpfer und klingender Reime in den künstlichen
Formen der lyrischen Poesie fest. Aus der lyrischen Poesie kam
der romanische Gebrauch auch in die erzählende, wiewohl er auch
hier direkt auf den Einfluss der benutzten romanischen Epen zurückgeführt werden kann, und gieng nun neben dem ursprünglich deutschen Gebrauche her. Der erste Dichter, der den klingenden Vers
mit vier Hebungen und überschlagender Silbe durchführt, ist, bezeichnend genug, ein deutsch dichtender Romane, der Italiener Thomasin von Zirklaere (§ 119) in seinem wälschen Gast[35]: er kannte
eben keine andere Verwendung des klingenden Reimes. Ein Unterschied der Betonung auf der vierten Hebung, je nachdem der Vers
stumpf oder klingend ausgieng, musste bereits zu Anfang des dreizehnten Jahrhunderts sehr fühlbar sein; denn nur daraus erklärt es
sich, dass in den meisten Gedichten mit fortlaufenden Reimpaaren
auch solche Verse gepaart werden, die ausser der klingenden Endsilbe noch vier Hebungen haben: sie gelten offenbar nur als vier-,
nicht fünfmal gehobene Verse, sonst würden auch wohl stumpfreimige
von fünf Hebungen gefunden werden, was nicht der Fall ist[36]. Im
Laufe des dreizehnten Jahrhunderts muss die Nachwirkung des Tief-
tons, der ehemals auf der klingenden Endsilbe haftete, immer mehr

---

32) Vgl. Simrock a. a. O. 1, 172.   33) S. § 28; J. Grimm, latein.
Gedichte S. XL f.   34) Diess beweisen wohl am unzweideutigsten das alte
Loblied auf die Jungfrau Maria (zuletzt bei Müllenhoff und Scherer Nr. 39
und Das Melker Marienlied aus Fr. Pfeiffers Nachlass herausgeg. von J. Strobl.
Wien 1870. 4.), und die Stollen der Strophen, die unter Spervogels Namen auf
uns gekommen sind (MFr. 25 ff.). Von dem Leiche von Muri aber dürfte diess nicht
mehr zu behaupten sein, da in ihm schon stumpfe und klingende Reime streng
gesondert sind: Lachmann über die Leiche S. 427 (kl. Schriften 1, 332).   35) Vgl.
Rückerts Ausgabe S. IX f.   36) Hahn, kleinere Gedichte von dem Stricker,
S. XVII f.

§ 68 geschwunden sein, ausser in der Volkspoesie, wo er sich noch lange erhielt[37]: in kunstmässigen Gedichten, mochten sie nun strophisch oder in kurzen Reimpaaren abgefasst sein, hörte man die letzte Hebung wohl nur auf der letzten hochbetonten Silbe des Verses[38]. Daher verdrängte allmählig in nicht singbaren Dichtungen der klingend gereimte Vers mit vier starken Hebungen den ältern mit drei, und was noch mehr, es kamen von nun an auch stumpfreimige Verspaare auf von drei Hebungen, die im Mass eben so genau den alten dreimal gehobenen klingenden entsprachen, wie den alten vierfüssigen Versen mit Stumpfreim jene sich vordrängenden klingenden Zeilen[39]. Damit ist der wesentliche Unterschied stumpfer und klingender Reime gänzlich aufgehoben. Es reicht aber dieses Aufheben in seinen Anfängen bis in den Beginn des dreizehnten Jahrhunderts zurück: schon Heinrich von dem Türlin in seiner Krone verwendet zwei der Verschleifung fähige Silben, die demnach nur einen stumpfen Reim bilden können, als klingende Ausgänge und bindet sie mit wirklich klingenden[40], und ähnliches scheint sich Konrad Fleck zu erlauben[41]. Ja bei den niederrheinischen Dichtern geht dieser Gebrauch ins zwölfte Jahrhundert zurück und begegnet schon bei Heinrich von Veldeke[42], wie er auch im dreizehnten Jahrhundert bei mitteldeutschen und niederrheinischen Dichtern am häufigsten ist[43].

§ 69.

b. Reim. — Die Abschwächung der Wortendungen musste auch in dem Gebrauch der Reime wesentliche Veränderungen nach sich ziehen. Der Gleichklang, der im Althochdeutschen noch durch bloss tieftonige Schlusssilben bewerkstelligt werden konnte, genügte nicht mehr, als die Vocale der letztern, der grossen Mehrzahl nach, zu einem unbetonten e herabgesunken waren. Daher zog sich der Reim immer mehr in die Wurzeln der Wörter, wohin er schon bei Otfried (§ 26) sichtlich gestrebt hatte. So lange es hierin aber noch zu keiner Festigung gekommen war, und so lange neben dem neuen, nach Alleinherrschaft trachtenden Gebrauche sich noch das alte Herkommen geltend machen durfte, blieben die Reime auch noch mehr oder weniger ungenau und roh. Bis zum letzten Viertel des zwölf-

---

37) Ja bis auf den heutigen Tag. Und hieraus erklärt sich auch, warum im geistlichen und weltlichen Volksgesang die vorletzte Silbe klingender Reime so gedehnt wird. Vgl. Zelle in Hagens Germania 1, 299 ff.   38) Vgl. Wackernagel in der Hall. Litterat. Zeit. 1832, S. 590 ff.   39) Vgl. Wackernagel altd. LB.¹ S. XIV, Anm.; Hahn a. a. O. S. 101.   40) Vgl. Sommer, zu Flore S. 269; was Scholl (Ausgabe der Krone S. XI) trotz Rückerts Widerspruch (zu Thomasin S. 569) bestätigt.   41) Sommer a. a. O.   42) Pfeiffer in der Germania 3, 501 f.; Bartsch ebend. 5, 420; Behaghels Eneide S. XXXIX ff.   43) Bartsch zur Erlösung S. 355.

ten Jahrhunderts, also bis zu der Zeit, wo auch die Versmessung in § 69
der nicht volksmässigen Poesie erst feste Regel gewann, sind die
Verse noch häufig nach alter Art durch tieftonige oder unbetonte
Endungen gebunden, woneben gleicher, oft auch nur ähnlicher Klang
der Stammsilben gesucht wird. Völlige Willkür scheint, selbst in den
formell rohesten Werken, dabei nicht zu herrschen, doch lässt sich
auch nicht scharf begrenzte Regel wahrnehmen. Im Allgemeinen
sind in den nicht genauen Bindungen entweder die Vocale, oder die
Consonanten, oder auch beide zugleich verschieden, wobei aber in
dem Verschiedenen auf eine gewisse Verwandtschaft geachtet wird[1].
Daher ist denn auch in der Regel in zweisilbigen Reimen Gleichheit der Quantität; wo sie fehlt, muss der Reim als besonders unvollkommen gelten. Indess ist in den Werken, die nach der Mitte
des zwölften Jahrhunderts fallen, im Allgemeinen schon ein fort-
schreitendes Streben nach strengern Reimen ersichtlich: auch die schon
im zwölften Jahrhundert lange vor der völligen Festigung des Reimgebrauchs anhebende Neigung, vorhandene Gedichte umzuarbeiten,
schreibt sich wohl von dem Verlangen nach strengern Reimen her[2].
In einzelnen Gedichten haben die genauen Reime bereits vor den
Siebzigern ein entschiedenes Uebergewicht über die trüben, bloss
assonierenden erlangt[3], ja hier und da sind sie sogar ununterbrochen
durch ganze Gedichte durchgeführt[4] noch vor Heinrich von Veldeke, obgleich dieser Dichter als der erste genaue Reimer gegen
die Mitte des dreizehnten Jahrhunderts betrachtet und gerühmt worden ist[5], wahrscheinlich weil jene ältern streng gereimten Werke
den spätern höfischen Dichtern, denen Heinrich von Veldeke überhaupt als der Vater ihrer Kunst galt, nicht mehr bekannt waren.
Nach seinem Vorgange wird nun bei den höfischen Dichtern, denen
hierin die volksmässigen nachgegangen sind, nicht, wie in der Vers-

---

§ 69. 1) Näheres bei Grimm, Grammatik 1[2], 141 ff. und Hoffmann, Fundgr.
1, 206; vgl. § 25.   2) Später im 13. Jahrh. gieng man dann in der Umarbeitung
einzelner älterer Gedichte noch weiter, damit sie den Anforderungen der ausgebildeten Vers- und Reimkunst genügten. Vgl. Lachmann zu d. Nibel. u. zur Klage,
S. 285.   3) So in Heinrichs Gedicht *von des tôdes gehügede* (Erinnerung),
das noch vor 1163 abgefasst ist, in den Bruchstücken des Grafen Rudolf (1170
bis 1173) und in Wernhers Marienleben 1172 etc.; vgl. Lachmann über die Leiche
S. 426 (kl. Schriften 1, 331); W. Grimm, Graf Rudolf, Einleit. S. 9.   4) Wie in
der Sequenz von Muri (§ 68, 16), dem Gedicht vom Himmelreich (§ 67, 4) und dem
Bruchstück von Pilatus (§ 90).   5) Als ersten genauen Reimer rühmt ihn
Rudolf von Ems in seinem Alexander; s. die Stelle in Massmanns Denkmälern
S. 5; Hagen, MS. 4, 75; 566. Seine Reimfreiheiten bespricht Bartsch in der Germa-
nia 5, 410 ff., sie sind theils allgemein niederrheinische, theils besondere, und be-
ruhen zum grossen Theile auf Dialekteigenheiten; vgl. jetzt Behaghels Einl. zur
Eneide S. CXI—CXIII.

8*

§ 69 messung, den Weg gezeigt haben[6], die genaue Beobachtung des mittelhochdeutschen Reimgesetzes, völliger Gleichlaut der Vocale und Consonanten in den Bindungen, zur Regel, von der jedoch hin und wieder bis zu einer gewissen Grenze hin noch immer abgewichen wird[7]; nur einzelne Dichter, wie Hartmann von Aue, bei dem die Kunst des Reimes die höchste Ausbildung erreicht, halten zur Bewunderung streng daran und scheuen sich, Laute zusammen zu bringen, die nur dem feinsten Ohre haben missbellig sein können. Durch die Genauigkeit ihrer Reime zeichnen sich unter den grossen Meistern aus dem Anfange des dreizehnten Jahrhunderts noch Gottfried von Strassburg und Walther von der Vogelweide aus, weniger Wolfram von Eschenbach, der hierin, wie in Allem, seinen eigenen Weg geht; unter den jüngern Rudolf von Ems und Konrad von Würzburg.

§ 70.

Die Genauigkeit der Reimgebände scheint vornehmlich durch die grössere und mannigfaltigere Ausbildung der lyrischen Formen befördert worden zu sein, die mit Friedrich von Hausen, Heinrich von Veldeke und Heinrich von Rucke[1] anhebt. Hauptsächlich wirkte hier die Anwendung überschlagender und künstlich verschlungener Reime ein. Zwar kommen überschlagende vereinzelt bei ganz volksmässigen Lyrikern wie dem Kürenberger vor[2]; von ihnen zu den kunstmässigen bildet Dietmar von Eist den Uebergang, indem er zwar auch schon künstlicher, als seine Vorgänger, die Reime verschlingt, dabei aber auch noch nicht die alte einfache Bindeart des Volksgesanges in gepaarten, keineswegs durchweg genauen Reimen ganz aufgibt[3]. Indess in ausgedehnterem Masse haben doch erst die zuerst genannten den Franzosen nachahmenden Dichter in Liedern und Leichen sich überschlagender und verschlungener Reime bedient[4]: daher konnten sie nicht mehr, wie in einfach verschränkten oder nur unmittelbar auf einander gebundenen Zeilen, zumal kurzen, sich mit blosser Aehnlichkeit des Klanges abfinden: vielmehr drängte zu völliger Gleichheit desselben theils die grössere Entfernung, die

---

6) Lachmann zu den Nibel. S. 4.   7) Grimm, Grammatik 1³, 206 ff.; Hahn, klein. Ged. von dem Stricker S. X ff.; W. Grimm, Gr. Rudolf² S. 11.
§ 70. 1) Vgl. § 111.   2) W. Grimm, zur Gesch. des Reims S. 51; Bartsch, Untersuchungen über das Nibel. S. 53.   3) Vgl. Lachmann's Walther² S. 199, und über die Leiche S. 426 (kl. Schriften I, 331). Ueber das Alter der überschlagenden Reime in der latein. Poesie des Mittelalters. so wie über deren wahrscheinliche Einwirkung auf die Formen der romanischen und deutschen Lyrik vgl. F. Wolf. über die Lais, S. 89; 279; 205 f.   4) Nach Rieger, Anleitung S. 284 lernten die deutschen Dichter gegen Ende des 12. Jahrh. die Kunst des überschlagenden Reims aus Frankreich.

nun zwischen den Reimen lag, theils, und gewiss noch mehr, das § 70
Eintreten neuer gleich bedeutungsvoller Laute zwischen zwei sich
antwortende Reimwörter. In demselben Masse, in welchem die Reime
künstlichere Verschlingungen eingehen, werden sie auch genauer;
daher ist bei Friedrich von Hausen fast durchgehends schon
völliger Gleichklang, den er freilich öfter nur durch den Gebrauch
niederdeutscher Formen erreicht hat[5]. Und hiermit war auch wohl
die schon oben berührte scharfe Sonderung stumpfer und klingender
Reime in der lyrischen Poesie völlig entschieden[6]. Als stumpf
nämlich galten von nun an: 1) Bindung einer von Natur hochtonigen
Silbe mit einer gleichartigen, oder mit einer vernehmlich tieftonigen,
oder auch zweier tieftonigen mit einander[7]; 2) zweier Silben, deren
erste eine stark betonte Kürze und deren zweite stumm war, mit
zwei dergleichen, oder mit einer tieftonigen kurzen und einer stummen[8]; 3) einer tonlosen, in alter Zeit tieftonigen, mit einer gleichfalls tonlosen[9], welche Art von Reimen jedoch selten, fast nur von
volksmässigen Dichtern gebraucht wurde und auch meist nur in Ueberarbeitungen älterer Dichtungen, wie in dem Nibelungenliede, selten
bei höfischen Dichtern, wenn sie in volksmässigem Stile dichten,
vorkommt[10]. Klingend dagegen waren Reime: 1) wenn zwei Silben, die erste lang und hochbetont, die zweite tonlos, mit zwei eben
solchen, oder mit einer tieftonigen und tonlosen gebunden wurden[11];
2) wenn der Gleichlaut drei Silben durchlief, wovon die erste kurz,
aber hochbetont, die zweite stumm, die dritte tonlos waren[12]; wozu
noch 3) die als klingend nur von einzelnen Dichtern gebrauchten
dreisilbigen gleitenden Reime kamen, in denen auf eine hochbetonte
lange Silbe zwei Kürzen, die erste tonlos, die zweite stumm, folgten[13].

---

5) Nur zuweilen hat er noch Bindungen wie *zit: wip.*   6) Vgl. F. Wolf,
über die Lais S. 171, Anmerk. 11.   7) *gôt: gebôt; kunt: wunt; — leit: arbeit;
sin: künegin; — herzogin: stüllelin.*   8) *site: rite; sägen: klägen; — ver-
swigen: sueligen.*   9) *sande: lande; Hagene: sagene; Rabene: degene.*
10) Wie bei Gottfried von Neifen: vgl. Pfeiffer, der Dichter des Nibel. S. 41;
Bartsch, Untersuchungen etc. S. 7. Auch Bindungen, in denen bereits veraltete
Endungen mit dem Tiefton vorkommen, z. B. *nôt: verwandelôt;* oder im klingenden Reime, *wünde: suechünde* begegnen am häufigsten in volksmässigen Gedichten: s. Lachmann, Auswahl S. XVII ff. (kl. Schriften 1, 168 f); zu den Nibel.
1362, 2; 1961; zu Iwein 617; J. Grimm, Grammatik 1², 367 ff.; Wackernagel
bei v. d. Hagen, MS. 4, 439; und besonders W. Grimm, über Freidank (1850) S. 47
bis 49; und zur Geschichte des Reimes S. 92 f.   11) *diebe: liebe; borgen:
sorgen; — maere: vischaere.* Auch konnten in jedem Reimworte die gebundenen
Silben so beschaffen sein, dass die erste tieftonig, die zweite tonlos war, wie:
wildenaere: liutaere.   12) *edele: wedele; begedemet: gevedemet.*   13)
müzele: lüzele; liutsaelige: maelige; s. J. Grimm a. a. O. 960. Ueber Besonderheiten
und erlaubte Freiheiten des mittelhochd. Reimgebrauchs vgl. Lachmann, Auswahl
a. a. O.; zu den Nibel. 70; 876; 3; 1245, 3; 2091, 3; zu Iwein, 2111; 2668; 7248;

§ 70 In wiefern in erzählenden und volksmässigen Gedichten die Betonung klingender Reime bis gegen Ende des dreizehnten Jahrhunderts
anders zu beurtheilen ist, als in kunstmässigen Liedern und Leichen,
ist oben bemerkt worden. Hier mag noch erwähnt werden, dass in
der lyrischen Poesie von dem letzten Viertel des zwölften Jahrhunderts
an ein Zunehmen des Gebrauchs klingender Reime wahrnehmbar
ist[14]. — In seiner besonderen Verwendung zeigt der Reim der kunstmässigen Dichter grosse Mannigfaltigkeit. Wir finden hier rührende
oder reiche Reime, bei denen der Anlaut der Reimsilben gleich, aber
die Bedeutung der Reimworte verschieden ist[15], und hier wieder verschiedene Arten des Gebrauchs[16]; wir sehen den Schlagreim verwendet, der von zwei unmittelbar auf einander folgenden Reimwörtern
gebildet wird, die unabhängig vom Endreime stehen[17]; ferner den
damit verwandten Binnenreim, wobei die Reimwörter innerhalb des
Verses wenigstens durch eine Hebung von einander getrennt sind[18];
den übergehenden Reim, indem das Endwort der Zeile mit dem An-
fangswort der folgenden reimt[19]; den Mittelreim, der das Ende des
Verses mit einem Worte innerhalb desselben verbindet[20]; Pausen,
d. h. zwei Reime, von denen der eine am Anfang, der andere am
Schluss eines Strophengebäudes oder eines Strophentheiles oder einer
Zeile steht[21]; Körner, d. h. Reime, die sich auf verschiedene Strophen
vertheilen[22]; den grammatischen Reim, der in der Abwandlung eines
Wortes durch verschiedene Flexionen und Ableitungen besteht[23]; den
gebrochenen Reim, der auf Trennung eines zusammengesetzten Wortes
durch den Versschluss beruht[24]; den Doppelreim, bei welchem ausser
den eigentlichen Reimworten auch die vorausgehenden mitreimen[25];
und den diesem ähnlichen erweiterten Reim, nur dass hier der Gleichklang sich in einem Worte ausdehnt[26] — Reimkünste, welche zum

7437 und die Bemerkungen in vielen Ausgaben einzelner Dichter über deren Gebrauch.   14) J. Grimm a. a. O. S. 361. Gottfried von Strassburg begünstigt im
Ganzen mehr den klingenden, Wolfram den stumpfen Reim: wie jener, auch seine
Nachahmer, namentlich Konrad von Würzburg. Ein Beispiel von sechszehn auf
einander folgenden klingenden Reimpaaren bietet der Stricker, Karl S. LXI.
15) *arm* (subst.): *arm* (adj.); *werden* (fieri): *werden* (dignum).   16) Vgl.
W. Grimm, zur Geschichte des Reims. Berlin 1852. 4. S. 1—54.   17) *singen
springen sol diu jugent*: vgl. W. Grimm a. a. O. S. 54 ff. und über Freidank (1850)
S. 50.   18) W. Grimm S. 58—59. Ueber die verschiedenen Arten innerer Reime
vgl. Bartsch, der innere Reim in der höfischen Lyrik, Germania 12, 129—194.
19) z. B. *Ich muoz lieben unde leiden Leiden tröst von schulden geben*, hier zugleich rührender Reim: vgl. W. Grimm S. 59 - 62; Bartsch a. a. O. S. 181—185.
20) z. B. *bescheidenheit schuof unde sneit*; vgl. W. Grimm S. 62 f.; Bartsch 172 f.
        21) W. Grimm S. 63—66; Bartsch 185—191.   22) Lachmann zu Walther
11, 32. W. Grimm S. 66.   23) W. Grimm S. 67 f. z. B. *singen: sanc; ringen:
runc.*   24) *under*: *wunder-ficher*. W. Grimm 68 f.   25) *frö*: *sö hö* etc. W.
Grimm S. 69 - 80.   26) *begân: gestân; erkiesen: verliesen* etc. W. Grimm S. 80—96.

grössten Theile von den Romanen herübergekommen[27] und überwie- § 70
gend in der Lyrik angewendet worden sind.

§ 71.

c. Versreihen, Strophen, Leiche. — Der einzige Vers,
den die mittelhochdeutschen Dichter in fortlaufenden, durch keine
strophische Gliederung unterbrochenen Reihen gebraucht haben, ist
aus der Zerlegung der althochdeutschen Langzeile hervorgegangen[1].
Zu vier Hebungen, wenn er stumpf, zu drei, seltener vier, wenn er
klingend reimt[2], geht er, in der Regel nur zu Paaren, deren jedes
in sich selbst gleiches Mass hält[3], durch eine ganze Dichtung. Der
Wechsel der verschiedenartig reimenden Paare ist an kein festes Gesetz gebunden; die Zahl der gleichartigen, die in ununterbrochener
Folge an einander gekettet sind, nur in sofern beschränkt, dass die
Häufung der klingenden von guten Dichtern viel mehr, als die der
stumpfen gemieden wird[4]. Mannigfaltigkeit des Ausdrucks wird erreicht durch die gestattete Auslassung einer oder mehrerer, ja aller
Senkungen im Verse, durch mehrsilbige Auftakte, durch Benutzung
tonloser Silben zu Hebungen, durch schwebende Betonung und den
Wechsel der Verspaare von verschiedenem Mass[5]; die schnelle und
in ihren Intervallen beinahe gleichbleibende Aufeinanderfolge der
Reime gemässigt durch die stärkern oder schwächern Pausen, welche
der Gedanke gewöhnlich in die Mitte eines Verspaares legt[6], und durch
die innere Bindung, die er in zwei zunächst an einander stossende,
nicht unter sich gereimte Zeilen bringt[7]. Wo, wie in Spruchgedichten,
das Hinübergreifen des Sinnes aus der zweiten Hälfte eines Reim-

27) Der Ursprung der Pausen und Schlagreime ist noch nicht ermittelt:
Lachmanns Walther[2] S. 215.

§ 71. 1) Vgl. § 30. Ueber den Ursprung und die geschichtliche Fortbildung
der Reimpaare vgl. W. Grimm a. a. O. 172 ff.; Bartsch in der Germania 2, 257 f.
Gemoll, der Vers von vier Hebungen und die Langzeile, Germania 19, 35—44.
2) S. §§ 67. 68. Ausser Gottfried von Strassburg und Konrad von Würzburg haben
sich vielleicht alle Dichter des 13. Jahrh. viermal gehobene klingende Verspaare
erlaubt, gleich den Verfassern der ältern genauer gemessenen Gedichte; Lachmann,
Wolfram S. XIV, und zu Iwein 772. 3) Doch werden Verse mit klingendem
Reime von drei und vier Hebungen mit einander gebunden, wenn sie durch einen
Sinnabschnitt getrennt sind: Sommer zu Flore S. 274 ff. 4) S. § 70, 14 und
Hahn, klein. Gedichte von dem Stricker S. XIII u. 101. 5) 'Gute Dichter wechseln gern ab mit klingenden Verspaaren verschiedener Länge, wo sie nicht schnellen und leichten Fortschritt beabsichtigen.' Lachmann zu Iwein 143. 6) Diess
hiess *rime brechen*, das Gegentheil *rime samenen* (Parz. 337, 26), Haupt zu Engel-
hart 1020. Vgl. Bartsch, Germania 2, 257 f.; 255 f. 7) J. Grimm, altd. Wald.
1, 193 f.; Andreas und Elene S. LVII f. Benecke, Wigalois S. XVI. Besonders
streng beobachtet Konrad von Würzburg die Regel des Reimbrechens, ausser in
den Schlüssen der Abschnitte (s. unten); vgl. Lachmann, Hildebrandslied S. 37
(kl. Schriften 1, 442); W. Grimm, Silvester S. XII; Hahn, Otte S. 41 f.

§ 71 paares in die erste des zunächst folgenden vermieden ist, hat es die Natur des Gegenstandes geboten[8]. Natürlich aber bedienen sich nicht alle Dichter jener Mittel, die sich am schönsten zeigen können, wo sich die Rede zu kunstvollen Perioden abrundet, mit gleichem Geschmack und gleicher Geschicklichkeit: Verschiedenheit der Talente, der Gegenstände und der Zeiten bedingt hier, wie überall in der Kunst, mannigfache Abstufungen. — In dieser Versart sind die meisten erzählenden und die grössern didaktischen Gedichte, auch die Erzeugnisse der dramatischen Poesie abgefasst: mitunter ist sie auch wohl zu Stoffen verwandt worden, die ihrem Wesen nach sich mehr zu lyrischer, als epischer Behandlung eignen, wie in Konrads von Würzburg goldener Schmiede, einem Lobgedicht auf die Jungfrau Maria, das aber freilich auch theilweise den Charakter eines religiösen Lehrgedichts hat[9]. In eigentlich lyrischen Gedichten kommt sie nur bei den ältesten Dichtern vor, wie bei Dietmar von Eist; Walther von der Vogelweide verwendet sie in einigen Gedichten, aber in regelmässigem Wechsel stumpfer und klingender Ausgänge[10]. — Dass im zwölften Jahrhundert öfter die Absätze in Dichtungen mit fortlaufenden Reimpaaren durch verlängerte Schlusszeilen bezeichnet wurden, ist bereits erwähnt worden (§ 67, 7); daneben findet sich auch schon sehr früh die Neigung, den Schluss der Abschnitte in der Erzählung durch drei auf einander gereimte Zeilen hervorzuheben. Das früheste Beispiel bieten die Bruchstücke eines gereimten Bussgebetes[11]; in dem Gedichte vom Pfaffenleben[12] finden sich beide Arten, die Abschnitte durch Verlängerung der Schlusszeile und dreifachen Reim zu beschliessen, vereinigt. Wahrscheinlich ist die letztere Art aus Verdoppelung der letzten Zeile entstanden[13]. Sie findet sich am Schlusse des zwölften Jahrhunderts in der Legende vom Bischof Bonus[14], wenn auch nicht ganz regelmässig, und setzt sich im dreizehnten Jahrhundert fort[15], ja begegnet vereinzelt noch in dem

---

8) Vgl. W. Grimm, Vridanc S. XXIV.   9) W. Grimms Ausgabe S. XIII
10) Vgl. Simrocks Walther I, 173. 2, 124.   11) So ist es am besten zu bezeichnen: vgl. Bartsch in der German. 7, 280. Zuerst mitgetheilt in Graffs Diutiska 2, 297 ff., dann in Haupts Zeitschrift 3, 518 ff.   12) Altd. Blätter 1, 217 ff. und Heinzel, Heinrich von Melk, Berlin 1867. S. S. 81 ff.   13) Wackernagel in Simrocks Walther 2, 124, Anmerk. 2 lässt sie aus Zerlegung der verlängerten Schlusszeile entstehen. Diess ist jedoch nicht wahrscheinlich, da die verlängerte Schlusszeile selten über fünf Hebungen hinausgeht.   14) Herausgegeben in Haupts Zeitschrift 2, 208 ff.; vgl. Lachmann zur Klage S. 292.
15) In Wirnts Wigalois, in der Krone Heinrichs v. Türlein, in den drei Büchlein des Frauendienstes Ulrichs von Liechtenstein (nur dass das erste den letzten Absatz mit einem sechsmal gehobenen Verse, und das dritte, das auch sonst sehr gekünstelt ist [s. v. d. Hagen MS. I, S. XXXVII], die übrigen Abschnitte mit einer dactylischen Zeile schliesst, am Ende des letzten aber nicht dreifachen

folgenden[16]. Dagegen verräth sich Verwilderung in dem Gebrauche § 71 dreifacher Reime, wenn sie auch anderwärts als am Schlusse der Abschnitte vorkommen, wie in manchen Dichtungen des zwölften Jahrhunderts[17], und im dreizehnten bei dem sogenannten Seifried Helbling[18], oder bei dem Dichter des Passionals in diesem Werke und dem Leben der Altväter[19] und bei dem Nachahmer desselben, Heinrich Cluzenere[20]. Die Neigung, den Schluss der Absätze hervorzuheben, schreitet im dreizehnten Jahrhundert in zweifacher Richtung weiter, einmal darin, dass die Zahl der Verspaare, nach denen der dreifache Reim kommt, immer dieselbe bleibt[21]; dann, dass nun auch Schlüsse von vier gleichen Reimen angewandt werden[22]. Diese Art findet sich nun auch, aber nicht regelmässig, innerhalb der Abschnitte, und reicht hier weit, sogar in die althochdeutsche Zeit zurück[23]; unter den höfischen Dichtern findet sie sich, jedoch beabsichtigt, bei Heinrich von Veldeke, und dem ihn hier nachahmenden Herbort von Fritslar[24], wird aber von Wolfram, Gottfried, Konrad von Würzburg und andern guten Dichtern gemieden[25]. Am meisten liebt die Anhäufung der Reime innerhalb der Abschnitte Nicolaus von Jeroschin, der vier gleiche Reime sehr häufig hat, aber auch zweimal und bis zu sechsmal vier gleiche Reime folgen lässt, und eben so fünf, sechs, sieben,

---

Reim, sondern nach einer dactylischen Zeile den Abgesang des dem Büchlein beigegebenen Liedes hat: Lachmann, über Singen u. Sagen S. 5 [kl. Schr. 1, 465 f.]), in den Bruchstücken eines mitteldeutschen Gedichtes aus dem Kreise der Artussage (altd. Blätt. 2, 148 ff. Haupts Zeitschrift 11, 490—500. German. 5, 461 ff.), in Heinrichs v. Krolewiz Vater Unser, in der Wiener Meerfahrt, in einer gereimten Marienlegende von Heinrich Cluzenere (Bartsch, mitteld. Gedichte S. XI), in der Erzählung von zwei Kaufleuten (Gesammtabenteuer 3, 357 ff.). 16) Ein Beispiel aus der Mitte des 14. Jahrh. gibt Pfeiffer, Forschung und Kritik 1, 55 ff. 17) Wie öfter im König Rother; vgl. auch Mone, altd. Schausp. 3. 18) Haupts Zeitschrift 4, 198—205. 19) Pfeiffer, Marienlegenden S. XVI; doch wendet dieser immer nur Paare von dreifachen Reimen an. 20) Bartsch, mitteld. Gedichte S. XII. 21) Wie in Ulrichs v. Türlein Wilhelm: hier kommen die drei gleichgereimten Zeilen immer nach vierzehn Verspaaren: die wenigen Abweichungen von dieser Regel im gedruckten Texte rühren nicht vom Dichter her. Die Zahl der Zeilen in jedem Absatze dient zur Bestätigung dessen, was Lachmann (Wolfram S. IX und zu den Nibel. S. 162 f) in Bezug auf die Eintheilung viel älterer, nur aus Reimpaaren bestehender Werke in Absätze von einer sich gleichbleibenden Zahl von Versen (gewöhnlich dreissig) gesagt hat; vgl. auch Haupt, die Lieder u. Büchlein etc. von Hartmann von Aue S. VIII, und J. Grimm, latein. Gedichte S. XXXIV, Note; aber auch Bartsch, Wolfram 1, S. XIX. 22) Wie in Hugo's von Langenstein heil. Martina, aber nicht durchgängig; vgl. Wackernagel, Basel. Handschr. S. 15, Anm. 2 und Kellers Ausgabe S. 739. 23) W. Grimm, zur Geschichte des Reims S. 96—106. Wo es unabsichtlich geschieht, verstösst es gegen die strengere Kunstregel: Lachmann z. Klage 1409. 24) Vgl. Frommann zu Herbort S. 311; W. Grimm a. a. O. S. 95. 25) W. Grimm S. 109.

§ 71 zehn gleiche Reime anwendet[26]. Eine andere Art die Abschnitte zu bezeichnen besteht in der Bindung des letzten auf einander gereimten Verspaars durch den Gedanken; sie findet sich in solchen Gedichten durchgeführt, wo diese Bindung sonst absichtlich vermieden wird[27]. Beliebt, aber wohl nirgend gleichmässig angewandt, waren in der besten Zeit auch die Schlüsse mit viermal gehobenen und klingend gereimten Verspaaren[28]. — Auch die Eingänge von Gedichten zeichnete man durch die Form aus: so gebraucht Gottfried von Strassburg im ersten Theil der Einleitung zu seinem Tristan aus vier gewöhnlichen Versen gebildete Strophen mit vier gleichen, eigenthümlich behandelten Reimen und unterbricht damit auch noch bisweilen in der Erzählung selbst, wenn er zu etwas Neuem übergehen will, das mit einer allgemeinen Betrachtung eingeleitet werden soll, die fortlaufenden Reimpaare[29]. Dabei bringt er in den Eingangsstrophen auch noch das Kunststück der Akrostichen an, die schon Otfried in seinen drei Zueignungsgedichten nicht bloss durch die Anfangs-, sondern auch durch die Endbuchstaben sämmtlicher Strophen herausgekünstelt hat. Ganz so, mit vier gleichen Reimen und Akrostich, sind die Eingangsverse zu Rudolfs von Ems Weltchronik und, mit gesteigerter Künstlichkeit, zu seinem Alexander. Wo der Dichter in jener noch sonst Akrostichen anwendet, reiht er bisweilen, ohne strophische Gliederung, noch mehr als vier gleiche Reime an einander[30]. Ohne Akrostich ist die Nachahmung der gottfriedischen oder rudolfischen Eingänge in der Einleitung zu der Erlösung[31]. Noch um vieles künstlicher als die gottfriedischen sind die Strophen gebaut, womit Konrad von Würzburg seinen Engelhard anhebt[32]. Die Mariengrüsse[33] beginnen mit zehn gewöhnlichen Reimpaaren, dann folgen zweimal vier gleiche Reime, und vierzig gleichreimende Zeilen: alles dies ist Einleitung zu den vierzeiligen Strophen der eigentlichen Grüsse[34]. Ebenso liess man die Schlüsse ganzer sonst in Reimpaaren verfasster Gedichte auf mehr als zwei gleiche Reime ausgehen[35]. In

---

26) Pfeiffer, Nicolaus von Jeroschin S. XLIX ff. Auch Philipp im Marienleben hat vier und zweimal vier gleiche Reime: Rückert S. 325.   27) Vgl. Anm. 6. 28) Lachmann zu Iwein 772. Eine Künstelei in den Schlussreimen der Absätze bei Gottfried von Strassburg, die ihm auch wieder Rudolf v. Ems nachgemacht hat, berührt F. Pfeiffer in den Münchener Gel. Anz. 1842, Nr. 71.   29) Vgl. F. Wolf, über die Lais S. 182 f.; Bechstein, Tristan 1, S. XLI.   30) S. Altd. Mus. 2, 269; v. d. Hagen, MS. 4, 546, Anm. 6; 556, Anm. 2; Vilmar, die zwei Recensionen der Weltchronik, S. 60; 66.   31) Vgl. Hagen, MS. 4, 617, Anm. 3; Bartsch, Erlösung S. V.   32) Vgl. W. Grimm a. a. O. 55 f.; 98.   33) Herausgeg. in Haupts Zeitschr. 9, 274—298. Vgl. dazu Steinmeyer ebend. 18, 13 ff. u. E. Schröder 25, 129 f.   34) Am Schlusse des Gedichtes Absätze in Reimpaaren, mit vier Reimen schliessend.   35) Wie in Hartmanns von Aue zweitem Büchlein (das erste schliesst mit einem ganz eigenthümlich gebauten Leich, vgl. Haupt, Zeitschr.

des Pleiers Tandarias und Flordibel sind zwischen die Reimpaare § 71
mehrere lyrische Strophen eingeschoben[36]. Das sind jedoch Künsteleien einzelner Dichter, die allerdings, wie man aus Hartmanns
und Gottfrieds Beispiele sieht, früh anheben.

§ 72.

Die ältesten mittelhochdeutschen S t r o p h e n [1] oder G e s e t z e, in
ihrem Bau sehr einfach, sind aus denselben Versarten gebildet, deren
sich die ältere erzählende Poesie von schon geregelterem Masse bedient, aus Zeilen von vier Hebungen, deren letzte bald auf betonte,
bald auf unbetonte Silbe trifft, und dem, jedoch nur selten gebrauchten, fünfmal gehobenen Verse mit Stumpfreim oder mit klingender
Endung. Diese Verse sind entweder, wie in erzählenden Gedichten,
zu zwei, drei und mehr Reimpaaren mit einander verbunden[2], oder
sie bilden, je zwei mit einander verknüpft — und hier stellt sich
eine neue Art, der auf Stumpfreim ausgehende Vers von drei Hebungen ein — Langzeilen, die nun aber nicht mehr, wie in der althochdeutschen Strophe, jede in sich Mitte und Ende, sondern paarweise unter einander ihre Enden durch den Reim binden, so dass
zu einer Strophe, die nur Langzeilen enthalten soll, jetzt deren vier
wenigstens erforderlich sind und nicht bloss zwei, wie bei Otfried.
Die merkwürdigste Strophe dieser Gattung ist diejenige, in welcher die meisten alten, unter K ü r e n b e r g s (§ 111) Namen auf
uns gekommenen Liebeslieder und das Gedicht von der N i b e l u n g e
N o t h abgefasst sind [3]. Die erste Hälfte jeder Langzeile bilden

---

4. 395, wo er verbessert, was er in der Ausg. der Lieder und Büchlein S. VII, über
diesen Schluss gesagt hatte, vgl. auch W. Grimm a. a. O. 100 ff.); in Konrads von
Fussesbrunnen Kindheit Jesu, in der Urstende und Himmelfahrt Mariens von Konrad von Heimesfurt, in Rudolfs von Ems gutem Gerhard, Barlaam und Wilhelm
(vgl. Pfeiffer in Haupts Zeitschrift 3, 278) und in mehreren Stücken des sogen.
Seifried Helbling, der aber auch noch auf andere Art schliesst (s. Haupts Zeitschr. 4, 41; 163; 197; 204 f.).   36) Vgl. E. H. Meyer in Haupts Zeitschr. 12, 494.
   § 72.   1) Vgl. zu diesem § besonders Bartsch, der Strophenbau in der deutschen Lyrik, in der Germania 2, 257—298.   2) Das älteste Beispiel aus dem
12. Jahrh. dürfte die sechszeilige, mit einem Refrain versehene Strophe des Lob-
liedes auf die Jungfrau Maria sein; vgl. § 68,34. Sie entspricht, den neuen Refrain
abgerechnet, in ihrem Bau der § 29 erwähnten althochdeutschen in dem Liede
auf den heil. Petrus. Drei Reimpaare enthält auch die mit Unrecht Wernher von
Tegernsee beigelegte Strophe (Minnesangs Frühl. 3, 1; vgl. Fundgruben 2, 146). Von
den beiden in kurzen Reimpaaren abgefassten lyrischen Stücken von Dietmar von
Eist (MFr. 37, 4. 18; in Wackernagels LB.[3] 399 ff. beide zusammen als ein Leich
aufgefasst und in fünf Absätze zerlegt) besteht die erste aus 14, die andere aus
12 Zeilen, jene schliesst mit einer stumpf reimenden Zeile von fünf Hebungen.
3) Ueber diese Strophe vgl. W. Müller, über die Lieder von den Nibelungen S. 13 ff.;
Simrock, die Nibelungenstrophe. Bonn 1858. 8., und dazu Bartsch in der Germania 4, 124—129.

§ 72 Verse von vier Hebungen, deren letzte gemeiniglich auf tonlose, nicht selten jedoch auch auf betonte Silbe fällt[4]; der zweite Halbvers ist in den drei ersten Zeilen nur dreimal[5], in der vierten viermal gehoben[6]. Aus der schon in den jüngeren Handschriften der Nibelungen begegnenden Verkürzung der achten Halbzeile[7] entwickelte sich der sogenannte Hildebrandston, in welchem ausserdem die schon in den Nibelungen vorkommenden Cäsurreime allmählig zur Regel wurden und aus der vier- eine achtzeilige Strophe machten. In der Lyrik des zwölften Jahrhunderts finden sich, ein Zeichen der Beliebtheit und Popularität der Nibelungenstrophe, eine Menge Variationen derselben und der sie bildenden Versart[8], und nicht minder ist sie auf die Gestaltung epischer Strophen des zwölften und dreizehnten Jahrhunderts (§ 73) von grösstem Einfluss gewesen[9]. — Sehr alt ist auch die einfache Erweiterung der aus zwei kurzen Reimpaaren bestehenden Strophe durch Einschiebung einer reimlosen Zeile (Waise) gleiches Masses zwischen das zweite Paar[10]; etwas künstlicher schon sind Töne wie der bei Spervogel, wo nach zwei alterthümlich gemessenen stumpfen Reimpaaren zwei klingend auf einander gebundene Zeilen, die eine von drei, die andere von fünf Hebungen,

---

4) Lachmann zu den Nibel. 118, 2; Bartsch, Untersuchungen über d. Nibel. S. 164 ff.   5) Lachmann zu 45, 4.   6) Lachmann a a. O. S. 5 und 290 möchte das Aufkommen dieser Strophenart nicht weit über d. J. 1170 hinaufrücken, 'weil sich sonst wohl mehr Spuren von ältern Versen zu drei Hebungen finden würden.' Auch glaubt er, dass dieser Vers und mit ihm die Langzeile, deren zweite Hälfte er bildet, 'zwar nach der allmählig gangbar gewordenen Verlängerung des vierfüssigen Verses sich natürlich, aber doch auch nicht ohne Einfluss der zwei epischen Versarten der Franzosen entwickelt habe, nur nicht in genauer Nachbildung.' Von dieser Ansicht weicht J. Grimm, latein. Gedichte S. XXXVIII ff. (vgl. auch Bartsch in der Germania 2, 258), insofern ab, dass er die mittelhochd. epischen Langzeilen aus den althochd. entstehen lässt vermittelst der durch vorschreitende Schwächung und Abstumpfung der Ableitungen und Flexionen herbeigeführten Minderung der Zahl der Hebungen und der Verlegung des Reimes aus der Cäsur ans Ende der Langzeilen. Indess möchte sich doch wohl gegen diese Annahme und ihre weitere Begründung Verschiedenes einwenden lassen. Dass die romanische Poesie und die lateinische des Mittelalters bei der Einführung der am Ende auf einander gebundenen Langzeilen und des Verses von drei Hebungen wenigstens mit im Spiele gewesen sei, scheinen auch F. Wolfs Erörterungen, über die Lais, besonders S. 166, 10 und 198, 35 zu bestätigen.   7) Bartsch, Untersuchungen S. 156 ff.   8) So beim Burggrafen von Regensburg, Meinloh von Seflingen, und bis ins 13. Jahrh. hinein: vgl. Lachmann a. a. O. S. 5; Bartsch, in der Germ. 2, 255—268.   9) Ueber die Verwendung der Nibelungenstrophe im Drama vgl. das Spiel von den klugen und thörichten Jungfrauen (§ 160).   10) Sie findet sich zuerst in dem § 55, 3 angeführten Liedchen (MFr. 3, 7), das wohl noch in den Fünfzigern des 12. Jahrh. gedichtet ist, und dann in dem erzählenden Gedichte von Salman und Morolt (§ 91), dessen Strophenform bereits 1809 von J. Grimm (Heidelb. Jahrb. II, 2, 249 ff.) erkannt wurde; vgl. Lachmann, über Singen u. Sagen S. 16 (kl. Schriften 1, 477); Bartsch, Germania 2, 255.

mit einem in die Mitte genommenen, viermal gehobenen und auf eine § 72
betonte Silbe ausgehenden Waisen folgen[11]; oder solche, wo, noch
immer bei unmittelbarer, höchstens durch einen Waisen unterbrochener
Reimbindung, zwischen Langzeilen von acht und von sieben Hebungen kurze von vier und von drei eingeschoben oder ihnen vor-
aufgestellt werden, mit genauer Unterscheidung stumpfer und klingender Reime und Einschnitte nach der Stelle, die sie in der Strophe
einnehmen[12]. Dietmar von Eist leitet zu den kunstvollen Strophenarten der Folgezeit dadurch über, dass er den altüblichen Massen
Verse von zwei und von sechs Hebungen hinzufügt und sich der tonlosen Silben zum stumpfen Reime, wenn man von den beiden Strophen
in kurzen Reimpaaren[13] absehen will, ganz enthält, da er, bei fast
durchgehends genauer Bindung, die beiden Hauptreimarten schon
streng unterscheidet; dass er ferner, weil er Verse von vier Hebungen
mit klingender Endsilbe gebraucht, sie auch in Langzeilen, sowohl
in der ersten, als in der zweiten Hälfte, aber nach fester Regel, anwendet; endlich dass er, wie schon bemerkt wurde, zuerst überschlagende Reime durchführt, jedoch mit der Beschränkung, dass
sie meist nur einer um den andern sich binden, seltener ein ganzes
Reimpaar von einem andern in die Mitte genommen wird, und nie,
wie so häufig bei den ersten Erfindern der eigentlich künstlichen
Töne, Friedrich von Hausen und Heinrich von Veldecke,
drei oder noch mehr gleiche Reime in einer Strophe vorkommen
und aus den Stollen in den Abgesang übergreifen[14]. Denn nicht nur
bei ihm, sondern auch bei seinen Vorgängern, ja grossentheils schon
in den ältesten und einfachsten Liederformen stellt sich das in der
ausgebildeten mittelhochdeutschen Lyrik waltende Kunstgesetz deut-

---

11) MFr. 25—31. Dass in diesem Ton wirklich schon stumpfe und klingende
Reime, ohne dass die Bindung durchgängig genau ist, unterschieden werden, folgt
daraus, dass in den Stollen die letzte Hebung noch oft auf eine unbetonte Silbe
trifft, was im Abgesange nie der Fall ist. Diess stimmt zu Lachmanns Bemerkung
(zu den Nibel. 1362, 2; 1916, 1), dass nur in der ersten Hälfte der Strophe bei
Kürenberg und in den Nibelungen Reime auf tonlose Silben vorkommen (die Erklärung dieser Thatsache s. bei Bartsch, Untersuchungen S. 149 f.).   12) So
beim Burggrafen von Regensburg die vierzeilige, MFr. 16, 15, bei Meinloh von
Seflingen die siebenzeilige, MFr. 11 ff, und bei Spervogel zwei sechszeilige, MFr.
20—25. Auch hier ist bei Veranschlagung der Silben im Reim oder in der Cäsur
dem Abgesange verwehrt, was den Stollen noch gestattet ist.   13) S. Anm. 2.
14) Denn die so gereimten Lieder, die Meinloh von Seflingen und Spervogel
beigelegt werden (MFr. 232. 242—245), sind ihnen durch die Handschriften zu wenig
gesichert, als dass man anstehen könnte, sie für bedeutend jünger zu halten. Die
unter Spervogels Namen sind im Charakter auch von denen eines etwas jüngeren
Dichters, der aber nicht Spervogel geheissen zu haben braucht (die Hss. nennen
allerdings neben Spervogel einen 'jungen' Spervogel; vgl. Bartsch, Liederdichter
Nr. XVI) zu verschieden, als dass sie ihm beigelegt werden könnten.

§ 72 lich heraus, dem gemäss in den eigentlichen Liedern und Sprüchen jede Strophe aus drei Gliedern besteht, deren zwei, die Stollen, in der Regel gleich und symmetrisch in den sich entsprechenden Versen gemessen und gereimt sind, der dritte, der Abgesang, aber gemeiniglich sein eigenes Mass und seine eigene Reimstellung befolgt[15]. Umgekehrte Reimstellung in den beiden Stollen begegnet selten und ist, wo sie vorkommt, nicht als ursprünglich deutsch, sondern als romanisch zu betrachten[16]. Die Reime der Stollen durch den Abgesang hindurchzuführen, war bei den Kunstlyrikern des zwölften Jahrhunderts sehr beliebt und beruht auf dem Einfluss romanischer Poesie, in welcher diess Durchreimen ganz gewöhnlich ist[17]. Dagegen ist es deutsche Weise, ein Verwandtschaftsverhältniss im Bau der Stollen mit dem Abgesange, namentlich dem Schlusse desselben, zu erstreben, eine Art, die besonders in der spätern Lyrik des dreizehnten Jahrhunderts herrschend wird[18]. Gewöhnlich gehen beide Stollen voran, und der Abgesang schliesst; mitunter aber nehmen auch jene diesen in die Mitte[19]. Indess nicht alle deutschen Strophenformen jener Zeit sind dem Gesetze der Dreitheiligkeit unterworfen; zwei Hauptausnahmen sind besonders hervorzuheben: nicht wenige Spruchweisen entziehen sich diesem Gesetze, und die Weisen der höfischen Dorflieder Neidharts, namentlich seine Reien, sind ebenfalls häufig untheilbar[20]. Enthält ein Lied mehrere Strophen, so sind der ersten in der Stellung und der Art der Reime die folgenden fast immer, im Masse der sich entsprechenden Zeilen aber immer gleich[21].

§ 73.

Sobald dieses Gesetz, welches sich gewiss in dem musikalischen Vortrage der Gedichte dem Ohre noch vernehmlicher machte als in der blossen Recitation, den Strophenbau einmal in gewisse Schranken eingeschlossen hatte, bewegte er sich innerhalb derselben um so ungebundener. Eine fast unübersehbare Mannigfaltigkeit von Strophen-

---

15) J. Grimm, über den altd. Meistergesang S. 43 ff., wo indess manches anders gefasst sein würde, wäre 1811, wo das Buch erschien, schon der Unterschied der zweisilbig stumpfen und klingenden Reime gefunden gewesen. Die Namen Stollen und Abgesang sind Kunstausdrücke der spätern Meistersänger (vgl. auch J. Grimm, Andreas u. Elene, S. LVI); die Stollen fasst man auch unter der Benennung Aufgesang zusammen. Der alte Name für Strophe ist *liet*, später Gesätz, so dass ein lyrisches Gedicht aus einem oder mehreren *lieden* bestehen kann. 16) Vgl. Bartsch in der Germania 2, 288 ff. 17) Vgl. Wackernagel, altfranz. Lieder S. 216 f.; Bartsch a. a. O. 2, 296 f. 18) Bartsch a. a. O. 2, 291 ff. 19) J. Grimm, Meistergesang S. 43 ff.; Simrocks Walther 1, 167—174; Bartsch, Meisterlieder der Kolmar. Hs. S. 156. 20) Vgl. über Neidharts Lieder die Abhandlung Liliencrons in Haupts Zeitschrift 6, 83 ff. 21) Grimm, Grammatik 1², 361; Lachmann, über die Leiche S. 419 (kl. Schriften 1, 325).

arten oder Tönen[1] entwickelte sich aus der Freiheit, die den Dich- § 73
tern in der Verwendung der verschiedenen Versarten, die nun in der
Zahl der Hebungen nicht mehr zwischen zwei und sechs stehen
blieben[2], in der Bestimmung der Zeilenzahl für Stollen und Abgesang, in dem Anhängen des Refrains, der Anordnung der End-, Mittel-
reime und Waisen, endlich in der Einmischung sogenannter Schlagreime, Pausen und Körner[3] geboten war. Walther allein weist unter
zweihundert Liedern und Sprüchen nicht weniger als etwa hundert
verschiedene Töne auf, und Neidhart sagt, dass er zum Lobe seiner
Herrin achtzig neue Weisen gesungen[4]. Jeder Erfinder eines neuen
Tones galt auch für dessen Eigenthümer, und als Tönedieb wurde
bezeichnet, wer eines andern Weise sich aneignete[5]. Erst seit der
Mitte des dreizehnten Jahrhunderts, wo die Erfindungskraft in jeder
Hinsicht abnahm, wurde das Entlehnen üblich. Dass insbesondere
die Lieder- und die Spruchpoesie den grössten Reichthum an Tönen
gewonnen haben, erklärt sich aus der Natur beider Gattungen, da
die eine immer eine bestimmte, meist ganz individuelle Empfindung
und Stimmung, die andere wenigstens oft einen bestimmten Gedanken in fester Umgrenzung völlig zu entfalten und auszumalen trachtet.
Dagegen hat die erzählende Poesie, welche auf ruhige, gleichmässige
Darlegung von Begebenheiten und auf mehr oder minder ausführliche Schilderung von Charakteren und Situationen ausgeht, in ihrer
besten Zeit nur seltenen und bescheidenen Gebrauch von der Strophe
gemacht. Ausser der in dem alten volksmässigen Gedicht Salman
und Morolt gebrauchten fünfzeiligen (§ 72, 10), in welcher auch
das Spielmannsgedicht von Orendel abgefasst war[6], und der oben
näher beschriebenen Nibelungen- oder Heldenstrophe finden sich bis
zum ersten Viertel des dreizehnten Jahrhunderts nur eine beschränkte
Anzahl epischer Strophenformen, welche fast sämmtlich als Variationen der letzteren zu betrachten sind. So die Gudrunstrophe, die
in ihrer vorderen Hälfte der Nibelungenstrophe vollkommen gleich,
in ihrer zweiten sich durch den klingenden Reim und die Verlängerung der achten Halbzeile um zwei Hebungen von ihr unterscheidet[7];
die Strophenform von Walther und Hildegunde, die bis auf die um
zwei Hebungen verlängerte siebente Halbzeile der Nibelungenstrophe
völlig gleicht[8]; und unter den ganz kunstmässigen die aus der

---

§ 73. 1) J. Grimm, Meistergesang S. 70 ff.   2) Ueber die verwendeten
Versarten und ihre Verbindung unter einander vgl. Bartsch a. a. O. 2, 269—282.
3) Ueber die Bedeutung dieser Kunstausdrücke des spätern Meistergesanges vgl.
§ 70, 15 ff. und Sammlung f. altd. Litt. S. 176 ff.; Wagenseil, von der Meistersinger
holdsel. Kunst S. 423 f.   4) Pfeiffer, der Dichter des Nibelungenliedes S. 11.
     5) Pfeiffer a. a. O. S. 10.   6) Vgl. Bartsch in der Germania 5, 115.
7) Vgl. Rieger, Verskunst S. 255 ff.; Bartsch in der German. 10, 172 ff.   8)
Vgl. Rieger a. a. O. S. 300.

§ 73 Gudrunstrophe hervorgegangene Strophe des von Wolfram von Eschenbach angefangenen Titurels[9], welche von dem Umarbeiter und Fortsetzer durch Einfügung von Cäsurreimen zu einer siebenzeiligen wurde. Später kamen aber freilich verwickeltere Arten auf, sowohl im epischen Volksgesange, als in der Kunstpoesie. Die einfachste unter diesen ist noch die Strophenform, in welcher das Gedicht von der Rabenschlacht abgefasst ist, gebildet aus Elementen der Nibelungen- und Gudrunstrophe[10]; künstlicher erscheint die dreizehnzeilige, welche, unter dem Namen der Berner Weise oder Herzog Ernst's Ton bekannt, in einigen Bearbeitungen deutscher Heldensagen gebraucht[11] und auf die Moroltstrophe als ihre Elemente zurückzuführen ist[12], und die zehnzeilige im Lohengrin und Wartburgkrieg[13].

§ 74.

Eine Hauptausnahme von dem in Liedern und Sprüchen üblichen Strophenbau machen die Leiche und die in derselben Form gedichteten Reien und Tänze[1]. Das hohe Alter und die Herkunft der ersten ist schon oben (§ 29) erwähnt worden. Reien und Tänze in Leichform finden wir erst im dreizehnten Jahrhundert. Das Charakteristische in dem Formellen dieser Gedichte besteht nun darin, dass sie, gleich den althochdeutschen Leichen, nicht den folgerecht durchgeführten Strophenbau der eigentlichen Lieder haben, sondern dass aus einem Ton in den andern, mit einem Wechsel der Melodie[2], übergegangen werden kann, doch so, dass, wo der Dichter zu ähnlichen Gefühlen oder Gedanken zurückkehrt, auch oft dasselbe System wiederholt wird; dass ferner, während im Liede mit der Strophe der Gedanke abschliessen muss, hier eher das Hinübergreifen des Sinnes aus einem System in das andere gesucht wird; endlich, dass, wenn sich auch in der Regel zwei gleiche Systeme als einander entsprechende Stollen folgen, doch nur selten der dazu im Liede erforderte Abgesang gefunden wird. Zahl der Zeilen, ihrer Reime und ihrer Silben in einem Stollenpaar ist durch die keines andern vorgeschrieben,

9) Lachmanns Wolfram S. XXVIII ff.; Rieger a. a. O. 300; Bartsch, Germ. 2, 263; Pfeiffer ebendas. 4, 305.   10) Rieger a. a. O. 300.   11) Lachmann über Singen und Sagen S. 10 (kl. Schr. 1, 470); Bartsch, Herzog Ernst S. LXXIX. 12) Uhland in der Germania 1, 327.   13) Vgl. über den muthmasslichen Ursprung beider Strophenarten auch F. Wolf, über die Lais S. 227.

§ 74. 1) Vgl. namentlich Liliencron in Haupts Zeitschr. 6, 91 ff. Von den in regelmässigen Strophen abgefassten Reien und Tänzen Neidharts (§ 72, 20) ist hier natürlich nicht die Rede.   2) Diese Gedichte wurden also durchcomponiert; s. darüber Fischer, über die Musik der Minnesinger, bei v. d. Hagen 4, 861 f.; und F. Wolf, über die Lais (worauf ich in Betreff des gemeinsamen Ursprungs der deutschen Leiche und der französischen lyrischen Lais, ihrer Aehnlichkeit und ihres Unterschiedes wieder nur im Allgemeinen verweisen kann) S. 149—152.

vielmehr herrscht in dieser Beziehung volle Willkür[3]. Den freiesten § 74 Bau zeigt wohl der älteste Leich dieser Periode, der Arnsteiner Marienleich (§ 68, 15), in welchem eine strenge Symmetrie vergeblich gesucht wird: die stets paarweise und oft auf unbetonte Silben gereimten Verse sind viermal gehoben: bei dactylischem Masse kommen neben Zeilen von vier auch fünf Hebungen vor. Die Abschnitte, welche die Handschrift andeutet, schliessen immer mit einer Gedanken- oder Bilderreihe ab und bestehen aus Systemen von ein bis acht Reimpaaren, einigemal folgen zwei gleich gebaute auf einander, im Ganzen aber scheinen sie willkürlich zu wechseln. Kunstvoller ist der zweitälteste (§ 68, 16), indem er, zwar auch bei nur gepaarter Reimstellung, Zeilen von zwei bis zu acht Hebungen enthält, stumpfe und klingende Reime unterscheidet und genau bindet, Waisen einschiebt, auch, bis auf die einleitenden und beschliessenden Verse, immer zwei ganz gleich gebaute Systeme auf einander folgen lässt. Bei Heinrich von Rucke (§ 113) finden sich dann schon gekreuzte Reime so wie mehr als zwei gleiche Reime in demselben System, auch Bindungen, die aus einem System in das andere übergreifen. Walther bezeichnet den Höhenpunkt der künstlerischen Composition dieser Dichtungsgattung, indem er seinen Leich aus zwei grossen Hälften aufbaut, die in ihren Hauptmelodien sich entsprechen, ohne ängstliche und kleinliche Wiederholung: voraus geht ein musikalisches Vorspiel als Eingang, den beiden Hälften folgt ein Schluss, der die Melodie des Eingangs und die Hauptmelodien der mittleren Theile gekürzt wiederholt[4]. An Walther hat sich Ulrich von Liechtenstein aufs engste angeschlossen: sein Leich[5] besteht aus zwei völlig sich entsprechenden Hälften, denen ein Eingang vorausgeht und ein Schluss, der wieder die Melodien der Haupttheile wiederholt, nachfolgt. Gegen Ende des dreizehnten Jahrhunderts wurde es Regel, jedem in sich zweitheiligen Absatz des Leiches seine eigene Melodie zu geben, die in den übrigen Absätzen nicht weiter wiederholt wurde[6].

§ 75.

Ungefähr in demselben Verhältniss, in welchem sich gegen das Ende dieses Zeitraums die Dichtersprache vergröberte, artete auch

---

3) Lachmann, über die Leiche S. 419—421 (kl. Schriften 1, 325—327).
4) Vgl. Bartsch in der Germania 6, 157—193; anders theilt Wilmanns, Walther S. 35—37, vgl. dazu Bartsch in den Jahrbüchern f. Philol. und Pädagog. 1869, II, 410 f. Eine völlige Gleichheit der beiden Hälften durch Annahme von Interpolationen sucht zu erweisen Schade in den Wissenschaftl. Monatsblättern 1875, Nr. 2.
5) Mit der richtigen Abtheilung zu finden in Lachmanns Auswahl S. 245 ff. (vgl. über die Leiche S. 420, Anm. 3 = kl. Schriften 1, 326); seiner Ausg. des Frauendienstes, S. 422 ff.; in Wackernagels altd. Leseb.[1] 554 ff. und bei Bartsch, Liederdichter 33, 133—229. Ungenau ist die Abtheilung bei Hagen, MS. 2, 44 ff.   6) Bartsch, Liederdichter S. XXVI ([1] XXIX).

§ 75 die Verskunst aus[1]. — Die Versmessung beobachtete zwar im Ganzen noch fortwährend die alte Regel; aber ihre vormalige Geschmeidigkeit und schwebende Bewegung versteifte sich doch zusehends, und dem Silbenfall entquoll nicht mehr der alte Wohllaut, zumal wenn die Silben bei einer einförmigen, hämmernden Betonung[2], die dem Wortwerth im Satze nur zu oft Gewalt anthat, mehr abgezählt, als abgewogen und harte Wortkürzungen zu sehr gehäuft wurden. Dass man sich diese letzteren auch im Reim zu gestatten anfieng, gab demselben etwas Gezwungenes und Unnatürliches, ganz abgesehen davon, dass dergleichen in früherer Zeit unerlaubte Verkürzungen eben so gut, wie die jetzt, gleichfalls dem Reime zu Gefallen, aufkommenden Wortverlängerungen[3], zur Verwirrung der Sprachregeln das ihrige beitrugen. Indess beobachteten die Dichter bis zur Mitte des vierzehnten Jahrhunderts hierin noch immer ein gewisses Mass; viel mehr liessen sie es schon an Genauigkeit der Reime fehlen, wozu einerseits das stärkere Eindringen landschaftlicher Formen in die Schriftsprache und die dadurch veranlasste Vermischung und zweifelhafte Aussprache an sich verschiedener Laute, andrerseits das Reimbedürfniss mitwirken mochte, das eintreten musste, sobald man überkünstliche, mit Reimen überladene Strophen zu bauen anfieng. Dass dergleichen Uebertreibungen gegen den Ausgang des dreizehnten Jahrhunderts beliebt wurden, dass man namentlich auch die Reimspielereien, die sich schon in der besten Zeit einzelne ausgezeichnete Dichter bisweilen erlaubt hatten, noch bei weitem, und oft höchst geschmacklos zu überbieten suchte[4], zeugt ebenfalls für die sichtbare Ausartung der Kunst zu Ende dieses Zeitraums.

§ 76.

3. Aus allem Vorhergehenden ergibt sich wohl mit ziemlicher Sicherheit, dass die mittelhochdeutsche Poesie ihrem formellen Bestandtheile nach im Wesentlichen als eine Fortbildung der althochdeutschen anzusehen ist. Aus den einfachen Weisen des alten Volksgesanges hat sich unter den Händen der höfischen Dichter der ganze Reichthum der neuen Kunstformen entwickelt. Dabei sind aber die fremden Einwirkungen, namentlich der romanischen und mittellateinischen Poesie, nicht zu übersehen; sie zeigen sich im Versbau an dem mehr und mehr durchbrechenden Princip der Silbenzählung, im

---

§ 75. 1) Vgl. dazu die Anmerkungen von Bartsch zu der strophischen Bearbeitung des Herzog Ernst S. 214—225. 2) Vgl. Vilmar, die zwei Recensionen der Weltchronik etc. S. 22 f. 3) Vgl. Pfeiffer, Nicolaus von Jeroschin S. LVIII f.
4) Man sehe z. B. die Lieder Konrads von Würzburg (Bartsch' Ausgabe S. 392) u. des Kanzlers MS. 2, 203; 244 (Hagen 2, 326; 395); oder den Ton Frauenlobs bei Ettmüller Str. 405 - 418; vgl. J. Grimm, Meistergesang S. 57; Ettmüller a. a. O. S. XIV f.

Reime an der ursprünglich undeutschen Verwendung des klingenden § 76 Reimes, in dem strophischen Bau an der beliebten Durchreimung aller drei Theile der Strophe, in den Versarten an der Einführung des dactylischen Rhythmus, in dem Reimgebrauch an einer Menge von Künsteleien[1]. Manche Uebereinstimmung liesse sich, statt aus unmittelbarer Entlehnung und Nachahmung, aus der frühzeitig anhebenden Wechselwirkung erklären, in welcher sowohl die deutsche wie die romanische Poesie mit der in volksmässige Formen gekleideten lateinischen standen. Jedenfalls hat, von den direkten Entlehnungen abgesehen, die Bekanntschaft der Deutschen mit den Werken der romanischen, vorzüglich der nordfranzösischen Poesie der Ausbildung einheimischer Formen im Allgemeinen und Grossen eine entschiednere Richtung gegeben und sie gezeitigt. So mögen namentlich welsche Vorbilder das Aufkommen grosser und kleiner erzählender Gedichte mit fortlaufenden Reimpaaren in Deutschland gefördert, vielleicht auch zu einzelnen Liederarten angeregt, ja sogar auf das Mass der Langzeile in der Strophe des volksmässigen Epos (§ 72, 6) einen mittelbaren Einfluss geübt haben. Aber an eine blosse Nachbildung der altepischen Masse der Franzosen, des zehn- und des zwölfsilbigen Verses, darf dabei nicht gedacht werden. Noch weniger findet sich im Deutschen etwas dem gleichreimigen Abschnitten von unbestimmter Zeilenzahl (tirades monorimes) Aehnliches, die im altfranzösischen Epos die Stelle geregelter, sich gleich bleibender Strophen vertreten. Selbst in dem Gebrauch der kurzen Reimpaare zeigen sich die deutschen Dichter der guten Zeit, ganz abgesehen davon, dass das Bestimmende für das Mass des Verses die Zahl der Hebungen, nicht wie bei den Franzosen die Zahl der Silben ist, auch darin ganz selbständig, dass sie, wie bereits oben gesagt wurde, vierfüssige Verspaare mit klingendem Reime, welche in den französischen Gedichten ausser stumpfreimenden Paaren allein vorkommen, nur mehr ausnahmsweise neben dreifüssigen anwenden.

§ 77.

Je geregelter und feiner ausgebildet nun die mittelhochdeutsche Verskunst in ihrer besten Zeit erscheint, und je weniger sie auf blosse Nachahmung fremder Kunstregel zurückgeführt werden kann, desto weniger darf man glauben, dass sie gleichsam in wildem Wachsthum, auf instinctartige Weise zu dieser Vollendung gelangt sei[1].

---

§ 76. 1) Vgl. hierzu Grimm, Meistergesang S. 143 ff.; Diez, Poesie der Troubadours S. 255—267; Wackernagel, altfranz. Lieder u. Leiche S. 212 ff.; Bartsch, der Strophenbau in der Lyrik, Germania 2, 257 ff.

§ 77. 1) 'In der griechischen und römischen Poesie sind wir an streng beobachtete Gesetze der Form gewöhnt; die deutsche Poesie des Mittelalters ist

§ 77 Schon unter den alten Volkssängern müssen Erbschaft und Lehre die Regeln und Fertigkeiten fortgepflanzt haben, die sie bei Abfassung ihrer Lieder und deren Vortrag anwandten[2]; nicht anders wird es bei den höfischen Dichtern gewesen sein. Wie hätten sonst die Gesetze des Versbaues bereits so fest begrenzt und zugleich so fein ausgebildet werden, wie in einem Zeitraume von kaum dreissig Jahren die Formen der Kunstpoesie von den einfachsten, dem Volksgesange entlehnten oder verwandten Anfängen sich so reich entfalten, wie in den Werken so zahlreicher Dichter, bei aller Mannigfaltigkeit des Besondern, an so feste, allgemein gültige Gesetze gebunden bleiben können; wäre nicht uralte mit Bewusstsein geübte, den Veränderungen der Sprache nachgehende und sich ihnen anschmiegende Regel da gewesen, und hätten nicht die ältern Dichter auf die Stufe, die sie bereits erklommen, die jüngern durch Lehre und Beispiel erhoben und sie dadurch befähigt, leichter und schneller empor zu steigen? Erwägt man dabei, dass damals die Liederpoesie noch innig mit der Musik verbunden war, und dass oft die ärmern unter den höfischen Dichtern, eben so wie früher und auch noch damals die volksmässigen, die Kunst als ein Erwerbsmittel betrachteten und zum Lebensberuf machten, auf den sie sich doch sicherlich vorbereiten mussten: so wird man um so mehr zu der Voraussetzung bewogen, dass sie sich um den Unterricht bewährter Meister bemüht und von ihnen, mit den nöthigen musikalischen Fertigkeiten, auch das Technische der Poesie erlernt haben. Diese Voraussetzung wird auch durch verschiedene Aeusserungen der Dichter bestätigt: einer der ältesten und berühmtesten, Walther von der Vogelweide, gibt ausdrücklich das Land an, wo er singen und sagen lernte, und er und andere bedienen sich gewisser Ausdrücke, die auf bestimmten Kunstgebrauch hinweisen[3]. Dazu kommt noch, dass die Dichter, namentlich die aus dem Ritterstande, oft des Lesens und Schreibens unkundig, also ausser Stande waren, die Kunstregeln aus niedergeschriebenen Liedern Anderer sich selbst zu abstrahieren. Hier muss also mündlicher Unterricht vorausgesetzt werden, wenn erklärt werden soll, wie selbst solche Dichter nicht nur die allerkünstlich-

---

nicht weniger durch Kunstgesetze geregelt, in deren Beobachtung Bewusstsein und Absicht anzuerkennen man sich mit Unrecht und meist nur wohl deshalb sträubt, weil den neuern Dichtern die Technik des Dichters seit langer Zeit abhanden gekommen ist.' M. Haupt, in Gersdorfs Repertor. 1841. Heft 17, S. 132.   2) J. Grimm a. a. O. S. 7.   3) J. Grimm a. a. O. S. 75; 93; Uhland, Walther S. 111. Auch der freilich schon in sehr späte Zeit fallende steierische Reimchronist Ottacker erzählt, er habe einen Lehrer in der Kunst gehabt, der sich Konrad von Rothenburg genannt und geraume Zeit zuvor an Manfreds Hofe in vorzüglicher Achtung gelebt habe (Schacht, aus und über Ottoc. Reimchronik S. 15 ff.).

sten Töne zu erfinden, sondern ihnen auch die zum Vortrage pas- § 77
sende Musik unterzulegen vermochten[4].

§ 78.

Wie man sich aber das Verhältniss zwischen Lehrenden und
Lernenden im Besondern zu denken habe, und in wieweit dabei,
besonders in der frühern Zeit, die Volkssänger und Spielleute, oder
auch die gelehrten geistlichen Dichter, die sich um die Mitte des
zwölften Jahrhunderts wieder mit warmem Eifer der vaterländischen
Poesie angenommen hatten, thätig waren, ist, bei dem Mangel an
allen Hinweisungen darauf, schwer zu sagen[1]. Wahrscheinlich war
es anfangs ein ganz freies: ärmere Kunstjünger, die das Dichten und
Singen zu ihrem Lebensberuf machen wollten, mochten ältere und
erfahrene Dichter aufsuchen und eine Zeit lang in ihrer Nähe ver-
weilen; vornehmen, die die Kunst bloss zu ihrem Vergnügen auszu-
üben beabsichtigten, konnte es bei dem Wanderleben der Sänger von
Gewerbe nie schwer fallen, einen solchen an sich zu ziehen und von
ihm die nothwendigsten Regeln zu lernen, wenn sich ihnen dazu
nicht etwa ein kunstgeübter Hofgeistlicher darbot. Allmählig muss
sich aber auch eine Art von Kunstschulen gebildet haben. Sie mögen
sowohl aus den ältern freiern Verhältniss zwischen Lehrenden und
Lernenden, als aus den Dichterverbindungen hervorgegangen sein,
von denen ein sehr frühes Beispiel vorkommt. Gleich zu Anfang
des dreizehnten Jahrhunderts finden wir nämlich an dem Hofe des
Landgrafen Hermann von Thüringen eine Anzahl adeliger und bürgerlicher Dichter, die, wie es scheint, eine Art von Genossenschaft,

---

4) Ulrich von Liechtenstein z. B. konnte, wie sich aus seinem Frauendienst
(Lachmanns Ausg. 60, 1 ff.) ergibt, nicht lesen, und doch haben wir von ihm den
kunstvollen Leich (§ 74, 5), den er selbst so geschickt in Noten setzte, dass die
Fiedler ihm dafür dankten: Frauendienst 422, 13 ff.

§ 78. 1) Ettmüller, Frauenlob S. XXV, möchte den kirchlichen Singschulen,
'wie deren mit allen grossen Stiftern und Klöstern bekanntlich verbunden waren,'
einen bedeutenden Einfluss auf die Entwickelung der mittelhochd. Kunstpoesie und
namentlich auf die ritterliche Lyrik zuschreiben: 'gewiss dürften viele der ritterlichen Singer (von den geistlichen verstehe es sich ohnehin) ihre technische Fer-
tigkeit im Dichten und Componiren ihrer Gedichte sich da erworben haben, wo
sie ihre sonstige geistige Bildung erhielten, wenn auch einzelne bei ältern "ritterlichen Dichtern", ja vielleicht gar bei den "fahrenden Leuten" ihre Schule machten.'
Allein diese Ansicht, sofern sie auch (und diess ist gewiss kein unwesentlicher
Punkt) die Technik des Versbaues befassen muss, verträgt sich durchaus nicht
mit der ausgemachten Thatsache, dass vor der Ausbildung der mittelhochd. Kunstformen bei den geistlichen Dichtern die Verse weit regelloser und roher gebaut
und verbunden sind, als bei den weltlichen. Auf den musikalischen Theil der
weltlichen Sangeskunst, vielleicht auch auf die Technik des Strophenbaues mögen
die kirchlichen Schulen eher eingewirkt haben.

§ 78 einen Sängerorden bildeten, in welchem poetische Wettkämpfe, ähnlich den ritterlichen Spielen jener Zeit, angestellt wurden [2]. Vielleicht
war dieser Verein nicht der einzige seiner Art: so lange noch die
Dichtkunst von den Fürsten begünstigt und vorzugsweise von dem
Ritterstande geübt wurde, mochten öfter mehrere Dichter an den
Höfen zu ähnlichen Wettgesängen zusammentreten [3]. Dass solche
poetische Genossenschaften auch Kunstjünger anlockten, die sich an
den einen oder den andern namhaften Dichter anschlossen, mit der
Zeit auch wohl zu gemeinsamen Uebungen zugelassen wurden, lässt
sich wenigstens vermuthen. Aber eine eigentlich schulmässige, auf
bestimmten Satzungen und Ceremonien beruhende Einrichtung darf
man den ältesten Sängerverbindungen gewiss nicht zuschreiben. Diese
wird sich erst nach und nach mit dem Uebergehen der höfischen
Poesie in die Hände des Bürgerstandes eingefunden haben. Mit
einiger Wahrscheinlichkeit lässt sie sich erst im Anfange des vierzehnten Jahrhunderts bei den Sängern zu Mainz annehmen, als deren
Mittelpunkt der von den spätern Singschulen hochgefeierte H e i n r i c h
v o n M e i s s e n , genannt F r a u e n l o b , gilt [4]. Die Verbindung, worin
diese Sänger, so viel sich vermuthen lässt, standen, muss zwar auf
der einen Seite noch grosse Aehnlichkeit mit jenem ältesten Dichter-
verein am Thüringer Hofe gehabt haben, auf der andern jedoch als
die erste charakteristische Gestaltung der spätern eigentlichen Sing-
und Meisterschulen angesehen werden. Auch in diesem Orden wurden poetische Wettkämpfe gehalten [5]; dabei findet sich aber ein Lied
F r a u e n l o b s [6], welches schon auf ganz schulmässige Einrichtung
und strenge Abstufung zwischen Meistern und Lehrlingen hinweist:
der Dichter macht einen Jüngling zum Knecht und verleiht ihm den
Sangesschild, was an den ritterlichen Geist der ältesten Sängerver-
bindung erinnert; das Lied, welches ihn zum Knecht erklärt, soll

2) Solche poetische Uebungen bezeugen die Lieder vom Wartburger Kriege
(§ 115) wenigstens im Allgemeinen, wenn in ihnen auch dieselben Streitlieder, die
bei einer bestimmten, von den Chronisten gemeiniglich in die Jahre 1206—1208
gelegten Veranlassung zu Eisenach gesungen sein sollen, sicherlich nicht überliefert worden sind. Näheres über den Wartburger Krieg s. § 115.   3) Vgl.
dagegen Lucae, Leben und Dichten Walthers v. d. Vogelweide S. 24 f.   4) Vgl.
Ettmüller a. a. O. S. XXIV ff.   5) Ein solches Gedicht, von dem die einzelnen
Theile wieder in verschiedenen Handschriften zerstreut sind, und worin zwischen
Frauenlob einerseits und Regenbogen und Raumsland andrerseits darüber gestritten
wird, ob Weib oder Frau höher zu stellen sei, gibt nach seiner muthmasslichen
Folge Ettmüller a. a. O. S. 107 ff.; vgl. Hagen, MS. 2, 343 ff.; 3, 114 ff.; und, über die
Anordnung der Strophen 4, 756; s. auch J. Grimm a. a. O. S. 81 ff.; Ettmüller S. XXVII f.
Ein jüngeres Streitgedicht, der Krieg von Würzburg, in welchem Frauenlob und
Regenbogen über Mann u. Frau streiten, s. bei Bartsch, Meisterlieder der Kolmar.
Hs. Nr. 61; ein anderes unter Nr. 53.   6) Docens Misc. 2, 279 f.; Hagen, MS.
3, 122 (49); Wackernagel LB.[7] 789 (5 1033); Ettmüller S. 85 (108). .

besiegelt werden und ihm als Kundschaft dienen[7]. Diese von da an § 78 aufkommenden Singschulen machten in ihrer durchaus zunftmässigen Einrichtung aus der freien Kunst des Dichtens ein Handwerk, das auf ähnliche Art, wie jedes andere, erlernt und geübt wurde. In ihnen wurde nun auch der Name Meister, der in früherer Zeit nur im allgemeinen Sinne als ehrende Bezeichnung vorzüglicher Kunstfertigkeit, oder im Verhältniss des Schülers zum Lehrer Dichtern beigelegt worden war[8], besondere und charakteristische Benennung für diejenigen, die den obersten Grad in der Genossenschaft erlangt hatten und die Kunst nach bestehenden Satzungen übten[9]. Dass diese Singschulen aber auf die angedeutete Weise mit jenen ältern Dichterorden zusammenhängen, und nicht, wie man wohl ehemals glaubte, etwas durchaus Neues waren, bestätigen auch die, freilich sehr getrübten und verunstalteten Sagen[10], welche sich über die Entstehung ihrer Kunst unter den spätern Meistersängern forterhielten und nach welchen zwölf Meister[11], worunter die berühmtesten Dichter aus dem dreizehnten Jahrhundert und zum Theil gerade die, welche in dem Wartburger Kriege auftreten, zugleich und ohne dass einer von dem andern gewusst, unter Otto I und Papst Leo VIII den Meistergesang erfunden haben sollen[12].

---

7) Vgl. Lachmann, Jen. Litt. Zeit. 1823, Nr. 194, Sp. 110 (kl. Schr. 1, 318).
8) J. Grimm a. a. O. S. 99 ff. Lachmann a. a. O. Sp. 112 f. (kl. Schriften 1, 321) u. über Singen und Sagen S. 8, Anmerk. 2 (kl. Schriften 1, 469, Anm. 1). Mitunter bezeichnet Meister auch denjenigen, von dem der Dichter eine Erzählung überkommen hat, der der erste Erzähler der Sage war; s. Lachmann zu Iwein S. 504 f. Wenn aber im Laufe des 13. Jahrh. vorzugsweise, nicht ausschliesslich, bürgerliche Sänger Meister genannt worden sind, so rührt diess gewiss nur daher, dass die aus den höhern Ständen schon einen vornehmern Titel führten. Uebrigens wird man auch hierbei ein allmähliges Uebergehen von dem Allgemeinen zu dem Besondern der Bedeutung annehmen müssen: namentlich scheint man schon früh das Wort für die eigentlich kunstmässigen Dichter von Gewerbe, im Gegensatz zu den Volkssängern, gebraucht zu haben. Aber an einen solchen Unterschied, wie ihn Docen zwischen gleichzeitigen Minnesängern und Meistersängern aufstellen zu dürfen meinte, nachdem die ältere, auf höchst unklaren Vorstellungen beruhende Entgegensetzung zwischen den sogenannten Minnesängern des schwäbischen Zeitalters und den Meistersängern der spätern Jahrhunderte hatte aufgegeben werden müssen, ist nicht zu denken, wie diess aus dem zwischen ihm und J. Grimm (im neuen litter. Anzeiger von 1807 [kl. Schriften 4, 7—21], im altd. Mus. 1, 73 ff.; 445 ff. und in der schon öfter citierten Schrift über den Meistergesang) geführten Streit sich deutlich genug ergeben hat.   9) Daneben findet man auch den Ausdruck *singermeister*, Bartsch, Meisterlieder 24, 19. 66, 1; und, mit stufenweiser Steigerung der Anforderungen, *singermeistermeister*, *singermeistermeistermeister*, ebenda 66, 15. 27.   10) In der auf uns gekommenen Gestalt reichen sie nicht weit über den Schluss des 15. Jahrh. zurück.   11) So viel werden freilich schon weit früher zusammen genannt, aber nicht als Stifter einer Schule; s. Lachmann, Jen. Litt. Zeit. 1823, Nr. 194, Sp. 109 (kl. Schriften 1, 317).   12) Vgl. Wagenseil S. 503 ff.; Büsching in der Samml. für altdeutsche Litteratur u. Kunst S. 169 ff.; Schilters

§ 79.

4. Wenn sich die gelehrte und höfische Dichtkunst mit der vollendeten Trennung der Edlen vom Volke, von der oben die Rede gewesen ist, unter der Pflege der Geistlichkeit, des Adels und derjenigen Bürgerlichen, die sich die feine Bildung des Hofes erworben hatten, zur Blüthe entwickelte, so bestand daneben noch immer eine eigentliche Volkspoesie fort, die von den sogenannten **fahrenden Leuten** geübt wurde. Dass beide in einem ganz schroffen Gegensatze zu einander gestanden, darf man indess eben so wenig glauben, als dass gar keine persönlichen Berührungen zwischen kunstmässigen und Volksdichtern stattgefunden hätten. Der Unterschied der einen von den andern beruhte, so viel wir nach den erhaltenen Werken urtheilen können, mehr auf den Gegenständen und deren Auffassung, als auf der metrischen Form und Sprache. Im Allgemeinen nämlich zeugt die Wahl der erstern bei den höfischen und meisterlichen Dichtern von einer Vorliebe für das Fremde, Neue, Phantastische und Glänzende, in dessen Behandlung sich eine gewisse Gelehrsamkeit geltend machen konnte, und von dem Streben, die Poesie zum Ausdruck persönlicher Anschauungs- und Denkweise, subjectiver Stimmung und Leidenschaft, so wie zum Spiegel der conventionellen Vorstellungen und Neigungen zu machen, die damals unter den höheren Ständen herrschten und besonders durch den Geist des Ritterthums geweckt waren und genährt wurden. Die Volkspoesie dagegen hielt vorzugsweise an den alten einheimischen Sagen fest und fasste in deren Darstellung mehr das rein Menschliche und Natürliche auf, zumal in den epischen Liedern, die als ihr reinster und vollkommenster Ausdruck in dieser Zeit anzusehen sind, und denen darin auch die lyrischen Volkslieder, so viel wir aus den sehr spärlichen Ueberbleibseln schliessen können, ähnlich waren. Doch haben auch hier mancherlei Uebergänge stattgefunden. — Was die Verschiedenheit der metrischen Form betrifft, so ist hier nach dem, was bereits oben über die Versmessung und die Reime bemerkt worden ist, im Allgemeinen nur noch zu erwähnen, dass der Bau der Strophe in der Volkspoesie nie die Mannigfaltigkeit und Künstlichkeit erhalten hat, die wir in den Liedern der höfischen Dichter wahrnehmen, obgleich auch dort ein allmähliges Fortschreiten vom Einfachen zum mehr Verwickelten, zumal in der Reimstellung und in der Zeilenzahl der Strophen gefunden wird, das wohl weniger aus einer selbständigen, unmittelbaren Weiterentfaltung der alten Grundformen, als aus der Rückwirkung der Kunstpoesie auf die volksmässige erklärt wer-

---

Thesaur. III, unter Bardus; J. Grimm, Meistergesang S. 26; 115; Lachmann a. a. O. und Hagen, MS. 4, 887 ff.

den muss[1]. — In der Sprache und in dem Stil ist zwischen den vol- § 79
lendetsten Werken höfischer Dichtung und dem Besten, was wir von
volksthümlicher Poesie besitzen, noch immer ein Unterschied bemerkbar: die höfische Sprache ist sorgsam abgegrenzt, sie vermeidet
absichtlich vieles, was die Poesie der Uebergangszeit an allgemein
gültigen Wortbildungen, Ausdrücken und Wendungen, an Formeln,
stehenden Beiwörtern und Gleichnissen besass, und dessen die volksmässige Dichtung wenigstens theilweise sich noch zu bedienen fort-
fährt[2]. Allein zu gross darf man sich den Abstand hier wieder nicht
denken[3]: denn der feine, höfische Ton und der zierliche, gewandte
Stil der Kunstpoesie findet auch in den gebildeten Volksgesang Eingang, und je empfänglicher dafür sich die Sänger zeigen, desto
leichter lassen sie die alten Ueberlieferungen der poetischen Sprache
fallen[4].

§ 80.

Fasst man endlich das Verhältniss näher ins Auge, in welchem
beide Dichterklassen zu der Nation und zu einander standen, so
darf man zwar annehmen, dass die eine, als die vornehmere, feiner
gebildete und meist auch wohl gelehrtere, vorzugsweise mit den
höhern Ständen verkehrte; die andere, in jene Gattung von fahrenden
Spielleuten einbegriffen, auf denen damals im Allgemeinen tiefe Verachtung lastete[1], hauptsächlich nur bei den Bauern und dem niedern
Bürgerstande Eingang und Begünstigung fand, und dass demnach
auch die höfischen und meisterlichen Dichter selbst die Volkssänger
und Spielleute geringschätzten und als kunstlose, rohe und bäuerische
Gesellen anzusehen pflegten. Nichts desto weniger müssen die letztern nicht nur oft Aufnahme und Beifall an den Höfen gefunden
haben, selbst in der Blüthezeit der höfischen Poesie[2]; sondern es

---

§ 79. 1) Der dreitheilige Bau der Strophe, der allerdings auch in die Volks-
liederdichtung Eingang gefunden, ist doch in ihr niemals Gesetz geworden: vgl.
Liederbuch aus dem 16. Jahrh. von Gödeke und Tittmann S. XIV f.   2) Ich
verweise vornehmlich auf den vierten Theil von Grimms Grammatik, auf Lachmanns Anmerkungen zum Iwein, auf Haupts Vorrede zum Erec und seine Anmerkungen zu Engelhard.   3) Vgl. Bechstein, Einleitung zum Tristan S. VII.
4) S. Lachmann zu d. Nibel. S. 2; 4; 39 f; 46; 72; über drei Bruchstücke
niederrhein. Gedichte S. 161 (kl. Schriften 1, 521).

§ 80. 1) Ausser den Rechtsbüchern beweisen diese Verachtung u. a. Berthold in der zweiten seiner bei Kling gedruckten Predigten S. 55 (Pfeiffers Ausg.
S. 155), und eine Handschrift des 13. Jahrh. (altd. Blätt. 1, 366), welche es unter
die Tod- und Hauptsünden rechnet, ein *spilman* oder *ioculator* zu sein (freilich
wird auch das Turnieren dazu gezählt); vgl. Haltaus unter Spielleute; J. Grimm
in den Wien. Jahrbüchern 32, 233 (kl. Schriften 4, 337); Diez, Poesie der Troub. 257,
und W. Grimm, Heldensage 377.   2) Man sehe bei Haltaus a. a. O. das Wormser
Edict vom Jahre 1220. Der Klagen, welche höfische und meisterliche Dichter
über die Zudringlichkeit der fahrenden Leute und die Berücksichtigung führen,

§ 80 hat auch gewiss immer eine Art unmittelbaren Verkehrs zwischen ihnen und den kunstmässigen Dichtern, mitunter selbst ein Beisammenleben bestanden, wie diess die poetischen Werke dieses Zeitraums beweisen[3]. — Dabei bleibt freilich noch immer vieles in dem Verhältniss sowohl der Volksdichtung zur Kunstpoesie, wie derer, welche die eine oder die andere übten, dunkel, und so wünschenswerth auch gerade hierin vollständige Einsicht zur richtigen Beurtheilung des Entwickelungsganges der mittelhochdeutschen Poesie wäre, so fragt es sich doch sehr, ob es fortgesetzter Forschung je gelingen wird, diese zu gewinnen[4].

§ 51.

Soviel aber ist wohl ausgemacht, dass, wenn auf der einen Seite die Blüthe der mittelhochdeutschen Poesie durch die Bildung eines vornehmen und kunstgelehrten Dichterstandes im Gegensatz zu den Volkssängern herbeigeführt wurde, auf der andern darin auch eine Vorbereitung ihres schleunigen Verfalls lag. Denn indem die höfischen Dichter die Stoffe zu ihren erzählenden Werken fast alle aus der Fremde entlehnten und niemals[1], wie es scheint, die alten und grossen nationalen Heldensagen behandelten[2], wurden der kunstmässigen Gestaltung der letzteren nicht nur die edelsten Kräfte entzogen, sondern die höhern Stände auch an Gegenstände der Poesie gewöhnt, welche bei ihnen das, was in frühern Zeiten Eigenthum der ganzen Nation gewesen war, bald in Nichtachtung und Vergessenheit brachten. So blieb die Weiterbildung des volksthümlichen Epos fast ganz in den Händen der Volkssänger, und wenn darin anfäng-

---

die sie an den Höfen fanden, ist schon oben § 57 gedacht worden; vgl. noch besonders Lachmann, über Singen u. Sagen S. 14 (kl. Schriften 1, 474 f.). 3) Ein Verkehr zwischen beiden Dichterklassen ergibt sich daraus, dass Spielleute aus der Hand höfischer Dichter Lieder empfiengen, um sie zu singen. Vgl. Lachmann bei Diez, Leben und Werke der Troubad. S. 614 (Diez, Poesie der Troubadours[5] S. 235 f. Anm. 5); über die Leiche S. 422 (kl. Schriften 1, 325), Anmerk. 6; Jen. Litt. Zeit. 1823, Nr. 194, Sp. 112 (kl. Schriften 1, 321), wo auch auf die Nachricht Ottackers hingewiesen ist, der zufolge Manfreds Meister und Fiedler lustig beisammen lebten.

4) Ueber das Verhältniss der höfischen Kunstdichtung zu der ältere und gleichzeitigen Volksdichtung vgl. noch Müllenhoff, zur Geschichte der Nibelunge Not S. 12 ff.

§ 81. 1) Den einzigen Albrecht von Kemenaten ausgenommen: vgl. § 103. 2) Sogar Anspielungen darauf sind bei ihnen selten, und der einzige, der wenigstens eine genaue Kenntniss derselben zeigt und mehrmals darauf zurückkommt, ist Wolfram von Eschenbach (W. Grimm, Heldensage 60; 380). Er und einige seiner nächsten Vorgänger und Zeitgenossen durften ohne noch wohl bei ihren fürstlichen und adeligen Zuhörern und Lesern darauf rechnen, mit ihren Anspielungen völlig verstanden zu werden; denn epische Lieder von dem edleren Ton, wie er in den Nibelungen herrscht, werden gewiss auch gern zu Hofe gehört worden sein.

lich durch einzelne hochbegabte Individuen noch Ausgezeichnetes § 81 geleistet wurde, konnten die spätern doch um so weniger angeregt werden, Gleiches oder Aehnliches hervorzubringen, je weniger sie anderwärts, als bei den niedern Ständen, Theilnahme für volksmässige Dichtungen fanden, die nun natürlich immer roher und bäuerischer wurden. Die höfische erzählende Poesie hatte aber eben dadurch gleich von vorn herein Keime der Zerstörung in sich gehegt, dass sie, sowohl ihrem stofflichen Bestandtheile, wie ihrem geistigen Gehalte nach, zum geringsten Theil aus vaterländischer Sage und Geschichte, aus dem heimischen Gemeinleben und dem eigenthümlich deutschen Volkscharakter sich selbständig entwickelte, sondern ein halb fremdes, unter dem Einfluss des Ritterthums gepflanztes, in seinen Ideen, Sitten und Formen vornehmlich wurzelndes Gewächs war[3], das nur so lange gedeihen konnte, als der Ritterstand es pflegte, und abwelken musste, sobald dieser in Verfall gerieth und die Lust an poetischen Uebungen und Genüssen verlor. Und dasselbe gilt mit gewissen Einschränkungen auch von der lyrischen Kunstpoesie, insofern sie, wenn auch nicht ihre Stoffe dem Auslande abgeborgt, doch in ihrer besten Zeit viel zu einseitig den ritterlichen Minnedienst zu ihrem Gegenstande gemacht hatte, als dass die folgenden Geschlechter an diesem Ton noch hätten Gefallen finden können. Daher erhielt sich unter den spätern meisterlichen Dichtern zwar das äussere der alten lyrischen Formen, allein Inhalt und Geist änderten sich ganz und verloren in den Singschulen, denen auch die Behandlung der Form immer mehr zum rohen Mechanismus wurde, so sehr alle Frische und Lebendigkeit, dass diese Poesie zuletzt in die trockenste Reimerei überging. Das eigentliche Volkslied dagegen vermochte sich bei aller seiner Kräftigkeit und innern Lebenswärme von einer gewissen Unbeholfenheit und Rohheit der Form nie ganz frei zu machen, weil es, gleich dem Volksepos, hauptsächlich auf die Gunst und die Pflege der niedern Stände beschränkt blieb.

---

3) Man kann die höfische Poesie dieser Zeit, besonders die erzählende, als eine Art Steigerung der gelehrten Dichtung der vorigen Periode zu einer andern, feiner, reicher und auch wohl selbständiger ausgebildeten, darum aber noch immer nicht rein volksthümlichen, vielmehr auch gelehrten ansehen. Dort wurden entweder heimische Stoffe in fremder (lateinischer) Sprache bearbeitet, oder ursprünglich fremde (biblische) Stoffe in deutschen Versen. Jetzt ist zwar die deutsche Sprache und Form für poetische Gegenstände jeder Art durchgedrungen, aber diese selbst sind zum grössten, die sie beseelenden Ideen und die dargestellten Sitten zum nicht geringen Theil fremd. Auf der dritten Stufe der deutschen Kunstpoesie, die Opitz, seine Schule und ihre Nachfolger bezeichnen, kommt zu dem meist unvolksthümlichen Gehalt auch noch die der Fremde nachgeäffte Form: das traurigste Zeichen von der Gesunkenheit und Unselbständigkeit des gestaltenden Vermögens bei den Deutschen.

DRITTER ABSCHNITT.
Epische Poesie.

A. Stoffe.

§ 82.

Von einer eigentlichen, ganz freien Erfindung dessen, was man im allgemeinsten Sinne die Fabel eines Gedichtes nennt, scheinen die mittelhochdeutschen Dichter noch gar keine Vorstellung gehabt zu haben. Alle ihre erzählenden Werke beruhen entweder auf Ueberlieferungen, mündlichen und schriftlichen, sagenhaften und geschichtlichen, oder auf dem, was sie selbst erlebt hatten[1]. Wenn sie ja zuweilen freier verfuhren und eigener Erdichtung Spielraum liessen, gaben sie dieser doch stets eine aus Ueberlieferungen entlehnte Unterlage, so willkürlich sie mit derselben auch umgehen mochten, wie die Spielmannspoesie im zwölften und dreizehnten Jahrhundert that[2]. Selbst da wo sie aus eigener Phantasie dichteten, hielten sie es zur Beglaubigung für nothwendig, sich auf eine Quelle zu berufen[3]. Dass sie sich bei der Benutzung gegebener Gegenstände keineswegs ausschliesslich an das hielten, was ihnen die Heimath bot, ist schon bemerkt worden; eben so ist hin und wieder der zweite Kreuzzug als der ungefähr Zeitpunkt bezeichnet worden, wo die Verpflanzung fremder Stoffe nach Deutschland häufiger wurde. Hier scheint es angemessen, eine allgemeine Uebersicht über die grosse Masse der einheimischen und fremden Ueberlieferungen zu geben, die während dieses Zeitraums Vorwurf der erzählenden Poesie wurden.

---

§ 82. 1) 'Das *maere*, die Erzählung, muss beglaubigt sein: ein Epos aus müssigen Fabeln hervorgegangen kennt keine alte Poesie: beglaubigt aber, nach der Ansicht unserer deutschen Dichter, kann es werden nur auf dreierlei Weise. Entweder der Erzähler kündigt sich als Augenzeuge an; oder er folgt in seiner Erzählung einem zuverlässigen Berichte; oder ein höheres Wesen, die *Aventiure*, gibt ihm Kunde von dem Hergange der Sache.' Benecke in Haupts Zeitschrift 1, 53; vgl. J. Grimm, Frau Aventiure. Der früheste Beleg des Wortes Aventiure, im Grafen Rudolf G' 16, reicht in die 70er Jahre des 12. Jahrhunderts zurück: Haupt in seiner Zeitschrift 7, 263 f.   2) So die Dichter des Rother, Orendel, Ortnit: vgl. Müllenhoff in Haupts Zeitschr. 13, 190.   3) Ein merkwürdiges Beispiel liefert der Stricker im Daniel von Blumenthal, der, wo er sich auf seine Quelle beruft, die Worte dem Alexander des Pfaffen Lamprecht entlehnt: vgl. Holtzmann in der German. 2, 29; doch ist die Existenz eines roman. Originals nicht ganz in Abrede zu stellen (vgl. Bartsch ebenda 2, 449 ff.). Auch der Pleier beruft sich wahrscheinlich auf fingierte Quellen: E. H. Meyer in Haupts Zeitschr. 12, 478 f., und so ist die Angabe Konrads von Stoffeln, der den Stoff seines Ritters mit dem Bocke aus Spanien geholt haben will, ebenfalls eine Erfindung: Jeitteles in der German. 6, 357.

§ 83.

1. **Einheimische Stoffe.** Unter diesen nimmt *a*) **die deutsche Heldensage** die erste Stelle ein. Alle in frühern Jahrhunderten
nachweisbaren Ansätze und Ausbildungen derselben waren, mit den
schon oben (§ 40) als möglich eingeräumten Umwandlungen, diesem
Zeitraum theils durch den lebendigen Volksgesang, theils in schriftlicher Aufzeichnung überliefert worden[1]. Ausserdem lernen wir nun
aber zuerst mehrere andere in diesen grossen Cyclus eingreifende Geschichten als Gegenstände der Volkspoesie kennen, von denen sich
die allermeisten zwar gleichfalls auf mündliche und schriftliche Fortpflanzung berufen, über deren Alter es jedoch, wenn sie sich nicht
selbst als ziemlich späte, erst in diesem Zeitraum aufgekommene
Weiterbildungen alter und echter Sagenelemente verrathen, an ge-
naueren Angaben fehlt. In den erhaltenen Dichtungen hangen sie
alle näher oder entfernter mit der alten **Sage von Dieterich von
Bern** zusammen, der jetzt entschieden Hauptheld und Mittelpunkt
des ganzen Sagenkreises geworden ist[2], während er dem skandina-
vischen Norden eigentlich fremd blieb[3]. Einige von denen, in welchen er selbst auftritt, sind als blosse Einkleidungen einzelner unabhängiger Volkstraditionen von Riesen und Zwergen in das Gewand
dieses Kreises anzusehen, dem sie ursprünglich fremd gewesen zu
sein scheinen: dahin gehören die Dichtungen von **Laurin**[4], **Ecke**[5]
und **Siegenot**[6]. Andere, die der eigentlichen Dieterichssage schon
entfernter stehen, mögen auch auf altem Grunde beruhen, tragen
aber in ihrer mehr abenteuerlichen und märchenhaften, von dem Ernst
und der Gründlichkeit echter Volkssage merklich abstechenden Gestaltung schon sehr deutliche Spuren der Einwirkung an sich, welche
die Verbindung Deutschlands mit Italien, die Kreuzzüge und der durch
diese im Abendlande hervorgerufene Geist auch auf die Volkspoesie
ausübten: dahin gehören die Sagen von **Ruther**, **Ortnit**[7] und **Wolf-**

---

§ 83. 1) W. Grimm, Heldensage 378. Selbst lateinische Aufzeichnungen
mögen bestanden haben; s. daselbst S. 109; Bartsch, Untersuchungen über d. Nibel.
S. 350; aber auch Lachmann zur Klage S. 287. 2) Ueber das Fortleben der
Dietrichssage im Bewusstsein des Volkes, insbesondere in Schwaben, bis in neuere
Zeit s. Uhland, Dietrich von Bern, in der German. 1, 304—341; dazu Müllenhoff
in Haupts Zeitschr. 12, 319—335. 370 ff. 417 ff. 3) Wackernagel, Litt.-Gesch.
S. 209 (² 269). Vgl. G. Storm, Sagnkredsene om Karl den Store og Didrik af Bern
hos de nordiske Folk. Kristiania 1874. 8. 4) Ueber die mythische Grundlage
der Sagen vom Rosengarten und von Laurin vgl. Uhland, der Rosengarten von
Worms, in der German. 6, 307—350. 5) Vgl. Zingerle, die Heimath der Ecken-
sage, in der German. 1, 120 ff., der sie in Südtirol sucht; Müllenhoff dagegen (in
Haupts Zeitschr. 12, 357) betrachtet sie als ursprünglich am Niederrhein heimisch.
Ueber den mythischen Charakter Eckes vgl. Grimm, Mythol.² 218. 602 (¹ 197. 529).
6) W. Grimm a. a. O. 356. 7) Ueber die Sage von Ortnit vgl. Müllenhoff
in Haupts Zeitschrift 12, 344—354.

§ 83 dieterich*. Endlich stossen wir noch auf Sagen, die, entweder als Erweiterungen älterer, oder als selbständig gestaltete, kaum anders aufgefasst werden können, denn als mehr oder weniger willkürlich erfunden im Ganzen und nur im Einzelnen alte echte Elemente bewahrend: so die Sagen von Biterolf, vom Kampf im Wormser Rosengarten, von Dieterichs Ahnen". Neigung zu historischer Anlehnung und Verknüpfung ursprünglich verschiedener Sagen dauerte auch in diesem Zeitraum fort, zeigte sich jetzt aber gemeiniglich als ganz äusserlich und willkürlich[10], und wenn sogar deutsche mit fremden verbunden wurden, nur in Dichtungen, deren Inhalt schon am weitesten von der reinen Auffassung alter Ueberlieferung ablag[11]. Den umfassendsten Versuch der Art, der aber nicht in Deutschland, sondern im Norden gemacht ist, liefert die prosaische, aus deutschen Gedichten und Erzählungen norddeutscher Männer geschöpfte, vor 1263, wahrscheinlich schon in der ersten Hälfte des Jahrhunderts verfasste[12] Viltina Saga, oder, wie sie sich selbst nennt, die Sage von Dieterich von Bern, aus der man auch lernen kann, wie viel deutsche Sagen uns in der poetischen Form, worin sie gewiss einst gekleidet waren, verloren gegangen sind[13].

§ 84.

b) Andere einheimische Stoffe wurden den Dichtern geboten: *α*) in Stamm-, Orts- und Personensagen. Einzelnes der Art mochte sehr alt und rein deutsch sein; Anderes, dem auch noch echt volksthümliche Grundlage zugesprochen werden muss, ist aber, wie es sich in den Gedichten zeigt, unter dem Einfluss der gelehrten Bildung dieser Zeit und der seit den Kreuzzügen aus den romanischen

---

8) Uhland, Schriften zur Geschichte der Dichtung und Sage 1, 173 ff.; 211, findet die uralte mythische Unterlage dieser Sage in der persischen Heldensage. Vgl. dazu Müllenhoff in Haupts Zeitschrift 6, 435—459. 12, 344—354. Ueber alle drei Sagen s. W. Grimm a. a. O. 51; 357 ff.; Lachmann, Jen. Litt. Zeit. 1822, Jan. Nr. 14, 110 f. (kl. Schriften 1, 294 f.). 9) W. Grimm a. a. O. 127; 155, und die Einleitung zu seiner neuen Ausgabe des Rosengartens S. LXI ff. so wie Uhland in der Anmerk. 4 angeführten Abhandlung. Die Sage von Alphart wird man jetzt nicht mehr mit W. Grimm, Heldensage 355, als einen jüngern Anwuchs an Dietrichs und Hildebrands Sage um die Mitte des 13. Jahrh. betrachten dürfen; vgl. schon Lachmann a. a. O. 107 (kl. Schriften 1, 200) und über Singen und Sagen S. 7 (kl. Schriften 1, 467). 10) W. Grimm a. a. O. 315 ff. 11) P. E. Müller, Saga-Bibl. bei G. Lange S. 197 ff.; F. Wolf, über die neuesten Leistungen der Franzosen S. 74 ff. 12) Möbius in der German. 9, 343; vgl. Müllenhoff, zur Gesch. der Nibel. Not. S. 9 f. 13) Vgl. noch über die, in isländischer und norwegischer Bearbeitung auf uns gekommene Viltina Saga (herausgeg. von Unger. Christiania 1853; übersetzt in Hagens nord. Heldenromanen. Breslau 1814. 8; 2. Aufl. 1855; in Rassmanns Heldensage Bd. 2; bearbeitet von E. Martin, König Dietrich von Bern. Halle 1867. 8; Auszüge bei P. E. Müller a. a. O.) Müller S. 271 ff. und W. Grimm a. a. O. S. 175 ff.

Ländern, dem byzantinischen Reiche und dem Morgenlande einge- §84
drungenen Vorstellungen und Sagen mannigfach mit fremdartigen Elementen versetzt, an Geschichten des römischen und griechischen
Alterthums angeknüpft, oder ins Märchenhafte und Phantastische
hinübergespielt[1]. Manches muss auch wohl geradezu als absichtliche,
vornehmlich von Geistlichen herrührende Erfindung betrachtet werden. — β) in wirklicher Volks- und Personengeschichte, in
einzelnen Begebenheiten der Vergangenheit und in Ereignissen des Tages. — γ) in Anekdoten und Schwänken,
die mehr oder minder alt unter dem Volke fortlebten, wobei freilich,
wenn dergleichen in Gedichten gefunden wird, oft nicht leicht zu
unterscheiden ist, was dem deutschen Boden eigenthümlich angehören, was erst aus der Fremde eingeführt sein mag. — Endlich
δ) in der Thiersage, doch nur in vereinzelten Fabeln, welche von
uralter Zeit her durch lebendige Tradition sich erhalten hatten[2],
während die charakteristische Gestaltung der Thiersage zum Thierepos nicht sowohl in Deutschland selbst, als vielmehr in den Niederlanden und dem nördlichen Frankreich zu Stande kam und von dort
her erst wieder auf deutschen Boden verpflanzt wurde. Sie steht
also gewissermassen in der Mitte zwischen den einheimischen und
den aus der Fremde eingeführten Stoffen.

§ 85.

2. Fremde Stoffe wurden nach Deutschland besonders aus
dem nördlichen Frankreich durch Dichtungen gebracht, welche in
diesem Lande entweder unmittelbar aus volksthümlichen Sagen entstanden waren, oder deren Inhalt die Franzosen selbst erst auf verschiedenen Wegen, hauptsächlich durch gelehrte Bildung, durch die
Kreuzzüge und durch anderweitige Berührungen mit benachbarten
Völkerschaften, aus dem Alterthum und aus der Fremde empfangen
hatten. Andere entlehnten die deutschen Dichter aus lateinischen
Werken des Mittelalters, geistlichen und weltlichen Inhalts; mitunter
benutzten sie auch wohl französische, oder wie es damals gemeiniglich hiess, welsche Bücher und lateinische zugleich, wenn jene einen
Gegenstand behandelten, der erst aus diesen entnommen war[1]. Alle

---

§ 84. 1) Was auf diesem Wege aus ursprünglich deutschen Sagen im 12.
und 13. Jahrh. werden konnte, spricht sich wohl nirgend auffallender aus, als in
den Dichtungen von Herzog Ernst; vgl. § 91 und Bartsch, Herzog Ernst S. LXXXV ff.
2) Am meisten spricht dafür die aus der alten Kaiserchronik entlehnte, mit
einer echt deutschen Sage (Brüder Grimm, deutsche Sagen 2, 192—201) innig ver-
wachsene Fabel bei J. Grimm, Reinhart Fuchs S. 350 ff.; vgl. auch S. XLIX ff.
und CVII; denn bei andern deutschen Thierfabeln des 13. Jahrh. könnte man
schon weniger gegen fremde Abkunft einwenden.
§ 85. 1) Doch nicht immer entnahmen die deutschen Dichter die fremden

§ 85 diese Stoffe lassen sich am schicklichsten in sieben Klassen bringen[2].
— a) Fränkisch Kärlingische Sagen und Dichtungen[3], die,
zum Theil sehr alt, sich über geschichtliche Ereignisse und Verhältnisse gebildet hatten, deren Mittelpunkt Karl der Grosse war. Als
ein Gemeingut der fränkischen Eroberer des alten Galliens scheinen
sie bis zum Anfang des zwölften Jahrhunderts nur in verloren gegangenen Volksgesängen fortgelebt zu haben, aus welchen auch sicherlich,
wenigstens einem grossen Theil nach, die lateinische, vorgeblich von
Turpin abgefasste Chronik[4] zusammengeschrieben ist, die man ehe-
dem, nebst der Erzählung von einer angeblichen Fahrt Karls des
Grossen nach Constantinopel und Jerusalem[5], fälschlich für die Grundlage aller Gedichte dieses Fabelkreises hielt. Im Zeitalter der Kreuzzüge wurden diese Lieder in Frankreich gesammelt und unter dem
Einfluss der damals herrschenden religiös-politischen Ideen, die in
sie eindrangen und sie auch innerlich vielfach umbildeten, zu grossen
epischen Werken verarbeitet. Auch noch in dieser Umwandlung,
durch die sie vor allen übrigen poetischen Gebilden des romanischen
und germanischen Mittelalters der Ausdruck und die Abspiegelung

Geschichten aus Büchern; öfter arbeiteten sie auch nach mündlicher Mittheilung:
Benecke in Haupts Zeitschr. 1, 54.   2) Literarischer Nachweisungen über die
meisten der im Folgenden angedeuteten fremden Stoffe findet man die Menge in
Grässe's Buch: die grossen Sagenkreise des Mittelalters (Dresden u. Leipzig 1842. 8;
besonderer Abdruck aus seinem Lehrbuch einer allgem. Literärgeschichte II. 3),
welches aber, trotz der grossen Belesenheit, die der Verf. darin an den Tag gelegt
hat, nur mit der grössten Vorsicht benutzt werden kann. Denn man glaube ja
nicht, dass das Buch selbst erfülle, was der Titel verspricht, eine historische Entwickelung und kritische Beleuchtung seines Gegenstandes. Vorzüglich hat man
Grund ihm zu misstrauen, wo es auf die Geschichte der deutschen Dichtung ein-
geht: der Abschnitt über die deutsche Heldensage z. B. ist völlig verunglückt.
3) Ueber diese vgl. insbesondere G. Paris, Histoire poëtique de Charlemagne.
Paris 1865. 8; und L. Gautier, les épopées françaises. I—III. Paris 1865—68. 8.
2e éditions 178—82.; auch Nyrop, den oldfranske Heltedigtning. København 1883. 8.
P. Rajna, le origini dell' epopea francese. Firenze 1884. 8. und das § 83, 3 erwähnte Buch von G. Storm.   4) Historia de vita Caroli Magni et Rolandi, in
der ursprünglichen Gestalt um die Mitte des 11. Jahrh. verfasst, der zweite Theil
im zweiten Jahrzehnt des 12. Jahrh. von einem Geistlichen von Vienne: vgl. Gaston
Paris, de Pseudo-Turpino. Paris 1865. 8. Die neuesten Ausgaben sind von Ciampi,
Florenz, 1822. 8., und von Baron v. Reiffenberg, im Anhange zum 1. Th. seiner
(durch die Einleitungen für die Geschichte der altfranz. Poesie sehr wichtigen) Ausgabe der Chronique de Ph. Mouskes. Brüssel 1836—38. 2 Bde. 4. Ueber Turpin
vgl. auch F. W. V. Schmidt, über die italien. Heldengedichte S. 43 ff., und die in
Anmerk. 8 angeführten Schriften von Monin, Fauriel, F. Wolf und W. Grimm.
5) Wo die Sage von dieser Fahrt zuerst vorkommt, berichtet Grässe, a. a. O. 292
und kritischer G. Paris, hist. poëtique S. 337 ff.; den Inhalt des daraus hervorgegangenen altfranz. Gedichts (Charlemagne, herausgeg. von Fr. Michel. London
1836. 8. Kritische Ausgabe von Koschwitz. 2. Auflage. Heilbronn 1883. 8.) findet
man in A. Kellers altfranz. Sagen 1, 26 ff.

des christlichen Heldenthums geworden sind, bezeugen die kär- § 85 lingischen Dichtungen durch Inhalt, Geist und Form den ursprünglich germanischen Charakter der ihnen zum Grunde liegenden Sagen und Gesänge[6]. Daher dürfen, wiewohl erst in dieser Gestaltung in Deutschland eingeführt, die kärlingischen Sagen nur als halb fremde angesehen werden. Der ganze Sagenkreis, sofern er alte echte Ueberlieferung enthält, zerfällt in zwei Hälften. Die erste stellt Karl den Grossen und die fränkischen Helden vorzugsweise als Kämpfer der Kirche den Sarazenen gegenüber und befasst die Sagen und Gedichte von Karls Geburt, Kindheit und Jugend, seinem Zuge gegen die spanischen Araber und der darauf bei Roncevaux erfolgten Niederlage, endlich von den Kriegen, welche unter Karl und seinem Nachfolger das Narbonner Heldengeschlecht (Aimeri und Wilhelm der Heilige[7]) mit den Sarazenen um den Besitz des südlichen Frankreichs und nordöstlichen Spaniens geführt haben soll. Eingefügt haben sich darein noch die Dichtungen, welche aus willkürlicher, erst kurz nach dem ersten Kreuzzuge vorgenommener Erweiterung der Sage hervorgegangen sind. Die andere Hälfte bilden die Sagen und Gedichte, in welchen Karl und andere kärlingische Fürsten im Kampfe mit ihren Vasallen erscheinen. In Deutschland scheinen während dieses Zeitraums nur die Gedichte der ersten Klasse Eingang gefunden zu haben, wenigstens ist keine deutsche Bearbeitung eines französischen Gedichts der zweiten aus so früher Zeit bekannt[8].

---

6) Vgl. besonders L. Gautier a. a. O. I, 10 ff.   7) Ueber den Sagencyclus von letzterem vgl. auch Guillaume d'Orange, chansons de geste des XIe et XIIe siècles, publiées par W. J. A. Jonckbloet. 2 Bde. La Haye 1854. 8.; und dessen Bearbeitung in französischer Prosa, Amsterdam 1867. 8.   8) Ueber Umfang, Zusammenhang, Geschichte des ganzen Fabelkreises, die einzelnen Gedichte desselben, deren Form, Stil und Vortragsweise hat zuerst mit Einsicht und Gründlichkeit gehandelt L. Uhland, über das altfranz. Epos, in Fouqué's Musen 1812. 3. Quartal S. 59—109 (wiederholt Schriften 4, 327—406). Damit vgl. H. Monin, dissertation sur le roman de Roncevaux. Paris 1832. 8.; Fauriel, de l'origine de l'épopée chevaleresque du moyen âge. Paris 1832. 8. (aus der Revue des deux mondes, Tom. VII. VIII; übersetzt von F. A. Eckstein in den Neuen Mittheilungen des thüring. sächs. Vereins Bd. 5 ff.); A. W. v. Schlegels Beurtheilung davon im Journ. des Débats 1833, 21. Octbr. 14. Novbr. 31. Decbr.; F. Wolf, über die neuesten Leistungen der Franzosen für die Herausgabe ihrer National-Heldengedichte. Wien 1833. 8. (Nachträge in den altd. Blättern 1, 15 ff.); W. Grimms Einleit. zum Rolandsliede; V. A. Huber in der N. Jen. Litt. Zeit. 1844, Nr. 95—100 und besonders die Anm. 3 angeführten Schriften. — Die Frage, welche die französischen Gelehrten getheilt hat, ob die provenzalischen oder die nordfranzösischen Dichtungen dieses und des folgenden Sagenkreises die ältern und ursprünglicheren seien, ist für die Geschichte der deutschen Poesie in sofern von keinem wesentlichen Interesse, als bisher noch kein provenzalisches Werk der erzählenden Gattung hat nachgewiesen werden können, aus welchem ein deutscher Dichter unmittelbar geschöpft hätte, vielmehr Alles darauf hindeutet, dass die nächsten Quellen für Deutschland

§ 86.

b) Bretonischer Fabelkreis von König Artus oder Arthur[1] und den mit ihm in näherer oder entfernterer Verbindung stehenden Helden. Die französischen Dichtungen dieses Kreises, die in die Gestalt, worin sie den Deutschen bekannt
wurden, gewiss alle erst in dem Zeitalter der Kreuzzüge gebracht
waren, dürfen auf alte Volkslieder, *lais*[2], als ihre nächste oder mit-
telbare Grundlage zurückgeführt werden, die dem in Wales und Bretagne heimischen celtischen Volksstamm eigen waren und zum Theil
auf sehr alten, wohl noch mit dem celtischen Druidenthum zusammenhängenden, im Laufe der Zeiten aber mit vielen neuen, und
darunter auch fremden Elementen versetzten und phantastisch ausgebildeten Ueberlieferungen beruhten. Sie für rein willkürliche Erfindungen, ohne alle andere sagenhafte Unterlage, als einige Eigennamen zu halten[3], ist eben so unstatthaft, als ihnen zur alleinigen
Quelle einige lateinische Chroniken, namentlich die des Galfrid
von Monmouth[4] zu geben. Aber unbestreitbar scheint es, dass bei

in nordfranzösischen Werken flossen (vgl. Lachmanns Wolfram S. XXIV). Allein
man kann jetzt auch mit voller Sicherheit behaupten, dass Fauriel, der am eifrigsten die Ansicht verfocht, dass die Nordfranzosen erst von den Provenzalen die
Dichtungen des kärlingischen und bretonischen Kreises überkommen und dann
nachgebildet hätten, viel zu weit gegangen ist, und dass die nordfranz. Erzählungspoesie wohl eben so viel, wenn nicht mehr Anspruch auf eine selbständige Entwickelung zu machen hat, als die provenzalische.

§ 86. 1) Ueber ihn als geschichtliche Person (gest. 537) s. Lappenberg, Geschichte Englands 1, 103 ff. Er soll sich in der Vertheidigung seines Landes gegen
die Angriffe der Sachsen ausgezeichnet haben; daran aber hat sich in den romanischen und deutschen Gedichten so gut wie gar keine Erinnerung erhalten.
Neuerdings ist durch die anziehende Untersuchung von Holtzmann, in der Germania 12, 257—294, die Existenz eines historischen Königs Artus sehr in Frage
gestellt. Vgl. noch Glennie, Arthurian localities, their historical origin, chief
country and Fingalian relations. London 1869. 8. — Ueber den Charakter der
Artusromane vgl. Uhland, Schriften 2, 112—127; vgl. auch J. Alton, einiges zu den
Charakteren der Artussage. Wien 1883. 8. (Gymnasialprogramm). 2) Ueber
die altbretonischen epischen Lais und über deren spätere gleichnamige französische
und englische Ueberarbeitungen s. F. Wolfs Buch über die Lais, vgl. auch Berliner
Jahrb. für wissenschaftl. Kritik 1834, Aug. Nr. 30 f. 3) Diess hat z. B. Fauriel
in seiner vorhin (§ 85, 5) angeführten, übrigens höchst lesenswerthen Schrift gethan.
4) Vielmehr ist auch in dieser Chronik (Historia regum Britanniae, geschrieben um die Mitte des 12. Jahrh.; gedr. in Rer. Britannic. script. vetust. Heidelb.
1587. Fol., neuere Ausgaben von Giles, London 1844. 8. und von San Marte.
Halle 1854. 8.) der Theil, der von Arthur handelt, aus ältern bretonischen Sagen
und Ueberlieferungen entnommen, die nach des Verfassers eigenem Geständniss
Walther, Archidiaconus von Oxford, in einer bretonischen Handschrift aus Ar-
morica mitgebracht und ihm übergeben hatte: aber der erhaltene Brut y Tysylio
ist jünger und erst aus Galfrid übersetzt, wie Zarncke, in Eberts Jahrbuch für
roman. Liter. 5, 249—264 überzeugend nachgewiesen. Ueber Walther vgl. noch

Abfassung dieser Dichtungen[5], bevor sie nach Deutschland gelang- § 86
ten, weit mehr Willkür der Erfindung und freies Spiel der Phantasie gewaltet, so wie Anpassung an die während des Blüthenalters
des Ritterthums herrschenden Ideen und Sitten stattgefunden hat, als
bei der Umgestaltung der alten, auch in der Form ganz verschiedenen[6] national-französischen Heldenlieder des vorigen Kreises zu
grossen epischen Ganzen. — Eine besondere Abtheilung dieses Kreises
bilden die Dichtungen, in welchen mit den Sagen von Artus und
seiner, gewöhnlich mit dem Namen der Tafelrunde bezeichneten,
ganz weltlichen Ritterschaft die Sage von dem heil. Graal[7] und
dem seinem Dienste geweihten geistlichen Königthum und Ritterorden verbunden ist. Auch dieser Stoff scheint seinem Hauptbestandtheil nach celtischen Ursprungs zu sein; aber er muss, in der romanischen Gestaltung wenigstens, die den Inhalt zu deutschen Gedichten
hergegeben hat, noch manche andere, nicht unbedeutende Elemente
einerseits aus südfranzösischer[8], spanischer und orientalischer, andrerseits aus niederländischer und vielleicht auch deutscher Sage[9] in
sich aufgenommen haben: darauf weisen fast noch mehr die örtlichen
Anlehnungen und die Eigennamen, als die nähern und entlegneren
Quellen, aus denen nach dem Zeugniss der Dichter die Geschichte
vom Graal und seinen Pflegern ihnen zugeflossen sein soll. Auch

---

J. Grimm, Gedichte auf Friedrich I. S. 31 (kl. Schriften 3, 30); über Gottfried von
Monmouth San-Martes Uebersetzung desselben und des Brut y Tysylio. Halle
1854. 8., sowie dessen Abhandl. Zur Kritik der Historia regum Britanniae des
Gottfried von Monmouth aus dem 9. Bde. der N. Mittheil. des Thüring. Sächs.
Vereins abgedruckt. Halle 1853. 8.　5) Sie scheinen besonders von den anglo-
normannischen Trouvères am Hofe Heinrichs II von England, der sie begünstigte,
ausgegangen zu sein: F. Wolf, über die Lais S. 58 ff. Ueber das Verhältniss der
nordfranz. Bearbeiter der Artussage zu den bretagnischen Ueberlieferungen vgl.
San Marte in der German. 2, 388 ff.　6) Ueber diese Verschiedenheit der Form
ist ausführlich gehandelt in den oben (§ 85, 8) angeführten Schriften Uhlands,
Fauriels und F. Wolfs, womit aber auch zu vergleichen ist des letzteren Werk
über die Lais S. 305.　7) Ueber die früheren Deutungen dieses Wortes vgl.
S. Boisserée, über die Beschreibung des Tempels des heil. Grals, München 1834.
4. S. 15 (Abhandl. der Münch. Akad. 1835); San Marte (A. Schulz), Leben u. Dichten
Wolframs v. Eschenbach 2, 362 ff., dessen Abhandlung 'Gral' in Ersch u. Grubers
Encyclopädie, und Grässe a. a. O. S. 135 ff.); jetzt darf man nicht mehr zweifeln, dass
das Wort romanisch ist und Gefäss, Schüssel, Becken bedeutet (Diez, etymolog.
Wörterbuch[3] 2, 327), gleich dem celtischen per, daher Parzivals celtischer Name
Peredur so viel ist als 'Sucher des Gefässes, des Beckens.' — Ueber die Gralsage
vgl. Zarncke, zur Geschichte der Gralsage, Paul und Braune's Beiträge 3, 304 bis
334; A. Birch-Hirschfeld, die Sage vom Gral. Ihre Entwicklung und dichterische
Ausbildung in Frankreich und Deutschland. Leipzig 1877. 8. E. Martin, zur
Gralsage, Untersuchungen. Strassburg 1880. 8. San-Marte, zur Gral- u. Arthursage,
in Zachers Zeitschr. 16, 129—165.　8) Vgl. Bartsch, Berthold von Holle S. XXXVII.
　9) Vgl. J. Grimm in Haupts Zeitschr. 1, 7 ff.; dagegen Bartsch, Parziv. 1, S. XXIX.

§ 86 wird man zugeben können, dass auf die dichterische Ausbildung des
geistlichen Ritterthums die Einrichtungen des Templerordens einigen
Einfluss geübt haben, ohne darum genöthigt zu sein, zwischen dem
Mysterium vom Graal und der jenem Orden zur Last gelegten ketze-
rischen Geheimlehre einen Zusammenhang anzuerkennen[10].

§ 87.

c) Besondere Ritter- und Liebesgeschichten romanischer Abkunft, entweder in ihrer Unabhängigkeit von den
grossen Sagenkreisen gelassen, oder an einen derselben auf irgend
eine Weise angeknüpft. Letzteres findet z. B. auf die liebliche Sage
von Flos und Blancflos[1], so wie auf die von einem unbekannten,
wahrscheinlich schwäbischen Dichter im Auftrage eines Markgrafen
zwischen 1230 und 1240 verfasste Erzählung von der guten Frau[2]
Anwendung, die mit dem kärlingischen Kreise in Verbindung gebracht sind[3], dem sie ursprünglich sicher eben so wenig angehörten,

10) Die Geschichte des bretonischen Sagenkreises hat man erst in der aller-
neuesten Zeit gründlicher zu erforschen angefangen. Von ältern hier einschlagenden Schriften mögen neben den im vorigen § Anmerk. 6 genannten hier noch erwähnt werden: die Einleitung von Görres zum Lohengrin; F. W. V. Schmidts
Recension von Dunlop (the history of fiction) in den Wien. Jahrb. 29, 73 ff. (die sich
aber, wie die Fortsetzung, 31, 99 ff. über die Dichtung des kärlingischen Kreises,
fast nur auf die spätern Prosaromane einlässt, wenig über die ältern Gedichte
und noch weniger über die Bildung der ihnen zum Grunde liegenden Sagen gibt);
Fr. Michel, Tristan, recueil de ce qui reste des poëmes relatifs à ses aventures etc.
1835; Hagen, MS. 4, 562 ff. Unter den neueren vergleiche man San-Marte a. a. O.
2, 359 ff.; Simrocks Uebersetzung des Parzivals u. Titurels 1, 451 ff., und besonders
San-Marte, die Arthur-Sage und die Märchen des rothen Buchs von Hergest.
Quedlinburg und Leipzig 1842. 8.; dessen Beiträge zur bretonischen und celtisch-
germanischen Heldensage, ebend. 1847; und seine Uebersetzung von Stephens Geschichte der wälschen Literatur. Halle 1864. 8. (in welchen drei Werken sämmtliche Märchen der von Lady Ch. Guest in walisischer und englischer Sprache
mit lehrreichen Anmerkungen zu London 1839—42 herausgegebenen Mabinogion
übersetzt sind); auch San-Marte's Nennius und Gildas. Berlin 1844; die Sagen
von Merlin. Halle 1853; so wie Th. de la Villemarqué, Essai sur l'origine des
épopées chevaleresques de la Table-Ronde vor den Contes populaires des anciens
Bretons (einer franzöz. Uebersetzung derselben Mabinogion). Paris 1842. 2 Voll. 8.;
nebst den Recensionen von W. Müller in den Götting. GA. 1843, Nr. 101—103 und
von V. A. Huber in der Jen. Litt. Zeit. 1843, Nr. 170—173.

§ 87. 1) Ueber den muthmasslichen Ursprung und die vielfachen Bearbeitungen der Erzählung vgl. Wolf, über die neuesten Leistungen S. 69 ff. und in den
altd. Bl. 1, 19 ff.; Hoffmann, horae belg. 3, Einleit.; Grässe a. a. O. S. 274 ff.; Sommers
Einleit. zu s. Ausgabe von Fleck's Gedicht, und jetzt besonders die erschöpfende
Darstellung von H. Herzog, die beiden Sagenkreise von Flore und Blanscheflur,
in der Germania 29, 137—225.   2) Herausgeg. von E. Sommer in Haupts
Zeitschrift 2, 385—451 (vgl. Paul in seinen Beiträgen 1, 207 f.); über die Sage vgl.
noch Wolf, neueste Leistungen S. 73 ff.   3) Ueber den Zusammenhang beider
Sagen mit german. Mythen vgl. Grimm, Mythol.[2] 400, Anm. 3 ([4] 356, Anm. 5).

wie die langobardische Sage von Ruther[4]. — *d*) Antike Götter-§ 87 und Heldensagen, namentlich die Geschichten von dem Zuge der Argonauten, dem trojanischen Kriege, den Irrfahrten und Thaten des Aeneas, den frühzeitig mit dem Gewande der Fabel umkleideten Zügen Alexanders des Grossen, endlich der in den ovidischen Verwandlungen bearbeitete Fabelkreis. Aber nur dieser letztere ist durch unmittelbare Uebertragung aus der lateinischen Urschrift in die Poesie des Mittelalters übergegangen[5]; die übrigen Sagen dieser Klasse hatten ihre nächsten Quellen in lateinischen und griechischen Büchern, die während der mittlern Zeiten theils aus den Dichtungen des classischen Alterthums, theils aus volksmässigen Traditionen in Griechenland und im Orient, theils aus mehr oder minder willkürlichen Erdichtungen entstanden waren. Für die Geschichte des trojanischen Krieges waren vorzugsweise Dictys Cretensis und Dares Phrygius Quellen[6]; für die Geschichte des Aeneas war es allerdings Virgilius, aber bei Heinrich von Veldecke nur mittelbar, denn dieser benutzte die französische Dichtung des Trouvères Benoit de Sainte-More, in welcher der antike Stoff bereits völlig mit dem romantischen Geiste des Ritterthums erfüllt ist; die früh entstandene, theils auf griechischer, theils auf morgenländischer Ueberlieferung beruhende Alexandersage wurde im Auslande besonders durch die lateinische Bearbeitung des angeblichen Kallisthenes, welche im vierten Jahrhundert von Julius Valerius verfasst wurde, und die gleichfalls auf griechischer Quelle beruhende Historia Alexandri M. de proeliis verbreitet[7].

---

4) Siehe § 83 und Grimm a. a. O. S. 259, Anmerk. 1 (' 232, Anm. 2); Müllenhoff in Haupts Zeitschrift 6, 417.   5) Vgl. § 95 und Diez, Poesie der Troubadours S. 127 ff.   6) Vgl. H. Dunger, die Sage vom trojan. Kriege in den Bearbeitungen des Mittelalters und ihren antiken Quellen. Leipzig 1869. 8. G. Körting, Dictys und Dares. Ein Beitrag zur Geschichte der Troja-Sage. Halle 1571. 8. H. Dunger, Dictys-Septimius. Ueber die ursprüngliche Abfassung und die Quellen der Ephemeris belli Trojani. Dresden 1578. 4. (Programm des Vitzthumschen Gymnasiums).
7) Vgl. besonders J. Zacher, Pseudocallisthenes. Forschungen zur Kritik der ältesten Aufzeichnung der Alexandersage. Halle 1867. 8.; desselben J. Valerii epitome. Zum erstenmal herausg. Halle 1867. 8.; und schon Alexandri M. Iter ad paradisum ed. J. Zacher. Königsberg 1858. 8., in der Einleitung. Pseudo-Callisthenes nach der Leidener Handschrift herausgeg. von H. Meusel. Leipzig 1871. 8. (Abdruck aus den N. Jahrbüchern für Philologie und Pädagogik). G. Landgraf, zu Julius Valerius, Zeitschrift für die österr. Gymnasien 1882, S. 429—433. H. Christensen, Beiträge zur Alexandersage. Hamburg 1853. 4. (Programm); vgl. Kinzel in Zachers Zeitschrift 16, 119—129. K. Kinzel, zwei Recensionen der vita Alex. M. Interprete Leone. Berlin 1884. 4. (Programm). Von andern Schriften vgl. Weckherlin, Beiträge S. 1 ff.; F. Wolf in den Wien. Jahrb. 57, 169 ff.; Jacobs und Uckert, Beiträge zur alt. Litterat. 1, 371 ff.; Grässe a. a. O. S. 438 ff.; Gervinus[5] 1, 328 ff.; K. Kinzel, zur Kenntniss der Alexandersage im Mittelalter, in Zachers Zeitschrift 15, 222—229. Vgl. auch A. L. Meissner, bildliche Darstellungen der

§ 87 Daneben bestanden aber auch schon früh andere Gestaltungen dieser Sage: eine der im Mittelalter bekanntesten ist die lateinische Alexandreis des Philippus Gualtherus de Castellione (Gautier de Lille oder de Châtillon), aus dem zwölften Jahrhundert, welche im wesentlichen auf Curtius beruht. Diese antiken Sagen wurden von den Dichtern des Abendlandes, die sie der damals herrschenden Vorstellungsweise schon sehr angenähert überkamen, mit derselben Naivetät aufgefasst und behandelt, wie alle andern aus dem Alterthum und dem Morgenlande benutzten Ueberlieferungen, d. h. die auf ihnen beruhenden Dichtungen erhielten, was die Schilderung der Sitten, die Denkart und äussere Ausstattung der dargestellten Personen betraf, ganz das Gepräge und die Farbe dieses Zeitalters. — *e*) Biblische und Profan-Geschichten, mehr oder weniger durch halb gelehrte, halb volksmässige Ueberlieferung entstellt und mit Sagen der verschiedensten Art untermischt. — *f*) Legenden der Heiligen. — *g*) Vereinzelte grössere und kleinere Sagen, Geschichten, Novellen, Schwänke, Fabeln, die theils aus dem griechisch-römischen Alterthum, theils von romanischen und celtischen Völkerschaften[7] abstammten, theils endlich aus einer Mischung der verschiedenartigsten Bestandtheile hervorgegangen waren, und welche hauptsächlich in den Fabliaux und Lais der Franzosen den deutschen Dichtern bekannt wurden. Hier ist namentlich zweier Sammlungen grossentheils aus dem Orient abstammender Novellen, Schwänke und Fabeln zu gedenken, die in diesem Zeitalter im Abendlande sich zu verbreiten anfiengen. Die eine, das berühmte Buch von den sieben weisen Meistern, deren Ursprung bis nach Indien zurückreicht, und von der es alte Bearbeitungen in mehreren morgenländischen Sprachen, so wie in der griechischen gibt, die alle mannigfaltig in ihrem besondern Inhalt von einander abweichen, beruht in den verschiedenen Gestaltungen, unter denen sie in den abendländischen Literaturen Eingang und die weiteste Verbreitung gefunden hat, auf lateinischen Umbildungen, deren bis jetzt vier verschiedene bekannt geworden sind. Französische, auch wieder von einander stark abweichende poetische Bearbeitungen der zu einem Ganzen verbundenen Geschichten von den sieben weisen Meistern heben bald nach dem Beginn des dreizehnten Jahrhunderts an; deutsche lassen sich erst in der folgenden Periode nachweisen; einzelne Geschichten daraus scheinen aber schon jetzt den Weg nach Deutschland gefunden zu haben[9].

Alexandersage in Kirchen des Mittelalters, Archiv für das Studium der neueren Sprachen 65, 177—190.   8) Besonders scheinen bretonische Lais der französischen Novellenpoesie zur Quelle gedient zu haben; F. Wolf in den Berlin. Jahrb. 1834, Aug. Nr. 30. 31.   9) Von dem, was in Deutschland über die Geschichte dieser Novellensammlung geschrieben ist, vgl. Görres, die deutschen Volksbücher

Der Inhalt der andern Sammlung, der Disciplina clericalis, § 87
ward von Petrus Alfonsi, einem 1106 getauften spanischen Juden,
am Anfang des zwölften Jahrhunderts aus dem Arabischen geschöpft
und nach der lateinischen Urschrift im dreizehnten Jahrhundert von
zwei verschiedenen Dichtern in französische Verse gebracht [10]; auf
diesem Wege und vielleicht noch durch andre Mittelglieder scheint
auch schon früh manches daraus den Deutschen bekannt [11] und von
ihnen nachgebildet worden zu sein [12].

B. Art der Abfassung erzählender Dichtungen im Allgemeinen. — Erzählende Werke des zwölften Jahrhunderts, welche die neue Blüthe der epischen Poesie vorbereiteten.

§ 88.

Wenn bis zum zwölften Jahrhundert das Volksepos, allem Anschein nach, nur in äusserlich unverbundenen, einzelne Momente der
lebendigen Sage darstellenden Liedern sich fortbildete, und bloss die
von den Geistlichen geübte Dichtkunst sich erst in der planmässigen,
ausführlichen Erzählung versuchte, so wurden Darstellungen der letztern Art nicht nur die allein üblichen in der höfischen Poesie dieses
Zeitraums, sondern es giengen nun auch aus dem epischen Volksgesange ähnliche Dichtungen hervor [1], neben welchen aber noch immer

S. 154 ff.; Götting. GA. 1830, Nr. 170—172; A. Kellers Einleit. zu seiner Ausgabe des
roman des sept sages. Tübingen 1836. S., und zu Diocletians Leben von Hans
v. Bühel; Wien. Jahrb. d. Litt. Bd. 90.; Götting. GA. 1843, Nr. 73 – 77.; H. Sengel-
manns Einleit. zu der Uebersetzung der hebräischen und griechischen sieben weisen
Meister. Halle 1842. 8.; Hall. Litt. Zeit. 1843, Nr. 95.; Götting. GA. 1844, Nr. 54 f.;
H. Brockhaus in den Blätt. für litterar. Unterhalt. 1843, Nr. 242 f. und neuerdings
besonders Benfey's Pantschatantra. 2 Bde. Leipzig 1859. S.; Gödeke, über de
septem sapientibus in Benfey's Orient und Occident, Bd. 2, 3. Heft; Mussafia, Beiträge zur Litteratur der sieben weisen Meister. Wien 1868. S., und Gervinus ² 2,
325 ff. Ausgabe des latein. Textes: Ioh. de Alta Silva Dolopathos sive de rege
et septem sapientibus herausg. von H. Oesterley. Strassburg 1873. S.; dazu W.
Studemund in der Zeitschrift f. d. Alt. 17, 415—425. 18, 221—249.   10) Die
eine Bearbeitung in Méons Contes et fabliaux 2, 39—183; die andere mit dem
latein. Texte und einer altfranz. Prosabearbeitung herausg. von der Société des
Bibliophiles français. Paris 1824. S.   11) Vollständig bekannt wurde die Disciplina clericalis erst durch die Uebersetzung von Steinhöwel (15. Jahrh.) in seinem
Aesop: vgl. W. Grimm in Haupts Zeitschr. 12, 191.   12) Vgl. F. W. V. Schmidts
Ausg. der Disciplina clericalis. Berlin 1827. 4.
§ 88. 1) Die gewöhnlichste Benennung für erzählende Gedichte war in diesem
Zeitalter *maere*; daneben auch *liet* (aber das Wort in dieser Bedeutung nur in
der Einzahl gebraucht, vgl. § 72, 15) und *âventiure*, womit auch, jedoch nicht so
früh, Theile grosser Gedichte bezeichnet wurden (vgl. Lachmanns Wolfram S. X).
Ueber den sonstigen Unterschied von *maere* und *âventiure* vgl. Benecke in Haupts
Zeitschr. 1, 53 ff. und J. Grimm, Frau Aventiure. Auch der Ausdruck *spel* ist für

§ 88 vereinzelte Lieder über Gegenstände der einheimischen Sage fortbe-
standen. Diese Erscheinung erklärt sich theils aus dem natürlichen
Entwickelungsgange der epischen Dichtkunst überhaupt, indem dieselbe, sobald das subjective Bewusstsein in den Dichtern sich stärker
zu regen anfängt, von der Hervorhebung und Gestaltung des Einzelnen zur Darstellung ganzer Sagen und Geschichten, so wie zum
Zusammenfassen und Verarbeiten des früher Gesonderten zu grossen
Massen vorzuschreiten pflegt; theils aus der Einwirkung der französischen Poesie auf die deutsche. Denn indem die epischen Werke
der erstern in der Regel schon in der Form gleichmässig fortschrei-
tender, sich zu grössern oder kleinern Ganzen abschliessender Erzählungen nach Deutschland herüberkamen, wurden sie hier immer in
gewisser Weise Vorbilder für die gelehrten und höfischen Dichter,
die daraus ihre Stoffe schöpften[2]; und je grössern Beifall sich diese
nun mit ihren Werken erwarben, desto mehr mussten auch die Volkssänger angereizt werden, ähnliche Darstellungen durch Zusammenfügung, Verschmelzung und Umgestaltung der zeither üblichen Heldenlieder hervorzubringen[3], zumal diese, bei dem in der Nation und
vornehmlich unter den höhern Ständen allmählig schwindenden Bewusstsein von dem Zusammenhange der heimischen Sagen, Gefahr
liefen, nicht mehr so, wie früherhin, allgemein empfunden und verstanden zu werden.

§ 89.

Den Uebergang von der ältern zu dieser neuen, gegen den Anfang des dreizehnten Jahrhunderts feste Form und individuelles Leben
gewinnenden Darstellungsweise bilden nicht nur wegen ihrer Sprache[1],
ihres Stils und der Beschaffenheit ihres Versbaues und ihrer Reime,
wovon schon oben die Rede gewesen ist, sondern auch durch ihren
Inhalt, die ganze Art ihrer Abfassung und die innere, geistige Eigenthümlichkeit die meisten erzählenden Werke, welche im zwölften
Jahrhundert entstanden, und entweder ganz oder bruchstückweise
auf uns gekommen sind. Durch ihren Inhalt, insofern derselbe nicht
mehr auf das Gebiet der epischen Poesie des vorigen Zeitraums beschränkt bleibt, vielmehr schon aus allen den Kreisen Zuwachs erhält, in welchen die erzählenden Werke aus dem Blüthenalter der

Erzählung sehr alt; im 13. Jahrh. drückte es den Begriff unsers Märchens aus,
allgemeiner auch ein Geschwätz, eine Unwahrheit: J. Grimm a. a. O. S. 24; Lachmann, über die Leiche S.425 (kl. Schriften 1, 330). 2) Vgl. § 76. 3) Lachmann, über Singen und Sagen S. 10. 17 (kl. Schriften 1, 471. 478).
§ 89. 1) Die Dichter des 12. Jahrh. fühlten selbst, dass die deutsche Sprache
noch spröde und unfügsam wäre, aber durch fleissige Bearbeitung gewiss weich
und schmiegsam werden könnte; vgl. den Eingang zum Pilatus bei Wackernagel,
altd. LB.² 277 (⁴ 441), u. J. Grimm in den Götting. GA. 1835, S. 546 (kl. Schr. 5, 278).

mittelhochdeutschen Dichtkunst wurzeln; durch die Art ihrer Abfas- § 89
sung, indem sie zwar bereits alle, so weit wir sie kennen, im wesentlichen die Form der zusammenhängenden, geordneten Erzählung angenommen, diese aber noch nicht zur Kunstvollendung ausgebildet
haben; durch ihre innere Eigenthümlichkeit endlich, weil namentlich
in den weltlichen Gedichten die dargestellten Lebensverhältnisse,
Sitten und Ideen zwischen der kräftigen Natürlichkeit und der kern-
haften Gesundheit des alten Heldenthums einerseits und der bunt
und phantastisch ausgebildeten, an conventionelle Vorstellungen und
Formen gebundenen Ritterwelt andrerseits, so zu sagen, in der Mitte
stehen. — Ueber die Verfasser vieler dieser Dichtungen befinden wir
uns im Dunkeln. Zwar wird man die, welche religiöse Gegenstände
behandeln, auch wenn sie namenlos auf uns gekommen sind, grösstentheils Geistlichen beilegen dürfen, aber kaum ausschliesslich, da bereits aus der Mitte des zwölften Jahrhunderts ein bestimmtes Zeugniss vorliegt, dass eine Art theologischer Gelehrsamkeit sich auch
unter den Dichtern aus dem Laienstande zu verbreiten anfieng[2]. Von
den Werken ganz oder halb weltlichen Inhalts, deren Verfasser nicht
genannt sind, können wir der höher stehenden Klasse der fahrenden
Leute, die das Volksepos in seiner reinern und edlern Gestalt dem
dreizehnten Jahrhundert überlieferte, keins zuschreiben; einige dagegen, die mit vielen andern die Verwilderung der Form mehr oder
weniger theilen, werden allerdings, noch mehr ihrer ganzen Darstellungsweise als des Inhalts wegen, einer rohern Gattung der Spielmannspoesie zuzuzählen sein, die sich schon nach Art der gelehrten
Dichtung in der ausführlichen Erzählung sagenhafter Geschichten
von sehr verschiedenem Ursprunge und sehr willkürlicher Behandlung versuchte[3]. Andre rühren wohl auch von geistlichen Verfassern
her. Denn besonders unter den Weltgeistlichen, die in der Nähe
der Fürsten lebten, hat man, so scheint es, die Dichter zu suchen,
die vor dem letzten Viertel des zwölften Jahrhunderts der Hofpoesie
statt ihres ältern lateinischen Gewandes ein deutsches anlegten[4]. Sie
waren schon durch die gelehrte Bildung ihres Standes am ersten
befähigt, Stoffe jeder Art und Abkunft, zumal wenn sie zunächst
in lateinischer Sprache überliefert waren, sich anzueignen und zu
bearbeiten; auch besitzen wir wirklich ein Paar hierher gehörende
Werke, die unzweifelhaft von Geistlichen abgefasst sind[5]. Indessen

---

2) Der Oesterreicher Heinrich, Verf. des Gedichts *von des tôdes gehügede*
(§ 118), in welchem er eine Bibelkenntniss zeigt, die für sich allein genommen
auf einen geistlichen Dichter würde rathen lassen, zählt sich selbst zu den Laien.
3) Vgl. Lachmann zur Klage S. 290; Schade, Einleit. zur Crescentia S. 54 ff. 4)
Auch in Frankreich hatte sich um diese Zeit der Stand der Clercs mit Eifer der
Nationalpoesie angenommen. 5) Das Rolandslied u. das Lied von Alexander (§ 91).

§ 89 fehlt es auch nicht an Beispielen, dass schon vor Heinrich von Veldecke ausser den Volkssängern und Spielleuten noch andere Dichter aus dem Laienstande, und insbesondere Adelige, erzählende Werke abfassten[6] und sogar für Lohn vortrugen[7]: Grundes genug, unter den ungenannten Verfassern solcher Dichtungen, die durch ihre Form, ihren Inhalt und die ganze Farbe der Darstellung der spätern ausgebildeten Erzählungspoesie am nächsten kommen, vorzugsweise arme Adelige zu vermuthen. — Zunächst sollen nun nach den beiden Hauptklassen, in welche sie zerfallen, die merkwürdigsten erzählenden Gedichte aus dieser Uebergangszeit aufgeführt werden, die daran gewiss einen viel grösseren Reichthum besass, als wir in dem noch Erhaltenen nachzuweisen vermögen.

§ 90.

1. Gedichte geistlichen Inhalts. Sie stehen hier den übrigen voran, weil unter ihnen sich die ältesten Werke befinden, die wir von der Poesie dieses Zeitraums überhaupt besitzen. Von einer Bearbeitung des Maccabäerbuches durch einen mitteldeutschen Dichter besitzen wir nur Bruchstücke, von denen wir nicht wissen, ob sie einem grössern Werke angehörten[1]. Das Leben Christi behandelte ein ungenannter Dichter, dessen Werk wir aber nur bruchstückweise und in jüngerer Aufzeichnung haben[2]; das Leben Marias nach einem apokryphischen Evangelium[3] bearbeitete in drei 'Liedern' der Pfaffe Wernher, den man früher fälschlich mit Wernher von Tegernsee identifizierte[4], im Jahre 1172: in seiner ursprünglichen Gestalt nur in Bruchstücken verschiedener Handschriften erhalten[5], besitzen wir es vollständig in zwei Umarbeitungen[6], von denen die eine[7] wenig später als ein Jahrzehnt verfasst ist, die andere[8]

---

6) Heinrich der *Glichesaere*, der von dem Umarbeiter seines Gedichts Herr (in der Sprache jener Zeit immer adeligen Stand bezeichnend) genannt wird, und Eilhart von Oberge; über beide s. § 91.   7) Wie der eben erwähnte Heinrich; vgl. die alten Bruchstücke des Reinhart in J. Grimms Sendschreiben Z. 854 f.; 1791 f. und die Anmerkung zu Z. 855 der Umarbeitung in J. Grimms Reinhart Fuchs S. 108.   § 90. 1) Herausg. von Bartsch in der Germ. 28, 267—271.   2) Herausg. von Pfeiffer in Haupts Zeitschr. 5, 17—32; vgl. jedoch Bartsch, Erlösung S. VIII.   3) Thilo's Cod. apocryph. N. Testam. I; Liber de infantia Mariae et Christi salvatoris ed. Schade. Halis 1869. 8.; vgl. Reinsch, die Pseudo-Evangelien von Jesu und Maria's Kindheit in der roman. u. german. Literatur. Halle 1879. 8.   4) Hoffmann in den Fundgr. 1, 242 ff. 2, 145 f. und noch Wackernagel, Litt.-Gesch. S. 161 (vgl. ² 203).   5) Docens Miscellaneen 2, 104—108 (= Hoffmanns Fundgruben 2, 213 f.); Mones Anzeiger 6, 156—164; Anzeiger;f. Kunde der deutschen Vorzeit 1862, Sp. 113—115; Greiff in der German. 7, 305—330; Keinz, in den Münch. Sitzungsberichten 1869, II, 295 ff.; vgl. Bartsch, German. 6, 117—123.   6) Vgl. Bartsch, in der German. 13, 217.   7) Die Berliner Hs., herausgeg. von Oetter. Nürnberg und Altorf 1802. 8.; besser in Hoffmanns Fundgruben 2. 145—214. Vgl. Bartsch, Untersuchungen über das Nibelungenlied S. 364.   8) Die Hs. des Wiener Piaristen-

wohl kaum mehr dem zwölften Jahrhundert angehört. Der Dichter, § 90
der sein Werk auf Anregung eines Weltpriesters Mangolt unternahm[9],
führte dasselbe nur bis zur Rückkehr aus Aegypten: es nimmt durch
Sprache, Versbau und Darstellung einen hervorragenden Platz ein.
Ein Leben Johannes des Täufers das ein Priester Adelbrecht
verfasste, ist nur in Bruchstücken erhalten[10]. Von Heiligenlegenden
aus dieser Vorperiode sind zu nennen die Bruchstücke eines Silvester[11], der mit der Kaiserchronik (§ 91) den gleichen Eingang
hat und wahrscheinlich aus der gleichen Quelle mit ihr, einer Weltchronik stammt; eines Lebens des heil. Aegidius, die nach den
Reimen zu urtheilen nicht später als 1150 fallen[12], und die den lateinischen Originaltext[13] sehr frei erweiternd und ausschmückend behandeln; des heiligen Andreas[14], die wahrscheinlich derselben Zeit
angehören; ebenso von der Legende des heiligen Veit[15]; die vollständig erhaltene Legende von der heil. Juliana[16], die ein Priester
Arnold in der ersten Hälfte des zwölften Jahrhunderts verfasste,
derselbe, von dem wir auch ein Gedicht über die Siebenzahl besitzen[17]; einen Alexius[18], der vielleicht noch ins zwölfte Jahrhundert reicht[19], besitzen wir dann nur in überarbeiteter Gestalt. Ebenfalls überarbeitet, aber mit grösserer Sicherheit als Werke dieser
Periode zu erkennen, sind zwei Leben der heil. Margarethe[20],

Collegiums, herausg. von J. Feifalik. Wien 1560. S.; vgl. dazu Bartsch, Germ. 6, 117
bis 123.   9) Mones Anz. 6, 163 f.   10) In Mones Anzeiger S, 47—53; vgl.
Bartsch in der German. 12, 86 f. vgl• Vomberg, drei Bruchstücke einer poetischen
deutschen Bearbeitung des Lebens Johannes des Täufers aus dem XII. Jahrhundert.
Marburg 1876. S.   11) In Trier aufgefunden und herausgegeben von Roediger
in der Zeitschrift f. d. Alt. 22, 145—209; Ergänzungen und Berichtigungen dazu
von Bartsch in der Germania 26, 57—63.   12) In Hoffmanns Fundgruben
1, 246—249; dazu die viel beträchtlicheren in Trier gefundenen: herausgegeben
von Roediger in der Zeitschrift f. d. Alt. 21, 331—412; besser und vollständiger
von Bartsch in der Germania 26, 1—57.   13) Acta Sanctorum, 1. September;
vgl. Roediger, a. a. O. 21, 399 ff.   14) Herausgegeben von Lambel in der
Germania 12, 76—79;   15) In Mones Anzeiger S, 53—55.   16) Herausgegeben von Schönbach in seinen Mittheilungen aus altdeutschen Handschriften V.
(Sitzungsberichte der Wiener Akademie 101, 443—536); vgl. dazu Bartsch in der
Germania 28, 257—265.   17) Vgl. § 118.   18) Massmanns St. Alexius
Leben S. 45 f.; dazu Schönbach in der Zeitschrift f. d. Alt. 19, 82—89. — Ueber
die Verbreitung der Legende s. Cb. Joret, la légende de S. Alexis en Allemagne.
Paris 1551. S. (Aus den Annales de la Faculté des lettres de Bordeaux).
19) Vgl. Bartsch in der Germania 4, 463.   20) Das eine, in einer Berliner
Hs., herausgeg. von Haupt in seiner Zeitschrift 1, 151—193; das andere, in einer
Prager Hs., von Bartsch in der German. 4, 440—471; vgl. 6, 376—379. Das letztere
wurde auch von einem niederrhein. Dichter benutzt; vgl. Germania 7, 268—270.
Rückert, Philipps Marienleben S. 373 hält das von Haupt herausgegebene Gedicht für ein in archaistischem Stil verfasstes Produkt des 13. oder 14. Jahrhunderts.

§ 90 deren Legende zu den beliebtesten im Mittelalter gehörte[21]; von einer dritten, nicht überarbeiteten des zwölften Jahrhunderts, ist nur der Eingang erhalten[22]. In zweifacher Bearbeitung aus diesem Zeitraum kennen wir auch die berühmte Vision des irischen Ritters Tundalus oder Tungdalus, welche nach lateinischer Quelle[23] zuerst ein niederrheinischer Geistlicher[24], dann, am Ende des Jahrhunderts, ein Priester Alber, auf Anlass eines andern Geistlichen, Bruders Konrad zu Winnenberg, reimte[25]. Die Legende berichtet, wie im Jahre 1149 der genannte Ritter in einen todähnlichen Schlaf verfällt und während desselben von einem Engel durch Hölle und Paradies geführt wird. In die höfische Zeit hinüber leitet der heil. Servatius von Heinrich von Veldecke, den der Dichter noch in seiner Heimath für die Gräfin Agnes von Loen in zwei Büchern nach der lateinischen Vita dichtete[26]. Nach derselben Quelle arbeitete auch ein ungenannter, oberdeutscher Dichter, der in seine Darstellung schon manches höfische einfliessen lässt und daher wohl erst dem letzten Jahrzehnt angehört[27]. — Zwischen diese und die folgende Klasse mitten inne stellen sich durch ihren Inhalt, der Heiligen- und Profan-Geschichten mit allerlei weltlichen Sagen und Fabeln verknüpft und umflicht, einige legendenartige Dichtungen. Zunächst das sogenannte Annolied, gedichtet zu Ehren des heil. Anno, Erzbischofs zu Köln († 1075), von sehr alterthümlicher Sprache und Versart, daher sicherlich nicht später als in den Anfang dieser Periode

---

21) Vgl. F. Vogt, über die Margaretenlegenden in Paul und Braunes Beiträgen 1, 263—289. Eine jüngere Margarethendichtung des 14. Jahrhunderts ist herausgegeben von Stejskal. Wien 1880. 8. Vgl. Anzeiger f. d. Alt. 7, 255 ff. Ein Bruchstück einer Hs. derselben s. Zeitschrift f. d. Philologie 12, 468 ff.   22) Herausgegeben von Bartsch in der Germania 24, 294—297. Nur 34 Verse. 23) Visio Tnugdali ed. Schade. Halis 1869. 4. Die Schreibung Tnugdalus für Tungdalus ist wohl nur ein wenn auch alter Fehler. Vgl. Mussafia, sulla leggenda di Tundalo. Appunti. Vienna 1871. 8. (Aus den Sitzungsberichten der Akademie), und jetzt besonders Visio Tnugdali, lateinisch und deutsch herausgegeben von A. Wagner. Erlangen 1882. 8. (vgl. Voigt im Anzeiger für deutsches Alt. 9, 350—368).   24) Diese ist nur in Bruchstücken erhalten: bei Lachmann, Bruchstücke niederrhein. Gedichte S. 166 ff. (kl. Schriften 1, 526 ff.); vgl. S. 161 f. (522); und bei Wagner.   25) Bei Hahn, Gedichte des 12. und 13. Jahrhunderts S. 41—66, und kritisch bearbeitet bei Wagner. Vgl. noch Sprenger, Albers Tundalus. Halle 1875. 8. (Dissertation); und derselbe, Alber von Regensburg und die Eneide. Germania 27, 287 f.   26) Herausg. von J. H. Bormans. Maestricht 1858. 8., vgl. dazu Bartsch in der German. 5, 406—431 und jetzt Behaghel in seiner Einleitung zur Ausgabe der Eneide. Ein Bruchstück einer alten Handschrift hat Wilh. Meyer in der Zeitschrift f. d. Alt. 27, 146—157 mit Untersuchung über die latein. Quelle veröffentlicht. Vgl. auch Lambel in der German. 23, 190 f. Den Dichter kennt als Verf. des Servatius auch Püterich in seinem Ehrenbriefe: German. a. a. O.   27) Herausgeg. von Haupt in seiner Zeitschr

zu setzen[25]. Die Sprache ist niederrheinisch, und ein Geistlicher in oder § 90
um Köln sicherlich der Verfasser, schwerlich jedoch der bekannte Geschichtschreiber Lambert von Hersfeld[29]. Der Dichter benutzte im Eingange[30] ein älteres weltchronikenartiges Werk, welches auch dem Verfasser der Kaiserchronik (§ 91) vorlag; für das Leben des Heiligen selbst
die in Siegburg zwischen 1100 und 1105 verfasste Vita Annonis[31].
Gleiche Mischung legendarischen und weltlichen Charakters zeigt die
von einem Fahrenden oder Spielmann herrührende Bearbeitung der
Legende von S. Oswald[32], die jedoch nur ihrer Grundlage nach
diesem Zeitraum angehört, wie auch die von einem mitteldeutschen
Dichter verfasste[33] und die Prosabearbeitung des fünfzehnten Jahrhunderts[34] auf eine im zwölften Jahrhundert vorhanden gewesene
Oswalddichtung hinweisen[35]. Ebenso das auf mythischer Grundlage[36]

5, 75—192. Ein Bruchstück einer zweiten Hs. gab Frommann in der Germania
18, 458 f. heraus.   28) Nach Lachmann, über Singen und Sagen S. 8 (kleine
Schriften 1, 469) soll es um 1183 von einem Kölnischen Geistlichen gedichtet sein;
das richtige hatte schon Hoffmann, Fundgr. 1, 251 gesagt; ihm stimmt bei Schade,
Crescentia S. 17 ff. und seitdem wohl jeder Urtheilsfähige. Vgl. noch E. Kettner,
Untersuchungen über das Annolied in der Zeitschr. f. d. Philol. 9, 257—337.
29) Wie Holtzmann, Der Dichter des Annoliedes, in der German. 2, 1—48 wollte,
der den Dichter zugleich mit dem des Alexanderliedes, dem Pfaffen Lamprecht,
identifiziert.   30) Vgl. über denselben auch Müllenhoff, Denkmäler ² S. 334.
31) Vgl. Kettner in Zachers Zeitschrift 9, 257 ff. Die frühere Annahme,
dass der Anno die Kaiserchronik benutzt habe, ist jetzt natürlich hinfällig; ebenso
unrichtig die umgekehrte. Aeltester Druck des Annoliedes durch M. Opitz. Danzig
1639. 8., welcher die Stelle der verlorenen Hs. vertreten muss (vgl. dazu Opitzens
Brief im Weimarischen Jahrbuch 2, 201 f.); darnach in den Ausgaben von Opitzens
Gedichten (am besten in der von Bodmer und Breitinger angefangenen, Zürich
1745), in Schilters Thesaur. I. Werthlos sind die Ausgaben von Hegewisch, im
d. Magaz. 1791, Juli, und von Goldmann, Leipzig 1816. 8. Dagegen sorgfältig die
von K. Roth, München 1847. 8.; und von H. E. Bezzenberger, Maere von Sente
Annen. Quedlinb. 1848. 8. Einen genauen Abdruck des Opitz. Textes lieferte J.
Kehrein. Frankf. a. M. 1865. 8.   32) Herausgeg. von L. Ettmüller. Zürich 1835.
8.; nach einer jungen (Schaffhausener) Handschrift; die Lesarten aus der Münch.
theilte Bartsch in der German. 5, 142—151 mit. Vgl. schon Schmeller in den Münch.
GA. 1836, S. 995 ff. Ueber die Innsbrucker Hs. vgl. Zingerle in der Zeitschrift
für deutsche Philol. 6, 377—404; die Stuttgarter Oswaldprosa veröffentlichte Edzardi
in der Germania 20, 190—206. 21, 171—193.   33) Herausgeg. von Pfeiffer in
Haupts Zeitschr. 2, 92—130. Ueber eine andere Hs. derselben vgl. Anz. f. Kunde
d. d. Vorzeit 1861, Sp. 391.   34) Herausgeg. von J. V. Zingerle, die Oswald-
legende und ihre Beziehung zur deutschen Mythologie. Stuttgart und München
1856. 8. Eine andere Prosa gab Haupt in seiner Zeitschrift 13, 466 ff. heraus.
35) Vgl. Bartsch, die deutschen Gedichte von S. Oswald in der German. 5,
129—174; dazu E. H. Meyer, Ueber das Alter des Orendel und Oswald, in Haupts
Zeitschr. 12, 387—395, und J. Strobl, über das Spielmannsgedicht von S. Oswald.
Wien 1870. 8.; A. Edzardi, Untersuchungen über das Gedicht von Sanct Oswald.
Hannover 1876. 8. (vgl. Roediger im Anz. f. d. Alt. 2, 245—262); auch Lachmann, zur
Klage S. 290.   36) Vgl. über diese Müllenhoff, deutsche Alterthumskunde 1, 32 ff.

§ 90 ruhende Gedicht von Orendel, dessen Ursprung auf den Niederrhein hinweist, das aber viel treuer den Charakter der Spielmanns-
dichtung des zwölften Jahrhunderts bewahrt hat und auch die strophische Form, eine fünfzeilige Strophe mit vorletzter reimloser Zeile,
noch erkennen lässt[37]. Endlich die ihres geregelten Versbaues und
der Genauigkeit ihrer Reime wegen schon mehrmals (§ 67, S. 69, 4)
erwähnte vortreffliche, nur leider nicht vollständig erhaltene Erzählung von Pilatus[38], die auch wohl ein Laie[39], doch sicher kein
Fahrender gedichtet hat. Das Gedicht beruft sich auf eine lateinische Quelle, die man gleichwohl wegen der starken Abweichungen
im Inhalt nicht in der metrischen Vita Pilati[40], welche allerdings
auch ins zwölfte Jahrhundert gehört[41], eher schon in einer lateinischen Prosa[42] suchen darf[43].

§ 91.

2. Gedichte weltlichen Inhalts. Unter ihnen nimmt sowohl wegen ihres Alters, als wegen ihrer legendenartigen Bestandtheile, wodurch sie sich der vorigen Klasse zunächst anschliesst,
jene so eben (§ 90, 31) erwähnte Kaiserchronik[1] die erste Stelle

---

37) Herausgegeben von v. d. Hagen. der ungenähte Rock Christi, wie König
Orendel von Trier ihn erwirbt. Berlin 1844. S. Orendel u. Bride, eine Rune des
deutschen Heidenthums, herausg. von L. Ettmüller. Zürich 1858, hier in kleinere
Gesänge und vierzeilige Strophen getheilt; vgl. dazu Bartsch in der German. 5,
109—120; E. H. Meyer a. a. O. Uebersetzung von Simrock. Stuttgart 1845. S. Har-
kensee, Untersuchungen über das Spielmannsgedicht Orendel. Kiel 1879. S. O.
Keller, Vicus Aurelii oder Oehringen zur Zeit der Römer. Bonn 1871. 4, enthält
einen Excurs über Orendel. 38) Herausg. von Massmann, Gedichte des 12. Jahrhunderts S. 145—152; der Anfang bei Wackernagel, LB.[5] 441 ff. Neueste Bearbeitung
von Weinhold, zu dem deutschen Pilatusgedicht. Text, Sprache und Heimat. Zeitschrift f. d. Philol. 8, 253—288. Vgl. Sprenger in der Zeitschr. f. d. Philol. 7, 368.
39) Zu den weltlichen Dichtern zählt den Verf. des Pilatus auch W. Grimm,
Graf Rudolf S. 13. 40) Herausgeg. von Mone im Anzeiger 1835, Sp. 425 ff. In
ihr die Quelle zu erblicken war J. Grimm, lat. Gedichte S. XLI, geneigt. 41)
Sie findet sich z. B. in einer Züricher Hs. nach 1172: Wackernagel in Haupts Zeitschrift 5, 293. 42) Theilweise bekannt gemacht von Mone, Anzeiger 1838,
Sp. 526 ff. 43) Ueber die Sage von Pilatus s. Massmann, Kaiserchronik 3,
594 ff. und jetzt besonders W. Creizenach, Legenden und Sagen von Pilatus in
Paul und Braune, Beiträge 1, 89—107.
§ 91. 1) Herausgeg. von Massmann, der keiser und der kunige buoch oder
die sogen. Kaiserchronik. 3 Bände. Quedlinb. u. Leipz. 1849—54. 8. (der 3. Bd. enthält die Abhandlungen); und von J. Diemer, nach der Vorauer Hs., 1. (einziger)
Theil (den Text enthaltend). Wien 1849. S. Bruchstücke von Handschriften sind
mitgetheilt in der Zeitschrift f d. Alt. 14, 503 ff. 19, 208 ff. 26, 95 f. 20, 221 ff. Germ.
25, 98 ff. Vgl. H. Welzhofer, Untersuchungen über die deutsche Kaiserchronik des
12. Jahrh. München 1874. S. F. Debo, über die Einheit der Kaiserchronik. Graz

ein. Sie ist wahrscheinlich um 1147[2] von einem bairischen Geist- § 91
lichen in Regensburg[3] abgefasst und durch ihren aus wirklichen Geschichten, Sagen, novellenartigen Erzählungen, Legenden und Fabeln
entlehnten Inhalt ein höchst merkwürdiges Zeugniss von dem schon
damals stattgehabten Zusammenfluss der verschiedenartigsten Ueberlieferungen, deren halb gelehrter, halb volksmässiger Auffassungs-
und Behandlungsweise und dem Geschmack des Zeitalters, dem dieses Werk, wie man aus den zahlreichen Handschriften und Bearbeitungen sieht, in hohem Grade zugesagt haben muss. Der Faden
der Erzählung[4] ist die Geschichte der römischen und deutschen Kaiser
von Julius Cäsar bis zu Konrad III, mit dessen Entschliessung zum
Kreuzzuge von 1147 das Gedicht in den ältesten Handschriften[5] endigt;
andere schliessen schon mit Lothar II, wogegen wiederum andere
eine bis zum Tode Friedrichs II herabgehende und bald nach demselben gefertigte Umarbeitung in strenge Verse und Reime geben.
Der Dichter benutzte ausser lateinischen Quellen, namentlich dem
Chronicon Wirziburgense[6], auch ältere deutsche Gedichte, welche er
entweder theilweise, oder vollständig in den Rahmen seines Werkes,
das überall Episoden gestattete, aufnahm: jenes bei einem geistlichen
Liede in sechszeiligen Strophen, von denen er zwei aufnahm[7], dieses
bei der schönen Erzählung von Crescentia[8], welche wir vollständig
nicht in ihrer ursprünglichen Gestalt, wohl aber in einer Umdichtung
des dreizehnten Jahrhunderts in genauen Reimen besitzen[9]. Auch
aus des Priesters Arnold Gedichte von der Siebenzahl zum Lobe
des heiligen Geistes[10] hat der Verfasser der Kaiserchronik ein ursprüngliches selbständiges Stück[11] aufgenommen[12]. Gemeinsame Quellen

1877. 8. Schum, Beitrag zur Kritik der deutschen Kaiserchronik. Forschungen
z. d. Gesch. 15, 3. Heft. W. Scherer in der Zeitschr. f. d. Alt. 18, 298 ff.   2) Nach
dem Tode der Kaiserin Richenza (1141). Lachmann, über Singen und Sagen S. 8,
Anm. 1 (kl. Schriften 1, 168), scheint sie bald nach 1160 zu setzen.   3) Nach
Pfeiffer, Ueber Wesen und Bildung der höfischen Sprache S. 13, von einem Franken.
     4) Eine Uebersicht über den Inhalt des Ganzen gab schon 1823 Massmann
in der (Heidelb. 1825) von ihm erlassenen Ankündigung einer Ausgabe.   5)
Der Heidelberger 361, der Vorauer u. a.   6) Monum. Germ. SS. XVI, 17 ff.   7)
Müllenhoff, ein Lied in der Kaiserchronik, Zeitschr. f. d. Alt. 18, 157—159.   8)
Crescentia, ein niederrhein. Gedicht aus dem 12. Jahrh. Herausgeg. von O. Schade.
Berlin 1853. 8.; hier in sechszeilige Strophen aufgelöst. Bei Massmann V. 11368
bis 12628; bei Diemer S. 317—392. Die Regelmässigkeit des Versbaues verhindert
durchaus nicht das Gedicht in die erste Hälfte des 12. Jahrh. zu setzen; vgl. den
Friedberger Christ (§ 46, 25).   9) Im Koloczaer Codex S. 245 ff., und in Hagens
Gesammtabenteuer 1, 135—161. Ueber die Sage vgl. Massmann 3, 893—917; Hagen
a. a. O. 1, S. C—CIV; Grässe a. a. O. S. 286 f. 377. Eine Bearbeitung des Stoffes von
H. Rosenplüt in Kellers Fastnachtsp. 3, 1149 ff.   10) Diemer, Gedichte des 11.
und 12. Jahrh. S. 333—357.   11) Diemer 349, 19 – 352, 7.   12) Vgl. Müllenhoff und Scherer, Denkmäler S. 407 (*159 f.).

§ 91 benutzte er mit dem Dichter des Anno und des Silvester[13]. — Von
den übrigen hier aufzuführenden Dichtungen, die sich am bequemsten
nach ihren Stoffen ordnen, gehört der volksthümlich-deutschen Heldensage an König Ruther, nach einem ältern Werke von einem
Volksdichter oder Fahrenden[14] abgefasst, der vom Niederrhein gebürtig, sein Werk aber in Baiern verfasste und für ein bairisches
Publicum berechnete[15], sicherlich nicht später als um die Mitte des
zwölften Jahrhunderts[16], wie die Alterthümlichkeit der Sprach- und
Reimformen zeigt. Wahrscheinlich machte er den Kreuzzug von 1147
mit, da er selbst in Constantinopel gewesen zu sein scheint. Das
Gedicht hat eine theilweise Umarbeitung erfahren[17], die auch allein
den Schluss überliefert hat[18]. Es behandelt dieselbe Sage, die sich
in zwar späterer, aber einfacherer und darum, wie es scheint, der
ursprünglichen Gestaltung näher stehender Auffassung in der Viltina-
saga[19] findet: in dem älteren Buche oder Liede, worauf sich der
Dichter beruft, war die einheimische Sage wahrscheinlich schon im
wesentlichen so umgebildet, wie sie sein Werk gibt[20]. — Der deutschen Personensage, in die aber viele fremde Elemente aufgenommen
sind[21], gehört Herzog Ernst an, der zuerst zwischen 1170—1180
von einem niederrheinischen Dichter nach einer lateinischen Quelle
bearbeitet wurde[22]. Sein Werk besitzen wir nur in Bruchstücken[23],
kennen es aber vollständig aus zwei Umarbeitungen, von denen die

---

13) Vgl. § 90, 11.30.   14) Vgl. Lachmann z. Klage S. 290.   15) Müllenhoff in
Haupts Zeitschr. 6, 446 ff.; Haupt ebend. 7, 262.   16) Bartsch, Untersuch. etc. S. 355;
Pfeiffer, Wesen u. Bildung d. höfisch. Sprache S. 14.   17) Bruchstücke zweier Hss.
bei Massmann S. 176—178 u. 232—234.   18) Gedruckt ist es nach der Heidelb. Hs.
mit vielen Lesefehlern in den Gedichten des MA. 1 (vgl. Docen in Schellings Zeitschrift 1, 395 ff.): besser bei Massmann, Gedichte des 12. Jahrhunderts S. 162—234;
kritische Ausg. mit Einl. u. Anm. von H. Rückert. Leipzig 1872. 8., die neueste v. K. v.
Bahder. Halle 1884. 8. Bruchstücke einer zweiten Hs. des alten Textes gab Keinz
heraus: Sitzungsberichte d. Münch. Akad. 1869, II, 307—311. Ein anderes Bruchstück,
das aber von Umarbeitung nicht frei ist, veröffentlichte K. v. Bahder in der Germ. 29,
229—243. Zur Metrik des Ruther vgl. Amelung in Zachers Zeitschr. 3, 253—305.
Zur Textkritik: Edzardi in der Germ. 20, 403—421. Ueber den Dichter, Heimat u. Abfassungszeit vgl. Scherer, in Haupts Zeitschrift 18, 298 ff. Bahder in der Germania
29, 257—300.   19) Die Erzählung von Osantrix, Cap. 45—61.   20) Ueber
den Einfluss, den die Bekanntschaft mit den Verhältnissen des byzantinischen Hofes
zur Zeit des ersten Kreuzzuges darauf ausgeübt habe, vgl. Wilken, Gesch. der
Kreuzzüge 1, Beil. 5.   21) Vgl. über die historische Grundlage und die Mischung
mit fremden Elementen, Bartsch, Herzog Ernst. Wien 1869. 8. S. LXXXV ff.; E.
Dümmler in Haupts Zeitschr. 14, 265—271; dazu Uhlands Inauguralrede (1832) in
seinen Schriften zur Gesch. d. Dicht. u. Sage 5, 323—343.   22) Bartsch a. a. O.
S. II.   23) In Hoffmanns Fundgruben 1, 228—230; andere zu derselben Hs. gehörige gab Pfeiffer in seiner German. 6, 350—357 heraus; kritisch bearbeitet und
ergänzt bei Bartsch S. 3—12; vgl. S. I—XXV. Weitere Bruchstücke durch Bartsch
in der Germania 19, 195 f.

eine der Scheide des zwölften und dreizehnten Jahrhunderts[24], die § 91 andere[25], welche mit Unrecht Heinrich von Veldeke beigelegt wurde[26], der zweiten Hälfte des dreizehnten[27] zufällt. Auf ihm beruht auch ein in Hexametern im Jahre 1206[28] verfasstes bombastisches Gedicht eines Odo[29] und eine lateinische Prosa[30], aus welcher das deutsche Volksbuch des fünfzehnten Jahrhunderts floss[31]. Dagegen liegt die strophische Bearbeitung in der Form der nach dem Stoffe benannten Herzog Ernst-Strophe weiter ab[32]. — In das Gebiet der Thiersage endlich gehört Reinhart Fuchs, von Heinrich dem Glichesaere (Gleissner)[33], einem Elsässer, nach einem französischen Werke wohl nicht vor 1170[34] gedichtet, aber bis jetzt nur etwa zum dritten Theil in dem alten, vielleicht auch schon hier und da von dem ursprünglichen abweichenden Texte aufgefunden[35], wogegen sich eine Um-

---

24) Herausgegeben von Bartsch S. 15—186; vgl. S. XXV—XXXVI. Erste Nachricht über sie gab Docen, Jen. Litt. Zeitung 1810, Nr. 109; im altdeutschen Museum 2, 245 ff. und in Schellings Zeitschrift 1, 231 ff. Nähere Mittheilungen aus der Wiener Handschrift gab Haupt in seiner Zeitschrift 7, 253 ff.   25) Gedruckt in den Gedichten des MA. 1; vgl. Bartsch S. LIV—LXV.   26) Dass H. v. Veldeke der Verfasser des alten Gedichts, das sich noch in den ersten Jahren des 13. Jahrhunderts die Ritter zu Hofe vorlasen (doch vgl. Bartsch, Untersuchungen S. 335 f.), auch nur sein könne, findet Lachmann, über Singen und Sagen S. 12 (kl. Schr. 1, 172), höchst unwahrscheinlich. Vgl. Bartsch H. Ernst S. LIV.

27) Jänicke, über die Abfassungszeit der beiden deutschen Gedichte von H. Ernst in Haupts Zeitschr. 15, 151—165 suchte die Zeit zwischen 1277 u. 1285 zu begrenzen; die Hinfälligkeit dieser Begründung zeigte Zarncke in den Beiträgen von Paul und Braune 2, 580—585. Vgl. Kinzel in Zachers Zeitschr. 9, 415.   28) Ueber die Zeitbestimmung s. Zarncke bei Paul u. Braune, Beiträge 2, 576—580.   29) In Martenes Thesaur. nov. anecdot. 3, 307—366; vgl. Bartsch S. LXV—LXXII so wie W. Toischer, in der Zeitschr. f. d. Alt. 24, 96.   30) Herausgeg. von Haupt in seiner Zeitschr. 7, 193—252, woran sich Untersuchungen über das Verhältniss der verschiedenen Bearbeitungen schliessen. Vgl. Bartsch S. XXXVI—LIV.   31) Herausgeg. bei Bartsch S. 229—305; vgl. S. LXXII ff.   32) Abdruck in Haupts Zeitschr. 8, 477—507; kritisch bearbeitet von Bartsch S. 159—225; vgl. S. LXXIX ff. Vgl. noch R. Hügel, das Lied vom Herzog Ernst, in Paul und Braune, Beiträge 4, 476—499.   33) Den Beinamen führte er nach J. Grimm (Sendschreiben S. 65) wahrscheinlich ohne Bezug auf seine Dichtung und vielleicht schon als einen ererbten: vgl. Reinh. Fuchs S. CIX.   34) Dass Heinrich noch im 12. Jahrh. gedichtet haben müsse, wurde zuerst von Hoffmann, Fundgr. 1, 240, bemerkt; näher suchte J. Grimm (Reinh. Fuchs S. CVIII ff.; CCLV; altd. Blätt. 1, 417 ff.; Gramm. 4, 96, Anm.; Sendschreiben an K. Lachmann S. 64 ff.) seine Heimath und sein Alter zu bestimmen. Dass er ein Elsässer gewesen, ist darnach nicht mehr zu bezweifeln (Massmanns Muthmassung über ihn, zu Eraclius S. 555, Anmerk. 2; 624, wird wohl niemand theilen wollen); weniger sicher scheint es, die Abfassung des Gedichts noch in die Mitte des 12. Jahrh. oder bald nachher zu setzen, zumal wenn man W. Grimm (Gr. Rudolf's S. 13) beistimmt, dass die Verse Heinrichs viel regelmässiger gebaut sind, als sie es zu sein scheinen.   35) Die einzelnen Bruchstücke sind herausgegeben und erläutert in J. Grimms Sendschreiben an K. Lachmann. Ueber Reinhart Fuchs, Leipzig 1840. 8. Vgl. Haupt in seiner Zeitschrift 15, 231 f.

§ 91 arbeitung aus dem dreizehnten Jahrhundert fast vollständig erhalten
hat[36]. — Auf kärlingischer Sage, die, wie wir aus der Kaiserchronik
wissen[37], im Anfang des zwölften Jahrhunderts in Deutschland Gegenstand des Gesanges war, beruht das durch seinen Stoff und die
epische Kraft der Darstellung ausgezeichnete, in der Form aber noch
wenig geregelte Gedicht von Kaiser Karls Zug gegen die spanischen
Sarazenen, auch das Rolandslied[38] genannt, von dem Pfaffen
Konrad nach einer von dem deutschen Dichter erst selbst gefertigten lateinischen Uebersetzung des französischen Vorbildes abgefasst,
dessen Inhalt er versichert weder verkürzt noch erweitert zu haben.
So berichtet er selbst in dem Epilog, aus welchem sich auch ergibt,
dass der Dichter, vermuthlich als Capellan, in den Diensten eines
Herzogs Heinrich stand, der nach dem Wunsche seiner Gemahlin,
der Tochter eines mächtigen Königs, von dem in Frankreich geschriebenen Buche eine Uebersetzung verlangt habe. Man deutete dies
früher[39] auf Heinrich den Löwen, der durch seine zweite Vermählung Heinrichs II von England Eidam ward; richtiger und der alter-
thümlichen Darstellung und Sprache entsprechend auf seinen Vater
Heinrich den Stolzen, der mit Lothars II Tochter vermählt war: es muss
also das Gedicht vor 1139 entstanden sein[40], genauer bestimmt sich
die Zeit auf 1131; die Heimath ist Regensburg[41]. Die französische
Quelle besitzen wir in der Chanson de Roland[42], die mit Unrecht
einem gewissen Turold beigelegt wird. Das Gedicht Konrads[43] er-

36) Es fehlen in der Handschr. 140 Verse. Zuerst gedruckt im Koloczaer Codex; dann in besserer, der ursprünglichen (von der damals noch nichts aufgefunden
war) so viel wie möglich angenäherten Gestalt in J. Grimms Reinh. Fuchs S. 25 ff.
    37) Karl hât ouch andere liet Kaiserchronik 15058.   38) Ueber Roland
vgl. das Programm der Hauptschule zu Bremen, von E. H. Meyer. Bremen 1868. 4.,
worin der Versuch gemacht wird, die Sage auf mythische Grundlagen zurückzuführen; vgl. Kuhn in Zachers Zeitschr. 1, 491 ff., dagegen G. Paris in der Revue
critique 1870, I, 95 ff.   39) W. Grimm in seiner Einleitung S. XXXI ff. Die
Meinung Massmanns (zu Eraclius S. 435; 559, Anm. 2), das Gedicht sei vor Heinrichs
Kreuzfahrt (1172) verfasst, und der Dichter sei der Bischof Konrad von Lübeck,
widerlegte Grimm in Haupts Zeitschr. 3, 251 ff.   40) Vgl. Schade, veter. monu-
ment. decas, S. 63—66.   41) W. Scherer, in der Zeitschr. f. d. Alt. 18, 298 ff.
E. Schröder, ebendas. 27, 70—82. — Weiss, im Histor. Jahrb. der Görres-Gesellschaft 1, 107 ff.   42) Herausg. von Fr. Michel. Paris 1837. 8. (vgl. W. Grimm in GGA.
1838, Nr. 50 f. [kl. Schr. 2, 472 ff.], und Ruolandes liet S. XXXVII ff. XCV ff.); von F.
Genin. Paris 1850. 8.; von Th. Müller. Göttingen 1863. 1878. 8. Uebersetzt von W.
Hertz. Stuttg. 1861; vgl. Mussafia in der Germ. 7, 117 ff.   43) Gedruckt (ein grosses
Bruchstück) in Schilters Thesaur. II; vollständige Ausgabe (mit den Lesarten der
erhaltenen Bruchstücke, nach der Pfälzer Hs, deren Bilder beigefügt sind, mit
lehrreicher Einleitung über die Geschichte der Sage) von W. Grimm. Göttingen
1838. 8. Kritische Ausgabe von Bartsch. Leipzig 1874. 8.; dazu Bartsch, zum
Rolandsliede, in der German. 19, 355—418. Seitdem ist ein Bruchstück in Erfurt
aufgefunden worden: Zeitschr. f. d. Philol. 10, 485 ff. Vgl noch Haupt in seiner Zeit-

fuhr wie so viele Gedichte dieses Zeitraums eine Ueberarbeitung, § 91 und zwar eine doppelte, die eine von einem österreichischen Dichter, dem Stricker, um 1230 (§ 95), die andere, am Ende des zwölften Jahrhunderts von einem ungenannten niederrheinischen Verfasser (§ 92). — Bretonische Herkunft hat der Tristrant Eilharts von Oberge, wahrscheinlich aus den Siebzigern des zwölften Jahrhunderts, nur bruchstückweise [44] in der ältern, doch auch schon nicht von Ueberarbeitung freien Gestalt, vollständig in einer noch im zwölften Jahrhundert entstandenen Umarbeitung [45], so wie in einer theilweisen Umdichtung in mehr höfischem Stile [46], und endlich in einer Prosaauflösung des fünfzehnten Jahrhunderts erhalten [47]. Der Dichter kann dieselbe Person sein mit einem Eilardus de Oberge (im Hildesheimischen), der als Dienstmann Heinrichs des Löwen und Ottos IV urkundlich zwischen 1189—1207 nachgewiesen ist [48]; er muss den Tristrant dann in seinen jungen Jahren gedichtet haben [49]. — Einzelne, unter dem Namen Graf Rudolf herausgegebene Fragmente sind auch nur von einer wahrscheinlich zwischen 1170 und 1173 abgefassten Dichtung übrig [50], die, wenn sie nicht ursprünglich deutsch ist, wo-

---

schrift 15, 256 ff.; Wald, über Konrad, den Dichter des deutschen Rolandsliedes. Halle 1879. 4. (Wandsbecker Programm); und W. E. Thamhayn, über den Stil des deutschen Rolandsliedes nach seiner formalen Seite. Hallische Dissertation 1883. 8.   44) Die Bruchstücke gab Hoffmann heraus. Breslau 1823. 8. (auch in Hagens Ausg. des Gottfried 2, 313 ff.), besser in den Fundgruben 1, 231 ff. Andere Bruchstücke bei K. Roth, Bruchstücke aus Enenkels Weltchronik. München 1854, S. 37 f.; durch Barack in Pfeiffers Germ. 9, 155—159. Ueber eine werthvolle verlorne Hs. des alten Textes s. Bartsch in der German. 24, 16. 19. Eine wichtige Quelle bildet eine altböhmische Uebersetzung: vgl. J. Knieschek, der tschechische Tristram und Eilhart v. Oberge. Wien 1882. 8. (Sitzungsberichte, Bd. '101, 319 ff.) vgl. Pfaff im Liter.-Blatt 1884. Nr. 1; Lichtenstein im Anz. f. d. Alt. 10, 1—13; und Knieschek, der tschechische Tristram und seine deutschen Vorlagen: Mittheilungen d. Vereins f. d. Gesch. d. Deutschen in Böhmen 22, 226—250.   45) In einer Heidelberger und einer Dresdener Hs., welche aber zwei verschiedene Ueberarbeitungen darstellen. Vgl. Bartsch in der German. 13, 216 f. Nähere Mittheilungen in Groote's Tristan S. XLIV ff.   46) In einer Berl. Handschrift: vgl. Bartsch, zur Textgeschichte von Eilharts Tristrant, Germ. 25, 365—376.   47) Vgl. § 168. — Eilhart v. Oberge, herausg. v. F. Lichtenstein. Strassburg 1878. 8. (QF. 19). Vgl. Bartsch in der Germ. 23, 345—361; Strobl im Anz. f. d. Alt. 5, 227—238; ferner F. Lichtenstein, in der Zeitschrift f. d. Alt. 26, 1—18; und Bartsch in der Germania 27, 359—367; zur Textkritik auch Xanthippus (Sandvoss) Spreu, dritte Hampfel. Rom 1881. 8. Zur Sagenüberlieferung: Compart, die Sagenüberlieferungen in den Tristan-Epen Eilharts u. Gottfrieds. Güstrow 1876. 8.   48) Vgl. Fundgruben 1, 231; Hagen, MS. 4, 584 ff.   49) Jedenfalls vor der Eneide: Lachmann, zur Klage S. 290; Pfeiffer in der German. 2, 495. Behaghels entgegenstehende Ansicht, dass Eilhart die Eneide benutzt habe, hat durch den Nachweis, dass die betreff. Stellen erst der Ueberarbeitung von Eilharts Texte angehören, ihre Erledigung gefunden.   50) Herausgeg. mit einer Einleit. von W. Grimm, Göttingen 1828. 4.

11*

§ 91 für mehreres spricht[51], noch am ersten auf einer südfranzösischen, dann aber sicher mit voller dichterischer Freiheit benutzten Grundlage beruhen dürfte, und die, schon sehr merkwürdig durch die Art, wie sie geschichtliche Begebenheiten und Zustände der nächsten Vergangenheit in sich aufgenommen hat, wegen ihrer lebenswarmen, gehaltenen und naturwahren Darstellung den vortrefflichsten Werken unserer ältern Poesie beigezählt werden muss. Durch die darin vorkommenden Oertlichkeiten und die Schilderung der Sitten und öffentlichen Verhältnisse steht der Stoff der Dichtung, deren Verfasser wir im mittleren Deutschland, wahrscheinlich in Thüringen zu suchen haben[52], in nächster Beziehung zu der Geschichte der Kreuzzüge und der christlichen Herrschaft in Palästina[53]. — Dass in dieser Zeit auch schon antike Heldensagen bearbeitet wurden, beweisen Anspielungen auf vorhanden gewesene Dichtungen vom trojanischen Kriege[54] und das noch erhaltene Lied von Alexander[55], von dem Pfaffen Lamprecht[56], der am Niederrhein[57] in der ersten

(vgl. Gött. GA 1828, Nr. 65). Zweite Ausg. (die mehr als die erste von dem alten Gedicht, auch eine viel reichere Einleit. enthält), Gött. 1841. 4.   51) W. Grimm, Athis u. Prophilias S. 29 (kl. Schr. 3, 211).   52) Bartsch, Berthold von Holle S. XXXIV ff.
53) Den Helden hat v. Sybel in Haupts Zeitschr. 2, 235 ff. in dem jüngern Hugo v. Puiset, Grafen von Joppe (um 1130) gesucht, dessen Geschichte, wie W. Grimm meint, wirklich Einfluss auf die Dichtung gehabt haben kann; allein ein näherer oder unmittelbarer Zusammenhang sei nicht anzunehmen, und Beziehung auf die Grafen von Flandern, besonders Robert II und Dietrich, werde dabei bestehen müssen. Der deutsche Dichter sei wahrscheinlich ein Adeliger gewesen, und er, wenn er der erste war, oder der Welsche, wenn er aus fremder Quelle schöpfte, möge wohl in Syrien gelebt und das Land und seine Sitten mit eigenen Augen angesehen haben. Vgl. hierüber, so wie über das Alter, die Sprache, den Charakter und den Werth des Gedichts, die Einleitung zur 2. Ausg., wo auch über die merkwürdige Uebereinstimmung gehandelt wird, die sich findet zwischen dem Rudolf und dem jüngern Gedicht Crane von Berthold von Holle, einem hildesheimischen Ritter, wahrscheinlich zwischen 1252 und 1260 verfasst, und bruchstückweise bekannt gemacht in Haupts Zeitschr. 1, 57 ff.; Ausgabe sämmtlicher Werke des Dichters von Bartsch. Nürnberg 1858. 8.; vgl. S. XXXII ff. Bertholds Demantin, neuerdings vollständig aufgefunden, ist herausgegeben von Bartsch. Tübingen 1875. 8. (123. Publicat. des litt. Vereins); dazu vgl. Steinmeyer im Anz. f. d. Alt. 1, 256 ff.; Bartsch, die Sprache Bertholds v. Holle, German. 23, 507 f.; E. Steffenhagen, Kieler Bruchstück aus Bertholds von Holle Demantin, German. 27, 406—410.   54) Massmann, Denkmäler 1, 11; Frommanns Einl. zu Herbort S. XIV f. und Lachmann zu Iwein, 2. Ausg. S. 526 f. Nach Rückert (wälscher Gast, S. 529) dürfte an eine cyclische Bearbeitung des ganzen Trojanersagenkreises vor Herbort nicht gedacht werden; vgl. dagegen Frommann, German. 2, 49.   55) Ausgabe mit Uebersetzung, Lesarten, Untersuchungen über die Sage etc. von H. Weismann. 2 Bde. Frankf. a. M. 1850. 8.   56) In diesem sah J. Grimm (Gött. GA. 1835, Nr. 66 = kl. Schriften 5, 181; vgl. Lachmann zu den Nibel. 101, 1) den französischen Dichter Lambert, der einen (jüngern) Alexander in Alexandrinern verfasst hat: herausgeg. von Michelant. Stuttgart 1846. 8. (13. Publicat. des litt. Vereins).   57) Vgl. Pfeiffer in der German. 3, 494 Anm; Müllenhoff in Haupts

Hälfte des zwölften Jahrhunderts lebte und dichtete. Seine Quelle § 91 war ein sehr altes romanisches Alexandergedicht von Alberich aus Besançon, dessen Eingang uns erhalten ist[58]. Wir besitzen Lamprechts Gedicht in doppelter Gestalt, einer dem ursprünglichen Texte näher stehenden in der Vorauer Handschrift[59], in welcher die Verse noch ungeregelt sind, die aber den Schluss bedeutend abkürzt und offenbar eine unvollständige Vorlage rasch abschliessen wollte; die andere, in der Strassburger Handschrift[60], regelt den Versbau, hat aber die ursprüngliche Mundart treuer bewahrt[61]. Ein dritter, aber stark umgearbeiteter Text hat sich in einer Basler Handschrift erhalten[62]. — Endlich ist hier noch des seinem Inhalte nach mit keinem der übrigen Sagenkreise zusammenhängenden stropischen (§ 73) Gedichts von Salman und Morolt[63] zu gedenken, das von einem Volksdichter oder Fahrenden[64], der sich auf ein älteres deutsches Buch oder Lied beruft, herrührt und diesen Ursprung weniger als irgend ein anderes Werk des zwölften Jahrhunderts in seinem Inhalt, seiner Behandlung und seiner Form verleugnet. Der Grundbestandtheil der

Zeitschr. 12, 316 nennt ihn einen rheinfränkischen Dichter. 58) Aufgefunden und herausgeg. von P. Heyse, Romanische Inedita. Berlin 1856. S. S. 1—6; dann bei Bartsch, Chrestomathie de l'ancien français. Leipzig 1866. Sp. 25 ff. 4. Aufl. Sp. 17 ff. und anderwärts. Als Quelle Lamprechts erkannte und wies es nach Pfeiffer in Menzels Literaturblatt 1856, Nr. 18. Vgl. dazu Bartsch, Alberich von Besançon in Pfeiffers Germania 2, 449—464; und dessen Grundriss der provenz. Litt. S. 9; A. Rochat in der German 1, 273—290; C. Hofmann ebend. 2, 95 f.; A. Tobler ebend. 2, 441—444. Ueber die Vermuthung Holtzmanns, der Dichter sei Lambert von Hersfeld vgl. § 90, 30. 59) Gedruckt bei Diemer, deutsche Gedichte, S. 183—226. 60) Bei Massmann, Denkmäler S. 16—75; und in dessen Gedichten des 12. Jahrh. S. 64—144. 61) Eine Zerlegung des Alexander in sechszeilige Strophen hat Schade, veter. monum. decas, S. 45—62 versucht. 62) Vgl. Wackernagel, Basler Handschriften S. 30 ff. und jetzt R. M. Werner, die Basler Bearbeitung von Lambrechts Alexander untersucht. Wien 1579. S. (Aus den Sitzungsber. d. Akad. 93, 7 ff.); dazu Rödiger im Anz. f. d. Alt. 5, 416 ff. Die Basler Bearbeitung von Lambrechts Alexander, herausgegeben von R. M. Werner. Tübing. 1881. S. (151. Publicat. des litt. Vereins); vgl. Kinzel in der Zeitschr. f. d. Philol. 11, 379 ff.; ferner Zacher in seiner Zeitschr. 10, 89—112. — Vgl. über die Dichtung ferner: J. Harczyk, zu Lamprechts Alexander, Zeitschr. f. d. Philol. 4, 1—30. 146—173; A. Miller, zu Lamprechts Alexanderliede, ebend. 10, 1—14; K. Kinzel, Lamprechts Alexander (über das Verhältniss der Hss.), ebend. 10, 11—89; Kinzel u. J. Zacher, zu Lamprechts Alexander, ebend. 11, 385 ff. 399 ff.; Kinzel, das Verhältniss der Eineit zum Alexander, ebend. 14, 1—18; Wilmanns, der Strassburger Alexander und Eilharts Tristrant, Zeitschrift f. d. Alt. 27, 294—298. 63) Gedruckt nach einer sehr schlechten Hs. bei v. d. Hagen, Gedichte des MA. I. (vgl. Docen in Schellings Zeitschr. 1, 368 ff.), und schon früher auszugsweise in Eschenburgs Denkm. S. 147 ff.; ein alter Druck (Strassb. 1499) ist besser als diese Hs. Kritische Ausgabe in: Die deutschen Dichtungen von Salomon u. Markolf, hrsg. von F. Vogt, 1. Bd. Salman u. Morolt. Halle 1880. S. (dazu Wilmanns im Anz. f. d. Alt. 7, 274—301). 64) Vgl. Lachmann, über Singen u. Sagen S. 16 (kl. Schr. 1, 477).

§ 91 Dichtung ist nach J. Grimm[65] echt deutsche Sage; in ihrer Anknüpfung
an Personen und Orte zeigt sich aber die seltsamste historische und
geographische Verwirrung. Die Sage beruht auf talmudischen Ueberlieferungen, dem Verhältniss von Salomon und dem Dämon Aschme-
dai; auf griechischem Boden umgestaltet, gelangte sie theils durch
slavische, theils durch lateinische Versionen nach Deutschland. Die
einfachere Fassung der Sage stellt der Anhang zu dem deutschen
Spruchgedicht (§ 149) dar, während das Spielmannsgedicht des zwölften
Jahrhunderts mancherlei Motive aus andern Sagen entlehnt hat[66].

C. Blüthe und Verfall der höfischen erzählenden Poesie.

§ 92.

Die Blüthe der höfischen erzählenden Poesie kündigte sich nicht
nur in der gegen das Ende des zwölften Jahrhunderts wahrnehmbaren
Festsetzung und Verfeinerung der Sprache und Verskunst, sondern
auch in der kunstmässig angelegten und ausgeführten Erzählungsform an, welche um dieselbe Zeit aufkam und binnen kurzem zur
Vollendung gelangte[1]. Zunächst verlor sich der schlichte, den Gang
der Begebenheiten einfach verfolgende, oft trockene und nur bisweilen noch, wo der Inhalt dazu Anlass bot, zur geflügelten Raschheit und gedrängten Kürze des alten Volksgesanges sich erhebende
Ton, der mehr oder weniger abgestuft in den meisten erzählenden
Werken der Uebergangszeit gefunden wird. An seine Stelle trat nun
grössere Gewandtheit und Wärme der Darstellung, ein farbigeres
Ausmalen von Situationen, von Haupt- und Nebenumständen der Fabel; zugleich fand sich mit dem stärkern Hervorheben der sich aus
Gemüthszuständen ergebenden Motive von Handlungen und Ereignissen eine reichere Entfaltung des innern Lebens der dargestellten
Personen ein; der Spielraum für den Ausdruck der Empfindung erweiterte sich, und die Betrachtung warf sich zur Begleiterin sowohl
der erzählten Begebenheiten, wie der geschilderten Empfindungen
auf. Diese Richtung der Erzählungskunst gestattete viel eher, als
die frühere Darstellungsweise, das Hervortreten der dichterischen
Eigenthümlichkeit, führte aber auch eben so leicht auf Irrwege, wie

65) Mythologie² 445 (¹369).   66) Vgl. jetzt besonders Voigts Einleitung;
C. Hoffmann in den Sitzungsber. der bayer. Akad. 1871, S. 415 ff.; Liebrecht in der
Germ. 25, 33 ff.; G. Paris in Romania 9, 436 ff.; F. Vogt, in Paul u. Braune, Beiträge 8,
313—323; Wesselofsky, im Archiv f. slav. Philol. VI, 3; W. Hertz, Zeitschr. f. d. Alt. 27,
1 ff. Von früheren Arbeiten vgl. v. d. Hagens Einl. S. XX ff.; J. Grimm in den Heidelb.
Jahrb. 1809, Heft 45, S. 253 ff. (kl. Schr. 4, 47 ff.); Mone, Quellen u. Forsch. 1, 245 ff.
§ 92. 1) Ueber die Entwickelung der Erzählungskunst vgl. W. Grimm, Athis
und Prophilias S. 26 ff. (kl. Schr. 3, 211 ff.)

sie die freie Entfaltung des wahren Talents begünstigte². In ihrem § 92 Beginn kündigt sie sich bereits in einigen der vorhin namhaft gemachten Dichtungen an, von ihrer besten Seite besonders in den Ueberbleibseln des Grafen Rudolf. Entschiedener, wiewohl nicht überall und in jeder Beziehung gleich tadellos, zeigt sie sich in der nach 1184 vollendeten Eneide Heinrichs von Veldeke, eines adeligen Dichters aus dem Limburgischen³, der den Spätern als der eigentliche Gründer der höfischen Kunst galt⁴. Er hatte, nach dem französischen Roman d'Eneas⁵, welcher wahrscheinlich von demselben Benoit de Sainte-More verfasst ist⁶, der auch den Roman de Troie (§ 87) dichtete, den grössern Theil seiner Eneide gedichtet, als ihm sein Werk am Clever Hofe entwendet wurde; erst neun Jahre später erhielt er es wieder und beendigte es, nicht unwahrscheinlich schon vor 1189, am Hofe Hermanns von Thüringen zu Neuenburg an der Unstrut (dem jetzigen Freiburg)⁷. Ungefähr derselben Gegend, dem Niederrhein, gehört ein in selbständiger Gestalt nur bruchstückweise⁸ bekanntes Gedicht aus dem Sagenkreise Karls des Grossen an, Morant und Galie, von einem ungenannten Dichter zwischen 1190—1210 verfasst, welches in eine jüngere im ersten Viertel des vierzehnten Jahrhunderts verfasste⁹ Compilation, gewöhnlich Karlmeinet genannt¹⁰, vollständig aufgenommen wurde¹¹. Der Stoff

---

2) Vgl. Lachmann, über das Hildebrandslied S. 2 ff. (kl. Schriften 1, 409 ff.); zu den Nibelungen S. 4; W. Grimm, Graf Rudolf S. 53 f.   3) Vgl. Pfeiffer in der Germania 5, 17 ff.; Bartsch ebenda 5, 406 ff. und § 90, 27.   4) Vgl. die berühmte Stelle in Gottfrieds Tristan, Z. 4736 ff.   5) A. Pēy, Essai sur li romans d'Eneas. Paris 1856. 8.; und derselbe in Eberts Jahrbuch für romanische Liter. 2, 1—45.   6) Vgl. Pēy an den angeführten Stellen und Bartsch, Chrestom. franç. 147 ff.   7) Als der Parzival gedichtet wurde, war er schon gestorben; s. Anmerk. zu Iwein S. 371, Note. Gedruckt ist die Eneide nach einer ziemlich jungen Handschr. in der Sammlung von Müller, Bd. 1.; kritisch herausgeg. nebst den Liedern von Ettmüller. Leipzig 1852. 8.; am besten von O. Behaghel. Heilbronn 1882. 8.; vgl. Kinzel in der Zeitschr. f. d. Philol. 14, 106 ff. Lichtenstein im Anz. f. d. Alt. 9, 8—37. — Bruchstücke von Hss. der Eneide sind mitgetheilt von Pfeiffer, Quellenmaterial zu altdeutschen Dichtungen. Wien 1867. 4. I, 3—20, und von Zingerle in den Münchener Sitzungsberichten 1867, II, 471—485. Vgl. noch Wörner, Virgil und Heinrich von Veldeke, in Zachers Zeitschr. 3, 106—161; Braune, Untersuchungen über Heinrich von Veldeke, Zeitschr. f. d. Philol. 4, 249—304.; derselbe, zur Kritik der Eneide, Zeitschr. f. d. Alt. 10, 420—436; R. v. Muth, Heinr. v. Veldeke und die Genesis der romant. u. heroischen Epik um 1190. Wien 1880. 8. (Aus den Sitzungsber. d. Akad.); vgl. Behaghel im Lit. Centr. 1880, Nr. 39.   8) Die Bruchstücke sind hrg. von Lachmann, über drei Bruchstücke nrh. Gedichte, S. 172 ff. (kl. Schriften 1, 532 ff.)   9) Die Abfassungszeit ergibt sich aus der Benutzung der Reimchronik v. Jean de Clerc (1316).   10) Weil sie auch die Jugendgeschichte Karls umfasst. Herausg. nach der einzigen vollständigen Hs. (in Darmstadt) von A. Keller. Stuttg. 1858. 8. (Litter. Verein), wo man auch Nachricht über die früher bekannt gewordenen Bruchstücke findet.   11) Die Zusammensetzung

§ 92 ist die angebliche Untreue von Karls Gemahlin Galie[12], eine viel-
beliebte und weitverzweigte Sage[13]; die Darstellung des Gedichtes
mit seinem ziemlich geformten Eingange verräth die Zeit bald nach
Heinrich von Veldeke[14]. Weiter nach Deutschland hinein, in dessen
mittlere Gegenden, weist uns der nur in Bruchstücken erhaltene
Athis und Prophilias[15], welcher auf einem französischen Gedichte des Alexander von Bernay beruht[16] und den Charakter der
byzantinischen Romane nicht verleugnet[17], in gebildeter Darstellung,
die auch schon den Einfluss Heinrichs von Veldeke bekundet. Ebenfalls zu dessen Schule gehört der Dichter des Moriz von Craon,
worin in romantischer Darstellung eine Liebesgeschichte des nordfranzösischen Trouvéres gleiches Namens behandelt ist[18]. — Ihre
Höhe erreichte die Erzählungskunst aber erst in den Dichtern, die
es verstanden in freier, selbstbewusster und massvoller Thätigkeit
sich ihrer Stoffe zu bemeistern, dieselben nach einem klar durchdachten Plan zu ordnen, durch einen das Ganze tragenden und durch-
dringenden Grundgedanken Einheit in die Mannigfaltigkeit der vor-
geführten Begebenheiten und Zustände zu bringen, den Personen der
Fabel ein individuelles, entwickeltes Leben zu ertheilen, endlich den
Gegenstand durch Tiefe und Fülle der Gedanken, durch Wahrheit
und Wärme der Empfindung zu beseelen und durch angemessenen
Schmuck der Rede zu heben. Diess waren, jeder in einer sehr bestimmten, durch Persönlichkeit, Weltansicht und Kunstbegabung be-
dingten Weise, die drei grossen, zunächst auf Heinrich von Veldeke
folgenden Meister, Hartmann von Aue, Wolfram von Eschenbach, der grösste von allen, und Gottfried von Strassburg[19].
Ihnen kann aber auch unter ihren Zeitgenossen und Nachfolgern,
die im Allgemeinen, bewusst oder unbewusst, ihnen nur nachstreb-

der Compilation wies nach Bartsch, Ueber Karlmeinet. Nürnberg 1861. b; vgl.
dazu dessen Nachtrag in der Germ. 6, 28—43.   12) Auf sie bezieht sich auch
Thomasin im wälschen Gast 1026 ff., der sie Galjena nennt: vgl. Pfeiffer, zur deutschen Litteraturgeschichte. Stuttg. 1854. 8. S. 30.   13) Ueber dieselbe vgl. F.
Wolf, über die beiden wieder aufgefundenen niederl. Volksbücher von der Königin
Sibille etc. Wien 1857. 4.; und Bartsch, über Karlmeinet S. 28 ff.   14) Aelter
ist seiner Grundlage nach das erste der von dem Compilator des Karlmeinet aufgenommenen Gedichte, der eigentliche Karlmeinet: vgl. Bartsch a. a. O. S. 386 f.
15) Herausgeg. mit sprachlicher und literar. Einleitung von W. Grimm. Berlin
1846. 4. (Abhandl. d. Akad.; kl. Schr. 3, 212—345).   16) Im Auszuge bekannt gemacht in der Histoire litt. de la France 15, 179 ff.   Doch ist die Autorschaft nicht
sicher; vgl. W. Grimms Brief in der German. 12, 380.   17) Ueber die Sage vgl.
W. Grimm in Haupts Zeitschr. 12, 185—203 (kl. Schriften 2, 346 ff) und H. Borg,
Sagan om Athis och Prophilias. Stockholm 1882. 8.   18) Herausgegeben von
Massmann in v. d. Hagens Germania 3, 103—135, und kritisch von M. Haupt in
den Festgaben für Homeyer (Berlin 1871) S. 27 ff.   19) Bereits Rudolf von
Ems rühmt in seinem Alexander (Hagen, MS. 4, 866) diese drei als diejenigen

ten, so dass man jene drei als die Häupter eben so vieler Schulen § 92
der deutschen Erzählungspoesie ansehen darf[20], keiner mehr ganz
gleich gestellt werden. Nur in einzelnen, mehr die äussere Form
und den Stil betreffenden Eigenschaften kamen ihnen mehr oder
weniger nahe einige der berühmtesten, von denen wir noch Werke
besitzen, als U l r i c h v o n Z a z i k h o f e n, B l i g g e r v o n S t e i n a c h,
W i r n t v o n G r a f e n b e r g, K o n r a d F l e c k e, d e r S t r i c k e r und
R u d o l f v o n E m s[21], alle noch aus der ersten Hälfte des dreizehnten
Jahrhunderts. Nach ihnen sank die erzählende Poesie, sofern sie
sich auf Gebilde von grösserem Umfange einliess, schon sichtlicher
von ihrer ehemaligen Höhe herab; nur K o n r a d v o n W ü r z b u r g
(† 1287)[22] brachte noch Werke hervor, die, bei der äussersten Glätte
der Form, an innerm Gehalt denen der zuletzt genannten Dichter
wenig oder gar nicht nachstanden.   .

§ 93.

Dreierlei ist es vorzüglich, worin sich das beginnende Sinken
der Erzählungskunst kund thut. Fürs erste sind in den meisten umfangreichen Werken, die nicht von jenen drei grossen Meistern herrühren, die erzählten Begebenheiten und geschilderten Situationen
nur mit mehr oder weniger Geschick lose an einander gereiht, ohne
dass ein tiefer angelegter Plan, oder ein den Charakter der Dichtung
bestimmender Grundgedanke herausgefunden, ein 'Einleben des Dichters in den Stoff' herausgefühlt werden könnte, und ausserdem vermisst man schon oft nicht nur Neuheit und Originalität in den einzelnen Zügen der gewählten Fabel, sondern auch Schärfe und Kraft
in der Zeichnung der Haupt- und Nebenpersonen. Fürs zweite hin-
dern gemeiniglich eine zu grosse Breite der Darstellung und eine
nicht müde werdende Redseligkeit, Fehler, deren sich mitunter selbst

Dichter, welche die mit Heinrich von Veldeke anhebende echte Kunst zur höchsten Vollendung ausgebildet haben.   20) Vgl. Sommer in Haupts Zeitschr. 2,
365. 369.   21) Ueber die Lebenszeit, die Aufeinanderfolge und die Werke der
erzählenden Dichter von Heinrich von Veldeke bis zu Rudolf sind zwei Stellen in
des letzt genannten Alexander und Wilhelm v. Orlens von der höchsten Wichtigkeit
(beide mit andern 'gemeinsamen alten Zeugnissen von den altd. Liederdichtern',
bei v. d. Hagen, MS. 4, 863 ff.; die zweite allein öfter, zuerst in einem lesbaren Texte
bei Docen Misc. 2, 150 ff.; besser bei Wackernagel, LB.³ 601 ff, ⁵ 783 ff. (Ueber eine
wahrscheinlich anzunehmende Lücke in dieser Stelle vgl. J. Grimm, Gedichte auf
Friedrich I. S. 6). Im Allgemeinen vgl. über die Lebenszeit, das Vaterland und
den Stand dieser und der im Folgenden genannten Dichter Docens Verzeichn. im
altd. Mus. 1, 126 ff.; was noch Besonderes über jeden einzelnen zu bemerken ist,
wird weiter unten bei Aufführung ihrer Werke seine Stelle finden.   22) Als
Rudolf seinen Wilhelm und Alexander dichtete, kann er noch nicht berühmt gewesen sein, sonst wäre er gewiss in jenen Stellen mit genannt worden.

§ 93 schon Hartmann und Gottfried, nicht aber der bei seinem Ge-
dankenreichthum eher zu gedrängte Wolfram, schuldig machen,
den raschen Fluss der Erzählung und werden um so lästiger, je mehr
sich darin blosse hergebrachte Förmlichkeit und Manier verräth und
eine dürftige, schwunglose Phantasie zu verstecken sucht. Hiermit
hängt drittens aufs engste zusammen der Hang zum Reflectieren, zu
Spitzfindigkeiten und Wortspielen, oder zum Allegorisieren, der auch
schon auch bei den ausgezeichnetsten Dichtern, entweder nach der
einen, oder nach der andern Seite, oder auch nach beiden zugleich
hervorbricht [1], bei ihren Nachfolgern aber sich unverholener äussert
und der Geschlossenheit und Abrundung der Fabel selbst, so wie
der natürlichen Wärme und sinnlichen Frische ihrer Darstellung Ein-
trag thut. — Rascher jedoch eilte die erzählende Poesie ihrem Verfall entgegen, als nach der Blütbezeit des eigentlichen Rittergedichts
die geschichtlichen und legendenartigen Stoffe immer mehr in Aufnahme kamen, deren theils spröde und starre, theils düstere und
ascetische Natur eine gewisse Trockenheit und Unbelebtheit der Behandlung, die allmählig auch in Dichtungen von anderm Inhalt
übergieng, mit sich brachte, oder wo diese Mängel verdeckt werden
sollten, leicht zu den entgegengesetzten verführte, zu einem bunten,
aber rohen Zusammenhäufen von Abenteuern [2], zu einer mit äusserem
Schmuck und allerhand Gelehrsamkeit überladenen Darstellung und
einem kostbaren und gespreizten Ausdruck [3]. Worin sich noch am
längsten, bei lebendiger und charakteristischer Auffassung der Gegenstände, gefällige Abrundung und gesunde Frische der Behandlung
erhielt, das waren kleinere Erzählungen und Schwänke, obschon
auch hierin früh genug eine Hinneigung zum Lehrhaften und Allegorischen wahrnehmbar ist. — Im Folgenden sollen nun wieder nach
den Gegenständen, die sie behandeln, die durch inneren Werth oder
in anderer Rücksicht merkwürdigsten Werke der erzählenden Poesie

§ 93. 1) Auch von diesen Fehlern hält sich Wolfram freier, als irgend ein
anderer: bei ihm glänzt uns, wie Haupt (Engelh. S. XIII) sich schön ausdrückt,
das unmittelbare Hervorgehen des Gedankens aus dem Stoffe auf jedem Blatte
entgegen. 2) Als eines der spätern Beispiele dieser Art kann, nach den in
Haupts Zeitschr. 1, 214 ff. gegebenen Auszügen zu urtheilen, der 1314 vollendete
Wilhelm v. Oesterreich gelten, ein Werk Johanns v. Würzburg, eines Nach-
ahmers von Gottfried von Strassburg (vgl. Zachers Zeitschrift 11, 228 ff.) und von
Rudolf von Ems (vgl. Pfeiffer in der Germania 12, 479): Bruchstücke seines von
K. Regel zur Herausgabe vorbereiteten Gedichtes sind gedruckt in der Zeitschrift
f. d. Alt. 27, 94—96; über eine Prosaauflösung s. Vetter in der Germania 27, 412 f.
und Wackernagel Litt. Gesch.[2] § 90, 227. 3) An allen diesen Gebrechen und
noch an vielen andern leidet u. a. in hohem Grade der schon im Mittelalter so
hoch gestellte und auch in neuerer Zeit über alle Gebühr gepriesene jüngere Titurel, die Stücke ausgenommen, die in ihrer ursprünglichen Gestalt Wolfram gehören.

des dreizehnten Jahrhunderts und der nächsten Folgezeit, mit Aus-   § 93
nahme der aus der deutschen Heldensage hervorgegangenen Dichtungen, aufgeführt werden.

§ 94.

1. Unter den grössern Werken der erzählenden höfischen Poesie
nehmen als deren reinster und vollkommenster Ausdruck die eigentlichen Rittermären die erste Stelle ein.   Den nächsten Anspruch
auf diese Benennung haben *a)* die Dichtungen, welche dem bretonischen Fabelkreise in seiner zwiefachen Gestaltung angehören.
Denn wenn auch die ihnen zum Grunde liegenden Sagen theilweise
sehr alt und in einer Zeit entstanden sein mochten, die der Ausbildung des Ritterwesens lange vorhergieng, so hatten sie doch, wahrscheinlich in Folge der verschiedenen Durchgänge, die sie durch
die Hände der bretonischen und walisischen Sänger und dann der
Anglo-Normannen und Franzosen machen mussten, von ihrem ursprünglichen Charakter so viel eingebüsst, so sehr sich dem des
ritterlichen Zeitalters angeschmiegt, dass sie bereits, als sie in französischen Gedichten nach Deutschland herüberkamen, durch ihr ganzes
Gepräge und ihren ganzen Zuschnitt reinen, im Geist des abenteu-
ernden Ritterthums und des Frauendienstes hervorgebrachten Erfindungen glichen.   Darum sprachen sie auch so sehr den Geschmack
der Zeit an, und da sich nun von unsern ältern höfischen Dichtern
gerade die begabtesten vorzugsweise an ihnen versuchten, so entstanden Werke, welche nicht nur als die schönsten Blüthen der erzählenden Kunstpoesie gelten dürfen, sondern auch das treueste und
farbenreichste Bild von dem ritterlichen und höfischen Leben zu Ende
des zwölften und im Anfange des dreizehnten Jahrhunderts gewähren.   Dahin gehören aus der besten Zeit Erec und Iwein, jener
das älteste, dieser das jüngste und vollendetste Werk Hartmanns
von Aue. Der Dichter, Dienstmann der Herrn von Aue, ein geborner Schwabe [1], dem Gottfried [2] unter den zu seiner Zeit lebenden
Erzählern den Preis zuerkennt, ist im dreizehnten Jahrhundert 'neben
Wolfram zwar nicht mehr bewundert, aber offenbar mehr geliebt
worden, weil er die allgemeine Anschauungsweise der Zeit nur mit
der leisen Färbung einer höchst anmuthigen poetischen Individualität darstellte' [3].   Geboren etwa um 1170 und, weil er ausser der
französischen Sprache auch der lateinischen kundig war, wohl in

§ 94.   1) Dagegen hält ihn Rückert, Blatter f. litt. Unterhaltung 1565, Nr. 41,
für einen Franken; der gleichen Annahme ist Wilmanns (Haupts Zeitschr. 14, 150)
geneigt. Vgl. noch W. Lüngen, war H. v. Aue ein Franke oder ein Schwabe? Jena
1876. S.   2) Tristan 4619 ff.   3) Lachmann, Ueber den Eingang des Parzival S. 1 (kl. Schriften 1, 189).

§ 94 einer Klosterschule gebildet, nahm er an einem Kreuzzuge [4] Theil, der ihn aber nicht einmal in das griechische Reich, geschweige denn weiter gebracht zu haben scheint. Auf den Erec, dessen Abfassung zwischen 1192—93 gesetzt werden darf [5], liess er seine beiden Büchlein (§ 120) und den Gregorius (§ 96) folgen, dann den armen Heinrich (§ 98) und zuletzt den Iwein [6], der aber auch schon vor 1204 bekannt sein musste. Die Zeit, in welcher seine Lieder gedichtet sind, lässt sich nicht weiter bestimmen, als dass einige vor seine Kreuzfahrt und nach dem Frühling des Jahres 1193 fallen. Gestorben muss er sein zwischen 1210 und 1220 [7]. Sein Erec, nach Lachmanns Bemerkung die Grundlage der erzählenden Poesie geringerer Dichter, ist nach dem gleichnamigen Werke des Chrétien de Troies [8] gedichtet [9] und zeigt Hartmanns Erzählungskunst noch mehr in ihren Anfängen [10]. Der Iwein, 'das sauberste und regelmässigste unter den höfischen Gedichten der mittelhochdeutschen Periode', beruht auf dem Chévalier au lion des Chrétien de Troies [11], der indess dem Deutschen

---

4) Entweder dem von 1189 (was Bech, Einleitung zum Erec, für das Wahrscheinlichste hält) oder dem von 1197—98 (Lachmann zu Iwein S. 486). 5) So nach Bech, der ihn nach der Kreuzfahrt entstanden sein lässt; nach Lachmann a. a. O. fällt er vor die Kreuzfahrt zwischen 1195—97. 6) E. Naumann, über die Reihenfolge der Werke H.'s v. Aue in der Zeitschr. f. d. Alt. 22, 25—74. 7) Vgl. zu seinem Leben J. Grimm in den Götting. GA. 1838, S. 140 (kl. Schr. 5, 276 f.); Haupts Vorrede zu Hartmanns Liedern und Büchlein etc.; Lachmann zu Walther [2] S. 198 f.; zu Iwein [2] S. 486; 526 f.; F. Bech in seiner Ausgabe Hartmanns, die Einleitungen; Wilmanns, zu Hartmanns von Aue Liedern und Büchlein in Haupts Zeitschrift 14, 144—155; F. Bauer und Frh. von Ow, Hartmanns von Aue Heimath und Stammburg, Germania 16, 155—167; H. Schreyer, Untersuchungen über das Leben und die Dichtungen Hartmanns von Aue. Naumburg 1874. 4. (Programm von Schulpforta); L. Schmid, des Minnesängers Hartmann von Aue Stand, Heimat und Geschlecht. Tübingen 1875. 8. (vgl. Germania 20, 373 ff. Zeitschrift f. d. Philol. 6, 485 ff.); Paul, zum Leben Hartmanns von Aue in Paul u. Braune, Beiträge 1, 535—539; W. Greve, Leben und Werke Hartmanns von Aue. Fellin 1879 (Programm); A. Baier, über Hartmanns von Aue Heimath u. Kreuzzüge, Germania 24, 72 f. 8) Herausg. von J. Bekker in Haupts Zeitschr. 10, 373—550. 9) Dies ist überzeugend nachgewiesen von Bartsch in der Germ. 7, 141—155, wo die entgegenstehende Behauptung Haupts (Einleitung zum Erec) widerlegt ist. Ueber den französ. Dichter vgl. Holland, Chrestien von Troies. Eine literaturgesch. Untersuchung. Tübingen 1854. 8. 10) Herausgeg. ist der Erec nach der einzigen, jungen und lückenhaften Hs. von Haupt. Leipzig 1839. 8. 2. Ausg. 1871 (vgl. dazu Jänicke in Zachers Zeitschrift 5, 109—116). Neuerdings herausgeg. von Bech, Hartmann von Aue. I. Theil. Leipzig 1867. 2. Ausg. 1871. 8. Zur Kritik des Textes vgl. Haupts Zeitschrift 3, 266 ff.; Pfeiffer in seiner Germania 4, 185—237; W. Müller ebend. 7, 129—140; F. Bech ebend. 7, 429—469; Paul, in seinen Beiträgen 3, 192—197; Bech, in der Germania 22, 34 f.; R. Bechstein, ebend. 25, 319—329; R. Sprenger, ebend. 27, 371 f. 420. 11) Herausgegeben von Lady Ch. Guest in ihren Mabinogion 1, 134 ff.; kritischer von Holland. Hannover 1862. 8. 2. Ausg. 1880. Ueber Sage, Quelle und Geschichte von Chré-

wesentlich nur den Stoff gab[12], während die Entwickelung des Seeli- § 94
schen zum guten Theil auf Rechnung Hartmanns kommt. — Ihm
reiht sich der Zeit nach an Wolfram von Eschenbach mit seinem
Parzival und dem von ihm begonnenen, aber nicht weit geführten
Titurel. Wolfram war ein Franke, oder, wie er sich selbst nach
dem Sprachgebrauch seiner Zeit nennt, ein Baier, von ritterlicher
Herkunft, aus dem nordgäuischen, bei Ansbach gelegenen Schloss
und Städtchen Eschenbach stammend[13]. Er gehörte zu den Dichtern,
die sich längere oder kürzere Zeit am Hofe zu Eisenach aufhielten,
und die Sagen und Lieder vom Sängerkriege auf der Wartburg lassen
ihn in diesem eine Hauptrolle spielen. Ohne die eigentlich gelehrte
Bildung seines Zeitalters, wie sie Hartmann und Gottfried besassen,
hatte er doch eine umfassende und gründliche Kenntniss heimischer
und fremder Sagen; auch sprach er (wenngleich unvollkommen) französisch. Die Gedichte in dieser Sprache, woraus er die Stoffe zu
den seinigen nahm, hat er sich vorlesen lassen; denn er selbst konnte

tiens Gedichte vgl H. Goossens in Körtings Neuphilolog. Studien 1. Heft (Paderborn 1883. 8.). 12) Nach Lachmann nicht Chrétien allein: vgl. Iwein¹ S. 369, 22.
— Die älteren Ausgaben im 2. Bde. der Sammlung von Müller und Michaeler, Wien
1786 und 87. 8., sind jetzt werthlos; eine kritische mit höchst lehrreichen Anmerkungen lieferten Benecke und Lachmann. Berlin 1827. 8. (dazu Benecke's treffliches Wörterbuch, Göttingen 1833. 8. 2. Ausg. von E. Wilken 1874); einen noch
viel reinern Text und viel reichere Anmerkungen liefert die 2. Ausgabe, Berlin
1843. 8.; 4. Ausgabe 1877. Die neueste Ausgabe ist die von Bech, Hartmann. 3. Theil.
Leipzig 1869. 8. 2. Aufl. 1873. Bruchstücke von Handschriften sind neuerdings
mitgetheilt in Haupts Zeitschr. 17, 391 ff.; 28, 259; Germ. 25, 395 f.; 26, 99 ff. Ueber die
Londoner Hs. vgl. Zeitschr. f. d. Alt. 24, 179 ff., über die Dresdner Hs. ebend. 25, 123 ff.,
über die Heidelberger Hss. 28, 250 ff., über das Verhältniss der Handschriften, Paul in
seinen Beiträgen 1, 288—401; vgl. ferner Paul, zur Iweinkritik, Beiträge 3, 184—192;
Bechstein, drei Conjecturen zu Hartmanns Iwein, Germ. 26, 385—393; Nerger, zu H.s
Iwein v. 3473. ebend. 27, 350—6; A. Baier, zur Erklärung von Hartmanns Iwein, Germania 21, 404—411. Im Allgemeinen: L. Blume, über den Iwein des Hartmann v. Aue.
Vortrag. Wien 1879. 8. (dazu Lambel in der German. 24, 252 ff.) und R. Heinzel in
der österr. Wochenschrift NF. 2, 395 ff. 427 ff. 460 ff.; C. Schmuhl, Beiträge zur Würdigung des Stiles H.'s v. Aue. Halle 1891. 4. (Programm); A. Faust, dichotomische
Responsion bei H. v. Aue, Zeitschr. f. d. Alt. 24, 1—25. Ueber das Verhältniss zu
Chrétiens Gedichte vgl. Rauch, die wälsche, französische und deutsche Bearbeitung
der Iweinsage. Göttinger Dissert. 1869. 8.; Gäth, das Verhältniss des Hartmannschen
Iwein zu seiner altfranz. Quelle im Archiv f. d. Studium d. neueren Sprachen 46, 251
bis 292; F. Settegast, Hartmanns Iwein verglichen mit seiner altfranz. Quelle. Mar-
burger Dissert. 1873. 8.; G. Gärtner, der Iwein Hartmanns von Aue u. der Chevalier
au Lyon des Cr. von Troyes. Breslau 1875. 8. Dissert. — Ueber den mythischen
Hintergrund der Sage vgl. Osterwald: Iwein, ein keltischer Frühlingsgott. Merseburg.
Programm 1853. 13) Sein Besitzthum war Wildenberc, über dessen Armuth
und Dürftigkeit er selbst scherzt: vgl. Allgemeine Zeitung 1866, Beilage 312, und
Bartsch, Parzival 1, S. VIII. Ueber seine Heimath vgl. noch Schmeller, über W. v.
E. Heimath, Grab und Wappen (Abhandl. der Münch. Akad. 1837); Müllenhoff, zur

§ 94 nicht lesen[14]. Seinen Parzival, der wohl vorzugsweise am Thüringer
Hofe abgefasst ist, fieng er schon vor 1205 an, vollendete ihn aber
wohl erst gegen 1215; später, aber vor 1220, welches Jahr der Dichter
kaum überlebt haben wird, fällt der nicht bis zu Ende geführte Wilhelm (§ 95), während die Bruchstücke des Titurel wahrscheinlich eine
Jugendarbeit sind, welche der Dichter über dem grösseren Werke,
das ihn dann beschäftigte, unvollendet liess[15]. Wolfram ist der tief-
sinnigste, planvollste und sittlich wie künstlerisch grossartigste unter
allen altdeutschen Dichtern, die wir kennen. Seine weisheitsvolle
Kunst war schon im dreizehnten Jahrhundert sprichwörtlich, und sein
Ruhm, früh von der Sage gehoben, dauerte länger, als der irgend
eines seiner dichtenden Zeitgenossen, obgleich es ihm schon bei seinen
Lebzeiten nicht an Tadlern fehlte: auch der Angriff im Tristan[16]
geht sicher auf den Parzival, den Gottfried nicht einmal ganz gekannt haben dürfte[17]. Der Parzival, Wolframs Meisterstück, stand
schon während des Mittelalters im grössten Ansehen. Als seine Hauptquelle nennt Wolfram einen Provenzalen Kyot (Guiot)[18], aus dessen,
auch dem Titurel zu Grunde liegenden, sicher den ganzen Sagen-

<hr />

Gesch. der Nib. Not S. 15, Anm.; Anzeiger für Kunde der deutschen Vorzeit 1861,
Sp. 355 fg.   14) Parziv. 115, 27; Wilh. 2, 19.   15) Vgl. Pfeiffer in der Germ. 4, 301
bis 308; Gervinus 1³, 604; Bartsch, Parziv. 1, S. XV. Lachmann stellte Titurel zwischen
Parzival und Willehalm. Auch die von Jänicke (Zeitschrift f. d. Gymnasialw. 1865,
S. 305 f.) angeführte Verweisung auf Tit. 78, 4 vermag letztere Ansicht nicht zu stützen.
Vgl. noch Herforth, Wolframs Titurel, Zeitschr. f. d. Alt. 18, 251—297.   16) Z. 4636 ff.
17) Vgl. hierzu u. zum Folgenden Lachmann, Vorrede zu Wolfr.; über d. Eingang
des Parzivals (kl. Schriften 1, 450 ff.); zu Iwein² S. 466, Note; zu Walther² S. 139 f.;
146; Simrock's Uebersetzung des Parziv. u. Titur. 1, 473 ff.; Bartsch, Einleit. zu seiner
Ausgabe. Ueber Wolfram im Allgemeinen und mit besonderer Rücksicht auf Parzival:
Bartsch, Wolframs Parzival als psycholog. Epos, in seinen Vorträgen u. Aufsätzen.
Freiburg 1883, S. 109–131; W. Meyer-Markau, der Parzival Wolframs v. Eschenbach. Magdeburg 1882. 8; Carl Meyer, der Parzival Wolframs v. Eschenbach. Basel
1863. 8; v. Santen, zur Beurtheilung Wolframs v. Eschenbach. Wesel 1882. 8;
Lachmann, über den Inhalt des Parzivals, Anz. f. d. Alt. 5, 289—305. Eine Ueber-
sicht der Wolframliteratur gibt G. Bötticher, die Wolframliteratur seit Lach-
mann. Berlin 1880. 8. (vgl. Bartsch in der Germania 26, 248 ff.; Steinmeyer im
Anz. f d. Alt. 3, 63 ff.); erwähnt sei von einzelnen Arbeiten hier noch Bartsch, die
Eigennamen von Wolframs Parzival und Titurel. Germanist. Studien von Bartsch
2, 114—159; G. Bötticher, über die Eigenthümlichkeiten der Sprache Wolframs.
Germania 21, 257—332; C. Jauker, über die chronologische Behandlung des Stoffes
in den epischen Gedichten Wolframs von Eschenbach etc. Graz 1882. 8. Programm;
Handschriftenfragmente sind mitgetheilt in Pfeiffers Quellenmaterial zu altdeutschen
Dichtungen. II. Wien 1865. 4., ferner in der Germania 16, 167 ff., in der Zeitschr.
für d. Alterth. 17, 393 ff.; 22, 366 ff.; 24, 84 ff.; 26, 157 ff.; 28, 129 ff.; 241 ff.; in der
Zeitschrift für d. Philologie 5, 192 ff.; 9, 395 ff.; 10, 205 ff.; 11, 1 ff.   18)
In diesem erblickte Wackernagel (altfranz. Lieder und Leiche S. 191) den nord-
französischen Dichter Guiot de Provins (vgl. Lachmann, Wolfram S. XXIV), von
dem wir Lieder und ein Lehrgedicht, La Bible, besitzen; diese Ansicht suchte

kreis vom Gral[19] umfassenden Werke, das noch nicht aufgefunden §94
ist, er die Sage von Parzival aussonderte. Es war nicht, wie man
erwarten sollte, provenzalisch, sondern französisch, musste also,
wenn Kyot wirklich in jener und nicht in dieser Sprache gedichtet hatte, schon selbst Uebersetzung oder in einer Sprache gedichtet sein, die auf der Grenze des nord- und südfranzösischen Idioms
stand[20]. Die zweite Quelle Wolframs, die dieser auch nennt, aber
mit Tadel über des Dichters Entstellung der wahren Ueberlieferung,
ist Chrétiens de Troies Conte del graal, welcher sich erhalten hat[21]:
bei aller nachgewiesenen Uebereinstimmung[22] mit diesem Werke sind
die Abweichungen doch so bedeutend, dass auch ohne Wolframs ausdrückliche Erwähnung eine zweite Quelle daraus gefolgert werden
müsste. Eine Erweiterung und Ergänzung erfuhr Wolframs Gedicht[23] 1336, unter Benutzung der französischen Fortsetzungen, durch

weiter zu begründen San-Marte in seinen Parzival-Studien. 1. Heft. Halle 1861. 8.;
vgl. auch denselben in der Germ. 3, 445 ff. und in Zachers Zeitschr. 15, 385 ff. Simrock
dagegen erklärte Kyot nur für eine Fiction Wolframs, die er gegenüber seinem Publicum wegen der starken Abweichungen von der Quelle für nöthig erachtet; ihm trat
Rochat (German. 3, 81 ff.) bei. Vgl. noch Ph. Urbach, über den Stand der Frage nach
den Quellen des Parzivals. Programm. Zwickau 1872. 4. G. Bötticher, zur Frage nach
der Quelle des Parzival, Zeitschr. f. d. Philol. 13, 420—439.   19) Ueber diesen s.
§ 86; vgl. noch W. Hertz, die Sage von Parzival u. vom Gral. Breslau 1882. 8. (Aus
'Nord und Süd', Juli 1881, mit hinzugefügten Anmerk.).   20) Vgl. Bartsch,
Einleitung S. XXVIII f.   21) Herausg. von Ch. Potvin, nebst den Fortsetzungen.
Mons 1865 ff. 8. Vgl. dazu A. Rochat, über einen bisher unbekannten Percheval li
Galois. Zürich 1855. 8.   22) Namentlich von Rochat in der German. 3, 81—120.
4, 414—420.   23) Gedruckt wurde dasselbe (mit dem jüngern Titurel) bereits
1477; dann nach der guten St. Galler Hs, aber mit vielen Druckfeblern, in Müllers
Sammlung Bd. 1; kritische Ausgabe sämmtlicher Werke Wolframs von Lachmann.
Berlin 1833; 2. Ausgabe 1854, 4. Ausg. 1879. 8.; der Parzival u. Titurel von Bartsch.
3 Theile. Leipzig 1870—71. 8., 2. Aufl. 1875—77. Uebersetzt in freierer Weise
von San-Marte, Magdeburg 1836. 8.; 2. Aufl. (verbessert) Leipzig 1858; treuer (mit
dem Titurel) von Simrock. Stuttgart 1842. 2 Bde. 8. 6. Aufl. 1883. Für das Verständniss des Gedichts bleibt noch viel zu thun; den schwierigen Eingang behandelt Lachmann in der schon erwähnten Abhandlung und Klöden in Hagens Germania 5, 222 ff. A. Baier, der Eingang des Parzival und Gottfrieds Tristan, in der
Germania 25, 403—407 (vgl. 26, 492). Zur Erklärung vgl. noch Haupt in seiner Zeitschrift 11, 42—59 (vermehrter Abdruck aus den Berichten d. sächs. Ges. d. Wiss.);
Lucae, de Parzivalis poematis W. Esch. aliquot locis difficilioribus. Halis 1859. 8,
und derselbe, de nonnullis locis Wolframianis. Halis 1863. 8; Haupt in s. Zeitschrift 15, 261 ff.; Zarncke n den Berichten der sächs. Gesellsch. d. Wissensch.
1870, S. 199 ff.; E. Martin, zu Wolfram, Zeitschr. f. d. Alt. 27, 144—146; J. Stosch,
Wolframs Selbstvertheidigung Parzival 114, 5—116, 4, Zeitschrift f. d. Alt. 27, 313
bis 332; J. Weiss, Gandine: Zeitschrift f. d. Alt. 28, 134—137; K. Hofmann, über
Pelrapeir, in Vollmöllers Romanischen Forschungen 1, 436 f.; J. Zacher, Zelt und
Harnisch in Wolframs Parzival I. II, Zeitschr. f. d. Philol. 13, 395—420; G. Bötticher, über einige Stellen des 1. Buches von Wolframs Parzival, Zeitschr. f. d. Philol.
13, 385—395. Zur Textkritik vgl. Bech in der German. 7, 291—304. H. Paul, zum

§ 94 Claus Wisse und Philipp Colin[24]; das ursprüngliche Werk wurde in diese Erweiterung auch aufgenommen. Von dem in einer vierzeiligen Strophe (§ 73) abgefassten Titurel hat Wolfram nicht viel mehr gedichtet als die beiden erhaltenen Bruchstücke, die zu den köstlichsten Ueberbleibseln unserer alten Poesie gehören[25]. Zwei andere kleinere sind uns nur in der überarbeiteten Gestalt erhalten, die ihnen der Fortsetzer des Werkes, der Dichter des jüngern Titurel, gab; sie verrathen sich aber durch ihren gehobenen Inhalt nicht als dessen Eigenthum[26]. — Als dritter Meister neben Hartmann und Wolfram stellt sich Gottfried von Strassburg mit seinem ebenfalls unvollendet gebliebenen Tristan. Gottfried[27] muss eine gelehrte Erziehung genossen haben; ob er sich an Höfen aufgehalten hat, wissen wir eben so wenig, wie wir den Dieterich mit Sicherheit bestimmen können[28], dem, nach dem Akrostich im Anfange zu schliessen, der Tristan gewidmet ist. Diesen dichtete er, als Hartmann noch lebte, um 1210[29], nach einem französischen Werke, welches der Auffassung der Sage durch Thomas von Bretagne folgte, die dem deutschen Dichter die echteste zu sein schien. Von seiner Quelle besitzen wir nur Bruchstücke[30], von denen ein kleiner Theil mit dem Schluss von Gottfrieds Werke zusammenfällt und eine Vergleichung · ermöglicht[31]. In grösserem Massstabe gestattet dies die altnordische

Parzival, in Paul und Braune, Beiträge 2, 61—97. Den ersten Versuch eines fortlaufenden Commentars gibt die Ausgabe von Bartsch.   24) Erhalten in einer römischen und einer Donaueschinger Handschrift; vgl. Kellers Romvart S. 647 bis 658; Ubland in Schreibers Taschenbuch 2, 259 ff. und Barack, die Handschriften in Donaueschingen S. 88 ff.   25) Gedruckt bei Docen, erstes Sendschreiben über den Titurel. Berlin 1810. 8. nach der Münchener, und durch Schottky in den Wien. Jahrbüch. Bd. 8., nach der Ambraser Hs. Kritisch bearbeitet in Lachmanns und Bartsch' Ausgaben. Vgl. noch J. Stosch, Wolframs Titurellieder, in der Zeitschr. f. d. Alt. 25, 189—207; 26, 145—149; E. Jander, über Metrik u. Stil in Wolframs Titurel. Rostock 1883. 8. (Dissertation.)   26) Vgl. Bartsch, zwei neue Bruchstücke von W's Titurel in der German. 13, 1—37; sie sind auch in dessen Ausgabe (Thl. 3) aufgenommen.   27) Dass man ihm das Amt eines Stadtschreibers von Strassburg beilegte, beruhte auf falscher Lesung. In einer Strassburger Urkunde Philipps v. Schwaben (1207) kommt ein Godofredus rotularius de Argentina vor (vgl. E. H. Meyer, Walther v. d. Vogelweide identisch mit Schenk Walther von Schipfe. Bremen 1863. 8. S. 5, und besonders Herm. Kurtz, zum Leben Gottfrieds von Strassburg, in der German. 15, 207—236. 322—345, vermehrter Abdruck aus der Wochenausgabe der Allgem. Zeitung 1868, Nr. 23 ff.); allein C. Schmidt (Ist Gottfr. v. Str. [der Dichter] Strassburger Stadtschreiber gewesen? Strassburg 1876. 8.) hat nachgewiesen, dass es cidelarius heisst.   28) Eine ansprechende Vermuthung, wonach er ein Verwandter des Dichters gewesen, s. bei Kurtz a. a. O. 216 ff.   29) Vgl. Lachmann zu Iwein[2] S. 346 f.; 456 Anm., zu Walther[2] S. 146; Bechstein, Tristan 1, S. XXX.   30) Gedruckt in: Tristan. Recueil de ce qui reste des poëmes relatives à ses aventures etc. p. p. Fr. Michel. 3 voll. Londres 1935—39. 8. Eine neue kritische Ausgabe wird von Vetter vorbereitet.   31) Diesen Zusammenhang wies nach A. Bossert, Tristan et Iseult poëme de Gotfrit de Strasbourg etc. Paris

Prosaübersetzung, welche auf derselben auch von Gottfried benutzten § 94
französischen Dichtung beruht[32]; noch näher steht inhaltlich der
auch auf französische Quelle zurückgehende altenglische Sir Tri-
strem[33]. Gottfrieds Darstellung weicht von der Fabel bei Eilbart[34]
bedeutend, aber was die Festigkeit der innern Fügung betrifft, nicht
zu ihrem Vortheil ab, so unendlich Gottfried auch dem ältern Dichter
durch den Glanz der Darstellung, den Reichthum an Gedanken und
die Tiefe und Innigkeit der Empfindung überlegen ist[35]. Unter den
Zeitgenossen hat der von ihm hart angegriffene Wolfram ihm die
Gabe eines reichern Redeschmucks edelmüthig zugestanden[36], unter
den jüngern Dichtern ihn niemand mehr erhoben, als sein Nachahmer
Rudolf von Ems im Alexander[37]. — Neben diesen drei grossen
Meistern stehen alle ihre Zeitgenossen und die Späteren viel tiefer
da. Am weitesten hinauf unter ihnen reicht der Zeit nach der Lan-

---

1565. S.; vgl. Lambel in der German. 11, 493—497. Dazu vgl. Heinzel, Gottfrieds
v. Strassb. Tristan und seine Quelle in Haupts Zeitschr. 14, 272—447.   32) Vgl.
Behaghel, Gottfr. v. Strassb. Tristan und seine Quelle, Germ. 23, 223—229. Hrsg.
ist jetzt der altn. Text von Kölbing, die nordische und englische Version der Tristan-
Sage. 1. Theil. Heilbronn 1878. 8. Gleichzeitig erschien eine andere Ausgabe in
Kopenhagen.   33) Von Kölbing im 2. Th. seines Anm. 32 erwähnten Werkes neu
herausgegeben.   34) Von einer andern Tristandichtung des 13. Jahrh. haben
sich Bruchstücke gefunden, herausg. von Titz in der Zeitschr. f. d. Alt. 25, 248 bis
251 und besser von Lambel in der Germ. 26, 356—364; sie gehören der von Gottfried
nicht mehr behandelten Partie an und beruhen auf verwandter französischer Quelle.
35) Vgl. J. Grimm, Gött. GA. 1835, S. 662 (kl. Schr. 5, 186).   36) Willeh. 4, 19 ff.
37) Hagens MS. 4. 866. — Herausg. ist der Tristan im 2. Bande von Müllers
Sammlung (wo aber die ersten 102 Zeilen fehlen), mit Heinrichs v. Freiberg Fortsetzung; von E. v. Groote, mit Ulrichs v. Türheim Fortsetzung, zwei Einleitungen
(die eine von Mone), Anmerkungen und Wörterbuch, Berlin 1821. 4.; v. d. Hagen:
Gottfrieds v. Strassburg Werke (nebst beiden Fortsetzungen des Tristan, einigen
ausländischen Bearbeitungen der Sage, Einleit. u. Wörterb.), Breslau 1823. 2 Bde.
8.; von Massmann, Leipzig 1843 (mit Ulrichs Fortsetzung; zuletzt von R. Bechstein. Leipzig 1869. 2 Bde. 8. 2. Aufl. 1873. Uebersetzungen von Herm. Kurtz
(frei) Stuttg. 1843. S. 3. Aufl. 1877; und (treuer) von Simrock. Leipzig 1855. 2 Thle.
6. 2. Aufl. 1875. Eine verkürzende Uebersetzung lieferte W. Hertz. Stuttg. 1877.
8. Zur Kritik vgl. Th. v. Hagen, die Handschriften des Tristan und ihre Bedeutung für die Kritik, in Bartsch' Germanist. Studien I (Wien 1872), 31—56. Bruchstücke von Has. in d. Zeitschr. f. d. Alt. 17, 409 ff. 19, 76 ff.; Germ. 18, 235. 25, 192.
29, 71—85; über eine Tristanhs. in Modena vgl. Zeitschr. f. d. Alt. 23, 112. Zur
Erklärung und Kritik vgl. Paul in der German. 17, 385—407. K. Zacher, in Beiträge
z. d. Philol. Halle 1880. 8. S. 229 ff. J. Kottenkamp, zur Kritik und Erklärung des
Tristan G's. von Strassburg. Götting. 1879. 8. (Dissertation); vermehrter Abdruck
in der German. 26, 393—401. R. Bechstein, zu Gottfrieds Tristan 15246 f., Germ.
24, 9—12. Sprenger, in der Zeitschr. f. d. Philol. 7, 64. San-Marte, in Paul und
Braune, Beiträge, 9, 145 f. (Trist. 8068). Ueber den Dichter und einzelne Seiten
seiner Art: Bartsch, Tristan und Isolde: Vortr. u. Aufs. 1883. S. 132—157. K. Lüth,
der Ausdruck dichterischer Individualität in Gottfr. Tristan. Parchim 1881. 4.
Programm. R. Preuss, Stilistische Untersuchungen üb. Gottfr. v. Strassburg. Strass-

§ 94 zelet[35] Ulrichs von Zazikhofen, eines Thurgäuers[39], der urkundlich 1214 nachgewiesen ist[40] und das wälsche Original seiner Dichtung von Hug von Morville, einem der sieben dem Herzog Leopold von dem gefangenen Richard Löwenherz gestellten Geiseln, erhielt. Da der Dichter mit Hartmanns Erec Bekanntschaft verräth[41], so werden wir sein wenn auch etwas alterthümlicher gefärbtes Werk[42] um 1195 zu setzen haben[43], womit auch jene historische Beziehung durchaus stimmt. Was man früher für niederdeutsche Anklänge in seiner Sprache hielt, aus denen man einen längeren Aufenthalt im innern Deutschland folgerte[44], erklärt sich durchaus aus seiner heimischen Mundart[45]. Auf den Lanzelet folgt der Wigalois[46] Wirnts von Grafenberg. Wirnt, von einem adeligen, in Franken ansässigen Geschlechte abstammend, dichtete den Wigalois in seiner Jugend nach der mündlichen Erzählung eines Knappen[47] zwischen 1201 und 1210[48] und nahm sich dabei ganz sichtlich Hartmann zum Muster;

---

burger Studien 1, 1—75. E. Lobedanz, das französische Element in Gottfrieds von Strassb. Tristan. Schwerin 1878. 8. F. Compart, die Sagenüberlieferung in den Tristan-Epen Eilharts von Oberge und Gottfrieds v. Strassburg. Güstrow 1876. 8. (unbedeutend). 38) Herausgeg. von K. A. Hahn. Frankf. a. M. 1845. 8.; ein modernisierter Auszug bei Hofstätter, altd. Gedichte, Wien 1811. 8., 1. Theil. Ein Bruchstück einer Hs. in Mones Anz. 4, 321 ff. — Vgl. zur Kritik: Zeitschr. f. d. Philol. 7, 92—94; über Benutzung Heinrichs von Veldeke, Behaghel in der German. 25, 341—47. P. Schütze, das volksthümliche Element im Stil Ulrich von Zatzikhovens. Greifswalder Dissertation. 1883. 8. Neumaier, der Lanzelet des U. v. Z., 1. Die metrischen Eigenthümlichkeiten (Programm). Troppau 1883. 8. Ueber die Sage: G. Paris, le Lanzelet d'Ulrich de Zatzikhoven (Études sur les romans de la Table ronde I.), Romania 1881. S. 465—496. P. Märtens, zur Lanzelotsage. Roman. Studien von Böhmer 5, 557—706. 39) Lachmann zu Iwein S. 495; vgl. dessen Brief an Lassberg (1826) in der German. 13, 490 f. Wackernagel, Verdienste der Schweizer S. 34, hielt ihn für einen Baiern. Vgl. Pfeiffer in der German. 2, 496; Bächtold, der Lanzelet des Ulrich von Zatzikhofen. Frauenfeld 1870. 8. S. 17 ff. 40) Bächtold, in der Germania 19, 421–426: Uolricus de Cecinchoven plebanus Loumissac (Lommis im Thurgau). 41) Bächtold, der Lanzelet S. 35 ff. 42) Ueber seine Abweichungen von der höfischen Sprache vgl. Haupt in den Berl. Jahrb. f. wiss. Kritik. Juli 1845, und G. N. Schilling, de usu dicendi U. de Z. Halae 1866. 8. 43) Bächtold setzt S. 37 es in die ersten Jahre des 13. Jahrh., Lachmann in den erwähnten Briefe in das zweite Jahrzehnt desselben. 44) W. Grimm, Athis S. 11 (kl. Schriften 3, 222). Pfeiffer, in der German. 2, 496 ff. 45) Vgl. Jänicke in der Zeitschr. f d. Gymnasialw. 1868, S. 301 f ; Bächtold a. a. O. S. 39 ff. 46) Herausgeg. mit Einleitung, Anmerkungen und trefflichem Wörterbuch von Benecke. Berlin 1819. 8 ; später (kritisch besser) von Pfeiffer. Leipzig 1847. 8. Bruchstücke von Hss. in Pfeiffers Quellenmaterial I, 49 ff.; Vorauer Bruchstücke herausg. von Schönbach. Graz 1877. fol.; andere in der Zeitschrift f. d. Alt. 17, 588 ff. 19, 237 ff. 21, 115 ff. 22, 337 ff. 24, 168 ff. 25, 207 ff. 47) Den Knappen glaubte Diemer (Kleine Beiträge z. alt. d. Sprache 2, 52) in Heinrich von dem Türlin zu finden; diese Meinung widerlegte Pfeiffer im Anzeiger f. Kunde d. d. Vorzeit 1851, Sp. 30 ff. 48) Ueber diese Zeitbestimmung vgl. Pfeiffer S.

nur gegen das Ende hin hielt er sich mehr an Wolfram [40]. Die § 94 Quelle besitzen wir in dem altfranzösischen Gedicht von Renaud de Beaujeu, 'Le Bel Inconnu' [50], auf welchem auch das altenglische Gedicht 'Ly biaus discona' [51] beruht. Der Dichter erscheint selbst später als Held einer kleinen allegorischen Erzählung Konrads von Würzburg, der Welt Lohn [52], die eine sehr beliebte Vorstellung der mittlern Zeiten versinnlicht [53]. Dürfte man den Angaben dieses Gedichts trauen, so hätte Wirnt das Kreuz genommen, wahrscheinlich 1228, und hätte im heiligen Lande seinen Tod gefunden [54]. Etwa um ein Jahrzehent später fällt Heinrichs vom Türlein Krone [55], das Werk eines bürgerlichen [56] Dichters aus Kärnten oder Steier [57], der etwa um 1220 nach einem Werke von Chrétien de Troies, wie er

---

XIII und die dort angeführten Citate.   49) Vgl. den Vorbericht Benecke's und Lachmann zu Iwein [2] S. 418; 486, Note, und zu Walther [2] S. 116. Ueber Wirnts Verhältniss zu seinen Vorbildern vgl. H. Meissner, Wirnt von Gravenberg. Beiträge zur Beurtheilung seiner literarhist. Bedeutung. 1. Breslau 1874. 8. (Dissertation). Derselbe, Wirnts v. Gravenberg Verhältniss zu seinen Vorbildern in der Germania 20, 421—432. R. Sprenger, die Benutzung des Parzivals durch Wirnt v. Gravenberg, German. 20. 432—437. H. Eckert, Wirnt v. Gravenberg und sein Sprachgebrauch im Verhältniss zu H. v. Aue. Stettin 1876. 4. (Programm). B. Pudmenzky, über Wirnts Ausdruckweise mit besonderer Rücksicht auf Hartmann und Wolfram. Halle 1876. 8. (Dissertation). R. Medem, über das Abhängigkeitsverhältniss Wirnts v. Gravenberg von H. v. Aue und W. v. Eschenbach. Danzig 1880. 4. Progr. B. Bethge, Wirnt v. Gravenberg. Eine literarhist. Untersuchung. Berlin 1881. 8.; vgl. Zeitschr. f. d. Philol. 14, 117 ff.   50) Herausg. von C. Hippeau. Paris 1870. 8. Vgl. A. Mebes, über den Wigalois des Wirnt v. Gravenberg und seine altfranz. Quelle. Neumünster 1879. 4. (Programm.) Dazu Kölbing in den Engl. Studien 4, 182 ff. 51) Bei Hippeau a. a. O. und früher in Ritsons ancient english metrical romances 1 gedruckt.   52) Gedruckt in Docens Miscell. 1, 56 ff.; in Benecke's Wigalois; in Lassbergs Liedersaal 1, 321 ff.; in Hagens Gesammtabent. 3, 399 ff.; auch in Mullenhoffs Sprachproben. Bruchstücke von Hss. in d. Zeitschr. f. d. Alt. 24, 58 ff. 25, 274 ff. Am besten hrsg. v. F. Roth. Frankfurt a. M. 1843. 8.   53) Vgl. über dieselbe Wackernagel in Haupts Zeitschr. 6, 151 ff. Sachse, der Welt Lohn von Konrad v. W. Ein Beitrag zum Verständniss mittelalt. Glaubens. Berlin 1857. 4; Hagen a. a. O. S. CXIII ff.   54) Vgl. Pfeiffer, Einleit. S. XIII.   55) Herausg. von G. H. F. Scholl. Stuttgart 1852. 8. (Litt. Verein). Die letzten 44 Zeilen sind aber unecht: vgl. Pfeiffer, Anzeiger etc. 1854, Sp. 32; dieselbe Entdeckung machte Haupt in seiner Zeitschrift (1866) 13, 321 ff. Bruchstücke einer Handschrift sind abgedruckt bei Diemer, Kleine Beiträge 2, 58 ff. Früher waren nur Bruchstücke an verschiedenen Stellen gedruckt: Lachmann, Wolfram S. XXII; über den Eingang des Parziv. 36 ff. (kl. Schriften 1, 514 ff.); altd. Blätter 2, 155 ff.; in Wolfs Schrift über die Lais S. 378 ff. (der Zauberbecher, herausg. von Hahn) u. s. w. Die Bruchstücke in den altd. Blätt. 2, 148 ff. gehören aber nicht zur Krone; vgl. Scholl S. X. u. Anm. 73. Vgl. noch K. Reissenberger, zur Krone Heinrichs von dem Türlein. Graz 1879. 8.; dazu Anz. f. d. Alt. 6, 111 f. German. 25, 488.   56) Vgl. Pfeiffer, a. a. O. Sp. 31; Müllenhoff, zur Gesch. d. Nib. Not S. 16. 57) Vgl. Lachmann zu d. Nibel. S. 7; über Singen u. Sagen S. 13 (kl. Schr. 1, 474); Haupt, Hartmanns Lieder S. XI. Doch kommt ein Henricus aput Portulam in einer Regensburger Urkunde von 1210 vor: vgl. Wackernagel, Litt. Gesch. [2] § 60, 17'.

§ 94 selbst angibt, arbeitete; doch ist diese Quelle bis jetzt nicht ermittelt und die Berufung auf Chrétien wahrscheinlich eine Fiction[58]. Seinen Namen hat er im Eingang in Form eines Akrostichons genannt[59]. Noch ein zweites anonym überliefertes Gedicht ist ihm auf Grund gleichen Stils und einer Beziehung in der Krone mit Recht beigelegt worden, d e r M a n t e l , eine Episode aus der Lanzelotsage[60]. Wiederum ein Jahrzehent später, das schwächste von allen, fällt des S t r i c k e r s D a n i e l v o n B l u m e n t h a l . Der Dichter, dessen Name schwerlich ein angenommener, sondern wirklicher bürgerlicher ist[61], war in Oesterreich heimisch[62], wo er noch die guten Zeiten der Babenbergischen Herzöge, aber auch schon den Verfall der Kunst und des höfischen Lebens erlebte; er dichtete etwa von 1225—1250[63]. Sein Daniel, den er nach Alberich von Besançon gedichtet zu haben angibt[64], und der in der That wohl nach einer romanischen Quelle gearbeitet ist[65], ist nach dem Urtheil derer, die ihn gelesen haben[66], ein höchst armseliges Gedicht[67]; höher schon steht, zumal von Seiten der Sprachgewandtheit, sein Karl (§ 95); im vortheilhaftesten Lichte aber zeigt sich sein Talent im Amis und in den kleineren Erzählungen und Beispielen (§ 98. 120). Viel vorzüglicher als die letztgenannten scheint ein in Mitteldeutschland verfasstes A r t u s g e d i c h t , welches wir leider nur in Bruchstücken besitzen[68] und welches noch in die beste Zeit der höfischen Poesie hinaufreicht. Die Haupthelden scheinen, so viel man sehen kann, Gawan und Segremors gewesen zu sein[69]. Erwähnt sei ferner der wohl noch der ersten Hälfte des dreizehnten Jahrhunderts angehörende W i g a m u r eines ungenannten

---

58) Ueber sein Verhältniss zu Wolfram vgl. Zingerle in der Germ. 5, 468—479. 59) Bartsch in der German. 25, 96 f.   60) Gedruckt, nach der einzigen Hs., in den altd. Blätt. 2, 215—240, und in Müllenhoffs altd. Sprachproben, 3. Aufl. 1878. S. S. 125—136. Kritisch herausgegeben und als Heinrich angehörig nachgewiesen von O. Warnatsch. Breslau 1883. 8. (Germanist. Abhandl. hrsg. von K. Weinhold. 2. Heft), der darin ein Stück einer umfassenden Lanzelotdichtung erblickt. Vgl. Seemüller im Anz. f d. Alt 10, 197 ff.   61) Vgl. Pfeiffer in der German. 2, 498 f. Auf das Verflechten der dichterischen Mären bezog den Namen Bartsch, Einleitung zu Strickers Karl; als vagus (= *stríchaere*) deutet ihn Gödeke, Grundriss S. 32.   62) J. Grimm, Reinh. Fuchs S. CLXXXI; Bartsch a. a. O. S. I. 63) Vgl. Bartsch a. a. O.; dass er vor 1241 schon gestorben war, kann man aus der Erwähnung Rudolfs im Wilhelm nicht schliessen. Vgl. Bartsch in den Germanist. Studien 1, 3 f. und in der German. 24, 4.   64) Vgl. § 82, 3.   65) Bartsch, in der German. 2, 449 ff.   66) Gedruckt sind nur Bruchstücke: der Anfang in Nyerups Symbol. ad. litt. teuton. und in Hagens Grundriss S. 145 ff.; einen Auszug und Uebersicht des Inhalts gibt Bartsch, in der Ausgabe des Karl S. VIII bis XXXIV.   67) Vgl. W. Grimm, Rolandslied S. CXXVIII; Hahn, kl. Ged. v. d. Stricker S. VIII; dazu Bartsch a. a. O. S. XXXV.   68) Gedruckt in den altd. Blätt. 2, 148 ff.; Haupts Zeitschr. 11, 490—500; German. 5, 461 ff. Vgl. § 71, 15. 69) Ueber eine Anspielung darauf bei Ulrich v. Türheim im Wilhelm vgl. Suchier in der Germ. 18, 115 f.

Dichters, 'der Ritter mit dem Adler' genannt in Nachahmung 'des § 91
Ritters mit dem Rade' (Wigalois)[70], die Bruchstücke eines Blan·
schandin[71], der aus dem Französischen übersetzt ist[72]; und eines
Edolanz[73], dessen Dichter namentlich Wolfram nachahmt. In der
Mehrzahl dieser Gedichte sind die Sagen von Artus und andern bretonischen Helden unabhängig von dem Mythenkreise über den heiligen Gral geblieben; nur die beiden wolframschen beruhen auf dieser
doppelten Grundlage. — Die spätere Zeit brachte nichts Ausgezeichnetes auf diesem Gebiete hervor; allerdings versuchten sich auch in
der zweiten Hälfte des dreizehnten Jahrhunderts noch verschiedene
Dichter darin, aber ohne Erfolg. Der fruchtbarste unter diesen Epi-
gonen ist der Pleier, ein (steirischer) bürgerlicher Dichter, wahrscheinlich aus der Grafschaft Pleien und danach sich nennend[74], der
zwischen 1260—1290 dichtete[75]. Von ihm besitzen wir drei Artusromane, bei denen er sich allerdings wiederholt auf Quellen beruft,
doch ist Grund anzunehmen, dass er dies nur thut, um seinen Erfindungen Glauben zu verschaffen[76]. Das älteste[77] darunter scheint der
Garel vom blühenden Thal[78] zu sein; dann folgte wahrscheinlich Tandarias und Flordibel[79], und in reiferem Alter der
Meleranz[80]. In allen dreien zeigt er sich als Nachahmer älterer
Dichter, vorzüglich Hartmanns und Wolframs, die er nennt, aber
auch Gottfrieds[81], des Strickers und Bliggers von Steinach, dessen
Umhang (§ 98) er kannte[82]. Wenig über das Mittelmässige erhebt
sich auch der Gauriel von Muntavel Meister Konrads von
Stoffel[83], der sich selbst einen *werden frien man* nennt und für

70) Herausgegeben in v. d. Hagens und Büschings deutschen Gedichten des
Mittelalters I. Bd. Berlin 1808. 4. Bruchstücke älterer und besserer Hss. sind
mitgetheilt in der Zeitschrift f. d. Alt. 23, 100 ff. und in der Germania 27, 289
bis 330. Vgl. über das Gedicht Sarrazin, Wigamur. Eine literarhistorische Untersuchung. Strassburg 1879. 8.; dazu Khull im Anz. f. d. Alt. 5, 359 ff.; und Zeitschr.
f. d. Alt. 24, 97—124.   71) Herausgeg. von J. Haupt in der German. 14, 68 ff.
72) Das franz. Original Blancandin et Orgueilleuse d'amour, herausg. von H.
Michelant. Paris 1867. 8.   73) Altd. Blätter 2, 149 ff.; Schönbach in d. Zeitschr. f.
d. Alt. 25, 271—287.   74) E. H. Meyer in Haupts Zeitschr. 12, 497.   75) Den vom
Pleier erwähnten Gönner Wimar weist Meyer a. a. O. S. 502 urkundlich 1262—1296
nach.   76) Meyer a. a. O. 478 f.   77) Ueber die wahrscheinliche Reihenfolge vgl. Meyer a. a. O. 483 ff.   78) Im Auszuge mitgetheilt von Zingerle, German. 3, 23—41. Bruchstücke einer andern Hs. durch Goldbacher in der German.
8, 89—97; die Meraner Bruchstücke sind mitgetheilt von J. Zingerle in den Wiener
Sitzungsberichten 50, 449 ff. Vgl. Walz, Gârel von dem blüenden tal. Wien 1891.
8. (Progr. des akad. Gymnas.). Probe einer Ausgabe (dazu Bech, im Lit.-Blatt 1882,
Nr. 1; Werner im Anz. f. d. Alt. 9, 263—276).   79) Vgl. die Abhandlung von E.
H. Meyer in Haupts Zeitschr. 12, 470—514.   80) Herausgegeben von Bartsch.
Stuttgart 1861. 8. (Litter. Verein).   81) Vgl. Zeitschr. f. d. Philol. 11, 228 ff.
82) Bartsch a. a. O. 365.   83) Vgl. über ihn Wackernagel, LB.[1] 649;
Hagen, MS. 4, 570 f. Ein Stück seines Gedichtes bei Wackernagel LB.[1] 507 ff.;

§ 91 den im Jahre 1282 nachweisbaren Strassburger Domherrn Konrad, aus dem edlen Geschlecht von Hohen-Stoffeln, gehalten wird. Die Quelle seines Werkes will der Dichter in Spanien erlangt haben, was aber sicherlich eine Erdichtung ist (§ 82, 3); der Verfasser beabsichtigte ein Seitenstück zu Hartmanns Ritter mit dem Löwen zu liefern und gab seinem Helden statt eines Löwen einen Bock. — Mehrere Dichter der Epigonenzeit begnügten sich damit, das von ihren Vorgängern unvollendet Gelassene fortzusetzen und abzuschliessen. So fand bereits vor 1243 Gottfrieds Tristan einen Fortsetzer und Vollender an Ulrich von Türbeim, einem Thurgäuer (urkundlich von 1233—1266 nachgewiesen), dessen Rudolf von Ems im Wilhelm als eines noch lebenden, ihm befreundeten Zeitgenossen gedenkt. Er unternahm die Arbeit auf Veranlassung desselben Konrads, Schenken von Winterstetten († 1242 oder 1243), für den Rudolf auch seinen Wilhelm dichtete[84]. Ausser dieser Fortsetzung und der von Wolframs Wilhelm (§ 95), hat er auch noch eine zu diesem Fabelkreise gehörende Erzählung abgefasst, Cliés[85], auf die Rudolf rühmend anspielt[86]: sie ist verloren und war wahrscheinlich ebenfalls nur die Fortsetzung eines von Konrad Flecke (§ 95) unvollendet hinterlassenen Gedichtes[87], das auf der gleichnamigen Erzählung von Chrétien de Troies beruhte. Weder Ulrich noch der andere Fortsetzer des Tristans scheinen aus derselben Quelle, die Gottfried benutzte, geschöpft zu haben; vielmehr aus einem Buche, das Eilharts Quelle näher stand, als Gottfrieds[88]. Jünger ist die Fortsetzung Heinrichs von Freiberg[89], eines meissnischen Dichters, der auf Wunsch Reimunds von Leuchtenburg, eines böhmischen Herrn[90], der Arbeit sich unterzog, wohl nicht früher als an der Scheide des dreizehnten und

---

[83] 613 ff. (in der 4. u. 5. Aufl. weggelassen); ein anderes in Pfeiffers altd. Uebungsbuch S. 91 ff.; aus einer anderen Hs. der Anfang in Mone's Anzeiger 1836, 339 ff. Im Auszuge theilt es mit Jeitteles in der German. 6, 385—411; vgl. besonders S. 386 f.; dazu Stälin, Wirtemb. Geschichte 2, 769; Lassbergs Liedersaal 2, S. LXIV. LXXXX. Unrichtig ist die Namensform Kunhart; vgl. Germ. 6, 386 Anm. 84) Wackernagel, Verdienste der Schweizer S. 12; Hagon, MS. 4, 206 f.; 611 ff.; Haupts Zeitschrift 1, 196 f. 85) Ueber den altfranzösischen Cliges von Chrétien de Troies vgl. Holland, Chrestien v. Troies S. 43 ff. Derselbe ist jetzt von W. Förster, Halle 1884. 8. herausgegeben. 86) Vgl. Hagen, MS. 4, 867; Grässe, a. a. O. 251. 87) Vgl. Lachmann in Sommers Flore S. XXXIV; Pfeiffer, zur deutschen Litt.-Gesch. S. 35. 88) Vgl. Hagen, MS. 4, 587. 616; Lambel, in der German. 11, 497. Ueber die Ausgaben vgl. Anm. 37; eine Uebersicht des Inhalts gibt Bechstein, Tristan 2, 302 ff. 89) Ueber die Ausgaben vgl. Anm. 37; Uebersicht des Inhalts bei Bechstein a. a. O. 311 ff. Eine kritische Ausgabe lieferte Bechstein, Leipzig 1877. 8. Vgl. noch F. Wiegandt, Heinrich von Freiberg in s. Verhältniss zu Eilhart u. Ulrich. Rostock 1879. 8. (Dissertation). 90) Reimund von Lichtenburg, urkundlich nachgewiesen von Toischer, in den Mittheilungen f. Gesch. d. Deutschen in Böhmen 15, 149 ff.

vierzehnten Jahrhunderts[91]. Seine Heimath haben wir in dem ober- § 91
sächsischen, meissnischen Freiberg zu suchen. Sie steht an poetischem Werthe weit über der anderen, aber auch über den anderen
Gedichten Heinrichs, seiner Ritterfahrt Johanns von Michelsberg[92] und
seiner Dichtung vom heiligen Kreuz[93]. Zwischen Ulrich und Heinrich fällt die Fortsetzung eines Ungenannten, die noch ungedruckt
ist[94]. So kam auch als Fortsetzung um 1270 der sogenannte jüngere
Titurel[95] zu Stande durch einen gewissen Albrecht, der darin
Wolframs Bruchstücke in überarbeiteter Gestalt einschaltete. Der
Dichter gibt sich bis gegen das Ende hin, wo er erst mit seinem
wahren Namen hervortritt, für Wolfram von Eschenbach aus, nicht
um zu betrügen, sondern um den Eindruck des Werkes zu verstär-
ken[96]; dass er der von einem Dichter des fünfzehnten Jahrhunderts
hochgepriesene Albrecht von Scharfenberg sei, nahm man

---

91) Vgl. über ihn Hagen, MS. 1, 613 ff.; dessen Germ. 2, 92 ff.; Bechstein, in der
Einl. s Ausg.; ferner Bech, urkundliche Nachricht üb. das Geschlecht u. die Heimat der
Dichter Heinrich u. Johannes von Freiberg. German. 19, 420—424.   92) Gedruckt
in Hagens German. 2, 92 ff. W. Grimm, zur Gesch. des Reims S. 19 hält diesen
Heinrich mit Recht für einen anderen und damit stimmt das Ergebniss einer
demnächst in der Germania erscheinenden Untersuchung von E. Kraus überein.
Jobann von Michelsberg erscheint urkundlich von 1283—94 und starb vor 1306:
Toischer a. a. O.   93) Gedruckt in Pfeiffers altdeutsch. Uebungsbuch. Wien
1865. 8. S. 126—135 und A. Fietz, Gedicht vom heil. Kreuz von Heinr. v. Freiberg.
Cilli 1881. 8. Programm. Vgl. Hruschka im Anz. f. d. Alt. 9, 302—30⁸. Ueber die
zu Grunde liegende Legende, die auch Lutwin in seinem Gedichte 'Adam u. Eva'
(hrsg. von K. Hofmann u. W. Meyer. Tübingen 1881. 8. [153. Public. d. litt. Vereins];
vgl. Steinmeyer im Anz. f. d. Alt. 8, 222 ff.; zur Textkritik: K. Hofmann u. W. Meyer
in den Sitzungsber. der bayer. Akad. 1880, 5. Heft) behandelt hat, vgl. A. Mussafia,
sulla leggenda del legno della croce. Wien 1870 8.; W. Meyer, die Geschichte des
Kreuzholzes vor Christus. München 1881. 4. (Abhandl. der bayer. Akad. 16. Bd.);
und derselbe, die Sage vom Kreuzholz Christi (Sitzungsber. 1881).   94) Vgl.
über sie Bechstein in seiner Ausgabe von Heinrichs Tristan S. VI—VIII.   95)
Gedruckt mit dem Parzival bereits 1477; Abdruck der Heidelberg. Hs 353 durch
Hahn. Quedlinb. u. Leipzig 1842. 8.; vgl. dazu Pfeiffer in der German. 4, 298 ff. In
wie weit die ersten zehn Kapitel des alten Drucks von Hahns Ausgabe in ganzen
Strophen, in Zusätzen und Auslassungen abweichen, ist nachgewiesen in Hagens
German. 5, 81 ff. Den berichtigten Text der 85 ersten Strophen des Gedichts gibt
Lachmann, über den Eingang des Parzival S. 18 ff. (kl. Schr. 1, 497 ff.). Mittheilung
neuer Handschriftenfragmente im Serapeum 1867, S. 193 ff.; Pfeiffers Uebungsbuch
S. 114 ff.; Pfeiffers Quellenmaterial I; Zachers Zeitschr. 2, 80 ff. 6, 127 ff.; German. 16,
335 ff. 21, 153 ff. 157 ff. 22, 16 ff. 24, 175 ff. 25, 169 ff. 177 ff. Dürnwirth im Programm von
Klagenfurt 1881. Studien und Mittheilung. aus dem Benedictinerorden V, 1. Ueber
die Berleburger Hs. vgl. Zarncke in der German. 22, 1—16; über eine andere Hs.
German. 28, 253. Vgl. noch E. Droysen, der Tempel des heil. Gral nach Albrecht
von Scharfenberg. Bromberg 1872. 8. und besonders Zarncke, der Graltempel. Vor-
studie zu einer Ausgabe des jüng. Titurel. Leipzig 1876. 4. (aus den Abhandlung.
der k. sächs. Gesellsch. d. Wiss.); wo man auch das vollständigste Verzeichniss
der handschriftl. Quellen findet.   96) Wie Simrock meint.

§ 94 früher an [97], ist aber jetzt als hinfällig erwiesen [98]. Albrecht wählte statt Wolframs vierzeiliger Strophe eine siebenzeilige [99], die er aus jener durch Zerlegung der ersten beiden und vierten Zeile und durch das Anbringen zweier neuen Reime in den Einschnitten der ersten beiden erhielt (§ 73). Ueber die Quellen, die ihm vorlagen, fehlt es noch an Sicherheit der Forschung: das meiste hat er wohl aus Andeutungen in Wolframs beiden Werken entnommen [100], schwerlich ist das Gedicht Guiots auch seine unmittelbare Grundlage [101]; aber die Benutzung anderer Quellen ist nicht abzuweisen, sondern für einzelne Stücke bereits dargetan [102]. Die Abfassungszeit in das vierzehnte Jahrhundert herabzurücken [103] verstösst schon gegen die Stelle aus dem Gedicht bei Bruder Berthold [104], es darf daher nicht in die Zeit von Kaiser Ludwig dem Baier († 1347) gesetzt werden [105]. Noch später, aber vor 1290 [106], wurde durch einen unbekannten Dichter

---

97) Vgl. Docen im altd. Mus. 1, 135 f.; Hagen, MS. 4, 216; aber den strengen Beweis dazu liefern auch die Strophen nicht, die Lachmann, Wolfram S. XXXI, vor der einen Heidelb. Handschr. vergeblich suchte, die nun aber, nach einer von B. Boisserée schon früher genommenen Abschrift gedruckt sind in seiner Abhandlung über die Beschreibung des Tempels des heiligen Graals, S. 80 ff., und darnach bei San Marte, Leben und Dichten Wolframs 2, 278 ff.   98) Vgl. Spiller, Albrecht v. Scharfenberg und der Dichter des jüngeren Titurel: Zeitschr. f. d. Alt. 27, 158—179. Albr. v. Scharfenberg ist danach der Verf. der von Füterer ausgezogenen Merlin und Seifrid de Ardemont.   99) Man kann sie auch sechszeilig fassen, wie Pfeiffer, der Dichter des Nibelungenliedes S. 16, thut.   100) Vgl. Simrock, Parz. 1, 499 ff. Wackernagel, Litt.-Gesch. 195 (² 252 f.)   101) Wie Lachmann (Wolfr. S. XXV. XXVIII f.) wollte, der die von Wolfram angefangene Dichtung zuerst unter dessen Namen von einem Unbekannten aufgenommen und wahrscheinlich schon beendigt, gleichwohl von einem Anderen, Namens Albrecht, weiter fortgesetzt werden lässt, worauf zuletzt, um 1270, ein Dritter noch die letzte Hand ans Werk gelegt und die eingefügten, dem neuen Versmass noch nicht durchweg angepassten älteren Bruchstücke mit den fehlenden Mittelreimen (die nach Haupts Erörterung, Zeitschrift 4, 396 f. in einer echt wolframschen Strophe nicht angenommen werden sollen) versehen habe.   102) Vgl. Bartsch in der German. 7, 271 ff.; San-Marte, Vergleichung von Wolframs Parzival mit Albrechts Titurel in theolog. Beziehung, ebend. 8, 421—461, namentlich S. 444. 458. Zu dem von dem Dichter aufgenommenen Briefe des Priesters Johannes vgl. Zarnckes Schriften: commentatio de patriarcha Johanne quasi praecursore presbyteri Johannis. Lips. 1875. 4; De epistola quae sub nomine presb. Joh. fertur 1875. 6; De epistola Alexandri papae III ad presb. Joh. 1875. 4; der Priester Johannes. 1. Abhandlung. Leipzig 1879. 4; 2. Abhandlung. Leipzig 1876. 4. Deutsche Gedichte darüber in den altd. Blättern 1, 305—324, bei J. Grimm, Gedichte auf K Friedrich I. S. 103—107 (kl. Schriften 3, 84—92), und bei Zarncke.   103) Wie San-Marte, Leben und Dichten Wolframs 2, 285 ff. that.   104) Schmeller, baier. Wörterbuch 2, 232; 4, 167; über Wolframs Heimath etc. S. 197; vgl. auch Simrock a. a. O. 502 f.   105) Wie H. Holland, Kaiser Ludwig der Baier und sein Stift zu Ettal. München 1860. 8. will; vgl. dazu Pfeiffer in der Germ. 6, 246 Anm.   106) Ueber diese Zeitbestimmung vgl. Rückert in seiner Ausgabe S. 257 f.; R. Schröder in Haupts Zeitschr. 13, 157.

· der Lohengrin[107] verfasst[10*], der durch seinen Inhalt mit dem § 94
Schlusse des Parzivals und des jüngern Titurels sich berührend, den
an niederrheinische Ueberlieferung[109] angelehnten Theil der Sage vom
Graal und seinen Pflegern zuletzt in die Geschichte der sächsischen
Kaiser auslaufen lässt, für welche der Dichter die Repgowische Chro-
nik, aber auch andere Quellen benutzte und in Verse brachte[110]. Das
Gedicht, in einer zehnzeiligen Strophe abgefasst, steht durch seinen
Anfang in merkwürdigem, noch nicht hinlänglich aufgeklärtem Zu-
sammenhange mit dem zweiten Theil des Wartburger Krieges[111];
durch seinen Inhalt ist es dem Schwan-Ritter von Konrad von
Würzburg verwandt[112].

§ 95.

Dem Geiste nach sind den Gedichten des bretonischen Sagenkreises
zunächst verwandt b) die Bearbeitungen einzelner Ritter- und Liebesgeschichten meist nach welschen Vorbildern. Dahin gehören die
nur in Bruchstücken erhaltene niederrheinische Dichtung des 12. Jahrh.
von Floyris[1], die auf einer französischen Vorlage beruht, und die
vollständige von Flore und Blanscheflur[2] von Konrad Flecke,
dessen Clies wir schon oben (§ 94, 85) erwähnten. Konrad, aus ritter-

---

107) Herausgeg. mit Einleit. von Görres. Heidelb. 1813. 8.; dazu J. Grimm
in den Heidelb. Jahrb. 1813, S. 849. Kritische Ausgabe von Rückert. Quedlinb. u.
Leipzig 1858. 8.; vgl. Bartsch in der German. 3, 244—251. Ueber andere Hss.
Bartsch a. a. O. 7, 274 f. Eine ausführliche Inhaltsanzeige mit Bemerkungen über
das Gedicht bei Lucas, über d. Krieg v. Wartburg S. 209—259. Eine jüngere Umarbeitung des Gedichtes, herausg. von E. Steinmeyer, in Haupts Zeitschr. 15, 181
bis 245.   108) Lachmann (in der Jen. Litt. Zeit. 1820, Nr. 97, Sp. 305; 1823,
Nr. 194, Sp. 106 f. — kl. Schr. 1, 149. 314) nahm an, das frühere von anderer Hand
angefangene Gedicht sei von einem Spätern vollendet worden.   109) Ueber
den mythischen Ursprung der Sage vgl. J. Grimm, Mythol.[1] 218. 241, und Anhang
S. XVIII; [2] 343 ([4] 306); v. d. Hagen, die Schwanensage. Berlin 1848. 4; W. Müller
in der German. 1, 418—440; Holtzmann ebend. 1, 490; über ihre weitere Ausbildung Görres' Einleitung; Mones Anzeiger 1834, 149 ff.; altd. Bl. 1, 128 ff.; auch Br.
Grimm, d. Sagen 2, 286 ff. und P. Cassel, der Schwan in Sage und Leben. Berlin
1861. 8. Ueber ihre Anknüpfung an die Geschichte vgl. Sybel, Gesch. d. ersten
Kreuzzuges, Düsseldorf 1841. 8. S. 263—265.   110) Vgl. Massmann, Kaiserchronik 3, 80 f.; 191—215.   111) Nach Wackernagel, Litt.-Gesch. S. 196 ([2] 253)
entlehnte der Dichter des Lohengrin aus dem Wartburgkriege.   112) Herausg.
nach einer lückenhaften Hs. in den altd. Wäldern 3, 49 ff.; kritisch bearb. von F.
Roth. Frankf. a. M. 1861. 8; dazu Bartsch in der German. 6, 494 ff.; treuer Abdruck
der Hs. in Müllenhoffs altd. Sprachproben. Berlin 1864. 8.; 3. Ausg. 1878. Vgl. R.
Sprenger, zu Konrads Schwanritter, German. 21, 419 f.

§ 95. 1) Herausgeg. von Steinmeyer in der Zeitschrift f. d. Alt. 21, 307—331.
Berichtigungen lieferte Bartsch, Germania 26, 64 f.   2) Herausgeg. im 2. Bde.
von Müllers Sammlung (Ergänzungen dazu gab Hahn in Mones Anzeiger 1837,
324 ff.); kritisch mit trefflicher Einleitung und Anmerk. von E. Sommer. Quedlinburg u. Leipzig 1846. 8. Vgl. H. Sundmacher, die altfranz. und mhd. Bearbei-

§ 95 lichem Geschlechte in Schwaben[3], dichtete im zweiten, wenn nicht
schon im ersten Jahrzehnt des dreizehnten Jahrhunderts[4]. Als seinen
Gewährsmann nennt er einen Ruprecht von Orbent; sein Muster
scheint Gottfried von Strassburg gewesen zu sein[5]. An dasselbe
Vorbild lehnt sich auch Rudolfs von Ems Wilhelm von Orlens.
Rudolf, Dienstmann zu Montfort, ein Schweizer[6], war einer der ge-
lehrtesten Dichter seiner Zeit. Von seinen untergegangenen oder
noch nicht wieder aufgefundenen Werken[7] mögen die frühesten in
den Zwanzigern entstanden sein[8]; unter den erhaltenen sind die ältesten die Erzählung von dem guten Gerhard (§ 98) und die Legende
von Barlaam und Josaphat (§ 96), jene wohl bald nach 1225 gedichtet, worauf der Wilhelm und der Alexander folgen. Sein letztes Werk, die Weltchronik (§ 97), liess er unvollendet, als er in
'welschen Reichen' (Italien), wohin er wahrscheinlich Konrad IV
gefolgt war, zwischen 1250 und 1254 starb. Der Wilhelm, nächst
dem Alexander Rudolfs schwächste Arbeit, hat die höchst willkürlich
ausgeschmückte und der Wahrheit wenig entsprechende Geschichte
Wilhelms des Eroberers zum Inhalt[9]. Ferner gehört hierher Konrads von Würzburg Engelhard, so wie sein Partonopier.
Konrad war bürgerlichen Standes; er muss früh sein Vaterland verlassen und am obern Rhein, in Strassburg und Basel, gelebt haben[10].

---

tung der Sage von Flore und Blanscheflur. Göttinger Dissert. 1873. S. und be-
sonders Herzog, in der Germania 29, S. 137—228.   3) Nach Pfeiffer in der
German. 3, 67 etwa in der Nähe des Bodensees.   4) Zu jung macht ihn Sommer,
wenn er ihn 1230 setzt; ins erste Jahrzehnt setzt ihn Pfeiffer, zur deutsch. Litt.-
Gesch. S. 29 ff., doch ist keineswegs sicher, dass Thomasius Anspielung (1216) auf
Konrads Gedicht geht; vgl. Jänicke in der Zeitschr. f. d. Gymnasialw. 1868, S. 297.
Nach Rückert, wälscher Gast S. 529 f. fällt er in den Anfang der 20er Jahre.
5) Ueber die Sage vgl. Sommers Einleitung; Uhland, Zwei Gespielen. German. 2,
218 ff. und Herzog a. a. O.   6) Aber sicherlich nicht, wie Hagen, MS. 4, 542 ff.
annimmt, mit dem Liederdichter Rudolf dem Schreiber ein und dieselbe Person,
vgl. Pfeiffers Barlaam S. XIII.   7) Ihm wollte Holtzmann, Untersuchungen über
d. Nib. S. 180 ff auch die Klage beilegen.   8) Ueber die Reihenfolge und Abfassungszeit vgl. Haupts Vorrede zum guten Gerhard, so wie F. Pfeiffers Recens.
in den München. GA. 1842, Nr. 70 ff ; dessen Vorwort zum Barlaam; Haupt in s.
Zeitschrift 1, 196; Bartsch in den Germanist. Studien 1, 3 ff.; J. Schmidt, Untersuchungen zu den beiden literarhistorischen Stellen Rudolfs von Ems, in Paul u.
Braune, Beiträge 3, 140—181; und dagegen Bartsch in der Germania 24, 1—9.
9) Gedruckt sind davon nur Bruchstücke, unter andern vor Casparsons Ausgabe
des Wilh. v. Oranse; in der Zeitschr. f. d. Alt. 18, 89 ff.; 21, 192 ff.; Germ. 21, 197 ff.;
vgl. v. d. Hagens Grundriss S. 198 und § 92, 21; K. Study, die Tambacher Pergament-
handschrift des Wilhelm von Orlens. Coburg 1872. 4. (Programm). Ein Auszug
steht in Mones Anzeiger 1835, 27 ff.; eine Ausgabe bereitete F. Pfeiffer vor, aus
dessen Nachlasse sie erscheinen wird.   10) Nach Wackernagel, in der Germania 3, 257—266, wäre er gar nicht in Würzburg, sondern in Basel geboren, und
hätte den Beinamen nur von seinem Wohnhause in Basel angenommen; vgl. Wacker-

Auch er war ein fremder Sprachen kundiger[11] und auch sonst kennt- § 95
nissreicher Mann, so dass Hugo von Trimberg seinen Gedichten selbst
den Vorwurf machen konnte, sie seien, wenn auch meisterlich, doch
für Laien zu gelehrt; wie Rudolf hatte er sich besonders Gottfried
von Strassburg zum Vorbild genommen. Bei den Zeitgenossen und
auch späterhin stand er in hohem Ansehen, daher manchem späteren Gedichte sein Name fälschlich gegeben wurde; seinen 1287 erfolgten Tod (§ 92, 22) hat Heinrich Frauenlob in einem eigenen
Liede beklagt (§ 114). Unter seinen zahlreichen Werken war der
trojanische Krieg, den er nicht selbst vollendete, sein letztes, das
er nach 1281 verfasste[12]. Am meisten sind ihm Erzählungen von
nicht zu grossem Umfange gelungen, wie Otte (§ 98) und Engelhard.
Der Engelhard ist nach einem lateinischen Buche gedichtet; zum
Grunde liegt ihm die in den kärlingischen Kreis einschlagende Sage
von Amicus und Amelius, von der Konrads Gedicht aber in Personen
und Begebenheiten sehr abweicht[13]. Dagegen beruht auf einem französischen Originale[14] Konrads Partonopier und Meliur[15], welches Werk er auf Anregung des Baseler Patriciers Peters des Schalers
wahrscheinlich um 1277 arbeitete: ob es vollendet wurde, ist zweifelhaft. Der Stoff ist eine romantische Umbildung der Erzählung von
Amor und Psyche. Ein Nachahmer und Schüler Konrads ist der

nagel, Johann Fischart S. 78, Anm. 170. Dagegen Denzinger im Archiv des histor.
Vereins v. Unterfranken 12, 61—81; in der German. 4, 113—115; Pfeiffer ebend. 5,
10, 12, 27; J. Grimm's Brief ebend. 11, 215; Bartsch, Partonopier S. X. 11)
Doch des Französischen war er nicht mächtig: vgl. German. 12, 20; er lernte es
erst später, vgl. Bartsch a. a. O. VIII. 12) Vgl. Wackernagel, Basel. Handschriften S. 5, und Germania 3, 265. — Ueber Konrads Leben, Gelehrsamkeit, Kunst-
charakter und die ihm untergeschobenen Gedichte vgl. Hahns Vorrede zu Otte,
W. Grimms Einleitung zur goldn. Schmiede, Haupts Vorrede zu Engelhard, und
Pfeiffer in der Germania 12, 18 ff. 13) Erhalten ist es nur in einem alten,
sehr schlechten Druck (Frankfurt a. M. 1573), woraus Eschenburg, Denkm. S. 39 ff.,
einen Auszug gegeben u. Haupt einen vortrefflichen Text hergestellt hat: Engelhard,
eine Erzählung von K v. W. (mit Einleit. u. Anmerk.), Leipzig 1844. 8.; vgl. Haupts
Zeitschr. 4, 555 ff. Nachweise über die Sage gibt W. Grimm, Athis und Prophilias
S. 46 (kl. Schr. 3, 265). Vgl. auch Kölbing, zur Ueberlieferung der Sage von Amicus und
Amelius, in Paul und Braune, Beiträge 4, 271—314. 14) Herausgeg. von
G. A. Crapelet, Paris 1834. 2 Bde. 15) Als Werk Konrads erkannte die früher
gedruckten Bruchstücke zuerst J. Grimm (Gramm. 1², 776), dem Lachmann (zu
Nibel. 682) beistimmte; die gleiche Beobachtung machte Wackernagel, Litt.-Gesch.
S. 213 (² 274). Die Bruchstücke nebst denen eines niederländ. Partonopier gab
Massmann (Partonopeus und Melior. Berlin 1847. 8.) heraus. Die einzig voll-
ständige Hs. ist die Riedegger; danach beabsichtigte Pfeiffer das Gedicht heraus-
zugeben, vgl. seine Abhandlung in der German. 12, 1—41. Die Ausgabe besorgte
Bartsch: K's v. W. Partonopier und Meliur. Wien 1871. 8. (worin auch das
Turnei von Nantes, S. Nicolaus und die Lieder). Bruchstücke einer niederd. Be-
arbeitung hat C. Schröder in der Germania 17, 191 ff. veröffentlicht. Vgl. noch II.

§ 95 Dichter des Reinfried von Braunschweig[16], einer jüngeren Fassung der Sage von Heinrich dem Löwen[17]; derselbe verfasste sein Werk in alemannischer Mundart nach dem Jahre 1291[18]. — Etwas weniger, als diese beiden Klassen, tragen die Farbe des ausgebildeten Ritterthums und des Hoflebens dieser Zeit c) die Gedichte des kärlingischen Kreises, indem durch sie noch immer der Charakter einer zwischen dem gewaltigen Heroenzeitalter der germanischen Nationen und der spätern, seit den Kreuzzügen eingetretenen Verfeinerung der Sitten mitten inne liegenden Heldenperiode durchscheint, in welcher sich die alten französischen, nachher zu grossen epischen Massen zusammengefassten Volksgesänge dieses Kreises gebildet hatten. Daher scheinen diese französischen Epen den deutschen höfischen Dichtern der klassischen Zeit auch nicht recht zugesagt zu haben und von ihnen nur sparsam benutzt worden zu sein. Indessen gehört hierher, ausser dem in den Karlmeinet aufgenommenen Gedichte von Morant und Galie (§ 92), noch eins der ausgezeichnetsten Werke der mittelhochdeutschen Erzählungspoesie, Wolframs von Eschenbach Wilhelm von Oranse, den der Dichter aber leider nicht selbst vollendete. Das französische Werk, nach welchem Wolfram dichtete, erhielt er durch den Landgrafen Hermann: es ist die Bataille d'Aleschans aus dem zwölften Jahrhundert, von welchem Gedichte jedoch Wolfram nicht die älteste Fassung, sondern eine jüngere Redaction vor sich hatte[19]. Obgleich dem Parzival an Tiefe und Fülle des Gehalts und an Interesse der Fabel nachstehend, kommt der Wilhelm ihm doch gleich in der vortrefflichen Zeichnung der Charaktere und übertrifft ihn sogar von Seiten der Darstellung des Einzelnen[20]. Im Stoffe mit Wolframs

---

van Look, der Partonopier Konrads von Würzburg und der Partonopeus de Blois. Goch 1561. 8. (Strassburg. Dissertat.); E. Kölbing, über die verschiedenen Gestaltungen der Partonopeussage, in Bartsch' Germanist. Studien 2, 55—114. 312—316.

16) Einen Auszug aus dem unvollständig erhaltenen Gedichte gab Gödeke im Archiv des hist. Vereins für Niedersachsen 1849, S. 179 ff; jetzt ist das Ganze nach der einzigen Hs. in Gotha herausgegeben von Bartsch. Stuttgart 1871. 8. (109. Publicat. des litter. Vereins); vgl. noch Jänicke in Haupts Zeitschr. 17, 505 bis 518. 17) Ueber die Sage vgl. Gödeke a. a. O.; Feifalik, zwei böhmische Volksbücher zur Sage von R. v. B. Wien 1859. 8. und Nachtrag 1860; und Bartsch, Herzog Ernst S. CXXX ff., auch Laistner in der German. 26, 420 ff. 18) Er erwähnt die Eroberung von Ackers (Accon), die 1291 fällt; er war ein Zeitgenosse von Jacob Appet, von dem wir einen gereimten Schwank, der Ritter unterm Zuber (Gesammtabenteuer 2, 297 ff.) besitzen; vgl. Bartsch, Reinfried S. 809 f. 19) Das Original bei Jonckbloet, Guillaume d'Orange (Haag 1854) 1, 215—427 (über Wolframs Verhältniss zu seinem Original vgl. 2, 214 ff.) und: Aliscans publié p. Guessard et Montaiglon. Paris 1570. 8. 20) Herausg. (mit dem sogenannten ersten Theil des Wilhelms von Ulrich v. Türlein) nach einer sehr schlechten Handschrift von Casparson, Cassel 1782 u. 54. 4.; dann von Lachmann in Wolfr.

Werke zusammen hängen die Bruchstücke einer andern, wie es scheint, § 95 niederrheinischen, aber sehr rohen Bearbeitung der Sage von Guillaume-au-court-nez, die man früher für vorwolframisch ansah[21], die aber sicherlich um ein Jahrhundert jünger sind[22]. — Vollendet wurde Wolframs Willehalm erst etwa dreissig Jahre nach seinem Tode, freilich in wenig befriedigender Weise, durch Ulrich von Türheim, dessen Fortsetzung, kurz vor 1250 und später als die Fortsetzung des Tristan (§ 94, 48) gedichtet, auch unter dem Namen des starken Rennewart bekannt, von geringem poetischen Werthe ist[23]. Noch jünger und schlechter ist die Arbeit von Ulrich vom Türlein (zwischen 1261—1275), der den von Wolfram übergegangenen Anfang von Wilhelms Sage aufnahm, aber nicht zum Abschluss brachte, ein höchst geistloses Werk, in einer gezierten, aufgedunsenen Sprache[24], für welches ihm nicht eine französische Dichtung, sondern nur Wolframs Willehalm vorlag, dessen Andeutungen er weiter ausführte[25]. Zwischen Wolframs Gedicht und jene Fortsetzung Ulrichs von Türheim fällt noch des Strickers Karl[26], eine erneute Bearbeitung des Rolandsliedes, der das alte Gedicht vom Pfaffen Konrad zwar zum Grunde liegt, bei der jedoch auch noch andere Quellen, nament-

---

Werken. Uebersetzt von San-Marte. Halle 1873. 8. Bruchstücke von Hss. in Pfeiffers Quellenmaterial II; in der Germania 14, 271 ff.; 16, 171 ff.; 17, 443 ff.; 25, 161 ff.; Zeitschrift f. d. Alt. 17, 407 ff.; 22, 237 ff.; Zachers Zeitschr. 8, 227 ff. 9, 413 ff. Suchier ebend. 13, 257 ff. Anzeiger d. germ. Museums 1582, 117 ff. Guttmann im Programm des Gymnas. zu Brieg 1875. Zur Kritik vgl. Paul in s. Beiträgen 2, 318 bis 339. Vgl. über das Gedicht noch San-Marte, über W.'s von E. Rittergedicht Wilhelm von Orange. Quedlinburg u. Leipzig 1871. 8. Saltzmann, Wolframs v. E. Willehalm u. s. französ. Quelle. Programm des Realprogymnas. von Pillau 1853. 4. 21) Vgl. noch Gervinus 1³, 372 ff. 22) Vgl. Suchier in den Germanist. Studien 1, 134—159. — Die Bruchstücke gab F. A. Reuss unter dem (unpassenden) Titel: Fragmente eines alten Gedichts von den Heldenthaten der Kreuzfahrer im heil. Lande, Kitzingen 1539. 8. heraus; besser K. Roth in seinen Denkm. der d. Sprache S. 79 ff. und K. Roth, die Schlacht von Alischanz. Kitzinger Bruchstücke. Paderborn 1874. 8. 23) Sie ist noch nicht gedruckt: Bruchstücke gab K. Roth, Ulrichs von Türheim Rennewart. Regensburg 1856. 8. (Abdruck aus den Verhandl. des Regensb. Geschichtsvereins); vgl. Pfeiffer in der German. 2, 250 ff. Andere Bruchstücke in Pfeiffers altd. Uebungsbuch S. 42—51; in der German. 12, 67—70. 16, 54—57. 25, 180 ff. 28, 337 ff.; in der Zeitschr. f. d. Alt. 21, 201 ff; 26, 165 ff.; in Zachers Zeitschr. 3, 95 ff. 15, 266 ff. Vgl. Lachmanns Wolfram S. XXVII. XLII. E. Lohmeyer, die Handschriften des Willehalm U's v. Türheim. Kassel 1853. 8. (Hall. Dissertat.). O. Kohl, zu dem Willehalm Ulrichs von Türheim, Zeitschr. f. d. Philol. 13, 129—163. 277—303. 480—489. 24) Ueber Abfassungszeit und Form vgl. Lachmann a. a. O. S. XLII und § 71, 21. Herausg. von Casparson. Kassel 1781. 4. 25) Vgl. Suchier, über die Quelle Ulrichs von dem Türlein und die älteste Gestalt der prise d'Orange. Paderborn 1873. 8. 26) Gedruckt in Schilters Thesaurus II; kritische Ausgabe, mit Einleit. u. Anmerk., von Bartsch. Quedlinb. u. Leipzig 1857. 8. Bruchstücke von Hss. Alemannia 3, 235 ff. Anzeiger d. german. Mus. 1850, 179 f.

§ 95 lich die jüngern Texte des französischen Rolandsliedes[27], vielleicht auch ältere deutsche Gedichte von Karl dem Grossen, benutzt sind[28]. Treuer als der Stricker schliesst sich an Konrads Gedicht der ungenannte niederrheinische Dichter, der schon am Ende des zwölften Jahrhunderts das Rolandslied umreimte; sein Werk wurde von dem Compilator des Karlmeinet (§ 92) mit andern aufgenommen. Dem niederrheinischen Dichter lag, wie wahrscheinlich auch dem Stricker, ein erweiterter Text des Rolandsliedes vor[29]. — Zuletzt dürfen hierher noch gestellt werden *d*) die aus antiken Sagen hervorgegangenen Dichtungen, da sie nach dem, was oben (§ 87) über die allmählige Umwandlung dieser Art von Stoffen und deren Behandlung von Seiten der abendländischen Dichter gesagt ist, gleichfalls zu vollständigen Rittergeschichten geworden sind. Hierher gehören, ausser der Eneide Heinrichs von Veldecke, mehrere Bearbeitungen der Sagen von Alexander dem Grossen, den im Anfang des dreizehnten Jahrhunderts zwei Dichter, Berthold von Herbolzheim, ein Schwabe, und Biterolf, zum Gegenstande von Dichtungen wählten; wir kennen dieselben aber nur aus der Erwähnung von Rudolf von Ems, der in seinem Alexander, nach einem verächtlichen Seitenblick auf den älteren Lamprecht, ihrer rühmend gedenkt[30]. Sein Alexander ist uns nur in einer jungen, nicht einmal vollständigen Handschrift[31] und einem älteren Bruchstücke erhalten[32]. Als Hauptquellen benutzte er die lateinische Historia de proeliis Alexandri Magni und Curtius[33]. Der lateinischen Alexanderdichtung des Gualterus de Castellione[34], die ihrerseits auf Curtius zurückgeht, folgte Ulrich von Eschenbach, der zwischen 1270 und 1287 dichtete und durch Hereinziehung zahlreicher Episoden sein Werk zu gewaltigem Umfang anschwellte[35]. Derselbe Rudolf verfasste auch einen trojanischen Krieg, dessen er in der Weltchronik

(vgl. German. 26, 490). Auszüge in einer Limburger Hs., vgl. A. Wyss im N. Archiv d. Ges. f. ält. Gesch. 7, 571 ff. Ueber die verschiedenen Redactionen vgl. noch C. von Jecklin in der German. 22, 129—166.   27) Vgl. Bartsch in der German. 6, 29 ff.   28) Vgl. W. Grimm, Rolandslied S. LXV ff.; C ff.   29) Vgl. über diese Bearbeitung Bartsch, über Karlmeinet, Nürnberg 1861. 8., S. 87 ff.   30) Vgl. Docen im altd. Mus. 1, 137 f., in Schellings Zeitschr. 1, 241; Mone, badisches Archiv 1, 49; Bartsch in den Germanist. Studien 1, 2.   31) In München: vgl. Massmann, Kaiserchronik 3, 67.   32) Gedruckt in Hagens German. 10, 101—109. Gedruckt sind ausserdem nur einzelne Stellen des Alexander, die § 92, 21 angeführte und der strophische Eingang (altd. Mus. 2, 268; Hagen. MS. 4, 516, Anm. 6); andere durch Zacher in seiner Zeitschrift 10, 96 ff.   33) Vgl. Ausfeld, über die Quellen zu Rudolfs Alexander. Donaueschingen 1883. 4. Programm; dazu Kinzel in Zachers Zeitschr. 16, 123—126.   34) Herausgeg. von W. Müldener. Leipzig 1863. 8.   35) Vgl. Weckherlin, Beiträge zur Geschichte altt. Sprache und Dichtkunst, Stuttgart 1811. 8., S. 1—32; Pfeiffer im Serapeum 9, 337 ff. und besonders Toischer, über

gedenkt[36]. Aelter als diese uns verlorene Bearbeitung ist die des § 95
Hessen **Herbort von Fritzlar**, wahrscheinlich eines Geistlichen,
der in noch jugendlichem Alter, wohl schon im ersten Zehntel des
dreizehnten Jahrhunderts[37], auf Veranlassung des Landgrafen Hermann
von Thüringen, nach dem französischen Werke des Benoit de Sainte-
More[38], sein *Liet von Troie*[39] dichtete. Er nahm sich Heinrich von
Veldeke zum Muster, den er aber lange nicht erreichte. Viel jünger,
aber berühmter ist der trojanische Krieg **Konrads von Würzburg**[40], über welchem der Dichter 1287 starb, und den ein jüngerer
Dichter nach andern Quellen abkürzend vollendete. Konrads Hauptquelle ist ebenfalls Benoit, neben dem er aber noch andere, namentlich Ovid und Statius, benutzte[41]. — Der einzige Dichter, der in annähernd treuerem Geiste die Antike wiedergab, ist **Albrecht von
Halberstadt**, Geistlicher in dem Kloster Jechaburg[42], der auf Anregung des Landgrafen Hermann 1210 eine poetische Verdeutschung

---

die Alexandreis Ulrichs von Eschenbach. Wien 1881. 8. (Aus den Sitzungsberichten
der Wiener Akad.). Ueber eine Hs. im British Museum vgl. Zeitschr. f. d. Alt.
24, 369 ff. Von ihm wesentlich beeinflusst ist die altezechische Dichtung: vgl. K.
W. Titz, U. v. Eschenbach und der Alexander boëmicalis. Prag 1881. 8. Derselbe
Ulrich hat, unter Benutzung von Chrétiens Guillaume d'Angleterre, zwischen
1257—97 eine zweite epische Dichtung, Wilhelm von Wenden (hrsg. von W.
Toischer. Leipzig 1876. 8.) verfasst. Vgl. Martin im Anz. f. d. Alt. 3, 107—118; R.
Köhler in der Germania 23, 21 ff. und J. Losserth, die geschichtlichen Momente in
dem Gedichte Ulrichs von Eschenbach 'Wilhelm von Wenden'. Mittheil. d. Vereins
f. Gesch. d. D. in Böhmen 21, 26—42. — Erst der folgenden Periode gehört der im
Jahre 1352 entstandene Alexander von Seifried an; noch ungedruckt, eine Ausgabe bereitet Ph. Strauch vor. Vgl. Karajan in Haupts Zeitschr. 4, 218 und F. Wolf
in den Wien. Jahrb. 57, Anzeigeblatt S. 19—21.   36) Lachmanns Auswahl S. IV,
Anm.; Pfeiffers Barlaam S. XII. — Bruchstücke eines unbekannten Trojanergedichtes,
wahrscheinlich aus einer Weltchronik, gab Bernoulli in der Germania 28, 30—38
heraus.   37) Nach W. Grimm, Ueber Freidank (1850) S. 46 noch im 12. Jahrhundert.   38) Dies wies überzeugend nach Frommann in der German. 2, 49 ff.;
177 ff.; 307 ff. noch Ch. Fischer, der altfranzös. Roman de Troie des Benoit de Sainte-More als Vorbild für die mhd. Trojadichtungen des Herbort von
Fritslâr und des Konrad von Würzburg. Paderborn 1883. 8. — Das französische
Gedicht ist jetzt vollständig herausgeg. von A. Joly, Benoit de S. More et le Roman
de Troie. Paris 1870. 4.   39) Herausg. (mit Einleit. u. Anmerk.) von Frommann. Quedlinburg und .Leipzig 1837. 8. Bruchstücke einer andern Hs. in der
Zeitschr. f. d. Alt. 21, 203 ff.   40) Theilweiser Abdruck in Müllers Sammlung
Bd. 3; der Tod des Hercules in Mones Anzeiger 1837, 287 ff.; vollständ. kritische
Ausgabe, nach den Vorarbeiten von Frommann und F. Roth, durch Keller. Stuttgart 1858. 8. (Litt. Verein.) Dazu Bartsch, Anmerkungen zu Konrads Trojaner-
krieg. (133. Public. d. litter. Vereins). Tübingen 1877. 8. Bruchstücke von Hss.
Germania 27, 127. 356 ff.   41) Ueber die Quellen vgl. Cholevius, Geschichte
der deutschen Poesie 1, 130 ff.; Bartsch, Einleitung zu Albrecht von Halberstadt,
und besonders Dunger, die Sage vom trojan. Kriege. Leipzig 1869. 8.   42) Vgl.
J. Grimm in Haupts Zeitschrift 8, 10 f. 464 ff.

§ 95 der **Metamorphosen Ovids** unternahm. Wiewohl auch er deutsche und mittelalterliche Auffassung nicht verleugnet, so war sein
Werk den Zeitgenossen doch wohl zu wenig ritterlich und fand daher, wie es scheint, wenig Beifall[13].

§ 96.

2. **Legenden** wurden nun nicht mehr vorzugsweise von Geistlichen, sondern schon häufig von Laien gedichtet, und wenn sie auch
erst gegen das Ende des dreizehnten Jahrhunderts und im vierzehnten recht in Aufnahme kamen, so fehlte es doch schon in der besten
Zeit nicht an höfischen Dichtern, welche sich damit befassten. Der
erste ritterliche Dichter, der, so viel wir wissen, einen Legendenstoff
bearbeitete, war **Heinrich von Veldeke** in seinem **Servatius**
(§ 90, 27). Ihm folgt **Hartmann von Aue** mit der legendenartigen
Dichtung von **Gregorius**[1], einer mittelalterlichen Oedipussage[2].

---

43) Nur Bruchstücke haben sich erhalten: gedruckt in Haupts Zeitschr. 11,
358—374; und in der Germania 10, 237—245. Vollständig erhalten hat sich die
Umarbeitung von Georg Wickram (Mainz 1545), der nur den Prolog Albrechts
unüberarbeitet liess (hergestellt ist dieser Prolog durch Haupt, in s. Zeitschr. 3,
299 ff.). Den Versuch, einzelne Stellen aus der Umarbeitung herzustellen, machte
J. Grimm, in Haupts Zeitschr. 8, 397—422, und in grösserm Massstabe (etwa ein
Drittel des Ganzen) Bartsch, Albrecht von Halberstadt und Ovid im Mittelalter.
Quedlinburg und Leipzig 1861. 8. — An eine vermittelnde französische Quelle,
die Lachmann (Iwein² 527, Anm. 2) für möglich hielt, ist nicht zu denken.

§ 96. 1) Herausg. aus der vatican. Hs. in Greiths Spicileg. Vatican. Frauen-
feld 1838. 8.; kritisch bearb. von Lachmann. Berlin 1838. 8., neuerdings von Bech,
Hartmann v. Aue. Leipz. 1867. 2, 137—265. 2. Aufl. 1873. 2, 145—276. Den kritischen
Apparat gab Lachmann in Haupts Zeitschr. 5, 32—69; den in der Erlauer Hs. sich
findenden Eingang (Anzeig. f. Kunde d. d. Vorz. 1856, 136 f.) in berichtigtem Texte
Bartsch in der Germ. 6, 372 ff ; einen Abdruck der Erlauer Hs. Pfeiffer, Quellenmaterial
zu altd. Dichtungen I (Wien 1867. 4), 20—46, wo auch S. 47 ff. ein Abdruck des
Salzburger Bruchstückes, von dem Massmann (in Mones Anzeig. 7, 390) Lesarten
mitgetheilt; eine Collation der Vatic. Hs. durch Bartsch in d. German. 14, 239 ff.;
Ausgabe von H. Paul, mit kritischem Apparat. Halle 1873. 8.; vgl. Bartsch in der
German. 19, 228—235. Bruchstücke gab C. Schröder, German. 17, 28 ff. heraus. B.
Hidber, eine neue Hs. von H's. Gregor., in Paul und Braune, Beiträge 3, 90—133
(Abdruck der Berner Hs., die den Prolog allein vollständig enthält) dazu Paul, ebend.
3, 133—139. Textausgabe von Paul. Halle 1882. 8. (Altd. Textbibl. 2). Die Prosa nach
Hartmanns Gregor hat nach der Heidelb. Hs. 119, hrsg. W. Martens, Tauberbischofs-
heim 1883. 4. (Programm.) Uebersetzt von Pannier. Leipzig 1893. (Reclams Universal-
bibliothek Nr. 1767). Zur Textkritik u. Erklärung vgl. noch Höfer in d. Germ. 14, 420
bis 427; Bartsch ebend. 427—431. J. Egger, Beiträge zur Kritik und Erklärung des
Gregorius H's. von A. Graz 1872. 8. Soeliach, zur Textkritik v. H's. Gregorius. Halle
1884. 8. (Dissertat.). 2) Ueber die Legende vgl. Greiths Einleit.; J. Grimm in den
Götting. GA. 1839, Nr. 14 (kl. Schr. 5, 277; Schreiber in den theolog. Studien u. Kritiken 1863, Heft 2; Lippold in der, Anmerk. 3, angeführten Schrift; R. Köhler in der
German. 15, 284—291; H. Bieling, ein Beitrag zur Ueberlieferung der Gregorlegende.
Berlin 1874. 4; L. Constans, la légende d'Oedipe étudiée dans l'antiquité, au moyen

Hartmann folgte einer französischen Quelle[3], nicht einer lateinischen; § 96 denn das lateinische Bruchstück in rhythmischen Versen[4] ist vielmehr aus dem deutschen Gedichte übersetzt[5], und eine Bearbeitung in Hexametern[6] liegt zu weit ab, als dass an einen Zusammenhang gedacht werden könnte. Wenige Jahre nach Hartmann dichtete Konrad von Fussesbrunnen, ein österreichischer Dichter[7], den Rudolf im Wilhelm unter den berühmten verstorbenen Dichtern nennt, seine Kindheit Jesu. Er fand, wie er selbst sagt, die Legende in seiner Quelle[8] nicht vollständig und vermochte sie auch anderswo nicht so aufzutreiben, dass er sie hätte weiter erzählen können. Wiewohl er am Schlusse sein Werk gegen künftige Bearbeitungen verwahrt, so hat er grade dies Schicksal erfahren; denn wir besitzen neben der Originalgestalt[9] dasselbe in zwei Ueberarbeitungen[10]. Einen halb legendenhaften, halb novellistischen Stoff behandelte Meister Otte, ein gelehrter Mann, wie er sich selbst nennt, in seinem Era-

Age et dans les temps modernes. Paris 1851. 8. V. Diederichs, Russische Verwandte der Legende v. Gregor auf dem Stein und der Sage von Judas Ischarioth, in der Russ. Revue IX, 8, 119—146. — Ihrem Inhalt nach berührt sie sich mit der Legende vom heil. Albanus, von welcher eine Bearbeitung eines nrbein. Dichters des 12. Jahrh. in Bruchstücken erhalten ist: gedruckt in Lachmanns Bruchstücken nrb. Gedichte S. 5 – 9 (kl. Schriften 1, 523 – 526). Ueber die Legende vgl. Köhler in der German. 14, 300–304. Die lat. Legende hat M. Haupt in den Monatsberichten der Berliner Akad. 1860, S. 241 ff. herausgegeben. 3) Vio du pape Grégoire le Grand p. p. V. Luzarche. Tours 1857. 8.; vgl. dazu Strobl in der German. 13, 188 ff. und besonders Lippold, über die Quelle des Gregorius Hartmanns von Aue. Leipzig 1869. 8. 4) Herausg. von H. Leo in den Blättern f. liter. Unterhaltung 1837, Nr. 352. 5) So urtheilte schon Schmeller (in Haupts Zeitschr. 2, 486), während Grimm (Latein. Gedichte S. XLV ff.) es für Hartmanns Quelle hielt. 6) Herausg. von Schmeller a. a S O. 486 ff. 7) Er kann sehr wohl derselbe sein, den Diemer (in den österr. Blatt. f. Kunst und Liter. 1854, S. 70, und daraus in den Sitzungsberichten der Akad. 13, 269) urkundlich 1182—1186 nachgewiesen hat. 8) Dieselbe ist wohl unmittelbar in dem apokryph. Evangel. infantiae zu suchen, und schwerlich (wie Feifalik wollte) Durchgang durch französische Quelle anzunehmen.

9) In einer Wiener Hs.: danach mit Lesarten der Lassberg. Hs. hrsg. in Hahns Gedichten des 12 u 13. Jahrh. S. 67—102. 136–146. Bruchstücke aus andern Handschr. in Aufsess u. Mones Anz. 1833, Sp. 96 ff.; 1839, Sp. 200 ff.; in Haupts Zeitschr. 3, 304 ff. u. in der Germ. 24, 200. 25, 194 ff. 10) In der Lassbergischen Hs. u. der Hs. des Wiener Piaristen-Collegiums: letztere, mit Einleitung und den Lesarten der übrigen Hss. herausg. von Feifalik. Wien 1859. 12; vgl. dazu Bartsch in der German. 5, 247—256, wo das richtige Verhältniss der Texte dargelegt ist. Kritische Ausgabe von K. Kochendörffer. Strassburg 1881. 8.; vgl. Strauch im Anzeig. f. d. Alt. 8, 217 ff. — Vgl. noch Gompert, zu K's. von F. Kindheit Jesu, im Gymnasial-Programm von Königsberg i. d. N. 1866. 4. R. Sprenger in der Germ. 27, 370—374. Schönbach in der Zeitschr. f. d. Alt. 27, 65 – 70. — Die Vermuthung Wackernagels (Litt.-Gesch. S. 162, [2] 201), Konrad von Fussesbrunnen und Konrad von Heimesfurt seien dieselbe Person, ist widerlegt: vgl. Gompert, de tribus carminibus theotiscis. Halis 1861. 8., und Bartsch in der German. 9, 307—330.

§ 96 clius[11], nach dem französischen Gedichte des Gautier von Arras[12]. Es ist die romantisch ausgeschmückte Geschichte des griechischen Kaisers Heraclius[13], gewandt erzählt; der Dichter, der im mittlern Deutschland, wahrscheinlich in Hessen, zu Hause war, lehnt sich am meisten an Hartmann von Aue an, aber auch Gottfrieds Tristan kannte er und wird daher nicht vor 1210 gedichtet haben[14]. Die Legende von Kaiser Heinrich II und seiner Gemahlin Kunigunde bearbeitete nach lateinischer Quelle Ebernand von Erfurt, der seinen Namen in einem durch die Anfänge der Abschnitte hindurchgehenden Akrostichon genannt hat, im Jahre 1216[15]. Noch den ersten Jahrzehnten des dreizehnten Jahrhunderts gehört Konrad von Heimesfurt, ein Geistlicher aus dem Ries, an, von dem wir zwei hierher fallende Dichtungen, die Himmelfahrt Mariae[16] und die Urstende[17], besitzen: ihn nennt Rudolf lobend im Alexander. In letzterem Werke, das Christi Auferstehung und Höllenfahrt auf Grund des apokryphischen Evangelium Nicodemi behandelt, nennt er in akrostichischer Form seinen Namen[18]; in beiden häuft er wie Konrad von Fussesbrunnen am Ende die Reime (§ 71, 35), eine Kunst, die Rudolf ihnen nachgemacht hat. Noch ein drittes Gedicht, die Legende von einem Judenknaben oder das Jüdel, hat man, doch ohne ausreichende Gründe, dem Dichter beigelegt[19]. Von Rudolf von Ems gehört hierher sein Barlaam und Josaphat[20],

---

11) Herausg. v. Massmann. Quedlinb. u. Leipz. 1842. 8; dazu zahlreiche Textbesserungen von Haupt in s. Zeitschr. 3, 159—182. Neueste Ausg. v. H. Gräf. Strassb. 1883. 8.; vgl. dazu Bech im Lit.-Blatt f. germ. u. rom. Philol. 1884, Nr. 4. — In dem Dichter sah Massmann mit Unrecht Otto von Freisingen.   12) Ebenfalls bei Massmann, S. 223—356.   13) Ueber die Sage vgl. Massmann a. a. O. und in seiner Kaiserchronik 3, 585 ff.   14) Ueber Benutzung des Erec vgl. Haupt in seiner Zeitschr. 11, 54; über die andern Entlehnungen s. Gräf a. a. O.   15) Hrsg. von R. Bechstein. Quedlinb. u. Leipzig 1860. 8. Vgl. Bech in der German. 5, 458 bis 507; Bechstein ebend. 6, 422—434. Ueber eine Prosaauflösung berichtet Steinmeyer in Haupts Zeitschr. 17, 474—476.   16) Herausg. von Pfeiffer in Haupts Zeitschr. 8, 126—200. (Vgl. Sprenger, in der German. 28, 85—88) und F. Kramm, über Konrads von Heimesfurt Sprache und Verskunst. Seine 'Himmelfahrt Mariae' im Verhältniss zu ihrer Quelle. Strassburg 1883. 8. — Eine andre Bearbeitung der Himmelfahrt Mariae von einem mitteldeutschen Dichter ist von Weigand in Haupts Zeitschr. 5, 515—564 herausgegeben.   17) Herausg. in Hahns Gedichten etc. S. 103—128. Dass Konrad von H. auch die Urstende verfasst, hatte Pfeiffer a. a. O. richtig vermuthet; vgl. Bartsch a. a. O. Einen *Cunradus de Heinsfurt* weist Haupt in s. Zeitschr. 15, 468 urkundlich 1204 nach.   18) Diess Akrostichon, das die Vermuthung Pfeiffers bestätigt, ist nachgewiesen von R. Wülcker u. Bartsch in der German. 15, 157 ff. Gegen Pfeiffers Vermuthung hatte sich W. Grimm zur Geschichte des Reims S. 16 ausgesprochen.   19) Sprenger, in der Germania 27, 129—144. Vgl. dagegen Steinmeyer, in der Zeitschr. f. d. Alt. 27, 83—88.   20) Herausg. mit Wörterbuch von K. Köpke. Königsberg 1818. 8.; und besser von Pfeiffer. Leipzig 1843. 8. Bruchstücke von Hss. in der Zeitschr. f. d. Philol. 13,

die Bearbeitung eines sehr beliebten Legendenstoffes, der auf bud- § 90 dhistischer Grundlage beruhend[21], durch eine griechische, fälschlich dem Johannes Damascenus beigelegte Bearbeitung hindurchgegangen, hauptsächlich durch die lateinische Uebersetzung der letzteren verbreitet wurde[22]. Auf ihr beruhen die verschiedenen französischen Bearbeitungen[23], beruht auch Rudolfs Gedicht. Nicht minder zwei andere deutsche Dichtungen dieser Legende, die beide noch dem dreizehnten Jahrhundert angehören; als Verfasser der einen nennt sich ein Bischof Otto[24]. Eine andere Legende Rudolfs, den heil. Eustachius, kennen wir nur aus des Dichters Erwähnung im Alexander[25]; die Bruchstücke einer Dichtung über diesen Heiligen, die wir besitzen[26], sind aus dem Ende des dreizehnten Jahrhunderts und vom Dichter des Passionals[27]. Die Marter der heil. Margareta behandelte ein Freund Rudolfs, Wetzel von Heidelberg, im Dienste der Herzogin Clementia von Zähringen, der Wittwe Bertholds V († 1215), zwischen 1235—1240[28]. Um die Mitte des Jahrhunderts verfasste Reinbot vom Turn, ein Baier[29], seinen heiligen Georg[30], zu dem ihn Otto der Erlauchte von Baiern (1231—1253) und dessen Gemahlin veranlassten[31]. Sein Vorbild war Wolfram von Eschenbach, seine Quelle wahrscheinlich ein französisches Werk,

78 ff. 163 f. Vgl. noch Söhns, das Handschriftenverhältniss in Rudolfs von Ems Barlaam. Erlangen 1878. 8., und dazu Lambel, in der German. 25, 377 ff.
21) Vgl. Liebrecht in Eberts Jahrb. f. roman. Liter. 2, 314—331.   22) Vgl. noch E. Cosquin, la légende des saints Barlaam et Josaphat. Revue des questions historiques 1880, S. 579—600. E. Braunholtz, die erste nichtchristliche Parabel des Barlaam und Josaphat, ihre Herkunft und Verbreitung. Berliner Dissertation 1883. 8. auch G. Paris in der Einleitung zum Lai de l'Oiselet. Paris 1884. 8.
23) Das Gedicht des Gui de Cambrai ist von H. Zotenberg und P. Meyer, Stuttgart 1864. 8. (Litter. Verein), herausgegeben, wo man auch Nachricht über die andern Versionen findet.   24) Hs. in der Bibliothek zu Solms-Laubach: vgl. Gött. GA. 1820, Nr. 34, und L. Diefenbach, Mittheilungen über eine noch ungedr. mhd. Bearb. des B. u. J. Giessen 1836. Bruchstücke der andern theilte Pfeiffer in Haupts Zeitschr. 1, 127—135 mit (vgl. dazu Diefenbach in der Hall. Lit. Zeit. 1842 und Pfeiffer, Barlaam S. VIII) und in seiner Forschung u. Kritik 1, 30—44.
25) Vgl. Pfeiffer, Barlaam S. XII.   26) K. Roth, Denkmäler der deutschen Sprache S. 57—61; F. Roth in der German. 11, 406 ff.   27) Vgl. F. Roth a. a. O. S. 407. J. Haupt in den Sitzungsber. der Wiener Akad. 69, 136.   28) Den anonym überlieferten Anfang (637 Verse) erkannte als Werk Wetzels und gab heraus Bartsch in seinen germanist. Studien 1, 1—30. Den urkundlichen Nachweis des Dichters lieferte H. Herzog, Germ. 29, 31 ff.   29) Nicht, wie man sonst meinte, ein Niederdeutscher.   30) Abgedruckt (nach einer stark verniederdeutschten Handschr.) mit einer Einleit. in den Gedichten des MA. Bd. 1 (vgl. Docen in Schellings Zeitschr. 1, 216 ff.); Bruchstücke aus andern Handschriften in Mones Anzeig. 1835, 156 ff., bei Hoffmann, Wien. Handschr. S. 115 ff.; Germania 27, 144 ff. (wo ein Verzeichniss der hs. Quellen); eine neue Ausgabe von F. Vetter wird demnächst erscheinen.   31) Vgl. Hoffmann, die Wiener Handschriften S. 118, u. Fr. Pfeiffer in der N. Jen. Litt. Zeit. 1842, Nr. 243.

§ 96 aber schwerlich[32] die bekannt gemachte Vie de Saint George[33].
Unter den zahlreichen spätern Legendendichtern[34] verdient hier noch
besondere Erwähnung Konrad von Würzburg, von dem wir
mehrere Legenden besitzen[35]. In Basel verfasste er seinen Alexius[36],
nach lateinischer Quelle, vor dem Jahre 1277[37]; zwischen 1277—81
fallen der heil. Silvester[38], der auf derselben lateinischen Quelle
wie das Gedicht des 12. Jahrhunderts beruht, und der heil. Panta-
leon[39]. In Konrads letzte Lebenszeit reicht der Dichter der heil.
Elisabeth[40], ein Hesse, wahrscheinlich aus der unmittelbaren Nähe
von Marburg, der die Vita S. Elisabethae des Predigermönches Dietrich von Apolda zu Grunde legte[41]: derselbe ungenannte Dichter
hat auch eine Geschichte der Erlösung in Versen verfasst[42], in
der er noch mehr als in der Elisabeth sich als Nachahmer Gottfrieds zu erkennen gibt[43]. Ebenfalls nach Mitteldeutschland führt
das von einem thüringischen Dichter verfasste Gedicht Adams
Klage[44], das in eine Anzahl von Handschriften der Weltchronik
Rudolfs von Ems eingefügt wurde[45]. An den Schluss des Jahrhun-

---

32) Wie Holtzmann, in der Germania 1, 371 ff. meinte; dagegen Bartsch
ebend. 4, 501 ff.   33) Herausgegeben von V. Luzarche, hinter der Vie de la
vierge Marie. Tours 1859. 8.; vgl. dazu Bartsch a. a. O. S. 501—505. Ueber das
Verhältniss von Reinbots Dichtung zu den verschied. Versionen vgl. C. Weber
in der Zeitschrift f. roman. Philol. 5, 506. — Ueber die Sage vgl. Vernaleken in
der Germania 9, 471—477.   34) Vgl. v. d. Hagens Grundriss S. 251 ff.   35)
Nicht von Konrad verfasst ist der nur in Bruchstücken erhaltene heilige Nicolaus, der unter Konrad's Namen von Bartsch, Partonopier S. 335—342 (vgl.
S. XII—XIV u. 426—430) gedruckt ist; vgl. Steinmeyer in der Zeitschr. f. d. Alt.
19, 232 ff. Neue Bruchstücke ebend. 19, 228 ff. German. 29, 36 ff. Ueber die latein.
Quelle: Steinmeyer in s. Zeitschr. 21, 417—425.   36) Herausgeg. mit sieben
andern Bearbeitungen, worunter eine von einer Frau, mit Nachweisung der Quellen etc. von Massmann. Quedlinb. u. Leipzig 1843. 8.; besser von Haupt, Zeitschr.
3, 534—576. Vgl. 4. 400 und dazu Pfeiffer, in der German. 12, 41—48, wo Lesarten aus der Sarner Hs. mitgetheilt und besprochen sind. — Ueber eine weitere
unbekannte Alexiusdichtung in einer Prager Hs. vgl. W. Toischer in der Zeitschr.
f. d. Alt. 28, 67—72.   37) Pfeiffer in der German. 12, 26 f.   38) Auszugsweise gedr. in Graffs Diut. 2, 3 ff.; herausgeg. von W. Grimm. Göttingen 1841. 8.;
vgl. Haupts Zeitschr. 2, 371 ff. und Pfeiffer a. a. O. S. 23 ff.   39) Herausgeg. von
Haupt in seiner Zeitschr. 6, 193—253. Ueber den von Lachmann (Zeitschr. 6, 580)
und Pfeiffer (a. a. O. S. 26) für unecht erklärten Schluss vgl. Bartsch, Partonopier
S. XI; über die Zeitbestimmung Pfeiffer S. 25 f.   40) Im Auszuge nach der
Darmstädter Hs. in Graffs Diutiska 1, 344—359. Vollständige Ausgabe nach allen
Handschriften von Rieger. Stuttgart 1868. 8 (Bibliothek des litt. Vereins).
41) Rieger a. a. O. S. 53.   42) Herausgeg. von Bartsch. Quedlinb. und Leipzig
1858. 8. Ueber andere Hss. und Bruchstücke vgl. Kelle in der German. 3, 465 ff.;
Bartsch ebenda 7, 35 ff.; 15. 357 f.; Weigand in Haupts Zeitschr. 15, 506 ff.
43) Den Nachweis, dass beide Gedichte von demselben Verfasser herrühren, lieferte
Bartsch in der German. 7, 1—43.   44) Herausg. in v. d. Hagens Gesammtab. 1,
5—16.   45) Vgl. Wackernagel, Litt. Gesch. 2 S. 199. Ein solcher Text ist von

derts gehört die Jolante von Bruder Hermann, die Darstellung § 96 des Lebens der Gräfin Jolante von Vianden († 1283), wahrscheinlich noch bei ihren Lebzeiten verfasst[46], sowie die heil. Martina (1292) von Bruder Hugo von Langenstein[47], einem Schwaben und Mitglied des deutschen Ordens; die Legende von Martina will er aus Rom zuerst nach Deutschland gebracht haben. Seine Vorbilder sind Reinbot und Konrad von Würzburg gewesen, die er aber vorzüglich nur in ihren Fehlern nachahmt[48]. Wenige Jahre später (1300) verfasste Johannes von Frankenstein, ein Johanniter in Wien, seinen Kreuziger, worin Christi Passion behandelt ist[49]. Das umfassendste Legendenwerk dieses Zeitraums ist aber das Passional, von einem unbekannten Dichter[50] ebenfalls am Ende des Jahrhunderts verfasst. Es behandelt in seinen ersten zwei Büchern[51] die Geschichte der Maria, der Apostel, Johannes des Täufers und der Magdalena, in seinem dritten Buche[52] eine bedeutende Anzahl von Heiligenlegenden. Der Dichter benutzte vorzugsweise lateinische Quellen, namentlich die Legenda aurea von Jacobus a Voragine († 1298)[53], aber auch ältere deutsche Gedichte[54]. Ein zweites ähnliches, eben-

H. Fischer, in der German. 22, 316–341 mitgetheilt, wo man S. 335 ff. auch ein denselben Gegenstand behandelndes Lied des 16. Jahrh. findet.   46) Noch ungedruckt. Mittheilungen daraus in Pfeiffers altd. Uebungsbuch S. 103 ff.   47) Herausg. von A. v. Keller. Stuttg. 1856. 8. (Litt. Verein); früher waren nur Bruchstücke gedruckt, in dem Auszuge bei Graff, Diut. 2, 116 ff.; Wackernagel, altd. LB.³ 755 ff; Baseler Handschriften S. 47 ff. Hugo lebte um 1283–1319; Keller S. 737. Ueber seine Quellen vgl. R. Köhler in der Germania 8, 15–35, wo S. 35 f. auch Textverbesserungen.   48) Vgl. Wackernagel, Baseler Handschriften S. 39 ff; Meinauer Naturlehre S. VII f.; Haupts Zeitschrift 7, 169.   49) Hoffmann, Wiener Handschriften S. 136 ff. Herausgegeben von F. Khull. Tübingen 1882. 8. (160. Publication des litter. Vereins); dazu Khull, über die Sprache des Johannes von Frankenstein. Graz 1880. 8. (Programm.)   50) Ueber eine Vermuthung, dass der Dichter vielleicht Bruder Pilgrim von Görlitz sei, vgl. Bartsch, mitteldeutsche Gedichte. Stuttg. 1860. 8. S. XII f. Ganz unhaltbar ist Hagens Annahme, Konrad von Fussesbrunnen sei der Verfasser; vgl. Pfeiffer in Haupts Zeitschr. 8, 159 f.   51) Herausg. von K. A. Hahn, das alte Passional. Frankfurt a. M. 1845. 8. Bruchstücke waren früher gedruckt in Mones Anz. 1837, 150–156. 400–418. 1838, 517–526; später in der Zeitschr. f. d Alt. 16, 393 ff.; German. 18, 355 f. 21, 170 f. 27, 127 f.; Zeitschrift f. d. Philol. 6, 13 ff. 8, 39 ff. 59 ff. 63 ff. 11, 229 ff.; Anz. d. germ. Museums 1853, 55 ff. 1872, April. Ueber eine unbekannte Hs. macht Mittheilung O. Zingerle in den Sitzungsber. der Wiener Akad. Bd. 105, H. 1. Die bei Hahn unvollständig mitgetheilten Marienlegenden gab Pfeiffer besonders heraus: Marienlegenden. Stuttg. 1846. 8., 2. Ausg. Wien 1863; sie stehen auch in Hagens Gesammtabenteuer Nr. 83 ff. Die Legende von Theophilus gab heraus E. Sommer. de Theophili cum diabolo foedere. Berol. 1844. 8.; zwei der Marienlegenden K. Schädel, drei mhd. Gedichte. Hannover 1845. 8.   52) Herausg. von Köpke. Quedlinb. u. Leipzig 1852. 8. Bruchstücke (Lesarten) in der Zeitschr. f. d. Alt. 27, 91 ff.   53) Vgl. Gödeke, Every man. Hannover 1865, S. 19, und J. Wichner in der Zeitschr. f. d. Philol. 10, 255–280.   54) So die Kindheit Jesu: vgl. Bartsch

§ 96 falls auf lateinischer Quelle beruhendes Werk ist das Leben der Altväter oder Veterbúch[55], welches unzweifelhaft von demselben Verfasser herrührt[56]. Und derselbe Dichter hat wahrscheinlich noch mehrere einzelne Legenden, wie die von den sieben Schläfern[57] u. a., vielleicht auch die alttestamentliche Geschichte von Hester[58] bearbeitet. Ein ähnliches Werk wie das Passional, aber an Kunst der Darstellung sehr hinter ihm zurückbleibend, ist das Buch der Märtyrer, das ebenfalls nach Jacobus a Voragine von einem ungenannten Dichter für eine Gräfin von Rosenberg gedichtet wurde[59].

§ 97.

3. Die erzählenden Dichtungen, die eigentlich geschichtliche, aber mitunter noch mit allerlei Sagen und andern Ueberlieferungen untermischte Gegenstände behandeln, theilen sich in Personengeschichten und Welt-, Landes- und Ortsgeschichten. Zu jenen muss das verlorene, zu seiner Zeit berühmte Gedicht über Friedrich von Staufen gehört haben, welches Absalon, ein Freund Rudolfs von Ems, verfasste[1]. Der Held des Gedichtes war ohne Zweifel Friedrich I[2]; man hat vermuthet[3], dass es in einem Zusammenhange mit dem Gedichte von des Landgrafen Ludwigs des Frommen Kreuzfahrt steht, welches wahrscheinlich Walther von Spelten 1190 verfasste, und das die Belagerung von Accon erzählt: wir besitzen es nur in einer Ueberarbeitung aus dem vierzehnten

---

in der German. 5, 432 ff.   55) Vgl. darüber Pfeiffer, Marienlegenden S. XIV ff ; Steffenhagen in Haupts Zeitschr. 13, 501 ff.; Zingerle, Findlinge. II. 1570. 8. S. 1 ff.; Herausg. von Francke, 1. Liefrg. Paderborn 1880 S. (vgl. Schönbach im Anzeig. f. d. Alt. 7, 164—171). — Ueber die nicht benutzte Hildesheimer Hs. vgl. German. 25, 409 ff. Vgl. noch Bech in der German. 28, 388 f.   56) Vgl. Pfeiffer a. a. O. XIV ff. Zingerle a. a. O. S. 3 ff.   57) Herausg. von Karajan. Heidelb. 1839. 12; vgl. dazu F. Roth in der German. 11, 407. Ueber die Sage vgl. Massmann, Kaiserchr. 3, 776 ff.; A. Reinbrecht, die Legende von den sieben Schläfern. Göttingen 1880. 8. (Dissertat.); dazu Varnhagen in der Zeitschr. f. roman. Philol. 5, 162 ff. und besonders J. Koch, die Siebenschläferlegende. Ihr Ursprung und ihre Verbreitung. Leipzig 1883. 8. 58) Herausgeg. von C. Schröder in Bartsch' germanist. Studien 1, 217—315.   59) Vgl. J. Haupt, über das mitteldeutsche Buch der Märtyrer. Wien 1872. 8. (Aus den Sitzungsber. der Wiener Akad.) Bruchstücke in der Alemannia 9, 1—5; Germania 20, 444 ff.; über eine unbekannte Hs. s. O. Zingerle, in den Wiener Sitzungsberichten CV, 1.

§ 97. 1) Vgl. über die Dichtung J. Grimm, Gedichte auf Friedrich I S. 5 ff. (kl. Schriften 3, 5 f.); W. Grimm, über Freidank S. 6 f.; Pfeiffer, zur deutschen Litt.-Gesch. 63, Anm., auch Jen. Litt. Zeit. 1843, Nr. 214; Paul in s. Beiträgen 3, 151; Bartsch, German. 24, 8 f. Urkundlich ist Absalon nachgewiesen von H. Herzog, German. 29, 33; er starb vor 1. Aug. 1262. Rudolf gedenkt seiner im Wilhelm und im Alexander.   2) Vgl Docen, Miscell. 2, 318.   3) J. Grimm, in den Nachrichten von der histor. Commission, Beilage zu Sybels histor. Zeitschr. 1859, S. 37 f.

Jahrhundert[1]. Unter die zeitgeschichtlichen Dichtungen fällt auch § 97
die unbezweifelt auf geschichtlichem Grunde ruhende und vielleicht
nur poetisch ausgeschmückte Selbstbiographie Ulrichs von Liechtenstein, eines steirischen Ritters[5], die er unter dem Titel Frauendienst 1255 gedichtet hat[6]. Dieses Werk, in Strophen aus vier
Reimpaaren gedichtet, in welches sämmtliche Lieder Ulrichs (§ 111),
sein Leich (§ 74, 5) und mehrere Büchlein oder Liebesbriefe (§ 71,
15) eingefügt sind, entbehrt in seinem erzählenden Theile eines tiefern
dichterischen Gehalts, sein Werth beruht darin, dass es uns mehr,
als irgend ein anderes Werk dieser Zeit[7], den ritterlichen Minnedienst
mit seinen Wunderlichkeiten und Verirrungen kennen lehrt. — Unter
den sogenannten Weltchroniken, die lange die historischen Hand-
bücher für die Laien blieben, ist die werthvollste ein unvollendetes
Werk Rudolfs von Ems, das nach seinem Tode von verschiedenen Händen fortgesetzt, dann aber auch in vielen Handschriften,
wahrscheinlich schon im dreizehnten Jahrhundert, mit einer ähnlichen, weit schlechtern Arbeit verbunden und verschmolzen wurde
und gerade in dieser Gestalt den meisten Beifall fand. Rudolf hatte
sein Konrad IV gewidmetes Werk, dem sowohl eine sinnige Anordnung des Stoffs, wie eine zwar schlichte, doch rasch fortschreitende
und warme Darstellung nachgerühmt werden darf, bis zu Salomons
Tode geführt, als er starb (§ 95). Den Hauptbestandtheil desselben
bildet die biblische Geschichte, deren einzelnen Hauptabschnitten
die Geschichten der heidnischen Welt auf angemessene Weise angehängt sind. Quellen dafür waren ausser der Bibel selbst vornehmlich die Historia scholastica des Petrus Comestor († 1178) und für
einzelne Stellen das Pantheon Gottfrieds von Viterbo († 1191), vielleicht auch der Polyhistor des Solinus, die der Dichter aber alle
mit Freiheit benutzt hat. Bei dem andern, jüngern Werk, welches
wahrscheinlich von einem Geistlichen herrührt und dem Landgrafen
Heinrich von Thüringen (schwerlich Heinrich Raspe, eher Heinrich
dem Erlauchten) zugeeignet ist, ist das rudolfische wohl gebraucht

---

4) Herausg. durch F. H. v. d. Hagen. Leipzig 1851. 8.; vgl. dazu Holtzmann
in der Germ. 1, 247 ff. Vgl. über das Gedicht und seine Quellen Kinzel u. Röbricht
in Zachers Zeitschr. 8, 379 – 446.   5) Ueber sein Leben vgl. Karajans Anmerk.
zu Lachmanns Ausg. S. 661—679; Hagens MS. 4, 321—401; Jac. Falke, Geschichte
des fürstlichen Hauses Liechtenstein. Wien 1869. 8. 1, 57—124; auch Schönbach,
in der Allgem. D. Biographie, Bd. 18, S. 620—23. Vgl. Knorr, über Ulrich von
Lichtenstein. Historische u. kritische Untersuchungen. Strassburg 1875. 8. Germ. 21,
431 ff. Anz. f. d. Alt. 1, 249 ff. und Schönbach in der Zeitschr. f. d. Alt. 26, 307—326.
    6) Herausg. von Lachmann. Berlin 1841. 8., zugleich mit dem 1257 gedich-
teten Frauenbuche; in prosaischer und abkürzender Bearbeitung, aber die Lieder
gereimt, von L. Tieck. Stuttg. u. Tüb. 1812 8.   7) Ueber andere Dichtungen
dieser Klasse, die gegen das Ende dieses oder zu Anfang des folgenden Zeitraums

§ 97 und nachgeahmt, keineswegs aber ist es von diesem eine blosse Ueberarbeitung. Es bindet sich sclavisch an die Historia scholastica und an Gottfried von Viterbo und lässt gar nicht unmittelbare Benutzung der Bibel voraussetzen'. Im vierzehnten Jahrhundert wurde Rudolfs Werk in Prosa aufgelöst und fand auch in dieser Gestalt eine grosse Verbreitung⁹. Eine andere Weltchronik verfasste in den achtziger Jahren des dreizehnten Jahrhunderts Jansen Enikel oder Enenkel, ein Wiener Bürger, der zu Wien geboren ward und starb. Für den zweiten Theil seiner Weltchronik¹⁰ benutzte er die alte

geschrieben sind, in deren einigen sich aber schon mehr ungeschichtliche Zuthat zeigt, vgl. v. d. Hagens Grundriss 185—190 (wo aber der Verfasser von Albrechts von Oesterreich Ritterschaft etc. in den viel spätern Peter Suchenwirt zu verwandeln ist). 8) Das Verhältniss beider Arbeiten zu einander zuerst durchschaut und in volles Licht gestellt, die der rudolfischen und von ihren nächsten Fortsetzern angehängten und eingefügten Stücke bezeichnet und die Handschriften übersichtlich classificiert zu haben, je nachdem sie entweder den einen oder den andern Haupttext, oder beide absichtlich gemischt enthalten, oder endlich auch eine ins 14. Jahrh. fallende Ueberarbeitung des jüngern mit willkürlichen Beimischungen aus dem ältern, mit Zusätzen aus Enenkel und mit einer aus allen möglichen Kunst- und Volksepen zusammengeschriebenen Fortsetzung durch Heinr. v. München (über diesen vgl. Massmann, Kaiserchr. 3, 87, 100 ff; E. Martin im d. Heldenbuch 2, S. XLVII f. Anm. und K. Schröder, in Herrigs Archiv 50, 311—318) geben, ist das Verdienst Vilmars: Die zwei Recensionen und die Handschriftenfamilien der Weltchronik Rudolfs v. Ems, mit Auszügen aus den noch ungedruckten Theilen beider Bearbeitungen (Marb. 1839. 4.). Daselbst sind auch Nachweisungen über alles zu finden, was anderswo aus den hierher fallenden Handschr. gedruckt ist. (Was G. Schütze herausgegeben hat: die histor. Bücher des alten Testaments etc. Hamburg 1779 u. 81. 2 Bde. 4., ist aus einer der schlechtesten Mischhandschriften.) Ein Verzeichniss sämmtlicher Hss. der verschiedenen Bearbeitungen gibt Massmann, Kaiserchronik 3, 167 ff., vgl. S. 85 ff. Daselbst S. 113 ff. 153 ff. Bruchstücke von Hss. sind gedruckt in Pfeiffers altd. Uebungsbuche S. 52 ff.; Pfeiffers Quellenmaterial I, 58 ff.; in J. Zingerle's Findlingen. Wien 1867, S. 610 ff.; in der Zeitschr. f. d. Alt. 15, 99 ff. 105 ff. 110 ff. 119 ff. 123 ff.; 20, 416 ff. 23, 383 ff. 394 ff. 25, 302 ff. 28, 22 ff.; in der Germania 25, 166 ff. 27, 60 ff.; in der Zeitschr. f. d. Philol. 9, 441 ff. Ueber die Hss. in Wernigerode 9, 461 ff. Bruchstücke der Pseudorud. Weltchronik: Zeitschr. f. d. Alt. 27, 93 f. Vgl. noch Doberentz, die Erd- und Völkerkunde in der Weltchronik des R. v. Ems, Zeitschr. f. d. Philol. 12, 257—301. 387—454. 13, 29—57. 165—223., wo nachgewiesen ist, dass dies Stück wirklich zu R's. Werke gehört; die Quelle ist Honorius' Imago mundi. — Zur Christherre-Weltchronik (wie man das in Thüringen entstandene Werk nach seinem Anfange nennt) vgl. C. Schröder in den Germanistischen Studien von Bartsch 2, 159—197. Bruchstücke derselben in Mone's Anz. 1832, 171 ff., der Zeitschr. f. d. Alt 22, 142 ff. 25, 308 ff. 28, 257 ff. 9) Massmann a. a. O. S. 50—53. Vgl. Palm, eine mittelhochd. Historienbibel. Beitrag zur Geschichte der vorlutherischen Bibelübersetzung. Breslau 1867. 4. (Programm). Eine Ausg. der Historienbibel veranstaltete Merzdorf, die deutschen Historienbibeln des Mittelalters. 2 Bde. Stuttg. 1870. 8. (Litt. Verein.)

10) Auszüge sind gedruckt bei Pez, Scriptt. rer. austr. II; Docen, Miscell. 2, 160 ff.; in Massmanns Anhängen zum Eraclius. und Kaiserchronik Bd. 3; in Hagens Gesammtabenteuer 2, 487 ff.; in Haupts Zeitschr. 5, 268 ff ; in der German.

Kaiserchronik, für den ersten Rudolfs Weltchronik; er selbst wurde § 97
wieder von Heinrich von München ausgeschrieben[11] und später sein
Werk in Prosa aufgelöst[12]. Derselbe Enikel hat am Schluss des Jahrhunderts eine Art Specialgeschichte, Fürstenbuch von Oesterreich, in Reime gebracht[13], welches er seiner Weltchronik hat ein-
reihen wollen[14]. — Gegen das Ende dieses Zeitraums mehren sich
dergleichen gereimte Landes- und Ortsgeschichten in ober- und niederdeutschen Mundarten, die, weil sie wenig oder gar nicht mehr in
das Gebiet der Sage hinüberstreifen, schon als historische Quellen
angesehen werden dürfen. Eins der umfangreichsten und wegen der
ausführlichen, meist recht lebendigen Darstellung der Begebenheiten
wichtigsten Werke dieser Art ist die österreichische Chronik
des Ottacker[15], eines Steiermärkers, die zwischen 1290 und 1318
geschrieben ist. Die sehr ausführliche Erzählung vom Falle Accons
(1291) scheint besonders beliebt gewesen zu sein und findet sich daher
in Handschriften besonders ausgehoben[16]. Aelter ist die Livlän-
dische Reimchronik, welche die Unternehmungen der Deutschordensritter in Livland bis 1290 führt und wahrscheinlich von einem
Ordensritter oder dem Dienstmann eines solchen vor 1296, welchem

6, 209 - 212. Bruchstücke aus J. des E. gereimter Weltchronik herausg. von K.
Roth. München 1854. 8. Die Handschriften verzeichnet Massmann, Kaiserchronik
3, 109 ff. Ueber den Dichter, seine Lebensverhältnisse, die Zeitbestimmung vgl. Ph.
Strauch (der eine Ausgabe vorbereitet), Studien über Jansen Enikel, in der Zeitschr.
f. d. Alt. 28, 35—64. 11) Vgl. Anm. 8. 12) Ueber diese Prosaauflösung vgl.
Massmann a. a. O. S. 44. 13) Herausg. von H. Megiser, Linz 1618. 8. (nachgedr.
Linz 1740); nach einer schlechtern Handschr. bei Rauch, Scriptt. Rer. Austr. 1;
die Handschriften sind verzeichnet bei Massmann, Kaiserchronik 3, 108. Vgl. noch
J Lambel, die Einleitung zu Jans Enenkels Fürstenbuch. Ein Beitrag zur Kritik
österreich. Geschichtsquellen. Wien 1883. 8. Werthlos ist A. Schatzmayr, de Jansio
Enikel eiusque libro qui inscribitur Fürstenbuch von Oesterreich, in der Zeitschrift f. d. österreich. Gymnas. 20, 419 ff. 14) Vgl. Massmann a. a. O. S. 108 f.
15) Dass sein Geschlechtsname v. Horneck gewesen, hat man sonst mit Unrecht angenommen. Vor seiner österreichischen Chronik, die bei Pez a. a. O. III
abgedruckt ist, und von der Lichtenstein eine kritische Ausgabe vorbereitet, hatte
er schon ein, wie es scheint, verloren gegangenes Buch der Kaiser (eine Weltchronik)
geschrieben, das bis zum Tode Friedrichs II herabgeführt war. Vgl. Th. Schacht,
aus und über Ottocars v. Horneck Reimchronik. Mainz 1821. 8. und Th. Jacobi,
de Ottocari chronico austriaco. Breslau 1839. 8 ; Haupt in seiner Zeitschrift 3,
278 f.; Massmanns Kaiserchronik 2, 234 ff. Grosse Stücke aus Ottacker ebend. 2,
593 ff. Die erhaltenen Hss. gehören dem 15. Jahrb.; über Bruchstücke einer ältern
berichtet Karajan in den Wiener Sitzungsberichten 65, 565 ff. (vgl. dazu Lambel
in der German. 17, 358 ff.); andere theilt mit Dürnwirth im Programm der Ober-
realsch. in Klagenfurt 1881. 8. 16) Vgl. Püterichs Ehrenbrief Str. 110. St.
Galler Handschrift 658: vgl. Scherer, S. Gallische Handschriften S. 36 ff. Wiedeburg, Nachricht von einigen altt. Mss. in Jena S. 76 ff. Eccard, script. II (1723).
Mones Anzeiger 2, 161. Schönbach in s. Mittheilungen aus altd. Handschriften III.
Wien 1891. 8.

§ 97 Jahre die älteste Handschrift angehört, verfasst ist[17]. Dem Schluss dieser Periode gehört noch die **Deutschordenschronik** des **Nicolaus von Jeroschin**[18], welche dieser, Kaplan des Hochmeisters Dietrich von Altenburg, nach der lateinischen Chronik des Peter von Dusburg, um 1340 verfasste, nachdem er schon früher ein Leben des heil. **Adalbert** in Reimen bearbeitet hatte[19].

§ 98.

4. Die übrigen hier noch in Betracht kommenden Erzählungen von grösserm oder geringerm Umfange sind von sehr mannigfaltigem Charakter, je nachdem der Gegenstand ernst, rührend, fromm, heiter, schalkhaft, komisch, satirisch und die Darstellung mehr rein erzählend, oder mit moralischen Betrachtungen und Nutzanwendungen ausgestattet, oder auch allegorisch ist. Hiernach stehen sie in näherer oder entfernterer Verwandtschaft mit dem Rittergedicht, der Legende, der historischen Novelle und Anekdote; oder sie behandeln Züge aus dem häuslichen und öffentlichen Leben aller Stände, besonders Ehstandsgeschichten, oft sehr leichtfertig, selbst schmutzig, Schelmstreiche, kitzliche Rechtsfälle, kurz Alles, was man mit dem Worte Schwank zu bezeichnen pflegt; oder sie berühren sich mit dem Märchen, der Fabel und dem Spruchgedicht. Hierunter scheinen die kleinern, novellen- und schwankartigen Erzählungen besonders nach der Mitte des dreizehnten Jahrhunderts in Aufnahme gekommen zu sein, als der Geschmack an dem eigentlichen Rittergedichte sich zu verlieren anfieng, und die Poesie, während sie auf der einen Seite sich stark dahin neigte, Mittel religiöser Erbauung, sittlicher Belehrung und geschichtlicher Ueberlieferung zu werden, auf der andern festen Fuss in der gemeinen Wirklichkeit, in dem Leben und Treiben der Gegenwart fasste, die sich ihrem ganzen Charakter nach in solchen kleinen Erzählungen am leichtesten und

17) Herausgegeben von Pfeiffer. Stuttgart 1841. 8. (Litter. Verein.) Mit krit. Anmerkungen und ausführlichem Glossar herausg. von L. Meyer. Paderborn 1876. 8. (vgl. Anz. f. d. Alt. 2, 240 ff.); Bech in der German. 22, 39; L. Meyer, in der Zeitschr. f. d. Philol. 4, 407—411, und in der Balt. Monatsschrift 1872, 7. u. 8. Heft; derselbe, über die in der livländ. Reimchronik enthaltenen Nachrichten von den Esten. Dorpat 1872. 8.; G. Berkholz, der Bergmann'sche Codex der livländischen Reimchronik. Riga 1872. 8; F. Wachtsmuth, über die Quellen und den Verfasser der ältern livländ. Reimchronik. Mitau 1878. 4. 18) Im Auszuge mit Einleit. und Wörterbuch, in Pfeiffers Beiträgen zur Geschichte der mitteldeutschen Sprache und Litteratur. Stuttg. 1854. 8.; vollständige Ausgabe durch E. Strehlke in den Scriptt. rer. Prussic. Bd. I (auch besonders abgedr. Leipzig 1861. 8.); vgl. dazu Bech in der German. 7, 74 ff. und § 68, 1. Bruchstücke neuer Hss. in der Zeitschr. f. d. Alt. 25, 80, und Germania 25, 181 ff. 19) Ein Bruchstück, Vorrede und Anfang, ist erhalten: aufgefunden und herausg. von J. Voigt in den N. Preuss. Prov.-Bl. 1861, 329—336, und durch Strehlke a. a. O. 2, 423 ff.

vielseitigsten abzuspiegeln vermochte. Sie können daher gewisser- **§ 98**
massen als eine zwischen der vornehmen erzählenden Ritterpoesie
und der volksthümlichen Heldendichtung stehende Mittelart angesehen werden, die sich vorzüglich mit und in dem zur Selbständigkeit erstarkenden Bürgerstande entwickelte und darum auch in der
folgenden Periode unter allen andern Arten der erzählenden Gattung
noch mit am besten gedieh. Viele der in ihnen behandelten Stoffe
sind Gemeingut aller europäischen Literaturen, manche gehen auf
den Orient zurück, andere sind aus dem deutschen Volksleben entnommen. — Bei der ausserordentlichen Menge dieser in ihrem Werthe
allerdings sehr verschiedenen Dichtungen, die meist in grösseren handschriftlichen Sammlungen auf uns gekommen sind[1], fällt es schwer,
einzelne als vorzüglich gelungene hervorzuheben. Unter denen, die
am meisten den Charakter der historischen Novelle tragen, steht
Hartmanns von Aue Armer Heinrich (§ 94) der Zeit, wie
dem Werthe nach, oben an. Das Gedicht enthält die sagenhafte
Geschichte[2] eines Ritters aus dem Geschlechte von Aue[3], die Hartmann in einem Buche, wahrscheinlich lateinisch, aufgezeichnet fand.
Wir besitzen es in ursprünglicher Gestalt in dem Texte der Strass-

---

§ 98. 1) Die umfassendste Sammlung gedruckter Schwänke ist v. d. Hagens
Gesammtabenteuer. 3 Bde. Stuttgart 1850. 8., mit Einleitungen über die Verbreitung der Stoffe, Angabe der bs. Quellen etc.; vgl. dazu Pfeiffer in d. Münchener
GA. 1551, Nr. 84—92; und in Bezug auf das Stoffliche Liebrecht in seiner Uebersetzung von Dunlops Geschichte der Prosadichtungen. Berlin 1851. 8. (im Register
unter v. d. Hagen) und in der German. 1, 256 ff.; auch Islendzk Aeventyri. Isländische
Legenden, Novellen und Märchen. Herausgeg. von H. Gering. 2. Bd. Anmerkungen
und Glossar. Mit Beiträgen von R. Köhler. Halle 1854. 8. (1. Bd. die Texte
enthaltend, 1882). Eine kleinere Sammlung von H. Lambel, Erzählungen und
Schwänke. Leipzig 1871. 8. 2. Aufl. 1883. Viele einzelne in Müllers Sammlung I bis
III, in Bragur, den altd. Wäldern, im Kolocz. Codex, in Lassbergs Liedersaal I.
III, in Graffs Diutiska, in Wackernagels altd. LB., in den altd. Blättern, Haupts
Zeitschrift, Pfeiffers Germania etc. Einzeln herausgeg. sind des steiermärk. Herrn
und Sängers Herrant von Wildonie vier poet. Erzählungen von Jos. Bergmann,
Wien 1841. 8. (vgl. v. d. Hagen, MS. 4, 299) und in kritischer Bearbeitung von Kum-
mer. Wien 1880. 8. vgl. Bartsch in den Gött. Gel. Anz. 1881, Nr. 38; Lambel in der
Zeitschr. f. die österr. Gymnas. 1882, S. 215—228; Kinzel in Zachers Zeitschrift 12,
250 ff. Dazu Kummers Schrift: das Ministerialeugeschlecht von Wildonie. Wien
1879. (Sitzungsberichte Bd. LIX, S. 177 ff.). Ueber die von ihm wie von dem Stricker
bearbeitete Geschichte vom König im Bade vgl. besonders: H. Varnhagen, ein in-
disches Märchen auf seiner Wanderung durch die asiatischen und europäischen
Literaturen. Berlin 1882. 8. (dazu R. Köhler im Archiv f. Litt.-Gesch. 11, 4).
Andere Stücke sind in den folgenden Anmerkungen besonders aufgeführt. 2)
Ueber die Sage vgl. P. Cassel, zum armen Heinrich, im Weimar. Jahrb. 1. 408—479,
und denselben, die Symbolik des Blutes und 'der arme Heinrich' von Hartmann
v. d. Aue. Berlin 1882. 8.   3) Lachmann zu Walther[1] S. 195, Anm. 2 und Bauer
in der German. 16 158.

§ 98 burger Handschrift[4], während die Heidelberger und die Koloczaer[5] einen vielfach überarbeiteten Text gewähren, der jedoch, wie die sehr alten Bruchstücke einer St. Florianer Handschrift[6] beweisen, manche in der Strassburger Handschrift verlorene Verse bewahrt hat[7]. Ihm zunächst kommt Rudolfs von Ems Guter Gerhard, unter den uns bekannten Werken zwar das älteste (§ 95, 7), doch auch das gelungenste. Die Kenntniss der Sage, deren Ursprung und Fortbildung noch nicht ermittelt ist, in die aber offenbar mythische Elemente verwoben sind[8], hat der Dichter wahrscheinlich aus einem lateinischen Buche geschöpft[9]. Gleichfalls an historische Gestalten knüpft sich Konrads von Würzburg Otto mit dem Barte[10] (§ 35, 25), dessen Stoff[11] der Dichter, wie er selbst sagt, einem lateinischen Werke entnahm: es ist eine der früheren Arbeiten Konrads, die etwa um 1260 fällt[12]. Zwei andere kleine Erzählungen Konrads behandeln vielverbreitete Sagenstoffe: der einen, der Welt Lohn, ist schon oben (§ 94, 52) gedacht worden, die andere, das Märe von der Minne oder das Herzmäre[13], ist eine Darstellung der Sage von dem Herzen eines Ritters, das der eifersüchtige Gatte seiner Frau zum Essen vorsetzt[14]. An die Marienlegenden lehnt sich die in Mitteldeutschland entstandene Erzählung Frauentrost

---

4) Gedruckt in Müllers Sammlung I.   5) Gedruckt im Koloczaer Codex altdeutscher Gedichte S. 425 ff.   6) Herausgeg. und besprochen von Pfeiffer in der Germania 3, 347 ff. Vgl. F. Kocian, die Bedeutung der überarbeiteten Hss. B' und B' und der St. Florianer Bruchstücke, im Programm von Budweis 1878.   7) Der arme Heinrich ist herausgegeben durch die Brüder Grimm (mit Erklärungen). Berlin 1815. 8.; von Lachmann, Auswahl S. 1 ff.; von Wackernagel im LB. und besonders (mit zwei Prosalegenden verwandten Inhalts) Basel 1855. 8.; von W. Müller (mit Wörterbuch), Götting. 1842. 8.; mit dem kritisch. Apparat von Haupt (sammt Liedern und Büchlein), Leipzig 1842. 8. 2. Aufl. 1881.; dazu Zeitschrift 3, 275 (wiederholt in Müllenhoffs altd. Sprachproben. 3. Aufl. Berlin 1878. 8.); mit erklärenden Anmerk. in Bechs Ausg 2, 273 ff. (277 ff.). Textausgabe von H. Paul. Halle 1882. 8. (Altd. Textbibl. 3). Uebersetzt von Simrock, Berlin 1830. 8. 2. Aufl. Heilbronn 1875. S.   8) Vgl. über die Sage Simrock, der gute Gerhard und die dankbaren Todten. Bonn 1856. 8.; dazu R. Köhler in der German. 3, 199—209, und 12, 55—60; Benfey, ebend. 12, 310 – 318; Gaster, ebend. 25, 274 ff.   9) Herausgeg. ist der Gerhard (mit einer Lücke, die sich aus den Hss. nicht ergänzen liess) von Haupt. Leipzig 1840. 8.; vgl. Haupt in seiner Zeitschr. 1, 199 ff.; Pfeiffer in den Münch. GA. 1842, 70—72 (wiederholt von Haupt in der Zeitschr. 3, 275 ff.). 10) Ausg. von Hahn, Quedlinb. u. Leipz. 1838. 8. u. bei Hagen; am besten bei Lambel. 11) Vgl. Massmann, Kaiserchronik 3, 1074 ff.   12) Vgl. Hahns Einleit. und Pfeiffer in der Germania 12, 25.   13) Gedruckt in Müllers Sammlung I; in Lassbergs Liedersaal 2, 359 ff.; im Liederbuch der Hätzlerin S. 173 ff.; in Hagens Gesammtab. 1, 229 ff. Kritische Ausgabe von F. Roth. Frankfurt a. M. 1846, und von Lambel a. a. O. Bruchstücke: Zeitschr. f. d. Phil. 11, 432 f. Ueber den Schluss vgl. Bartsch, Partonopier S. XI f. und Haupt in seiner Zeitschrift 15, 250 ff. 14) Ueber die Sage vgl. Hagen a. a. O. S. CXVI ff.; Lambel a. a. O.

von Siegfried dem Dorfer[15]. — Konrads Otto und die beiden § 95
Gedichte von Hartmann und Rudolf erhalten für uns noch dadurch
ein höheres Interesse, dass sie zu den wenigen kunstmässigen Dichtungen gehören, die auf heimischer Ueberlieferung beruhen. Einen
durchaus deutschen, unmittelbar den Zeitverhältnissen entnommenen
Gegenstand behandelt auch Wernhers des Garteners vortreffliche Erzählung von dem Meier Helmbrecht[16], die zwischen
1236 und 1250 (nach Neidharts Tode und vor Friedrichs II Tode)
gedichtet ist. Es ist die Geschichte eines reichen und übermüthigen
jungen Bauern, der das Vaterhaus verlässt, mit Rittern und Räubern
ein zügelloses und verruchtes Leben führt und zuletzt kläglich endet.
Der Schauplatz der Begebenheiten ist, wie jetzt nachgewiesen ist[17],
Baiern; ein anderer, aber überarbeiteter Text[18] verlegt ihn nach
Oesterreich[19]. Der Dichter war wahrscheinlich Gärtner[20] in dem
Kloster Ransbofen, welches dicht an dem Schauplatze der Erzählung,
dem Dorfe Wangbausen in Oberbaiern, liegt. — Eine Reihe novellen-
artiger Gedichte und kleinerer Erzählungen bildete der um 1200 verfasste Umbehanc des Bligger von Steinach, eines pfälzi-
schen Ritters. Dieses Gedicht, dessen Gottfried im Tristan mit glän-

---

15) Herausg von Pfeiffer in Haupts Zeitschr. 7, 109—128. Dagegen eigentliche
Marienlegenden sind die im Passional (§ 96, Anm. 51) enthaltenen, wie die von
Heinrich Klausner (Clôzenére) in Bartsch, mitteld. Gedichte. Stuttgart 1860. 8.
(Litt. Verein) S. 1—39.   16) Herausgeg. von J. Bergmann im 85—86. Bande der
Wiener Jahrb. (1839); besser von Haupt in seiner Zeitschrift 4, 318 ff.; danach in
Hagens Gesammtabent. 3, 291 ff. Neueste Ausgabe bei Lambel a. a. O. Uebersetzt
von K. Schröder. Wien 1865. 16. Kritische und erklärende Beiträge lieferten
Pfeiffer, Forschung und Kritik 1, 19—29. R. Sprenger u. Birlinger, Germ. 16, 82.
18, 110 f. 21, 318 ff. 25, 407 ff. 432; Bezzenbergers Beiträge 1, 55. Vgl. noch R. Schrö-
der in Zachers Zeitschr. 2, 302—305. A. Rudloff, Untersuchungen zu Meier Helmbrecht von Wernher dem Gartenaere. Rostock 1878. 8. (Dissert.). Inowraclawer,
Meier Helmbrecht von Wernher dem Gartenaere, eine Quelle für deutsche Alterthumskunde. Programm des Friedrichsgymnas. in Breslau 1882.   17) Durch
Fr. Keinz, Meier Helmbrecht und seine Heimath. Mit einer Karte. München
1865. 8.; Nachträge dazu in den Münchener Sitzungsbericht 1865, I, 316—331.
Einen vorläufigen Bericht gab C. Hofmann in den Sitzungsberichten, November
1864.   18) Der der Berliner Hs., während die Ambraser den ursprünglichen gibt.
19) In den Traungau: und für diese Localisierung erklärte sich Pfeiffer a.
a. O. S. 3—19; und C. Schröder (in der German. 10, 455—464), der den Dichter mit
dem Spruchdichter Bruder Wernher identificiert. Vgl. hierzu Keinz, zur Helm-
brecht-Kritik in Pfeiffers Germania. München 1866. 8.; und K. Meyer (Untersuchungen über das Leben Reinmars von Zweter und Bruder Wernhers. Basel
1866. 8. S. 111 ff.), der Schröders Annahme nicht unglaublich findet. Dazu auch
noch Bechstein in d. Blätt. f. litter. Unterhalt. 1866, Nr. 18, Lambel² S. 138.
20) Andere (Pfeiffer, Schröder) nehmen ihn als 'Fahrender, Umherschweifender';
v. d. Hagen (MS. 4, 299 und Gesammtabent. 3, S. LXXIV) denkt an Herleitung von
Garten am Garda-See.

§ 98 zendem Lobe gedenkt[21], reihte die einzelnen Erzählungen unter dem
Bilde eines mit Darstellungen bedeckten Teppichs an einander, deren
Stoffe muthmasslich der antiken Sage entnommen, aber durch fran-
zösische Bearbeitungen hindurch gegangen waren[22]. Bis auf ein
Bruchstück von einigen hundert Versen, in denen Ainunê (d. h. Oenone)
eine Rolle spielt, ist uns Bliggers Werk verloren[23]. — Unter den
viel zahlreicheren schwankartigen Geschichten verdient der eine ganze
Reihe von Gaunerstreichen enthaltende Pfaffe Amis[24] von dem
Stricker (§ 94) wegen der ausgezeichneten Darstellung besondere
Hervorhebung, wie dieser Dichter denn auch unter denen, welche
moralische und allegorische Erzählungen abfassten, einer der ersten
und fruchtbarsten gewesen zu sein scheint[25]. Der Stoff des Amis
scheint aus England zu stammen; wenigstens wird Amis als ein englischer Pfaffe bezeichnet[26]; ob er dem Stricker durch französische
Quelle vermittelt wurde, bleibt ungewiss. Von den Schwänken, die
Amis beigelegt werden, ist vieles, namentlich aus dem ersten Theile,
später auf Eulenspiegel übertragen worden. Von andern Schwänken
mögen hier nur noch genannt werden die Wiener Meerfahrt[27]
von dem Freudenleeren[28], einem mitteldeutschen, aber in Oesterreich lebenden Dichter; die Erzählung von zwei Kaufleuten von Ruprecht von Würzburg[29], die von dem üblen
Weibe[30], und Frauenzucht von Sibot[31], einem in Mitteldeutsch-

---

21) Tristan 4689 ff.   22) Vgl. Docen im altdeutschen Museum 1, 139;
Lachmann, Iwein² S. 527.   23) Das anonym überlieferte, in Mones Anzeiger
4, 314—321 gedruckte Bruchstück wies Pfeiffer mit Recht dem Umbehanc zu:
vgl. dessen Abhandlung in: Zur deutschen Litteraturgeschichte S. 1—28 (wiederholt in: Freie Forschung S. 55—82). Ueber eine Benutzung des Gedichtes in
des Pleiers Meleranz vgl. § 94, 92.   24) Ausser einem alten Druck (Docen,
Misc. 1, 76, vgl. Zarncke in Haupts Zeitschr. 9, 400) im Kolocz. Cod. S. 293 ff., besser
und vollständiger in Benecke's Beiträgen 1, 493 ff. und bei Lambel Nr. I. Uebersetzt von A. Ohorn. Leipzig 1883. Vgl. noch Sprenger in der Zeitschr. f. d. Philol. 8.
214 f. und Germania 28, 190.   25) Sehr gut ist seine Erzählung vom klugen
Knecht, in den 'kleineren Gedichten von dem Stricker', herausgegeben von Hahn,
Quedlinburg u. Leipzig 1839. 8. S. 9 ff.   26) *er het hûs in Engellant, in einer*
stat ze Trâns: Lappenberg (Ulenspiegel S. 351) vermuthet *zer Tamis,* Themse,
also in London.   27) Herausgeg. im Kolocz. Codex S. 55 ff.; in Hagens Gesammtabenteuer 2, 467 ff.; und bei Lambel; besonders von K. Schädel, Clausthal
1842. 8.   28) Dass dahinter der Stricker stecke (v. d. Hagens German. 5, 121 ff.)
ist falsch; vgl. Haupt in seiner Zeitschr. 5, 213 ff. — Ueber den Stoff vgl. Hagen a. a. O.
LXVI ff., Mussafia in der Germ. 10, 431 f. u. Lambels Einleit.   29) Gedruckt in den
altd. Wäldern 1, 35—66, und·in v. d. Hagens Gesammtabent. 3, 351—382; in kritischer
Bearbeitung von M. Haupt in Zachers Zeitschr. 7, 65—90.   30) Gedruckt in
den Wiener Jahrbüchern 1811, Anzeigeblatt 91; kritisch herausgeg. von M. Haupt.
Leipzig 1841. 8.; dazu Bech in der German. 17, 41 ff.   31) Gesammtabent. 1,
41—57, und kritisch bearbeitet in Lambels Erzählungen und Schwänken, wo man
auch über die verschiedenen Redactionen Auskunft findet.

land heimischen Dichter, auch der Schrätel und der Wasser- § 98
bär[32] ist eine heitere und hübsch vorgetragene Erzählung, die, ohne
Namen des Dichters überliefert, wohl Heinrich von Freiberg
zum Verfasser hat[33]. Das gleiche Lob kann man manchem andern
Schwanke nicht versagen, der durch seinen Inhalt in das Gebiet des
Schlüpfrigen hinübergreift, wie der Mönch und das Gänslein[34],
das Rädlein von Johann von Freiberg[35]; doch ist die Naivetät derartiger Produkte noch zu ertragen neben der gemeinen Sinnlichkeit, wie sie in anderen Erzählungen hervortritt. So in der
Heidin, die wir in zwei verschiedenen Bearbeitungen besitzen[36];
so in der dem Konrad von Würzburg fälschlich zugeschriebenen
Alten Weibes List, ein Stoff, der ebenfalls in zwei verschiedenen
Gedichten bearbeitet vorliegt[37], von denen das eine deutlich auf ein
französisches Original weist; so noch mehr in der gleichfalls auf
Konrad übertragenen halben Birne[38]. Vieles von dem, was unter
der allgemeinen Benennung kleine Erzählungen verstanden zu
werden pflegt, fand mit der Zeit dem Stoffe nach Eingang in grössere
Sammelwerke, namentlich in didaktische Dichtungen[39], woraus es
dann zum Theil wieder in noch späterer Zeit herausgelöst und vereinzelt bearbeitet ward.

D. Neue Gestaltung des volksthümlichen Epos.

§ 99.

Dass in der Uebergangsperiode von der ältern Dichtweise zu der
ausgebildeten höfischen die deutsche Heldensage nicht mehr bloss
im epischen Gesange fortlebte, sondern auch auf freiere Art in die
Form ausführlicher Erzählung gebracht wurde, beweist der König
Ruther (§ 91), dem auch wohl das ältere Werk geglichen haben
wird, auf das er sich als auf seine Quelle beruft. Dergleichen freieren Bearbeitungen einheimischer Heldensagen in den gewöhnlichen

32) Herausg. von Wackernagel in Haupts Zeitschr. 6, 171 ff.   33) Vgl. Bechstein, Heinrichs von Freiberg Tristan S. XIX.   34) Herausgeg. von Pfeiffer in
Haupts Zeitschr. 8, 95 ff. und im Gesammtabent. 2, 39; vgl. 2, S. VI ff.   35) Gesammtabent. 3, 111 ff. Ueber den Dichter vgl. Bech in der Germania 19, 420 ff. und
E. Heydenreich in den Mittheil. d. Freiberger Alterthumsvereins 19. Hft.   36)
Die eine im Gesammtabent. 1, 385 ff., vgl. S. CXLIII ff.; die andere, in kürzerer und
längerer Gestalt überliefert, die kürzere in Bartsch, mitteldeutsche Gedichte S. 40 ff.,
vgl. S. XIV ff.; die längere, auch Wittich vom Jordan genannt, in ihrem Verhältniss zu
der andern besprochen von Zingerle in der Germania 9, 29 ff. Ueber die Gothaer
Hs. s. Zeitschr. f. d. Philol. 11, 451 ff. Bruchstücke einer Hs. ebend. 435 ff. Bruchstücke einer zur Innsbrucker Redaction gehörenden Hs., Zeitschr. f. d. Alt. 26, 212 f.
37) Die eine bei v. d. Hagen a. a. O. 1, 193 ff.; die andere bei Bartsch a. a. O.
S. 84 ff. vgl. S. XXI ff.   38) Bei v. d. Hagen a. a. O. 1, 207 ff.   39) Wie in den
Renner des Hugo von Trimberg.

§ 99 kurzen Reimpaaren begegnen wir auch während der Blüthezeit der
höfischen Dichtkunst und späterhin bis ins vierzehnte Jahrhundert
herein. Neben ihnen gehen ausführliche Erzählungswerke in Strophenform, welche aus dem epischen Volksgesange hervorgegangen waren;
das älteste erhaltene Gedicht dieser Gattung, in der sogenannten
Heldenstrophe (§ 72) abgefasst, gehört seinem Ursprung nach der
Mitte des zwölften Jahrhunderts an; jünger sind die in einigen Variationen jener Strophe verfassten Dichtungen, und noch später fallen
die Darstellungen in andern, künstlichern Strophenarten. Bei den
meisten Dichtungen ist, wenn nach ihren Urhebern gefragt wird, an
Volkssänger oder Fahrende zu denken, ungeachtet des gänzlichen
Mangels ausdrücklicher Zeugnisse dafür. Denn nicht einmal dem
Namen nach kennen wir einen der Dichter, die bei Abfassung oder
Bearbeitung der uns aus der guten Zeit erhaltenen Werke dieses
Kreises betheiligt gewesen sind, und von den in einigen jüngern
Stücken vorkommenden Dichternamen ist der eine gewiss[1], der andere höchst wahrscheinlich[2] untergeschoben, der dritte[3] aber gibt
über den Stand und die Verhältnisse seines Eigners keine Auskunft.
Indess auch die Theilnahme des Ritterstandes am epischen Volksgesange ist schon im zwölften Jahrhundert nicht in Abrede zu stellen,
nur dass die ritterlichen Dichter hier eben so wenig mit ihrem Namen
hervortreten, wie die fahrenden Volkssänger. Eine Ausnahme bildet
in der ersten Hälfte des dreizehnten Jahrhunderts Albrecht von Kemenaten, ein tirolischer Ritter (1219—1241)[4], der in seinem Goldemar
sich mit Namen nennt[5]. Die Persönlichkeit der Dichter trat bei
Gegenständen zurück, die sie nicht erst einführten, die vielmehr schon
längere oder kürzere Zeit allgemein bekannt waren. Ihr Antheil an
der eigentlichen Abfassung dieser Werke in der Gestalt, worin wir
sie allein kennen, ist sehr ungleich gewesen. Während einige darunter gleich den erzählenden Werken der höfischen Poesie als freie,
von einzelnen Dichtern unternommene Bearbeitungen volksmässiger Stoffe angesehen werden dürfen, kann bei andern von
Dichtern in dem Sinne, wie dort, zunächst entweder gar nicht,
oder nur unter Beschränkungen die Rede sein. Im Allgemeinen
spricht sich die Verschiedenheit ihrer Entstehungsart schon in der
Form aus, nach der sie sich auch für die besondere Betrachtung am
bequemsten in drei Klassen ordnen lassen.

---

§ 99. 1) Vgl. § 102, 14.   2) Vgl. § 104, S. 224.   3) Vgl. § 104, 22.
4) Vgl. Zingerle in der Germ. 1, 295 f. Haupt in seiner Zeitschr. 6, 526 hält
den Dichter für einen Schwaben. Vgl. auch Zupitza im Deutschen Heldenbuch
Bd. 5, S. L.   5) Nach Uhland (Germania 1, 319 ff.) würde auch Heinrich von
Leinau, den Rudolf nennt und lobt, hierher zu zählen sein, da er das Eckenlied
verfasst habe. Vgl. jedoch § 103, 9.

§ 100.

1. **Volksmässige Dichtungen in der Heldenstrophe und deren Variationen.** Diese sind insofern als freie Dichtungen Einzelner anzusehen, als sie zwar auf altüberlieferten Sagenstoffen und auf den Volksgesängen, die aus denselben hervorgiengen, beruhen, aber weder im Inhalt noch in der Form diese Volksgesänge treu wiedergeben. Die mündliche Ueberlieferung umfasste den ganzen Sagenkreis und war jedem im Volke bekannt; die Volkslieder griffen einzelne Theile des Sagenkreises heraus. Aus beiden Elementen gestalteten die Dichter in Formen, die sie eigens dafür erfanden, grössere Dichtungen, indem sie in der Anordnung und Aufnahme oder Ausscheidung des Stoffes im Einzelnen mehr oder weniger frei verfuhren. Sie übertrugen in die Darstellung die Sitten ihrer eigenen Zeit, und so wurden Stoffe, die ihrem Ursprunge nach Jahrhunderte weit zurückreichten, in dem äusseren Gewande der Ritterzeit dargestellt, mit deren Empfindungen die stofflichen Züge selbst oft im Widerspruch standen. Erwuchs daraus eine Ungleichheit zwischen Stoff und Behandlung, so brachten die verschiedenen benutzten Lieder und Ueberlieferungen auch im Stofflichen Widersprüche mit sich, die nicht immer ganz verwischt wurden. Denn die Sage lief in Variationen um, in Liedern wie in der mündlichen Erzählung. So lässt sich am Stoffe dieser grösseren Dichtungen hin und wieder eine Zusammenfügung erkennen, lässt sich der Stoff in Gruppen zerlegen, welche den Gegenstand und Inhalt einzelner Lieder gebildet haben mögen, unmöglich aber ist es, überall genau die Grenzen zu ziehen oder gar den Wortlaut der benutzten Lieder herzustellen. Letzteres schon deshalb nicht, weil gar nicht zu erweisen ist, dass die Volkslieder in einer der Strophenformen gedichtet gewesen seien, in welcher die grösseren Dichtungen abgefasst sind. Ohne dass wir eigentliche Volkslieder aus dem zwölften Jahrhundert besässen, lässt sich doch als ziemlich wahrscheinlich hinstellen, dass der epische Volksgesang wesentlich in der Form der gepaarten Reimverse von vier Hebungen, bei strophischer Gliederung, sich bewegt habe. — Die älteste und durch ihren Inhalt, wie durch ihren Einfluss auf die späteren Erzeugnisse dieses Kreises bedeutendste Dichtung ist d e r N i b e l u n g e N o t h, die in ihrer ursprünglichen Gestalt bis etwa 1150 hinaufreicht[1]. Ihre Heimath haben wir, wie die der meisten Gedichte aus dem Kreise der Heldensage, in Oesterreich zu suchen, wo der Dichter am meisten Localkenntnisse zeigt. Das Gedicht, in einer

---

§ 100. 1) In Bezug auf das Folgende, wie zu diesem ganzen §, vgl. Bartsch, Untersuchungen über das Nibelungenlied. Wien 1865. 8; die Einleitung zu seinen Ausgaben der Nib. Not, und in der German. 13, 216 ff.

§ 100 vom Dichter erfundenen Strophenform verfasst, für welche er die
Elemente aus dem alten Verse von vier Hebungen entnahm, trug,
der Abfassungszeit entsprechend, die Form der Assonanz. Bei der
Anerkennung, welche sein Werk fand, darf es nicht befremden, wenn
die Folgezeit dasselbe den Anforderungen der strenger gewordenen
Form anpasste. So erfuhr es etwa dreissig Jahre später eine Umarbeitung, die aber noch nicht durchaus auf Durchführung genauer
Reime zielte, da auch um 1170 die Assonanz, wenngleich in ver-
mindertem Umfange, noch bestand. Erst gegen Ende des Jahrhunderts (zwischen 1190—1200)[2] gelang die beinahe völlige Umschmel-
zung in strenge Reime, welche gleichzeitig von zwei verschiedenen
Bearbeitern versucht wurde. Auch hier aber blieb doch wie bei andern Umdichtungen derselben Zeit manche Assonanz stehen, namentlich wo ein häufig wiederkehrender Reim Schwierigkeiten verur-
sachte[3]. Nur diese beiden Umdichtungen haben sich erhalten, während das Original und die ältere Umarbeitung verloren sind. Aus
diesem Grunde schien es angemessen, der Dichtung erst hier zu gedenken. Sie erreicht nicht in allen ihren Theilen die gleiche Höhe,
den Gipfel der Vollendung da, wo der Dichter am strengsten sich
der Volksüberlieferung anschloss, am wenigsten vom modernen
Geist seiner Zeit hinzugethan. Wie mehr oder weniger treu er den
Inhalt der ihm bekannten Volkslieder wiedergab, ob er sogar dem
Ausdruck derselben sich anschloss, darüber vermögen wir nicht
zu entscheiden[4]. Aber erkennbar ist, dass er nicht alles, was Sage
und Lieder ihm boten, benutzte, manches reihte er episodenartig an
einer späteren Stelle ein, was er früher hätte erzählen können[5]. Gewisse Fugen lassen sich bei ihm wahrnehmen und gerade an solchen
Stellen wird glaublich, dass er besonders treu sich an ältere Lieder
anlehnte; auch Widersprüche hat er nicht ganz vermieden[6]. In den
Umdichtungen hat natürlich die dichterische Kraft des Ausdruckes
manches eingebüsst. Am wenigsten noch in derjenigen Bearbeitung,
die in den zahlreichsten Handschriften[7] erhalten ist, dem sogenannten

2) Mit Sicherheit lässt sich diess nur von der zweiten Umdichtung behaupten,
welche Wolfram, als er den Parzival dichtete, bereits kannte, aber auch die erstere
wird, nach ihren Sprachformen zu urtheilen, schwerlich jünger sein: vgl. Bartsch,
Nibelunge Not (1870) 1, S. XXIV f.   3) Fast ausschliesslich bei dem Namen
Hagene, welcher häufig im Reime steht und in der älteren Vorlage sehr oft asso-
nierend gebunden war.   4) Nur an den Stellen, wo das Nibelungenlied mit
der nordischen Thidrekssaga wörtlich übereinstimmt, können wir wörtliche Benutzung der Lieder behaupten.   5) So die Erzählung von Siegfrieds Jugend-
thaten, welche der Dichter Hagen in den Mund legt, als Siegfried nach Worms
kommt.   6) Vgl. über dieselben Lachmann in seinen Anmerk. zur Nibelunge
Not, aber auch Bartsch, Untersuchungen S. 375 ff.   7) Zu den Handschriften
ist neuerdings noch ein Bruchstück hinzugekommen: Zeitschr. f. d. Alt. 23, 77—79.

gemeinen Texte, der Zusätze zu dem Originale fast gar nicht ge- § 100
macht hat. Weglassungen von Strophen derselben finden sich nur
in einer einzigen Handschrift⁸. Ihr Hauptrepräsentant ist die St.
Galler Handschrift (B)⁹. Freier steht die andere Bearbeitung, die
hauptsächlich durch die Lassbergische Handschrift (C) vertreten ist¹⁰,
dem Originale gegenüber; nicht nur darin, dass namentlich aus metrischen Rücksichten der Wortlaut häufig geändert wurde, sondern mehr
noch darin, dass der Bearbeiter eine Anzahl von Strophen hinzusetzte, in

---

8) Der Hohenems-Münchener, von Lachmann, der sie zu Grunde legte, mit
A bezeichnet. Lachmann nahm eine stufenweise Vermehrung und Umarbeitung des
Textes, B als zweite, C als dritte Stufe an, und setzte die Redaction von A um 1210,
die von B und C in die Zeit zwischen 1210—1225. Seine Ausgabe, die auch die
Klage umfasst, erschien zuerst Berlin 1826. 4.; dazu die Anmerkk. 1836. 8.; in
der 2. Ausgabe (Berlin 1841. 8.) sind die von ihm unterschiedenen echten und un-
echten Strophen, ältern und jüngern Zusätze durch den Druck bezeichnet. Ebenso
in den folgenden, 3. Ausg. 1851 (10. Abdruck des Textes 1881). Ueber die 4. vgl.
Holtzmann in den Heidelb. Jahrb. 1859, S. 483—508 (wiederholt in der German. 7,
196—225). Nur die echten Strophen gab er in der zum Jubiläum der Erfindung
der Buchdruckerkunst veranstalteten Prachtausgabe: Zwanzig alte Lieder von den
Nibelungen. Berlin 1840. fol. Vollmers Ausgabe (Leipzig 1843. 8.) gibt ebenfalls den
Text von A; über sie vgl. E. Sommer in den Berliner Jahrb. f. wiss. Kritik Nov.
1843, Nr. 82. Hahn (Die echten Lieder von den Nibelungen. Prag 1851. 8.) liess
nur die echten Strophen abdrucken; diess wurde der Anlass, dass die von Lachmann befolgte Durchführung der Siebenzahl durch alle Lieder entdeckt wurde:
vgl. J. Grimm in den Götting. GA. 1851, S. 1747 f.   9) Auf ihr beruhen die
Ausgaben von v. der Hagen. Breslau 1816. 1820; im wesentlichen auch die von
Bartsch. Leipzig 1866. 5. Aufl. 1879. 8. und dessen Schulausgabe. Leipzig 1871.
2. Aufl. 1880. 8. Dessen grössere Ausgabe (1. Theil. Leipzig 1870. 8., den Text,
2. Theil. 1. Hälfte, 1876, die Lesarten, 2. Hälfte 1880, das Wörterbuch enthaltend) stellt die Abweichungen beider Bearbeitungen übersichtlich zusammen, und
versucht, so weit es möglich, am untern Rande die gemeinsame Vorlage herzustellen.
Die Abweichungen der Bearbeitung B von A findet man am untern Rande von
Lachmanns 2, 3. u. 6. Ausgabe.   10) Ausgaben, die auf C beruhen, sind der
genaue Abdruck in Lassbergs Liedersaal. 4. Bd. 1821. 8. (im Buchhandel 1846 gegeben); die von Schönhuth (Tübingen 1834. 1846. 8. Heilbronn und Leipzig 1841.
1847. 1862. 8.); die Prachtausgabe mit Zeichnungen von Bendemann und Hübner
(Leipzig 1840. 4.); die von v. d. Hagen (Berlin 1842. 8.). Ferner die kritischen
Ausgaben von Zarncke (Leipzig 1856. 3. Aufl. 1875; über die 3. vgl. Bartsch in der
German. 13, 216 ff. und Zarncke's Entgegnung ebend. 415 ff.); dessen Schulausgabe
(Leipzig 1875. 5. Aufl. 1881) und von Holtzmann (Stuttgart 1857. 8. und Schulausgabe. 1858. 1863. 1874. 8.). — Die ältesten Ausgaben des NL. sind die von Bodmer
(Chrimhilden Rache und die Klage, Zürich 1757. 4.), die nur den 2. Theil, nach C,
enthält; von Myller (in seiner Sammlung Bd. 1), über die bei Bodmer fehlenden Theil
aus A ergänzte; von v. d. Hagen (Berlin 1810. 8.) und von Zeune (Berlin 1815. 16°.).
Von den zahlreichen Uebersetzungen sind zu nennen die von Simrock. Berlin
1827. 8.; 40. Aufl. Stuttgart 1880; zugleich mit dem Original in der 19. Aufl. Stuttg.
1868. 8. (bloss das Original enthält Simrocks Schulausgabe. Stuttgart 1871. 8.);
und die von Bartsch. Leipzig 1867. 8. 2. Aufl. 1880. Die neuesten sind die von
L. Freytag. Berlin 1879. 8. und von O. Henke. Barmen 1883. 8.

11*

§ 100 zwei verschiedenen Abstufungen, erst eine kleinere, dann eine grössere Zahl. Jene kleinere gieng im dreizehnten Jahrhundert in eine Gruppe von Handschriften der andern Bearbeitung über, und auch sonst hat diese Gruppe Beeinflussung der anderen Textgestalt erfahren. Wiederum eine andere Mischung der Bearbeitungen gieng daraus hervor, dass im vorderen kleineren Theile ein Exemplar der einen, in dem grösseren eine Handschrift der anderen Bearbeitung zu Grunde gelegt wurde. — Der Name des Dichters ist uns nicht überliefert und wird sich auch niemals mit Sicherheit feststellen lassen[11]. Nicht über die Wahrscheinlichkeit hinaus lässt sich die Vermuthung erheben, dass der österreichische Ritter von Kürenberg (§ 111) der Verfasser des Gedichtes in seiner ursprünglichen Gestalt sei[12]. In keinem Falle aber verdanken wir dasselbe einem blossen Sammler und Ordner, der eine Anzahl von Volksliedern zusammengestellt und durch grössere und kleinere Zusätze vermehrt zu einem Ganzen vereinigt habe[13]. Denn es müsste, um dies glaub-

---

11) Ganz unhaltbar sind die Vermuthungen von der Hagens (MS. 4, 186), wonach Walther v. d. Vogelweide, und K. Roths (Altdeutsche Predigten S. 6), wonach Rudolf von Ems das NL. verfasst haben soll.   12) Vgl. Pfeiffer, Der Dichter des Nibelungenliedes. Wien 1862. 8. (wiederholt in: Freie Forschung S. 3—52); und Bartsch, Untersuchungen S. 352 ff. Die versuchte Widerlegung Zupitzas (über Franz Pfeiffers Versuch, den K. als den Dichter der N. zu erweisen Oppeln 1867. 8.) ist zurückgewiesen von Bartsch in der Germ. 13, 241—244. Vgl. noch Vollmöller, Kürenberg u. die Nibelungen. Stuttg. 1874. 8., und Bartsch, Germ. 19, 352 ff.   13) Diess war die Ansicht Lachmanns, welche er mit grossem Scharfsinn in seiner Schrift über die ursprüngliche Gestalt des Gedichtes von der Nibelunge Noth (Berlin 1816. 8.) und in seinen Anmerkungen (1836) zu begründen versuchte. Eine etwas abweichende Ansicht W. Müllers (über die Lieder von den Nibelungen. Göttingen 1845. 8.) kam nicht recht zur Geltung. Die Abfassungszeit der (20) Lieder setzte L. zwischen 1190—1210; er nahm an, sie seien in der von ihm hergestellten Gestalt einzeln umhergesungen und hätten Fortsetzungen von andern Verfassern erhalten. Die Sammlung der Lieder sei wahrscheinlich in Thüringen geschehen (Anmerk. zu 1277, 1; Müllenhoff in Haupts Zeitschr. 11, 271; dagegen Zarncke in der German. 4, 427 ff., Bartsch, Untersuch. S. 69). — Eine ganz entgegengesetzte Ansicht in Bezug auf Entstehung und das Verhältniss der Hss. stellte Holtzmann auf: Untersuchungen über das Nibelungenlied. Stuttgart 1854. 4., indem er éinen Dichter und allmählige Verkürzung des Textes von C zu A annahm. Ihm trat bei Zarncke, zur Nibelungenfrage. Leipzig 1854. 8.; Beiträge zur Erklärung der Geschichte des NL. (Berichte der sächs. Ges. d. Wiss. 8, 153—266); Herrmann (Widersprüche in Lachmanns Kritik der Nib. Wien 1855. 8.) und Fischer (Nibelungenlied oder Nibelungenlieder? Hannover 1859. 8.); während Rieger (zur Kritik der Nibelunge. Giessen 1855. 8.) und neuerdings W. Wackernagel (Sechs Bruchstücke einer Nibelungenbandschrift. Basel 1866. 4.), mit Beschränkungen, Müllenhoff (Zur Geschichte der Nibelunge Not. Braunschweig 1855. 8.; beurtheilt von Holtzmann, Kampf um die Nibel. Hort. Stuttgart 1855. 8.; von Zarncke im Litt. Centralbl. 1855, 128; und W. Müller in den Gött. GA. 1855, S. 689 ff.), v. Liliencron (Ueber die Nibelungenbandschrift C. Weimar 1856. 8.) und Zacher (in N. Jahrb. f. Phil. und

lich zu machen, erst erwiesen werden, dass die Nibelungenstrophe § 100
die allgemein übliche Form für Lieder der Heldensage gewesen, da
es sonst wunderbar erscheint, dass alle Volkssänger derselben Strophenform sich bedienten.

Pädag. 78, Heft 2) unbedingt Lachmanns Standpunkt festhielten. Die seitdem sehr
angewachsene Literatur über das NL. hier aufzuführen erspart uns theilweise das
bis zum Jahre 1874 reichende vollständige Verzeichniss der sämmtlichen Literatur
in Zarnckes Ausgabe. Anerkennenswerth ist auch die Uebersicht der Literatur
bei E. Beauvois, histoire légendaire des Francs et des Burgondes, Paris 1867. 8.
S. 516 ff Erwähnt sei hier noch der Briefwechsel über das Nibelungenlied von
C. Lachmann und W. Grimm, in Zachers Zeitschrift 2, 193 ff. 343 ff. 515 ff. Eine
zusammenfassende Darlegung der Nib. Forschung lieferte H. Fischer, die Forschungen über das Nibelungenlied seit K. Lachmann. Leipzig 1874. 8. (vgl. Bartsch
in der German. 19, 352 ff.), während R. v. Muth's Einleitung in das Nibelungenlied.
Paderborn 1877. 8. wenig objectiv ist. Zur Sage und Mythe vgl. E. Koch, die
Nibelungensage nach ihren ältesten Ueberlieferungen erzählt und kritisch untersucht. 2. Auflage. Grimma 1872. 8. K. Steiger, die verschiedenen Gestaltungen der
Siegfriedssage in der germanischen Literatur. Hersfeld 1873. 8. K. Meyer, die Nibelungensage. Basel 1873. 8. W. Hertz, die Nibelungensage. Berlin 1877. 8. M. Rieger,
die Nibelungensage in ihren Beziehungen zum Rheinland, in den Quartalblättern
des histor. Vereins f. d. Grossh. Hessen 1881, Nr. 1-4. A. Rassmann, die Niflunga-
saga und das Nibelungenlied. Ein Beitrag zur Geschichte der deutschen Heldensage. Heilbronn 1877. 8. vgl. dazu Edzardi in der Germania 23, 73-104. R. v.
Muth, der Mythus vom Markgrafen Rüdeger. Wien 1877. 8. (Aus dem Sitzungsbericht der Akademie). A. Rassmann, Wodan und die Nibelunge, Germania 26,
279-316. 376-379. E. Snell, Vorwort zu einem kritischen Versuch über die mythischen Grundbestandtheile der Nibelungensage. Dresden 1879. 4. Programm. —
Zur Kritik und Entstehungsgeschichte: K. Hofmann, zur Textkritik der Nibelungen.
München 1873. 4. (Aus den Abhandl. d. Akad.). H. Wislicenus, Beiträge zum Nibelungenlied. German. Studien v. Bartsch 2, 1-55. K. Müllenhoff, die alte Dichtung v.
d. Nibel. I. Von Sigfrids Ahnen. Zeitschr. f. d. Alt. 23, 113-173 (vgl. Symons im
Lit.-Bl. f. german. Philol. 1880, Nr. 2). Bartsch, die dichterische Gestaltung der
Nibelungensage. Vortr. u. Aufsätze 1883, S. 86-109. H. Wentzlau, über den Gang
und jetzigen Stand der Frage nach der Entstehungszeit und nach einem Dichter
des Nibelungenliedes. Magdeburg 1879. 4. (Programm), auf dem Standpunkte von
Bartsch stehend. Eine Kritik dieses Standpunktes lieferte H. Paul, zur Nibelungen-
frage, in seinen Beiträgen 3, 373-490 (vgl. Fischer in der German. 26, 233-254.
Henning im Anz. f. d. Alt. 4, 46-56). Eine von Lachmann insofern abweichende
Ansicht, als Contamination mehrerer Dichtungen angenommen wird, stellte auf W.
Wilmanns in seinen Beiträgen zur Erklärung und Geschichte des Nibelungenliedes.
Halle 1877. 8. (vgl. Fischer in der Germania 24, 201-243. 313-351; Henning
im Anz. f. d. Alt. 4, 56-70). Lachmanns Standpunkt nehmen modifizierend ein H.
Busch, die ursprünglichen Lieder vom Ende der Nibelungen. Halle 1882. 8. und
Henning, Nibelungenstudien. 1883. 8. (vgl. Wilmanns in Gött. GA. 1883, S. 1345-64).
R. v. Muth, über eine Schichte älterer, im Epos nachweisbarer Nibelungenlieder. Wien
1879. 8. (Aus den Sitzungsber. d. Akad.). Scherer, zu der Nibelunge Nôt (zum
'20 Liede'), Zeitschr. f. d. Alt. 24, 274-279. E. Kettner, zur Kritik des Nibelungenliedes, in Zachers Zeitschr. 15, 229-241; 16, 48-69. Von Hülfsmitteln sei noch
erwähnt Lübbens Wörterbuch zum Nibelungenlied. 3. Aufl. Oldenburg 1877. 8.

§ 101.

Nicht so weit zurück, als die Entstehung der Nibelungen, lässt die der Kudrun[1] sich verfolgen. Was sich in diesem Gedicht zunächst deutlich herausgestellt, ist die Verknüpfung dreier, ursprünglich gewiss nicht zu einander gehöriger Theile, deren erster, nach seinem mehr märchenhaften Inhalt und seiner Darstellung zu schliessen, vielleicht gar nicht auf heimischer, im Volksgesang lebender Ueberlieferung beruhte, während die beiden andern sicher echte Volkslieder wenigstens zur Grundlage hatten[2]. Diese aus dem erhaltenen Texte des Ganzen auszuscheiden, ist zwar mehrfach versucht[3], der Angemessenheit und Richtigkeit des Verfahrens aber begründeter Zweifel entgegengesetzt worden[4]. Denn schon das spricht entscheidend gegen die Annahme, es seien uns in den ausgeschiedenen Strophen wirkliche Volkslieder erhalten, dass die Strophenform, in der das Gedicht überliefert ist, ihrem ganzen Charakter nach niemals eine volksmässige gewesen sein kann. Sie ist der Nibelungenstrophe (§ 72) nachgebildet und unterscheidet sich von derselben dadurch, dass die zweite Hälfte klingend gereimt ist und dass die letzte Halbzeile fünf Hebungen enthält. Das nachgeahmte Vorbild macht sich noch darin bemerklich, dass, namentlich im Anfang, nicht selten wirk-

---

§ 101. 1) Die Schreibung Gudrun ist nicht berechtigt, die Hs. hat *Chautrun* oder *Chaudrun*, was ins Mhd. umgeschrieben nur *Kûtrûn* oder *Kûdrûn* gibt, wie im Nib. die Hss. *Chriemhilt*, die Ausgaben *Kriemhilt* schreiben. Vgl. Bartsch in der German. 10, 49; wogegen Hildebrands Bemerkung (Zeitschr. f. d. Philol. 2, 468 Anm.) nichts beweist. Einen Ortsnamen *Cautrann* (d. i. *Kûtrûn*) weist Zingerle in der German. 10, 475 f. In Tirol im J. 1285 nach. 2) Ueber die Sage vgl. § 33, 11, dazu C. Hofmann in den Sitzungsber. der Münch. Akad. 1867, II, 205 ff. und in der Allgem. Zeitung 1868, Beil. 21. K. H. Keck, die Gudrunsage. Drei Vorträge über ihre älteste Gestalt und Wiederbelebung. Leipzig 1867. 8. G. L. Klee, zur Hildesage. Leipzig 1873. 8. K. Schnorf, der mythische Hintergrund im Gudrunlied und in der Odyssee. Zürich 1879. 8.; über das Fortleben der Sage in Deutschland Bartsch in der German. 12, 220—221, und Bartsch und Schröer, ebend. 14, 323 bis 336; E. Martin und Schröer, in der German. 17, 425—431. Vgl. Bartsch, Sagen, Märchen u. Gebräuche aus Mecklenburg 1, 469—474. 3) Zuerst von L. Ettmüller: Gudrunlieder, Zürich 1841. 8.; er zerlegt, nach Ausscheidung von mehr als der Hälfte sämmtlicher Strophen, das, was von dem Gedichte noch übrig bleibt, in dreizehn Lieder, wovon das erste und zweite auf die beiden ersten Theile, die elf folgenden auf den dritten Theil kommen. Dann von K. Müllenhoff, Kudrun, die echten Theile des Gedichts. Kiel 1845. 8., von W. v. Ploennies, Kudrun. Uebersetzung und Urtext. Leipzig 1853. 8. und von Martin in seiner Ausgabe. Eine Contamination verschiedener Dichtungen, wie beim Nibel. Liede, nimmt Wilmanns an: die Entwickelung der Kudrundichtung untersucht. Halle 1873. 8. (vgl. Wilken in der German. 20, 249—251); dazu E. Kollsch, die Kudrun-Dichtung nach Wilmanns Kritik. Stettin 1879. 4. Programm. 4) In Bezug auf Ettmüllers Ausg. von W. M(üller) in GGA. 1841, Nr. 110 f.; bezüglich der beiden andern Ausg. vgl. Bartsch, Beiträge zur Geschichte und Kritik der Kudrun. Wien 1865. 8. (aus der

liche Nibelungenstrophen mit unterlaufen, die eine letzte Durcharbei- § 101
tung des Dichters wahrscheinlich beseitigt haben würde. Des Dichters Heimath haben wir in Oesterreich zu suchen, specieller vielleicht
noch in Steiermark; er dichtete im letzten Zehent des zwölften Jahrhunderts, sicherlich vor dem Anfang des folgenden, da Wolfram in
seinem ein Bruchstück gebliebenen Jugendwerke, dem Titurel, die
Strophenform des Gedichtes vor Augen gehabt und umgebildet hat[5].
Von ungleichem dichterischen Werthe, und namentlich in dem ersten
Theile schwach, wo der Dichter Sagenzüge verschiedener Gebiete
frei gestaltend verarbeitet hat, zeigt sein Werk im letzten Theil, in
welchem sich die Blüthe des Gedichtes öffnet, eine so feste Geschlossenheit der Fabel, eine so trefflich durchgeführte Charakteristik
der handelnden Personen, und eine so gleichmässige Darstellung, dass
schon aus diesen Gründen nur an e i n e n Dichter gedacht werden kann[6].
Eine Umarbeitung, die sich zunächst auf die Form, die Einführung
der mehr und mehr beliebten Cäsurreime, aber auch theilweise auf
den Inhalt erstreckte und Interpolationen hinzufügte, erfuhr das Gedicht im dreizehnten Jahrhundert[7], es scheint aber in der Folgezeit
wenig gelesen worden zu sein, wie man daraus schliessen darf, dass
es nur in einer einzigen ganz jungen Handschrift, vom Anfang des
sechzehnten Jahrhunderts, die allerdings auf einer beinahe dreihun-
dert Jahre älteren Vorlage beruht, erhalten ist[8]. — Mit dem Gehalt

---

German. 10, 11—92; 118–221 abgedruckt), auf welcher Schrift die hier gegebene
Darstellung hauptsächlich beruht.   5) Vgl. § 73, 9.   6) Vgl. W. Grimm,
Heldensage S. 370 f.   7) Nach Bartsch um 1215, nach R. Schröder (in Zachers
und Höpfners Zeitschr. 1, 261) nach 1231, weil Horant, wiewohl Lehensträger, das
Geleitsrecht hat, welches bis dahin ein Regal, im genannten Jahre durch Heinrich,
Friedrichs II Sohn, auch den Fürsten als Recht in ihrem Gebiete zuerkannt wurde.
8) In der sogenannten Ambraser Hs., welche Maximilian I anfertigen und
zusammenstellen liess: danach gedruckt in v. d. Hagens und Primissers Heldenbuch
Bd. 1 (mit Anm. und Verbesserungen am Ende des 2. Bandes; neue Vergleichung
der Hs. durch Fr. Gärtner in der German 4, 106–108; vgl. Bartsch in der Germ. 7,
270 f.). Danach zuerst in mhd. Sprachformen umgeschrieben von A. Ziemann:
Kutrun. Quedlinb. u. Leipz. 1835. 8.; dann herausg. von Ettmüller (1841, s. Anm. 3):
zu beiden Ausg. vgl. Hahn in der Hall. Litt. Ztg. 1837, Ergänz. Bl. 12 und Haupt
in den Hall. Jahrb. 1839, Nr. 133); von Müllenhoff (s. Anm. 3; danach: Echte Lieder
von Gudrun nach M's Kritik als Manuscript f. Vorles. von Hahn. Wien 1853. 8.);
von A. J. Vollmer. Leipzig 1845. 8.; von W. von Ploennies (s. Anm. 3); die neuesten
und besten Ausgaben von Bartsch. Leipzig 1865. 4. Aufl. 1880. 8. Schulausgabe
von Bartsch. Leipzig 1874. 8. Kudrun, herausg. und erklärt von E. Martin (Germanist. Handbibliothek von Zacher II). Halle 1872. 8. (vgl. Hildebrand in Zachers
Zeitschr. 4, 356 ff.). Textabdruck von E. Martin. Halle 1883. 8. Kudrun, herausg.
von B. Symons. Halle 1883. 8. (vgl. Klee im Literaturblatt f. germ. und roman.
Philologie 1884, Nr. 3). Kritische Beiträge gaben Haupt in seiner Zeitschrift 2,
390 ff.; 3, 196 f.; 5, 504 ff.; Bartsch in den genannten Beiträgen; E. Martin, Bemerkungen zur Kudrun. Halle 1867. 9; C. Hofmann in den Sitzungsber. der Münch.

§ 101 dieser beiden, auch in der äussern Form vollendetsten Dichtungen
dieser Klasse lässt sich nichts, auch nur entfernt, vergleichen, was
sonst noch von der epischen Volkspoesie dieses Zeitraums erhalten
ist; ihr durchaus deutscher Charakter erhebt sie aber zugleich zu
den kostbarsten Ueberbleibseln unseres poetischen Alterthums überhaupt, woraus uns der Geist, die Gesinnung, die Sitten, das ganze
innere und äussere Leben des deutschen Mittelalters viel reiner und
unmittelbarer entgegentreten, als selbst aus den vortrefflichsten Werken der höfischen erzählenden Poesie".

§ 102.

Von den übrigen Gedichten dieser Klasse gehören der **Alphart**,
so wie **Walther und Hildegunde**, noch der bessern Zeit an.
Jenes reicht seiner Grundlage nach sicher noch in das zwölfte Jahrhundert zurück[1], und behandelt in rhapsodischer Weise den tragischen und ergreifenden Tod des jungen Alphart. In der Ueberarbeitung, in der wir es allein besitzen, einer nicht einmal vollständigen
Handschrift des fünfzehnten Jahrhunderts[2], sind zu dem altepischen
Kerne so viele Interpolationen von ganz abweichendem Charakter
und Stile gekommen, dass man, auch wenn man diese losschält[3],
nicht dahin gelangen kann, die reine Gestalt der ursprünglichen Dichtung zu geniessen. Walther und Hildegunde, das Werk eines
steirischen Dichters, ist uns nur in spärlichen Bruchstücken erhalten,
die dem Ende des Gedichtes angehören[4], und beruht auf derselben

Akad. 1867, II, 205–220; 357–374; Hildebrand in Zachers Zeitschr. 2, 468–478;
Klee, in der German. 25, 396–402; B. Symons, Paul u. Braune. Beiträge 9, 1 bis
100; E. Martin, in der Zeitschrift f. d. Philol. 15, 194—222. — Uebersetzt von A.
Keller, Stuttgart 1810. 9.; von K. Simrock, Stuttgart und Tübingen 1843. 8. (10.
Aufl. 1877); von A. Bacmeister, Reutlingen 1860. 8; von Klee, Leipzig 1879. 8.; freie
Bearbeitung von San Marte, Berlin 1839. 8.; Versuch einer Hexameterübersetzung
von Gervinus. Leipzig 1836. 8.   9) Vgl. Gervinus 1, 360 f. (1², 419 f.).
§ 102. 1) Vgl. § 83, 9; Pfeiffer, der Dichter des Nibelungenliedes S. 43;
Bartsch, Untersuchungen über das Nibelungenlied S. 351. Gödeke, Grundriss S.
65 vermuthete eine niederdeutsche Grundlage; vgl. dagegen Pfeiffer in der Germ.
2, 502.   2) Die Hundeshagensche, jetzt auf der Berliner kgl. Bibliothek. Die
bisherigen Ausgaben beruhen auf einer für v. d. Hagen 1810 gemachten Abschrift
(jetzt auch auf der Berliner Bibliothek), da die Hs. selbst nicht zugänglich war.
Zuerst in nhd. Bearbeitung veröffentlicht in v. d. Hagens Heldenbuch, Berlin 1811.
8.; dann der Originaltext in v. d. Hagens Heldenbuch, Berlin 1855. 8. I, 279–345;
kritisch bearbeitet von E. Martin in 2. Bde. des Deutschen Heldenbuchs (Berlin
1866. 8.) S. 1–54, dazu S. I—XXXIII; übersetzt (mit Ausfüllung einiger Lücken)
von Simrock in seinem kleinen Heldenbuch, Stuttg u. Tübing. 1841. 1859. 8. Vgl.
noch R. v. Muth, zur Kritik des Alphart, Zeitschr. f. d. Philol. 8, 205–213.
3) Wie es Martin, a. a. O. Einleitung, versucht hat. Vgl. noch F. Neumann, Untersuchungen über Alpharts Tod (Str. 1–305), in d. German. 25, 300–319.   4) Hrsg.
durch v. Karajan in der Frühlingsgabe für Freunde älterer Litteratur, Wien 1839.

Sage wie der lateinische Waltharius (§ 34). Darstellung und Stil § 102 weisen auf den Anfang des dreizehnten Jahrhunderts; die Strophe des Gedichtes ist eine Variation der Nibelungenstrophe, von der nur darin abgewichen ist, dass die vorletzte (siebente) Halbzeile zwei Hebungen mehr bekommen hat; der Mittelreim scheint häufig angewendet gewesen zu sein, wenn man aus den Bruchstücken auf die Form des Ganzen schliessen darf. — Jünger, sich aber, wie Kudrun und Alphart, auf ältere niedergeschriebene Darstellungen berufend[5], sind Ortnit, Wolfdietrich und der grosse Rosengarten. Von diesen ist der erste[6] seiner Grundlage nach wahrscheinlich zwischen 1225—26 gedichtet, da darin Beziehungen auf gleichzeitige Ereignisse im Morgenlande zu Tage treten[7], aber die uns erhaltenen Texte[8] sind schwerlich frei von Ueberarbeitung. Ohne Frage ist der Ortnit das Werk eines einzigen Dichters, der allerdings volksthümlichen Stoff benutzte, aber in ganz freier und willkürlicher Weise verarbeitete[9]. In den meisten Texten wird der Ortnit mit dem Wolfdietrich verknüpft, und dieser als eine Art Fortsetzung jenem angereiht. Stärker als beim Ortnit gehen hier die Bearbeitungen auseinander: die mit A bezeichnete, der Wolfdietrich von Kunstenopel[10],

5. S. 1 ff.; wiederholt mit Verbesserungen und Ergänzungen von Massmann und Bemerkungen von Haupt in Haupts Zeitschr. 2, 216 ff.; auch in v. d. Hagens Germ. 5, 114 ff. Ein Grätzer Bruchstück gab Weinhold heraus im 9. Hefte der Mittheilungen des histor. Vereins für Steiermark (1859); wiederholt von Müllenhoff in Haupts Zeitschr. 12, 280 ff. Vgl. noch Bartsch, Untersuchungen etc. S. 360 f. und in Pfeiffers German. 12, 88 f.; Jänicke in Haupts Zeitschr. 14, 448; Schönbach, in der Zeitschr. f. d. Alt 25, 181 f., eine Nachvergleichung der Fragmente, die Weinhold herausgegeben.   5) Die Nibelungen sind das einzige Gedicht dieser Klasse, das sich nur auf mündliche Ueberlieferung beruft.   6) Der Name wurde sonst Otnit geschrieben.   7) Vgl. Müllenhoff, das Alter des Ortnit, in Haupts Zeitschrift 13, 185—192.   8) Ueber die Handschriften (des Ortnit und der Wolfdietriche) vgl. Deutsches Heldenbuch 3 (Berlin 1871), S. V—VIII. Nach der Windhagener Hs. herausg. von L. Ettmüller: Künec Ortnides mervart unde tôt, Zürich 1838. 8.; auf dem Texte der Heidelb. Hs. 365 beruht hauptsächlich Mone's Ausg., Berlin 1821. 8.; vgl. dazu Lachmann in der Jen. Litt. Zeit. 1822, Nr. 13 ff. (kl. Schr. 1, 278 ff.); den Text der grossen Ambraser Hs. gab v. d. Hagen, Heldenbuch 1855, 1, 1 — 69 heraus; dieselbe Hs. liegt auch der neuesten Ausgabe: Deutsches Heldenbuch, 3. Bd. Berlin 1871 (nach Müllenhoffs Vorarbeiten hrsg. von A. Amelung) S. 1—77 zu Grunde, die den vollständigen kritischen Apparat und Untersuchungen über die Geschichte der Texte enthält. Ueber spätere Umbildungen dieses Gedichts wie anderer aus dem deutschen Sagenkreise, und ihre Aufnahme in alte Drucke vgl. § 145.   9) Ueber die Geschichte der Dichtung und Sage vergl. F. Neumann, die Entwickelung der Ortnitdichtung und der Ortnitsage, in der German. 27, 191—219. J. Seemüller, die Zwergensage im Ortnit, in der Zeitschr. f. d. Alt. 26, 201—211. F. Lindner, über die Beziehungen des Ortnit zu Huon von Bordeaux. 8. Rostock 1872. Dissertation. O. Hummel, das Verhältniss des Ortnit zum Huon de Bordeaux, in Herrigs Archiv 60, 295—342.   10) Er steht allein in der Ambraser Handschrift: danach hrsg. in v. d Hagens Heldenbuch (1855) 1, 72—151, kritisch bearbeitet von A. Amelung,

§ 102 rührt von einem Nachahmer des Ortnit, ist aber doch zu verschieden von diesem, als dass man denselben Dichter darin erkennen dürfte; die ursprüngliche Gestalt mag noch der ersten Hälfte des dreizehnten Jahrhunderts angehören, aber sie lässt sich schwerlich rein herstellen. Ungefähr gleichzeitig ist der Wolfdietrich von Salnecke (B)[11]; von einem dritten, dem Wolfdietrich von Athen (C), sind uns nur Bruchstücke übrig[12], wogegen der vierte, der grosse Wolfdietrich (D), uns vollständig erhalten ist[13]; in ihm entfernt sich die Darstellung am weitesten von dem echten und alten Kerne der Sage und ist des phantastischen, aus heimischer und fremder Sage zusammengetragenen Stoffes eine Fülle hinzugekommen[14]. Der grosse Rosengarten reicht in seiner Grundlage wohl in die Mitte des dreizehnten Jahrhunderts hinauf, aber von den erhaltenen Texten ist schwerlich einer älter als die zweite Hälfte desselben[15]; die Einkleidung des Gartens ist dem älteren, zum Unterschiede auch 'der kleine Rosengarten' genannten Laurin entnommen, die Gegenüberstellung der beiden gefeiertsten Helden, Dietrich und Siegfried, fand der Verfasser schon in dem Biterolf vorgebildet[16]. Von den unter einander mannigfach

Deutsches Heldenbuch 3, 81—152; Stücke aus einem überarbeiteten Text in der Dresdener Hs. 103, ebendas. 3, 153—163; vgl. S. XXXI—LIV.   11) Aus der Wiener Hs. 2947 (526 Strophen), welche die Geschichte von Hugdietrich, dem Vater Wolfdietrichs, ganz und von der Geschichte des Sohnes den Anfang gibt, sind die ersten 21 im altd. Museum 1, 618 ff., sämmtliche nach einer Abschrift Frommanns in Haupts Zeitschr. 4, 401 ff. gedruckt. Hugdietrichs Geschichte zeigt in dieser Abfassung etwas weniger Armuth in den Reimen als das Stück des Wolfdietrich, daher beide von vornherein nicht verbunden gewesen zu sein scheinen. Kritisch bearbeiteter Text (durch O. Jänicke) im deutschen Heldenbuche 3, 167 bis 301, vgl. S. LV—LXXI.   12) Herausg. in v. d. Hagens Heldenbuch (1855) 1, 155—166 (Kinderlings und Eberts Blätter) vgl. über andere Bruchstücke vgl. Deutsches Heldenbuch 3, S. V f. Die Bearbeitungen C und D bilden den 4. Band dieses Heldenbuchs.   13) Aus der Oehringer Hs. ist Hugdietrichs Geschichte bekannt gemacht durch F. F. Oechsle: Hugdietrichs Brautfahrt und Hochzeit. Oehringen und Stuttgart 1834. 8, andere Bruchtheile durch Schönbuth in Gutenbergs Archiv. 2. Ausg. Schwäbisch Hall 1848. 2, 3—12; das ganze Werk mit den Lesarten der verschiedenen Texte durch A. Holtzmann: Der grosse Wolfdietrich. Heidelberg 1865. 8.; dazu Jänicke, Beiträge zur Kritik des grossen Wolfdietrich. Berlin 1871. 4.   14) Die ganze Dichtung Wolfram von Eschenbach beizulegen, wird jetzt wohl niemand mehr einfallen, wiewohl sein Name darin eingeschwärzt ist; vgl. W. Grimm, Heldensage S. 229; Holtzmann a. a. O. S. LXXXVI. — Zur Geschichte des Wolfdietrich vgl. noch Liebrecht in der Germ. 14, 226—238 (dieselbe Abhandlung steht auch in Gosche's Archiv für Litteraturgeschichte 1, 48—67); nebst einem Nachtrage 15, 192 ff. J. V. Zingerle, in der German. 17, 207 f. Friedr. Neumann, zur Geschichte des Wolfdietrich. German. 28, 316—358.   15) Die früheste Erwähnung ist die in Ottackers Reimchronik. Müllenhoff (in Haupts Zeitschrift 12, 361 f.) setzt die älteste Fassung noch vor 1250, und Einleitung zu Laurin S. LIII in die erste Hälfte des 13. Jahrhunderts; vgl. auch zur Geschichte der Nib. Not. S. 9.   16) Ueber die Sage vgl. ausser Grimm's Einleitung zu seiner

abweichenden Darstellungen trägt nur eine bruchstückweise erhaltene § 102
ein etwas höfisches Gepräge[17]; die übrigen sind bereits stark bänkelsängerisch gefärbt. Der eine Text liegt dem des alten Heldenbuches
zu Grunde[18]; nach einem zweiten, der verloren gegangen, ist der
Text des sogenannten Heldenbuches von Kaspar von der Rhön (§ 145)
gearbeitet; der dritte ist in einer chemals Frankfurter Handschrift
aufbewahrt[19], ein vierter aus Heidelberger und Strassburger Handschriften bekannt[20], ein fünfter in Pommersfelden erhalten[21]. Nur
in dem alten Heldenbuche und bei Kaspar von der Rhön ist die
strophische Abtheilung durchgeführt, die in den Handschriften nur
noch theilweise erkennbar ist. Das alte Mass der Nibelungenstrophe
ist hier wie im Ortnit und Wolfdietrich bereits zerstört, indem die
achte Halbzeile bei weitem überwiegend nur noch drei Hebungen
zählt. — Ob endlich schon in diesem Zeitraum der Hörnen Siegfried aus einzelnen Liedern zusammengetragen ward, lässt sich nicht
mehr bestimmen: die uns bekannte, äusserst rohe, aber sehr augenfällige Zusammensetzung beurkundende Gestalt dieser Dichtung rührt
offenbar von jüngerer Hand her[22].

§ 103.

2. Volksmässige Gedichte in andern Strophenarten.
Hierunter sind vier, die sämmtlich in das dreizehnte Jahrhundert

Ausgabe besonders Uhland, der Rosengarten von Worms, in der German. 6, 307
bis 350, und Uhlands Schriften z. Gesch. d. Dichtung u. Sage 1. Band (besonders 1,
229 ff. 247 ff. 267 ff. 281 ff.).   17) Herausg. von W. Grimm, in den Abhandl. d.
Berliner Akademie 1859, S. 483—500; danach von Bartsch, in der German. S. 196
bis 208. Neue Bruchstücke derselben Bearbeitung, mehr aus dem Anfang des Gedichts, durch Müllenhoff in Haupts Zeitschr. 12, 530—536.   18) Von W. Grimm
mit A bezeichnet. Vgl. Br. Philipp, zum Rosengarten. Halle 1879. S., mit Abdruck
der Berliner Hs. german. 4°. 744 und der Münchener cgm. 429. Vgl. Steinmeyer
im Anz. f. d. Alt. 6, 229 ff. Edzardi im Literaturblatt 1880, 11.   19) Herausg.
von W. Grimm (mit sorgfältiger Einleitung): Der Rosengarte. Göttingen 1836. S.;
die Hs. ist nicht ohne Lücken; die Bearbeitung nennt Grimm C.   20) In einem
aus beiden Hss. gemischten Texte gedruckt in v. d. Hagens und Primissers Heldenbuch, Bd. 1; von Grimm mit D bezeichnet; 19 Blätter aus Meusebachs Bibliothek,
jetzt in der Berliner Bibliothek, ein verwandter Text, D' bezeichnet, sind veröffentlicht durch W. Grimm in Haupts Zeitschr. 11, 536—562. Ein Stück der Bearbeitung D in gereinigtem Texte steht in Wackernagels altd. Lesebuch; zwei
Abschnitte daraus, kritisch bearbeitet, im Anhange von W. Grimms Ausgabe.
21) Herausg. von Bartsch, in der German. 4, 1—33; andere Fragmente dieser Bearbeitung sind mitgetheilt von J. Neuwirth, in der Zeitschr. f. d. Alt. 28, 139—142.
— Von einer dramatisierten sehr rohen Bearbeitung hat W. Grimm Bruchstücke
aufgefunden und in Haupts Zeitschr. 11, 243—253 veröffentlicht. Eine Bearbeitung
als Fastnachtspiel: in der Germania 22, 420—429. Fragmente eines čechischen
Rosengartens durch Titz in der Zeitschr. f. d. Alt. 25, 253—271. — Vgl. noch Edzardi, Rosengarten u. Nibelungensage, in der German. 26, 172—176.   22) W.
Grimm, Heldensage S. 258. Ueber die Sage vgl. J. Grimm in Haupts Zeitschr. 5,

§ 103 fallen, in einer dreizehnzeiligen Strophe, der sogenannten Berner Weise[1] und in einem wenig edlen Stile abgefasst. Es sind diess die Dichtungen von dem Zwergkönig Goldemar, dem Riesen Siegenot, das Eckenlied, und das umfangreichste von allen, das Gedicht von Dietrichs Drachenkämpfen. Als Verfasser des ersten, von dem wir nur wenige Strophen besitzen[2], nennt sich Albrecht von Kemenaten, in welchem man denselben Dichter zu erblicken glaubt, den Rudolf von Ems zuerst im Wilhelm, also vor 1213[3], dann im Alexander als dichtenden Zeitgenossen rühmt[4]. Der Geschlechtsname kommt in Tirol wie auf alemannischem Gebiete mehrfach vor[5], ein Albrecht von Kemenaten ist um die Zeit Rudolfs in Tirol nachgewiesen[6]. Uebereinstimmung in der Sprache und im Ausdruck, wie die Gleichheit der Strophenform hat darauf geführt, jenen Albrecht auch als Verfasser der drei andern Gedichte anzusehen[7]; wobei jedoch die Verschiedenheit des Stils vielleicht nicht hinreichend berücksichtigt worden ist[8]. Immerhin ist diese Ansicht besser begründet als diejenige, die den von Rudolf gleichfalls genannten Heinrich von Leinau zum Verfasser des Eckenliedes macht[9]. Siegenot und Ecke sind in der ältesten Fassung, die wir kennen[10],

1—6. Das Gedicht ist nur in alten Drucken vorhanden und daraus aufgenommen in v. d. Hagens und Primissers Heldenbuch, Bd. 2.

§ 103. 1) Vgl. § 73, 11.   2) Nach einer dem Freiherrn v. Aufsess gehörigen, jetzt im german. Museum befindlichen Hs. herausg. von Haupt in seiner Zeitschr. 6, 520 ff., wiederholt durch v. d. Hagen, Heldenbuch (1855), 2, 525 ff.; am besten, zusammen mit den drei andern Dichtungen (vgl. Steinmeyers Rec. in Zachers Zeitschr. 3, 237—244) von Zupitza im Deutschen Heldenb. 5, 203 f. (vgl. S. XXIX f.), der auch nachwies, dass ein paar Strophen der Handschrift der letzten der vier genannten Dichtungen angehöre.   3) Nicht 1242, wie man allgemein angegeben findet; vgl. Bartsch in den Germanist. Studien 1, 3. Genauer vor 1235, vgl. Bartsch a. a. O. 1, 4.   4) Haupt in seiner Zeitschrift 6, 525; J. Zupitza, prolegomena ad Alberti de Kemenaten Eckium, Berlin 1865. 8. Wackernagel (Litter. Geschichte S. 212, ² 273) und Uhland (in Pfeiffers Germ. 1, 324) haben sich gegen die Identität dieses Albrecht mit dem von Rudolf gerühmten ausgesprochen; vgl. dagegen Zupitza a. a. O. S. 42—45. Uhland bemerkt, dass der Verfasser den Namen Albrechts nur benutze wie der j. Titurel und das Heldenbuch den Namen Wolframs.   5) Haupt a. a. O. S. 528.   6) Durch Zingerle in Pfeiffers German. 1, 296. Gleichwohl spricht sich Zupitza, Heldenbuch a. a. O. S. L für alemannische Heimath aus; Kemenaten als Ortsname erscheint allerdings auch auf schwäbischem Gebiete.   7) Haupt a. a. O. nimmt die Autorschaft Albrechts für Goldemar, Ecke, Siegenot in Anspruch; Müllenhoff fügte die Drachenkämpfe hinzu (zur Geschichte der Nib. Not S. 9 f.); Zupitza, Heldenbuch 5, S. XLVII ff. sucht die Autorschaft für alle vier durch weitere Gründe zu stützen.   8) Vgl. Gervinus 2⁵, 239.   9) von Lassberg in v. Aufsess Anz. 1832, Sp. 149 ff.; Uhland in Pfeiffers German. 1, 319 ff., dem Holtzmann, Wolfdieterich S. XCVII beipflichtet.   10) In v. Lassbergs Handschrift; danach hrsg. von Lassberg: Ein schön und kurzweilig Gedicht von einem Riesen, genannt Siegenot etc. 1830. 8.; wiederholt in v. d. Hagens Heldenbuche (1855) 2, 13—17; kritische Ausg. durch Zupitza im D. Heldenbuch 5, 207—215 (vgl.

durch eine Uebergangsstrophe, welche den Schluss des Siegenot bil- § 103
det, mit einander verknüpft. Eckenlied beruft sich schon in diesem
ältesten Texte, der des Schlusses entbehrt, auf frühere Ueberlieferung[11], und für diese sprechen auch andere Zeugnisse[12]; aber der
Dichter hat mit dieser volksthümlichen Unterlage ganz frei geschaltet.
Auch der Siegenot bezieht sich auf eine geschriebene Quelle, welche
wahrscheinlich eine Localsage, die nicht weiter bekannt ist und sonst
nirgends erwähnt wird, auf Dietrich von Bern übertrug[13]. Beide Gedichte haben Ueberarbeitungen und Erweiterungen erfahren, die namentlich in alten Drucken sehr verbreitet waren[14]. Am schwäch-
sten unter allen ist unbedingt das vierte Gedicht, welchem man auch
den Titel Dietrich und seine Gesellen[15], oder Dietrichs
erste Ausfahrt[16], oder nach der Königin Virginal[17] gegeben
hat[18]. Die längste, in unendlichen Wiederholungen des Erzählten
sich bewegende Fassung ist uns im wesentlichen nur in einer jungen
Handschrift des fünfzehnten Jahrhunderts aufbewahrt[19], eine kürzere
und vielfach abweichende in einer ebenfalls jungen Handschrift[20].
Formell unterscheiden die vier Gedichte sich darin, dass in den
Drachenkämpfen und im Goldemar die letzte Zeile der Strophe vier[21],
im Ecke und Siegenot nur drei Hebungen hat, und dass die reimlose vorangehende Zeile in jenen männlich nach der vierten, in diesen

---

S. XXX – XXXIV). — Eckenlied, herausg. durch Meister Seppen von Eppishusen
(d. i. den Freiherrn v. Lassberg) 1832. 8.; wiederholt bei v. d. Hagen 2, 19 ff.; im D.
Heldenbuch 5, 219 – 264 (vgl. S. XXXV–XLVI). Ein Bruchstück in der Zeitschr.
f. d. Philol. 9, 416 ff. Vgl. noch Wilmanns, zur Geschichte des Eckenliedes, in Altd.
Studien (Berlin 1871. 8.) S. 95 – 139. — Beide zusammen (mit der Klage) hrsg. von
Schönhuth, Tübingen 1839. 12. (neue Titel-Ausgabe 1846).   11) Str. 106, 3 *daz
nizzent von den lieden* (Hs. *lieben*).   12) W. Grimm, Heldensage S. 214.
13) Zupitza a. a. O. S. XXXIII.   14) Ueber diese jüngern Texte vgl. v. d. Hagens
Grundriss S. 24 ff.; Gödeke's Grundriss S. 51; Zupitza a. a. O. S. XXXI u. XXXV f.
Einen Nürnberger Druck des Sigenot und einen Strassburger des Ecke hat O.
Schade (Hannover 1854. 8.) neu abdrucken lassen; einen hebräischen Druck des
Sigenot bespricht Frommann im Anzeiger f. Kunde d. d Vorzeit 1869, Sp. 127 ff.
Ueber das jüngere Gedicht von S. vgl. Steinmeyer in den Altd. Studien (Berlin
1871. 8.) S. 63 – 94.   15) v. d. Hagen in seiner Ausgabe, Heldenbuch (1855) 2,
105—509.   16) Stark in seiner Ausgabe, Stuttgart 1860. 8. (Litt. Verein LII),
nach Anleitung der von ihm edierten Hs. des Piaristencollegiums.   17) Zupitza im D. Heldenbuch 5, 1—200, vgl. S. V–XXIX.   18) Vgl. Wilmanns, über
Virginal, Dietrich und seine Gesellen, und Dietrichs erste Ausfahrt, in Haupts
Zeitschrift 15, 294 – 309.   19) Der Heidelberger 324; Ausgaben von v. d. Hagen
und (kritisch) von Zupitza. Vgl schon Zupitza, Verbesserungen zu den Drachenkämpfen. Oppeln 1869. 8.; dazu Bartsch in der German. 15, 219 ff.   20) Vgl.
Anm. 16. Zu derselben Bearbe'tung gehören auch die von Lexer in Haupts Zeitschrift 13, 377 ff. abgedruckten Blätter; vgl Zupitzas Ausgabe S. XI.   21) Dieselbe formale Eigenthümlichkeit in dem strophischen Gedichte von Herzog Ernst;
vgl. § 91, 32.

§ 103 klingend nach der dritten Hebung ausgeht. — Die in einer sechszeiligen Strophe gedichtete Rabenschlacht[22], die mit Bestimmtheit demselben Heinrich dem Vogler beigelegt werden darf[23],
der Dietrichs Flucht (§ 104) gedichtet hat, mit welchem Gedichte die
Rabenschlacht in den Handschriften auch immer zusammen überliefert
ist[24], beruht stofflich auf echter alter Sage, die Gegenstand des Volksgesanges war. Es gab, wie wir aus einer Erwähnung im Meier Helmbrecht[25] ersehen, ein Lied vom Tode der Söhne Helchens; dieses
liegt zu Grunde, aber es herauszuschälen ist vergebliche Mühe[26], da
es sicher ist, dass es gar nicht dieselbe strophische Form hatte. Die
Strophe, in ihrer ersten Hälfte der zweiten der Nibelungenstrophe
nachgebildet, in ihrer zweiten an den Schluss der Kudrunstrophe
angelehnt, hatte ursprünglich wohl in der ersten und dritten Zeile
keine Reime, die erst durch Ueberarbeitung hereingekommen sind[27].

§ 104.

3. Gedichte über deutsche Heldensagen in kurzen
Reimpaaren. Sie bilden, obschon in anderer Beziehung, als die
kleinen Erzählungen, wieder eine Art von Mittelglied zwischen dem
eigentlichen Volksepos und den höfischen Dichtungen. Die ältesten
Werke dieser Klasse nach dem Ruther sind die Klage und der
Biterolf. Jene[1], durch ihren Inhalt eine Art von Fortsetzung der
Nibelunge Noth, besitzen wir, entsprechend dem Nibelungenliede,
in doppelter Textgestalt[2] aus dem letzten Zehent des zwölften Jahrhunderts, in welcher eine ältere, noch in Assonanzenform gedichtete,
spätestens um 1180 zu setzende Dichtung möglichst dem Bedürfnisse

---

22) Herausgegeben in v. d. Hagens und Primissers Heldenbuch Band 2, in
v. d. Hagens Heldenbuch (1855) 1, 319—512; und kritisch durch E. Martin im D.
Heldenbuch 2, 219—326.   23) W. Grimm zu Athis C, 74. Schon Uhland
erkannte die Identität der Verfasser, vgl. Schriften z. Geschichte d. Dichtung und
Sage 1, 145.   24) Ueber die Hss. vgl. Martin a. a. O. S XXXIII ff.   25) Vers
76 ff.   26) Wie es L. Ettmüller versuchte: *Daz maere von vroun Helchen
sünen.* Zürich 1846. 8.   27) Daher man sie vielleicht besser als vierzeilige
Strophenform ansieht, wie Pfeiffer, der Dichter des Nibelungenliedes S. 14 thut;
vgl. schon Rieger in Ploennies' Kudrun S. 300.

§ 104. 1) Vgl. über die Klage im Allgemeinen Lachmanns Anmerkungen zu
den Nibel. und zur Klage S. 297 ff. und W. Grimm, Heldensage S. 108 ff.   2)
Die eine vertreten durch die St. Galler Hs. (B) und die zu ihr gehörigen Hss., unter
denen auch A; die andere durch die Lassbergische Hs. (C) und ihre Sippe (vgl.
Bartsch, der Nibelunge Nôt [1870] 1, S. XVII). Ausgaben nach jener Klasse sind
die Lachmanns (hinter den Nibelungen) und Vollmers (ebenfalls hinter den Nibel.),
beide nach A; kritische Ausgaben nach B mit Versuchen, die gemeinsame Vorlage
beider Klassen herzustellen, lieferten Bartsch (Leipzig 1875. 8.) u. Edzardi (Hannover
1875. 8.); vgl. Henning im Anz. f. d. Alt. 1, 129—149, und Edzardi in der German.
21, 235—248. Ausgaben nach der Textklasse C hinter Chriemhilden Rache von
Bodmer; in Müllers Sammlung Bd. 1; genauer Abdruck von C in Lassbergs Lieder-

reiner Reime, doch keineswegs mit Consequenz, nahe gebracht ist[3]. § 104
Diese uns verlorene assonierende Form beruht ihrerseits wiederum
auf einem älteren Werke, ausserdem benutzte der Dichter das Nibelungenlied in seiner ursprünglichen Gestalt, vielleicht auch ein
lateinisches Werk, auf welches er sich am Schlusse bezieht, eines
Schreibers Konrad, der im Dienste des Bischofs Pilgrim von Passau
die Geschichte der Nibelungen aufgezeichnet haben soll. Ob er auch
wirkliche Volkslieder gekannt hat, deren Zusammenfügung man noch
zu erkennen glaubt, ist unsicher und zweifelhaft[4]. Der Biterolf[5],
ebenfalls die Umarbeitung eines älteren Werkes[6], hat zwar vielen
alten Sagenstoff in sich aufgenommen, aber die ganze Composition,
die Gegenüberstellung Siegfrieds und Dietrichs, ist eine unsagen-
mässige und willkürliche[7]; daher man in ihrem Inhalte weniger einen
nachgewachsenen Zweig echter Heldensage, als eine willkürlichere
Weiterbildung einzelner Bestandtheile derselben sehen darf. Der Einfluss britischer Romane macht sich in der Anlage, auch in der Vorgeschichte des Vaters des Helden bemerklich, die man wegen mancher formellen und inhaltlichen Abweichungen einem andern Verfasser
beigelegt hat[8]. In der jetzigen Fassung kann das Gedicht höchstens
dem Schluss des zwölften Jahrhunderts angehören[9]; die Heimath des
Dichters werden wir in Steiermark zu suchen haben[10]. Zwischen
Klage und Biterolf findet sich so vielfache Uebereinstimmung, dass

---

saal, Bd. 4, und durch Schönbuth (§ 103, 10); Ausgabe durch v. d. Hagen. Berlin
1852. 8.; kritische Ausgabe des Textes C durch A. Holtzmann. Stuttgart 1859. 8.;
zu den Hss. vgl. Zeitschr. f. d. Alt. 22, 75 ff. 316 ff.   3) Vgl. Bartsch, Untersuchungen über das Nibelungenlied S. 325 ff. und die Einleit. zu den Ausgaben
von Bartsch u. Edzardi.   4) Rieger in Haupts Zeitschr. 10, 241—255 versuchte
dieselben nachzuweisen; vgl. schon vorher: E. Sommer, die Sage von den Nibelungen, wie sie in der Klage erscheint, nebst den Abweichungen der Nibelunge
Noth und des Biterolf, ebend. 3, 193—218. Die zu Grunde liegenden Lieder setzte
Lachmann, zu den Nibel und zur Klage S. 290 in die 80er, höchstens in die 70er
des 12. Jahrhunderts und nach Oesterreich. Anders W. Grimm, Heldensage S. 115 f.:
nach ihm war die nächste Quelle der Klage ein älteres Gedicht, welches von einem
Meister abgefasst war und, wie zum grossen Theil durch seinen Inhalt, so auch
wahrscheinlich durch seine strophische Form unseren Nibelungen glich. Von diesem
Gedicht nahm der Verf. der Klage dann das Ende zum Hauptgegenstande einer
besondern Darstellung.   5) Herausgeg. in v. d. Hagens und Primissers Heldenbuch 1. Bd., und kritisch durch O. Jänicke im D. Heldenbuch Bd. 1.   6) Dasselbe war nach W. Grimm, Heldensage S. 123, Lachmann zu den Nibel. 1141, 4 aus
Liedern entstanden.   7) Vgl. § 102, 16.   8) Jänicke a. a. O. 1, S. XV ff.
9) Jänicke setzt es zwischen 1212—1215. Dagegen folgert W. Grimm, zur Geschichte des Reims S. 49, dass Biterolf und Klage auch in ihrer uns vorliegenden
Gestalt älter sind als das Nibelungenlied (in den uns erhaltenen Texten). Weinhold, über den Antheil Steiermarks an der deutschen Dichtkunst des 13. Jahrh.
(Wien 1860. 8.), setzt den Biterolf in das Ende des 13. Jahrhunderts.   10) W.
Wackernagel, in Hagens MS. 4, 440, Anm. 9, sieht in ihm einen Landsmann Neid-

§ 104 an denselben Dichter für beide Werke gedacht worden ist[11], wogegen doch wieder die Abweichung in der Sagenkenntniss als Bedenken ins Gewicht fällt[12]. — In seiner Grundlage reicht auch der Laurin[13] oder der kleine Rosengarten[14] in das zwölfte Jahrhundert hinein[15], aber auch er ist uns nur überarbeitet erhalten, doch so dass die ursprüngliche Gestalt noch vielfach erkennbar und herstellbar ist[16]. Er ist aus einer in Tirol heimischen Zwergensage hervorgegangen, und scheint, nach der grossen Zahl von Handschriften zu schliessen, ein sehr beliebtes Gedicht gewesen zu sein. Dass der Verfasser, wie einige Ueberarbeitungen angeben, Heinrich von Ofterdingen geheissen habe, ist unbegründet; wir wissen von diesem Heinrich weiter nichts, als dass er nach den Liedern und Sagen vom Wartburgkriege in diesem eine Hauptrolle gespielt haben soll, und dass er einem Meister aus dem Schlusse des dreizehnten Jahrhunderts[17] für einen der älteren und berühmteren Liederdichter galt[18]. — An den Laurin schliesst sich der Walberan[19] als eine Art Fortsetzung an, aber eine viel jüngere und sehr armselige, die sicher nicht älter als der Ausgang des dreizehnten Jahrhunderts ist. Aelter und besser ist das Bruchstück von Dietrich und Wenezlan[20], welches den Kampf Dietrichs mit dem Polenkönig Wenezlan erzählt; da die einzige Handschrift, welche das Bruchstück über-

---

hards, also einen Baiern. Weinhold a. a. O. bestreitet die steierische Herkunft. Vgl. noch R. v. Muth, Alter und Heimat des Biterolf, in der Zeitschr. f. d. Alt. 21, 152—158; derselbe, Biterolf und Nibelunge, Zeitschr. f. d. Alt. 22, 382—387. B. Symons in Taalkundige Bijdragen 1, 309 f. 2, 113 ff. 209.   11) W. Grimm, Heldensage S. 150 ff.; ihm trat Lachmann, zu den Nibel. S. 287, und Müllenhoff, Kudrun S. 101 f. bei. Gegen die Identität sprach sich Gödeke, deutsche Dichtung im Mittelalter S. 304 aus.   12) Jänicke, Einleitung zum Biterolf, wo diese Frage eingehend geprüft ist. Vgl. dagegen Edzardi, über das Verhältniss der Klage zum Biterolf, German. 20, 9—30.   13) Die älteste urkundlich nachweisbare Form des Namens ist Lwaran: vgl. Müllenhoff in Haupts Zeitschr. 7, 531, 12, 310 f.   14) Kritische Ausgabe (von Müllenhoff) unter Benutzung aller handschriftlichen und gedruckten Hülfsmittel in 1. Bde. des Deutschen Heldenbuches; blosse Textausgabe Berlin 1874. 8. (vgl. Bartsch in der Germ. 20, 94—104.); Abdrücke einzelner Hss. und alter Drucke in Nyerups Symbol. ad. litter. teuton.; in Ettmüllers Kunnech Lwarin, Jena 1829. 8; durch O. Schade. Leipzig 1851. 8.; durch Schröer, Pressburg 1857. 4., durch Zacher in Haupts Zeitschr. 11, 501 ff. Wiederabdruck des Textes des alten Heldenbuches durch Keller, Stuttgart 1867 (Litt. Verein, 87. Publicat.).   15) Vgl. Lachmann, über Singen u. Sagen S. 6, 15 (kl. Schr. 1, 466. 476).   16) Sie ist im Deutschen Heldenbuche I hergestellt.   17) v. d. Hagen MS. 4, 872.   18) Vgl. Haupt in seiner Zeitschrift 6, 525 f. — H. J. Hermes, die Neuerburg an der Wied und ihre ersten Besitzer. Zugleich ein Versuch zur Lösung der Frage: Wer war H. v. Ofterdingen? Neuwied 1879. 8.   19) Herausgeg. in Nyerups Symbolae Sp. 47—52; und kritisch im 1. Bande des deutschen Heldenbuches.   20) Abgedruckt durch W. Wackernagel in den altdeutschen Blättern 1, 329 ff.; kritisch bearbeitet durch Zupitza im D. Heldenbuch 5, 267—274.

liefert, aus dem dreizehnten Jahrhundert ist, so darf man die Abfas-   § 104
sungszeit wohl in die erste Hälfte desselben hinaufrücken.   Jedenfalls
ist es älter als Dietrichs Flucht[21], als deren Verfasser sich ein
Heinrich der Vogler nennt, derselbe, dem man auch die Rabenschlacht zuerkennen muss[22], und der in der zweiten Hälfte des Jahrhunderts lebte und dichtete[23].   Durch seine weitschweifige und matte
Erzählung blickt doch echter Sagenkern hindurch, der vermuthlich
auch Gegenstand des Volksgesanges war; vielleicht ist an einer Stelle
sogar ein älteres Lied wörtlich benutzt[24].   Dem Hauptgedichte geht
eine kurze Geschichte von Dietrichs Ahnen voraus[25], welche, auf
Grund einer älteren Vorlage, von dem Dichter der Flucht gearbeitet ist[26].

E. Vortragsart der erzählenden Dichtungen.

§ 105.

Auch in diesem Zeitraum sind die technischen Ausdrücke für
den Vortrag der Gedichte Singen und Sagen geblieben; sie werden
nun aber oft einander entgegengesetzt[1], und dann darf das Sagen (wo-
für auch Sprechen und Lesen gebräuchlich[2]) nicht mit Gesang verbunden gedacht werden.   Das Singen erhielt sich vornehmlich in
der lyrischen Poesie, wogegen es in der erzählenden sehr zurücktrat. Alle Dichtungen nämlich in kurzen Reimpaaren ohne strophische
Abtheilung, mochte der Inhalt sein, welcher er wollte, waren nur
zum Sagen und Lesen bestimmt, und eben so verhielt es sich während der bessern Zeit mit allen kunstmässigen Erzählungen in Strophenform. In dem Volksepos hörte zwar der Gesang nie ganz auf,
doch trat schon frühzeitig, wenigstens in der zweiten Hälfte des zwölften Jahrhunderts, daneben die andere Vortragsweise ein, wie das
Gedicht von Salman und Morolt lehrt, das von einem Fahrenden
für Lohn vorgelesen wurde[3]; ja in der Blüthezeit der höfischen Poesie
scheinen die Volksdichter, die damit gewiss eher Beifall und Lohn

---

21) Herausgegeben in v. d. Hagens und Primissers Heldenbuch Band 2, und
kritisch durch F. Martin im Deutschen Heldenbuch Band 2.   Bruchstück einer
Handschrift: Zeitschr. f. d. Alt. 23, 336 ff.   22) Vgl. § 103, 22.   23) Nach
Martin zwischen 1285—90; nach Scherer (im literarischen Centralbl. 1868, Nr. 36)
zwischen 1255—59. Nach letzterem war er ein Landsmann u. Zeitgenosse Ulrichs
von Liechtenstein.   24) In den Versen 2921—36; vgl. Martin S. XLIX f.
25) Der Haupttheil der Flucht beginnt dem Stoffe nach etwa mit V. 2543; vgl.
Martin S. XLIX.   26) Vgl. Martin a. a. O. S. XLVI und Wegener, die Entstehung von Dietrichs Flucht zu den Heunen und der Rabenschlacht, im Ergän-
zungsband der Zeitschr. f. d. Philol. S. 447—551.
    § 105. 1) Vgl. aber auch W. Grimm in Haupts Zeitschrift 1, 31 f.   2)
Vgl. Wackernagel in Haupts Zeitschr. 8, 505.   3) Dasselbe gilt vom Orendel:
vgl. E. H. Meyer in Haupts Zeitschr. 12, 393.

§ 105 von den Höfen erwarten konnten, sogar viel mehr gesagt, als gesungen zu haben. Denn nur ein einziges Mal geschieht in dieser Zeit des epischen Gesanges Erwähnung[4], und daher wird man auch annehmen dürfen, dass Werke, wie unsere Nibelungen und Kudrun, gleich von vorn herein zum Vorlesen bestimmt und niemals gesungen worden seien. Später jedoch, mit dem Verfall der höfischen Poesie, kommt das Singen wieder häufig vor, und nun waren es nicht bloss einzelne rhapsodische, auf deutsche Heldensagen bezügliche Lieder[5], die auf diese Weise vorgetragen wurden, sondern selbst grössere Dichtungen in Strophenform[6].

VIERTER ABSCHNITT.
Lyrische und didaktische Poesie. — Prosa.

A. Lyrische Poesie.

§ 106.

Eigentlich lyrische Gedichte in deutscher Sprache lernen wir erst in diesem Zeitraum kennen, und kaum ist es glaublich, dass es deren schon in früheren Jahrhunderten gegeben habe, die für uns verloren gegangen sein könnten; vielmehr wird wohl Alles, was vor dem zwölften Jahrhundert von Laien, wie von Geistlichen gedichtet und gesungen wurde, im Ganzen epischer Natur gewesen sein[1], wie es die nicht untergegangenen Werke des fränkischen Zeitalters wirk-

---

4) Vgl. indess auch Müllenhoff, zur Geschichte der Nib. Not S. 9. 5) Dass dergleichen in der zweiten Hälfte des 13. Jahrh. noch wirklich vorhanden waren und theilweise der Nibelungen Sage angehörten, beweist ausser der Thidreks Saga vorzüglich der Marner, MS. 2, 176a (v. d. Hagen, 2, 251b); vgl Lachmann, über Singen und Sagen (worauf ich überhaupt zu diesem § verweise) S. 9 (kl. Schriften 1, 469) und W. Grimm, Heldensage S. 161. 6) So sang z. B. der Dichter der Rabenschlacht; und auch einzelne Stücke aus dem jüngern Titurel scheint man so vorgetragen zu haben; s. Lachmann a. a. O. 18 (479) u. v. d. Hagen in seiner Germ. 2, 269 f.

§ 106. 1) Vgl. § 37. Auch der Gattungsname winileod beweist nichts. Doch vgl. Uhland, Schriften 3, 363 ff. 456 f. Burdach, das volksthümliche deutsche Lied, in der Zeitschrift f. d. Alt. 27, 343 — 367. Zur Geschichte der Lyrik, namentlich des 12. Jahrh. vgl. Scherer, die Anfänge des Minnesanges. (Deutsche Studien II.) Wien 1874. 8. (Aus den Sitzungsber. d. Akad.) Emil Henrici, zur Geschichte der mhd. Lyrik. Berlin 1876. 8. (vgl. Steinmeyer im Anz. f. d. Alt. 2, 138 bis 149.) E. Martin, die Carmina Burana und die Anfänge des deutschen Minnesangs, in der Zeitschr. f. d. Alt. 20, 46—69. J. Jansen, die lyrische Poesie in Deutschland bis auf Heinrich v. Veldeke. Crefeld 1882. 8. Programm. R. Becker, der altheimische Minnesang. Halle 1882. 8. (vgl. Wilmanns in den Gött. Gel. Anz. 1883, St. 46 f. Burdach im Anz. f. d. Alt. 10, 13—31, dagegen Becker, in d. Germ. 29, 360—377. Wenig bedeuten H. Zurborg, über den altdeutsch. Minnesang. Jena 1877. 8. (Vortrag). O. Lyon, Minne- und Meistersang. Leipzig 1883. 8.

lich sind, selbst die ältesten Ueberbleibsel des sich schon damals § 106 bildenden religiösen Volksgesanges[2] nicht ausgeschlossen. Streift doch noch sogar die Darstellungsweise der frühesten lyrischen Gedichte häufig an die Form der Erzählung, oder geht geradezu in diese über[3], worin zugleich ein Beweis vorliegt, dass die neue Gattung sich nicht auf einmal, sondern erst allmählig von der alten abzulösen und frei zu gestalten vermochte. Indessen einzelne Keime zu einem lyrischen Gesange mag die deutsche Dichtkunst schon in sehr früher Zeit gehegt, wenn auch erst in diesem Zeitraum, seit dem stärkern Heraustreten des subjectiven Princips, entwickelt haben. Von der geistlichen ist es sogar ausgemacht, da in Otfrieds Evangelienbuche genug lyrische Stellen von grösserem und kleinerem Umfange vorkommen. Von weltlichen verlorenen Liedern dürften sich vielleicht diejenigen am weitesten von dem Charakter des rein epischen Gedichts entfernt und dem des lyrischen am meisten genähert haben, die an Volksfesten zum Tanz, oder bei Umzügen zur Begrüssung einzelner Jahreszeiten gesungen wurden[4]. Es wäre möglich, dass sich gerade aus solchen Elementen einige besondere Arten der lyrischen Poesie des dreizehnten Jahrhunderts herausgebildet hätten, die auch noch in ihrer kunstmässigen Gestaltung am meisten einen volksmässigen Ursprung verrathen[5], obschon die ältern Ueberbleibsel der ganzen Gattung vor ihrer höfischen Ausbildung keine Mittelglieder gewähren, die hierin zur Ueberzeugung führen könnten.

§ 107.

Wenn die erzählende Poesie dieses Zeitraums von Seiten ihrer Stoffe nur in einem sehr beschränkten Masse auf Originalität Anspruch machen kann, so darf dagegen die lyrische auch in dieser Beziehung als ein einheimisches Gewächs betrachtet werden. Ihre kunstmässige Gestaltung verräth zwar, besonders in einer ihrer Hauptarten, dem Minneliede, eine gewisse, sich selbst bis auf viele einzelne Züge erstreckende Verwandtschaft mit der provenzalischen und nordfranzösischen Kunstpoesie[1]: diese rührt aber in der Regel nicht von eigentlicher Nachbildung her, sondern hat ihren Grund in der Natur des Gegenstandes dieser Dichtungsart und in der eigenthümlichen Farbe, die er durch den Charakter der Zeit erhielt; wobei

---

2) Vgl. § 43. Die dort erwähnte Bearbeitung eines Psalms hat wenigstens einen epischen Eingang erhalten. 3) Vgl. Lachmann, über Otfried S. 279 (kl. Schriften 1, 453). 4) Vgl. § 37. 5) Die Frühlings-, Herbst- und Winterlieder, Tänze und Reien, besonders die der höfischen Dorfpoesie; vgl. § 112 und v. Liliencron in Haupts Zeitschr. 6, 72.

§ 107. 1) Vgl. Görres, altd. Volks- und Meisterlieder S. XLI ff. Diez, die Poesie der Troubadours S. 235—235; 261 Anm.

§ 107 immerhin in der Ausbildung von Haupt- und Nebenzügen die fremde Kunst auf die heimische eingewirkt haben mag[2]. Unmittelbare Uebertragung des Inhalts romanischer Lieder ins Deutsche[3] zeigt sich eben so ausnahmsweise, als Nachahmung ihrer Form[4]. Ein grosser Reichthum von Gegenständen lässt sich aber dieser poetischen Gattung nicht nachrühmen. Die ältesten, in ihrer Form noch ganz volksmässigen Ueberbleibsel bestehen in Liebesliedern, religiösen Gesängen, gnomischen Stücken und einem Lob- und Klagelied auf Verstorbene. Von diesen vier Arten bleiben auch in der kunstmässigen Lyrik die drei ersten die vornehmsten. Daneben finden sich noch Preis- und Klaggesänge beim Empfang oder Abschied der Jahreszeiten, Darstellungen aus dem Dorfleben, Lob- und Straflieder an einzelne lebende Personen, oder an ganze Stände und Geschlechter gerichtet, politische, satirische und allegorische Gedichte, deren meiste sich indess mehr oder weniger nahe mit einer oder der andern jener drei Hauptarten berühren. Was die Dichter anbetrifft, so haben sich im Ganzen nur wenige in mehreren Richtungen zugleich versucht: die fürstlichen und adeligen beschränkten sich in der Regel nur auf die Abfassung von Minnepoesien, die daher auch während der Blüthezeit des höfischen Gesanges entschieden vorherrschen; wogegen später durch die bürgerlichen Meister den religiös- und sittlich betrachtenden und den allegorischen Dichtungen das Uebergewicht verschafft ward[5]. Am weitesten hat noch Walther von der Vogelweide die Grenzen seiner Kunst ausgedehnt, der überhaupt der reichste und tiefste unter allen Lyrikern dieses Zeitraums ist. Ihm haben die Liebe, die Religion, die grossen öffentlichen Verhältnisse der Zeit, Ereignisse des Tages, die sein Gemüth mehr oder weniger unmittelbar berührten, die Verbindung, in welcher er mit den Oberhäuptern und den Grossen des Reichs stand, sein Bestreben, die Zeitgenossen von dem Verkehrten und Schlechten abzuhal-

---

2) Diez a. a. O. S. 262 ff. 3) Bodmer (neue kritische Briefe, 13. 14) hat zuerst auf die Lieder des Grafen Rudolf v. Neuenburg (in der Schweiz) aufmerksam gemacht, die grossentheils Nachahmungen der provenzalischen Folquet's von Marseille sind. Vgl. über das Nähere der Uebertragung, so wie über das, was dem deutschen Dichter eigenthümlich zugehören dürfte, Diez a. a. O. S. 267 ff.; Wackernagel, Verdienste der Schweizer S. 31; v. d. Hagen, MS. 4, 50 ff. und besonders Bartsch in Haupts Zeitschrift 11, 145 ff. Für Friedrich von Hausen hat die Benutzung eines Liedes von Folquet dargethan Bartsch in Pfeiffers Germania 1, 480 ff., der auch nachwies, dass derselbe Dichter in einem andern Liede eine Strophenform Bernarts von Ventadorn genau nachahmte: Berthold von Holle S. XXXVII f. Ferner hat Bernger von Horheim ein altfranz. Lied, das Chrestien de Troies beigelegt wird, nachgeahmt: Mätzner, altfranzösische Lieder S. 260; des Minnegesangs Frühling 172, 1—9 und S. 275 (276). 4) Vgl. § 76, 1. 5) Näheres über den Charakter dieser Dichter enthält ein trefflicher Aufsatz von Docen: Ueber die deutschen Liederdichter seit dem Erlöschen der Hohenstaufen bis auf die Zeiten Kaiser Ludwigs

ten und zum Rechten, Guten und Ehrenvollen hinzuleiten, in früherer § 107
Zeit seine Freude an vaterländischer Zucht und Sitte, in späterer
seine Trauer über deren Verfall, sein Schmerz über das Verschwinden deutscher Grösse und Herrlichkeit, sein Zorn über die Anmas-
sung der Hierarchie — den Stoff zu Gedichten von dem verschiedensten Charakter und den mannigfaltigsten Formen gegeben[6].

§ 108.

Rücksichtlich dieser letztern überhaupt ist noch das Verhältniss
im Allgemeinen anzugeben, das zwischen ihren verschiedenen Arten
und den Gegenständen, zu deren Einkleidung sie dienten, wahrgenommen werden kann, wobei, ausser der bereits oben[1] näher bezeichneten Entgegensetzung zwischen der eigentlich strophischen und
der Leichform, auch der Unterschied zu erwähnen ist, der, wo jene
stattfindet, zwischen Liedern und Sprüchen gemacht werden muss.
Ein Lied nämlich besteht gewöhnlich aus mehrern Strophen, ein
Spruch dagegen meist nur aus einer einzigen[2]; dort ist das Mass
der Verse in der Regel kürzer, der Bau leichter schwebend, das
Ganze musikalischer, als hier, wo alles mehr auf eine gemessenere
Vortragsweise berechnet zu sein scheint[3]. Daher dient die Form die
Liedes vorzugsweise zu Ergüssen von Gefühlen und Empfindungen,
die des Spruchs zum lyrischen Ausdruck gedankenvoller, reflectieren-
der Stimmung und zu mehr ruhiger Schilderung von Gegenständen,
die auf das Gemüth des Dichters gewirkt haben; daher herrscht jene
auch in der Minnepoesie[4], diese in den gnomischen, politischen, sa-

---

des Baiern, abgedruckt im Archiv für Geogr., Histor., Staats- und Kriegskunst,
Jahrg. 1821, Nr. 50—54. Eine Charakteristik der Hauptzüge der höfischen Lyrik
gibt Bartsch in der Einleitung zu seinen 'Deutschen Liederdichtern des 12. bis
14. Jahrhunderts. Eine Auswahl'. Leipzig 1864. 8.; 2. Aufl. Stuttgart 1879.; die
beste Arbeit ist aber Uhlands Abhandlung 'der Minnesang' in seinen Schriften zur
Geschichte der Dichtung und Sage 5, 113—282.   6) Vgl. das Nähere über ihn
§ 111, 41 ff.

§ 108. 1) § 74.   2) Erst gegen Ende des 13. Jahrhunderts wurde es
Sitte, mehrere Sprüche, gewöhnlich drei, zu einem ganzen, dem Liede entsprechend,
zu vereinigen. Frauenlob scheint einer der ersten gewesen zu sein, die dies thaten
(vgl. Bartsch, Meisterlieder der Kolmarer Hs. S. 153); doch schon vor ihm der
Meissner (Scherer, Deutsche Studien. Wien 1870. S. 47).   3) Also etwa derselbe Unterschied, der in neuerer Zeit zwischen dem eigentlichen Liede und dem
Sonett statt findet. Vgl. Simrocks Walther 1, 175 f. Lachmann (über Singen und
Sagen S. 7 — kl. Schriften 1, 467) lässt es übrigens noch dahin gestellt sein, ob man
die Sprüche als eine besondere Gattung betrachten dürfe. Vgl. noch J. Rathay,
über den Unterschied zwischen Lied und Spruch bei den Lyrikern des 12. und
13. Jahrh. Wien 1875. S.   4) Mehrere Arten von Liedern führt eine bei v.
d. Hagen, MS. 3, 330b, bei Wackernagel, LB. 519 (⁵ 735), in Lachmanns Walther
S. 165 f., in Wackernagel-Riegers Walther S. 258, und bei Bartsch, Liederdichter²
S. 129 (vgl. S. XLVI) abgedruckte Strophe auf, die gemeiniglich, aber ohne ausrei-

§ 108 tirischen, allegorischen und in Lob- und Strafgedichten entschieden vor, während sich in die religiöse Lyrik beide Formen ziemlich gleichmässig getheilt haben. Die eigentlichen Leiche, d. h. die Gedichte, die diesen Namen wirklich führen, sind meist religiösen und verwandten Inhalts; doch ist diese Form auch zu Liebesgedichten gebraucht worden[5]. Die im Aeussern davon gar nicht unterscheidbaren Reien und Tänze[6], neben denen auch Tanzlieder gefunden werden, haben gemeiniglich das Lob des Frühlings und Sommers und die Freuden und Leiden der Liebe zum Gegenstande. — Dass alle Lieder, Leiche und Reien zum Gesange bestimmt waren, darf als gewiss angesehen werden[7], und dass es sich auch mit den Sprüchen, zum wenigsten in der besten Zeit, so verhielt, ist sehr wahrscheinlich[8]. Deshalb hatte ein lyrisches Gedicht ausser seinem Ton (Mass) auch seine Weise (Melodie); beide wurden dem Wort (dem Ausdruck der Empfindungen und Gedanken in Worten, dem Texte) entgegengesetzt[9].

§ 109.

Die Verwandtschaft des Inhalts und der Form zwischen der kunstmässigen Lyrik und dem ältern Volksgesange beweist noch hinlänglich, dass jene aus diesem erwachsen ist[1]. Beide bestanden nachher gewiss neben einander; ihr gegenseitiges Verhältniss lässt sich aber weit weniger aufhellen, als das, welches zwischen der höfischen

---

chenden Grund (s. Lachmann a. a. O. und S. 205, Anm.) Reinmar dem Fiedeler beigelegt wird (über Reinmar vgl. auch Müllenhoff, zur Gesch. der Nib. Not. S. 19): die Bedeutung der meisten Namen darin ist deutlich, ein Paar erklärt Lachmann, über die Leiche, S. 419, Anm. 1 (kl. Schr. 1, 325); vgl. Grimm, Gramm. 2, 505. 506. Beachtenswerth sind auch die Ueberschriften der Lieder in Ulrichs von Liechtenstein Frauendienst. Aus späterer Zeit gibt ein Gedicht der Kolmarer Hs. mehrere Benennungen von Dichtungsarten, ebenso ein Lied unter Konrads von Würzburg Tönen (gedruckt im altd. Mus. 2, 224 f.); vgl. Bartsch, Meisterlieder der Kolmarer Hs. S. 369 ff. 664 f.   5) Lachmann, über die Leiche, S. 421 ff. (kl. Schr. 1, 326 ff.). 'Ein Leich vom Niederrhein' herausgeg. von E. Sommer in Haupts Zeitschr. 3, 218 ff. gehört auch hierher. Sommer hat ihn aus vier Stücken einer Haager Hs. zusammengesetzt: vgl. Zacher in Haupts Zeitschr. 1, 227 ff. Nr. 74—77.   6) Ueber Reien und Tänze, so wie deren Verhältniss zu einander vgl. v. Liliencron, über die höfische Dorfpoesie, in Haupts Zeitschr. 6, 79 ff.; über die metrischen Formen der Reien (die nicht Leiche sind) ebendas. S 83 ff.   7) Diess erleidet jetzt Einschränkung: die von W. Grimm in Haupts Zeitschr. 10, 1—142 herausg. Marienlieder aus dem Ende des 12. Jahrh. waren zum Lesen bestimmt.   8) Lachmann, über Singen und Sagen S. 7 (kl. Schriften 1, 467).   9) Doch wird von den Dichtern selbst gewöhnlich dem Wort die Weise allein entgegengesetzt, als Mass und Melodie umfassend; Simrock a. a. O. 1, 167. Dass *wort*, gleich dem romanischen *mot*, wirklich in der Bedeutung Vers gebraucht worden sei, wie Diez (Poesie der Troubadours S. 263 f.) aus einer Stelle bei Frauenlob (Ettmüllers Ausg. 172, 12) folgert, ist mir nicht wahrscheinlich.

.   § 109. 1) Vgl. § 78, 1.

erzählenden Poesie und dem Volksepos stattfand. Was darüber im § 109
Allgemeinen vermuthet werden darf, ist schon oben (§ 79) vorgebracht
worden. Wir würden genauer urtheilen können, wenn sich mehr
eigentliche Volkslieder erhalten hätten: allein ausser einigen der ältesten, vor Friedrich von Hausen fallenden Resten des lyrischen Gesanges[2] und einer Anzahl namenlos auf uns gekommener Stücke aus
dem dreizehnten Jahrhundert, die grossentheils wirkliche Volkslieder
gewesen zu sein, oder solchen angehört zu haben scheinen[3], findet sich
nichts, was vollen Anspruch auf diese Benennung hätte, wenn gleich
nicht zu leugnen ist, dass die Werke der höfischen und meisterlichen
Dichter nicht selten einen ganz volksmässigen Charakter an sich tragen,
viele auch sicherlich in die Liederbücher der fahrenden Leute aufgenommen[4], von diesen gesungen und so durch weite Verbreitung
zu einem wahren Volkseigenthum geworden sein werden[5]. Es kann
demnach, wie sie schon in dem bisher Gesagten vorzugsweise berücksichtigt werden musste, auch in dem Folgenden fast nur von
der kunstmässigen Lyrik dieses Zeitraums die Rede sein; das wenige
Besondere, was noch über das Volkslied zu bemerken ist, wird sich
füglicher dabei gleich mit anbringen, als abgesondert aufführen lassen.

§ 110.

1. Minnepoesie. Die besondere Scheu und Ehrfurcht, welche
die Deutschen von jeher dem weiblichen Geschlecht bewiesen haben[1], nahm unter dem Einflusse des Ritterthums einen eigenthümlich
schwärmerischen Charakter an: es entstand jener Frauendienst, der,
zugleich auf die Verherrlichung des ganzen Geschlechts ausgehend[2],

---

2) Mehrere namenlose des 12. Jahrh. in des Minnesangs Frühling S. 3 ff.   3)
Gedr. in Doc. Misc. 2, 197 ff. (auch bei v. d. Hagen, MS. 3, 443 ff.; mehrere darunter, und
gerade nicht die züchtigsten, mischen lateinische u. deutsche Zeilen; vgl. § 35 u. § 155
die Anm. u. Hoffmann, In dulci jubilo, Hannover 1854, S. 5), bei Hoffmann, Gesch. d.
deutsch. Kirchenliedes etc.; vgl. § 113 die Anm. Sämmtliche Stücke dieser Hs., lateinische wie deutsche, sind herausg. (von Schmeller) als Carmina Burana. Lateinische und deutsche Lieder und Gedichte aus einer Hs. aus Benedictbeuern. Stuttgart 1847. S. (in der 16. Publicat. d. litter. Vereins S. 1—275).   4) Docens Vermuthung (a. a. O. S. 193), dass eben die Handschrift, woraus er jene Reste hat abdrucken lassen, in den Händen solcher wandernden Sänger gewesen, ist später
von ihm selbst gegen eine wahrscheinlichere vertauscht worden; vgl. Lachmanns
Walther S. IX f.   5) So musste das schöne Lied Walthers (Lachmann, S. 56.
57) in einigen Gegenden des südlichen Deutschlands gangbar sein; vgl. Frauendienst S. 240 und dazu Uhlands Walther S. 88 f. Von einem andern (Lachmann,
S. 14 ff.) befindet sich die erste Strophe unter den Volksliedern bei Docen S. 207;
des Schenken Ulrich von Winterstetten Lieder führte alles Volk im Munde. Wackernagel, Verdienste der Schweizer S. 13. 30.
  § 110.   1) Vgl. J. Grimm, Mythologie S. 369 ff. [4] 329 ff. (1. Ausg. S. 225 und
Anm. 2).   2) Vgl. Bartsch in der Germ. 4, 309, und das von Pfeiffer in Haupts

§ 110 im Besondern einer einzelnen Geliebten gewidmet war und der ide-
elle Träger der Liebespoesie dieser Zeit wurde[3]. Indess darf diese
keineswegs als der ausschliessliche Ausdruck einer bloss geistigen
Leidenschaft gefasst werden, vielmehr tritt in einer sehr grossen Anzahl von Minnegedichten die Sinnlichkeit mächtig genug hervor, ja,
in vielen hat sie das Uebergewicht und geht bisweilen selbst über
das erlaubt Natürliche und Derbe hinaus[4]. — Was den Inhalt und
die Behandlung der Gedichte dieser Klasse im Besondern betrifft, so
beschränken sie sich nicht bloss auf Bitten um Liebeserwiederung,
auf Ausbrüche der Freude oder des Schmerzes über das Glück oder
Unglück in der Liebe. Viele haben das Lob der Frauen im Allgemeinen oder der besondern Herzensgebieterin, die Verherrlichung der
Minne, oder Hülferuf und Vorwurf, die an sie gerichtet werden, auch
Klagen über die Merker oder Aufpasser zum Gegenstande. Andere
sind voll Scherz und heiterer Laune u. s. w. Oefter werden Lieder
Frauen in den Mund gelegt[5], oder es sind Wechselgesänge zwischen
dem Liebenden und der Geliebten, vielleicht mitunter die poetische
Einkleidung wirklich geführter Gespräche[6]; Boten singen vor Frauen
und suchen ihnen Neigung für ihre Herren einzuflössen; oder die
Lieder werden selbst als Boten gesandt, bisweilen nur als Grüsse
aus der Ferne. Manche sind ganz dramatisch, sie schildern Scenen,
wie sie zwischen Liebenden und denen vorfallen, die ihre heimlichen
Zusammenkünfte bewachen und vor der Gefahr der Ueberraschung
warnen: die sogenannten Tage- und Wächterlieder[7]. Andere sind

---

Zeitschr. 7, 478—521 hrsg. Gedicht des Strickers, Frauenehre, vgl. dazu Kummer
in der Zeitschr. f. d. Alt. 25, 290—301. 3) Vgl. F. Bech, Hartmann von Aue 2,
S. XIII. 4) Vgl. Lucae, Leben und Dichten Walthers v. d. Vogelweide S. 12.
5) Vgl. Bartsch in der German. 13, 242. 6) Vgl. Wackernagel in seiner
Ausgabe Walthers S. XXII. 7) Für den Erfinder dieser lange in Gebrauch
gebliebenen Liederart hält Lachmann (Wolfram S. XIII) den Wolfram von Eschenbach, gibt aber zu, dass er darauf durch die provenzalischen Gedichte ähnlicher
Art, die sogenannten *albas* (Diez, Poesie der Troubad. S. 115; 151; 265) geführt
sein könne. Diesen in der Anlage näher stehende Gesänge, die nur das morgen-
liche Scheiden der Liebenden schildern, ohne den von der Zinne warnenden und
zur Trennung auffordernden Wächter mit einzuführen, seien allerdings schon vor
Wolfram in Deutschland gedichtet worden, wie sich aus einem von der Pariser
Handschr. dem Dietmar von Eist zugeschriebenen Liede (bei Lachmann a. a. O.;
Wackernagel, altd. Leseb. Sp. 214; [8] 401, Minnesangs Frühling 39, 18—29 und
Bartsch, Liederdichter S. 5) genugsam ergebe. — Man wird diesem Urtheil eines
so gründlichen und umsichtigen Forschers wohl beipflichten müssen, nachdem er
es im Wesentlichen auch Walther [2] S. 204 f. wiederholt hat; sonst könnte das alt-
französische Tage- und Wächterlied, das A. Keller in der Hall. Litt. Zeit. 1838,
Nr. 52, S. 415 beschreibt (Bartsch, Chrestom. franç. [4] 245), zu der Vermuthung verleiten, Wolfram habe diese Liederart, deren Anlage Ulrich von Liechtenstein (Frauendienst 509, 14 ff.) verbessern zu müssen glaubte, nicht sowohl erfunden, als nordfranz.
Vorbildern zuerst nachgeahmt. Vgl. jetzt noch besonders Bartsch, die romanischen u.

dazu bestimmt gewesen, im Freien, öfter wohl von ganzen Chören, § 110 gesungen zu werden, wie die Reien und Tänze, deren schon näher gedacht ist; und solche Stücke sind es, in denen mehr noch als in andern, ein Hauptzug dieser gesammten Liebespoesie, die Empfänglichkeit des Gemüths für die Eindrücke der Natur und die Entfaltung der innern Empfindung gegenüber der Frühlingslust und der Sommerwonne, hervorzutreten pflegt. — Bei alle dem lässt sich diese Minnepoesie im Allgemeinen von einer gewissen Beschränktheit und Einförmigkeit des Gehaltes und der Behandlung nicht ganz freisprechen, wozu gewisse conventionelle Beschränkungen, wie die dass der Gegenstand der Huldigung im Liede durch nichts verrathen oder angedeutet werden durfte, auch beigetragen haben'. Daher sind ungeachtet der sehr beträchtlichen Zahl der erotischen Dichter ihrer doch nicht gar viele, deren Werke sich durch einen Reichthum an individuellen Zügen auszeichnen. Es muss indess in Anschlag gebracht werden, dass in der lyrischen Poesie auch geringes Talent und blosse Liebhaberei sich eher, als in jeder andern Gattung zu versuchen pflegen, und diess wird besonders in einem Zeitalter der Fall gewesen sein, wo das Dichten von Liebesliedern mit zu den Moden der vornehmen Welt gehört zu haben scheint. — Aufbewahrt sind uns die Lieder und Sprüche in einer Anzahl von Liederhandschriften, von denen die frühesten im Laufe des dreizehnten Jahrhunderts aus Liederbüchern der Fahrenden entstanden sind⁹. Die reichste, aber nicht älteste Quelle für die mittelhochdeutsche Lyrik, die Pariser Handschrift¹⁰, lehrt uns über 130 lyrische Dichter

deutschen Tagelieder, im Album des liter. Vereins in Nürnberg 1865, S. 1—75 (wiederholt in Bartsch' Gesamm. Vorträgen u. Aufsätzen S. 250—317) und Scherer in seinen Deutschen Studien 2, 51—60. Die älteste lat. provenz. Alba s. in Zachers Zeitschrift 12, 333 ff.   8) Wackernagel, Walther v. d. Vogelweide S. VIII.   9) Vgl. Benecke, Beiträge S. 301; Müllenhoff, zur Gesch. d. Nib. Not S. 19; Wilmanns, Walther v. d. Vogelweide S. 24 ff.   10) Von Lachmann mit C bezeichnet. Sie hiess früher ohne Grund die manessische, 'denn wir wissen nicht einmal, ob die Manessen in Zürich ein Liederbuch geschrieben oder schreiben lassen: Johann Hadloub sagt in der bekannten Stelle, MS. 2, 197' (Hagen 2, 290, Nr. III; Ettmüller S. 17 ff.) nur, dass sie Liederbücher sammelten'. Lachmanns Walther⁸ S. VI. Was v. d. Hagen, MS. 4, 627 f. zur Rechtfertigung der Benennung anführt, überzeugt nicht. — Aus ihr gab Bodmer zuerst 'Proben der alten schwäbischen Poesie'. Zürich 1748. 8.; dann den grössten Theil der Hs. (er liess mehr als 800 Strophen und Leichsätze aus) als 'Sammlung von Minnesingern aus dem schwäbischen Zeitpunkte', etc. Zürich 1758—59. 2 Bde. 4. Ergänzungen dazu gab Rassmann im altd. Mus. 1, 313—444, und aus der goldastischen Abschrift zu Bremen, Benecke im 1. Theile seiner Beiträge. Göttingen 1810. 8. Auf ihr beruht auch wesentlich v. d. Hagens grosse Ausgabe, Minnesinger. Leipzig 1839. 4 Bde. 4, die im 1. 2. Bande einen berichtigten Abdruck der Pariser Hs., im 3. Ergänzungen aus den übrigen Hss., Lesarten, Register, im 4. Abhandlungen über die Dichter enthält, und 4, 595 ff. von den Hss., Ausgaben etc. der Minnesinger handelt. Dazu als 5.

§ 110 dieses Zeitraums kennen, von denen bei weitem die meisten nur Liebespoesien abgefasst haben. Aelter und wichtiger ist die mit ihr verwandte Weingartner Handschrift (B)[11], aber beide stehen an Werth zurück gegen die Heidelberger Nr. 357 (A)[12], während die zweite Heidelberger (Nr. 350, D) geringere Bedeutung hat[13]. Einen mehr meistersängerischen Charakter trägt schon die Jenaer[14] und in noch höherem Grade die lange für verloren gehaltene, erst neuerdings wieder aufgefundene Kolmarer Handschrift[15], welche nur noch wenig aus dem Liederschatze des zwölften und dreizehnten Jahrhunderts in sich aufgenommen hat[16].

<h2 style="text-align:center">§ 111.</h2>

Die ältesten, etwa von der Mitte des zwölften Jahrhunderts an-hebenden Liebeslieder[1] im Volkston sind theils namenlos oder unter

---

Theil: Bildersaal altdeutscher Dichter. Berlin 1856. 4., worin die Bilder der Hs. zum Theil mitgetheilt und erläutert sind. Ein Facsimile der Hs. und Bilder be-gann B. C. Mathieu, Minnesänger aus der Zeit der Hohenstaufen (mit Geschichte der Manessschen Hs. von F. H. v. d. Hagen). Leipzig 1866. fol. Vgl. noch Apfel-stedt, zur Pariser Liederhandschrift, German. 26, 213—229.   11) Einzelnes, was in Bodmers MS. nicht steht, in Müllers Samml. Bd. 2. 3; in Graffs Diutiska 1, 70 ff. Vollständiger genauer Abdruck durch Pfeiffer in der Bibliothek d. litterar. Vereins. Stuttgart 1843 (4. Publication).   12) Die Strophenanfänge in Haupts Zeitschr. 3, 305 ff. (durch Lachmann); vollständiger genauer Abdruck durch Pfeiffer in der erwähnten Bibl. Stuttg. 1844. 8. (9. Publicat.)   13) Die Strophenan-fänge durch Lachmann mitgetheilt in Haupts Zeitschr. 3, 333 f. Mittheilungen aus den Heidelberger Hss. geben auch Adelung, Nachrichten v. altd. Gedichten, und Fortgesetzte Nachrichten. Königsberg 1796—99. 6.; und Görres, altd. Volks- und Meisterlieder. Frankf. a. M. 1817. S.   14) Aus ihr (J) mehreres bei Wiedeburg, ausführl. Nachricht von einigen altd. Mss. Jena 1754. 4.; das Meiste aber in Müllers Sammlung Bd. 2: Ein alt Meistergesangbuch. Ergänzungen in Docens Miscell. 1, 96—100; 2, 279—286.   15) Einzelnes daraus im altd. Mus. 2, 146—225; voll-ständige Inhaltsangabe und Text von 187 Liedern in Meisterlieder der Kolmarer Hs. herausgeg. von K. Bartsch. Stuttg. 1862. 8. (69. Publicat. d. litter. Vereins). 16) Aus andern Hss. verschiedene Lieder und Strophen stehen in Graffs Diutiska, den altd. Blättern, in Haupts Zeitschr., in der Germ. (18, 80 ff. 25, 72 ff.) und der Zeitschr. f. d. Philol. (14, 217 ff.) — Eine kritische Auswahl aus den Lieder-dichtern (mit literarischer Einleitung) gab Bartsch, Deutsche Liederdichter des 12.—14. Jahrhunderts. Leipzig 1864. 8. 2. Aufl. Stuttg. 1879. 8.; eine nhd. Be-arbeitung von 220 Liedern L. Tieck: Minnelieder aus dem schwäbischen Zeitalter. Berlin 1803. 8., mit einer noch immer lesenswerthen Vorrede; eine wirkliche Ueber-setzung K. Simrock, Lieder der Minnesänger. Elberfeld 1858. 12. und W. Storck, Buch der Lieder aus der Minnezeit. Münster 1872. 6. — Nach diesen allgemeinen Nachweisungen werde ich im Folgenden nur noch in besonderen Fällen bei den einzelnen Dichtern Abdrücke und Ausgaben ihrer Lieder anführen.

      § 111.   1) Dass es schon vor 1163 sehr üblich sein musste, den Frauen Liebeslieder, oder wie es damals hiess, trûtliet zu singen, ergibt sich aus einer Stelle in Heinrichs Gedicht von des Todes Erinnerung (s. § 69, 3 und § 115), Z. 565—573. Vgl. auch das § 72, 10 erwähnte Liedchen.

falschen Namen auf uns gekommen[2], theils werden sie ritterlichen § 111
Sängern zugeschrieben[3]. Unter den letztern der älteste ist der von
Kürnberg[4], aus einem ritterlichen Geschlechte an der Donau in
der Nähe von Linz[5]. Verschiedene Glieder dieses Geschlechtes sind
durch das zwölfte Jahrhundert hindurch nachweislich[6], und da kein
Vorname in der einzigen Handschrift[7] genannt wird, so lässt sich
nicht feststellen, welcher der Dichter ist[8]. So viel aber ergibt sich
aus der Art seiner Reimfreiheiten, dass er nicht später als höchstens
1150 gesetzt werden darf[9]. Seine meist einstrophigen Lieder in Form
der Nibelungenstrophe[10] und einer Variation derselben sind von hoher
Einfachheit und dichterischer Schönheit[11]. Im reiht sich sein Landsmann Dietmar von Eist[12] an, der urkundlich von 1143 bis 1170
erscheint[13], und 1171 sicher schon todt war; doch zeigen seine Strophen und Lieder neben grosser Altertümlichkeit schon kunstreichere
rhythmische Formen, die mit der Zeit vor 1170 sich schwer vereinigen lassen, daher anzunehmen ist, dass manches ihm mit Unrecht

2) Sie stehen beisammen in des Minnesangs Frühling, S. 3—6; vgl. S. 221—229.
3) Ueber die ältesten namhaften Lyriker überhaupt s. Lachmanns Walther² S. 198 f.,
womit zu vergleichen Haupts Vorrede zu Hartmanns Liedern, Büchlein etc. S. XIV ff.
Die Lyriker des 12. Jahrh. sind jetzt in kritischer Bearbeitung vereinigt in des
Minnesangs Frühling herausg. von K. Lachmann und M. Haupt. Leipzig 1857. S.
(2. Aufl. 1875. 3. Aufl. 1882); vgl. dazu die Recensionen von Bartsch und Pfeiffer,
German. 3, 481—508 (die Recens. Pfeiffers ist, mit Weglassung des textkritischen
Theiles, auch aufgenommen in: Freie Forschung. Wien 1867. 8.) und Haupts Ent-
gegnung in seiner Zeitschr. 11, 563—593, so wie Pfeiffer in der German. 4, 232 bis
237; Bemerkungen von Haupt, a. a. O. 13, 324—329. Vgl. auch H. Paul, kritische
Beiträge zu den Minnesingern, in Paul u. Braune, Beiträge 2, 406—560.   4)
Die ihm beigelegten Strophen sind am besten zu lesen in dem Texte Wackernagels
in den Fundgr. 1, 263 ff. (zuerst selbständig erschienen Kiurenbergii et Alrammi
Gerstensia carmina rec. G. Wackernagel. Berol. 1827. 8.); MFr. 7—10; Bartsch,
Liederdichter Nr. 1.   5) Früher setzte man ihn in den Breisgau; so noch Gödeke, Grundriss S. 18. Oesterreich als Heimath wies ihm zuerst Holtzmann, Untersuchungen über das Nibel Lied S. 135 zu. Ueber die österreich. und andere Kürenberger vgl. S. Riezler, in Forschungen z. d. Gesch. 18, 547 ff.   6) Die urkundlichen Belege in MFr. 229 f.; Pfeiffer in der Germ. 2, 492 f.   7) Der Pariser (C).
    8) Pfeiffer, der Dichter des Nibelung. S. 17, vermuthet in ihm den Magnes
von K., zwischen 1120—1140; Thausing (Nibelungenstudien S. 19) hält ihn für
Konrad (1140—1147).   9) Vgl. darüber Bartsch, Untersuchungen S. 355 ff. Lachmann (Anmerk. z. d. Nib. S. 5) setzte ihn eher nach als vor 1170.   10) Ueber
die mögliche Autorschaft des Kürenbergers beim Nib. vgl. § 100, 12. K. Vollmöller, Kürenberg und die Nibelungen. Stuttgart 1874. 8. vgl. German. 19, 352 ff.
    11) Die Autorschaft bezweifelt die MFr. S. 229 f.; ebenso Zupitza in der
§ 100, 12 angeführten Schrift; vgl. jedoch die ebenda angeführte Recension von
Bartsch. Scherer, der Kürenberger, Zeitschr. f. d. Alt. 17, 561—568. 18, 150—153;
vgl. German. 19, 356 ff. 20, 118 ff. Paul, Beiträge 2, 406 ff.   12) Die Eist, urkundlich Agasta, Agast, Agist, ist ein Bach, der bei Mauthausen in die Donau
fällt. Dietmars Lieder stehen kritisch bearbeitet in MFr. 32—41.   13) Die
urkundlichen Nachweise: MFr. 245 f. und Pfeiffer, German. 2, 493.

§ 111 beigelegt worden[14]. Von solchem kunstreichen Gepräge ganz frei sind die Strophen Meinlohs von Sevelingen[15], eines Schwaben aus der Gegend von Ulm[16], und die dem Burggrafen von Regensburg[17] beigelegten, während die des Burggrafen von Rietenburg[18] schon etwas künstlicher sind[19]. Diese kunstreicheren Formen bilden den Uebergang zu denjenigen Dichtern, die die romanischen Kunstformen in die deutsche Lyrik eingeführt haben: Friedrich von Hausen und Heinrich von Veldeke. Jener[20], aus einem in der Pfalz nahe bei Mannheim angesessenen Geschlechte[21], kommt urkundlich bereits 1171 vor; er war mehrmals in Italien und zog 1189 mit Friedrich I ins heilige Land, wo er im folgenden Jahre in einem Gefechte bei Philomelium fiel[22]. Er war der erste, der in Deutschland die Weise des höfischen Minnesanges feststellte[23], der erste auch, der provenzalische Lieder in deutscher Gestalt nachahmte[24]. Gleichzeitig mit ihm, beide unabhängig von einander, dichtete Heinrich von Veldeke[25], nur dass dieser sich mehr nordfranzösischen Vorbildern anschloss. Diesen beiden Meistern reihen sich unter den berühmtesten Sängern, von denen wir in dem feinern und vornehmern Ton der eigentlichen Hofpoesie gedichtete Minnelieder besitzen, zunächst an Ulrich von Gutenburg[26], ein pfälzischer Ritter, 1170 urkundlich vorkommend[27], den Heinrich vom Türlein unter

---

14) Vgl. Bartsch, Liederdichter S. XXVII.   15) MFr. S. 11—15. Vgl. Paul, Beiträge 2, 418 f. 452 ff.   16) Ein jüngerer M. v. S. (jetzt Söflingen), wahrscheinlich ein Enkel des Dichters, ist 1240 urkundlich nachgewiesen: des MFr. S. 231; vgl. Germania 7, 111.   17) MFr. S. 16 f.; vgl. 232 f.   18) MFr. 18 f.; 233 f. 19) Die Identität beider Burggrafen (vgl. auch M. Mayer, Geschichte der Burggrafen von Regensburg. München 1883. 8.), die v. d. Hagen (MS. 4, 155. 480) vermuthete, findet Haupt, MFr. 232 f., nicht wenig wahrscheinlich; doch hat der Burggraf von Rietenburg, wie Haupt, MFr. 232 f., nicht wenig wahrscheinlich; doch hat der Burggraf von Rietenburg, wie vom Strophenbau abgesehen, auch überschlagende Reime, vgl. Bartsch, Liederdichter S. XXIX. Paul, Beiträge 2, 419 f. 455 f. Lehfeld, ebend. 2, 369 f.   20) Seine Lieder im MFr. 42—55. Vgl. über ihn Müllenhoff, in Haupts Zeitschr. 14, 133—143; dagegen Lehfeld, in Paul u. Braune, Beiträge 2, 345—405. Paul ebend. 2, 422 ff. 443 ff. Ferner O. Baumgarten, die Chronologie der Gedichte Friedrichs von Hausen, in der Zeitschr. f. d. Alt. 26, 105—145. R. Becker, zu Friedrich von Hausen: German. 28, 272—296. A. Otto, Friedrichs von Hausen und Heinrichs von Veldeke Minnelieder verglichen mit denen ihrer Vorgänger. Conitz 1883 (Programm). Rödiger, in der Zeitschr. f. d. Alt. 26, 293 f. Lucae ebend. 27, 88—90 (zu MFr. 48, 13 ff.)   21) Lachmann, über die Leiche S. 426 (kl. Schr. 1, 431), setzte ihn in die Gegend von Trier.   22) Die urkundlichen Nachweise gab Haupt, Hartmanns Lieder S. XVI ff.; MFr. 249 f.; vgl. Lachmann z. Iwein³ S. 316; Walther³ S. 199, Anm.   23) Vgl. Müllenhoff a. a. O. und Denkmäler S. XXV.   24) Bartsch in der Germania 1, 480 ff.; Berthold von Holle S. XXXVII f.   25) Seine Lieder stehen vor Ettmüllers Ausgabe der Eneit, Leipzig 1852, und im MFr. S. 56—68; vgl. S. 254 ff., dazu Pfeiffer, in der Germ. 3, 492 ff. Paul a. a. O. 421 f. 471 ff. Vgl. über ihn § 92, 3.   26) Seine Lieder und Leiche in des MFr. 69—79.   27) Vgl. Martin in der Zeitschrift f. d. Alt. 23, 440. Nach MFr. 260 aus dem Klettgau.

den verstorbenen Dichtern beklagt[28], einer der ersten, der Liebesleiche § 111
in kunstreichen Formen dichtete; Graf Rudolf II von Fenis oder
von Neuenburg[29], der, dem südfranzösischen Sprachgebiete zunächst
wohnend, dort auch seine Vorbilder suchte[30]; Heinrich von Rucke[31],
ein Schwabe, der zwischen 1175 und 1178 urkundlich auftritt[32] und
in seinem Leich den Tod Friedrichs I beklagt; Heinrich von Morungen[33], ein thüringischer Ritter aus der Gegend von Sangerhau-
sen[34], unter den Lyrikern vor Reinmar und Walther unbestritten der
ausgezeichnetste und durch Tiefe und Mannigfaltigkeit bedeutendste[35];
Hartmann von Aue[36], und der unmittelbare Vorgänger des grössten
Lyrikers, Reinmar[37], zum Unterschiede von dem jüngern Reinmar von Zweter auch der Alte genannt[38], ein Elsässer und höchst
wahrscheinlich jene Nachtigall von Hagenau, deren Tod Gottfried

---

28) Krone 2438 ff., zugleich mit Hartmann, Reinmar, Dietmar v. Eist, Heinr.
von Rücke, Friedrich von Hausen und Hug von Salza, von welchem wir keine
Lieder besitzen.   29) Jenen Namen führt er in der Weingartner, diesen in
der Pariser Hs. V. d. Hagen sah in ihm mit Unrecht den Enkel desselben, Rudolf III. Seine Lieder stehen MFr. 80—85; vgl. S. 261.   30) Er ahmte Folquet
von Marseille und Peire Vidal nach; vgl. § 107, 3. Pfaff im Programm des Gymnasiums zu Büschweiler i. E. 1873 und in der Zeitschr. f. d. Alt. 18, 44—58; K.
Brunner im Berner Taschenbuch für 1873 (auch separat erschienen). Scherer,
Deutsche Studien 2, 35. Paul, Beitr. 2, 433 ff. 450 ff.   31) Seine Lieder und sein
Leich: MFr. 96—111. Vgl. Erich Schmidt, Reinmar von Hagenau u. H. v. Rugge.
Strassb. 1874. 8.; vgl. Paul a. a. O. 497 ff. 531 ff. Wilmanns im Anz. f. d. Alt. 1, 149 ff.
       32) Pfeiffer in der Germ. 7, 110—112.   33) Seine Lieder: MFr. S. 122 bis
147; ein Theil derselben in ihrer ursprünglichen Mundart hergestellt bei Bartsch,
Liederdichter Nr. XIV. Vgl. jetzt besonders F. Michel, Heinr. v. Morungen und die
Troubadours. Strassburg 1880. 8. (dazu Werner im Anz. f. d. Alt. 7, 121—151)
und E. Gottschau, in Paul und Braune, Beiträge 7, 335—430. Vgl. noch Gärtner in der Germania 8, 54 ff. Paul, Beiträge 2, 546 ff. Unbedeutend ist Mayr,
über Heinrich von Morungen. Linz 1879. 8. (Programm).   34) J. Grimm,
Gramm. 1², 455 vermuthete ihn in der Nähe von Göttingen heimisch. Vgl. dagegen
Zurborg in Haupts Zeitschr. 18, 319 f. — Im Meissnischen wies einen Henricus de M.
nach Bech (1213—21 als miles emeritus bezeichnet), German. 19, 419. Vgl. noch
G. A. v. Mülverstedt, des Minnesängers Heinr. v. Morungen Heimat u. Geschlecht,
in der Zeitschr. des Harzvereins, XIII. Jahrg.   35) Es fällt daher auf, dass
er von Heinrich vom Türlein (Anm. 28) nicht auch erwähnt wird, sondern erst
ganz spät bei Hugo v. Trimberg (Hagen, MS. 4, 873) und bei dem sogen. S. Helbling (Haupts Zeitschr. 4, 23). Eine Nachahmung eines seiner Lieder durch einen
italienischen Dichter des 13. Jahrh. wies Bartsch nach, German. 15, 375 f.
36) Vgl. § 94, 1 ff.; seine Lieder am besten in der mehrerwähnten Ausgabe von
Haupt; im MFr. 205 ff.; und im zweiten Theile von Bechs Ausgabe von Hartmanns Werken. Vgl. dazu W. Wilmanns, zu Hartmanns v. Aue Liedern und Büchlein in Haupts Zeitschr. 14, 144—155. Höfer in der Germania 15, 411 ff. Heinzel,
in Haupts Zeitschr. 15, 125—140. Paul, Beiträge 2, 172 ff. 476 ff. E. Samhaber, die
innere Chronologie der Lieder Hartmanns von Aue. Freistadt 1873. (Programm.)
       37) Seine Lieder im MFr. 150—204.   38) In der Pariser Handschrift.

§ 111 von Strassburg beklagt [39], also wohl um 1207 bereits gestorben. Er
lebte am österreichischen Hofe und sang im Dienste Herzog Leopolds VI, den er auf dem Kreuzzuge (1190) begleitete, und dem er
nach seinem Tode (1194) ein schönes Klagelied widmete. Reinmar,
der fruchtbarste und vielseitigste unter den Lyrikern des zwölften
Jahrhunderts, bildet in Oesterreich den Uebergang von der älteren
Schule zu der kunstmässigen Richtung, die vom Westen herdrang [40].
An Fruchtbarkeit und Vielseitigkeit wird er nur von Walther von
der Vogelweide [41] übertroffen [42]. Walther, zwischen 1160 und 1170

39) In der bekannten literärischen Stelle des Tristan. Die Vermuthung wurde
zuerst von Docen ausgesprochen; v. d. Hagen (MS. 4, 457. 757) suchte die 'Nachtigall' in Leutold von Seven; Becker in der gleich anzuführenden Schrift zählt ihn
zu österreich. Hagenauern.   40) Vgl. ausser der in Anm. 31 erwähnten Schrift
von E. Schmidt noch E. Regel, in der Germania 19, 149—182; Paul, Beiträge 2.
487 ff. 535 ff; R. Becker, in der German. 22, 70—93. 195—225; K. Burdach, Reinmar
der Alte und Walther v. d. Vogelweide. Leipzig 1880. 8. (vgl. Wilmanns im Anz. f. d.
Alt. 7, 259 ff.); R. Becker, der altheimische Minnesang. Halle 1882. 8. (§ 106, Anm. 11.
41) Vgl. § 107. Walthers Lieder sind zuerst kritisch herausgeg. von Lachmann.
Berlin 1827. 8.; vgl. W. Grimm in den GGA. 1827, Nr. 204 (kl. Schriften 2, 285 ff.),
und J. Grimm in Seebode's kritischer Bibliothek 1825, Nr. 5 (kl. Schr. 6, 350 ff.).
2. Ausg. 1843; 3. u. 4. (besorgt von Haupt) 1853 und 1864; die 5. von Müllenhoff
(1875); andere kritische Ausgaben von W. Wackernagel u. Rieger. Giessen 1862. 8.;
von Pfeiffer. Leipzig 1864. 8.; 2. Aufl. 1866; 3—6. Aufl. (von Bartsch besorgt)
1870—80; von Wilmanns, Halle 1869. 8. (vgl. Jänicke in der Zeitschr. f. d. Gym-
nasialwesen 1869, S. 592—599, Bartsch in den Jahrbüch. f. Philol. u. Pädag. 1869,
S. 407—420; Hildebrand ebenda 1870, S. 73—83); 2. vollständig umgearb. Aufl.
1883 (vgl. Em. Henrici in Zachers Zeitschr. 15, 376 ff.); von Simrock. Bonn 1870. 8.;
von Paul. Halle 1882. 8. (vgl. Wackernell in Zachers Zeitschr. 14, 246 ff.). Schulausgabe von Bartsch. Leipzig 1875. 2. Ausg. 1884. 8. Ausgewählte Gedichte W's u.
seiner Schüler von Bechstein. Stuttgart 1879. 8. Uebersetzt mehrfach: von Simrock (mit lehrreichen Erläuterungen von dem Uebersetzer und W. Wackernagel),
Berlin 1833. 2 Theile. 8.; 2—7. Ausg. (ohne die Anmerkungen) Leipzig 1853—1883;
von Koch. Halle 1848. 8.; von Weiske. Halle 1852. 8.; von Pannier. Leipzig 1876;
frei umgedichtet von A. Schröter. Jena 1881. 8. Ein sorgfältig gearbeitetes Glossar
nebst Reimverzeichniss lieferte A. Hornig. Quedlinburg 1844. 8. Bruchstücke einer
von Milchsack aufgefund. Handschrift gab Zarncke in den Berichten der sächs.
Ges. d. Wiss. 1883 heraus. Kritische und erklärende Beiträge zu Walthers Liedern
gaben Pfeiffer in der German. 5, 21—44; Bartsch ebendas. 6, 187—214; Wilmanns
in Haupts Zeitschr. 13, 217—219; Bechstein in der German. 12, 475 ff. 15, 434 ff.;
Höfer ebenda 14, 416 f.; J. Fasching, ebenda 22, 429 ff. 23, 31 ff.; F. Hornemann,
ebend. 29, 42—53; Wackernell, in der Zeitschr. f. d. Alt. 26, 295 f.; H. E. Bezzenberger,
in Zachers Zeitschr. 6, 33—37; H. Giske, ebend. 15, 66—69; F. Prosch, ebend. 15,
355 f.; Zarncke, in Paul und Braune, Beiträge 7, 552 ff.; H. Paul, ebenda 2, 550 ff.
8, 161—209. Eine Uebersicht der Literatur lieferte: W. Leo, die gesammte Literatur
Walthers v. d. V. Wien 1880. 8. (unter Verweisung darauf ist hauptsächlich das seit
1880 erschienene berücksichtigt).   42) Ueber das Verhältniss zwischen beiden vgl.
besonders Burdach (Anm. 40) u. das Programm von Jauker, das Verhältniss Walthers
v. d. V. zu Reinmar dem Alten. Horn 1875.

geboren [43], ohne dass wir bestimmt angeben könnten, welche Gegend § 111
von Deutschland seine Geburtsstätte ist [44], lernte, wie er selbst angibt, in Oesterreich singen und sagen [45], d. h. er empfieng dort seine
dichterische Ausbildung, was auf ein frühes Verlassen seiner Heimath
hindeutet [46]. Er war adeligen Standes, führte ein Wanderleben, stand
mit König Philipp und den Kaisern Otto IV und Friedrich II, so wie
dem Landgrafen Hermann von Thüringen, dem Markgrafen von
Meissen, mehreren österreichischen Herzögen und andern weltlichen
und geistlichen Herren in Verbindung und lebte bis gegen 1230; um
diese Zeit starb er in Würzburg, vermuthlich auf dem Lehen, welches Friedrich II dem alternden Dichter auf seine Bitte ertheilt hatte,

---

43) Ueber sein Leben vgl. ausser der öfter angeführten geistreichen u. gehaltvollen Schrift Uhlands (W. v. d. V. ein altd. Dichter. Stuttg. u. Tübing. 1822. 8.; wiederholt in Uhlands Schriften zur Geschichte der Dichtung und Sage 5, 1—109) und den Anmerk. zu Lachmanns etc. Ausgaben und zu Simrocks Uebersetzung, noch besonders Pfeiffer in der German. 5, 1—20; M. Rieger, das Leben Walthers v. d. V. Giessen 1863. 8.; R. Menzel, das Leben Walthers v. d. V. Leipzig 1865. 8.; W. Wackernagel, Leben und Wirken Walthers v. d. V. in den Ergänzungen zu Herzogs Real-Encyclopädie (wieder abgedruckt kl. Schr. 2, 366 ff.); Lucae, Leben und Dichten Walthers v. d. V. Halle 1867. 8.; Lexer, über W. v. d. V. Würzburg 1873. 8.; E. Samhaber, W. v. d. V. Laibach 1882. 8.; S. Friedmann, un poeta politico in Germania sul principio del sec. XIII. Livorno 1883. 8.; Burdachs oben (Anm. 40) erwähnte Schrift, dazu derselbe in Paul und Braune, Beiträge 8, 461—471; dagegen Paul S. 471—479; und Burdach, Anz. f. d. Alt. 9, 370 ff. Die neueste bedeutende Darstellung ist die von W. Wilmanns, Leben und Dichten W. v. d. V. Bonn 1882. 8. (vgl. Burdach im Anz. f. d. Alt. 9, 339—360; Wackernell in Zachers Zeitschr. 14, 479—500); ferner (meist zu einzelnen Parthien seines Lebens) Reuss, Walther v. d. Vogelweide. Eine biographische Skizze. Würzburg 1843. 8.; Böhmer, Fontes rerum germanicarum 1, S. XXXVI; W. Grimm in Haupts Zeitschr. 5, 381—384; v. Karajan, über zwei Ge-dichte Walthers v. d. V. in den Sitzungsberichten der Wiener Akad. 1851 (auch be-sonders Wien 1851. 8.); O. Abel, in Haupts Zeitschrift 9, 138—144; Daffis, zur Lebensgeschichte Walthers v. d. V. Berlin 1854. 8.; Weiske, die Minneverhältnisse Walthers v. d. V. im Weimar. Jahrbuch 1, 357—371; H. Kurz, über Walthers v. d. V. Herkunft und Heimath, Programm der Aargauischen Kantonsschule 1863. 4.; Wil-manns in Haupts Zeitschrift 13, 249—288; Thurnwald, zur Spruchdichtung W. v. d. V. (Programm.) Wien 1869. 4.; Paul in seinen Beiträgen 2, 482 ff.; J. E. Wacker-nell, Walther v. d. V. in Oesterreich. Innsbruck 1877. 8. (dazu Schönbach im Anz. f. d. Alt. 4, 1—13); J. E. Wackernell, zum zweiten Wiener Aufenthalte Walthers v. d. V. in Zachers Zeitschr. 11, 62—65; A. Nagele, in der Germ. 21, 151 ff. 298 ff.; P. Apetz, chronologische Begränzung der von W. v. d. V. in seinen Sprüchen verwandten Töne. Jena 1882. 8. 44) Die meisten Ansprüche hat Tirol (vgl. Pfeiffers Ein-leitung zu seiner Ausgabe und J. V. Zingerle, in der Germania 20, 257—270; Ficker, ebenda 271 f.) oder Franken (Wackernagel bei Simrock 2, 194, Pfeiffer in der Germ. 5, 1 ff.); früher hielt man die Schweiz für seine Heimath (Uhland S. 5 ff.); W. Grimm (Vridanc S. CXXX, vgl. S. XLI) sah in ihm einen Schwaben, vgl. auch Weinhold, Alemannische Grammatik S. VIII f. 45) Vgl. § 77, 3. 46) Aber gerade darum, dass er Oesterreich in diesem Zusammenhange nennt, darf man nicht mit Lachmann (Walther² S. 221) folgern, dass er von Kind auf für einen

§ 111 und ward in dem Collegiatstift des neuen Münsters begraben [47], nachdem er wenige Jahre zuvor den Kreuzzug Friedrichs II (1227—28) mitgemacht hatte [48]. Urkundlich begegnet Walther nur einmal, in den Reiserechnungen des Bischofs Wolfger von Passau, der ihm im November 1203 einen Pelzrock schenkte [49]. Die historisch bestimmbaren unter Walthers Liedern lassen sich von 1198—1227 verfolgen. Wie hoch er von seinen Zeitgenossen geehrt wurde, geht unter anderm aus Gottfrieds Tristan [50] hervor, der ihm die durch Reinmars Tod verwaiste Stellung als Leitefrau der lyrischen Nachtigallen zuerkennt. Mit Walther vergleicht sich auch unter den Späteren Keiner; Wolfram von Eschenbach [51], so bedeutend er als Epiker ist, und so originell er auch in seinen Liedern erscheint, hat doch zu wenig Lieder uns hinterlassen, um daraus den Reichthum seiner Empfindung kennen zu lernen, und diese wenigen gehören fast ausschliesslich der Gattung des Tageliedes an [52]. Ein jüngerer Zeitgenosse Walthers und an ihm gebildet ist Leutold von Seven [53], ein Tiroler, also vielleicht Landsmann des grossen Dichters, mit dessen Liedern die seinigen daher in den Handschriften vermischt werden [54]. Auch noch der besten Zeit gehören an Otto IV von Botenlauben [55], Graf von Henneberg, der urkundlich seit 1196 auftritt, 1197 nach dem heil. Lande zog, wo er bis gegen 1220 sich aufhielt, und vor dem 7. Februar 1245 starb, nachdem er der Welt entsagt und in dem von ihm gestifteten Kloster Frauenrode Probst geworden war, und Ulrich von Singenberg [56], Truchsess zu St. Gallen, urkundlich von 1209—1228 nachweisbar [57], ein Schüler Walthers von der Vogel-

---

Oesterreicher gegolten, oder, wie Andere es bestimmter fassten, ein Oesterreicher gewesen sei. 47) Vgl. Haupts Zeitschrift 1, 33. 48) Die Theilnahme an demselben behaupteten gegen Lachmann (Walther S. 137) zuerst Wackernagel (bei Simrock 2, 190 ff.) und W. Grimm (*Vridanc* S. CXXIX). Auf die Kreuzfahrt von 1198 bezog Walthers Kreuzlieder Pfeiffer (German. 5, 33 ff.), nahm aber in seiner Ausgabe diese Ansicht zurück. 49) Vgl. Reiserechnungen Wolfgers von Ellenbrechtskirchen hrg. von J. V. Zingerle. Heilbronn 1877. s. dazu P. Kalkhoff, Wolfger von Passau. Weimar 1882. 8. 50) V. 4791 ff. 51) Vgl. § 91, 13 ff. Seine Lieder sind kritisch bearbeitet in Lachmanns Wolfram S. 3—10. R. Müller, der Auftakt in den Liedern Wolframs v. Eschenbach, Zeitschr. f. d. Alt. 25, 50—57. 52) Vgl. § 110, 7. · 53) Kritische Ausgabe seiner Lieder im Anhange von Wackernagels und Riegers Walther. 54) Wackernagel und Rieger haben Leutold mehrere von Lachmann Walthern zuerkannte Lieder zugesprochen: vgl. ihre Ausgabe S. XXI. 55) L. Bechstein, Geschichte und Gedichte des Minnesängers Otto von Botenlauben Grafen von Henneberg. Leipzig 1845. 4. Er dichtete schon 1205 oder 1218—19 (Lachmanns Walther S. 132, Anm., vgl. S. 205 Anm.). Vgl. besonders Wegele, Graf Otto v. Henneberg-Botenlauben u. sein Geschlecht. Würzburg 1875. 8. 56) Kritische Ausg. durch Wackernagel und Rieger im Anhange Walthers; vgl. Kuttner, in Zachers Zeitschrift 14, 466—479; Rieger, Leben Walthers S. 52 f. 57) Vgl. v. d. Hagen, MS. 4, 230 ff., und Wackernagel, Verdienste der Schweizer S. 30, 30

weide, dem er einen schönen dichterischen Nachruf gewidmet hat [58]. § 111
Aus der grossen Zahl der jüngeren Minnesänger mögen hier nur
einige der vorzüglichsten oder merkwürdigsten herausgehoben werden, und zwar von denen, die noch vor oder in der Mitte des dreizehnten Jahrhunderts dichteten: Christian von Hamle, über
dessen Leben wir nichts wissen [59], der aber, wie seine Sprache zeigt,
im mittleren Deutschland, wahrscheinlich in Thüringen zu Hause war [60];
Gottfried von Neifen [61], ein Schwabe, der urkundlich von 1234
bis 1255 vorkommt [62] und wie sein Zeitgenosse und Landsmann, Burkart von Hohenfels [63], in der Umgebung von Friedrichs II kunstliebenden Sohne, König Heinrich, lebte, ein an Reimtändeleien, aber
auch am Volksthümlichen sich erfreuender Dichter [64], wie Burkart
die gleiche Neigung zeigt [65]; Rudolf von Rothenburg, ein Schweizer, der 1257 urkundlich auftritt [66], und besonders als Leichdichter
sich hervorgethan hat; Heinrich von Sax, wohl aus dem alten
Hause Hohen-Sax in Rhätien, unter mehreren gleichnamigen wahrscheinlich der, der 1258 urkundlich nachzuweisen ist [67]; Ulrich von
Liechtenstein [68], dessen Lieder etwa 1222—23 anheben und durch

und Meyer von Knonau im Anz. f. schweizer. Geschichte 1880, S. 288 f.   58)
Die Strophe steht auch in Lachmanns Walther S. 108, und zwar als eine Walther
zugehörige Strophe, und in Pfeiffers Walther S. 309.   59) v. d. Hagen, MS. 4, 911
setzt ihn um 1225.   60) Bartsch, Liederdichter² S. XLVII. v. d. Hagen macht ihn
zu einem Alemannen.   61) Seine Lieder sind herausgeg. von Haupt. Leipzig
1851. 8. Vgl. noch G. Knod, Gottfried v. Neifen und seine Lieder. Eine literarhist.
Untersuchung. Tübingen 1877. 8. (dazu Strauch im Anz. f. d. Alt. 5, 246—252). H.
Zeterling, der Minnesänger G. v. Neifen. Posen 1880. 4. (Programm).   62) Die
urkundlichen Nachweise bei v. d. Hagen 4, 80; in Mone's Anz. 1835, Sp. 136, und
bei Stälin, würtemb. Gesch. 2, 592—595. 576; Bartsch, Liederdichter² S. XLIX.
Wackernagel, Walther von Klingen S. 14 (kl Schr. 2, 344) bezeichnet ihn als Thurgäuer
und als den eigentlichen Meister in allen metrischen Spielereien.   63) Aus
der Gegend von Ueberlingen am Bodensee; urkundlich 1226—1229; vgl. v. d. Hagen
4, 145; Mone's Anzeiger a. a. O. 139; Stälin a. a. O. 2, 765; Bartsch a. a. O.² XLVIII.
Ausserdem: Bader, B. v. H., der Minnesänger, seine Familie und Heimath (in Ba-
denia. Herausgeg. von J. Bader. 3. Bd. Heidelberg 1866); O. Richter, Burghart v.
Hohenfels, eine literar-historische Skizze aus der Blüthezeit des Minnegesangs, im
N. Lausitz. Magazin 47, 65 ff.; Barack, über den Minnegesang am Bodensee und den
Minnesänger B. v. H., in den Schriften des Vereins f. Geschichte des Bodensee's,
2. Heft. Lindau 1870. 8.   64) W. Grimm, zur Geschichte des Reims S. 92;
Pfeiffer, der Dichter des Nibel. S. 44; Bartsch a. a O.² XLIX; und O. Richter, Gottfried von Neifen als volksthümlicher Dichter, im 44. Bde. des N. Lausitz. Magazins.
   65) Ausserdem hat Burkart v. H. in seinen Liedern eine Vorliebe für Bilder
aus dem Jagdleben.   66) v. d. Hagen 4, 106; Wackernagel scheint ihm eine
andere Heimath zuzuweisen, da er ihn bei Aufzählung der Schweizer Dichter (Verdienste der Schweizer S. 12 ff.) nicht erwähnt. Das Wappen der Pariser Hs. stimmt
allerdings nicht zu dem der schweizer. Rothenburger.   67) v. d. Hagen 4, 98 ff.;
Wackernagel a. a. O. S. 31, 35.   68) Vgl. § 97, 3. Bester Text in Lachmanns Ausgabe des Frauendienstes.

§ 111 rhythmischen Wohllaut und gefällige Form sich vortheilhaft von seinem Frauendienste unterscheiden; Schenk Ulrich von Winterstetten [69], ein schwäbischer Ritter, aber schwerlich ein Bruder des Schenken Konrad von Winterstetten, der unter Friedrich II eine bedeutende Rolle spielte und der Gönner Rudolfs von Ems und Ulrichs von Türheim war [70], urkundlich 1239—1269 vorkommend, zuletzt Canonikus in Augsburg [71], ein munterer, lebensfroher Sänger, dessen Lieder sehr verbreitet waren und auf allen Gassen gesungen wurden [72]; Hildebold von Schwangau [73], wahrscheinlich der von 1221—1263 erscheinende Hildebold [74], wobei nur auffiele, dass er in einem zu seiner Zeit nicht mehr üblichen Umfange romanische Weise nachahmte [75]; Walther von Metz, wahrscheinlich ein Tiroler [76], sicherlich nicht identisch mit dem französischen Dichter der Mappemonde, Gautier de Metz [77], auch er zur Schule Walthers gehörend [78]; endlich Reinmar von Brennenberg, ein bairischer Ritter aus der Gegend von Regensburg, der urkundlich 1238 vorkommt und vor 1276 erschlagen wurde [79]. Von den Späteren, deren mehrere schon in den Anfang des vierzehnten Jahrhunderts herübergreifen, seien erwähnt Konrad Schenk von Landeck, ein Thurgäuer, der urkundlich 1271—1304 vorkommt, und bereits 1276 dichtete [80]; Herzog Heinrich von Breslau, ohne Zweifel Heinrich IV (1266 bis 1290) [81]; Markgraf Otto von Brandenburg, d. h. Otto IV mit

---

69) Die Leiche und Lieder des Schenken Ulrich v. Winterstetten hrsg. von J. Minor. Wien 1882. 8.; vgl. Bartsch in Gött. Gel. Anz. 1882, St. 33 f. 70) Vgl. § 94, 84. 71) Die urkundlichen Nachweise bei Stälin a. a. O. 2, 615. 765. Vgl. auch Baumann, der Minnesinger Schenk U. v. W. im Korrespondenzblatt d. V. f. Kunst u. Alt. in Ulm II, 3 (1877). 72) Vgl. Wackernagel, Verdienste der Schweizer S. 13. 30; und § 109, 5. 73) Seine Lieder sind besonders (doch ganz unkritisch) mit Uebersetzung herausgeg. von Schrodt. Augsburg 1871. 8. 74) v. d. Hagens MS. 4, 190. 75) Bartsch, Liederdichter² S. XXXIX setzt ihn daher früher an. 76) v. d. Hagen 4, 243 ff. Doch gab es auch in der Rheinpfalz Herren von Metz: Minnes. Frühl. S. 225. Vgl. zur Ueberlieferung seiner Lieder Schönbach, in Zachers Zeitschr. 5, 159—165. 77) Minnes. Frühling a. a. O. 78) Wilmanns, Walther S. 23. 79) Docen (altd. Mus. 1, 140) hielt ihn für den Reinmann, der um 1324 erwähnt wird und mit dem sein Geschlecht erlosch; doch schienen ihm die Lieder des Dichters einer etwas frühern Zeit anzugehören; auch Wackernagel setzte ihn früher (altd. LB.² 791) in den Anfang des 14. Jahrhunderts. Nachdem aber v. d. Hagen eine sonst von Wackernagel (Verdienste der Schweizer S. 30, 30) ohne Angabe des Grundes (vgl. Lachmann, über Singen und Sagen S. 6, Anmerk. 2 [kl. Schr. 1, 469, Anmerk. 1]) dem Marner beigelegte Strophe (MSH. 3, 334a), deren Verfasser den Walther v. d. Vogelweide seinen Meister nennt, richtig dem Brennenberger zugewiesen hat (MS. 3, 451b; 4, 280), wird man mit ihm in dem Dichter den ältern Reinmar oder Reinmann sehen dürfen. 80) Vgl. Wackernagel, Verdienste der Schweizer S. 13, 32; Uhlands Walther S. 8; v. d. Hagen 4, 307 ff.; Bartsch in der Germania 9, 149. 81) Vgl. v. d. Hagen 4, 20 ff.; Rückert, der

dem Pfeile (1266—1308)[82]; und Meister Johann Hadlaub[83], ein § 111 bürgerlicher Sänger, der meist in Zürich und dessen Umgebung, mit den Manessen und andern Herren der Schweiz befreundet, lebte und dichtete[84].

§ 112.

Eine besondere Abtheilung in dieser Klasse bilden die Lieder und Reien, welche nicht das Liebesleben der höhern, sondern der niedern Stände, so wie deren Freuden überhaupt, Tanz, Spiel, allerlei Muthwill, der oft mit Schlägerei endigt, zum Inhalt haben, deren Scene meist das Dorf oder der Anger ist, worin Bauern und Bäuerinnen, Hirten, Knechte und Mägde, gewöhnlich aber auch der Dichter selbst, der sein Herz einer ländlichen Schönen zugewandt hat, die Hauptrollen spielen. In Rücksicht der Form unterscheiden sie sich nur insofern von andern kunstmässigen Gedichten der Gattung, als im strophischen Baue das sonst herrschende Gesetz der Dreitheiligkeit viel weniger strenge beobachtet wurde; auch waren sie gewiss in der besten Zeit nicht zur Unterhaltung der Bauern, sondern des Hofes gedichtet, da die vornehme Welt hier und da schon frühzeitig ein grosses Wohlgefallen an dergleichen derb-kräftigen, oft sehr ausgelassenen Darstellungen fand, die von dem weichen, zarten und sentimentalen Ton der eigentlichen Minnelieder scharf abstachen. Man darf aber vermuthen, dass diese Dichtungsart, die ihrem Ursprung und ihrer nächsten Bestimmung gemäss mit dem Namen der höfischen Dorfpoesie bezeichnet worden ist[2], in einem nahen Verwandtschaftsverhältniss zu dem ältern ländlichen Volksgesange stand und darin ihre Grundlage hatte[3]. Für ihren Erfinder muss man einen adeligen Sänger, Neidhart von Reuenthal[4] (so benannt nach einem von seiner Mutter ererbten Gute), halten, der bereits um 1217

Minnesinger Heinrich von Breslau, in: Schlesische Fürstenbilder des Mittelalters von H. Luchs, Breslau 1869, 9. Heft, Anhang (in Rückerts kl. Schriften 1, 211—219).

82) v. d. Hagen 4, 25 ff.   83) Ausgabe seiner Lieder von L. Ettmüller. Zürich 1840. 8.   84) Um 1300; vgl. Wackernagel a. a. O. 35, 58. v. d. Hagen 4, 625 ff.

§ 112. 1) Nach Liliencron, in Haupts Zeitschr. 6, 105 ff. ist die Darstellung der bäuerlichen Scenen, der Dörpereien, in Neidharts Winterliedern eine Satire auf das Leben der höheren Stände und das Hofleben.   2) Von Lachmann zu Walther 65, 32.   3) Vgl. Wackernagel zu Simrocks Walther 2, 170 und in v. d. Hagens MS. 4, 439; besonders aber v. Liliencron, über Neidharts höfische Dorfpoesie, in Haupts Zeitschrift 6, 69—117; ausserdem K. Schröder, die höfische Dorfpoesie des deutschen Mittelalters, in Gosche's Jahrbuch für Litt.-Gesch. 1, 44—98, und Gosche, Idyll und Dorfgeschichte im Alterthum und Mittelalter, in seinem Archiv f. Litt.-Gesch. 1, 169—227.   4) Kritische Ausgabe seiner Gedichte von Haupt. Leipzig 1858. 6.; vgl. Bartsch in der German. 4, 247—250. Die Texte der besten, der Riedegger Hs., gab Benecke im 2. Theile seiner Beiträge (1832); Verbesse-

16*

§ 112 berühmt war [5], und von dem auch die meisten und vorzüglichsten der hierher gehörigen Lieder auf uns gekommen sind. Ein Baier von Geburt [6], nahm er 1217—19 an dem Kreuzzuge Leopolds VII von Oesterreich Theil, und wandte sich, nachdem er die Huld des Herzogs von Baiern durch die Umtriebe eines Ungenannten verloren hatte, um 1230 nach Oesterreich, dessen Fürst, Friedrich der Streitbare, ihn gütig aufnahm. Den Tod desselben (1246) scheint er nicht mehr erlebt zu haben; wenigstens reichen die geschichtlichen Spuren in seinen Liedern nur bis zum Jahre 1236 [7]. Diese sind nicht sämmtlich auf uns gekommen, und die erhaltenen sind häufig verfälscht und mit einer grossen Menge untergeschobener Stücke vermischt [8]; ja seine eigene geschichtliche und dichterische Persönlichkeit entgieng nicht der gröbsten Entstellung und Verrückung aller Zeitverhältnisse [9]. — In gleichem oder ähnlichem Geschmack gedichtete Lieder haben sich von Goeli, einem Schweizer, der von 1254—1276 urkundlich nachgewiesen ist [10], von Stamheim, wahrscheinlich einem

---

rungen und Ergänzungen zu seiner Ausg. Haupt in seiner Zeitschr. 13, 175 ff.; vgl. auch German. 15, 431 ff.   5) Wolfram erwähnt seiner im Willeh. 312, 12. Liliencron (S. 111) setzt die Zeit seines Dichtens ungefähr von 1210—1240. Dass Walther von der Vogelweide, wie Uhland a. a. O. S. 90 vermuthet hat (ihm schliessen sich Wackernagel und Pfeiffer an), mit seiner Klage über das Emporkommen des unhöfischen, bäuerischen Gesanges auf den Burgen (Walther 64, 31—65, 32) auf Neidharts Poesien anspiele, hält Haupt, Neidhart S. 217, für unbegründet.   6) Nach J. Grimm, Gramm. 1³, 203 war er ein Oesterreicher. Vgl. noch C. Hofmann, über die Heimath des N. v. R. in den Münchener Sitzungsberichten von 1865, II, 19—21.
     7) Ueber sein Leben und Dichten vgl. Wackernagel in v. d. Hagens MS. 4, 435—442; O. Richter, Neidhart von Reuenthal als Hauptvertreter der höfischen Dorfpoesie, im N. Lausitz. Magazin 45. Bd., 2. Heft; E. Tischer, über N. von R. Leipzig 1872. 8.; H. Schmolke, Leben und Dichten N. von R. Potsdam 1875. 4. (Programm); Duwe, das bairisch-österreichische Volksleben in Neidharts Liedern. Rostock 1882. 8. (Dissertat.); R. M. Meyer, die Reihenfolge der Lieder Neidharts von Reuenthal. Berlin 1883. 8. (Dissertat.).   8) Eine Anzahl solcher unechten Stücke gibt Haupt am Schlusse der Einleitung seiner Ausgabe; eine viel grössere Zahl, und darunter auch viel spätere, v. d. Hagen, MS. 3, 185—313. 468d—468g.
9) Wackernagel sieht in dem angeblichen Hofnarren Otto's des Fröhlichen von Oesterreich († 1339) Neidhard Fuchs nur den ältern, von der Sage in diese Zeit herabgedrückten Liederdichter, während Gervinus 2, 333 (vgl. 2⁵, 518) wirklich einen jüngern Neidhart am Hofe Otto's anzunehmen scheint, mit dem der ältere späterhin vermischt worden sei (vgl. auch Blätt. für litter. Unterhalt. 1839, Nr. 139 f.). Für die Existenz eines jüngern Neidhart zeugt auch die Grabschrift, welche Bergmann in den Mittheilungen der k. k. Centralcommision f. Erforschung und Erhaltung der Baudenkm., 15. Jahrgang, mitgetheilt hat; eine andere Fassung veröffentlichte Steffenhagen in der Germania 17, 40 f.   10) Den urkundl. Nachweis lieferte Herzog in der Germania 29, 31 f.; Wackernagel a. a. O. S. 439, Anm. 1, fand es mehr als wahrscheinlich, dass dieser Name aus der Reihe der altdeutschen Dichter ganz zu streichen sei, und dass die ihm zugeschriebenen Gedichte gleichfalls dem Neidhart zugehören.

Ritter aus der Passauer Gegend, wo dieser Name urkundlich nach- § 112
gewiesen ist[11], Burkart von Hohenfels[12] u. a. erhalten; auch
der Tanhäuser, vermuthlich ein Salzburger oder Baier, der an den
Höfen Friedrichs des Streitbaren (den er überlebte) und anderer Fürsten sich aufhielt und ein unruhiges Wanderleben geführt zu haben
scheint[13], rührt in einigen seiner meist aus Tanzweisen sehr verschiedenen Inhalts bestehenden Gedichte an diesen Geschmack. Im
niedrigsten Stil abgefasst sind Lieder dieser Art von; Steinmar,
einem thurgäuischen Ritter, der von 1251 an urkundlich vorkommt[14],
mehrmals im Gefolge Rudolfs von Habsburg war[15] und noch 1294
dichtete, und von Johann Hadlaub[16], welche beiden Dichter uns
auch die ältesten, in nicht höherm Ton gehaltenen Ernte-, Herbst-
und Schmauselieder[17] hinterlassen haben.

---

11) Von Haupt in seiner Zeitschr. 6, 395; dazu stimmt auch, wie Haupt bemerkt, seine Stellung in der Pariser Hs. zwischen bairischen und österreichischen
Dichtern. Seine Zeit setzt v. d. Hagen 4, 911 um 1230; vgl. S. 418 f. und Wackernagel, Verdienste der Schweizer S. 33, 53.   12) S. § 111, 63.   13) Daraus
und aus einem ihm beigelegten Bussliede (v. d. Hagen 3, 48) scheinen die Elemente zu der Rolle, die er in der Sage spielt, entnommen zu sein. Vgl. über
sein Leben und den Tanhäuser der Volkssage v. d. Hagen 4, 421—434; R. Ritter
v. Raab, die Thannhausen. Mittheilungen der Gesellsch. f. Salzb. Landeskunde
13. Jahrgang 1572; H. Holland, die Sage vom Ritter Tanhauser, dessen Leben
und Lieder, im Abendblatt der N. Münch. Zeitung 1860, Nr. 305. 308. 310; Zander,
die Tanhäusersage und der Minnesänger Tanhäuser. Königsberg 1858. 4; über die
Sage Grässe, die Sage vom Ritter Tannhäuser, Dresden und Leipzig 1846. 8.; J.
Haupt, die Sage von Venusberg und vom Tannhäuser, in den Berichten des Wiener
Alterthumsvereins 10. Bd. 3. Heft, Wien 1869. 4. Ueber den myth. Hintergrund
vgl. A. Rudolf, im Archiv f. d. Stud. d. n. Sprachen 68, 43—51. Jüngere Hss. legen
ihm noch mancherlei Gedichte bei: vgl. den Anhang bei Grässe und Zingerle in
der German. 5, 361 ff. Auch eine 'Hofzucht', ein didaktisches Gedicht in vierzeiligen Strophen, besitzen wir unter seinem Namen (herausgeg. von Haupt in seiner
Zeitschr. 6, 488—496); auf ihm beruht wieder eine jüngere Tischzucht (bei Haupt
7, 174—177). Zu Tanhäusers Hofzucht vgl. Zeitschrift f. d. Alt. 21, 60—65 und
M. Geyer, altdeutsche Tischzuchten. Programm d. Friedrichsgymn. zu Altenburg
1882. 8.   14) 1251—1272 erscheinen die beiden Brüder Konrad und Berthold:
v. d. Hagen 4, 468 ff. In einer Züricher Urkunde von 1272: Zeitschr. f. d. Gesch. d.
Oberrheins 31, 213 f. Wackernagel, Walther v. Klingen S. 6 (kl. Schr. 2, 332), bezeichnet ihn als Unterthanen Walthers und als Bürger von Klingenau, der bei Walther
wohlangesehen war. War er einer jener Brüder (das Prädicat 'Herr' zeugt für
einen Adeligen), so befremdet nur, dass er noch 1294 ein Lied wie das 12. bei
v. d. Hagen gedichtet haben sollte.   15) Nach einer Stelle in seinen Liedern
machte er die Belagerung Wiens unter Rudolf (1276) mit; schon vorher war er
bei der Winterfahrt Rudolfs nach Meissen.   16) S. § 111, 63.   17) Ein
ähnliches Lied, das unter Neidharts Namen geht (v. d. Hagen 3, 309 ff.; 798 ff.;
Liederbuch der Hätzlerin S. 69 ff.) ist ihm untergeschoben; vgl. Wackernagel in v.
d. Hagens MS. 4, 439, Anm. 2 und v. Liliencron a. a. O. S. 115 f.

§ 113.

2. Religiöse lyrische Gedichte. — Dass im zwölften und auch im dreizehnten Jahrhundert ein religiöser Volksgesang, die Fortbildung jener frühen Ansätze dazu im fränkischen Zeitalter (§ 43), bestand, unterliegt keinem Zweifel, obschon an Einführung desselben bei dem Hauptgottesdienst in der Kirche wohl noch gar nicht gedacht wurde. Man sang geistliche Lieder auf Bittgängen, Wallfahrten, beim Antritt und im Verfolg von Seereisen, vor, während und nach der Schlacht, auch wohl bei Umzügen an Kirchenfesten, bei Aufführung geistlicher Schauspiele und andern zur Andacht auffordernden Gelegenheiten. Für alle solche Lieder scheint der Name Leise oder Leisen üblich gewesen zu sein, der sich auch noch später lange erhielt und als eine Verkürzung von dem alten Ruf Kyrie eleison zu betrachten ist[1]; daneben war auch der Name Ruf namentlich für Bittlieder an die Heiligen gebräuchlich[2]; beide Namen scheinen sogar gleichbedeutend verwendet worden zu sein[3]. Mit dem Aufkommen ketzerischer Secten im dreizehnten Jahrhundert entstanden auch Ketzerlieder, die gewiss in ganz volksmässigem Tone abgefasst waren. — Von diesen oder ähnlichen alten Gesängen in den einfachen Formen der Volkspoesie haben sich aber in der ursprünglichen Gestalt nur wenige erhalten: unter den namenlosen unter andern das Loblied und der alterthümliche Leich auf die Jungfrau Maria, deren schon oben[4] gedacht wurde, das im Kloster Mölk 1123 aufgezeichnete Marienlied[5], ein Marienlob, welches mitten in eine Bearbeitung der Bücher Mosis eingefügt ist[6], ein Paternosterleich aus zwölfzeiligen nicht ganz gleichgebauten Strophen[7], ein Leich von der Siebenzahl, ebenfalls in zwölfzeiligen Strophen, wohl

§ 113. 1) Nach Hoffmann, Kirchenlied S. 35 (3. Aug S. 45 f.); W. Wackernagel, Wörterb. unter *leich*, liess ihn früher aus dem altfranz. lais entstehen (die neueste Bearbeitung 1861 stimmt Hoffmann bei); Ph. Wackernagel (das d. Kirchenlied S. XIII f.) gibt Hoffmanns Herleitung des Namens zu, lässt ihn aber nur für eine bestimmte Klasse geistlicher Gesänge in deutscher Sprache gelten.   2) Vgl. Grieshaber in der Germ. 1, 443, wodurch Hoffmanns frühere Zweifel (Kirchenlied S. 67, Anm. 66), ob *ruof* schon im 13. Jahrh. üblich gewesen, erledigt werden.   3) Vgl. Bartsch in der Germ. 5, 459.   4) § 69, 34. 15.   5) Bei Müllenhoff u. Scherer Nr. 39, und S. 434'ff., wo man die älteren Drucke angegeben findet. Das Mölker Marienlied in photograph. Nachbildung mit einer Musikbeilage von L. Erk hrsg. von J. Strobl. Wien 1970. fol. Vgl. noch Steinmeyer in der Zeitschrift f. d. Alt. 20, 127.   6) In Strophen von je 24 Zeilen (aber in der ersten Strophe eine Lücke von 3 Zeilen) dargestellt bei Müllenhoff und Scherer, Denkmäler Nr. 40, vgl. S. 435'ff.; Schade, veter. monum. decas S. 46 f. betrachtet dagegen die letzten 24 Zeilen dieses Gedichtes als besonderen Leich und zerlegt ihn in 3 Absätze.   7) In Mone's Anz. 8, 39—44; nach einer andern Hs. in Karajans Sprachdenkmalen S. 67—70; kritisch bearbeitet und als Leich dargestellt Denkmäler Nr. 43; vgl. S. 415'ff.; dazu Bartsch in der German. 9, 64 ff.

erst aus der zweiten Hälfte des zwölften Jahrhunderts `, ein eben- § 113
falls als Leich dargestellter Messegesang [9], ein Hymnus Laudate
dominum [10], verschiedene Weihnachts-, Oster- [11] und Pfingstlieder etc.,
mitunter freilich blosse Liederanfänge [12]; und von namhaften Dichtern einige Stücke ähnlichen Inhalts von dem Spervogel, einem
der ältesten Lyriker des zwölften Jahrhunderts [13], die durch ihre Einfachheit und Innigkeit, durch die Volksmässigkeit des Stils ganz besonders anziehen.   Nicht zum Gesange, sondern zum Lesen bestimmt
waren die gegen Ende des zwölften Jahrhunderts als letzte Arbeit
eines Priesters gedichteten Marienlieder in niederrheinischer
Sprache, die den lateinischen Kirchenliedern nachgebildet sind [14]; sie
sind keineswegs alle strophisch, sondern die Mehrzahl besteht aus
Absätzen von ungleicher Zeilenzahl [15].   Sie tragen ein wenig volksthümliches Gepräge, und sind von geringem poetischen Werthe. —
Unter den religiösen Gedichten in eigentlich kunstmässigen Formen,
Leichen, Liedern und Sprüchen [16], sind Lobgesänge auf die Jungfrau
Maria und die Dreieinigkeit die vornehmsten und zahlreichsten; die
Verehrung der ersten war in diesem Zeitraum erst recht in Aufnahme

8) In der Innsbrucker Hs., unmittelbar hinter dem Paternosterleich; Mone 8, 44
bis 46; Denkmäler Nr. 44 u. S. 454²ff. -   9) K. Roth, Denkmäler der deutsch. Sprache,
München 1840, S. XII; 46 f.; Schmeller in Haupts Zeitschr. 8, 117—119; Denkmäler Nr. 46; vgl. S. 459²f.   10) In Diemers Gedichten des 11. und 12. Jahrb.
S. 354, 8—355, 23, in Arnolts Gedicht von der Siebenzahl eingefügt; Denkmäler
Nr. 45, vgl. S. 457² ff.   11) Ein Osterlied, welches sicher noch dem 12 Jahrh.
angehört, bei Hoffmann, Kirchenlied ² S. 38 f.; Bartsch, die Erlösung S. 189. Ph.
Wackernagel, Kirchenlied 2, 43, setzt es ins 14. Jahrhundert.   12) So von dem
vielleicht ältesten, das nach Müllenhoff, Denkmäler S. 366², wohl noch ins 9. Jahrhundert zurückreicht: Helfen uns alle heiligen oder Die heiligen alle helfen uns:
Denkmäler Nr. 29; vgl. German. 5, 459. Vgl. über diese alten Lieder und Lieder-
fragmente das Nähere bei Hoffmann a. a. O. S. 20—62, 3. Ausg. S. 30—73, wo auch
die erhaltenen Verse abgedruckt sind; ebenso bei Ph. Wackernagel, das deutsche
Kirchenlied, Bd. 2, wo auch sämmtliche religiöse Lieder der Kunstdichter wieder
abgedruckt sind.   13) Ueber Spervogel (s. § 72), bei dessen Namen v. d. Hagen,
MS. 4, 911, sehr unpassend das Jahr 1230 setzt, vgl. Hoffmanns Fundgr. 1, 268;
Lachmanns Walther S. 199; des Minnesangs Frühling S. 20—30 (wo sie mit denen
eines jüngeren Dichters vermischt stehen) und S. 237; Pfeiffer in der German. 2,
493 f.; Bartsch ebend. 3, 481 f.; Bartsch, Liederdichter Nr. 3 und 8. XXVIII (¹ S.
XXXI f.); Scherer, deutsche Studien I. Wien 1870. 8. Paul in seinen Beiträgen
2, 427 ff. F. Garthaus, in der German. 28, 214—251. W. Wisser, zu Spervogel: der
Archetypus von AC. Jever 1882. 4. (Programm). — Ganz ohne Grund setzt ihn
Gradl, Lieder und Sprüche der beiden Meister Spervogel. Prag 1869. 8 , nach Eger,
wo der Name Spervogel im 13. Jahrb. vorkommt; vgl. Strobl in der Germania 14,
237 ff.   14) Herausgeg. von W. Grimm in Haupts Zeitschr. 10, 1—142.   15)
In einem Gedichte der letzteren Form kommt auch die Stelle vom Lesen vor (122,
18).   16) Ueber den theologischen Inhalt derselben vgl. Christmann, theolo-
gumenon poetarum lyricorum theotiscorum saec. XII et XIII selecta capita. Königsberg 1862. 8.

§ 113 gekommen [17], und zu schwärmerischer Liebe gesteigert, rief sie eine geistliche Minnepoesie hervor, in welcher sich jener weltliche Frauendienst, so zu sagen, nur verklärt zeigte. Andere schildern Scenen aus der Leidensgeschichte, oder suchen das Gebeimniss der Menschwerdung Gottes zu versinnlichen. Manche haben den Charakter des Gebetes oder nähern sich ihm: öfter werden darin die Gottheit und die Jungfrau um die Befreiung und Beschützung des heiligen Grabes, oder um das Wohl und den innern Frieden der Christenheit und des Vaterlandes angefleht. Noch andere enthalten Aufforderungen zu einem Kreuzzuge, oder die Dichter drücken das sie beseelende Gefühl aus, wenn sie selbst im Begriff stehen, eine Gottesfahrt anzutreten, oder wenn sie schon auf dem geheiligten Boden wandeln. — Das Streben, alles zu allegorisieren und mystisch zu deuten, zeigt sich auch in vielen dieser Gedichte, besonders seit der Mitte des dreizehnten Jahrhunderts; später drängt sich dann noch eine seltsam prunkende Gelehrsamkeit und ein, wie es scheint, absichtliches Haschen nach Dunkelheit im Ausdruck und nach entlegenen Bildern und Anspielungen in sie ein [18], so dass nun freie Ergüsse wahrhaft religiöser Empfindungen, wie sie sich in der bessern Zeit nicht selten finden, immer sparsamer werden. — In den kunstmässigen Formen der lateinischen Sequenzen bewegen sich zwei namenlose Loblieder auf Maria, das eine aus Muri [19], das andere aus St. Lambrecht stammend [20], dieses das ältere, aber auch jünger als die Mitte des zwölften Jahrhunderts [21]. Unter den namhaften Dichtern besitzen wir religiöse Gesänge von Heinrich von Rucke [22], der seinen kunstvoll gegliederten Leich [23] gleich auf die Nachricht von Friedrichs I Tode dichtete und darin zu einer neuen Kreuzfahrt aufforderte [24], Hartmann von Aue und Walther von der Vogelweide, während der unter dem Namen Gottfrieds von Strassburg überlieferte Lobgesang auf Maria und Christus [25] nicht von Gottfried, sondern von einem in der Gegend des Bodensees heimischen jüngeren Nachahmer desselben nicht früher als gegen Ende des dreizehnten

17) Vgl. W. Grimms Einleitung zu Konrads goldener Schmiede. 18) Namentlich gilt diess, wie von den meisten, so insbesondere von den geistlichen Gedichten Frauenlobs. 19) Vgl. § 65, 16. 20) In Diemers Gedichten des 11. u. 12. Jahrhund. S. 354; kritisch bearbeitet bei Müllenhoff und Scherer Nr. 41. 21) Denkmäler S. 441². 22) Vgl. § 111, 31. 23) Zuerst herausg. von Docen in Schellings Zeitschr. 1, 445 ff.; kritisch in des MFr. S. 96—99. 24) Nach Pfeiffer in der German. 7, 111 ist der Leich im Spätjahr 1191 gedichtet. 25) Er ist in keiner Hs. ganz überliefert; was B und C enthalten, gibt v. d. Hagen, MS. 3, 454 ff.; 2, 266 ff. (über seine Anordnung der Strophen vgl. 3, 706'). Nach Auffindung eines Bruchstücks in einer dritten Hs. hat ihn kritisch (doch immer noch nicht in seinem ursprünglichen Umfange) herausg. Haupt in s. Zeitschr. 3, 513 ff. Abdruck der Karlsruher Bruchstücke durch A. Holder in der Germ. 21, 416 ff.

Jahrhunderts verfasst ist[26]. Unter den jüngern[27] zeichnen sich als § 113
religiöse Dichter aus Reinmar von Zweter[28], ein Dichter ritterlicher Abkunft, der am Rheine geboren, in Oesterreich erwachsen,
bereits 1227 dichtend[29], später in Böhmen lebend[30], fast alle seine
Gedichte[31], der Gegenstand derselben mag sein welcher er wolle, in
einer und derselben Strophenart abgefasst hat; der Hardecker,
vielleicht der Schweizer Adelige, Heinrich von Hardecke, der urkundlich 1227—1264 erscheint[32]; Konrad von Würzburg[33], dessen
zur Verherrlichung der Jungfrau gedichtete goldene Schmiede[34]
allerdings nur dem Inhalt, nicht der Form nach hierher gehört, der

---

26) Den Nachweis der Unechtheit führte Pfeiffer, über Gottfried von Strassburg, in der Germania 3, 59—80, aus Anlass der Schrift von J. M. Watterich
Gottfried von Strassburg, ein Sänger der Gotteminne. Leipzig 1859. 16., worin
mit mehr Phantasie als Kritik aus Gottfrieds Werken höchst bedenkliche biographische Thatsachen gefolgert werden.   27) Eine Auswahl geistlicher Dichtungen, fast alle anonym und meist erst aus dem 14. Jahrh., enthält der Anhang
zu Bartschens Ausgabe der Erlösung. Quedlinb. u. Leipzig 1858. 8.; die vollständigste Sammlung aller geistlichen Lieder von der ältesten Zeit an gibt Ph. Wackernagels Deutsches Kirchenlied. Leipzig 1864 ff. gr. S.   28) Ueber sein Leben
und seine Gedichte vgl. K. Meyer, Untersuchungen über das Leben Reinmars von
Zweter und Bruder Wernhers. Basel 1866. 8.; W. Wilmanns, Chronologie der
Sprüche Reinmars von Zweter, in Haupts Zeitschr. 13, 434—463; R. Pleschke,
Reinmar von Zweter, eine literarhist. Studie. Programm d. Realschule in Brünn
1878; G. Roethe, Reinmars von Zweter Herkunft und Aufenthalt in Oesterreich
unter Leopold VII. Leipzig 1883. 8. (Dissertation); W. Wilmanns, einige Sprüche
Reinmars v. Zweter und das Tragemundslied, Zeitschr. 1. d. Alt. 20, 250—4. Die Behauptung Gödeke's (Grundriss S. 41), dass R. von Zw. mit dem Marner identisch
sei, ist unhaltbar; vgl. auch Tschiersch, im Programm des Gymnasiums zu Luckau
1872.   29) Vgl. ausser den in Anm. 28 angeführten Schriften Kobersteins Abhandlung über den Wartburgkrieg S. 25 ff.; v. d. Hagen, MS. 4, 492 ff. Dass er aber
noch in einem unmittelbaren Verhältniss zu Walther v. d. Vogelweide gestanden,
folgt nicht so zweifellos aus einer Strophe Reinmars, wie v. d. Hagen 4, 184. 505,
glaubt; vgl. Lachmanns Walther S. 151.   30) Wie er selbst sagt, MSH. 2, 204b.
Wie lange er gedichtet, darüber gehen die Meinungen auseinander: nach Wilmanns S. 458 lässt sich kein Spruch mit Sicherheit später als Ende 1245 setzen;
nach Meyer dichtete er bis 1257 und starb zwischen 1260—1270.   31) Bruchstücke einer Liederhandschrift mit Liedern Reinmars in Zachers Zeitschr. 14, 217 ff.

32) So nach v. Lassberg und v. d. Hagen, MS. 4, 446 (vgl. Bartsch, Liederdichter[3] S. LIV). Eine Strophe von ihm setzt K. Meyer, Untersuchungen über
Reinmar von Zweter S. 44, ins Jahr 1237. Ueber sein von Lachmann gemuth-
masstes Zusammenfallen mit dem sagenhaften Klinsor (dem die Wiltener Hs. ein
längeres Gedicht [25 Str.] der helle krieg beilegt: vgl. Zingerle in der German. 6,
295—304) im Wartburgkriege und bei Hermann dem Damen s. Jen. Litt. Zeit. 1823,
Nr. 194, S. 108 (kl. Schriften 1, 316)   33) Vgl. § 95, 10 ff.   34) § 71, 9. Hrsg.
in den altd. Wäld. 2, 193 ff.; im Kolocz. Codex S. 3 ff.; am besten in einer besondern Ausgabe von W. Grimm, Berlin 1840. S. Eine Nachahmung der gold. Schmiede
sind die von Pfeiffer in Haupts Zeitschrift 8, 274—298 herausgegebenen Mariengrüsse; über deren Form vgl. § 71,33. Bruchstücke einer Hs. der gold. Schmiede
bei J. Zingerle, Findlinge, Wien 1867, S. 629 ff.; der Mariengrüsse ebend. S. 625 ff.

§ 113 aber auch andere religiöse Gedichte in lyrischen Formen gedichtet hat[35], und dem später auch manches der Art untergeschoben wurde[36]; Raumsland oder Raumeland, ein Sachse bürgerlichen Standes, der ein Wanderleben führte und noch über 1287 hinaus lebte[37]; Bruder Eberhard von Sax, ein Dominicaner aus dem Rheinthal unweit Feldkirch[38], der 1309 urkundlich nachgewiesen ist[39], ein Nachahmer von Konrads von Würzburg goldener Schmiede[40]; endlich Heinrich von Meissen, genannt Frauenlob[41], nach der gangbarsten Meinung daher, dass er im Widerspruch mit andern Dichtern älterer und seiner Zeit[42] von den beiden Benennungen Frau und Weib jene über diese erhob[43], — ein fahrender Sänger bürgerlicher Herkunft[44], der 1318 zu Mainz gestorben, der Sage nach von Frauen zu Grabe getragen wurde[45], ein durch Schwulst und Prunken mit Gelehrsamkeit den Zeitgenossen imponierender Dichter[46], unter dessen zahlreichen Gedichten[47] viele geistliche sind, die Prachtstücke seiner Manier zwei Leiche, einer auf die Jungfrau Maria, dem das hohe Lied zu Grunde liegt, der andere vom heiligen Kreuze[48].

---

35) Seine lyrischen Gedichte in kritischer Ausg. In Bartsch' Partenopier. Vgl. noch G. Scheibler, zu den lyrischen Gedichten Konrads von Würzburg. I. Der Strofenbau. Breslau 1874. 8. (Dissertation). 36) So das Ave Maria bei v. d. Hagen 3, 337 ff.; vgl. W. Grimms Einleit. zur goldenen Schmiede S. XII, Anm. und Haupts Engelh. S. VIII. Ueber die unter Konrads Namen im altd. Mus. 2, 202 ff. aus der Kolmar. Handschr., abgedruckten Lieder s. v. d. Hagen, MS. 4, 728; 906.
37) Verschieden von dem gleichnamigen Schwaben, dem die Jenaer Hs. einige Strophen zutheilt: vgl. v. d. Hagen 4, 716 u. Bartsch, Liederdichter S. LV (² S. LXII). Vgl. noch R. Köhler in der German. 28, 185 ff. 38) Pfeiffer in der German. 3, 65. 39) Von Lütolf in der German. 9, 463. v. d. Hagen 4, 911 setzt ihn 1212 bis 1236, obgleich er S. 99 bemerkt hat, dass die Predigermönche erst in der Mitte des 13. Jahrh. in der Schweiz feste Sitze gewannen. Docen im altd. Mus. 1, 204 hatte richtiger seine Lebenszeit um 1260 vermuthet. Er ist wohl kaum aus demselben Geschlechte wie Heinrich von Sax (§ 111, 67) 40) Vgl. W. Grimms Einleitung S. XIX. 41) Vgl. § 79. Die Pariser Hs. führt ihn zweimal auf, einmal als Meister Heinrich Frauenlob, dann als der junge Meissner (s. § 115, 8).
42) J. Grimm Mythol.² 276 (⁴ 248). 43) Vgl. v. d. Hagen, MS. 4, 735. 44) Gewiss nicht, wozu ihn seiner Gelehrsamkeit wegen die spätere Zeit gemacht hat. Doctor der Theologie. 45) Vgl. über sein Leben v. d. Hagen 4, 730 ff.; Ettmüllers Vorrede zu seiner Ausgabe; Bartsch, Liederdichter S. LX (² LXVII f.) und in der Allg. D. Biogr. 7, 321 ff. 46) Ueber seinen dichterischen Charakter vgl. auch W. Grimm, über Freidank (1850) S. 19. 47) Vollständigste Ausgabe derselben durch L. Ettmüller. Quedlinburg u. Leipzig 1843. 8. Vgl. Bech in der Germania 26, 257—278. 379 f. 29. 1—30. Die jüngeren Hss., wie die Kolmarer, haben vieles unechte in seinen Tönen gedichtete, darunter aber auch manches, was wenigstens seiner Zeit und Reimart nicht widerspricht: vgl. Bartsch, Meisterlieder der Kolmarer Hs. S. 168. 275. 48) Der Kreuzleich und ein dritter, der Minneleich, sind auch besonders von Ettmüller herausgeg. im Programm der Züricher Kantonsschule 1842. Fragment einer Hs. des Marienleichs von Frauenlob, in Zachers Zeitschr. 14, 99 ff.; des Kreuzleichs, German. 23, 49.

§ 114.

3. Die an einzelne Fürsten und Edle gerichteten L o b - u n d
S t r a f g e d i c h t e, so wie die K l a g g e s ä n g e auf berühmte Verstorbene[1], giengen theils aus den besonderen Verhältnissen der Dichter
zu den von ihnen gefeierten oder getadelten Personen, theils aus dem
Antheil hervor, den mehrere unter ihnen an den öffentlichen Angelegenheiten der Zeit nahmen. Aus diesem Antheil entsprangen auch
die p o l i t i s c h e n G e d i c h t e, worin die Verfasser die Gegner der
Meinung bekämpften, die sie für die richtige und dem öffentlichen
Wohl zuträglichste erkannten, oder worin sie die Zeitgenossen zu dem
ermahnten, was ihnen nöthig schien, um die Ehre des Vaterlandes
und das Ansehen der Kirche aufrecht zu erhalten. Mit dem Verfall
des Reiches verlieren sie das individuelle Interesse, beschränken sich
meist nur auf allgemeine Klagen über die politische Verwirrung
Deutschlands und über die Ausartung der Geistlichkeit, der Fürsten,
des Adels und des Volkes und werden allmählig immer seltener. Dagegen häufen sich gegen das Ende des dreizehnten Jahrhunderts die
an weltliche und geistliche Herren gerichteten Lobgedichte, die nun
aber immer gezierter, schmeichlerischer und manierierter ausfallen,
und denen man es nur zu oft ansieht, dass sie ihren Verfassern die
sich im Geben erweisende Gunst der Grossen erwerben oder bewahren
sollen, wie auf der andern Seite jetzt nicht leicht etwas strenger von
den Sängern gerügt wird, als wenn ein Machthaber sich karg gegen
sie gezeigt hat[2]. — Das älteste Gedicht dieser Klasse ist ein Klagelied S p e r v o g e l s[3]; ein anderes, recht schönes, das den Tod Leopolds VI von Oesterreich beklagt und wahrscheinlich 1195 gedichtet
ist[4], besitzen wir von R e i n m a r d e m A l t e n[5]; die vortrefflichsten
hierher fallenden Lieder und Sprüche hat aber W a l t h e r v o n d e r
V o g e l w e i d e[6] gedichtet. Unter den jüngern Dichtern dichteten noch
manches Werthvolle oder wenigstens Charakteristische von dieser Art

§ 114. 1) Auch berühmter Dichter Tod ist zuweilen Gegenstand von Klage-
liedern, vgl. z. B. das schöne Gedicht Walthers auf Reinmar den Alten (bei Lachmann 83, 1 ff.), das Ulrichs von Singenberg auf Walther (§ 111, 58) und das höchst
gezierte Frauenlobs auf Konrad von Würzburg (Ettmüller, S. 150, 313; Bartsch,
Liederdichter Nr. 79, 250). Andere, die mehrere Dichter zugleich als verstorben
aufführen und rühmen, findet man bei v. d. Hagen, MS. 4, 571 f. 2) Vgl. hierzu
Docen, über die deutschen Liederdichter seit dem Erlöschen der Hohenstaufen etc.
S. 203 ff. 3) MS. 2, 227b; v. d. Hagen, MS. 2, 374, MFr. S. 25; Bartsch, Liederdichter Nr. 3. Ueber den Dichter vgl. § 113, 13. 4) Leopold starb in den
letzten Tagen des Jahres 1194; vgl. Lachmanns Walther S. 198. 5) MFr. 167,
31; Wackernagel, LB.[2] 509; Bartsch Nr. 15, 199. 6) Ueber Walthers patrio-
tische Lieder und Sprüche vgl. auch Hallersleben im Programm des Arnstädter
Gymnas. von 1855. 4. S. 6 ff.

§ 114 Reinmar von Zweter, Bruder Wernher[7], ein Laie und vielleicht Laienbruder in einem Kloster[8], ein Nachahmer Walthers von
der Vogelweide, bereits vor 1220 dichtend[9] und noch bis um 1266
thätig[10]; der Marner, ein fahrender Sänger aus Schwaben, der, da
er Walther seinen Meister nennt, schon vor 1230 gedichtet haben
muss, und vor 1287 als alter blinder Mann ermordet wurde[11], ein
gelehrter Dichter, der auch lateinische Gedichte verfasst hat[12] und
im Renner als zweier Sprachen im Gesange mächtig gerühmt wird[13];
Friedrich von Sonnenburg[14], der schon vor 1253 und wenigstens bis 1274 dichtete, aber auch bereits vor 1287 starb, und der
in besonders nahem Verhältniss zum bairischen Hofe gestanden haben
muss, Konrad von Würzburg, der Schulmeister von Esslingen, ein Zeitgenosse Rudolfs von Habsburg, über dessen Unmilde
er bittere Klage führt[15], Raumsland, Hermann der Damen
oder von der Dame[16], wahrscheinlich, wie Frauenlob, dessen älterer Zeitgenosse er war, aus Obersachsen, auch er ein wandernder
Sänger, und endlich Frauenlob.

---

7) Vgl. über ihn K. Meyer, Untersuchungen über das Leben Reinmars von
Zweter und Bruder Wernhers. Basel 1866. 8. S. 76 ff. K. Schröder, Heimath
und Dichter des Helmbrecht, in Pfeiffers Germania 10, 455 ff., suchte ihn mit
Wernher dem Gartener (§ 95, 16) zu identifizieren; und Meyer a. a. O. S. 111 ff.
ist nicht abgeneigt, ihm beizustimmen; vgl. dagegen F. Keinz, zur Helmbrechts-
Kritik in Pfeiffers Germania. München 1866. 8. und R. Schröder in Zachers Zeitschrift 2, 302 ff. Unbedeutend ist F. Lamey, Bruder Wernher, sein Leben und
sein Dichten. Karlsruhe 1880. 8.   8) Nach v. d. Hagen, MS. 4, 514 wahrscheinlich aus Oesterreich, gewiss ist, dass er sich dort aufgehalten hat. Ob aber v. d.
Hagen S. 516 die Bezeichnung 'Bruder' richtig gedeutet, weiss ich nicht.   9)
Vgl. Lachmann zu Walther 84, 20.   10) Nach Lachmann a. a. O. nur bis 1248;
vgl. jedoch Meyer S. 100 f.   11) Lachmann, über Singen und Sagen S. 8, Anmerkung 2 (kl. Schriften 1, 469, Anm. 1); und zu Iwein[2] S. 347 f.   12) Hoffmann,
Kirchenlied S. 159, Anm. 169; v. d. Hagen 2, 257 f. und 3, 333; Wattenbach im Anz.
f. Kunde d. deutschen Vorzeit 1871, Sp. 88. Kritische Ausgabe seiner Lieder und
Sprüche von Ph. Strauch. Strassburg 1876. 8. (vgl. dazu Bartsch in d. Germ. 22,
95 ff. Schönbach im Anz. f. d. Alt. 3, 118 ff.). Frühere Arbeiten von F. Meyer (1873),
B. Schneider (1873) und Fischer (1876); vgl. Bartsch, Liederdichter[2] S. LIII. Vgl.
noch Zeitschr. f. d. Alt. 20, 127. 22, 254 f. 23, 90 ff. Bech in der German. 22, 36 ff.
385 ff.   13) v. d. Hagen, MS. 4, 873.   14) Sunburg schreibt Lachmann, zu
Walther 5, 29; so lautet der Name auch nach der Würzb. Handschr.; in andern
weicht er von dieser Form mehr oder weniger ab, und darnach ist die Heimath
dieses Meister Friedrichs in sehr verschiedenen Landschaften, zuletzt in Tirol gesucht worden (v. d. Hagen, MS. 4, 647 ff.). Friedr. v. Sonnenburg hrsg. v. O. Zingerle.
Innsbruck 1878; vgl. Bartsch in der German. 25, 113—117; Strauch im Anz. f. d.
Alt. 6, 50—59; E. Sievers, in Paul und Braune, Beiträge 5, 539—544.   15) v.
d. Hagen, MS. 4, 448 (vgl. Bartsch, Liederd.[2] S. LXV f.) vermutet nicht ohne Grund,
dass dieser namenlose Schulmeister der Magister Henricus, rector scholarum seu
doctor puerorum in Ezzelingen war, der in Urkunden von 1279—1281 vorkommt,
acht Jahre später aber gestorben sein musste.   16) Vgl. German. 24, 16.

§ 115.

4. Wenn schon nicht wenige Gedichte der beiden vorigen Klassen
in das Gebiet der didaktischen Poesie hinüberstreifen, so gehören im
Allgemeinen die gnomischen Lieder und Sprüche durch ihren
Inhalt ganz dieser Gattung an, und nur ihre Form und Vortragsweise
kann es rechtfertigen, wenn sie als eine besondere Art der lyrischen
Dichtkunst aufgeführt werden[1]. Sie sind theils rein betrachtend und
moralisierend, theils belehrend und zurechtweisend, theils satirisch
und strafend, und die bessern und besten enthalten eine Fülle echter
Lebensweisheit. Zuweilen gleichen sie in der Behandlung schon ganz
der Dichtart, die späterhin mit dem Namen Priamel[2] bezeichnet
wurde; öfter auch sind es wahre Beispiele[3] oder Fabeln, die in
die Spruchform gefasst sind, wie dergleichen sich namentlich unter
den Gedichten Spervogels[4], Reinmars von Zweter, des Marners und
Konrads von Würzburg (späterer Meister zu geschweigen) findet; oder
der darzulegende Gedanke ist durch Gleichniss versinnlicht und nicht
minder häufig ganz in das Gewand der Allegorie gekleidet[5]. — Mit
der Zeit tritt auch hier eine ähnliche Ausartung wie in der religiösen Lyrik ein. — Von den Gnomikern ist wieder der älteste bekannte
Spervogel[6], der der erste gewesen zu sein scheint, der Sprichwörter zur Lehre und Ermahnung aneinander reihte[7]; unter seinen
Nachfolgern gehören die meisten der in der dritten Klasse aufge-

---

§ 115.   1) Vgl. über die didaktischen Lyriker W. Grimm, über Freidank
S. 15 ff.   2) Das Wort gilt für eine Entstellung von Präambel, weil in
diesen kleinen Gedichten 'zur Erregung grösserer Erwartung erst lange präambu-
liert wird, bis endlich im letzten Verse der Aufschluss erfolgt' (s. Oberlins Glossar
S. 1241, Eschenburgs Denkm. S. 390 f. und Weckherlin, Beiträge S. 55); vgl. indess
Docen, über die deutschen Liederdichter etc. S. 201, Anm. 11. Lessing war geneigt,
darin das ursprünglich deutsche Epigramm zu sehen. Nach W. Grimm, Fridanc
S. CXXII, dürfte diese eigenthümlich volksmässige Form in Deutschland höher
hinauf gehen, als er zur Zeit nachzuweisen vermochte: sie findet sich schon bei
Spervogel. Wo sie sonst im 13. Jahrh. vorkommt, hat Grimm angegeben. Vgl. jetzt
besonders Wendeler, de praeambulis eorumque historia in Germania. Partic. I.
Halis 1870. 8.; auch F. G. Bergmann, la priamèle dans les différentes littératures
anciennes et modernes. Strasbourg et Colmar 1868. 8. Ueber den Namen vgl.
Wendeler p. 20 ff.   3) Mittelhochdeutsch bispel (auch bischaft), eigentlich jede
Gleichnissrede und Erzählung, worin es auf Belehrung abgesehen war, auch für
Spruch- und Sprichwort gebraucht; vgl. W. Grimm a. a. O. S. LXXXIX und Schulze
in Haupts Zeitschr. 8, 376 ff.   4) Ueber spätere Umschreibungen einiger seiner
Beispiele und Sprüche s. v. d. Hagen, MS. 4, 691 f.; MFr. 235 ff.   5) Vgl. Pfeiffer,
Forschung und Kritik 1, 46.   6) Seinem Namensgenossen, dem jungen Sper-
vogel, will Pfeiffer die Sprüche beilegen, die in der Heidelberger Hs. des Freidank
stehen: vgl. Pfeiffer zur deutschen Litt.-Geschichte S. 49; dagegen W. Grimm, über
Freidank, 2. Nachtrag S. 13 und H. Paul, über die ursprüngliche Anordnung von
Freidanks Bescheidenheit. Leipzig 1870. S. 57 ff.   7) W. Grimm, über Freidank
(1850) S. 17.

§ 115 führten Dichter auch hier zu den ausgezeichnetsten, neben welchen noch besonders genannt zu werden verdienen: Stolle, der unter Rudolf von Habsburg lebte, aber schon 1256 dichtete; der Meissner, Frauenlobs älterer Zeitgenosse und Landsmann, dessen dichterische Thätigkeit vornehmlich zwischen 1260 und 1280 fällt, und der neben Konrad von Würzburg nach dem Tode des Marners von Hermann dem Damen der vorzüglichste damals lebende Dichter genannt wird[8]; Boppe oder Poppo, wahrscheinlich ein Baseler und derselbe starke Boppe, den die Kolmarer Annalen zum Jahre 1270 erwähnen, noch 1287 am Leben, da er in einem seiner Sprüche[9] von Konrad von Würzburg als einem Verstorbenen spricht[10]; der Kanzler, etwas jünger als der vorige und ein Nachahmer Konrads[11]; Meister Alexander, auch der wilde Alexander genannt, ebenfalls dem Ausgang des dreizehnten Jahrhunderts angehörend[12]; und Regenbogen, seines Handwerks ein Schmied, der dasselbe aber aus Liebe zur Dichtkunst verliess und sich nach Mainz begab, wo er mit Frauenlob, den er überlebte, zusammentraf und im Gesange wetteiferte[13]. — Endlich ist hier noch der Hafte oder Räthsel[14] in lyrischer Form, so wie der zwischen verschiedenen Dichtern geführten Liederstreite zu gedenken, von welchen letztern jene, obgleich sie auch vereinzelt vorkommen, gewöhnlich einen Hauptbestandtheil ausmachen. Ihrem Inhalte nach verschieden, berühren sich diese Dichtungen bald mit dieser, bald mit einer der beiden zunächst vorhergehenden Klassen. Der berühmteste unter den poetischen Wettkämpfen ist der Krieg auf Wartburg[15], der in der zweiten Hälfte des dreizehnten Jahr-

8) Er ist wohl zu unterscheiden von dem jungen u. dem alten Meissner der Pariser Handschr. (MS. 2, 155b—157b; v. d. Hagen, MS. 2, 222—224). Ueber jenen s. § 113, 4; dieser verdankt sein Dasein wohl nur einem alten Missverständniss; vgl. Docen in altd. Mus. 1, 166; v. d. Hagen, MS. 4, 513. 9) v. d. Hagen, MS. 2, 383b. 10) Vgl. über ihn Haupts Zeitschr. 3, 239 u. Wackernagel ebend. 8, 347 f. 11) Vgl. Bartsch, Liederdichter S. LIX (² S. LXVII). Die Nachricht, dass er aus Steiermark gewesen, beruht bloss auf den Ueberlieferungen der spätern Singschulen; über seine wirkliche Heimath sind wir im Dunkeln. 12) Dahin setzen ihn viel richtiger Docen, altd. Mus. 1, 136; über d. d. Liederdichter etc. S. 199 f. und Wackernagel, LB. Sp. 695, als v. d. Hagen, MS. 4, 911 (vgl. S. 665 ff.), um 1239. 13) Vgl. v. d. Hagen im altd. Mus. 2, 168 ff. und in MS. 4, 633 ff. 14) Das Räthsel ist eine der volksthümlichsten Formen lehrhafter Dichtung in Deutschland. 'Die deutsche Poesie', sagt W. Wackernagel in einem hier einschlagenden Aufsatze (Haupts Zeitschr. 3, 25 ff.) 'zeigt sich ganz durchdrungen von einem Zuge nach räthselhafter Anschauung und Rede'. Ueber die Räthsel bei den Lyrikern vgl. Mone's Anzeiger 1839, Sp. 372 ff.

15) Vgl. § 78, 2; andere Streitgedichte § 78, 5. Herausgeg. ist der Wartburgkrieg MS. 2, 1 ff.; v. d. Hagen, MS. 2, 3 ff.; was die Jenaer Hs. allein hat bei Wiedeburg, ausführl. Nachr. S. 55—70, und in Docens Miscell. 1, 115 ff.; v. d. Hagen 3, 170 ff.; vgl. auch altd. Mus. 1, 642 ff.; 2, 192; v. d. Hagen, MS. 3, 330; besondere, aber ganz unbrauchbare Ausgaben von Zeune. Berlin 1818. 8., und Ettmüller. Ilmenau 1830. 8. Zuletzt und am besten (nebst Uebersetzung) von K. Simrock.

hunderts[16] von einem thüringischen Dichter verfasst wurde, und in § 115 welchem die bedeutendsten Dichter aus dem Anfange des Jahrhunderts mit einander streitend eingeführt werden[17].

B. Didaktische Poesie.

§ 116.

Wie die lyrische, so entwickelt sich die didaktische Poesie[1] als besondere Gattung erst in dieser Periode, obgleich Ansätze zu derselben in den geistlichen Dichtungen früherer Zeiten wieder ganz

---

Stuttg. 1858. 8. (unter Benutzung der wiederaufgefundenen Kolmarer Hs.). Bruchstücke von Hss. sind mitgetheilt von Zacher in Haupts Zeitschr. 12, 515 ff. und von K. Meyer in der German. 18, 80 ff. Franz. Uebersetzung von Artaud-Hausmann. Paris 1865. 8. Näheres über den Wartburger Krieg bei J. Grimm, über den altdeutschen Meistergesang S. 77 ff.; Lachmann, Jen. Litt. Zeit. 1820, Nr. 96. 97 (kl. Schr. 1, 140 ff.); Koberstein, über das wahrscheinliche Alter und die Bedeutung des Gedichts vom Wartburger Kriege. Naumburg 1823. 4.; Lachmanns Recens. Jen. Litt. Zeit. 1823, Nr. 194. 195 (kl. Schr. 1, 312 ff.); Lucas über den Krieg von Wartburg (in den Abhandlungen der königl. deutschen Gesellsch. zu Königsberg). Königsberg 1838. 8 ; H. v. Plötz, über den Sängerkrieg auf Wartburg nebst einem Beitrage zur Litteratur des Räthsels. Weimar 1851. 8.; O. Richter, der Sängerkrieg auf Wartburg im N. Lausitz. Magazin, 46. Bd.; R. Schneider, der 2. Theil des Wartburgkrieges u. dessen Verhältniss zum Lohengrin. (Leipziger Dissertation.) Mühlberg 1875. 8.; A. Stark, zur Geschichte des Gedichtes vom Wartburgkriege. Halle 1883. 8.; Wilmanns, das Fürstenlob des Wartburgkriegs, in der Zeitschr. f. d. Alt. 28, 206—227, und in Simrocks Ausgabe. Vgl. auch Funkhänel, der tugendhafte Schreiber im Sängerkriege auf Wartburg in der Zeitschr. f. thüring Geschichte 2 (Jena 1856), 195 ff., wo es als nicht unwahrscheinlich bezeichnet wird, dass der am Ende des 12. Jahrh. urkundlich vorkommende Heinricus scriptor notarius et protonotarius mit dem tugendhaften Schreiber identisch sei. Ueber den Namen dieses Dichters vgl. J. Grimm in Haupts Zeitschrift 6, 186 f. 16) Vgl. Pfeiffer in der Germania 3, 65. 17) Wenn Ettmüller (Hall. Litt. Zeit. 1833, Nr. 32 f. und Heinrichs von Meissen Leiche etc. S. 383 ff.) 'die Möglichkeit des Gedankens an einen solchen Sängerkampf bei den Dichtern des ersten Drittels des 13. Jahrh. bezweifeln möchte', dagegen 'Frauenlob für den Verfasser des Gedichts hält, wie es uns überliefert ist': so will ich den Grund seines Zweifels dahingestellt sein lassen; aber seine an beiden Orten vorgebrachten Beweisgründe für die Abfassung des Wartburger Krieges und des Lohengrins durch Frauenlob können mich, nachdem ich Lachmanns beide Recensionen wieder gelesen habe, nicht überzeugen, um so weniger, als Ettmüller sich selbst widerspricht, wenn er einmal die geschichtlichen Berichte über den Wartburger Krieg nicht auf wirkliche Thatsache, oder mindestens auf gangbare Sage fussen lässt, sondern allein auf das Gedicht, und dann ausdrücklich bemerkt, dass dieses Gedicht sammt dem Lohengrin in Frauenlobs früheste Zeit auf jeden Fall nicht zu setzen sei. Somit hätte er sie gewiss nicht vor den Achtzigern abgefasst, und doch soll daraus allein bereits 1289 Dietrich von Thüringen die Geschichte von dem Sängerstreit und dem zu dessen Schlichtung herbeigerufenen Klinsor mittelbar oder unmittelbar empfangen haben!

§ 116. 1) Vgl. über die Entwickelung derselben auch W. Grimm, über Freidank (1850) S. 15 ff.

§ 116 unverkennbar sind [2], ja in Otfrieds Evangelienbuch den epischen Bestandtheilen von den didaktischen schon so ziemlich das Gleichgewicht gehalten wird. Auch ist der Zusammenhang zwischen den ältern geistlichen Werken und einigen der frühesten Denkmäler der neuen Gattung noch insofern nachweisbar, als diese nur selbständigere Fortbildungen dessen sind, was in jenen schon vorbereitet war. Eben so ist gewiss, lange bevor es einzelnen Dichtern einfiel, daraus einen Hauptbestandtheil des Lehr- und Sittengedichtes zu entlehnen, unter dem Volke eine Spruchweisheit in kurzen gereimten Sätzen lebendig gewesen [3]; und in der heimischen Thiersage müssen seit uralter Zeit schon genug Elemente der eigentlichen Fabelpoesie gelegen haben, mag diese letztere, wie wir sie in diesem Zeitraum kennen lernen, auch nur zum geringsten Theil aus ihnen unmittelbar erwachsen sein. Denn, um diess gleich hier zu bemerken, die mittelhochdeutsche didaktische Poesie hält rücksichtlich der Herleitung ihrer Stoffe gewissermassen die Mitte zwischen der epischen und lyrischen. Wo sie mehr objectiv ist, also in die erstere hinübergreift, wie namentlich in der Fabel und dem damit Verwandten, beruht sie vorzugsweise auf fremder Ueberlieferung [4]; wo sie dagegen eine mehr subjective Farbe trägt, in ihr sich Gesinnung, Erfahrung, praktische Klugheit, Ermahnung, Vorschrift, Reflexion, Empfindung aussprechen, kurz, wo sie mehr auf unmittelbare Darlegung und Einschärfung einer populären Lebensphilosophie ausgeht, ist sie grossentheils als volles Eigenthum des deutschen Volkes anzusehen. Denn Einschränkungen muss man allerdings auch hier machen, die sich hauptsächlich nach

---

2) Wie schon im Muspilli und im Heliand; vgl. Lachmann, über Otfried S. 278b. (kl. Schriften 1, 451). 3) Vgl. W. Grimm, *Fridanc*, S. LXXXVIII ff.; sehr alter Sprichwörter in deutscher Sprache ist § 51, 5 gedacht, und dass viele, die erst später vorkommen, wohl schon in heidnischer Zeit im Gebrauch waren, darf man aus den nordischen *Hávamál* schliessen; siehe Dietrich in Haupts Zeitschrift 3, 385 ff. Die mittelhochdeutschen Sprichwörter sind gesammelt von J. V. Zingerle. Wien 1864. 8. 4) So schwer es auch fallen dürfte, hier überall das Einheimische von dem Eingeführten zu sondern, so tragen doch unter den Beispielen und fabelartigen Erzählungen dieses Zeitraums, selbst wenn sie sich nicht zunächst mit der deutschen Thiersage berühren, mehrere eine so volksmässige Farbe, dass sie kaum fremden Ursprungs sein können. Anderes der Art scheint hingegen durch vielfache Mittelglieder aus dem Orient nach Deutschland gelangt und hier neu bearbeitet zu sein (vgl. J. Grimm, Reinh. Fuchs S. CCLXXII ff.); meistens aber liegen den deutschen Beispielen die ältern und jüngern lateinischen Umarbeitungen und Nachbildungen der äsopischen Fabeln zum Grunde, die seit dem 12. und 13. Jahrh. zuerst in Frankreich und dann auch in Deutschland bekannt wurden (J. Grimm, a. a. O. S. CCLXIX); vgl. auch Lessings sämmtliche Schriften, Ausgabe von Lachmann 9, 50 und Oesterley, Romulus, die Paraphrasen des Phädrus und die äsopische Fabel im Mittelalter. Berlin 1870. 8. L. Hervieux, les fabulistes latins depuis le siècle d'Auguste jusqu'à la fin du moyen âge. 2 vols. Paris 1884. 8.

dem grössern und geringern Masse der einzelnen Dichtern eigenen § 116
Gelehrsamkeit richten. Unter den Verfassern der grössern und be-
rühmtern Sprach- und Sittengedichte scheint Freidank am wenigsten
mit fremder Gelehrsamkeit ausgestattet gewesen zu sein (vielleicht
konnte er gar nicht einmal lesen), und darum schon müssen wir sein
Werk als das reinste Abbild der damaligen Volksweisheit betrachten. Bei weitem unterrichteter ist der Verfasser des welschen Gastes:
er zeigt Bekanntschaft mit der alten Geschichte und mit den Lehren
der griechischen Philosophen; vielleicht war er auch nicht unbewan-
dert in der Rechtskunde. Er bekennt selbst, dass er sich nicht ge-
scheut habe, zum Ausbau seines Werkes fremdes Material zu benutzen[5].
Noch viel mehr gelehrte Kenntnisse und eine sehr grosse Belesenheit
verräth Hugo von Trimberg. Unter seinen Quellen nennt er nebst
der Bibel eine Reihe von Kirchenvätern und Theologen des Mittelalters, und dabei zeigt er nicht bloss genauere Bekanntschaft mit den
Dichtern und Prosaisten des classischen Alterthums, sondern hat auch
viele von ihnen bei Abfassung seines Gedichtes benutzt[6]. Doch ist
zu erwägen, dass manches der Art, was aus dem römischen Alterthum oder anderswoher geborgt scheinen möchte, eben so gut ursprünglich deutsch sein, oder sich, wie so viele kirchliche, auch unter
den Laien allmählig gäng und gäbe gewordene Lehren, Bilder und
Gleichnisse, früh das Heimathsrecht erworben haben kann.

§ 117.

Der didaktische Charakter, dem sich die mittelhochdeutsche Poesie
überhaupt schon in der Zeit ihrer schönsten Blüthe zuneigt, und den
sie im Laufe des dreizehnten Jahrhunderts immer entschiedener annimmt, gestattet es nicht, die Grenzen ihrer drei Hauptgattungen so
genau abzustecken, dass bis hierher Alles hätte verspart werden
können, was seinem Inhalte nach mehr oder weniger der dritten zufällt. Es werden demnach hier insbesondere diejenigen Dichtungen
zu berücksichtigen sein, die sich durch eine ganz entschieden erbauliche und lehrhafte Tendenz, oder durch den festgehaltenen Ton der
Betrachtung und Ermahnung von den mehr rein erzählenden, und
durch ihre Form und Vortragsweise von den lyrisch-didaktischen absondern, d. h. in kurzen Reimpaaren abgefasste und unstreitig allein
zum Lesen[1] bestimmte ascetische und Spruchgedichte, Beispiele,
mystisch-allegorische Werke und Sendschreiben; woran sich dann
auch noch einige grössere Lehrgedichte in Strophenform anschliessen,

5) Vgl. Gervinus 1, 461 (5. Ausg. 2, 20); W. Grimm, Götting. GA. 1835, Nr. 42
(kl. Schr. 2, 449 ff.) und besonders Rückert in seiner Ausgabe S. XI.   6) Gervinus 2, 122 ff. (2⁵, 279 f.). Ueber Wernher von Elmendorf vgl. § 118, 37.

§ 117.   1) Vgl. indess § 120, 33. 34.

§ 117 die man wahrscheinlich auf gleiche Weise vorgetragen haben wird. — Uebrigens berechtigt weder der Inhalt noch die Form der uns aus der bessern Zeit erhaltenen Gedichte dazu, einzelne, als der eigentlichen Volkspoesie angehörig, den übrigen gegenüberzustellen. Was etwa hierher gezogen werden könnte, das Traugemundes- oder Tragemundeslied[2], das allerdings der Spielmannspoesie angehört[3] und mit seinen Fragen und Antworten, seinen aufgegebenen und gelösten Räthseln das volksmässige Gegenbild zu dem meistersängerischen Räthselspiel im Wartburger Kriege abgibt[4], ist erst, wenigstens der uns bekannten Gestalt nach, in eine spätere Zeit zu setzen, etwa in den Anfang des vierzehnten Jahrhunderts[5].

§ 118.

Zu den frühesten, bereits in das zwölfte Jahrhundert fallenden Werken dieser Gattung, die sich durch ihren Inhalt zunächst an einige geistliche Dichtungen des vorigen Zeitraums[1] anschliessen und die Erzählungspoesie gleichsam in die didaktische hinüberführen, gehören mehrere Gedichte, die theils auf Belehrung über geistliche Dinge, theils auf erbauliche Ermahnung und fromme Warnung ausgehen. Dieser Art sind die Schilderungen des jüngsten Gerichts, welche in Deutschland seit dem Ende des elften Jahrhunderts aufkamen und sämmtlich auf der bald dem Augustin, bald Alcuin, auch Hrabanus Maurus zugeschriebenen Schrift des Adso beruhen[2]; die älteste poetische Darstellung in deutscher Sprache[3] reicht vielleicht noch ins elfte Jahrhundert hinauf[4]. Damit hängen zusammen die Dichtungen von den fünfzehn Zeichen, die dem jüngsten Gericht voraufgehen, wie eine solche aus dem zwölften Jahrhundert sich erhalten hat[5], und von der Ankunft und Herrschaft des

2) Uhlands alte hoch- und niederdeutsche Volkslieder Nr. 1; Müllenhoff u. Scherer, Denkmäler Nr. 48. Vgl. Wilmanns in der Zeitschrift f. d. Alt. 20, 250 ff. 3) Lachmann zu den Nibel. S. 290. 4) Wackernagel in Haupts Zeitschr. 3, 25. Ein Fastnachtspiel, welches ein ähnliches Frage- und Antwortspiel ist, gibt Keller in den Fastnachtspielen des 15. Jahrh. 2, 553 ff.; vgl. 3, 1513 f. Vgl. auch Bartsch in der Germania 4, 308 ff. Wilmanns in Haupts Zeitschrift 14, 530 ff. 15, 166 ff. Schlieben, de antiqua Germanorum poesi aenigmatica. Berlin 1866. 6. 5) Wackernagel, Leseb. Sp. 831 ff. (³ 1145 ff.); Müllenhoff und Scherer setzen es ins 12. Jahrh.; vgl. jedoch Bartsch in der Germania 9, 66.

§ 118. 1) Vgl. § 44. 2) Zarncke über Muspilli S. 215. 3) Ein Bruchstück, hrsg. von Lappenberg in Aufsess' Anzeiger 1834, Sp. 35 ff.; dann in Hoffmanns Fundgr. 2, 135 ff. und in Wackernagels LB. 1³, 173 ff. (1³, 331 ff.). 4) Wackernagel setzt es in der 5. Aufl. noch vor die Bücher Moses (§ 46); vgl. Pfeiffer, über Wesen und Bildung der höfischen Sprache S. 13. 5) Herausgeg. in Haupts Zeitschr. 1, 117—126; ein lateinisches Gedicht theilt Sommer ebendas. 3, 523 ff. mit, der auch die Quellen und übrigen Darstellungen behandelt. Eine andere latein. Dichtung gab Peiper im Archiv f. Lit. Gesch. 9, 117—137 heraus. Vgl. noch G.

Antichrists, der theils Bearbeitungen der evangelischen Geschichte § 118. angehängt ist[6], theils selbständig bearbeitet wurde, einmal im zwölften[7], dann im dreizehnten Jahrhundert[8]. Dann die Schilderung des himmlischen Jerusalems in der Vorauer Handschrift[9], eine freie Bearbeitung eines Theils der Apokalypse, und die wegen ihrer eigenthümlichen Form schon oben[10] erwähnte Schilderung des Himmelreichs aus dem zwölften Jahrhundert[11], so wie die dem vierzehnten angehörige Bearbeitung der ganzen Offenbarung Johannis durch Heinrich Hesler[12], ein Gegenstand, der schon im zwölften Jahrhundert von einem niederdeutschen Dichter bearbeitet wurde[13]. Ebenfalls aus diesem Zeitraum ist eine Summa theologiae[14], ein Loblied auf den heiligen Geist, oder besser von der Siebenzahl[15] von demselben Priester Arnolt, von dem wir eine poetische Legende der heil. Juliana besitzen[16], ein nur in Bruchstücken erhaltenes geistliches Lehrgedicht in mittelfränkischem Dia-

Nölle, die Legende von den fünfzehn Zeichen vor dem jüngsten Gerichte, Paul und Braune, Beiträge 6, 413—476.   6) Vgl. § 46, 25. 26.   K. M. Ittameier, die Sage von Nero als dem Antichrist, in der Zeitschr. f. kirchl. Wiss. 1882, Heft 1. 7) Hoffmanns Fundgruben 2, 106—134. Vgl. dazu M. Scheins, ist Hartmann der Alte der Verfasser des Linzer Entecrist? Zeitschrift f. d. Alt. 16, 157—164. 8) Herausgeg. in Haupts Zeitschr. 6, 369; vgl. 2, 9.   9) Diemer, Gedichte des 11. u. 12. Jahrh. S. 361—372; vgl. S. L.   10) § 67, 4. 5.   11) Herausgeg. von Schmeller in Haupts Zeitschrift 8, 145—155.   12) Sie ist noch ungedruckt: einen Auszug gibt Köpke in v. d. Hagens German. 10, 81—102; Bruchstücke verschiedener Handschriften sind mitgetheilt in K. Roths kleinen Beiträgen 1, 32 ff., 9, 191 ff.; in desselben Dichtungen des deutschen Mittelalters S. 1—26 (vgl. S. I—IV); in Pfeiffers altdeutsch. Uebungsbuche, Wien 1865, S. 23—26; in der Germania 11, 70—74. 15, 203—206; in der Alsatia 1868—72, S. 435 ff.; vgl. auch Steffenhagen in Haupts Zeitschr. 13, 514 f. Ueber eine die Metrik behandelnde Stelle seines Gedichts vgl. § 68, 1 gegen Ende. Demselben H. Hesler legt Pfeiffer a. a. O. S. 1 mit gutem Grund auch das Evangelium Nicodemi bei, welches nach dem Pseudoevangelium Nicodemi (in Thilo's codex apocryphus N. T. 1, 487—802 u. in Tischendorfs Evangelia apocrypha S. 203—410) gearbeitet ist. Abdruck der (unvollständigen) Schweriner Hs. mit den Lesarten der übrigen in Pfeiffers altdeutsch. Uebungsbuche S. 1—22, wo auch S. 1 Nachricht über die übrigen Hss. und gedruckten Stellen gegeben ist. K. Amersbach, über die Identität des Verf. des gereimten Evangeliums Nicodemi mit Heinrich Hesler, dem Verf. der gereimten Paraphrase der Apokalypse. Programm des Gymnas. zu Konstanz 1883. 4 Vgl. über den Stoff R. P. Wülcker, das Evangelium Nicodemi in der abendländischen Literatur. Paderborn 1872; über das lat. Evang. Nicodemi oder die Gesta Pilati (bei Tischendorf, evang. apocrypha², S. 333—388) und seine deutschen Bearbeitungen vgl. Schönbach im Anz. f. d. Alt. 2, 151—212.   13) Nur Bruchstücke sind erhalten, von drei verschiedenen Handschriften: die der einen gab Hoffmann in den altd. Blätt. 1, 283 bis 286 heraus, sämmtlich sind sie veröffentlicht durch Massmann in v. d. Hagens Germania 10, 125—184.   14) Bei Diemer S. 93—103 mit der Bezeichnung 'die Schöpfung'; in Müllenhoffs und Scherers Denkmälern Nr. 34 unter obigem Titel, vgl. S. 359 ff. (² 400 ff.).   15) Diemer S. 333—357. Vgl. Bartsch in der Germ. 2⁵, 265 ff.   16) Vgl. § 90, 16.

§ 118 lekte [17], eine Deutung der Messgebräuche [18], und die Litanei aller Heiligen, welche wir in zwei Recensionen besitzen [19], in deren einer ein Heinrich sich als Verfasser nennt [20]. Die Glaubenslehre behandelt Hartmann, wohl ein Geistlicher, in seiner Rede von dem heiligen Glauben [21], seiner Sprache nach im mittleren Deutschland zu Hause [22], die Hauptpunkte des canonischen Rechtes das Gedicht vom Rechte [23], den Sündenfall und die Erlösung das von der Hochzeit [24], die Bruchstücke eines gereimten Bussgebetes [25], die mit einer gereimten Sündenklage [26] sich inhaltlich berühren und zum Theil aus einer gemeinsamen älteren Dichtung schöpfen, endlich das halb erzählende Lehrgedicht von der Weltschöpfung, dem Sündenfall und der Erlösung, das Anegenge genannt [27]. Abwechselnd in Versen und Prosa abgefasst ist das erbauliche Werk die geistlichen Lilien [28], welches sprachliche Hinneigung zum Niederdeutschen, sogar zum Niederländischen verräth. Noch gehört hierher das Gedicht von Sibyllen Weissagung, das in seiner ursprünglichen Gestalt 1321 entstand, und die Königin von Saba (dies ist die Sibylle) dem Salomon die Zukunft von Christi Geburt bis

---

17) Herausgegeben von H. Busch in den Beiträgen zur deutschen Philologie. Halle 1880. 8. S. 279—292.   18) Herausgegeben von Pfeiffer in Haupts Zeitschrift 1, 270—284. Das Gedicht steht mitten in einer Sammlung deutscher Predigten des 12. Jahrhunderts und ist, mit diesen, herausgegeben auch bei Kelle. Speculum ecclesiae S. 144—157.   19) Die eine, in der Strassburger Hs. in Massmanns Gedichten des 12. Jahrh. S. 43—63 (dazu Bech in der German. 22, 41 f.); die andere, in der Grätzer Hs. in Hoffmanns Fundgr. 2, 216—238.   20) In der Grätzer; doch ist der Name wahrscheinlich eingeschwärzt: vgl. W. Grimm, zur Geschichte des Reims S. 40 ff. In diesem Heinrich wollte Diemer, Gedichte S. XXXV, den Verfasser der Gedichte vom gemeinen Leben sehen; dagegen spricht aber die Vergleichung der Reime: W. Grimm a. a. O. S. 42. Vgl. noch F. Vogt, über die Letanie, in Paul und Braune, Beiträge 1, 109—146, und Rödiger, die Litanei und ihr Verhältniss zu den Dichtungen Heinrichs v. Melk, in der Zeitschrift f. d. Alt. 19, 211—346.   21) Sein Werk ist aus der einzigen bekannten (gegen das Ende hin lückenhaften) Hs. herausgeg. von Massmann a. a. O. S. 1—42.   22) Weshalb er nicht der Sohn der österreichischen Klausnerin Ava sein kann, wie Diemer wollte (vgl. § 46, 28), dem Gödeke, Grundriss S. 15, beistimmt. Vgl. K. Reissenberger, über Hartmanns Rede vom Glauben. Dissertation. Leipzig 1871. 9.   23) In Karajans Sprachdenkm. S. 3—16.   24) Bei Karajan S. 19—44.   25) Vgl. § 71, 11.   26) Herausgeg. von Karajan in deutsche Sprachdenkmale des 12. Jahrh. Wien 1846. 8. S. 47—70 unter dem Titel 'vom verlornen Sohne; vgl. dazu Bartsch in der German. 7, 279 ff. Vollständiger hergestellt von Rödiger in der Zeitschrift f. d. Alt. 20, 255—323.   27) Gedruckt in Hahns Gedichten des 12. u. 13. Jahrh. S. 1—40. Vgl. Ed. Schröder, das Anegenge. Eine litterarhist. Untersuchung. Strassburg 1881. 8. Bartsch, zur Kritik des Anegenge, in Paul u. Braune, Beiträge 8, 494—505. Ueber die ähnlich angelegte Dichtung, die Erlösung, vgl. § 96, 42.

28) Auszüge daraus theilte Hoffmann von Fallersleben in der Germania 3, 56 ff. mit.

zum jüngsten Tage weissagen lässt[20]. — Auch das eigentliche § 118 Sittengedicht, das strafende, wie das belehrende, war dem zwölften Jahrhundert nicht mehr fremd. Hier sind besonders hervorzuheben die beiden Dichtungen Heinrichs, eines Adligen, der als Laienbruder in das Kloster Melk trat, das Gedicht von des Todes Erinnerung[30], dessen Eingang[31] auch die Bezeichnung vom gemeinen Leben führt, wahrscheinlich zwischen 1159—1163[32] entstanden; und das Pfaffenleben[33], das uns leider nicht vollständig erhalten ist. Ferner ein geistliches Gedicht von den vier Scheiben (d. h. Rädern), als dessen Verfasser am Schlusse sich ein Pfaffe Wernher bezeichnet[34], seiner Sprache nach vom Niederrhein, vielleicht aus Köln[35], und zu unterscheiden von dem Wilden Mann, der vier in derselben Handschrift stehende Dichtungen, die Legenden von Veronica und Vespasianus, so wie zwei geistliche Lehrgedichte von der Gierheit und christliche Lehre, verfasst hat, und zwar auch dem Niederrhein angehört, aber jünger ist[36]. Wernher von Elmendorf, ein Geistlicher, dichtete eine zum grossen Theil aus Sittensprüchen alter Classiker[37] geschöpfte 'Rede', eine Tugendlehre[38], wozu er die Bibliothek Dietrichs von Elmendorf, Probstes zu Heiligenstadt, benutzte. Endlich mehrere Bruchstücke moralischen und belehrenden Inhalts[39], unter denen eins

---

29) Vgl. über die Dichtung und andere Bearbeitungen des Stoffs F. Vogt in Paul und Braune, Beiträge 4, 48—100.   30) Herausgeg. von Massmann a. a. O. S. 343—357, aber mit Auslassung von 38 Zeilen, die J. Grimm in den Gött. GA. 1838, S. 556 f. (kl. Schr. 5, 284 f.) nachgeliefert hat; dann nebst Abhandlung, worin Heinrich als der Sohn Ava's zu erweisen gesucht wird (vgl § 46, 29), in Diemers kleinen Beiträgen, Theil 3; am besten von R. Heinzel, Heinrich von Melk. Berlin 1867. 8. Vgl. noch Bech in der German. 22, 38 f.   31) Bis V. 450, fast die Hälfte des Ganzen.   32) Er nennt einen Abt Erchenfried, in dem man mit mehr Recht den Melker († 1163) als den Göttweiher († 1130), wie Diemer will, erblickt.   33) Herausgegeben von Haupt in den altd. Blättern 1, 217—238; und bei Heinzel, der es 'Priesterleben' nennt. Dass es ein Werk Heinrichs sei, sprach schon Haupt S. 237 aus. Vgl. über das Gedicht noch Diemer a. a. O. S. 39—67; über die metrische Form vgl. § 71, 12.   34) Herausgeg. von W. Grimm, Wernher vom Niederrhein. Göttingen 1839. 8 ; zugleich mit den gleich zu nennenden Gedichten des Wilden Mannes; vgl. dazu W. Grimm in Haupts Zeitschrift 1, 423 ff.   35) Nach Müllenhoff in Haupts Zeitschr. 12, 358 'ohne Zweifel ein Cölner'.   36) Den Nachweis dieser Unterscheidung führte Pfeiffer in seiner German. 1, 223 ff. Er erklärt beide Dichter für älter als Heinrich v. Veldeke, und gab zugleich viele Textverbesserungen, wie auch C. Hofmann, ebenda 2, 439 f. Andere R. Sprenger in den Beiträgen z. deutsch. Philol. S. 121—146.   37) Er citiert Cicero, Horatius, Ovidius, Seneca u a. Vgl. H. Hoefer, Quellennachweise zu Wernher von Elmendorf, in der Zeitschr. f. d. Alt. 26, 87—96.   38) Herausgeg. (bis auf den fehlenden Schluss) nach einer Handschrift des 14. Jahrh. von Hoffmann in Haupts Zeitschr. 4, 284 ff.; Bruchstücke aus einer ältern Handschr. waren schon früher in den altd. Blättern 2, 207 ff. erschienen.   39) Unter andern das in Massmanns Denkm. 1, 80 ff. abgedruckte, woraus es

§ 118 aus einem poetischen Sendschreiben rührt [40], und also auch diese Dichtart schon dem zwölften Jahrhundert sichert. — Eben so weit reicht auch die Fabel oder das Beispiel zurück, worüber das Nähere weiter unten angegeben werden soll.

§ 119.

Die bedeutendsten und berühmtesten Spruch- und Sittengedichte fallen erst in das dreizehnte Jahrhundert. Unter ihnen stehen durch Inhalt, Form und Behandlungsart in der nächsten Verwandtschaft der wälsche Gast Thomasin von Zerclar[1], gedichtet 1215 bis 1216[2], Freidanks Bescheidenheit, 1229 abgefasst, und der Renner des Hugo von Trimberg, der 1300 vollendet ward, aber noch 1313 Zusätze von dem Dichter selbst erhielt. Thomasin, ein Dienstmann des Patriarchen Wolfger von Aquileja, aus dem edlen Geschlechte der Cerchiari im Friaul[3], also ein Welscher, ein Italiener, daher er sich als 'Gast' auf dem Boden deutscher Dichtung betrachtet, hatte vor seinem grösseren, in zehn Bücher abgetheilten Werke[4] ein welsches Buch über höfisches Leben und höfische Sitten geschrieben, das aber verloren gegangen zu sein scheint[5]. Freidank[6], ein wirklicher, und nicht angenommener Name, hinter dem man keinen geringern als Walther von der Vogelweide er-

zum Theil Wackernagel in sein altdeutsch. Lesebuch[2] 271 ff. ([5] 429 ff) aufgenommen hat.   40) Es gibt Lehren über die Minne und ist bei Docen, Misc. 2, 306 f. abgedruckt; vgl. Lachmann, über den Eingang des Parz. S. 3 (kl. Schriften 1, 482); Haupt, Hartmanns Lieder etc. S. VIII f.

§ 119.   1) Der Name lautet in den Hss. verschieden, Zerclaere, Zerclar, Zirklere etc.; in Rückerts Ausgabe steht die lateinische Form Zirclaria.   2) Nach des Dichters eigener Aussage 28 Jahre nach der Wiedereroberung Jerusalems durch Saladin (1187).   3) Den urkundlichen Nachweis des Geschlechtes lieferte v. Karajan in Haupts Zeitschr. 5, 241 f; jetzt ist auch der Dichter selbst nachgewiesen, durch J. Grion in Zachers Zeitschr. 2, 431 f.; er war Canonicus von Aquileja und starb vor 1238.   4) Kritische Ausgabe des wälschen Gastes durch Rückert. Quedlinb. und Leipzig 1852. S.; vorher waren nur einzelne Stellen daraus gedruckt in Eschenburgs Denkm. S. 121 ff., Lachmanns Walther S. 135 f.; 160 ff., v. Aufsess' Anzeiger 1834, Sp. 260 ff., J. Grimms Reinh. Fuchs S. 383 ff. und Wackernagels altd. Lesebuch. Bruchstücke von Hss. in der Zeitschrift f. d. Alt. 10, 297 ff. 26, 151 ff. Ueber die Hamilton-Hs. vgl. Steinmeyer ebend. 27, 384. Eine ausführliche Analyse des Gedichtes bei Gervinus 1[3], 457 ff. (2[3], 9 ff), der dessen Werth aber wohl zu hoch stellt; vgl. W. Grimm, Götting. G.A. 1835, Nr. 42 (kl. Schr. 2, 457).

5) Die Behauptung Grions, dass 28 Verse davon aufgefunden seien (a. a. O. S. 432), ist ganz aus der Luft gegriffen.   6) Eine vortreffliche Ausgabe mit einer Vorrede über das Verhältniss der Handschriften unter einander, einer sehr lehrreichen Einleitung über den Dichter, seine Zeit, die von ihm verarbeiteten Stoffe und den Gesichtspunkt, von welchem sein Werk aufzufassen ist, den Lesarten der Handschriften und erklärenden Anmerkungen hat W. Grimm geliefert: *Vridankes Bescheidenheit*, Göttingen 1834. S.; 2. Ausg. 1860. S., in der jedoch die Einleitung und

blickt hat[7], — wir wissen nicht, ob ein Bürgerlicher oder Adeliger[8] § 118
nannte sein wenigstens zum Theil in Syrien abgefasstes Werk[9] Bescheidenheit, was in der alten Sprache soviel als Verständigkeit, Einsicht, richtige Beurtheilung der Dinge bedeutet. Das Gedicht war
sehr beliebt und verbreitet, wie die ausserordentlich grosse Zahl von
Handschriften beweist, die in ihrer Anordnung stark von einander
abweichen und von denen wohl keine es in seiner ursprünglichen
Begrenzung und Vollständigkeit enthält[10]. Noch Jahrhunderte nach
ihrer Entstehung wurde die Bescheidenheit in den damit von Sebastian Brant vorgenommenen Bearbeitungen fleissig gelesen[11]. Dass
der Dichter in Italien starb und in Treviso begraben wurde[12], ist
jetzt widerlegt[13]; ebenso wenig begründet ist die Vermuthung, dass

die Anmerk. weggeblieben sind, dagegen der kritische Apparat beträchtlich vermehrt
ist. Vgl. auch Gött. GA. 1835, Nr. 41. 42 (kl. Schr. 2, 449 ff.); Haupts Zeitschr. 4, 399;
Lambel in d. Germ. 10,339 ff.; Sprenger ebend. 21, 419 f., auch K. Janicke, Freidank bei
Hugo von Trimberg, ebenda 2, 418 ff. Abdruck einer Handschrift in Müllers Sammlung, Bd. 2. Ausgaben mit erklär. Anmerk. von H. E. Bezzenberger, Halle 1872. 8.
und von F. Sandvoss, Berlin 1877. 8. Bruchstücke von Hss. in Pfeiffers Quellenmaterial I, 56 ff.; Zachers Zeitschr. 8, 150 ff.; Anz. des germ. Museums 1876, 365 f.
German. 21, 347 f. Ausgabe des deutschen Textes mit der alten lat. Uebersetzung
durch Lemcke, Fridangi discrecio. Stettin 1868. 8. Abdruck der Görlitzer Hs.
(lat. u. deutsch) durch R. Joachim im 50. Bde. des N. Lausitzischen Magazin (1873).
Vgl. noch Schönbach über die Grazer Hs. des lat. deutschen Freidank, in den Mitth.
des hist. Vereins für Steiermark, 23. Heft. Uebersetzung von Simrock, Stuttgart
1867. 8.   7) Die Identität beider Dichter suchte W. Grimm in der Einleitung
seiner Ausgabe (1834) darzuthun, und sie weiter zu begründen in seiner akademischen Abhandlung über Freidank. Berlin 1850. 4.; dazu ein Nachtrag 1851. 4.
Ihm trat W.Wackernagel (im altdeutschen LB. und der Litteratur-Geschichte) bei;
Lachmann hielt die Hypothese für möglich, aber nicht für wahrscheinlich (vgl.
Germ. 12,382); J. Grimm aber glaubte nie daran (vgl. Germ. 11, 122 und Gedichte
auf Friedrich I, S. 8 ff. — kl. Schr. 3, 7 ff.). Eine gründliche Widerlegung der Hypothese gab Pfeiffer, zur deutschen Literaturgesch. Stuttgart 1855. S. S. 37 ff.
(wiederholt in Freie Forschung. Wien 1867. 8.), welche Entgegnungen W. Grimms
(Ueber Freidank. Zweiter Nachtrag. Berlin 1851. 4., und in Haupts Zeitschrift
11, 209 ff. 238 ff.) hervorrief, aber doch in ihrem Hauptresultate als gesichert zu
betrachten ist (vgl. noch Pfeiffer in der Germania 3, 367 f.)   8) Müllenhoff
(zur Geschichte der Nibel. Not S. 14) und Pfeiffer (zur deutschen Litt.-Gesch.
S. 66 ff., und German. 3, 134 ff) erklären ihn für einen Bürgerlichen, wozu stimmt,
dass die Kolmarer Annalen ihn als *Fridancus vagus* bezeichnen; W. Grimm und
andere für einen Adeligen.   9) Er war dahin in dem Kreuzheere Friedrichs II
gekommen.   10) Vgl. Herm. Paul, über die ursprüngliche Anordnung von Freidanks Bescheidenheit. Leipzig 1870. 8. und Wilmanns, in der Zeitschr. f. d. Alt.
28, 73—110.   11) Sie wurde 1508 gedruckt und bis 1583 noch siebenmal aufgelegt; vgl. Eschenburg a. a. O. S. 83 ff.; Eberts bibliograph. Lexicon Nr. 7915; W.
Grimms Ausg. S. X und CVIII; und besonders Zarncke's Ausg. des Narrenschiffs
S. 164 ff.   12) Die Grabschrift steht in Haupts Zeitschrift 1, 30 ff.; 4, 246.
13) Durch J. Grion in Zachers und Höpfners Zeitschr. 2, 172 ff.; der nachwies,
dass der in Treviso begrabene Freidanc zwischen 1384—89 gestorben. Aber des-

§ 119 er mit Bernhard Freidank identisch sei[14] und dass er noch andere Werke als die Bescheidenheit verfasst habe[15]. Hugo von Trimberg[16], in Werna, wahrscheinlich dem heutigen Wernfeld geboren, war ein Laie und zwischen 1260—1309 Magister und Rector der Schulen an dem Collegiatstift der Theuerstadt, einer Vorstadt Bambergs. Er hatte bereits vor dem Renner mehrere deutsche, auch lateinische Bücher geschrieben, von letzteren haben sich zwei, das Registrum multorum auctorum[17] und die Laurea sanctorum[18], ein Heiligenkalender, erhalten[19]; von den deutschen führte eins, im Jahre 1266 abgefasst, den Titel der Sammler und war mit dem Renner von gleichem Inhalt. Den Namen Renner gab der Dichter seinem Werke, wohl nicht, wie es in einer Ueberschrift heisst, 'weil es durch alle Lande rennen sollte', sondern weil er sein Werk einem Rosse vergleicht, das er, der Reiter, nicht im Zügel halten kann. Denn der Mangel an einem festen Plan tritt überall hervor. Der Renner war ebenso wie Freidank im Mittelalter ein viel gelesenes Buch und wurde im sechzehnten Jahrhundert bereits wieder gedruckt[20]. Moralische Lehrgedichte im heutigen Sinne des Wortes darf man sich unter den drei genannten Werken nicht vorstellen. Im Allgemeinen besprechen sie, jedes in eigenthümlicher, mehr oder minder freier Weise, bald einen deutlicher hervortretenden, bald einen versteckter liegenden

---

selben Verfassers Abhandlung Fridanc, ebendas. 2, 405—440 ist voll der gewagtesten und unbegründetsten Hypothesen.   14) Diese Vermuthung suchte Pfeiffer, Ueber Bernhard Freidank, Germania 2, 129 ff. (auch in Pfeiffers Freie Forschung abgedruckt) zu begründen.   15) Wackernagel, Litt.-Gesch. S. 280, (² 357), nahm ein verlorenes Werk Freidanks an, das mit hereinbrechenden Tönen lyrischer Empfindung von der Liebe gehandelt habe; vgl. dagegen Pfeiffer a. a. O. 2, 137 ff. Pfeiffer nimmt in Uebereinstimmung mit W. Grimm an, Freidank habe ein Gedicht von K. Friedrichs I Meerfahrt und Tod gedichtet: a. a. O. S. 144 f. Vgl. jedoch § 97, I.   16) Vgl. über sein Leben und seine Schriften K. Janicke in der Germania 2, 363—377; dazu desselben Aufsatz, Hugos von Trimberg Weltanschauung, ebendaselbst 5, 385—401; auch die In Anm. 6 angeführte Abhandlung von Janicke.   17) Herausg. von Haupt in den Monatsberichten der Berliner Akad. 1854, S. 142—164.   18) Herausgegeben von Grotefend im Anzeiger für Kunde d. d. Vorzeit 1870, Sp. 279 ff. 301 ff.; vgl. dazu Latendorf ebenda 1871, Sp. 65 ff.   19) Vgl. Janicke in der Germania 2, 367 f.   20) Dieser älteste, sehr seltene Druck, worin der ursprüngliche Text sehr erweitert und andrerseits wieder verstümmelt ist, erschien Frankfurt a. M. 1549; aber nicht, wie man früher annahm, unter Betheiligung von Seb. Brant; vgl. Zarncke's Ausgabe des Narrenschiffs S. 168 und besonders S. Schäfer, zur deutschen Literaturgeschichte des 16. Jahrhunderts. Bonn 1874. 8. (Dissertation.) Anstalten zu einer neuen Ausgabe traf schon Lessing. Aber erst neuerlich ist von dem historischen Verein zu Bamberg der Abdruck einer alten Handschrift besorgt worden, Bamberg 1833. 1834. 3 Hefte. 4. In den Vorreden stehen Nachrichten über des Dichters Leben; ausserdem sind die zahlreichen Hss., von denen man Kunde hat, und das, was daraus früher einzeln gedruckt worden (woruber auch zu vergleichen sind Jördens Lexic. 2, 480 ff.; 6, 353 ff. und

Faden verfolgend, der mitunter auch wohl ganz fallen gelassen zu § 119
sein scheint, die Verhältnisse und Erscheinungen des geistigen, sittlichen und leiblichen Lebens in ihrer Vielgestaltigkeit, handeln von
Tugenden und Lastern, von Weisheit und Thorheit, theils die allgemeine Menschennatur, theils die Eigenthümlichkeiten einzelner Völker,
Geschlechter und Stände, oder die grossen öffentlichen Angelegenheiten des Tages dabei berücksichtigend; und knüpfen daran Lehren,
Ermahnungen und Warnungen, die sowohl die Sicherung des Seelen-
heils der Menschen, als die Förderung ihrer irdischen Wohlfahrt und
die Sittigung ihres wechselseitigen Verkehrs bezwecken. Im wälschen Gast ist der Ton des Ganzen mehr trocken moralisierend und
abhandelnd, woher diess Werk in seiner Hauptmasse auch noch am
ersten eine gewisse systematische Anlage und Ausführung zeigt, die
ihm einige Aehnlichkeit mit dem modernen Lehrgedicht verleiht.
Freidanks Bescheidenheit dagegen scheint, so zu sagen, zum
grössten Theil aus der von einem poetischen Geiste gesammelten und
in ihm geläuterten Spruchweisheit des Volkes[21] erwachsen zu sein,
so dass die einzelnen Theile des Gedichts in der Regel nur aus ganzen Reihen ähnlicher und verwandter, mit bewundernswürdiger Geschicklichkeit an einander gefügter Sprichwörter bestehen, die einen
bestimmten Hauptgedanken von verschiedenen Seiten versinnlichen
und eindringlich machen sollen: selbst da, wo der Dichter sich mehr
der eigentlichen Betrachtung oder Schilderung hingibt, behält seine
Darstellung immer den spruchartigen Charakter bei. Der Renner
endlich lässt sich seiner ganzen Anlage nach am füglichsten mit einer
weit ausgesponnenen, bei einzelnen Haupt- und Nebenpartien oft übermässig lange verharrenden und dann wieder in häufigen Abschwei-
fungen sich ergebenden Strafpredigt vergleichen, die gegen das in
Sittenverderbniss aller Art versunkene Zeitalter gerichtet und durch
viele eingewebte, meist gut und natürlich erzählte Fabeln, Geschicht-
chen, Schwänke und Anekdoten[22] belebt ist. In Rücksicht des poetischen Werthes, so wie der Vollendung der äussern Form nimmt
unter allen dreien unstreitig die Bescheidenheit den ersten Platz
ein. — Von andern Lehr- und Sittengedichten des dreizehnten Jahrhunderts verdienen hier noch besonders hervorgehoben zu werden

---

v. d. Hagens Grundriss S. 384 ff.), aufgeführt. Für ein letztes Heft waren Nachweisungen über das Verhältniss der Hss. zu einander, Erörterungen über das Gedicht und dessen Sprache, so wie ein Wörterbuch versprochen, es ist aber nicht
erschienen. Vgl. Wölfel, Untersuchungen über Hugo von Trimberg und seinen Renner,
in der Zeitschr. f. d. Alt. 28, 145—206. Auch von dem Renner gibt Gervinus 2, 115 ff.
(2⁴, 277 ff.) eine ausführliche Analyse.   21) Vgl. W. Grimm, über Freidank S. 17 f.
    22) Vgl. Janicke, die Fabeln und Erzählungen im Renner des Hugo von
Trimberg, im Archiv f. d. Studium der neuern Sprachen 32, 161—176.

§ 119 der **Winsbeke** und die **Winsbekin**, oder wie der echte Name beider Gedichte lautet, **des Vaters Lehre** und **der Mutter Lehre**[23], jenes entweder von einem bairischen Ritter aus dem Geschlechte von Windsbach verfasst, oder die Lehren sind einem dieses Geschlechtes in den Mund gelegt[24], dieses eine etwas jüngere Nachahmung[25], beide Lehren und Ermahnungen enthaltend, die ein ritterlicher Vater seinem Sohne und eine adelige Mutter ihrer Tochter auf den Weg durchs Leben mitgeben. Sie sind strophisch abgefasst und das erste am Anfang des dreizehnten Jahrhunderts[26] entstanden[27]. Durch ihre Einkleidung erinnern sie einerseits an einzelne didaktische Stellen in einigen der berühmtesten Rittergedichte, andrerseits an ähnliche ältere, in fremden Sprachen geschriebene und damals in Deutschland bekannt gewordene Werke, namentlich an die Disciplina clericalis des Petrus Alfonsi und deren französische Bearbeitungen[28]. Beide, besonders aber der **Winsbeke**, gehören zu den schönsten Ueberbleibseln unserer ältern didaktischen Poesie[29]. Verwandten Inhalts sind die Lehren König Tirols von Schotten an seinen Sohn **Friedebrand**[30], die auf ein älteres in derselben strophischen Form verfasstes erzählendes Gedicht zurückweisen, von welchem

---

23) Haupts Ausgabe S. XII.   24) Haupt a. a. O. S. X. XII; Pfeiffer in der Germania 2, 501; Stälin, Wirtemb. Geschichte 2, 765. Vgl. Haupt in seiner Zeitschr. 15, 261.   25) Sie hat nach Wackernagel in den altd. Blättern 2, 129 schwerlich von jeher zum Winsbeken gehört.   26) Vgl. Pfeiffers Ausg. des Wigalois S. XVII; derselbe, zur deutschen Litt.-Gesch. S. 45 f.; W. Grimm, über Freidank S. 11.   27) Zuerst (zugleich mit Tirol und Friedebrand, vgl. Anmerkung 30) herausgegeben (nach der alten Abschrift der Pariser Handschr.) und erläutert in Goldasts Paraenet. veter. 1604 und darnach, mit Zusätzen und Besserungen aus der Urschrift, von Scherz in Schilters Thesaur. II; die blossen Texte (nach der Pariser Handschr. selbst) in MS. 2, 248 ff. Nach der Gothaer Hs. in Benecke's Beitr. 1, 455 ff., wo das erste Gedicht nicht alle Strophen enthält, welche die andern Drucke geben, dafür aber wieder eigene, diesen fehlende liefert; auch ist die Ordnung der Strophen nicht dieselbe. Benecke vermuthet, dass das, was nicht in beiden Recensionen steht, dem ursprünglichen Texte fremd sein dürfte. Die Winsbekin dagegen stimmt hier fast ganz mit den frühern Drucken überein. Nach einer Berliner Handschr. in v. d. Hagens Germania 2, 182 ff.; 240 ff.; vgl. 1, 271 ff. Einen Text beider Gedichte, dem aus den übrigen Hss. das eingefügt ist, was der Pariser mangelt, gibt v. d. Hagen, MS. 1, 364 ff.; vgl. 3, 465 f.; 468 d. (Ueber noch andere Abdrücke des von Bodmer gelieferten Textes mit Erläuterungen und Uebersetzungen s. v. d. Hagens Grundriss S. 370 und dessen MS. 4, 314). Eine kritische Ausgabe lieferte Haupt, der Winsbeke und die Winsbekin, mit Anmerkungen. Leipzig 1845. 8. Vgl. Wilken in der Germania 17, 410—416. Zu dem kritischen Material, welches in dieser Ausgabe benutzt ist, kommt noch die Kolmarer Hs., vgl. Bartsch, Meisterlieder S. 82 f.   28) Vgl. § 87, 10—12 u. Gervinus 1, 402 (1³, 275 f. 2, 331).   29) Vgl. über beide auch W. Grimm, Thierfabeln der Meistersänger, Berlin 1855. 4., S. 19.   30) Mit dem Winsbeken zusammen in Goldasts Ausgabe; in Bodmers MS. 2, 245 ff.; und bei v. d. Hagen, MS. 1, 5 ff. Ausgabe von E. Wilken. Paderborn 1873. 8, wo auch die Reste des ältern Gedichtes.

sich Bruchstücke erhalten haben[31]. Eine grosse Bedeutung haben § 119
die Verdeutschungen der unter dem Namen des Cato[32] bekannten
lateinischen Distichen, von denen die älteste noch der ersten Hälfte
des dreizehnten Jahrhunderts angehört, und die bis ans Ende des
Mittelalters und darüber hinaus sich grosser Beliebtheit erfreuten.
Geringer an Kunstwerth, aber sehr wichtig für die Sittengeschichte
der zweiten Hälfte dieses Jahrhunderts sind Ulrichs von Liechtenstein im Jahre 1257 gedichtetes Frauenbuch[33] und die Gedichte des sogenannten Seifried Helbling, deren schon oben
mehrmals gedacht ist[34], und von denen eines in Gesprächsform, im
Anschluss an ein deutsches Prosawerk des zwölften Jahrhunderts, den
Lucidarius[35], sich den kleinen Lucidarius nennt; ebenso das
nach einer Beziehung in den letztgenannten Gedichten dem Meister
Konrad von Haslau beigelegte Werk, der Jüngling[36], und das
von einem Deutschordensritter aus Süddeutschland[37], einem Alemannen, 1276 oder 1277 nach einem lateinischen Gedichte, Sermones
nulli parcentes, verfasste Buch der Rügen[38].

§ 120.

Die Beispiele[1], die hier besonders in Betracht kommen, sind
entweder wirkliche Thierfabeln, oder kleine weltliche und geistliche,
märchenhafte und allegorische Erzählungen, denen eine bestimmte,
daran in gedrängterer oder umständlicherer Ausführung angeschlos-

31) Herausg. v. J. Grimm in Haupts Zeitschr. 1, 7 ff.; vgl. dazu Bartsch in der
German. 12, 87 f. Pfeiffer, der Dichter des Nibel. S. 14 hält die beiden Räthsel-
lieder von Tirol und Friedebrand für Denkmäler der Spielmannspoesie.   32)
Zarncke, der deutsche Cato bis zur Veränderung durch die Uebersetzung Seb.
Brants. Leipzig 1852. 8. Vgl. über zwei (lateinische) gereimte Uebertragungen
der s. g. Disticha Catonis Zarncke in den Berichten der sächs. Gesellschaft der
Wissensch. 1863. (Separatabdruck 58 S. 8.) Die Bruchstücke eines deutschen
Cato in Zachers Zeitschr. 15, 289 ff. stimmen zu der Recension F bei Zarncke.
33) Herausgeg. von J. Bergmann in den Wien. Jahrbüch. für Litter. 1840 und
1841; besser hinter dem Frauendienst von Lachmann. Vgl. § 58, 1.   34) Vgl.
§ 58, 5. 71, 35. Zur Literatur über dieselben vgl. Lambel in d. German. 17, 359 ff.,
wo über ein von Karajan herausgegebenes Bruchstück einer zweiten Hs. berichtet
ist; O. Jänicke, Beiträge zur Kritik und Erklärung des S. Helbling, in d. Zeitschr.
f. d. Alt. 16, 402—419; E. Martin, ebend. 27, 352 f.; Bech, in der German. 25, 395 ff.;
J. Seemüller, Studien zum kleinen Lucidarius (Seifried Helbling). Wien 1883. 8.
Aus den Wiener Sitzungsber. Bd. 102). 35) Vgl. § 121. 36) Herausg. von Haupt
in seiner Zeitschr. 8, 550—587. 37) Scherer im liter. Centralbl. 1868, Sp. 973
hält ihn für einen Oesterreicher. 38) Herausgeg., mit dem latein. Original,
von Th. G. v. Karajan in Haupts Zeitschr. 2, 6—92. Ueber die Heimath vgl. O.
Jänicke, in der Zeitschr. f. d. Alt. 16, 476 ff. Die auf den Deutschorden bezüglichen
Stellen sind auch in den Scriptores rer. pruss. 2, 167 abgedruckt und erläutert.
§ 120. 1) Vgl. § 115, 3 und Gervinus 1², 493 (2², 313 ff.)

§ 120 sene Moral abgewonnen ist. Von solchen Stücken ist ausser denen, die in grössere Dichtungen, wie in die Kaiserchronik[2], die Rede Wernhers von Elmendorf[3], den wälschen Gast[4], die Bescheidenheit und den Renner eingefügt sind, und denen, welche sich, wie oben bemerkt wurde, bei den lyrischen Dichtern des zwölften und dreizehnten Jahrhunderts finden[5], noch eine beträchtliche Anzahl, entweder vereinzelt oder gesammelt, auf uns gekommen, die theils von bekannten, theils von unbekannten Verfassern herrühren[6]. Unter den ersten nehmen diejenigen, welche dem Stricker zugeschrieben werden müssen, eine vorzügliche Stelle ein[7]. Die Handschriften, worin sich mehr oder weniger Beispiele dieses Dichters beisammen finden, geben sie, meist ohne den Namen des Strickers, mit andern, ihm nicht angehörigen Stücken untermischt[8]. Eine andere, in neuerer Zeit sehr berühmt gewordene, mit dem poetischen Vor- und Nachwort ihres Verfassers uns erhaltene Sammlung von hundert Beispielen ist der Edelstein des Bonerius[9], aus der ersten Hälfte des vierzehnten Jahrhunderts.

---

2) Wo die darin vorkommende Thierfabel zu finden ist, gibt § 94,2 an.   3) Das Beispiel von Xerxes, Z. 153 ff.   4) Eine Fabel daraus bei J. Grimm, Reinh. Fuchs S. 383 ff. und bei Wackernagel, LB. Sp. 505 ff.   5) Vgl. § 115, 4. Besonders abgedruckt aus MS. und erläutert von C. P. Conz ist eine Anzahl dieser Fabeln in Bragur IV, 1, 92 ff.; 2, 131 ff.   6) Eine Sammlung anonymer Beispiele gab in kritischer Bearbeitung heraus Pfeiffer in Haupts Zeitschr. 7, 318—382.   7) Wie verbreitet seine Beispiele in seiner Heimath waren, bezeugt ein Stück in einer gereimten Weltchronik, wahrscheinlich Enenkels Werk: vgl. Bartsch in der German. 8, 46 f. Dass dieselben von dem Dichter unter dem allgemeinen Titel 'die Welt' zusammengestellt worden seien, nahm man früher an: Docen in den altd. Wäldern 2, 1; vgl. dagegen Pfeiffer a. a. O. S. 319.   8) Beispiele des Strickers (vgl. § 94, 61 ff.) und anderer unbekannter Dichter des 13. und 14. Jahrh. (meist eigentliche Fabeln) sind gedruckt in Docens Miscell. 1, 51; 2, 209 ff., der Brüder Grimm altd. Wäldern 2, 1 ff.; 3, 169 ff., v. Lassbergs Liedersaal, J. Grimms Reinh. Fuchs S. 291 ff.; Wackernagels altd. Leseb.; v. d. Hagens Germ. 2, 85 ff.; altd. Blätter 1, 14 f.; 108 ff.; Haupts Zeitschr. 1, 393 ff.; in Hahns kleineren Gedichten von dem Stricker. Quedlinb. u. Leipzig 1839. 8.; in Pfeiffers German. 6, 457 ff.; in Pfeiffers altd. Uebungsbuch S. 27—39, und in Zachers Zeitschr. 4, 315 ff., hier ohne Angabe des Verfassers. Vgl. über Beispiele, welche ausser den bei Hahn gedruckten dem Stricker mit Gewissheit zugeschrieben werden können, Lachmann, Ausw. S. VI, Anm. 2 (kl. Schr. 1, 159); J. Grimm, a. a. O. S. CLXXXI f. und besonders Bartsch, Einleitung zu des Strickers Karl S. XLIX ff.   9) Von einem alten Druck, Bamberg 1461, der 85 Fabeln enthält, sind, so viel bekannt ist, nur zwei Exemplare vorhanden. Aus Hss. sind herausg. von Scherz, in Philosophiae moral. Germ. med. aevi Specim. I bis XI, Strassb. 1704 ff. die ersten 51 Fabeln mit Commentar; durch Breitinger, Fabeln aus den Zeiten der Minnesinger, Zürich 1757. 8. (94 Stück); alle hundert (mit den bemerkenswerthesten Abweichungen der Lesarten und einem guten Wörterbuch) von Benecke, der Edel Stein, Berlin 1816. 8. und von Pfeiffer, Leipzig 1844. 8. In der Sprache erneuert sind auch alle Fabeln beisammen in Boners Edelstein von Eschenburg, Berlin 1810. 8. Weitere literarische Nachweisungen findet man bei v. d. Hagen, Grundriss S. 379 ff. und Jördens, Lexic. 1, 161 ff.; 5, 769 ff.; 6, 282.

Boner, mit dem Vornamen Ulrich, Predigermönch aus Bern in § 120
der Schweiz, zwischen 1324—1349 in Urkunden mehrfach genannt[10],
hat, wie er selbst im Epilog angibt, sein Buch, dessen bei weitem
grösster Theil aus eigentlichen Fabeln besteht, das am Schlusse aber
auch Schwänke aus heimischer Ueberlieferung einmischt, aus dem
Lateinischen ins Deutsche gebracht[11], daneben aber auch, ohne seine
Quelle zu nennen, eine gute Anzahl Sprüche aus Freidank in seine
Fabeln eingefügt[12]. — Von den jüngern ascetischen, symboli-
schen und mystisch-allegorischen Dichtungen[13], die besonders gegen das Ende dieses und während der ersten Hälfte des
folgenden Zeitraums in Aufnahme kamen, verdienen als einige der
merkwürdigsten, noch zwischen der Mitte des dreizehnten und dem
Anfange des vierzehnten Jahrhunderts entstandenen besonders hervorgehoben zu werden Heinrichs von Krolewiz[14], eines meissnischen Geistlichen, Umschreibung des Vater Unser[15], die zwischen
1252 und 1255 gedichtet wurde; die Tochter von Syon des Bruders
Lamprecht von Regensburg, eines Franciscaners, der auf Veranlassung des Provinzialmeisters Gerhard um 1255 diess Gedicht verfasste[16], das eine mit der Zeit immer beliebter werdende und auch

Ueber eine neue Hs. Boners vgl. Vetter in der Germ. 27, 219 f. Ueber Benutzung
Boners in einer Sammlung einer Wernigeroder Hs. vgl. Zacher in s. Zeitschr. 11, 336
bis 343. Ueber Boners Sprache vgl. Gercke, die dialectischen Eigenheiten v. Ulrich
Boner. Northeim 1874. 9. (Progr.) und besonders R. Schoch, über Boners Sprache.
Frauenfeld 1881. 8. (Züricher Dissertation; dazu Schönbach im Anz. f. d. Alt. 9,
182 f.); Schönbach, zur Kritik Boners, Zeitschr. f. d. Philol. 6, 251—290. Vgl. auch
R. Gottschick, über die Zeitfolge in der Abfassung von Boners Fabeln und über
die Anordnung derselben. Halle 1879. 9. Dissertation; vgl. Schönbach im Anz.
f. d. Alt. 7, 29 ff.   10) Vgl. Götting. GA. 1820, S. 717 ff.; Docen in den Wiener
Jahrb. d. Litt. 1821, Bd. 15, Art. 6, und M. v. Stürler, das bernische Geschlecht der
Boner, in der German. 1, 117 ff., wo unentschieden gelassen wird, ob Ulrich oder
der 1272 vorkommende Kuono der Dichter sei; doch vgl. Pfeiffer S. 120, Anmerk.
11) Hauptsächlich benutzte er die Fabeln des Avianus und des Anonymus von
Nevelet; vgl. über die Quellen Lessing (Lachmanns Ausgabe) 10, 349 ff., Docen
a. a. O. und in v. Aretins Beiträgen 1807, S. 1235 ff. Gottschick, über die Quellen
zu Boners Edelstein. Charlottenburg 1875. 4. (Programm) und von demselben über
die Benutzung Avians durch Boner, Zeitschr. f. deutsche Philol. 7, 237—243; und
Quellen zu einigen Fabeln Boners, in derselben Zeitschrift 11, 324—336.
12) Vgl. W. Grimm, in den Götting. GA. 1835, Nr. 41 (kl. Schriften 2, 449).   13)
Vgl. Pfeiffer, Forschung und Kritik 1, 46.   14) d. h. Cröllwitz an der Saale:
vgl. Haupt in s. Zeitschr. 7, 263.   15) Herausgegeben von Lisch. Quedlinburg
und Leipzig 1839. 8.; vgl. dazu R. Bechstein, die Sprache Heinrichs von Krolewiz,
in der German. 8, 355 - 362.   16) Nachrichten darüber und Stellen daraus in
den Heidelb. Jahrbuch. 1816, S. 714 ff.; in Hoffmanns Fundgr. 1, 307—316, und in
Weinholds mittelhochd. Lesebuch, 2. Aufl., Wien 1862, S. 190—196. Herausg. von
Weinhold. Paderborn 1880. 8. Vgl. Bech in Götting. Gel. Anz. 1881, Nr. 15. 16;
Kinzel in der Zeitschr. f. d. Philol. 12, 491 ff.; Strauch im Anz. f. d. Alt. 9, 1 ff. Das
Gedicht gehört zu denen, welche die kurzen Reimpaare in den Abschnitten durch

§ 120 einem gleich betitelten etwas jüngeren Gedichte eines ungenannten Dichters[17] zu Grunde liegende Vorstellung, der Seele Vermählung mit Gott, versinnlicht; Konrads von Würzburg lehrhaftes Lobgedicht auf die Jungfrau Maria, genannt die goldene Schmiede[18], deren schon mehrfach gedacht worden ist[19], worin die Gleichnisse und Attribute der heiligen Jungfrau nach der alten kirchlichen Tradition zusammengestellt sind[20]; Gottes Zukunft[21], ein zwischen Erzählung und Lehrgedicht mitten inne stehendes Werk Heinrichs von der Neuenstadt, eines gelehrten Wiener Arztes, der nach seinem Geburtsort von der Neuenstadt genannt, in den letzten Zehnten des dreizehnten und den ersten des vierzehnten Jahrhunderts lebte[22], und seinem Gedichte den Anticlaudianus des Alanus ab Insulis[23] zu Grunde legte[24]; endlich die Bearbeitungen des lateinischen Schachbuches

eine andere Art der Reimbindung unterbrechen. Lamprecht hat ausserdem um 1240 ein gereimtes Leben des heil. Franciscus verfasst, aus welchem Pfeiffer iu seinem altd. Uebungsbuch S. 60—72 Stücke mitgetheilt hat, und das jetzt ebenfalls von Weinhold veröffentlicht ist. — Ueber den Dichter vgl. Strauch in der Allg. D. Biogr. 17, 561 f.   17) Gedruckt in Graffs Diutisca 3, 3 ff. und bei Merzdorf, der Mönch von Heilsbronn S. 129 ff. (vgl. § 165, 1); kritisch herausgeg. von Schade. Berlin 1849. 8. Uebersetzt von Simrock. Bonn 1551. 8 ; vgl. Hoffmann a. a. O. 316, Anm. und besonders Pfeiffer, deutsche Mystiker 1, S. XLIII.   18) Mit dem Bruchstücke eines strophischen latein. Gedichtes 'aurea fabrica de laudibus virginis gloriosae' in Haupts Zeitschr. 2, 168 ff. hat Konrads Gedicht so gut wie nichts gemein.   19) Vgl. § 71, 9. 113, 34. W. Grimm, in seiner Ausgabe S. XI f. hält das Gedicht für eines der spätesten, das er wohl erst in den Achtzigern des 13. Jahrh. abfasste (dann aber kann der Dichter des jüngern Titurels es nicht gekannt haben; vgl. W. Grimm S. XII f.); Pfeiffer dagegen (German. 12, 26) lässt es in Strassburg entstanden sein, etwa um 1260.   20) Pfeiffer in der Germ. 3, 75 f.   21) Einzelne Stellen gedruckt in v. d. Hagens Grundriss S. 460; Wilken, Gesch. d. Heidelb. Bibliothek S. 467; den Inhalt gibt Gervinus 2, 151 ff. [2. 377 ff.) an. Im Auszuge mit Einleitung, Anmerkungen u. Glossar hrsg. von J. Strobl. Wien 1875. 8 ; vgl. Steinmeyer im Anz. f. d. Alt. 1, 15 ff.   22) Vgl. F. Wolf in den Wien. Jahrbüch. 56 (1831), 257 und Hoffmann, Verzeichn. d. Wiener Has. S. 149 f.   23) Lebte im 12. Jahrhundert. Vgl. O. Leist, der Anticlaudianus. Seehausen 1576 ff. 4. (Programme.)   24) Ausserdem hat Heinrich, auch nach einem lateinischen Buche, die aus Griechenland stammende, in Deutschland aber schon früher (schon Lamprechts Alexander bezieht sich darauf) bekannt gewordene Sage von Apollonius von Tyrland oder Tyrus gedichtet. Aus dieser sehr weitschichtigen Erzählung waren früher nur einzelne Stellen gedruckt (vgl. v. d. Hagen a. a. O. S. 206; Massmanns Denkm. 1, 10; Hoffmann a. a. O. und Grässe, Sagenkreise S. 459); im Auszuge herausgegeben von Strobl (Anm. 21). Vgl. noch Pudmensky, Shakespeare's Perikles und der Apollonius des Heinrich v. Neustadt. Programm. Detmold 1884. Eine jüngere Prosabearbeitung ist herausgegeben von C. Schröder in den Mittheilungen der deutschen Gesellschaft in Leipzig. 5. Bd. (1873.) 8. Der lateinische Roman: Historia Apollonii regis Tyri. Rec. A. Riese. Leipzig 1571. 8.; vgl. dazu W. Teuffel im Rhein. Museum für Philologie 27, 103 ff.; Riese, ebend. 27, 624 ff.; W. Meyer, über den latein. Text der Geschichte des Apollonius von Tyrus, in den Sitzungsberichten der Münchener Akademie 1872, 13. Januar.

von Jacobus de Cessolis[25], in welchem das Schachspiel allegorisch § 120 auf alle Lebensverhältnisse und Stände gedeutet wird. Die älteste deutsche Bearbeitung ist die von Heinrich von Beringen[26], einem Alemannen, der wohl noch am Ende des dreizehnten Jahrhunderts lebte und von dem wir auch ein paar lyrische Gedichte besitzen[27]; der Zeit nach folgt Konrads von Ammenbusen, eines Mönchs und Leutpriesters zu Stein am Rhein, 1337 gedichtetes Schachzabelbuch[28], der Dichter, urkundlich 1328 nachgewiesen[29], nennt seinen Namen in einem quodlibetischen Akrostichon am Schlusse des Gedichtes[30]. Eine mitteldeutsche Bearbeitung verfasste 1355 ein ungenannter Pfarrer vom Hechte[31]; nur wenig jünger ist das niederdeutsche Gedicht von Meister Stephan, das derselbe auf Veranlassung des Bischofs Johann v. Dorpat (1357—1376) verfasste[32]. — Zum Schlusse sei hier auch noch der in kurzen Reimpaaren abgefassten Liebesbriefe oder Büchlein gedacht, die bisweilen sehr ausführlich und sinnreich die Angelegenheiten des Herzens besprechen. Die ältesten, die wir von namhaften Dichtern besitzen, sind von Hartmann von Aue[33] und von Ulrich von Liechten-

Vgl. auch Ph. Thielmann, üb. Sprache u. Kritik des lat. Apolloniusromanes. Speier 1651. 8. (Programm.) Eine metrische lat. Bearbeitung hat E. Dümmler herausgeg. (Berlin 1877. 4.). — Ueber den Stoff vgl. M. Haupt, über die Erzählung von Apollonius von Tyrus. In seinen opuscula III. 1 (Lips. 1877. 6.) und H. Hagen, der Roman von König Apollonius von Tyrland in seinen verschiedenen Bearbeitungen. Berlin 1878. 8. 25) Das Werk, in zahlreichen Handschriften und Drucken erhalten, ist neuerdings wieder von E. Köpke (Mittheilungen aus den Hss. der Ritterakademie zu Brandenburg. II. 1879. 4.) herausgegeben worden. 26) Herausgegeben von P. Zimmermann als 166. Publicat. des litter. Vereins. Tübingen 1883. 8. Vgl. dessen Dissertation, das Schachgedicht H.'s v. B. Wolfenbüttel 1675. 8. 27) Herausgegeben von F. Pfeiffer in Schreibers Taschenbuch für Gesch. u. Alterth. in Süddeutschland 1844. S. 312 ff. und im Anhang bei Zimmermann. Ein Gedicht in Reimpaaren, 'Abfertigung', hat Haupt in seiner Zeitschr. 10, 270 ff. mitgetheilt (wiederholt bei Zimmermann). Dass dieser 'von Beringen' mit dem Verf. des Schachgedichtes identisch, hat Zimmermann, Dissertation S. 44 ff. wahrscheinlich gemacht. 28) Im Auszuge mitgetheilt durch Wackernagel in Kurz' u. Weissenbachs Beiträgen z. Gesch. u. Liter. 1. Bd., Aarau 1846. 8. (= kl. Schr. 1, 107 ff.) Weitere Mittheil. durch F. Vetter. Aarau 1877. 4. Es wurde schon 1483 zu Strassburg gedruckt. 29) Vgl. Vetter in d. Germ. 27, 220 f. 30) Vgl. Wackernagel a. a. O. S. 48 ff. 31) Hrsg. von Ed. Sievers, in Haupts Zeitschr. 17, 161—369. 32) Es existiert nur in einem alten Drucke von 1498: vgl. Gödeke's Grundriss S. 1157. Herausgeg. (von Schlüter und Zimmermann) in den Verhandlungen der Gelehrten Estnischen Gesellschaft, Bd. 11. Dorpat 1883. 8. Vgl. F. Amelung, Meister Stephan von Dorpat und sein Schachgedicht, in den Berichten der estnischen Gesellschaft zu Dorpat 1883 33) Vgl. § 94. Beide Büchlein befinden sich in Haupts Ausgabe von Hartmanns Liedern etc. und in Bechs Ausgabe von Hartmanns Werken, Bd. 2. Der Leich, womit das erste schliesst, ist gesungen worden; s. § 71, 35. Vgl. noch Paul in seinen Beiträgen 1, 205 ff. Das zweite, namenlos überliefert, ist nicht mit voller Sicherheit Hartmann, dem es

§ 120 stein[34]; die jüngern, die zeither bekannt worden sind[35], rühren zumeist erst aus dem vierzehnten und fünfzehnten Jahrhundert her.

C. Prosa.

§ 121.

In welchem allgemeinen Verhältniss die deutsche Prosa während dieses Zeitraums zu der Poesie stand, ist bereits oben (§ 52) angedeutet worden. Was von prosaischen Schriften, entweder vollständig oder bruchstücksweise aufgefunden und bekannt gemacht ist, besteht hauptsächlich theils in Werken von geistlichem oder dem verwandten Inhalt, theils in Aufzeichnungen und Sammlungen von Rechtsformeln, Rechtsgewohnheiten, Gesetzen und Urkunden. Andere Gattungen ungebundener Darstellung tauchen daneben erst in einzelnen Anfängen auf. — a) Die Denkmäler der ersten Klasse sind vornehmlich übersetzte und erläuterte Psalmen, die sogenannten Windberger Psalmen[1], eine in bedeutenden Bruchstücken erhaltene Evangelienübersetzung[2], die wahrscheinlich alle vier Evangelien umfasste und auf einer älteren Grundlage beruht[3], die Uebertragung einer religiös-moralischen Abhandlung, nämlich von Nortperts († 1134) Tractatus de virtutibus[4], die um die Mitte des zwölften Jahrhunderts entstanden sein mag und sich durch Reinheit der Sprache und eine freie Weise des Uebersetzens auszeichnet; ferner des sogenannten Lucidarius, einer Weltbeschreibung, an welche eine Glaubenslehre geknüpft ist, in dialogischer Form und aus dem zwölften Jahrhundert[5], dem auch noch die älteste bekannte deutsche Bear-

---

Haupt zuerkennt, beizulegen; vgl. Bech 2, S. 107 f. R. Bechstein (Tristan S. XXXV) vermuthet darin eine Jugendarbeit Gottfrieds. Vgl. dagegen Wilmanns in Haupts Zeitschr. 14, 153 ff. O. Jacob, das 2. Büchlein ein Hartmannisches. Naumburg 1879. S. (Leipziger Dissertation; vgl. Literaturblatt 1881, Nr. 7). 34) Vgl. § 97, 5. Auch von dem dritten dieser Büchlein war der lyrische Schluss bestimmt, gesungen zu werden; vgl. § 71, 15 die darauf bezüglichen Citate. Rödiger in der Zeitschr. f. d. Alt. 22, 390 ff. 35) S. die Nachweisungen bei Haupt a. a. O. S. VIII und Sechs Briefe und ein Leich, herausgeg. von L. Ettmüller, Zürich 1843. 8.

§ 121. 1) Vgl. § 50, 19 und Wackernagel, LB. 249 ff. (² 481 ff), wo die Windberger Psalmen erst in die zweite Hälfte des 12. Jahrh. gesetzt sind; vgl. Graffs Ausg. S. VI. Eine jüngere Psalmenübersetzung sind die in Schlesien entstandenen Trebnitzer Psalmen, herausg. von P. Pietsch. Breslau 1881. S. Vgl. Kochendörffer im Anz. f. d. Alt. 8, 234 ff.; Bech im Literaturblatt 1881, Nr. 9. 2) Sie sind bereits oben (§ 50, 8) gelegentlich der althochdeutschen Fragmente des Matthäus-Evangeliums erwähnt worden. 3) Vgl. J. Haupt a. a. O. S. 441 ff. 4) Die bisher aufgefundenen Abschnitte sind gedruckt in Graffs Diut. 1, 281 ff. Vgl. dazu Scherer in der Zeitschr. f. d. Alt. 21, 114. 5) Ueber das lateinische Buch und andere Bearbeitungen oder Nachbildungen desselben s. Wackernagel, Basel. Hss. S. 19 ff.; Hoffmanns Fundgr. 2, 103, Anm. 6 und v. Karajan in den altdeutsch. Blatt. 2, 5 f.

beitung zufällt"; endlich Gebete, Homilien, Predigten und andere er- § 121
bauliche Schriften⁷. Indem sie alle zunächst von der ältesten deutschen Prosa zu der dieser mittlern Zeiten herüberleiten, zeigen sie
das allmählige Losringen von früherer Gebundenheit und Unselbständigkeit der prosaischen Darstellungsweise zu ihrer ersten lebensvollen
und freien Bewegung. Zumal gilt diess von den l're digten⁸. Während die ältern Homilien aus dem zwölften und dem ersten Drittel
des dreizehnten Jahrhunderts noch zum grössten Theil, wenn auch
nicht als eigentliche Uebersetzungen, doch als Nachbildungen lateinischer Muster aus den frühern Zeiten der Kirche angesehen werden

---

6) Bruchstücke derselben sind in Mone's Anzeiger 1834, Sp. 311 ff. gedruckt.
Sie ist in zahlreichen Handschriften und alten Drucken erhalten. Die gereimte
Vorrede ist von C. Schröder nach einer Berliner Hs. in der Germania 17, 408 f.
mitgetheilt. Der Eingang nennt als Veranlasser einen Herzog Heinrich von Braunschweig, unter welchem wahrscheinlich Heinrich der Löwe zu verstehen ist.
7) Zu den erbaulichen Schriften gehört ein in nicht ungewandter Rede abgefasstes ascetisches Werk des 13. Jahrhunderts, die Fittiche der Seele, wovon
Bruchstücke in den altd. Blätt. 1, 353 ff. stehen. Vgl. auch die geistlichen Lilien
§ 118, 28. 8) Homilien, Predigten und Gebete aus dem 12. Jahrh. sind zum
Theil bruchstückweise, zum Theil ganz abgedruckt in Graffs Diut. 2, 277 ff.; 285 ff;
380 ff.; die an der letzten Stelle stehenden Bruchstücke vollständiger bei Hoffmann, Fundgr. 1, 66 ff., wo dann noch andere aus demselben Jahrhundert folgen.
Anderes in Wackernagels LB.; in Haupts Zeitschr. 1, 255 ff. und in Pfeiffers Germania 1, 441 ff.; 10, 464 ff. — Eine Sammlung von deutschen Predigten des 12. Jahrh.
gab Kelle unter dem Titel Speculum ecclesiae altdeutsch. München 1858. 8. heraus;
dazu Bech in der German. 4, 494 ff. Collation der IIs. in der Zeitschrift f. d.
Alt. 24, 87 ff. Den Zusammenhang zwischen diesen Predigten und den in der Germania 1, 441 ff. veröffentlichten Bruchstücken wies Bartsch nach, German. 5, 456 ff.;
es ergibt sich, dass beide Sammlungen aus einer ältern aus der ersten Hälfte des
12. Jahrhunderts flossen; vgl. auch Pfeiffer, über Wesen und Bildung der höfischen
Sprache S. 13. Andere Predigtsammlungen sind die von W. Wackernagel, Altd.
Predigten und Gebete aus Handschriften gesammelt. Mit Abhandl. und einem
Anhange. Basel 1876. 8. (vgl. Steinmeyer im Anz. f. d. Alt. 2, 215–234; Schönbach
in Zachers Zeitschr. 7, 466–479); Altd. Predigten aus dem Benedictinerstifte St.
Paul, hrsg. von A. Jeitteles. Innsbruck 1878. 8.; vgl. Schönbach im Anzeiger f. d.
Alt. 5, 1–40; dagegen Jeitteles: die St. Pauler Predigten und Herr A. Schönbach.
Innsbruck 1881. 8. (Beilage zu German. Bd. 26.); auch Bech in Zachers Zeitschr. 10,
238 ff.; Kummer, ebend. 11, 244 ff.; R. Sprenger, in der German. 24, 418 f. 26, 105.
Von besonderem Interesse sind für das ausgehende 12. Jahrh. die Predigten des
Priesters Konrad; vgl. J. Schmidt, Priester Konrads deutsches Predigtbuch.
Wien 1879. 8. — Predigten aus dem 12. 13. und 14. Jahrhundert auch entweder
ganz oder stellenweise bei Hoffmann a. a. O. 1, 70 ff. (sie sind von einem Geistlichen
zum Muster für andere geschrieben und wahrscheinlich auch wirklich gehalten
worden, Lachmann, über Singen und Sagen S. 1 f. — kl. Schriften 1, 461 f.), bei H.
Leyser (deutsche Predigten des 13. und 14. Jahr. Quedlinb. u. Leipzig 1838. 8.),
K. Roth (deutsche Predigten des 12. und 13. Jahr. Quedlinb. u. Leipzig 1839. 8.),
in den altd. Blätt. 2, 32 ff.; 159 f.; 167 ff.; 376 ff., bei Grieshaber (Aeltere noch ungedruckte deutsche Sprachdenkmale religiösen Inhalts, Rastatt 1842. 8. und deutsche Predigten des 13. Jahrh. herausg. 2 Abtheilungen. Stuttg. 1844–46; Mitthei-

§ 121 dürfen, hebt gegen die Mitte des dreizehnten Jahrhunderts eine freiere und volksmässigere Art deutscher Predigten an, die wohl vorzüglich von den Predigermönchen, welche sich seit ihrer Festsetzung in Deutschland mit regem Eifer der religiösen Bildung des Volks annahmen, ausgegangen ist[9]. Aus ihrer Mitte giengen auch die besten geistlichen Volksredner hervor, wie die Minoriten B r u d e r D a v i d und dessen Schüler, B r u d e r B e r t h o l d, der berühmteste von allen. Bruder David[10], genannt Teutonicus, zwischen 1210 und 1220 geboren, lehrte zuerst in Regensburg, und seit 1243 in Augsburg[11], wo er dem Orden der Minoriten angehörte und als Novizenmeister am 15. November 1271 starb. Ausser seinen zahlreichen lateinischen Schriften[12] hat er auch verschiedene geistliche Tractate in deutscher Sprache verfasst[13]. B e r t h o l d[14], wahrscheinlich in Regensburg ge-

lungen aus andern Hss. derselben Predigtsammlung durch Weigand in Haupts Zeitschr. 6, 393 ff. und durch Wackernagel ebenda 7, 139 ff.; als Verfasser betrachtet Wackernagel, Litter. Gesch. S. 324, einen J o h a n n e s F r e u n d, und räumt ihm unter den geistlichen Rednern des 13. Jahrh. einen ehrenvollen Platz ein; nach Pfeiffer, German. 1, 453, ist Freund, oder vielmehr Freyndel, nur der Schreiber der Predigten) in Mone's Anzeiger (wo Predigten theils namhafter Verfasser, theils namenlos an verschiedenen Orten abgedruckt sind), in der Zeitschr. f. d. Alt. 2, 227 ff. 16, 281 ff. 19, 181—209. 20, 217—250. 22, 235 ff. 23, 345 ff. 399 ff. 24, 129 ff. 25, 298 ff. 27, 305 ff. 28, 1—20.; in Pfeiffers altd. Uebungsbuche S. 179 ff.; 182 ff.; in der Germania 17, 335 ff.; in der Zeitschrift f. d. Philologie 11, 420 ff. 15, 257 ff.; in Birlingers Alemannia 1, 60 ff. 186 ff. 225 ff. 2, 1 ff. 101 ff. 197 ff. 9, 259 f.; in den Mittheilungen aus altd. Handschriften von Schönbach, 2. Stück. Wien 1879. 8. (Aus den Sitzungsber. d. Akad.) und im Anz. f. d. Alt. 9, 144 ff. — Predigtentwürfe aus dem Anfang des 12. Jahrhs. sind mitgetheilt von J. M. Wagner in Haupts Zeitschrift 15, 439 ff. (Nachtrag 16, 466); aus dem 13. Jahrh. von Diemer in der German. 3, 360 ff. (Collation der Hs. in der Zeitschr. f. d. Alt. 24, 87 ff.). — Ueber die Geschichte der deutschen Predigt vgl. die Einleitung zu Wackernagels Sammlung; ferner J. Marbach, Geschichte der deutschen Predigt vor Luther. Berlin 1873. 8. R. Cruel, Geschichte der deutschen Predigt im Mittelalter. Detmold 1879. 8. (vgl. Ed. Schröder im Anzeig. f. d. Alt. 7, 172 ff.).   9) Vgl. hierzu Leysers Einleitung zu den von ihm herausgegebenen Predigten, und Pfeiffer, Deutsche Mystiker 1, S. IX f.   10) Vgl. über sein Leben Pfeiffer, Deutsche Mystiker 1, S. XXVI bis XLIII.   11) Dass Augsburg sein Geburtsort gewesen, wurde, wie Pfeiffer nachwies, ohne Grund angenommen; mehr Ansprüche darauf hat Regensburg. 12) Vgl. Pfeiffer a. a. O. S. XXX f.   13) Im 1. Bande von Pfeiffers Mystikern sind deren acht veröffentlicht; doch ist der vorletzte nach S. XXXV der Einleitung wahrscheinlich als David nicht gehörig auszuscheiden. Ein anderer ist von Pfeiffer mitgetheilt und nebst einem noch unbekannten lateinischen besprochen in Haupts Zeitschr. 9, 1—67, wo auch wahrscheinlich zu machen gesucht wird, dass David der Verfasser des Schwabenspiegels sei. Dieser Ansicht schloss sich Wackernagel, LB.[4] 723 ff. (vgl. Litt. Gesch. S. 327) im wesentlichen an, nahm dies jedoch in dem Vorwort S. VI zurück: vgl. Anm. 29. Früher waren von David gedruckt eine wörtliche Uebertragung einer seiner Predigten (durch Herm. Kurz) im Morgenblatt 1843, Nr. 307—309; eine geistliche Lehre oder Abhandlung in Klings Ausg. von Bertholds Predigten S. 98 ff.; zwei andere Stücke in der d. Litteraturgesch. etc. von G. Scholl und F. Scholl, 1, 297 ff.   14) Dass er mit seinem Familiennamen

boren[15], jedenfalls dort erzogen und gebildet, und Bruder des Ordens- § 121
hauses daselbst, trat zuerst 1250 in weiteren Kreisen als Prediger
auf, und zwar zunächst in Niederbaiern, dann am Rhein, im Elsass
und in der Schweiz, und wirkte in diesen verschiedenen Gegenden
bis 1259, um welche Zeit er sich nach Osten, nach Oesterreich,
Mähren, Böhmen und Schlesien wandte (1261 und 1262); die letzte
Zeit seines Lebens beschränkte er seine Wirksamkeit auf Baiern, und
starb in Regensburg am 13. December 1272, wo er in der Minoriten-
kirche begraben wurde. Seinen grossen Ruhm, der ihn noch lange
überlebte, bezeugen zahlreiche Erwähnungen seiner und der Wirkungen, die er hervorbrachte, bei gleichzeitigen Schriftstellern[16]. Oft
predigte er vor vielen Tausenden auf freiem Felde, von Bäumen
herab; eine alte Nachricht[17] nennt ihn daher mit Recht den Land-
prediger. Seine Predigten[18] wurden wahrscheinlich nicht von ihm
selbst, sondern von einem seiner Zuhörer aufgeschrieben; sie sind

Lech geheissen, ist ein von Pfeiffer, in seiner Ausgabe Bertholds S. VIII, wider-
legter Irrthum. Ueber sein Leben und Wirken vgl. J. Grimms treffliche Recension
von Klings Ausg. In den Wiener Jahrb. d. Litt. 1825, Bd. 32, 194—257 (wiederholt
in den kl. Schriften 4, 296 ff.); Wackernagel, Verdienste der Schweizer S. 14 ff.;
K. Schmidt, Berthold von Regensburg, in den Theologischen Studien und Kritiken 1864, S. 1—82; B. Greiff, Berthold von Regensburg in seiner Wirksamkeit
in Augsburg. (Programm) Augsburg 1865. 4.; Johann Schmidt, über Berthold von
Regensburg. (Programm) Wien 1871. 8.; Ahlfeld, Bruder Berthold von Regensburg. Halle 1874. 8. Ch. W. Stromberger, Berthold von Regensburg, der grösste
Volksredner des deutschen Mittelalters. Gütersloh 1877. 8.; Unkel, Berthold von
Regensburg. Cöln 1882. 8. (2. Vereinsschrift der Görres-Gesellschaft; vgl. Schönbach im Anzeiger für d. Alterthum 10, 31 ff.) und besonders Pfeiffers Einleitung
zu seiner Ausgabe. 15) Wackernagel a. a. O. S. 14. 35. 36 nahm irrthümlich
Winterthur als Geburtsort an, berichtigte diese Annahme aber Litt. Gesch. S. 324;
vgl. Pfeiffer a. a. O. S. X. 16) Die alten Zeugnisse über sein Leben und Wirken
sind gesammelt bei Pfeiffer S. XX—XXXII; dazu vgl. C. Hofmann in den Münch.
Sitzungsber. 1867, II, 374—394 und denselben ebenda 1868, II, 101 ff.; Rehorn, die
Chronistenberichte über Bruder Bertholds Leben, in der Germania 26, 316—338.
Das Gedicht Frauenlobs über ihn s. in v. d. Hagens MS. 3, 356; in Ettmüllers Aus-
gabe S. 42 f., und bei Pfeiffer S. XXX f. 17) In Haupts Zeitschr. 4, 575.
18) Elf seiner Predigten mit Auszügen aus den übrigen, welche die benutzte
Heidelberg. Hs. enthält, hat Ch. F. Kling, Berlin 1824. 8. herausgeg.(vorher schon
Proben in Neanders Denkwürdigkeiten etc. 2, 303 ff.); aus derselben Hs. ein Stück
einer Predigt, von der Kling S. 310 ff. nur den Inhalt mittheilt, bei Scholl a. a. O.
Sp. 311 ff.; aus andern Hss. ist Einzelnes gedruckt in v. d. Hagens German. 2, 313
und in den altd. Blätt. 2, 120. Eine vollständige kritische Ausgabe seiner sämmtlichen deutschen Predigten verdanken wir Franz Pfeiffer; der 1. Bd., die Predigten
der Heidelberger Hs. 24 und die Einleitung enthaltend, erschien Wien 1862. 8.; der
zweite, die übrigen Predigten und Lesarten, ist aus Pfeiffers Nachlass von J.
Strobl (Wien 1880) herausgegeben. Vgl. Bartsch in Gött. Gel. Anzeigen 1851, Nr. 5
und 6; Schönbach im Anz. f. d. Alt. 7, 337 ff.; vgl. noch German. 26, 351 f. In einer
seiner Predigten ist auch schon ein Predigtmärlein enthalten, welches Pfeiffer,
German. 3, 407 f., mitgetheilt hat.

§ 121 uns nebst einer Anzahl lateinischer Predigten [19] von ihm in mehreren, aber nicht sehr alten Handschriften [20] aufbewahrt. Seine und Davids Predigten gehören zu dem Besten, was die altdeutsche Prosa-Literatur aufzuweisen hat. Nach ihnen sank die geistliche Beredsamkeit wieder von der Höhe herab, zu der sie besonders Berthold erhoben hatte [21], bis sie durch M e i s t e r E c k h a r t [22] und seine Schüler und Nachfolger im vierzehnten Jahrhundert einen neuen Schwung erhielt. — b) Unter den Rechtsverhältnisse betreffenden Denkmälern, deren gegen das Ende dieses Zeitraums immer häufiger werdende Abfassung die Ausbildung der deutschen Prosa von einer andern, aber auch, wie die Predigt, den nächsten Interessen des Volkslebens zugekehrten Seite förderte, fallen einige kleinere, wie das s c h w ä-b i s c h e V e r l ö b n i s s und der E r f u r t e r J u d e n e i d [23], die durch Inhalt und Form gleich merkwürdig sind, noch in das zwölfte Jahrhundert. Aus dem dreizehnten sind die bedeutendsten und wichtigsten die beiden grossen, unter den Namen S a c h s e n s p i e g e l [24] und S c h w a b e n s p i e g e l [25] bekannten Rechtsbücher [26]: das erste von dem sächsischen Ritter E i k e oder E c k o v o n R e p g o w zwischen 1224 und 1235 in niederdeutscher Mundart aus den im nördlichen Deutschland gültigen Gesetzen und Rechtsgewohnheiten zusammen-

---

19) Vgl. Leysera. a. O. S.XVII. J. Strobl, über eine Sammlung latein. Predigten Bertholds von Regensburg. Wien 1877. 8. (Aus den Sitzungsb. d. Akad.); G. Jakob, die lat. Reden des sel. Berthold von Regensburg. Regensburg 1880. 8. (vgl. Schönbach im Anz. f. d. Alt. 7, 355—401); Bertholdi a Ratisbona Sermones ad religiosos XX ed. Hoetzl. Augsburg 1882. kl. Fol. (vgl. Schönbach im Anzeig. f. d. Alt. 10, 31 ff.) Ueber eine Hs. seiner lat. Predigten in Sevilla vgl. Denifle in der Zeitschrift f. d. Alt. 27, 303 f. 20) Vgl. Leyser S. XVI f.; altd. Blätter 2, 161 ff. und Strobl in dem 2. Bde. der Pfeifferschen Ausgabe. Bruchstücke einer Hs. in Zachers Zeitschrift 12, 129 ff. vgl. 183 ff. 21) Ueber einige Prediger aus dem Anfange des 14. Jahrh. und ihre Reden vgl. Leyser a. a. O. S. XVIII und altd. Blätt. 2, 163 ff.

22) Er starb wahrscheinlich 1329 und gehört also noch in diesen Zeitraum; ich halte es aber für angemessener, ihn von den Mystikern des folgenden nicht zu trennen; vgl. § 171. 23) Beide Stücke sind zu finden bei Wackernagel, LB. 189 und 303 (3. Ausgabe 365 und 493) und bei Müllenhoff und Scherer, Denkmäler Nr. 99 und 100; vgl. German. 26, 376. 24) Die neueste kritische Ausgabe vom Sachsenspiegel (und den verwandten Rechtsbüchern) hat Homeyer, Berlin 1835—1844, 3 Bde. 8.; 3. Ausg. 1861, geliefert. 25) Kritische Ausgabe des Schwabenspiegels (aber nur das Landrecht in ältester Gestalt) von W. Wackernagel. Zürich u. Frauenfeld 1840. gr. 8.; zugleich mit dem Lehnrecht von Frh. von Lassberg. Tübingen 1840. gr. 8.; das Landrecht auch von Gengler. Erlangen 1853. 12. 26) Im Allgemeinen verweise ich über diese, so wie über die übrigen Rechtsbücher und ihre Literatur auf Eichhorns deutsche Staats- und Rechtsgeschichte, Thl. 2, § 277 ff.; Homeyer, die deutschen Rechtsbücher des Mittelalters. 2. Aufl. Berlin 1856. 8.; Stobbe, Geschichte der deutschen Rechtsquellen. Braunschweig 1864. 8. und Zöpfl, deutsche Rechtsgeschichte. 4. Aufl. 1. Band. Braunschweig 1871. 8.

gestellt [27], dann auch ins Oberdeutsche umgeschrieben [28] und in bei- § 121
den Gestalten vielfach überarbeitet, abgeändert und durch Zusätze
erweitert; das andere nach dem noch unerweiterten Sachsenspiegel,
als seiner Hauptgrundlage, und mit Benutzung anderer, fremder und
heimischer Quellen, höchst wahrscheinlich von keinem andern als
Bruder Berthold [29] zwischen 1256 und 1268 abgefasst [30], aber auch
allmählig immer mehr durch Umbildungen und Einschaltungen um
seine Urgestalt gebracht. Das vermittelnde Glied zwischen beiden bildet der erst neuerdings aufgefundene Spiegel deutscher Leute [31],
der nach 1235 verfasst sein muss, da er bereits den Mainzer Land-
frieden kennt [31]. Neben und nach diesen Gesetzbüchern werden dann
viele einzelne Land- und Stadtrechte [33], so wie die sogenannten
Weisthümer [34] noch im Laufe des dreizehnten Jahrhunderts und
in der ersten Hälfte des folgenden aufgezeichnet. Auch wird es gegen
das Ende dieser Zeit immer üblicher, sich in Urkunden statt der
lateinischen Sprache der deutschen zu bedienen [35]. — c) Dass die An-

---

27) Vgl. Ficker, über die Entstehungsart des Sachsenspiegels und die Ableitung des Schwabenspiegels aus dem Deutschspiegel. Innsbruck 1859. 8. (dazu
II. Siegel in der Germania 4, 251 ff.); ferner F. Winter, Eike von Repgow und
der Sachsenspiegel, in den Forschungen zur deutschen Geschichte 16, 380 ff. R.
Schröder, Bemerkungen zu der Persönlichkeit des Eike von Repkow in der Zeitschrift der Savigny-Stiftung f. Rechtsgesch. 1, 247 ff. (über Eike's Bekanntschaft
mit der mhd. Poesie.) Böhlau, die Anfänge der Rechtswissenschaft I: in der krit.
Vierteljahrsschrift f. Gesetzgebung. N. F. IV, 525 ff.   28) Nach einer mitteldeutschen (der Leipziger) Hs. hrsg. von J. Weiske. Leipzig 1840. kl. 8.; 4.—6. Aufl.
bearbeitet von R. Hildebrand. Leipzig 1870—82.   29) Vgl. Laband, über den
Verfasser und die Handschriftengenealogie des Schwabenspiegels. Heidelberg 1861.
8. Rockinger, in den Sitzungsber. d. Münch. Akad. 1867, S. 408 ff. J. Strobl, Berthold von Regensburg und der Schwabenspiegel. Wien 1878. 8. (Aus den Sitzungsberichten der Akad.) L. Rockinger, Berthold von Regensburg und Raimund von
Peniafort im sogen. Schwabenspiegel. München 1877. 4. (Aus den Abhandl. der
Akad.) L. Rockinger, die Könige Buch und der sogen. Schwabenspiegel. Münch.
1883. 4. (Abhandl der Münch. Akad. 17. Bd. 1. Abth.) Ueber die Vermuthung,
dass David von Augsburg der Verfasser sei, vgl. Anm. 13.   30) Vgl. R. Schröder,
die neuesten Untersuchungen über die Abfassung des Schwabenspiegels, in Zachers
Zeitschr. 1, 273 f. Nach Ficker (Anm. 31) ist der Schwabenspiegel 1275 verfasst.
31) Entdeckt und herausg. von J. Ficker. Innsbruck 1859. 8.; vgl. Anm. 27
und Fickers Abhandlung, über einen Spiegel deutscher Leute und dessen Stellung
zum Sachsen- und Schwabenspiegel. Wien 1857. 8.   32) Vgl. Schröder a. a.
O. S. 273.   33) Das älteste Stadtrecht in deutscher Sprache ist nach Pfeiffer
(in Haupts Zeitschr. 9, 4) das Augsburger von 1276.   34) Eine reiche Sammlung deutscher Weisthümer hat J. Grimm veranstaltet. Götting. 1839—1863. 4 Bde.
8.; fortgesetzt und vollendet von R. Schröder (5.—7. Bd.) Götting. 1866—78. Er-
gänzend kommt dazu die Sammlung österreich. Weisthümer (Wien 1875—81. 8.).
35) Eine deutsche Urkunde von 1240 steht in Wackernagels LB.⁴ 609; eine
von 1272 (aus Höfers Auswahl der ältesten Urkunden deutscher Sprache im Archiv
zu Berlin, 1835), LB.³ 723 ff.; über eine viel ältere vgl. § 48, den Schluss der An-

§ 121 fänge geschichtlicher Darstellung in deutscher Prosa in diesen Zeitraum fallen, beweisen, ausser einer Stelle bei einem Dichter [36] des
dreizehnten Jahrhunderts, die sogenannte r e p g o w i s c h e oder
S a c h s e n c h r o n i k [37], die in nieder- und oberdeutscher Sprache auf
uns gekommen ist [38], und denselben E i k e   v o n R e p g o w zum Verfasser hat, dem wir den Sachsenspiegel verdanken [39], so wie das
St. Galler Geschichtsbuch C h r i s t i a n s   d e s   K ü c h e m e i s t e r s [40].
— Eben so fand bereits jetzt der P r o s a r o m a n bei uns Eingang,
wie sich aus dem Bruchstück eines aus dem Französischen ins Niederdeutsche übersetzten L a n c e l o t ergibt [41]. — Eine Art wissenschaft-
licher Auffassung der Natur begegnet uns gleichfalls schon am Schlusse
des dreizehnten Jahrhunderts in der M e i n a u e r   N a t u r l e h r e [42],
deren Verfasser wohl ein Zeitgenosse und wahrscheinlich ein Ordens-

---

merkung. Zu den ältesten niederdeutschen Urkunden gehören die von Sintenis
in Haupts Zeitschr. 3, 226 ff. veröffentlichten vom J. 1294. Vgl. über deutsche Urkunden des 13. Jahrb. Böhmer in Haupts Zeitschr. 9, 261 ff.   36) Herrant v.
Wildonie (vgl. § 98) beruft sich auf eine deutsche ungereimte Chronik als Quelle
einer seiner Erzählungen; die Stelle steht bei v. d. Hagen, MS. 4, 303, Anmerk. 5.
     37) Nähere Nachweisungen über dieses Werk und die früheren Drucke fin-
den sich bei Hoffmann, Verzeichniss der Wiener Handschr. S. 208 f., in Menzels
Literaturblatt 1842, S. 507 und in der Beilage zur Augsb. allg. Zeit. 1843, Nr. 85.
Eine neue Ausgabe lieferte Massmann: Das Zeitbuch des Eike von Repgow in
ursprünglich niederdeutscher Sprache und in früher lateinischer Uebersetzung hrsg.
Stuttg. 1857. 8. (Litt. Verein); die neueste L. Weiland in den Monum. Germ. hist.
(Deutsche Chroniken. 2. Bd). Hannover 1877. 4. (vgl. Rödiger im Anz. f. d. Alt. 4,
257 ff.) Hs. Bruchstücke in Pfeiffers German. 11, 79 ff. Ueber die Basler Hs. vgl.
A. Bernoulli. Solothurn 1862. 8. (Aus dem Anzeig. f. schweizer. Gesch. N.F. XIII.)
Vgl. über die Chronik noch Frid. Pfeiffer, de chronico Ecconi de Repgow addicto
majore dissertatio. Berol. 1853. 8., und dessen Untersuchungen über die repe-
gow'sche Chronik. Breslau 1854. 8. (dazu Franz Pfeiffer in der German. 1, 391 ff.)
und G. Schoene, die repgauische Chronik, das Buch der Könige. Elberfeld 1859.
4. Grosse Stücke aus ihr finden sich auch in Massmanns Kaiserchronik 2, 685 ff.
     38) Das Niederdeutsche ist jedoch ebenso wie beim Sachsenspiegel das Ori-
ginal.   39) Nach Homeyer, Sachsenspiegel 1, S. 4, wäre die Erwähnung Eike's
in der gereimten Vorrede nur als eine Anspielung auf eine Stelle der gleichfalls gereimten Vorrede des Sachsenspiegels anzusehen; doch vgl. Franz Pfeiffer
in der German. 1, 383 f., Ficker, über die Entstehung des Sachsenspiegels etc. und
Siegel in der Anzeige dieser Schrift in der Germania 4, 254. Hiernach ist die
Chronik in ihrer ursprünglichen Gestalt 1232 oder sehr bald nachher entstanden.
     40) Die neuen Casus monasterii S. Galli aus dem Anfang des 14. Jahrhs.
Eine Stelle daraus bei Wackernagel, LB. 837 ff. (5. Ausg. 1119 ff.) Neueste Ausgabe
von Hardegger in den Mittheil. zur vaterländ. Gesch. I. St. Gallen 1862.   41) Die
Hs., wovon Docen das Bruchstück fand und in Büschings wöchentlich. Nachrichten 2,
109 ff. bekannt machte (daraus aufgenommen in Wackernagels LB. [3] 773 ff., ein
Theil auch in die 5. Aufl. 1095 f.) setzte er ungefähr in das Jahr 1300; den Nachweis, dass es aus dem Lancelot sei, führte Hofmann in den Sitzungsber. d. bayer.
Akad. 1870, II, 39—52, wo der Text aufs neue kritisch herausgegeben ist. Vgl.
auch O. Behaghel in d. German. 23, 441 ff.   42) Bruchstücke daraus bei Wacker-

bruder Hugos von Langenstein war[43], und in der ersten Hälfte des § 121
vierzehnten, mehr systematisch, in ·Konrads von Megenberg
Buch der Natur[44], welches um 1349—51 geschrieben ist[45], — und
endlich finden sich neben den häufiger vorkommenden gereimten Briefen auch einige in ungebundener Rede bei Ulrich von Liechtenstein im Frauendienst[46].

nagel a. a. O.[1] 767 ff. ([2] 1057 ff.), vollständige Ausgabe durch Wackernagel in der
Biblioth. d. litt. Vereins XXII. Stuttg. 1851. 9. Vgl. Die Meinauer Naturlehre und
das Buch der Natur. Ein Beitrag zur Geschichte der Naturwissenschaften im
14. Jahrh. Programm des Gymnasiums in Znaym 1862.   43) Vgl. Wackernagel
im Vorwort zu seiner Ausgabe.   44) Herausgeg. von Pfeiffer. Stuttgart 1861.
8.; vgl. das Anm. 42 angeführte Programm; auch Germ. 24, 414 f.   45) Ueber
den Verfasser, die Entstehungszeit des Buchs der Natur und die übrigen Schriften
Konrads vgl. Pfeiffers Einleitung, und über seine politischen Schriften, C. Höfler,
Aus Avignon (in den Abhandlungen der kön. böhm. Gesellsch. der Wissenschaften
6. Serie, 1. Bd.); über eine wahrscheinlich von K. v. M. verfasste bairische Chronik
vgl. Weiland in den Nachrichten der Ges. d. Wissensch. zu Göttingen 1883, Nr. 3,
S. 237—260.   46) Ein Schreiben von Frauenhand S. 32, ein offener Brief von
Ulrich selbst S. 162 ff. (der erste auch bei Wackernagel, LB.[2] Sp. 623 f.).

Vierte Periode.

Von der Mitte des vierzehnten bis zum Ende des sechzehnten Jahrhunderts.

ERSTER ABSCHNITT.

Allgemeinster Charakter der deutschen Literatur in diesem Zeitraum; Andeutung der denselben bedingenden Ursachen; politische Lage des Landes und Umgestaltung seiner innern Verhältnisse, Wendung des sittlichen, wissenschaftlichen und religiösen Lebens der Nation. — Begünstigungen, welche die Wissenschaften fanden.

§ 122.

Je grösser der Umschwung ist, den die gesammte geistige, sittliche und religiöse Bildung der Deutschen in dieser Uebergangsperiode von dem Mittelalter zu der neueren Zeit nimmt, und je bedeutender das, was von der bildenden Kunst hervorgebracht, in der Wissenschaft begründet und ausgeführt wird, in einem desto unvortheilhafteren Lichte erscheint daneben und im Verhältniss zu ihren frühern Entwickelungsstufen die vaterländische Poesie[1]. Wo sie auf dem alten Wege fortgeht, auf den sie besonders nach der Mitte des dreizehnten Jahrhunderts gerathen war, da zeigt sich im Allgemeinen nur zunehmender Verfall und Ausartung; wo sie neue Richtungen einschlägt, offenbart sich zwar ein frischer, lebenskräftiger Geist, doch vermag dieser noch nach allen Seiten hin frei zu entwickeln und noch weniger zu kunstmässiger Gestaltung zu gelangen, da diese Jahrhunderte allen Sinn für Angemessenheit und Schönheit der dichterischen Formen verloren zu haben scheinen. — Dagegen tritt die deutsche Prosa nunmehr viel selbständiger hervor, als in früherer Zeit: indem sie ihr Gebiet ausdehnt und darin überall festen Fuss fasst, erlangt sie, bei aller Verwilderung der Sprache, schon vor dem sechzehnten Jahrhundert einen bedeutenden Grad von Gefügigkeit

---

§ 122. 1) Eine allgemeine Charakteristik der ersten Hälfte dieses Zeitraums (vor der Reformation) gibt die treffliche Einleitung zu W. Wackernagels Abhandlung 'der Todtentanz' in Haupts Zeitschr. 9, 302 ff.

und Bestimmtheit und erstarkt dann während der Reformationszeit § 122
mit der Festigung und neuen Beseelung der hochdeutschen Sprache
zu noch viel höherer Tüchtigkeit. — Manches, was in den Verhältnissen dieser Zeit ungünstig auf die Poesie wirken musste, oder sie
wenigstens nicht förderte, trug zur schnellern und reichern Entwickelung der prosaischen Literatur bei.

§ 123.

1. Die Grenzscheide zwischen diesem und dem vorigen Zeitraum bezeichnet eine Reihe grosser Unglücksfälle, die über Deutschland einbrachen. Die feindliche Stellung Ludwigs des Baiern zum
Pabste hatte dem Reiche das Interdict zugezogen; auf wiederholte
Ueberschwemmungen, Misswachs und Hungersnoth folgte eine furcht-
bar verheerende Pest. Je ernster und trüber die Stimmung war, die
dadurch unter allen Ständen erzeugt wurde, um desto mehr musste
auf eine Zeit lang die Neigung zum Dichten, so weit sie noch vorhanden war, unterdrückt, oder, wenn sie dennoch durchbrach, zur
Ergreifung düsterer Gegenstände und zum Ausdruck peinlich-ängstigen-
der, in schwerer Busse Beruhigung suchender Gefühle gedrängt werden. Als diese schwere Zeit vorübergegangen, hob allerdings wieder
eine grössere und vielseitigere poetische Regsamkeit an, ja sie stei-
gerte sich nach und nach bis ins Unglaubliche, wenn man bloss die
Zahl der Dichter, die in allen Theilen Deutschlands und unter allen
Ständen aufstanden, so wie die Menge ihrer uns erhaltenen Werke
in Anschlag bringt; allein ein eigentliches Blüthenalter trat für die
Poesie darum noch nicht ein. Was sich dem bis zum Anfang des
sechzehnten Jahrhunderts in den Weg stellte, soll nun zunächst
angedeutet werden.

§ 124.

Durch die politische Lage Deutschlands konnte unmöglich ein
neuer, grossartiger Aufschwung in die Poesie kommen. Es gab keine
Unternehmungen mehr nach aussen, welche entweder alle, oder doch
mindestens die bevorzugten Stände und Klassen im Reich zu ein-
müthigem Handeln verbunden und zur Entwickelung der im Volke
ruhenden Kräfte angeregt hätten, keine, durch welche das National-
gefühl geweckt und erhoben, die Phantasie befruchtet worden wäre;
und auch im Innern fehlte es bis zur Reformation an jedem grossen,
den Volksgeist neu belebenden, die allgemeine Theilnahme in Anspruch nehmenden Ereigniss, ohne dass das Land in ruhig stätiger
Entwickelung seiner Zustände hätte vorschreiten können. Denn die
innere Zerrüttung, die unter dem Interregnum so weit um sich gegriffen, und der Rudolfs Nachfolger bis auf Ludwig den Baiern nie

§ 124 ganz hatten Einhalt thun können, dauerte noch immer fort. Was Karl IV that, um die Verfassung des Reichs festzustellen, brachte nichts weniger, als einen lebendigen Zusammenhang unter den verschiedenen Gliedern des grossen Verbandes hervor. Die Kaiser besassen nicht mehr das Ansehen und die Macht, die stets weiter reichenden Ansprüche der Grossen zu beschränken und den Fehden vorzubauen, welche, seitdem das Faustrecht die Stelle des Gesetzes eingenommen zu haben schien, von den Fürsten, dem Adel und den Städten unaufhörlich geführt wurden. Alles, was bis auf Maximilian I geschah, unter dem endlich, aber nur auf kurze Zeit, nach Einführung des ewigen Landfriedens und Einsetzung des Reichskammergerichts Ruhe im Innern eintrat, wirkte zusammen, die politische Kraft des Reichs zu zersplittern und zu brechen, das Zerfallen der von der Vorzeit überkommenen Einrichtungen zu beschleunigen, die freie Gestaltung sich neu bildender zu erschweren, der Nation das Bewusstsein ihrer Würde und innern Einheit zu rauben, endlich mit der Herrschaft der niedrigsten Leidenschaften Rohheit und Verwilderung der Sitten in allen Ständen und allen Lebensverhältnissen bis zum Uebermass zu steigern. Wie hätte daran eine höhere dichterische Begeisterung sich entzünden und wahrhaft Grosses und Schönes schaffen können? Die Fehden und Kriege im Innern und an den Grenzen des Reichs konnten nur eine Reihe historischer Volkslieder hervorrufen, die immer, sei es durch ihre Form, oder durch Gehalt und Form zugleich, von einem beschränkten Werthe blieben. Im Allgemeinen musste das öffentliche Leben dieser Zeiten, wenn es auf die poetische Thätigkeit einwirken sollte, sie nur zur Didaktik und Satire hinlenken, und zwar um so mehr, je fühlbarer, vorzüglich in den mittlern Volksklassen, das Bedürfniss nach einer gründlichen und durchgreifenden Sittenverbesserung wurde.

§ 125.

Unterdessen änderte sich die Stellung der einzelnen Stände in Deutschland, die schon in der zweiten Hälfte des vorigen Zeitraums nicht mehr dieselbe war, die sie in der ersten gewesen, noch viel sichtlicher. Immer mehr arbeiteten sich die mittlern und untern Volksklassen zu freierer Geltung und grösserer Unabhängigkeit empor. Insbesondere erhoben sich die Städte ungeachtet des herrschenden Faustrechts und der mannigfaltigen Bedrückungen und Störungen, welchen sie durch den raub- und beutelustigen Adel ausgesetzt waren, unter dem begünstigenden Schutze der Kaiser und Fürsten durch Handel, Gewerb- und Kunstfleiss und durch den tüchtigen, tapfern Sinn ihrer Bewohner zu stets wachsender Macht und höherm Ansehen im Reich. Dagegen nahm ganz unverkennbar mit dem um sich greifen-

den Verderbniss in der Kirche und mit dem Verfall des Ritterthums § 125
die innere Schwächung der beiden bevorrechteten Stände zu. Natürlich mussten sich diese Veränderungen auch in dem Charakter der
sittlichen und geistigen Bildung des deutschen Volkes immer bemerk-
licher machen: Alles deutete darauf hin, dass dieselbe nun nicht mehr,
wie in frühern Jahrhunderten, von der Hierarchie und der Adels-
aristokratie, sondern von dem Bürgerthum getragen werden sollte.
Es war also nicht anders zu erwarten, als dass auch die Poesie je
länger, je mehr aus den höhern Kreisen der Gesellschaft in die mittlern und untern herabstieg. Indem sie hierbei das Gewand con-
ventioneller Standessitte, das ihr die adeligen Dichter des vorigen
Zeitraums angelegt hatten, abstreifte, gewann sie allerdings im Allgemeinen wieder den Charakter und die Farbe grösserer Volksmässigkeit; allein ihre Erhebung und kunstmässige Gestaltung konnte
damit, wenigstens fürs erste, nicht herbeigeführt werden. Denn je
ausschliesslicher noch der Bürgerstand bloss praktische Richtungen
im Leben verfolgte, je weniger frei und mannigfaltig sich die in
ihm ruhenden ideelleren Bildungselemente erst entwickelten, je geringere Anregung die Phantasie jedes Einzelnen in seiner unmittelbaren Umgebung und in den Zeitverhältnissen fand, je allgemeiner
endlich schon das Gefühl für die Schönheit der Form durch die ausgeartete Sprache und Verskunst der alten Dichtweise abgestumpft
war; desto weniger waren die bürgerlichen Dichter dieser Zeit zu
einer umfassenden und durchgreifenden Regeneration der Poesie in
Gehalt und Form berufen. Nur da, wo der dem Volke inwohnende
dichterische Geist, um sich frei zu regen, weniger von der Gunst allgemeiner äusserer Bedingungen, als von Stimmungen des Gemüthes
durch einzelne Ereignisse und Verhältnisse, durch besondere Neigung
und Leidenschaft abhieng, und wo er nicht erst aus einem reich und
fein gebildeten Leben Nahrung zu ziehen brauchte, trieb er wieder
frische Blüthen. Daher konnten wohl einige Arten des epischen und
lyrischen Volksliedes gedeihen, aber die in den Städten neu aufkommende dramatische Poesie sich nicht über die ersten rohen Anfänge
erheben; und was in andern Dichtungsarten entstand, die bereits
während des vorigen Zeitraums zur Blüthe gelangt waren, deren Formen nun aber oft zur Einkleidung der allerprosaischbesten Stoffe dienten, musste fast ohne Ausnahme weit hinter dem zurückbleiben, was
darin die frühere Zeit hervorgebracht hatte.

§ 126.

Auch die in dieses Zeitalter fallende Wiederbelebung des classischen Alterthums, so sehr sie auch die wissenschaftliche Bildung der
Deutschen beförderte und der bevorstehenden Reform in der Kirche

§ 126 vorarbeitete, konnte auf die Nationalpoesie noch keinen Epoche
machenden Einfluss ausüben. Eine verständige Reinigung und Regelung des in ihr herrschenden, verwilderten Geschmacks nach dem
Muster der Alten, die dem Volksmässigen keine Gewalt anthat,
hätte zunächst von den eigentlichen Gelehrten ausgehen müssen.
Allein schon dass die meisten lieber lateinisch als deutsch schrieben,
und dass sich gerade die ausgezeichnetsten und mit dem classischen
Geiste vertrautesten unter ihnen am allerwenigsten um die vaterländische Literatur bekümmerten, konnte nicht dahin führen; und was
einzelne andere thaten, um durch Uebersetzungen[1] die Alten und die
durch das Studium derselben schon genährten und gebildeten Italiener
dem Volke näher zu bringen, erweiterte zwar dessen Ideenkreis und
beförderte die Ausbildung der deutschen Prosa, bereicherte auch die
Dichtkunst mit neuen Stoffen, wirkte aber in keiner Weise auf die
Veredelung und Verfeinerung ihrer Formen ein. Eben so wenig trugen
dazu die deutschen Gedichte bei, die hin und wieder von Mitgliedern
des Gelehrtenstandes abgefasst wurden; denn wenn sie auch auf einer
breitern Unterlage von positiven Kenntnissen ruhten, und eine tiefere
und vielseitigere Verstandesbildung durch sie durchblickte, unterschieden sie sich doch im Ton und in der Einkleidung so gut wie
gar nicht von den übrigen ihnen durch Inhalt verwandten Werken
dieser Zeit. Die gelehrten Dichter hatten gar nicht die Absicht, die
gesunkene Volkskunst zu idealer Höhe zu erheben, sie wollten nur
durch die Poesie auf das Volk in religiösem und politischem Sinne
wirken; daher bedienten sie sich der dem Volke geläufigen Form,
die aus diesem Grunde auch in den Händen der Gelehrten eine wenig
bessere Gestalt gewann[2]. Endlich war in Deutschland der Gegensatz zwischen der eingeführten classischen und der bis dahin herrschend gewesenen volksthümlichen Bildung zu gross, als dass beide
sich sobald hätten durchdringen und versöhnen können. So lange
sich aber die Mischung so verschiedenartiger Elemente noch nicht
abgeklärt hatte, konnte sich auch keine neue Blüthe der Poesie entwickeln[3].

§ 127.

Zuletzt ist hier noch als eine der allgemeinen Ursachen, aus
welchen sich der in so vielen Beziehungen dürftige und rohe Charakter der poetischen Literatur der Deutschen bis zum Anfang des

§ 126. 1) Dergleichen erschienen schon nicht sparsam vor dem 16. Jahrh.
und wurden nach Erfindung der Buchdruckerkunst schnell nach allen Seiten hin
verbreitet. 2) Vgl. Höpfner, Reformbestrebungen auf dem Gebiete der deutschen Dichtung des 16. und 17. Jahrhs. Berlin 1866. 4. S. 3 f. 3) Anders war
es in den romanischen Ländern, wo, abgesehen von andern die Zeitigung neuer
National-Literaturen begünstigenden Umständen, schon die Sprachen der lateini-

sechzehnten Jahrhunderts erklären lässt, die geringe Aufmunterung § 127
zu erwähnen, welche die Dichter bei den höhern Ständen fanden,
weshalb Aeneas Sylvius im fünfzehnten Jahrhundert vorzüglich die
Fürsten wegen des Verfalles der Poesie beschuldigte[1]. Denn so wie
nun viel seltener, als im dreizehnten Jahrhundert, einer von Adel
getroffen wurde, der sich selbst mit dem Dichten befasste, so hatte
auch die Liebe zu poetischen Genüssen auf den Ritterburgen und an
den Fürstenhöfen im Vergleich mit frühern Zeiten sehr abgenommen[2].
Die Ritter dachten meist nur an Fehden, Wegelagern, Turniere, Jagden
und Trinkgelage, und die Fürsten hatten in der Regel zu viel mit
ihren landesherrlichen Angelegenheiten zu thun, um sich als besondere Beschützer und Begünstiger der Dichtkunst zu zeigen: blieben
doch selbst die dramatischen Spiele bis gegen das Ende des Zeitraums so gut wie ganz von den Lustbarkeiten der Höfe ausgeschlossen und den Bürgern der Städte überlassen. Einzelne grosse Herren
gewährten zwar noch immer den wandernden Dichtern Schutz und
Unterhalt; jedoch die Kunst der letztern war schon so tief gesunken, dass sie wieder zu heben selbst grössern Talenten schwer gefallen wäre, und solche waren unter ihnen nicht mehr zu finden.
Allmählig wurden die Fahrenden auch von den Hofnarren verdrängt,
wenn sie anders nicht selbst deren Rolle übernahmen. Hier und da
erwachte wohl schon an den Höfen ein höheres geistiges Interesse,

---

schen bei weitem näher standen, und wo zum Theil, wie namentlich in Italien,
die eifrigsten Beförderer der classischen Studien als Musterschriftsteller in der
Volkssprache auftraten.

§ 127.   1) Vgl. die von Gervinus 2[1], 241 in den Noten citierte Stelle aus seinen
Werken.   2) Dass es indess in den höhern Ständen immer viele Freunde und
Liebhaber der alten höfischen Dichtungen und namentlich der berühmteren Rittermären gegeben, darf man schon aus den zahlreichen Handschriften davon aus dem
14. und 15. Jahrhundert folgern (vgl. auch die alte Buchhändleranzeige in Haupts
Zeitschr. 3, 191 f. und das Bücherverzeichniss in Pfeiffers German. 4, 189 f. Anm.);
denn die meisten derselben sind doch wohl im Besitz fürstlicher und adeliger
Herren oder Frauen gewesen. Hier und da suchte man auch dergleichen schon
so vollständig wie möglich zusammenzubringen. Ein solcher Sammler war der
baierische Ritter Jacob Püterich von Reichertshausen: er führt die Rit-
terbücher, die er besass, in einem poetischen Ehrenbriefe auf, den er im Jahre
1462 schrieb und der verwittweten Erzherzogin von Oesterreich Mathildis über-
sandte, klagt darin aber zugleich über den Spott, den er seiner Liebhaberei wegen
von den Hofleuten dulden müsse. Die für die Literaturgeschichte wichtigen Stellen
dieses Ehrenbriefes sind mit Anmerkungen herausgegeben von J. C. Adelung: Jac.
Püterich von Reichershausen. Leipzig 1789. 4. (vgl. dazu Docens Bemerkungen in
v. Aretins Beiträgen, 1970, S. 1195ff.) und auch bei v. d. Hagen, MS. 4, 883 ff. zu finden;
der ganze Ehrenbrief ist nach der Hs. (dieselbe ist jetzt in der Stiftsbibliothek zu
Herzogenburg) neu herausg. von Karajan in Haupts Zeitschr. 6, 31—59. Vgl. dazu
Spiller in der Zeitschr. f. d. Alt. 27, 279 ff., wo das hindurchgehende Akrostichon
aufgedeckt ist.   Im 16. Jahrhundert muss aber das Interesse für die alten Ritter-

§ 127 besonders durch den Einfluss einiger kunstliebenden fürstlichen Frauen; es kam aber weniger der vaterländischen Poesie, als der diese in ihren bisherigen Rechten schmälernden prosaischen Literatur zu Gute[3]. Anderswo wurden selbst kurz vor dem völligen Untergange des Ritterthums von oben herab Versuche gemacht, dasselbe wieder aufzurichten und damit zugleich die alte ritterliche Dichtung zu Ehren zu bringen; allein was auf diesem Wege entstand, ermangelte durchaus aller innern Wärme und geistigen Frische, und so gewann die deutsche Dichtkunst im Grunde nicht viel mehr durch diese ihr namentlich von Maximilian I gewährte Aufmunterung[4], als durch die Ehre, die den Meistersängern schon früher Karl IV erwiesen haben soll[5], der ausserdem nichts für sie that, so sehr er auch nach dem Namen eines Freundes und Beförderers der Künste und Wissenschaften geizte[6].

§ 128.

Auch das sechzehnte Jahrhundert war der Poesie im Allgemeinen nicht günstig. Gleich in den Anfang desselben fiel die Reformation, ein Ereigniss, bei dem allerdings wieder einmal die ganze Nation und jeder Einzelne betheiligt war, und das die Geister vielfach aufregen musste. Was lange und von verschiedenen Seiten vorbereitet worden, das kam jetzt zu vollem Ausbruch und zur Entscheidung: der Kampf um Gewissens- und Glaubensfreiheit. Aber so viel herrliche Früchte daraus auch gleich unmittelbar erwuchsen, in die Poesie, wenn man das Kirchenlied ausnimmt, brachte er an und für sich keinen höhern Schwung. Der Geist des deutschen Volks, in die religiöse Bewegung unwiderstehlich hineingezogen, blieb zu sehr auf das gerichtet, was allein wünschenswerth schien, die Erhaltung

gedichte ganz geschwunden sein, sonst würden sie, wie das Heldenbuch und andere Stücke des deutschen Sagenkreises, die das Volk noch nicht so bald fahren liess, öfter gedruckt worden sein. (Der Druck des Parzivals und des Titurels gehört noch dem 15. Jahrhundert an.) Man las nun statt ihrer in den höhern Kreisen die prosaischen Ritter- u. Liebesromane.   3) Vgl. Gervinus 2[1], 240 ff. (2[2], 336 ff.).

4) Ueber Maximilians unmittelbaren und mittelbaren Antheil an einigen berühmt gewordenen Werken dieser Zeit s. § 147 und § 168. Dass er ein Freund der ältern Poesie war, erhellt unter andern aus den Abschriften, die er für sich von mittelhochdeutschen erzählenden Werken nehmen liess; vgl. v. d. Hagens German. 1, 265 f.; Haupts Erec S. IV; Pfeiffers German. 9, 381 ff.; O. Zingerle, das Heldenbuch an der Etsch, in der Zeitschr. f. d. Alt. 27, 136 ff.; und Kaiser Maximilian I als Kunstfreund, im Börsenblatt für den Deutschen Buchhandel 1884, Nr. 31 u. 35. Von andern Fürsten, welche auf Wiederbelebung des Ritterthums ausgiengen und auch die Wiederaufnahme der alten epischen Stoffe begünstigten, ist noch besonders Albrecht IV, Herzog von Baiern, zu erwähnen.   5) Er soll ihnen ein eigenes Wappen gegeben, oder ein schon vorhandenes vervollkommnet haben. Wagenseil von der Meistersinger holdsel. Kunst, S. 515.   6) Karl war zu sehr zum Böhmen geworden, als dass er überhaupt hätte Sinn und Achtung für deutsche Eigenthümlichkeit haben können; vgl. Bouterwek 9, 179 und Gervinus 2[1], 178 (2[2], 369 f.).

der alten Kirche von der einen, und die Begründung und Sicherung § 128 der neuen von der andern Seite, als dass noch andere geistige Be- strebungen daneben hätten aufkommen können, wenn sie nicht gleich- sam Stützen und Beförderungsmittel für das werden mochten, was man zu erhalten oder aufzubauen suchte[1]. In demselben Grade, in welchem dabei der Verstand in Anspruch genommen wurde und sich energisch Bahn brach, ward die Phantasie zurückgedrängt und ge- lähmt. Zwar veranlassten die kirchlichen Streitigkeiten eine fast un- übersehbare Masse religiöser und moralischer, satirischer und pole- mischer Gedichte; allein diese Produkte, so weit sie sich erhalten haben, sind meist so rohe und armselige Reimereien, dass sie mehr, als alles Andere, den tiefen Verfall der deutschen Poesie in diesem Jahrhundert beurkunden. — Auch die Begebenheiten, welche mit der Kirchenverbesserung zusammenfielen oder auf sie folgten, waren nicht geeignet, der poetischen Thätigkeit einen neuen und kräftigen Anstoss zu geben. Denn die Bauernaufstände und die zwischen Karl V und den protestantischen Ständen, von jenem zum Theil mit fremden nach Deutschland gezogenen Heeren, geführten Kriege er- schütterten bis um die Mitte des sechzehnten Jahrhunderts wieder vielfach das Innere des Reichs und liessen die Nation nicht frei auf- athmen. Der Religionsfriede im Jahre 1555 brachte zwar eine schein- bare Ruhe in den Reichskörper, aber die Spannung der Gemüther liess darum nicht nach, und wenn man nicht mehr mit dem Schwerte stritt, so bekämpften sich um so heftiger in ihren Schriften Prote- stanten und Katholiken, ja jene selbst wieder unter einander in ihrer Trennung als Lutheraner und Calvinisten. Aus jenen Aufständen und Kriegen hatte doch noch das historische Volkslied einige Nah- rung gezogen; diese theologischen Zänkereien verschlangen aber so sehr alle andern Interessen und führten den Geist in so dürre Wüsten, dass sich alle Lust am Dichten aus dem Volke verlieren zu wollen schien. — Dann nahmen sich auch Fürsten, Adel und Gelehrte in diesem Jahrhundert der vaterländischen Poesie nicht viel mehr an, als in den beiden vorhergehenden. Die letztern namentlich beharr- ten, wenn sie nicht unmittelbar auf das Volk wirken wollten (und diess geschah doch fast nur in Glaubenssachen), im Allgemeinen bei der Verachtung der Muttersprache und dichteten lateinisch[2]. So

§ 128. 1) Charakteristisch in dieser Beziehung ist der Brief von Wentzes- laus Link (1539) hinter L. Culmans 'Ein christlich Teutsch Spil' etc. (1539); vgl. Gödeke, Every Man etc. Hannover 1865. 8. S. 220. 2) 'Was hätte nicht die poetische Eingebung eines Eobanus Hessus, Petrus Lotichius, Nicodemus Frisch- lin und vieler Anderer auferbauen mögen, wenn sie der Muttersprache zu Statten gekommen wäre! Diese Dichter zogen das Scheinleben einer vollendeten, unnach- ahmlichen Form dem wahren vor, das sich auf verwildertem, aber fruchtbarem

§ 128 konnten, ausser dem Kirchenliede, nur diejenigen poetischen Richtungen mehr oder weniger gedeihen, die unter den ungelehrten mittlern und niedern Ständen aufgekommen, oder von ihnen aus älterer Zeit beibehalten waren, vornehmlich das Volkslied, das Drama und die novellen- oder schwankartige Erzählung. An eine eigentliche Wiederbelebung oder kunstmässige Umgestaltung der ältern deutschen Dichtung war dagegen jetzt weniger als je zu denken, da die Protestanten, die sich schon das Recht erobert hatten, der neuern deutschen Bildung die Bahn vorzuzeichnen, sich immer mehr von allem dem abwandten, was das Mittelalter im Gebiete des Geistes hervorgebracht hatte, weil es ihnen, wie jene Zeit überhaupt, in Finsterniss und Aberglauben gehüllt erschien.

§ 129.

2. Die Entwickelung der prosaischen Literatur musste schon im Allgemeinen dadurch begünstigt werden, dass in dem geistigen Leben der Nation der Verstand ein so grosses Uebergewicht über die Phantasie erhielt, und dass der frühere poetische Enthusiasmus vor den praktischen Tendenzen der Zeit zurücktrat. Denn wenn in die alten poetischen Formen, für welche die Vorliebe nicht aufhörte, auch fortwährend Stoffe gezwängt wurden, deren ganze Natur sich dagegen sträubte, so konnte es doch nicht fehlen, dass dergleichen, sobald sie sich häufiger zur Darstellung drängten, auch immer mehr sich der gebundenen Rede entzogen und die ihnen allein angemessene Behandlungsart suchten. Ausserdem waren aber auch mehrere besondere Umstände wirksam, die Ausbildung einzelner Gattungen der Prosa und des prosaischen Ausdrucks überhaupt zu fördern. Dahin gehört der Eifer, womit die Predigermönche, aus deren Mitte ja schon im vorigen Zeitraum die vorzüglichsten deutschen Prosaisten hervorgegangen waren[1], auch im vierzehnten Jahrhundert sich der religiösen Bildung des Volks annahmen, gerade zu der Zeit, wo der traurige Zustand Deutschlands so sehr zur Abkehr von der Welt aufforderte. Das Mangelhafte der Befriedigung fühlend, welche dem religiösen Bedürfniss einerseits in dem blossen Ceremoniendienst, andrerseits in den trockenen und unfruchtbaren Grübeleien der Scholastik geboten wurde, erstrebten insbesondere diejenigen unter ihnen, die gemeiniglich Mystiker genannt werden, in Predigten und ascetischen Schriften die Erweckung eines innern geistigen Lebens durch

---

Boden des Vaterlandes selbständig und schöpferisch erzeugt hätte.' J. Grimm, latein. Gedichte des 10. und 11. Jahrh. S. VI. Eine höchst rühmliche Ausnahme macht Fischart; vgl. Wackernagel, Joh. Fischart von Strassburg S. 94 f. Ueber Nic. Frischlin vgl. § 163.

§ 129. 1) Vgl. § 121, 9.

die Erwärmung und Läuterung des Herzens und die Ergründung des $ 129
Zusammenhanges der Seele mit Gott. Durch sie ward die rednerische
Prosa, wenn auch kaum mit gleicher Gewandtheit, wie von Bruder
Berthold gehandhabt, doch aufs Neue gehoben[2] und in lebendiger
Wirksamkeit erhalten und dabei, wie der unter ihren Händen und
ihrem Einfluss sich selbständig entwickelnde Lehrstil, zur Darstellung
von Gedanken und Empfindungen geschickt gemacht, die entweder
ganz neu waren, oder für die man bis dahin andere Einkleidungen
gewählt hatte[3]. So war schon im vierzehnten Jahrhundert die Bahn
für die geistliche Prosa breiter gebrochen und den Kanzelrednern
und prosaischen Didaktikern der Folgezeit vorgearbeitet. — Zu der
Ausbildung der weltlichen Prosa trug vor dem sechzehnten Jahrhundert besonders dreierlei bei: fürs erste das allmählige Uebergehen
der Geschichtschreibung aus den Händen der Geistlichkeit in die der
Laien, womit immer mehr die lateinische Sprache in ihrem frühern
ausschliesslichen Rechte auf rein historische Darstellungen beschränkt
wurde; dann die mit ältern poetischen Werken, namentlich Ritterge-
dichten, novellen- und schwankartigen Erzählungen, halb historischen
Dichtungen und Legenden vorgenommenen Auflösungen in ungebundene Rede, wozu wahrscheinlich der erste Anstoss von Frankreich
ausgieng, von wo auch viele ähnliche Umbildungen nach Deutschland herüberkamen und hier übersetzt wurden, so dass nun jene
eigene, bereits im vorigen Zeitraum auftauchende Mittelgattung, poetische Stoffe in prosaischer Form[4], die eben dieser ihrer Natur wegen
dem Charakter und Geschmack des Zeitalters vorzüglich zusagte, in
der Unterhaltungsliteratur ein weites Feld gewann; endlich die Uebersetzungen der alten Classiker und der Italiener, deren schon oben
($ 126) gedacht ist. — Inwiefern im sechzehnten Jahrhundert vor
Allem Luther höchst erfolgreich auf die Bildung und Festigung des
prosaischen Ausdrucks im Allgemeinen einwirkte, und inwiefern er
einzelne Gattungen der Prosa noch besonders in ihrer Entwickelung
förderte, wird sich schicklicher in dem folgenden Abschnitt andeuten
lassen.

$ 130.

3. Für die Wissenschaften begann in dieser Periode ein neues
Leben. Das Beispiel, welches Karl IV durch Stiftung der Universität Prag (1348), nach dem Muster der Pariser, gegeben hatte, fand

2) Vgl. § 121, 22.   3) Eine interessante Stelle über die mit Absicht und
Bewusstsein gewählte prosaische Form für übersinnliche und heilige Gegenstände
hat Gervinus aus einem in die Mitte des 14. Jahrh. fallenden Werke, 2³, 115 f., Note
153 (2³, 271 f., Note 329) mitgetheilt.   4) Vgl. § 121, 41 über das Bruchstück eines
prosaischen Lancelot.

§ 130 unter den deutschen Fürsten bald Nachahmung. Noch vor Ablauf des vierzehnten Jahrhunderts erhielten Wien, Heidelberg, Cöln und Erfurt Hochschulen, und in den ersten Decennien des fünfzehnten folgten Würzburg, Leipzig, Ingolstadt und Rostock. Indess beschränkten sich die Vorträge auf diesen Lehranstalten anfangs meist nur auf positive Theologie und Jurisprudenz, auf Medicin und scholastische Philosophie[1], bis in der zweiten Hälfte des fünfzehnten Jahrhunderts durch Männer, wie Rudolf Agricola, Konrad Meissel, genannt Celtis[2], und Johann Reuchlin[3], das zunächst in Italien wiederbelebte Studium der alten classischen Literatur auch in Deutschland Eingang fand und bald mit Begeisterung auf Universitäten und Schulen betrieben wurde. Auf die letztern hatte besonders die Brüderschaft des gemeinsamen Lebens eingewirkt, die Gerard Groote[4] zu Deventer schon im vierzehnten Jahrhundert gestiftet hatte. Schnell breitete sie sich über die Niederlande und Deutschland aus[5], und überall legten ihre Mitglieder Schulen und Gymnasien an, welche wieder die ersten Pflanzstätten der Wissenschaften und namentlich des Sprachstudiums, sowie einer liebevollen Förderung der Muttersprache[6] in Deutschland wurden[7]. Die Erfindung der Buchdruckerkunst und die ältere, Papier aus

§ 130. 1) Eichhorn, Gesch. der Litt. II, 1, 133; Bouterwek 9, 195 f. und K. Hagen, Deutschlands literarische und religiöse Verhältnisse im Reformationszeitalter 1, 79—99; 132 ff.; 278 ff.; sodann aber auch 3, 192 ff.   2) Geb. 1459, gest. 1508. Die Namensform Celtis, wie R. Köpke (Hrotsuit von Gandersheim. Berlin 1569. 8.) durchgängig schreibt, ist die richtige. Vgl. über ihn Aschbach, die früheren Wanderjahre des Conrad Celtes und die Anfänge der von ihm errichteten gelehrten Sodalitäten. Wien 1869. 8. und Geschichte der Universität Wien 2, 199—270 ; K. Hartfelder, K. Celtes und der Heidelberger Humanistenkreis, in Sybels hist. Zeitschrift 47, 15—36; v. Bezold, aus dem Freundeskreise des K. Celtis, im Anz. des german. Mus. 1882, 61—67. 93—96; Teige, ein Beitrag zur Lebensgeschichte des C. Celtes, ebend. 1882, 202—4; v. Bezold, Konrad Celtis, der deutsche Erzhumanist, in Sybels histor. Zeitschr. 49, 1—45. 193—229; K. Celtes, fünf Bücher Epigramme herausgeg. v. K. Hartfelder. Berlin 1881. 8. (vgl. Wattenbach im Anz. f. d. Alt. 8, 250 ff.).   3) Geb. 1454, gest. 1521. Vgl. über ihn Geiger, Johann Reuchlin, sein Leben und seine Werke. Leipzig 1871. 8.   4) Geb. zu Deventer 1340, gest. 1384. Vgl. K. v. Raumer, Geschichte der Pädagogik, 4. Aufl. 1, 54 ff., Allg. D. Biographie 9, 730 ff. Delprat, Broederschap van Geert Groote. Arnhem 1856. Dazu L. Schulze in der Zeitschrift für kirchl. Wissenschaft 3, 38 ff. 93 ff.; Grube, Gerhard Groot und seine Stiftungen. Cöln 1883. 8.   5) Die meisten Brüderhäuser wurden zwischen 1425—1451 gestiftet; sie dehnten ihre Wirksamkeit nördlich bis Kulm, südlich bis nach Schwaben aus.   6) Vgl. Hoffmann, Geschichte des deutschen Kirchenliedes[3] S. 153 f.   7) Vgl. hierzu Schäfers Handbuch d. Geschichte d. deutschen Litteratur 1, 200 ff., wo auch die Schriften nachgewiesen sind, die hierüber ausführlich handeln; ferner Delprat, die Brüderschaft des gemeinsamen Lebens. Deutsch von G. Mohnike. Leipzig 1840. 8.; Hagen a. a. O. 1, 71 ff.; 79 f.; Wildenhahn, die Schulen der Brüder vom gemeinsamen Leben. Progr. der Realschule zu Annaberg 1867.

Lumpen zu bereiten, erleichterten die Verbreitung der wissenschaft- § 130
lichen Bildung und die Anlegung von Bibliotheken an den Universitäten und Schulen, und die Fürsten liessen es nicht an Aufmun-
terungen und Begünstigungen fehlen, um die unter ihrem Schutze
stehenden gelehrten Anstalten in Aufnahme zu bringen. — Im sechzehnten Jahrhundert konnte die wissenschaftliche Bildung durch den
Geist, den die Reformation erweckte, auch nur gewinnen. Die Zahl
der Universitäten mehrte sich, und mehrere Klöster wurden in gelehrte Schulen verwandelt. Hier wie dort studierte man gründlich
die alten Sprachen, zunächst als Schlüssel zur tiefern Erforschung
der heiligen Schriften, dann aber auch um ihrer selbst und um der
Meisterwerke willen, die in ihnen abgefasst waren. Das Studium
der Geschichte, der Mathematik und der Naturwissenschaften, wenn
auch nicht gleichen Schritt mit den philologischen Bestrebungen
haltend, ward doch keineswegs in Deutschland vernachlässigt[8]. —
Auch des Volksunterrichts[9], für den bis dahin nur noch wenig geschehen war, nahm sich Luther mit Eifer an, und er besonders ist
als Begründer der Bürger- und Landschulen anzusehen, welche sich
bald im protestantischen Deutschland neben den gelehrten Anstalten
erhoben[10].

ZWEITER ABSCHNITT.
Sprache. — Verskunst. — Dichterklassen; Singschulen.

§ 131.

1. Einen nur einigermassen befriedigenden Umriss von der Gestaltung der deutschen Schriftsprache in diesem Zeitraum zu geben,
ist mit den allergrössten Schwierigkeiten verbunden und gegenwärtig
noch fast unmöglich. Denn da man es nun nicht mehr, wie im
dreizehnten Jahrhundert, mit einer grammatisch fest begrenzten, fast
in der gesammten Literatur sich wesentlich gleich bleibenden Sprachniedersetzung, vielmehr mit allen möglichen in die Poesie wie in
die Prosa eingedrungenen Dialektverschiedenheiten zu thun hat, unter
denen überdiess, besonders bis in den Anfang des sechzehnten Jahrhunderts, so vielfache Uebergänge und Mischungen statt gefunden
haben, dass sie sich noch viel weniger scharf gegen einander ab-
grenzen lassen, als die vornehmsten Unterdialekte, welche vom siebenten bis zum zwölften Jahrhundert gesprochen und geschrieben

8) Eichhorn, III, 1, 251 ff. Wachler, Vorlesungen I, 160. 9) Vgl. Hagen a.
a. O. 2, 344 f. 10) Wachler a. a. O. 1, 173. 169. Die ersten Volksschulen wurden jetzt freilich nicht eingerichtet; denn schon im 13. und 14. Jahrhundert waren
hie und da eigene Kirchspielschullehrer bestellt.

§ 131 wurden: so müsste die Sprachforschung hier nothwendig erst auf das Einzelnste eingegangen sein, bevor das Verwandte der verschiedenen Mundarten in allgemeine Uebersichten zusammengestellt und das von einander Abweichende nach Zeitabschnitten, Landschaften und den merkwürdigsten Autoren in Hauptgruppen gesondert werden könnte. Aber gerade dieses Zeitalter der Geschichte unserer Sprache ist bis jetzt am allerwenigsten zum Gegenstand gelehrter Untersuchungen gemacht worden, ja, in Vergleich mit den übrigen, so gut wie ganz unberücksichtigt geblieben[1]. Hiernach sind die folgenden sehr dürftigen und nur das Allgemeinste berührenden Andeutungen zu beurtheilen.

§ 132.

Von den beiden in Deutschland gesprochenen Hauptmundarten blieb die hochdeutsche nach der Mitte des vierzehnten Jahrhunderts zwar die vorherrschende in der Literatur, doch that sich daneben die niederdeutsche bei weitem mehr auf, als in dem vorigen Zeitraum, so dass jetzt wieder eine nicht unbeträchtliche Zahl poetischer und prosaischer Werke in ihr entstand. In so weit also stellte sich das Verhältniss, in welchem beide Dialekte während der zweiten Periode zu der Literatur gestanden hatten, wieder her; es änderte sich aber dadurch, dass sie sich nicht mehr in der Unabhängigkeit von einander erhielten, wie damals. Einerseits nämlich hatte schon, wie oben bemerkt wurde, in der Uebergangzeit vom Althochdeutschen zum Mittelhochdeutschen der nördliche auf den südlichen durch Zuführung von Wörtern, Formen und Wendungen eingewirkt, und wenn die höfische Dichtersprache des dreizehnten Jahrhunderts dergleichen fremdartige Bestandtheile auch wieder zum grössten Theil ausgestossen hatte, so waren ihr doch noch immer einzelne Züge geblieben, welche auf jene Einflüsse zurückwiesen. So wie nun aber der Norden Deutschlands wieder einen thätigeren Antheil an der Literatur zu nehmen anfieng und seine Dichter und Prosaisten in der ihnen angebornen Mundart häufiger schrieben, trat auch eine erneute Einwirkung der niederdeutschen auf die hochdeutsche Schriftsprache ein, die in demselben Verhältniss zunehmen musste, in welchem der Verkehr zwischen den nördlichen und südlichen Landschaften durch Handel, Reisen etc. wuchs, die literarische Betriebsamkeit der Nation sich vermehrte und die Mittel zu leichter und schneller Verbreitung schriftlicher Werke vervielfältigt wurden. Auf der andern Seite hatte sich gewiss auch schon in der Zeit, wo es

---

§ 131. 1) Warum diese Zwischenperiode in J. Grimms Grammatik leer ausgeht, ist I², S. X. XI nachzulesen. Vgl. zu den folgenden §§ Rückert, Geschichte der neuhochdeutschen Schriftsprache, 2 Bde. Leipzig 1575. 8. und K. Burdach, die Einigung der deutschen Schriftsprache (Einleitung. Das 16. Jahrh.). Halle 1594. 8.

in Deutschland eine allgemeine Dichtersprache gab, das Niederdeutsche § 132 des Eindringens mannigfacher hochdeutscher Elemente nicht erwehren können. Noch weniger vermochte es diess seit dem Anfange dieses Zeitraums, da die Umstände, welche seinen Einfluss auf das Oberdeutsche vermittelten, es wenigstens in gleichem Grade den Einwirkungen dieses letztern aussetzten, wozu noch kam, dass im vierzehnten und fünfzehnten Jahrhundert Vieles, was ursprünglich hochdeutsch geschrieben war, ins Niederdeutsche übertragen wurde, und je weniger genau man es dabei mit der Unterscheidung der jeder Hauptmundart allein zukommenden Ausdrücke, Formen und Fügungen nahm, desto mehr schlich sich von den Eigenthümlichkeiten derjenigen, woraus übersetzt wurde, in die ein, worein man übersetzte. Indess darf man sich die Wechselwirkung beider Dialekte auf einander nicht so tief in ihre Natur eingreifend denken, dass dadurch die Verschiedenheit ihres Grundcharakters aufgehoben worden wäre; selbst in allem Einzelnen ihrer Gestaltung blieb noch immer der sichtlichste Abstand zwischen ihnen, wo sie nicht, wie in den einzelnen Untermundarten des mittlern Deutschlands[1], sich unmittelbarer berührten und eben dadurch sich auch gegenseitig stärker modificierten. — In der besondern Betrachtung eines jeden Hauptdialekts verdient nun wieder der hochdeutsche die meiste Berücksichtigung, theils wegen seiner ungleich grössern Wichtigkeit für die Literatur dieses Zeitraums, theils und vorzüglich, weil er in den folgenden Jahrhunderten als Schriftsprache zu voller Alleinherrschaft in Deutschland gelangte und zwar hauptsächlich in Folge der neuen Belebung, die er bereits im sechzehnten Jahrhundert empfieng.

§ 133.

a) Wenn die hochdeutsche Schriftsprache nach der hohen Ausbildung, welche sie besonders durch die höfischen Dichter erhalten hatte, schon gegen den Ablauf des vorigen Zeitraums sehr merkliche Kennzeichen der beginnenden Ausartung an sich trug, so verwilderte sie völlig von der Mitte des vierzehnten bis in den Anfang des sechzehnten Jahrhunderts. Denn nicht allein dass mit dem Herabsteigen der Literatur aus den höhern Klassen der Gesellschaft in die mittlern und niedern das Gefühl für Adel, Zierlichkeit, Einstimmung und Angemessenheit der Rede fast ganz erlosch, so drangen nun auch, da kein Stand, keine Provinz oder Stadt in ihr den Ton angab, in die Poesie, wie in die Prosa immer mehr die roheren Volksmundarten ein[1], und da sich keine eigentlich selbständig ausbildete, viel-

---

§ 132. 1) Ueber die sogenannten mitteldeutschen Mundarten vgl. § 62, 1.

§ 133. 1) 'Im 14. Jahrhundert hatte das Mittelhochdeutsche längst aufgehört, Sprache der Gebildeten und der Dichter zu sein: mit dem deutschen Reiche

§ 133 mehr die ältere Dichtersprache noch immer mehr oder weniger der Grundbestandtheil der Schriftsprache des obern Deutschlands blieb, so schritt in dem Masse, in welchem die Mischung oft weit von einander abliegender Wortformen um sich griff, auch die Vergröberung des ganzen Sprachorganismus vor. In Allem, vom Grössten bis in das Kleinste herab, gerieth der Sprachgebrauch ins Schwanken und verwirrten sich die früher herrschend gewesenen grammatischen Regeln. — Was zunächst den Gebrauch der Buchstaben in den Wurzeln der Wörter anbetrifft, so galt darin, auch abgesehen von der barbarischen Schreibung, die allmählig einriss, durchaus keine Gleichförmigkeit mehr, besonders schwankten nach Landschaften und Zeiten die Vokale. Dabei verlor sich nach und nach, zunächst allerdings wohl in Folge des einseitigen Drucks, den der Ton auf die Stammsilben seit der Zeit ausübte, dass ihm in vollklingenden Endungen kein Gegengewicht gehalten wurde, dann aber auch sicherlich durch die Nachlässigkeit der Dichter im Reimen, die noch im dreizehnten Jahrhundert fast durchgehends streng beobachtete Unterscheidung organischer Kürzen und Längen in den Wortstämmen, indem nun die erstern zum allergrössten Theil entweder durch Dehnung des Vokals, oder durch Verdoppelung des darauf folgenden Consonanten verschwanden, und damit fielen noch mehr ursprünglich ganz verschiedene Wortformen, als im Mittelhochdeutschen, zusammen. Die Endungen der Wörter hatten schon vor dem vierzehnten Jahrhundert so grosse Einbussen erlitten, dass sie in und nach demselben nicht viel weiter abgestumpft werden konnten; indess verwischte sich auch in ihnen noch mancher Unterschied, den die Sprache zu ihrem Vortheil in der mittelhochdeutschen Zeit festgehalten hatte, um so schneller, je willkürlicher und roher gerade Ableitungen und Flexionen von Dichtern und Prosaisten behandelt wurden [2]. Natürlich ward mit dieser einbrechenden Verwirrung der einfachsten Elemente der Sprache der ganze etymologische Theil der Grammatik vielfach zerrüttet: die Verschiebungen und Uebergänge in den verschiedenen Declinations- und Conjugationsweisen, die zwar schon in frühern Zeiten, aber immer noch sehr mässig angehoben hatten, häuften sich und benahmen der Gliederung des Sprachbaues unglaublich viel von seiner ehemaligen Geschlossenheit und Durchsichtigkeit [3]. Im Wortreichthum dürfte frei-

sank auch sie, und an ihrer Stelle machten sich die verschiedenen, früher zurückgedrängten Mundarten geltend.' Pfeiffer, deutsche Mystiker S. XI. 2) Vgl. F. Stark, Dietrichs erste Ausfahrt S. XVIII. 3) Wie vergröbert die poetische Sprache schon in der zweiten Hälfte des 14. Jahrhs. war, lehren unter andern die Gedichte von dem Oesterreicher Peter Suchenwirt, der gewiss nicht zu den schlechtesten Dichtern seines Zeitalters gehörte (vgl. meine Abhandlungen: Ueber die Sprache des österreichischen Dichters P. Suchenwirt, und Quaestiones Suchen-

lich das Hochdeutsche dieser Jahrhunderte kaum dem des zwölften § 133 und dreizehnten nachstehen, vielleicht eher überlegen sein, da der Sprachgeist die ihm durch Abschleifung der Endungen entweder ganz entzogenen, oder doch sehr beschränkten Mittel zur Wortbildung dadurch zu ersetzen wusste, dass er einen ausgedehnteren Gebrauch von der Zusammensetzung machte, und überdiess aus den Volksmundarten eine grosse Anzahl sonst nicht üblicher Ausdrücke in das Schriftdeutsch Eingang fand: allein der Zuwachs der ersten Art musste die Sprache in ihrer Bewegung schwerfälliger machen, und das, was sie auf dem andern Wege erhielt, ihre Verbauerung befördern. Was endlich den Satz- und Periodenbau anlangt, so verlor derselbe in der Poesie unendlich viel von der Geschmeidigkeit, Leichtigkeit, Rundung und kunstgerechten Haltung, die er unter den Händen der vorzüglichsten mittelhochdeutschen Dichter erlangt hatte; wogegen er in der Prosa im Ganzen sich weniger roh und ungewandt zeigte, wenngleich in Uebersetzungen der Sprache manche Wortfügung und Ausdrucksweise aufgezwungen wurde, die ihrer Natur widerstrebte [4]. Ueberhaupt machte sich die Gesunkenheit der Sprache viel fühlbarer in der Poesie, als in der Prosa, wie denn auch im Allgemeinen der prosaische Stil im Vortheil gegen den poetischen stand. Denn jener war doch meist lebendiger und natürlicher, als dieser, der bald zur niedrigsten Plattheit herabsank, bald in den geschmacklosesten Ueberladungen sich gefiel und nur selten sich eine gesunde Frische bewahrte. Unter den Händen mancher Schriftsteller, namentlich bei den Mystikern, erreichte die deutsche Prosa sogar schon im vierzehnten Jahrhundert einen hohen Grad von Vollendung, indem sie selbst für den Ausdruck philosophischer Gedanken gefügig gemacht wurde [5].

§ 134.

Das Verdienst, die hochdeutsche Sprache zuerst ihrer Verwilderung entrissen zu haben, gebührt Luthern. Er bediente sich des zu Anfang des sechzehnten Jahrhunderts üblichen Schrifthochdeutsch in der besondern Färbung, die es im mittlern Deutschland und nament-

wirtianae, Naumburg 1528 und 1512. 4.) Und doch erscheint seine Sprache sogar noch rein und edel, wenn man sie gegen die um hundert Jahre jüngere hält, wie sie z. B. in den Werken Michael Beheims, namentlich in seinem gleichfalls in Oesterreich abgefassten Buch von den Wienern gefunden wird.   4) Schon im 15. Jahrhundert fieng die Unart an, dass man die deutsche Prosa, besonders in Uebersetzungen, nach der lateinischen zu modeln suchte. Selbst ein so vorzüglicher Schriftsteller, wie Niclas von Weyl, verfiel in diesen Fehler; vgl. Gervinus 2², 262 (2⁵, 357).   5) Es ist daher, wie Pfeiffer (German. 3, 409) mit Recht bemerkt, eine ganz unrichtige Vorstellung, wenn man meint, die deutsche Prosa habe sich erst im 16. Jahrhundert entwickelt.

§ 134 lich in Obersachsen empfangen hatte[1]. Allein nicht nur brachte er in dasselbe grammatische Festigkeit und Einstimmung, er hauchte ihm auch einen neuen lebensfrischen Geist dadurch ein, dass er in die Tiefen des Sprachgeistes eindrang, sich des Reichthums der in ihm ruhenden Mittel bemächtigte, sie individuell beseelte und mit bewundernswürdiger Umsicht, Sicherheit und Geschicklichkeit handhabte. So schuf er wieder eine Sprache, die, wenn ihr äusserer Organismus auch in vielfacher Beziehung im Nachtheil zu den ältern gebildeten Mundarten stand, sich doch durch Reinheit, Kraft, Verständlichkeit und Schärfe der Bezeichnung, so wie durch Fülle, Wärme, Innigkeit und Adel auszeichnete und vermöge des gewaltigen Einflusses, den seine Schriften auf die Zeitgenossen und die Nachwelt ausübten, 'Kern und Grundlage der neuhochdeutschen Sprachniedersetzung wurde'[2]. — Indess kam es noch nicht so bald dahin, dass Luthers Sprache zur alleinherrschenden in der deutschen Literatur wurde. Nicht nur sträubten sich lange die katholischen Schriftsteller gegen ihre Annahme, auch in den Werken der Protestanten

---

§ 134. 1) Er selbst sagt in seinen Tischreden (Ausg. von 1723. fol.) S. 699a: 'Ich habe keine gewisse, sonderliche, eigene Sprache im Deutschen, sondern gebrauche der gemeinen deutschen Sprache, dass mich beide Ober- und Niederländer verstehen mögen. Ich rede nach der sächsischen Canzelei, welcher nachfolgen alle Fürsten und Könige in Deutschland. Alle Reichsstädte, Fürstenhöfe schreiben nach der sächsischen und unsers Fürsten Canzelei, darum ist's auch die gemeinste deutsche Sprache. Kaiser Maximilian u. Kurfürst Friedrich, Herzog zu Sachsen etc., haben in römischem Reich die deutschen Sprachen also in eine gewisse Sprache gezogen.' (Vgl. über die kaiserliche Kanzleisprache auch Kinderling, Geschichte d. niedersächs. Sprache, Magdeburg 1800. 8. S. 390 ff.; v. d. Hagen, Gesammtabent. 1, S. XXV f.; Pfeiffer, Nicolaus von Jeroschin S. IX; R. v. Raumer in Pfeiffers Germania 1, 160 ff.; Dittmar, zur Einleitung in die Geschichte der neuhochd. Grammatik, im Programm des Marburger Gymnasiums 1861. 4. S. 12 ff.; Müllenhoff, Denkmäler S. XXV ff. und besonders E. Wölcker, die Entstehung der Kursächs. Kanzleisprache in der Zeitschr. d. Vereins f. thür. Gesch. 4, 349—376, und Luthers Stellung zur Kursächsischen Kanzleisprache, in der German. 25, 191—214.) Die Canzeleien galten auch noch zu der Zeit, da Opitz seine Poeterey schrieb, 'für die rechten Lehrerinnen der reinen Sprache;' s. M. Opitzens Gedichte in der Ausgabe der Schweizer S. 50. Ueber Luthers Sprache vgl. Mönkeberg, Beiträge zur würdigen Herstellung des Textes der lutherischen Bibelübersetzung. Hamburg 1855. 8. Wetzel, die Sprache Luthers. Stuttgart 1859. 8. Frommann, Vorschläge zur Revision von M. Luthers Bibelübersetzung. Sprachlicher Theil. Halle 1869. 8. Opitz, die Sprache Luthers, Halle 1870. 8. Lehmann, Luthers Sprache. Halle 1873. 8. Ein 'Wörterbuch zu M. Luthers deutschen Schriften' hat Ph. Dietz begonnen, das aber leider in der 1. Liefrg. des 2. Bandes stecken geblieben ist (Leipzig 1870 bis 71. 8.). Ueber das 'Gemeine Deutsch' des 15. Jahrhunderts vgl. R. v. Raumer, gesammelte sprachwissenschaftl. Schriften S. 189 ff.; 321 ff.; 355 ff.   2) Vgl. Grimm, Grammatik 1², S. XI. Eine Abhandlung über Luthers Verdienste um die Ausbildung der hochdeutschen Schriftsprache von Grotefend steht in den Abhandlungen des Frankf. Gelehrten Vereins für deutsche Sprache, St. 1, S. 24—152; vgl.

dauerten neben ihr das ganze sechzehnte Jahrhundert hindurch jene § 134
ältere hochdeutsche Mischsprache in ihren verschiedenen Schattie-
rungen oder niederdeutsche Mundarten fort. Vornehmlich zeigte sich
diess in der Poesie dieser Zeit, auf welche Luther, da er hauptsächlich nur als Dichter von Kirchenliedern aufgetreten war, nicht
so unmittelbar und so vielseitig eingewirkt hatte, als auf die Prosa.
Daher erhob sich die hochdeutsche Sprache in den meisten Gedichten
nicht über die Stufe, auf welche sie in den beiden letztverflossenen
Jahrhunderten herabgesunken war: sie blieb im Ganzen roh und ungeschlacht. Selbst in Luthers Liedern muss sie oft rauh und hart
genannt werden, und in den Werken Hans Sachsens, des ausgezeichnetsten Dichters dieser ganzen Periode, kann sie, bei allen ihren
sonstigen Vorzügen, mindestens nicht für rein und feingebildet gelten.
Dass dabei der poetische Stil keine bemerkenswerthen Fortschritte
machen konnte, versteht sich von selbst: nur selten zeichnet sich
darin ein Dichter durch eine gewisse Leichtigkeit, Gefügigkeit und
natürliche Anmuth, fast nie durch Zartheit, Ebenmass, Würde und
Adel aus. Dagegen hatte schon Luther selbst ein allgemeines Muster
reiner und edler Prosa in seiner unvergleichlichen Bibelübersetzung
aufgestellt, die nach ihrem Erscheinen[3] im protestantischen Deutsch-

auch das Vorwort zu Ph. Dietz' Wörterbuch zu Dr. M. Luthers deutsch. Schriften.
1. Bd. Leipzig 1870. 8.; ferner P. Pietsch, M. Luther und die hochdeutsche Schriftsprache. Breslau 1883. 8. Schubart, Luthers Verdienste um die deutsche Sprache, in
'Luthervorträge gehalten zu Breslau'. Breslau 1883. F. Zschech, Luther als Schöpfer
der neuhochdeutschen Sprache. Hamburg 1883. 8. L. Rudolph, über Luthers Verdienste um unsere Muttersprache. 3 Vorträge. Frankfurt a. M. 1884. 8. — Auch die
Rechtschreibung, die Luther in seiner früheren Zeit sehr vernachlässigte, suchte
er später zu regeln; vgl. darüber Hupfeld in d. N. Jen. Litt. Zeit. 1842, Nr. 254 f.
3) Sie entstand und wurde nach und nach herausgegeben zwischen den Jahren
1522—1534 (das Neue Testament wurde schon 1522 in Wittenberg gedruckt; mit
dem ganzen Alten zusammen zuerst Wittenberg 1534; eine treue Nachbildung der
Ausgabe der Luther'schen Bibel von 1522 in Scherers Deutsche Drucke älterer
Zeit. I. Berlin 1883. fol.); eine Revision des ganzen Bibelwerks unternahm Luther
dann 1539 mit Zuziehung von Melanchthon, Creuziger, Bugenhagen, Justus Jonas u. a.
Die letzte unter seinen Augen gedruckte Ausgabe ist die von 1545. Auf ihr beruht
die von Bindseil und Niemeyer veranstaltete kritische Ausgabe. 7 Theile. Halle
1850—55. 4. (vgl. darüber R. v. Raumer in Pfeiffers Germ. 2, 111.) Auch ins Niederdeutsche wurde Luthers Uebersetzung umgeschrieben und in dieser Gestalt bis
in den Anfang des 17. Jahrhunderts herein häufig gedruckt. — Vgl. Geschichte
der deutschen Bibelübersetzung Dr. M. Luthers etc. von H. Schott, Leipzig 1835. 8.
G. W. Hopf, Würdigung der lutherischen Bibelübersetzung. Nürnberg 1847. 8.
Wilibald Grimm, Geschichte der lutherischen Bibelübersetzung bis zur Gegenwart,
mit Berücksichtigung der vorlutherischen deutschen Bibel. Jena 1884. 8. Ueber
Luthers Uebersetzung der alttestamentlichen Apokryphen vgl. Wilib. Grimm in den
Theolog. Studien und Kritiken 1883, S. 375—400. Vgl. noch F. Kindscher, ein Theil
von Luthers Hs. seiner Bibelübersetzung, in den Mittheilungen des Vereins für
anhalt. Geschichte I, 7 (1877); auch G. W. Hopf, Alliteration, Assonanz, Reim in

§ 134 land bald zum überall gelesenen Volksbuch und zum Canon der protestantischen Kirchensprache wurde, und ausserdem noch durch seine eigenen deutschen Schriften [4], namentlich durch seine Sendschreiben und Ermahnungen an Fürsten, Edle und Städte, seine Erbauungsbücher und Predigten, den Brief- und Lehrstil, so wie den oratorischen ausnehmend vervollkommnet. Um so natürlicher war es, dass diejenigen seiner Zeitgenossen, die sich seinen Bestrebungen zunächst anschlossen, wenn sie deutsche Prosa schrieben, sich ihn zum Vorbild nahmen, sich seine Sprache und seinen Stil anzueignen suchten, und dass dann seine Schreibart auch auf solche Prosawerke protestantischer Schriftsteller Einfluss erlangte, die gerade nicht mit den unmittelbarsten Zwecken der Reformatoren zusammenhiengen. Auf diese Weise zog die prosaische Literatur bereits in der Reformationszeit den grössten Gewinn aus dem, was durch Luther für die Festigung und Veredlung der Sprache geschah. In der zweiten Hälfte des sechzehnten Jahrhunderts, als in ihr die freieren und lebendigeren Richtungen, welche die Begeisterung der Reformatoren hervorgerufen hatte, immer mehr von einer starren Dogmatik und zelotisch-finstern Polemik verdrängt wurden, sank sie freilich im Allgemeinen zusammt der Sprache wieder tief von der Höhe herab, zu der sie sich erst kurz zuvor erhoben hatte; indess fällt in diese Zeit noch Johann Fischart, ein Schriftsteller, der nächst Luther wohl der

der Bibel. Ein neuer Beitrag zur Würdigung der Lutherischen Bibelverdeutschung. Erlangen 1883. 8. Ueber die Bibelübersetzungen vor Luther vgl. Panzers Annalen der deutschen Litteratur, Götzens Historie der gedruckten niedersächsischen Bibeln, Halle 1775. 4., Eberts bibliographisches Lexicon Nr. 2162 ff., Kehrein, zur Geschichte der deutschen Bibelübersetzung vor Luther nebst 34 verschiedenen deutschen Uebersetzungen des 5. Cap. aus dem Evangelium des heil. Matthaeus. Stuttgart 1851, auch K. Biltz, im Archiv für das Studium d. neueren Sprachen 61, 369—392 und: der Codex Teplensis enthaltend 'Die Schrift des neuen Gezeuges'. Aelteste deutsche Handschrift, welche den im XV. Jahrh. gedruckten deutschen Bibeln zu Grunde gelegen. 1.—3. Theil. Augsburg 1881—84. 4. (vgl. Pietsch in Zachers Zeitschr. 14, 112 ff.). Eine der ältesten dürfte die handschriftlich in Leipzig aufbewahrte Uebertragung der Evangelien sein, welche 1343 für Mathias von Beheim, Klausner zu Halle, gefertigt wurde: herausgeg. von R. Bechstein, des Mathias von Beheim Evangelienbuch in mitteldeutscher Sprache. Leipzig 1867. 8.; vgl. dessen Einleitung und Pfeiffer in der German. 7, 227 ff. Aus einer etwa gleichzeitigen ebenfalls mitteldeutschen Evangelienübersetzung sind Bruchstücke mitgetheilt durch Heppe in Haupts Zeitschr. 9, 264 ff. 4) Die erste Sammlung derselben erschien Wittenberg 1539—59. fol.; das vollständigste Verzeichniss von Luthers deutschen Schriften s. bei Dietz a. a. O. 1, S. XXV—LXXXVI. Eine kritische Ausgabe von Luthers sämmtlichen Werken erscheint seit 1883 unter Leitung der Berliner Akademie (1. Bd. Weimar 1883). Mehrere seiner kleinern Flugschriften ('An den Adel deutscher Nation', 'Wider Hans Worst' etc.) liegen jetzt bequem in den Neudrucken deutscher Literaturwerke des 16. und 17. Jahrh. von W. Braune (Halle. 8.) vor.

merkwürdigste, originellste und sprachgewaltigste Prosaist dieser § 134. Periode ist, ihm jedoch in der Einwirkung auf die Sprache und Literatur der Mit- und Nachwelt auch nicht entfernt verglichen werden kann.

§ 135.

b) Die niederdeutsche Sprache hatte in der Zeit vom neunten bis zum zwölften Jahrhundert ungefähr dieselben Veränderungen, wie die hochdeutsche erlitten: von der ehemaligen Fülle ihres äussern Organismus war durch Abschleifen und Zusammenfallen der Wortendungen immer mehr verloren gegangen. Was aber ihrer fernern Entwickelung zum besondern Nachtheil gereichte und sie verhinderte, ihre Einbusse an leiblicher Vollkommenheit durch innere, geistige Ausbildung zu ersetzen, war ihr fast gänzliches Zurücktreten in der poetischen Literatur des dreizehnten Jahrhunderts[1]. Das vierzehnte überkam sie daher nur in einzelnen, mehr oder minder von einander abweichenden Volksmundarten, die zwar damals gewiss auch noch von den höhern Ständen des nördlichen Deutschlands gesprochen wurden, von denen aber keine die Regelung und Verfeinerung erlangt haben konnte, die der mittelhochdeutschen Dichtersprache zu Theil geworden war. Sie blieben nun auch in der poetischen und prosaischen Literatur dieses Zeitraums neben einander bestehen, doch so, dass ausser der stärkern oder schwächern Einwirkung, die sie vom Hochdeutschen und dann auch vom Niederländischen erfuhren[2], woraus besonders poetische Werke übersetzt wurden, unter ihnen selbst vielfache Berührungen und Mischungen stattfanden. Dass eine dieser Untermundarten in einer hervorstechenden Weise vor den übrigen vervollkommnet wäre und über sie ein entschiedenes Uebergewicht gewonnen hätte, lässt sich eben nicht behaupten[3]. — Vergleicht man im Allgemeinen die niederdeutsche Sprache dieses Zeitraums

§ 135. 1) Die poetische Blüthe, die sich gegen Ende des 13. und in der ersten Hälfte des 14 Jahrhunderts in den Niederlanden entwickelte (Hoffmann, Horae Belgicae, Pars I. Ed. secunda. Hannover 1857. 8., Jonckbloet, Geschiedenis der middennederlandsche Dichtkunst. 3 Theile. Amsterdam 1851—55. 8.; desselben Geschichte der niederländischen Literatur, deutsche Ausgabe von W. Berg, 1. Bd. Leipzig 1870. 8. Mone's Uebersicht der niederländischen Volks-Litteratur älterer Zeit, Tübingen 1838. 8.; Martin in Zachers und Höpfners Zeitschr. 1, 157—177) darf nicht mehr als der Geschichte der deutschen Literatur im engern Sinne angehörig betrachtet werden, wenngleich die niederländische Sprache ursprünglich nur eine besondere Mundart der niederdeutschen war. 2) Ueber die Beziehungen der deutschen zur niederländischen Literatur vgl. Martin a. a. O. und besonders Gervinus 2⁵, 183—226. 3) Beiträge zur Kenntniss des Mittelniederdeutschen hat Regel in Haupts Zeitschr. 3, 53—94 geliefert. Eine grammatische Gesammtdarstellung hat A. Lübben versucht in seiner 'Mittelniederdeutschen Grammatik'. Leipzig 1882. 8: für ein beschränktes Gebiet leistet Treffliches Nergers Grammatik des meklenburgischen Dialektes älterer und neuerer Zeit, Leipzig 1869. 8.

§ 135 mit der hochdeutschen, so steht die letztere in Rücksicht des Vor-
rathes an grammatischen Formen und auch wohl an Wörtern im Vortheil gegen die erstere; auch ist jene, was sie schon früher war,
die vollere, kräftigere, männlichere geblieben, Vorzüge, die durch
die grössere Weichheit und Naivetät der andern[4] nicht aufgewogen
werden können[5]. — Nach der Mitte des sechzehnten Jahrhunderts
fieng das Niederdeutsche wieder an aus der Literatur zu verschwinden[6]; seit dem Anfang des siebzehnten wurde es so gut wie ganz
daraus verdrängt und sank, je ausgedehntere Geltung sich nach und
nach das Hochdeutsche auch ausser dem Schriftgebrauch unter den
gebildeteren Klassen verschaffte, um so mehr zur blossen gemeinen
Volkssprache in Norddeutschland herab, die erst in unserm Jahrhundert durch begabte Dichter wieder einen Platz in unserer Literatur sich errungen hat.

§ 136.

2. Dass die mittelhochdeutsche Verskunst bereits gegen das
Ende des dreizehnten und besonders in der ersten Hälfte des vierzehnten Jahrhunderts sich sichtlich zu vergröbern anfieng, ist oben
(§ 75) bemerkt und zugleich angedeutet worden, worin sich diess vorzüglich kund that. Weit entfernt nun, dass der Ausartung der alten
metrischen Formen in dieser Periode ein Ziel gesetzt, sie wieder ge-
festigt und verfeinert worden wären, griff vielmehr im Allgemeinen
ihre Verwilderung immer weiter um sich, so dass sie zuletzt zu einer
Rohheit herabsanken, die der, aus welcher sie sich in den ersten
Jahrzehnten des vorigen Zeitraums glücklich herausgearbeitet hatten,
nicht nur nichts nachgab, sondern in vielen Stücken sie noch über-
bot. Die allgemeinen Ursachen dieser Erscheinung waren die, welche
auch den Verfall der Sprache, des Stils und Gehaltes der Poesie während dieser Jahrhunderte herbeiführten, worauf schon im Vorhergehenden hingewiesen ist. Eine besondere muss in der oben (§ 133)
berührten Verlängerung fast aller ursprünglich kurzen Wurzelsilben
gesucht werden, die auch eine Veränderung in dem alten Verhältniss
zwischen tonlosen und stummen Silben und in der damit zusammenhängenden Bestimmung der Nebenaccente mehrsilbiger Wörter bewirkte[1], und, weil sie nicht auf einmal, sondern erst allmählig eintrat, zuerst ein Schwanken und dann, bei zunehmender Verwilderung

---

4) Vgl. Lappenbergs Ausgabe der Scherzgedichte von J. Lauremberg, Stuttgart
1861. 8. S. 153 f.   5) Dagegen ist, dem nahverwandten Mittelniederländischen
gegenüber, in den lautlichen, grammatischen und etymologischen Erscheinungen
das Mittelniederdeutsche nicht selten im Vortheil, indem es deutlichere Wortformen
und durchgebildetere Gesetze darbietet, vgl. Regel a. a. O. S. 55.   6) Vgl. Kinderling a. a. O. S. 393 ff.

§ 136.   1) Vgl. Wackernagel, Lesebuch 2, S. XVI.

der Sprache, eine rohe Willkür in der Veranschlagung des Silben- § 136
werthes nicht nur beim Reimen, sondern auch bei dem ganzen Versbau zur Folge hatte.

§ 137.

a) Versmessung. — Der Versbau dieses Zeitraums erscheint
zwar überhaupt äusserst ungeschlacht im Vergleich mit dem mittelhochdeutschen, indessen beruht er wenigstens immer noch auf dem
alten Grundgesetze, zumal wie es seit der Mitte des dreizehnten Jahrhunderts angewandt zu werden pflegte[1], so lange sich in den Vers-
zeilen eine Unterscheidung stärker und schwächer betonter Silben
wahrnehmen lässt. Diess ist im Allgemeinen wirklich noch der Fall
in Gedichten, die vor dem sechzehnten Jahrhundert entstanden sind,
mögen die Verse durch harte Wortkürzungen und durch fehlerhafte
oder ganz unstatthafte Betonung auch oft noch so rauh und holperig
gerathen sein, oder gar, wenn durch Häufung oder Uebergewicht
der Silben in den Auftacten und Senkungen das richtige Verhältniss
der letztern zu den Hebungen zu grob verletzt ist, ganz aus einander
zu fallen drohen[2]. Völlig entartet zeigt sich die Versmessung erst
da, wo keine andere Regel in ihr waltet, als die blosse Zählung der
Silben ohne alle Beachtung ihres Tonwerthes. Zu dieser tiefsten
Stufe eines rohen Mechanismus finden wir sie vornehmlich im sech-

---

§ 137. 1) § 68, 25. Den Unterschied zwischen der Silbenzählung der älteren
und der späteren Zeit (im 15. und 16. Jahrhundert) betreffend vgl. noch Höpfner,
Reformbestrebungen S. 5 f. 2) Wie weit es schon bei Hugo von Montfort mit
der Ungeschlachtheit der Versmessung gekommen war, zeigt an einzelnen Beispielen
Weinhold in seiner Schrift über diesen Dichter S. 29 f. Die Metrik H.'s von M.
ist eingehend behandelt in Wackernells Ausgabe, der damit einen werthvollen Beitrag zur Geschichte der deutschen Verskunst geliefert hat. Vgl. auch Stark, Dietrichs erste Ausfahrt S. XVIII. — Wie für die wissenschaftliche Behandlung der
Sprachgeschichte dieses Zeitraums bis jetzt so gut wie gar nichts geschehen ist,
so liegt auch noch die Geschichte der Veränderungen, welche in ihm die alten
metrischen Formen erlitten haben, sehr im Argen. Man wird hier gleichfalls erst
den Vers- und Reimgebrauch vieler einzelnen Dichter, so wie die Art, wie sie in
unstrophischen Gedichten die Zeilen an einander gereiht, in strophischen zu wiederkehrenden Gliedern zusammengefasst haben, erforschen müssen, bevor man zu
allgemeinern Ergebnissen gelangen kann; und diese werden sich dann gewiss wieder sehr mannigfaltig von einer noch immer anerkennenswerthen Höhe der Kunst-
übung bis zur äussersten Tiefe des rohen Handwerks abstufen. Denn dass insbesondere der Theil der metrischen Kunst, der mit der Zeit am meisten ausartete,
der eigentliche Versbau, in der zweiten Hälfte des 14. Jahrhunderts bei einzelnen
Dichtern sich noch ziemlich genau an die hundert Jahr früher beobachteten Regeln hielt, zeigen Suchenwirts Gedichte; vgl. meine Quaestion. Suchenwirtianae,
S. 3—5, und meinen Beitrag zum Pförtner Jubiläums-Programm: Ueber die Betonung mehrsilbiger Wörter in Suchenwirts Versen. Naumburg 1843. 4. Was vom
Suchenwirt gilt auch von Suchensinn, einem Zeitgenossen von jenem; vgl. Bartsch,
Meisterlieder der Kolmarer Handschrift S. 151 f. und Nr. 171—179.

§ 137 zehnten Jahrhundert herabgesunken[3], jedoch auch hier nicht in allen poetischen Werken auf gleiche Weise. Vielmehr macht sich noch ein Unterschied bemerkbar, je nachdem sie entweder in mehr volks- mässigen und einfacher geformten Dichtungen zur Anwendung ge- kommen, oder in den auf grössere Künstlichkeit Anspruch machen- den Stücken, die in dem engern Bereich der meisterlichen Sing- schulen entstanden und darauf beschränkt geblieben sind. Dort näm- lich ist im Durchschnitt noch immer viel mehr von der Nachwirkung des alten Grundgesetzes zu spüren, ja der Versbau einzelner Dichter steht an äusserer Regelmässigkeit kaum dem ihrer bessern Vorgänger aus dem vierzehnten und fünfzehnten Jahrhundert nach; wogegen hier an eine verschiedene Veranschlagung der Silben nach der Stärke oder Schwäche ihres Tons so gut wie gar nicht gedacht ist[4]. — Dieser äussersten Entartung den deutschen Versbau zu entreissen und ihn überhaupt wieder durch bewusste Anwendung des Betonungs- gesetzes zu Regelmässigkeit und Festigkeit zurückzuführen, gelang erst den Dichtern des siebzehnten Jahrhunderts und namentlich Opitzen, mit dem daher auch in der Geschichte der deutschen Metrik ein neuer Zeitraum anhebt. Der Weg, den er und seine Nach- folger einschlugen, war allerdings kein völlig neuer; bereits im sech- zehnten Jahrhundert war diese Reform von einigen Männern ange- bahnt worden[5], die theils durch Beispiel, theils durch Lehre die beiden dem Charakter der neudeutschen Sprache am meisten zu- sagenden, in der Folgezeit auch vorherrschend gebliebenen regel- mässigen Versarten, die jambische und die trochäische, mit diesen aus der antiken Metrik entlehnten Benennungen in unsere Literatur einzuführen suchten. Besondere Erwähnung verdienen in dieser Hinsicht Paul Rebhun, in dessen Schauspielen Susanna[6] und die Hochzeit zu Cana[7] genau jambische und trochäische Verse unter-

---

3) Ich sage vornehmlich; denn stark dazu hin neigte bereits der Meistergesang des 15. Jahrhunderts. Man lese z. B. die in der Sammlung für altd. Litter.
u. Kunst, S. 37 ff. abgedruckten Stücke von Mich. Beheim, worin die Rohheit des
Versbaues fast noch mehr in die Augen fällt, als in seinem Buch von den Wienern.
    4) Vgl. Wagenseil, von der Meistersinger holdsel. Kunst S. 518 f. Belege dazu
kann man unter andern in den gedruckten Meisterliedern von Hans Sachs (Auswahl derselben durch Gödeke in den Deutschen Dichtern des 16. Jahrh. 4. Bd.
Leipzig 1870. 6.) finden, wenn man sie mit seinen nicht strophisch abgefassten
Dichtungen vergleicht (vgl. auch W. Sommer, die Metrik des Hans Sachs. Rostock
1882. 6.). Man sehe nur die Strophen, welche in der Samml. f. altd. Litt. u. Kunst
S. 212—217 stehen, oder die Strophen von dem Magdeburger Valentin Voigt (geb.
1487, gest. nach 1557: vgl. Gödeke's Grundriss S. 240), die er in einzelnen frauen-
lobischen Tönen gedichtet hat, in Ettmüllers Ausgabe von Frauenlobs Gedichten
S. XIII ff.   5) Vgl. über die im 16. Jahrh. versuchten Reformen die gründliche Ausführung von E. Höpfner in dem mehrfach citierten Programm.   6)
Aufgeführt 1535, gedr. 1536.   7) Gedruckt 1538.

schieden werden' und der Grammatiker Joh. Clajus[9], der in seiner § 137 Grammatica Germanicae linguae[10] eine mit Beispielen begleitete Reihe prosodischer Regeln gegeben hat, die theils von den Griechen und Römern, theils aus der Natur der deutschen Sprache entnommen sind[11]. Etwas eigentlich Neues waren dergleichen Verse in deutscher Sprache freilich nicht: alle alt- und mittelhochdeutschen Zeilen, in denen Hebungen und Senkungen nach der jetzt üblichen Weise regelmässig wechseln, können, vom neudeutschen Standpunkte angesehen, jambisch und trochäisch genannt werden. Aber damals war dieser regelmässige Wechsel noch in die Willkür des Dichters gestellt, der seit der Zeit, wo man die Namen jener antiken Versarten in der deutschen Metrik allgemeiner zu gebrauchen anfieng, in deren Nachbildungen nothwendig wurde; auch war in den altdeutschen Versen, die man als jambische und trochäische bezeichnen kann, die Verschleifung zweier Silben auf der Hebung und der Senkung gestattet, so dass sie doch anders aussehen, als unsere modernen, bei denen die bestimmte Zahl von Silben ein wesentliches Erforderniss ist. Ausser jambischen und trochäischen Versen finden sich auch im sechzehnten Jahrhundert, ja schon weit früher, Nachbildungen anderer antiker Versarten, insbesondere des Hexameters und des Pentameters, theils gereimt, theils reimlos. In ihnen ist aber durch mehr oder minder folgerechte Anwendung der Regeln der antiken Prosodie auf die deutsche Sprache dieser Gewalt angethan, was in jambischen und trochäischen Versen niemals der Fall gewesen, da im sechzehnten wie im siebzehnten Jahrhundert und späterhin ihr Bau allein durch das Gesetz der Betonung bestimmt worden ist[12]. Auch antike lyrische Versarten wurden in diesem Zeitraume schon nachgeahmt, jedoch

---

8) Vgl. Gottsched, Nöthiger Vorrath zur Geschichte der deutschen dramat. Dichtkunst 1, 66 ff.; 78 f; Gödeke's Grundriss S. 307; Palms Ausg. S. 183; Höpfner a. a. O. S. 11 ff.; Tittmann, Schauspiele des 16. Jahrh. 1, S. XXII. 9) Geb. 1530, gest. 1592. 10) Zu Leipzig 1578 gedruckt und bis 1720 oft aufgelegt. 11) Vgl. Gottscheds deutsche Sprachkunst (Ausgabe von 1762) S. 559 ff. u. 574 ff.; Wackernagel, Geschichte des deutschen Hexameters und Pentameters bis auf Klopstock, S. 27 ff. (kl. Schr. 2. Bd.) und Höpfner a. a. O. S. 16 ff. Auf andere Vorgänger Opitzens werde ich weiter unten zu sprechen kommen. 12) Die in deutscher Sprache vom 14. bis 16. Jahrhundert gedichteten Hexameter und Pentameter findet man zum grössten Theil (die merkwürdigsten rühren von K. Gesner, Fischart und Joh. Clajus her) in Wackernagels lehrreicher, so eben angeführter Schrift S. 6 ff.; vgl. dessen Leseb. 2, 117 f.; 135 ff.; andere von Wackernagel noch nicht erwähnte Belege des deutschen Hexameters sind in Johannes Rothe's Gedicht des Rathes Zucht (vgl. Bech in der German. 6, 273 ff. 7, 359 ff.); in der Minne Regel von Eberhard Cersne (vgl. Bech a. a. O. 7, 482); in der deutschen Uebersetzung der Gesta Romanorum (herausgeg. von Keller, Quedlinburg und Leipzig 1841. 8.); vgl. auch Haupts Zeitschr. 5, 413 ff.; der älteste deutsche (halblateinische) Hexameter findet sich im Rudlieb (vgl. Bartsch in der German. 7, 370); vgl. auch das oben (§ 67, 4)

§ 137 meist so, dass der Tonfall der lateinischen Worte, nach ihrem prosaischen Accente ausgesprochen, im Deutschen nachgebildet wurde,
so dass aus dem sapphischen Verse ein elfsilbiger jambischer Vers
mit weiblichem Ausgang, aus dem längeren asklepiadeischen mit Cäsur
in der Mitte ein dem Alexandriner vollkommen gleicher, nur immer
männlich ausgehender Vers wurde[13]. Alle diese Versuche, so fern sie
sich über jambische und trochäische Masse verstiegen, können jedoch
nur als eine Curiosität in unserer Literatur gelten; auch wurden dergleichen Bemühungen theils von den Anhängern am Alten geradezu
bekämpft[14], theils standen sie zu vereinzelt da und wurden auch nicht
gleich allgemein genug beachtet, um in dem deutschen Versbau schon
vor Ablauf dieser Periode eine Reform im Ganzen und Grossen zu
bewerkstelligen.

§ 138.

b) Reime. — Wie in der mittelhochdeutschen Zeit blieben gereimte Versarten die einzig üblichen[1], und reimloser Zeilen oder sogenannter Waisen bediente man sich auch jetzt nur noch in der Art,
dass man sie zwischen gebundene einschob. Aber in dem Reimgebrauch trug sich eine wesentliche Veränderung mit dem Wegfall aller
Kürzen in den Stämmen mehrsilbiger Wörter zu: denn dadurch giengen
alle zweisilbig stumpfen und alle dreisilbig klingenden Reime der
zweiten mittelhochdeutschen Art[2] verloren, und es blieben nur noch
einsilbig stumpfe[3], zweisilbig klingende und dreisilbig gleitende übrig[4],

angeführte Gedicht vom Himmelreich. — Ueber Fischarts Hexameter und Pentameter vgl. noch Wackernagel, Johann Fischart S. 94; Höpfner a. a. O. S. 10 f.
13) Sapphische Strophen hat zuerst, so viel bekannt, der Mönch von Salzburg
(Ende des 14. Jahrhunderts) nachzubilden versucht (vgl. Höpfner a. a. O. S. 6); im
16. Jahrhundert (1532) finden sie sich bei Johann Kolross (gest. 1558 oder 1569),
der auch Chöre nach antiker Weise im Drama dichtete (vgl. Höpfner S. 8; Gödeke, Every Man S. 77; Tittmann, Schauspiele des 16. Jahrh. 1. S. XXI f.). Askle-
piadeische Verse, die wie Alexandriner klingen, versuchte Martin Myllius (gest. zu
Ulm 1521) in seiner Passio Christi (vgl. Höpfner S. 6 ff.; Hoffmann, Kirchenlied [3]
S. 482 ff.). Ueber ähnliche Versuche von Sixt Birk (Betulius, gest. 1554), Hermann
Haberer, Semler, Zachar. Richter u. a. vgl. Wackernagel, Litt. Gesch. S. 454; Weimar.
Jahrbuch 4, 209; und besonders Höpfner a. a. O. S. 9 ff.   14) Vgl. die Stellen
aus den Vorreden von P. Rebhun zur der neuen Ausgabe seiner Susanna und von
Ad. Puschmann zu der 'Comedia von dem Patriarchen Jacob' (gedr. 1592) bei Gottsched a. a. O. S. 89; 129 ff., in Palms Ausgabe von Rebhuns Dramen und bei Gervinus 3[3], 88 f. (3[3], 112).
     § 138. 1) Die wenigen Beispiele von reimlosen, welche antiken Metren nach-
gebildet sind, können hierbei gar nicht in Anschlag kommen.   2) Vgl. § 70.
3) Einige Dichter, wie Erasmus Alberus und Barth. Ringwald bedienen sich in
kurzen Reimpaaren nur stumpfer Reime.   4) So wurden z. B. die früher stumpfen
Reime *tagen: sagen; site: rite* zu den klingenden *tágen: ságen; sitte: ritte*, und
die dreisilbig klingenden *edele: wedele; sigelte: rigelte* zu zweisilbig klingenden,
édel: wédel, oder zu gleitenden, *sigelte: rigelte*.

von denen die letzte Art jedoch wenig benutzt wurde[5]. Diese Be- § 138
schränkung der alten Reimarten scheint im fünfzehnten Jahrhundert
schon völlig durchgedrungen zu sein; in der zweiten Hälfte des vierzehnten zeigt sich noch ein schon früher hier und da wahrnehmbares
Schwanken in der Verwendung mehrsilbiger, insbesondere zweisilbiger
Wörter, indem dieselben, wenn die Wurzel ursprünglich kurz war,
bald zu stumpfen, bald zu klingenden Reimen dienen[6]. — Doch auch
in anderer Beziehung ist ein grosser Abstand zwischen dem Reimgebrauch dieses Zeitraums und dem des dreizehnten Jahrhunderts.
Das Gesetz genauer Bindung nämlich ward nun bei weitem nicht
mehr so streng beobachtet; vielmehr brach auch hierin, wie in der
Versmessung, eine mit der Zeit stets wachsende Willkür ein[7]. Nicht
nur dass das Volkslied sich statt des Reimes oft mit der blossen
Assonanz begnügte und selbst diese aufgab, wenn sie sich nicht gleich
darbot, auch in allen übrigen Dichtarten, sogar in der Liederpoesie
der Meistersängerschulen, deren Tabulaturen doch so sehr auf Reinheit und Correctheit der Reime drangen[8], reichte häufig eine grössere,
oder geringere Aehnlichkeit des Klanges zum Zusammenhalten der
Zeilen hin. Am wenigsten genau nahm man es mit der Uebereiн-
stimmung der Vokale: lagen sie etwa in Reimwörtern, wie sie die
gemeine Dichtersprache gab, zu weit aus einander, so half man sich mit
provinziellen Formen dafür, die nun freilich den Missklang verdeckten,
aber auf Kosten der Sprachreinheit. Nicht minder suchte man durch
falsche Betonung, durch gewaltsames Zusammenpressen und Verstüm-
meln, oder durch sprachwidriges Ausrecken und Anflicken von Silben[9]

5) Die Tabulaturen der Meistersänger führen sie nicht mit auf (vgl. Puschmann in der Samml. f. altd. Litteratur S. 175 f., der nur von einsilbig stumpfen und
zweisilbig klingenden Reimen spricht); sie waren also wohl dem Schulgesange versagt. In kurzen fortlaufenden Reimpaaren aber bedient sich Hans Sachs noch bisweilen solcher Bindungen, wie *doderer : ploderer ; beleydigen : verteydigen.*
6) Ziemlich frühe Beispiele sind zu finden bei Wackernagel, altd. Leseb.[2] Sp. 689,
10. 16; 790, 9 (1. Ausg. Sp. 545, 32; 546, 5; 617, 20), wo die eigentlich nur zum Stumpfreim tauglichen Formen *habe, rabe, loben, toben, geschehen, sehen* klingend gebraucht sind; vgl. auch v. d. Hagen, MS. 1, 70 (wo sogar schon *imme — ime, im*
vorkommt) u. 4, 632, Anm. 4; 723, Anm. 4 u. Stark, Dietrichs erste Ausfahrt S. XVIII.
Aus der zweiten Hälfte des 14. Jahrh. führe ich besonders den Peter Suchenwirt
an, in dessen Reimen sich dieses noch nicht über gewisse Grenzen hinausgehende
Schwanken zeigt, wie ich ausführlich in meiner Abhandlung über diesen Dichter 1,
6 ff. dargethan habe.   7) Ueber die Reimungenauigkeiten bei Hugo von Montfort vgl. Weinhold in seiner Schrift über den Dichter S. 30 f. sowie Bartsch und
Wackernell in ihren Ausgaben.   8) Man lese nur Puschmann, a. a. O. S. 184 ff.
nach, wo er erklärt, was ein halbes Wort, ein Laster, ein Anhang, Milben seien,
und vgl. damit die Strafartikel S. 151 ff. und 193 ff.   9) Die unorganische An-
fügung eines *e* im Reime war schon um die Mitte des 14. Jahrhunderts gar nichts
Ungewöhnliches; vgl. Pfeiffer, Nicolaus von Jeroschin S. LVIII und Bartsch, Herzog
Ernst S. 220.

§ 138 passende Reimwörter zu erlangen[10], und je mehr die Abgestorbenheit des Gefühls für grammatische Richtigkeit hierbei Vorschub leistete, desto weniger nahm man Anstand, die Sprache auf diese Weise zu misshandeln und den Reimgebrauch von aller grammatischen Fessel zu entbinden. Zwar machten sich nicht alle Dichter dieser Nachlässigkeiten und Rohheiten in gleicher Art und Ausdehnung schuldig, ganz frei davon ist aber keiner zu sprechen[11].

§ 139.

c) Versreihen; Strophen; Leiche. — Der alte Vers von vier Hebungen in seiner grössern oder geringern Entartung blieb auch während dieses Zeitraums bei weitem der vorherrschende in nicht strophisch gegliederten Dichtungen[1]. In den poetischen Gattungen, für welche er schon in früherer Zeit vorzugsweise verwandt wurde, behauptete er noch immer sein Vorrecht, obschon, wegen des häufiger gewordenen Gebrauchs der Strophe, nicht mehr in derselben Ausdehnung. Ausserdem wurde er für die neu aufkommende dramatische Poesie die üblichste metrische Form. Seine Behandlung jedoch änderte sich zunächst insofern, als die Verlängerung der klingend ausgehenden Zeilen um eine Hebung, die schon früher vorbereitet war, aber bei den Dichtern des dreizehnten Jahrhunderts erst mehr ausnahmsweise eintrat[2], nun zur Regel wurde. Zu allgemeiner Geltung scheint sie ungefähr um dieselbe Zeit gekommen zu sein, wo sich mit dem geschwundenen Gefühl für die ursprüngliche Kürze vieler Wortstämme die zweisilbig stumpfen Reimwörter in klingende umsetzten, also bald nach dem Eintritt des fünfzehnten Jahrhunderts; denn bis dahin trifft man noch auf einzelne Dichter, die dem alten

---

10) Belege zu diesen verschiedenen Arten schlechter Reime wie *Praun : staun* (= *stân*), *zaber* (= *zauber*): *aber*, *Traun : faun* (= *von*), *tuon : fun* (= *von*), *hiener : giener* (= *hüener*: *jener*); *swertern : wern*; *turne : wurne* (= *wâren*), *Hans : lans* (= *landes*), *künk* (= *künig*): *dünk*, *ere* (= *er*): *mere*, *iste* (= *ist*): *wiste*, *dase : wase* (= *daz: was*) etc. können u. a. in Mich. Beheims Buch von den Wienern auf jeder Seite gefunden werden.   11) Gewiss war Peter Suchenwirt auch als Reimer nicht der schlechtesten einer zu seiner Zeit, und kaum dürften ihm unter den Dichtern der beiden folgenden Jahrhunderte viele durch grössere Feinheit der Reimkunst überlegen sein, und wie oft und gröblich verletzt er schon das mittelhochdeutsche Reimgesetz!

§ 139. 1) Er war 'dermassen zur Herrschaft gelangt, dass die Grammatiker und Prosodiker ein Vorkommen anderer Versarten und Versverbindungen nur in den Kirchenliedern oder im Volksliede (wenn sie derselben im Vorbeigehen gedachten) erwähnen konnten. Und mit welcher an Dünkel grenzenden Selbstgenügsamkeit diese Armuth betrachtet ward, verräth die damalige Kritik, nach welcher, ähnlich wie das 17. Jahrh. vom Alexandriner dachte, der acht- oder neunsilbige Vers uns Deutschen den Hexameter der alten ersetzte' (A. Ostrofranci Teutsch Grammathica Bl. 120): Höpfner a. a. O. S. 4 f.   2) Vgl. § 68, S. 109 ff. u. § 71, 2.

Gebrauch treu bleiben[3]. Dann aber gelangen auch jene andern, be- § 139 reits im vorigen Zeitraum hier und da vorfindlichen Paarungen von nur dreimal gehobenen Versen mit stumpfem Reim[4] jetzt zu ausgedehnterem Gebrauch, indem sie, bald stumpf, bald klingend gebunden, bisweilen durch ganze Gedichte durchgeführt werden[5]. Endlich ist unter den auffallenderen Abweichungen von der frühern für die kurzen Reimpaare gültigen Regel noch die besonders zu erwähnen, dass die Reime nun nicht mehr ausschliesslich je zwei unmittelbar auf einander folgende Zeilen binden, sondern dass sie auch überschlagend oder sich kreuzend gebraucht sind[6], jedoch mit der Einschränkung, dass diese Bindeart, so viel ich weiss, sich nie mit der ältern und noch immer viel üblichern in einem und demselben Gedichte zugleich angewandt findet[7]. — Dass die feinern Mittel, wodurch die ältern Dichter Mannigfaltigkeit des Ausdrucks in diese Versart brachten und das gleichmässige und eintönige Zusammenklappen der Reime vermieden[8], in dieser Zeit selbst denjenigen ganz verloren gegangen waren, die noch das meiste Geschick in der äussern Technik des Dichtens bewähren[9], bedarf kaum der Erinnerung.

---

3) So namentlich Peter Suchenwirt, der sich fast noch nie klingende Zeilen mit vier starken Hebungen erlaubt (vgl. meine Abhandlung 1, 15 ff., v. d. Hagens Angabe im Gesammtabenteuer 1, S. XIX ist falsch), während sein Zeitgenosse und Landsmann, der Teichner, schon der neuen Regel folgt; vgl. Pfeiffer in der Germania 1, 377 f., der auch bemerkt, dass der Teichner seine Verse fast durchgehends nach trochäischem Masse bildet.   4) Vgl. § 68 zu Ende.   5) Vgl. z. B. das Liederbuch der Hätzlerin S. 252, mehrere Stücke im Meister Altswert, herausg. von Holland und Keller, Stuttgart 1850. S. (21. Publicat. des Litter. Vereins) und ein Gedicht von Hans Sachs in Wackernagels Leseb. 2, 107 ff.   6) Das älteste mir bekannte Beispiel der Art findet sich unter Suchenwirts Gedichten S. 112 ff. Denn hier möchte ich nicht, wiewohl in andern seiner Stücke mit überschlagenden Reimen, strophisch abtheilen, weil die stumpfen und klingenden Zeilen nicht so regelmässig, wie dort, abwechseln. In gleicher Weise, nur in viel freierm Versbau, ist Joh. Rothe's Ritterspiegel (herausgegeben in Bartsch, Mitteldeutsche Gedichte. Stuttgart 1860. 8. S. 98 ff.) und Eberh. Cersne's Minneregel (herausgeg. v. Wöber. Wien 1860. 8.; vgl. Bech in der German. 7, 482) abgefasst, bei letzterem aber ist die strophische Abtheilung ersichtlich, wiewohl kein regelrechter Wechsel von stumpfen und klingenden Zeilen stattfindet; Rothe hat wenigstens den Eingang in Strophen, auch hier aber werden männliche und weibliche Ausgänge beliebig gemischt. Auch Hans Rosenblüts Erzählung von dem Siege bei Hempach hat diese Form; s. § 147.   7) Ausgenommen in solchen Dichtungen, in die einzelne lyrische Stellen eingeschoben sind, wie in dramatischen Werken.   8) Vgl. § 71.   9) Treffend bemerkt Vilmar (die zwei Recensionen der Weltchronik S. 23, Note), erst ganz am Ende der alten Zeit finde sich ein Ohr, welchem das gewöhnliche Geklapper der kurzen Reimpaare zuwider gewesen: Fischarts. 'Er bedient sich in allen seinen Dichtungen eines und desselben sinnreichen und zweckmässigen Mittels, um die tödtende Einförmigkeit der kurzen Reimpaare durch Abwechselung des Tones zu beleben, und an diesem Mittel sind Fischarts Verse unter Tausenden auf der Stelle zu erkennen.'

20 *

§ 140.

Was den Bau der Strophen betrifft, so dauern dafür die in der mittelhochdeutschen Poesie aufgekommenen und ausgebildeten Gesetze im Ganzen fort, namentlich das der Dreigliedrigkeit, und zwar entzieht sich demselben nie das eigentliche Kunstlied der Singschulen[1], wogegen es in manchen volksmässigen Tönen, zumal wenn die Strophe nur wenige Zeilen zählt und zu den einfachen Formen des ältern Volksgesanges zurücklenkt, weniger deutlich heraustritt, mitunter auch gar nicht mehr äusserlich nachweisbar ist, wo es dann, wenn auch nicht immer, durch den musikalischen Vortrag hervorgehoben werden mochte[2]. Man wird jedoch dem eigentlichen Volksliede neben dem in ihm, sei es in der Strophengliederung selbst, sei es in der Melodie, noch immer vorwaltenden dreitheiligen Bau auch noch eine zweigliedrige Grundform zugestehen müssen, besonders wo die Gesätze vier- oder gar nur zweizeilig sind[3]. — Im Besondern ist noch Folgendes zu bemerken. In den Singschulen erhielten sich zum Theil die Töne älterer Meister, oft jedoch mehr oder weniger verändert[4]; dazu wurden aber fortwährend neue erfunden, da niemand, wenigstens in der spätern Zeit, ohne Aufstellung eines ihm eigenthümlichen den Grad der Meisterschaft erlangen konnte[5]; was jedoch wohl nicht so zu verstehen ist, dass ein Ton nur dann für neu gelten konnte, wenn es die metrische Zusammensetzung und die Melodie zugleich waren: denn bei dem grossen Gewicht, welches gerade auf die letztere gelegt wurde[6], genügte es gewiss schon oft, wenn nur sie neu erfunden und einer schon bekannten Strophenart angepasst war. Die neuen Töne pflegte man nach ihren Erfindern zu benennen und durch charakteristische, oft lächerliche und geschmacklose Beisätze noch näher zu bezeichnen[7]. Eine Folge der Sucht, immer neue Töne zu erfinden, war, dass an die Stelle der

---

§ 140. 1) Wenn jetzt auch Lieder angetroffen werden, in denen zu Ende des Abgesanges noch ein viertes, das Maass eines Stollen wiederholendes Glied folgt, so ist diess wenigstens nicht Regel; J. Grimm, Meistergesang S. 46. Ueber andere scheinbar abnorme Fälle vgl. daselbst S. 68 f.; über das Voranstellen von drei Stollen vor dem Abgesang, wie es sich in einigen ins Deutsche übersetzten geistlichen Gesängen der böhmischen Brüder findet, s. Ph. Wackernagel, das deutsche Kirchenlied S. XXXIII f.   2) J. Grimm a. a. O. S. 41 f. und 175. 3) Vgl. das deutsche Volkslied, in der deutschen Vierteljahrsschrift, 1843, Heft 4, S. 147 ff. und Gödeke und Tittmann, Liederbuch aus dem 16. Jahrhundert S. XIV f. 4) J. Grimm a. a. O. S. 108 ff.; Ettmüllers Frauenlob S. XIII—XVIII; v. d. Hagen, MS. 4, 907a oben und besonders Bartsch, Meisterlieder der Kolmarer Handschrift S. 155 ff.   5) Wagenseil a. a. O. S. 533.   6) Wagenseil S. 532.   7) Die Namengebung geschah, wenigstens in der spätern Zeit, unter Zuziehung von zwei Gevattern; Wagenseil a. a. O. S. 533 ff. Besondere Namen für einzelne Töne finden sich übrigens schon hin und wieder in der vorigen Periode; vgl. J. Grimm a. a. O. S. 106 ff.

Kunst immer mehr Künstelei und damit auch Geschmacklosigkeit § 140
trat, die sich vornehmlich in übermässiger Erweiterung der Zeilenzahl für die Glieder der Strophen, im häufigen Gebrauch überkurzer
Verse, oder sogenannter Schlagreime und Pausen, und in Häufung
und Stellung der Reime kund gab[*]. Dass einige verwickeltere Töne
auch schon ziemlich früh für volksmässige Dichtungen benutzt worden, ist bereits oben[9] erwähnt: in diesem Zeitalter hat es noch häufiger stattgefunden, doch herrschen die einfachen, theils ältern, theils
neuaufgekommenen Strophenarten in dem eigentlichen Volksliede,
sowohl dem epischen wie lyrischen, und auch in den übrigen mehr
volksmässigen, als meisterlichen Dichtarten entschieden vor[10]. Dabei erlaubt sich das Volkslied manche Freiheiten, die dem Kunstliede versagt sind und die nur bei einzelnen zum Volksmässigen
neigenden Kunstdichtern, wie bei Hugo von Montfort begegnen[11];
denn ausser der vorhin erwähnten Sorglosigkeit im Binden der Verse
lässt es auch, wenn es aus mehreren Strophen besteht, schon oft
willkürlich stumpfe durch klingende Reime vertreten und umgekehrt[12],
und erweitert oder kürzt die Strophe durch Einfügungen und Auslassungen[13]. Uebrigens sind gegen den Ausgang des sechzehnten
Jahrhunderts hin nicht mehr alle Strophenarten von rein deutscher
Erfindung[14]: schon damals hob die Nachbildung welscher Versarten
mit den Uebertragungen der Canzonetten, Villanellen, Motetten, Ma-
drigalen, Galliarden etc. an[15]. Doch waren diess, dem gegenüber,
was in ähnlicher Art im folgenden Jahrhundert eintrat, nur verein-

---

8) Unter den 222 Tönen des spätern Meistergesanges, die Wagenseil kennt
und S. 534 ff. aufführt, sind nur einer von 5, einer von 6, acht von 7 und sieben
von 8 Reimen, dagegen dreissig, die deren 20, und sechzehn, die 21 zählen. Aber
er kennt noch Strophenarten von viel mehr Reimen und zwar sechs und siebenzig,
die darin von 22 bis zu 34 steigen (über den überzarten Ton, dem Wagenseil 34,
V. Voigt aber 48 Reime beilegt, vgl. Bartsch, Meisterlieder S. 168), ja es hat deren
von 97 bis 122 gegeben. J. Grimm a. a. O. S. 74; vgl. auch S. 71, Anm.   9) Vgl.
§§ 73 und 79.   10) Einige der beliebtesten Strophenarten der Volkspoesie
führt J. Grimm auf, a. a. O. S. 135 f.; 179 f.; vgl. damit altd. Museum 1, 119, die
Note.   11) Ueber Unregelmässigkeiten in seinem Strophenbau vgl. Weinhold
a. a. O. S. 31 ff. und Bartsch in seiner Ausgabe S. 16 ff.   12) Dies findet sich
übrigens auch bei einigen andern Kunstdichtern, wie bei Johannes Rothe und bei
Eberhard Cersne; vgl § 139, 6.   13) Vgl. Gödeke und Tittmann a. a. O. S. 6 f.
       14) Ueber die Nachbildung antiker Strophenformen vgl. § 137, 13.   15) Sie
war zunächst eine Folge der zu dieser Zeit aufkommenden grossen Vorliebe für
italienische Musik. Mit der Einführung der fremden Melodien verband man die
Uebersetzung ihrer Texte, oder ahmte beides nach; vgl. Hoffmann, die deutschen
Gesellschaftslieder des 16. u. 17. Jahrhunderts (2. Aufl. Leipzig 1860. 8.) S. VIII ff.;
Liederbuch Pauls v. d. Aelst vom Jahre 1602 von Hoffmann im Weimar. Jahrb. 2,
320 ff. (besonders S. 324 f.); und Höpfner a. a. O. S. 23. Ueber andere bereits in
das 16. Jahrhundert fallende Nachbildungen romanischer Formen, wie Alexandriner,
Terzinen, Sonette etc. vgl. den dritten Abschnitt der folgenden Periode.

§ 140 zelte, eben keinen bedeutenden Einfluss auf die deutschen metrischen Formen im Ganzen ausübende Erscheinungen. — Die Zahl der zu einem Liede verbundenen Strophen, die man mit dem Namen B a r oder G e s ä t z bezeichnete[16], war im Volksliede an keine bestimmten Regeln gefesselt; die zünftigen Meisterlieder bevorzugten im Ganzen die drei- und fünfstrophigen Lieder. Merkwürdig ist was die Limburger Chronik[17] über eine Abänderung berichtet, die im Jahre 1360 in der deutschen Liederpoesie erfolgt sei; bis dahin, heisst es, habe man lange Lieder gesungen mit fünf oder sechs Gesätzen; in jenem Jahre aber seien von den Meistern neue Lieder mit drei Gesätzen gemacht, auch die Musik vervollkommnet worden[18]: eine Nachricht, die noch immer nicht befriedigend gedeutet ist[19]; denn was auf der Hand zu liegen scheint, es seien von jener Zeit an zuerst dreistrophige Lieder in Gebrauch gekommen, dem widersprechen unzählige ältere Beispiele[20]. — Die L e i c h f o r m scheint in der weltlichen Kunstlyrik während dieses Zeitraums nicht mehr in Anwendung gekommen zu sein[21]; der geistliche Gesang aber hielt sie, selbst unter den Protestanten, noch bis ins sechzehnte Jahrhundert in den Sequenzen fest[22].

§ 141.

3. Die Fasslichkeit und allgemeine Verbreitung der im dreizehnten Jahrhundert beliebtesten volksmässigen Dichtformen auf der einen, und die rohe Willkür, die sich in deren Fortgebrauch die Folgezeit gestattete, auf der andern Seite erleichterten das Dichten ganz ausserordentlich. Schon deshalb darf es nicht Verwunderung

---

16) Vgl. Grimm, Meistergesang S. 77, Anm. 61, und S. 193; Wagenseil a. a. O. S. 521 f. Aeltere Belege liefert die Kolmarer Handschrift von Meisterliedern. 17) Von ihr mehr in § 155. 18) Koch, Compend. 2, 71. 19) Vgl. J. Grimm a. a. O. S. 133, Anm. 122. 20) Vgl. J. Grimm a. a. O. S. 46 f. und v. d. Hagen, im altd. Museum 2, 175 f.; MS. 1, S. XXXIII f. 21) Was Lachmann, über die Leiche S. 419 (kl. Schriften 1, 325) sagt, die Leiche hätten im 14. Jahrhundert schon aufgehört, könnte eben nur von weltlichen Gedichten dieser Art gelten. 22) Von geistlichen führe ich hier beispielsweise an aus der Mitte des 14. Jahrhunderts den Leich oder Leis der Geiselbrüder (Ph. Wackernagel a. a. O. S. 605–610 und dessen grösseres Werk 2, 333 ff.; vgl. W. Wackernagel. LB. 931 ff.; Hoffmann, Kirchenlied ¹ 95 ff. 3. Ausg. 145 ff.; vgl. § 158), der in der alten Magdeburger Schöppenchronik (v. d. Hagens Germania 4, 124) auch ein *reye* genannt wird, und von dem es in Closeners Chronik (Ph. Wackernagel a. a. O. S. 606) heisst, die Brüder hätten ihn gesungen, 'also man zu Tanze noch singet'; ferner Peter von Reichenbachs Hort (Bartsch, Meisterlieder der Kolmarer Hs. Nr. VII) und einen Frauenlob untergeschobenen Leich, sein *tougen hort* oder *slôzhort* (Bartsch a. a. O. Nr. VI, vgl. S. 630); aus dem 15. Jahrhundert die geistlichen Leiche Heinrichs von Laufenberg (vgl. F. Wolf, über die Lais, S. 151 und v. Aufsess' Anzeiger 1832, Sp. 45; 1833, Sp. 270), aus dem 16. die Sequenzen von Erasmus Alberus (bei Ph. Wackernagel a. a. O. Nr. 305 und 306).

erregen, dass in diesem Zeitraum so überaus Vieles und Verschie- § 141
denartiges, von der Poesie oft weit Abliegendes, von Leuten aus allen
Volksklassen zusammengereimt wurde[1], und dass noch viel weniger,
als in frühern Jahrhunderten, die Dichter im Allgemeinen einen eigenen, in sich geschlossenen Stand bildeten. Indessen lassen sich von
der grossen Zahl derer, welche die Dicht- und Sangeskunst in mehr
freier Weise zu eigener und fremder Lust oder Erbauung übten, in
zwei Hauptklassen diejenigen absondern, die sie als ausschliessliches
oder mithelfendes Erwerbsmittel benutzten, und die, welche zu besondern Vereinen zusammengetreten eine Art von Lyrik trieben, die
vorzugsweise für kunstmässig gelten sollte, d. i. die Meistersänger.
— Was nun zunächst die Dichter von Gewerbe betrifft, so lässt
sich an deren Fortdauer während dieser ganzen Periode gar nicht
zweifeln, wenn sie zum Theil auch in ein anderes Verhältniss zu
den übrigen Ständen der Nation traten, als ihre Vorgänger in der
alt- und mittelhochdeutschen Zeit[2]. Mitunter wussten sie sich noch
Eingang und Unterhalt an den Höfen zu verschaffen, und selbst in
eine oder die andere Art von ehrenhaftem Verhältniss zu den Fürsten
zu treten, gelang einzelnen unter ihnen, wie dem vielgewanderten
Michael Beheim[3], der, nachdem er das bei seinem Vater erlernte
Weberhandwerk aufgegeben[4], als Kriegsmann und Dichter in die
Dienste mehrerer Fürsten und Herren, namentlich auch Kaiser Friedrichs III trat und selbst ausserhalb Deutschlands, am dänischen Hofe,
eine ehrenvolle Aufnahme fand[5]. Vielen Beifall scheinen insbesondere, so lange die Turnierlust sich lebendig erhielt, bei grossen Herren
und angesehenen Rittern die sogenannten Wappendichter gefunden zu haben. Sie verfertigten gereimte Wappenbeschreibungen, die

---

§ 141. 1) Vgl. Gervinus 2[2], 8; 179 f.; 428 (2[5], 655 f.)   2) Noch ganz
jenem alten Volksdichter, dem wir den Salman und Morolt verdanken (§ 91), gleichen die Leser, die sich in den niederdeutschen, wahrscheinlich in den Anfang
dieses Zeitraums (nach Sommer, Flore und Blanscheflur S. XVI wahrscheinlich in
die erste Hälfte des 14. Jahrh.) fallenden Gedichten von Flos und Blancflos (bei
Bruns, romantische und andere Gedichte etc., dasselbe beruht auf dem altfranz.
von J. Bekker herausgeg. Gedichte in interpolierter Gestalt, vgl. Sommer a. a. O. S. X ;
aber auch Herzog in der Germ. 29, 229; neue Ausg. von St. Watzoldt. Bremen 1860. 8.)
und von Valentin u. Namelos (§ 146) an mehreren Stellen zu erkennen geben. Schwerlich aber war Caspar von der Röhn im 15. Jahrh. ein solcher wandernder Volksdichter,
der seine rohen Bearbeitungen deutscher Heldensagen selbst las oder sang (vgl. altd.
Wälder 2, 156 und W. Grimm, Heldensage S. 372 f.), denn wir wissen jetzt, 'dass
er nicht nur dem gelehrten Stande angehörte, sondern auch ein vornehmer Mann
war' (Zarncke in den Berichten der sächs. Gesellsch. d. Wissensch. 1870, S. 207).
     3) Geb. 1416 zu Sülzbach bei Weinsberg und bald nach 1272 in seiner Heimat
erschlagen. Ueber sein Lebensende vgl. Caspart in der German. 22, 412—420.
4) Er trieb es später aber noch daneben, weil er durch die Poesie sein Brod nicht
verdienen konnte; vgl. Holtzmann in der German. 3, 307.   5) Vgl. v. Karajans

§ 141 gewöhnlich mit poetischen Lob- und Ehrenreden auf die Träger der
geschilderten Wappen verknüpft waren, und gehörten, scheint es, in
der Regel der besondern Klasse von Knappen an, aus welcher auch
die Herolde genommen wurden. Die berühmtesten sind P e t e r
S u c h e n w i r t [6] und aus späterer Zeit H a n s R o s e n b l ü t [7]; beide
haben jedoch keineswegs ihre Kunst bloss auf dergleichen Ehrenreden und Wappenbeschreibungen beschränkt, sondern auch andere
Dichtarten geübt [8]. Den Wappendichtern ähnelten in mancher Beziehung die mit den Schützenfesten aufkommenden P r i t s c h e n-
m e i s t e r [9], die bei den genannten Festen ungefähr dasselbe Amt
verwalteten, zu welchem bei den Turnieren der Herold bestimmt war;
nur waren sie zugleich Lustigmacher der Gesellschaft. Zu den Ob-
liegenheiten des Pritschenmeisters gehörte auch die Anfertigung von
Spruchgedichten auf die Festlichkeiten, bei denen er Dienste geleistet.
Der bekannteste, von dem noch Beschreibungen von Freischiessen in
Reimsprüchen vorhanden sind, ist L i e n h a r d F l e x e l aus dem sechzehnten Jahrhundert [10]. Mit den Pritschenmeistern wiederum berührten sich von einer andern Seite die zuerst an den Fürstenhöfen und
späterhin vornehmlich bei dem Bürgerstande beliebten S p r u c h-
s p r e c h e r, die sich an den Höfen wohl bis ins vierzehnte Jahrhundert, wo nicht weiter zurück verfolgen lassen [11] und denen es

---

Einleitung zu M. Beheims Buch von den Wienern S. XXVI ff.; Gervinus 2⁵, 411 ff.
und den Artikel von Bartsch in der Allg. D. Biographie.   6) S. § 147; sein
Beiname ist gewiss ein angenommener, der auf seinen Beruf hindeutete, wie andere
Fahrende in diesem Zeitraum Suchensinn (§ 137, 2 zu Ende), Suchendank etc.
hiessen; vgl. Fichards frankfurtisches Archiv 3, 199; Aufsess' Anz. 1832, Sp. 213;
v. d. Hagen, MS. 4, 618, Anm. 7; Schmellers baier. Wörterb. 3, 588 (2¹, 215).
7) S. § 147.   8) Vgl. über sie, sofern sie hierher gehören, und die Wappendichter und deren Geschäft überhaupt Primissers Einleitung zu P. Suchenwirts
Werken, besonders S. XII ff. und Gervinus 2³, 206 f. (2⁴, 387 f.) Die vielleicht
älteste Wappendichtung ist K o n r a d s von W ü r z b u r g 'Turnei von Nantheiz'
(in Massmanns Denkmälern 1, 138 ff. und in kritischer Ausgabe in Bartsch' Partonopier S. 313 ff.), dessen Held nicht, wie man früher annahm, Richard Löwenherz, sondern Richard von Cornwallis ist (vgl. K. Kochendörffer, in der Zeitschr.
f. d. Alt. 28, 133 ff.)   9) Vgl. über die Pritschmeister Uhland, zur Geschichte der
Freischiessen, vor Hallings Ausgabe von Fischarts glückhaftem Schiff, S. XXVIII ff.
(Uhlands Abhandlung ist wiederholt in seinen Schriften z. Geschichte d. Dichtung
und Sage 5, 293—321); Schmeller a. a. O. 1, 272 f.; Gervinus 3³, 138 f. (3⁵, 189 f.) u.
Gödeke, Grundriss S. 293 ff. Aus dem Anfang des 17. Jahrh. (1602) ist H. H. Grobs
Lobspruch der Schützen, mitgetheilt in Haupts Zeitschr. 3, 240 ff.   10) Vgl.
über ihn Bartsch in der Allgem. D. Biographie. Seine Beschreibung des Herrenschiessens zu Wien (1563) erschien gedruckt Wien bei Mich. Zimmermann. 1563.
4. (hier wird der Name Flechsel geschrieben). Neue Ausgabe von A. Camesina
in den Blättern für Landeskunde von Niederösterreich. N. F. 9. Jahrg. (1876). Die
des Herrenschiessens in Rottweil (1558) in Birlingers Alemannia 6, 201—228.
11) Vgl. Schmeller a. a. O. 3, 588 (2¹, 700) und Hoffmann, Horae Belg. 6, 202 f.

oblag, zumal in späterer Zeit, als sie besonders in den Städten ge- § 141
funden wurden, bei Hochzeiten und andern festlichen Gelegenheiten
die versammelten Gäste durch Verse zu belustigen, die sie aus dem
Stegreif machten[12]. In der Regel aber mochten alle solche Leute,
die gleich den ältern Fahrenden viel umherzuwandern pflegten, auch
eben nicht in viel höherer Achtung stehen[13], zumal wenn sie bloss
von ihrer Reimfertigkeit lebten[14].

§ 142.

Die Meistersänger, die sich selbst als die Forterhalter und
Pfleger der von den höfischen und meisterlichen Dichtern des dreizehnten Jahrhunderts geübten lyrischen Kunst betrachteten[1], traten
mit der Zeit zu allen übrigen Dichtern in einen um so schärfern
Gegensatz, je ausschliesslicher sie aus dem Handwerkerstande hervorgiengen[2], und je strenger und innungsmässiger sich, der Ausbildung der städtischen Zünfte zur Seite, ihre Vereine oder Schulen in
sich abschlossen. Insbesondere hörte fast jede Berührung zwischen
ihnen und den Dichtern von Gewerbe seit dem Ausgange des fünfzehnten Jahrhunderts auf[3]. Denn bis dahin fanden sich noch bis-

12) Kaiser Karl V sah sich 1548 veranlasst, dem von ihnen und andern Fahrenden
verübten Unfuge durch ein Verbot gegen sie, welches 1577 von Rudolf II wiederholt ward, zu steuern, woraus man sehen kann, wie allgemein verbreitet sie sein
mussten; vgl. Wagenseil S. 491 f., der sich weitläuftig über sie auslässt. Durch
ihn ist der Nürnberger Spruchsprecher Wilhelm Weber aus dem 16. Jahrh.,
von dem er auch einige elende Reimereien aufbewahrt hat (S. 464 ff.), am berühmtesten geworden.   13) Dass unter dem alten Vorurtheil, welches auf den fahrenden Leuten lastete, als wäre ihnen bei Ausübung ihres Gewerbes nur an Geld
und Gut gelegen, an der persönlichen Ehre dagegen nichts, auch oft die von besserer Gesinnung unter ihnen leiden mussten, erhellt aus der Art, wie sich einmal
der Teichner (in der zweiten Hälfte des 14. Jahrhund.) über sie ausspricht (vgl.
Docen, über die deutschen Liederdichter S. 201 f.). Man wird auf diesen sonst
so ernst gesinnten Mann gewiss nicht den Verdacht werfen wollen, er habe hier
eine Gesinnung vorausgesetzt, die nirgend mehr bei den Gebenden anzutreffen
war: das verbieten schon andere Stellen in seinen Gedichten, wo er die feilen Lobsinger rücksichtslos tadelt, oder die Uebertreibungen der Wappendichter verspottet
(s. Gervinus 2², 153 f.; 2³, 382), obgleich er mit einem der letztern, eben jenem P.
Suchenwirt, in freundschaftlichem Verhältniss gestanden zu haben scheint; vgl.
Suchenwirts Werke S. 64 f.   14) Am wenigsten missachtet mögen noch wohl
die Wappendichter vermöge ihrer anderweitigen Stellung zum Adel gewesen sein.
     § 142. 1) Vgl. § 78.   2) Beispiele, dass Meistersänger auch aus andern
Ständen waren, sind in der spätern Zeit sehr selten. Ein solches liefert Wagenseil S. 547 ff. in Ambrosius Metzger, Magister und Lehrer am Nürnberger
Gymnasium; ein zweites bietet ein Verzeichniss Kolmarer Meistersänger, Magister
Peter Pfort, Diacon in Strassburg zum jungen St. Peter (1591); vgl. Bartsch,
Meisterlieder S. 3.   3) In dem § 141, 12 erwähnten Erlasse Karls V und Rudolfs II gegen 'mancherlei leichtfertig Volk, die sich auf Singen und Sprüche
geben', werden 'diejenigen, so Meistergesang singen', ausdrücklich als solche bezeichnet, die von der Obrigkeit nicht zu verfolgen und zu bestrafen seien.

§ 142 weilen Meistersänger, die von ihrer Kunst lebten und zu dem Ende, gleich den übrigen fahrenden Leuten, im Lande umherzogen und den Hoflagern nachgiengen[4]. Im sechzehnten aber übten sie die Dichtkunst immer nur n e b e n ihrem bürgerlichen Gewerbe als Mittel zur Verbreitung der Ehre und der Furcht Gottes, so wie zur Beförderung eines ehrbaren christlichen Wandels und als einen sittsamen Zeitvertreib[5]. Dabei liessen sie sich mit der besondern Art lyrischer Gedichte, deren Abfassung und Vortrag sie allein berechtigte, den Namen Meistersänger zu führen, nicht leicht mehr anderswo vernehmen, als in den Singschulen[6], in die sie entweder als Mitglieder eingeschrieben waren, oder in denen sie auf Reisen und auf der Wanderschaft vorsprachen[7]. Versuchten sie sich aber auch in andern, nicht schulmässigen Dichtarten[8], so thaten sie auch diess nur aus freier Neigung, entweder zu eigener Gemüthsergetzung, oder zur Unterhaltung und Belehrung aller derer im Volke, die ihre Werke selbst lesen, oder sie sich von andern vorlesen, vorsingen und vorstellen lassen wollten, niemals aber um sich damit ihren Lebensunterhalt zu erwerben.

§ 143.

Ueber die Beschaffenheit der Singschulen haben wir erst aus sehr später Zeit vollständigere Nachrichten, theils in den sogenannten T a b u l a t u r e n, deren Aufzeichnung sich nur bis zum Jahre 1493 mit einiger Sicherheit zurückverfolgen lässt[1] und die, ausser der fabelhaften Geschichte von der Entstehung der meisterlichen Kunst[2]

---

4) Wie namentlich die im vorigen Paragraph erwähnten Meister Michael Beheim und Hans Rosenblüt.   5) Vgl. Puschmann a. a. O. S. 166 f. und Hoffmann, Geschichte des deutschen Kirchenliedes[1] S. 452 ff.   6) Unter den Verpflichtungen, die zu erfüllen sich jedes in eine Schule neu eintretende Mitglied anheischig machen musste, und die Wagenseil S. 547 aufführt, schreibt die vierte vor, dass man kein Meisterlied auf öffentlicher Gasse, auch nicht bei Gelagen, Gastereien oder andern üppigen Zusammenkünften etc. singen solle. Nur vor Fremden, die besonderes Verlangen darnach trügen, dürfe man es hören lassen, wenn man vor ihrem Spotte sicher sein könne.   7) Dass wandernde Handwerksburschen, die schon die meisterliche Kunst gelernt hatten, fremde Schulen besuchten und sich darin hören liessen, ist aus der von ihm selbst in Reimen abgefassten Lebensbeschreibung Hans Sachsens bekannt; vgl. auch Ranisch S. 32 ff.; und unter den Fremden, die beim Freisingen auftreten durften (Wagenseil S. 543), sind doch wahrscheinlich auch nur nicht am Orte ansässige Meistersänger zu verstehen.   8) Wie Hans Sachs noch ausser seinen Meisterliedern unendlich viel gedichtet und gerade dadurch am allermeisten, ja fast ausschliesslich auf seine Zeitgenossen in weitern Kreisen gewirkt und seinen Ruhm bei der Nachwelt begründet hat.

§ 143.   1) Vgl. Schilters Thesaurus 3, 89 f. und J. Grimm, Meistergesang S. 26.
2) Vgl. § 79, 12. Cyr. Spangenberg, in der bei Anm. 7 citierten Schrift berichtet: 'Kayser Otto der Erste des Namens hat den zwölff Meistersengern zu seiner Zeit eine schöne guldene Cron verehret, so noch zu Meintz vorhanden undt

die für die Abfassung und Vortragsweise von Meisterliedern gültigen § 143
Gesetze und Ordnungen enthalten[3], theils in einigen ältern, auf den
Tabulaturen, auf mündlichen Mittheilungen und der Verfasser eigener
Erfahrung und Anschauung beruhenden Werken, die auch Tabulaturen im Auszuge oder ganz geben, namentlich in Adam Pusch-
manns Gründlichem Bericht des deutschen Meistergesangs[4] und in
dem Gründlichen Bericht der deutschen Reimen oder Rithmen[5], Cy-
riacus Spangenbergs[6] Schrift von der Musica und den Meistersängern[7] vom Jahre 1598, Joh. Christoph Wagenseils Buch von
der Meister-Singer holdseligen Kunst Anfang, Fortübung, Nutzbar-
keit und Lehrsätzen[8], und der von Memminger Meistersingern aus-
gegangenen Kurzen Entwerfung des deutschen Meistergesangs[9]. Wir
dürfen jedoch aus einzelnen Anspielungen in ältern Meister- und
Volksliedern[10] schliessen, dass schon lange vorher manche der seit-

---

daselbst bewahret würdt' S. 17, vgl. aber auch S. 118. Ein Meisterlied der Kolmarer Handschrift (Bartsch Nr. 66) führt den Ursprung des Meistergesangs auf
Heinrich I zurück.   3) Ihr wesentlicher Inhalt ist in jedem ältern Handbuch
der deutschen Literaturgeschichte mitgetheilt, bei Bouterwek 9, 279 ff, in Wach-
lers Vorles. 1, 117 f. Aus einer handschriftl. Tabulatur in München (Cod. germ.
5000) sind die Capitelüberschriften mitgetheilt bei Bartsch, Meisterlieder S. 2; über
andere s. Wackernagel, Litt. Gesch. ² 325, Anm 16. Ueber die Nürnberger Tabulaturen
insbesondere vgl. Gödeke und Tittmann, Liederbuch aus dem 16. Jahrh. S. 320 f.
      4) Görlitz 1571 (Höpfner, Weckherlins Oden und Gesänge S. 11, Anm. 32,
führt eine Ausgabe von 1573 an); vermehrt, Breslau 1584.   5) Frankf. a. d. O.
1596; gewissermassen eine neue Auflage der ersten Schrift; beide liegen zum
Grunde der von Büsching angefangenen, aber nicht vollendeten Abhandlung 'der
Meistersänger holdselige Kunst' in der Samml. f. altd. Litt. S. 164 ff.   6) Geb.
1528 zu Herden im Fürstenthum Kalenberg, gest. 1604 zu Strassburg.   7) Hrsg.
nach der Strassburger Originalhs. von Keller. Stuttgart 1861. 8. (62. Publication
des litter. Vereins). Spangenberg übt Kritik an Puschmann, besonders in Betreff
der von diesem überlieferten Geschichte von den 12 ältesten Meistern; vgl. S. 119 f.
      8) Hinter seinem Buch de civitate Noriberg. Altdorf 1697. 4. S. 433—573.
      9) Stuttgart 1660. 4. Darin zeigt sich aber schon ganz entschieden der Ein-
fluss Opitzens auf die Regeln über Versbau und Reime. Später haben über den
Meistergesang gehandelt Hässlein, in Bragur 3, 17 ff. (ziemlich roh und verworren)
und Beischlag, Beiträge zur Gesch. der Meistersänger, Augsburg 1807, womit die
§ 78, 8 angeführten Streitschriften zu vergleichen sind. Von Arbeiten der neuesten
Zeit ist zu nennen: G. Jacobsthal, über die musikalische Bildung der Meistersänger, in der Zeitschr. f. d. Alt. 20, 69—91; dazu über die Bildung der Meistersänger überhaupt von Liliencron, über den Inhalt der allgem. Bildung in der Zeit
der Scholastik. München 1876. 4.   10) Einige sprechende Stellen aus Meisterliedern gibt Gervinus 2³, 268 ff. (2⁵, 452 f) in den Noten, Holtzmann in der Germania 3, 307 ff.; Zingerle, Bericht über die Wiltener Meistersängerhandschrift, Wien
1861. 8.; und besonders Bartsch, Meisterlieder der Kolmarer Handschrift (wo in
der Einleitung über noch andere Handschriften älterer Meisterlieder gehandelt ist);
damit ist zu vgl. § 78, 2. 4. und Gervinus 2¹, 23 f. Einer Singschule zu Augsburg,
in der oben auf den Stuhl gesetzt ward, wer übel von den Pfaffen redete, ohne
dass dem der Rath steuerte (also gewiss keiner geistlichen), wird in einem Volks-

§ 143 dem gültigen Einrichtungen und Gebräuche[11] bestanden haben. Diese liefen der Hauptsache nach auf Folgendes hinaus. Jede Singschule bildete einen in sich geschlossenen Verein, dessen Mitglieder nach dem von jedem erlangten und bewährten Grade der Kunstfertigkeit mehrfach abgestuft und dem gemäss benannt waren. Nach Wagenseil[12] hiess der, welcher die Tabulatur noch nicht recht verstand, ein Schüler; der alles darin wusste, ein Schulfreund; der etliche Töne vorsingen konnte, ein Singer; der nach andern Tönen Lieder machte, ein Dichter; der einen Ton erfand, ein Meister, alle aber, so in die Gesellschaft eingeschrieben waren, wurden Gesellschafter genannt. Wer eintreten wollte, musste zuvor bei einem anerkannten Meister in die Lehre geben und dann eine Prüfung bestehen, wonach die Aufnahme unter gewissen Feierlichkeiten erfolgte. Bei den grossen angesagten Zusammenkünften[13] war jedes Mitglied der Schule verbunden zu erscheinen. Sie begannen mit dem sogenannten Freisingen[14], bei dem noch nicht gemerkt wurde; diess geschah erst bei dem Hauptsingen. Die Merker waren eigens erwählte Richter aus der Zahl der Meister, die darauf zu achten hatten, ob der Sänger die Vorschriften der Tabulatur genau befolgte[15], oder sie in irgend einer Art verletzte, in welchem letztern Falle nach Verschiedenheit der Fehler feststehende Strafen auferlegt wurden. Endlich wurden denen, die sich im Singen am meisten ausgezeichnet hatten, denn eine andere Vortragsart der Meisterlieder fand gar nicht statt[16], herkömmliche Preise zuerkannt[17]. Diese Verfassung behielten die Meistersängerschulen auch noch im siebzehnten Jahrhundert bei, in welchem jedoch die meisten eingiengen; nur in ein Paar

---

liede aus der Mitte des 15. Jahrhunderts (vgl. Liederbuch der Clara Hätzlerin S. 41a, und von Soltau's histor. Volkslieder S. 156) und in einem Gedichte von Ulrich Wiest (1449) gedacht (Uhland, Volkslieder 1,423; v. Liliencron, die historischen Volkslieder Nr. 89). 11) Ueber die Einrichtungen der Schulen vgl. auch Gödeke und Tittmann, Liederbuch aus dem 16. Jahrhundert S. 322 f. 12) a. a. O. S. 533. 13) Sie fanden in Nürnberg an Sonn- und Feiertagen Nachmittags in einer Kirche statt. 14) In ihnen durften zu der Zeit, von der Wagenseil Genaueres weiss, ausser den in der heil. Schrift stehenden Geschichten 'auch wahre und ehrbare weltliche Begebnisse sammt schönen Sprüchen aus der Sittenlehre' gesungen werden; wogegen in den Hauptsingen nur der Vortrag solcher Lieder erlaubt war, deren Gegenstände aus der Bibel entlehnt waren; S. 543. 15) Was einer zu beobachten habe, der 'meisterlich singen' wolle, gibt auch ein von W. Grimm aus einer Hs. Nürnberger Meistergesänge in der Berliner Bibliothek bekannt gemachtes Meisterlied 'Ein Schulkunst' an: in Haupts Zeitschr. 10, 309 f. 16) Wagenseil S. 491, womit zu vgl. J. Grimm a. a. O. S. 67, Anm. 52. 17) In Nürnberg wurde dem, der den ersten Preis gewonnen, eine lange silberne Kette, die später mit einem andern Schmuck vertauscht ward, umgehängt; der zweite bestand in einem aus seidnen Blumen gefertigten Kranze: Wagenseil S. 544 ff.

Städten fristeten sie noch bis tief ins achtzehnte und neunzehnte her- § 143
ein ein kümmerliches Dasein[18].

DRITTER ABSCHNITT.
Poetische Literatur..

A. Epische Poesie.

§ 144.

Auch in dieser Periode blieben mündliche und schriftliche Ueberlieferungen der Vorzeit, bestehend in einheimischen und fremden,
mittelaltrigen und antiken, kirchlichen und weltlichen Sagen, Geschichten und Anekdoten, nebst dem, was sich im Laufe dieser Zeiten
selbst Merkwürdiges zutrug und in weitern oder engern Kreisen das
Interesse des Volkes erregte, die bei weitem vorherrschenden Gegenstände der erzählenden Poesie. Stoffe rein zu erfinden, gehörte
in Deutschland noch immer zu den grossen Seltenheiten und geschah,
streng genommen, vielleicht niemals anders, als etwa zum Behuf
allegorischer und lehrhafter Dichtungen in Erzählungsform, obgleich
auch diese gar häufig, und die letztern in der Regel, sich an ältere
Ueberlieferungen anlehnten. Die nicht ersonnenen, in Deutschland
heimischen oder aus der Fremde eingeführten Stoffe waren zum Theil
dieselben, die schon die Dichter des vorigen Zeitraums behandelt
hatten, oder diesen verwandte, zum Theil ganz neue. Unter jenen
traten gerade diejenigen, aus welchen in der besten Zeit der mittelhochdeutschen Dichtkunst die grössten und vollendetsten Werke hervorgegangen waren, am meisten zurück: manche wurden ganz bei
Seite geschoben, andere tauchten wohl wieder hier und da in poetischen Bearbeitungen auf, konnten aber zu ausgedehnterer Geltung
nur in prosaischen Umbildungen gelangen. Dagegen wurden von den
Gegenständen, die besonders nach der Mitte des dreizehnten Jahrhunderts beliebt geworden, viele noch immer fleissig und wiederholt
bearbeitet, obschon auch hier neben der poetischen die prosaische
Behandlungsart eintrat. Neue Stoffe wurden, wie gesagt, in den
Zeitereignissen dargeboten und ausserdem vielfältig aus den poetischen und prosaischen Werken des classischen Alterthums, so wie

---

18) Vgl. Bragur 3, 97 f. und 107 f. In Ulm waren noch 1830 zwölf Meistersänger; als neun Jahre später davon nur noch vier übrig waren, vermachten sie,
nach einem gescheiterten Versuch zur Auffrischung der Gesellschaft, ihr Eigenthum oder Kleinod dem Ulmer Liederkranze. Berl. Nachrichten von Staats- und
gelehrten Sachen 1839, Nr. 265, Beilage.

§ 144 aus der italienischen Literatur entnommen. — Was die Formen der
erzählenden Poesie anbetrifft, so zeigt sich darin ebenfalls eine Fortdauer der alten Arten neben der Einführung von neuen, oder vielmehr der modificierten Wiederaufnahme von noch ältern, die in der
vorigen Periode, wo nicht ganz verdrängt, doch sehr zurückgeschoben waren. Denn ausser kleinen unstrophischen Erzählungen von
dem verschiedensten Inhalt wurden noch immer, wenn auch nicht
mehr in so grosser Zahl, als in frühern Zeiten, umfangreichere Geschichten, theils strophisch, theils in kurzen Reimpaaren gedichtet.
Auf der andern Seite aber erwuchs nun, und zwar in sehr verschiedener Art von jenen kleinern Erzählungen, sowohl aus historischem,
wie aus sagenhaftem Grunde eine Fülle von andern kleinen Poesien,
die mit der gemeinsamen Benennung epischer Volkslieder bezeichnet
werden können, und die ihrem allgemeinsten Charakter, wie ihrer
Entstehungsart nach jenen ältern Volksgesängen glichen, die sich
vor der Mitte des zwölften Jahrhunderts über heimische Sagen und
Begebenheiten gebildet hatten. Gleich diesen wurden sie auch wohl
vorzugsweise gesungen, wenigstens immer für den Gesang bestimmt.
Von andern erzählenden Gedichten scheint man bloss strophische,
selbst wenn sie von grösserem Umfange waren, bisweilen gesungen[1],
alles aber, was in kurzen Reimpaaren abgefasst war, nur gelesen zu
haben. — Im Allgemeinen verfiel unter den poetischen Gattungen
die epische in diesem Zeitraum am meisten. Einzelne ihrer Arten
starben allmählig ganz ab, und unter den fortdauernden oder neu
aufkommenden bewahrten sich nur wenige eine frischere Lebenskraft
und entwickelten sich zu einer Art Blüthe. Sie bei dem, was über
jede einzelne noch im Besondern anzuführen ist, in diese beiden
Hauptklassen zu theilen, dürfte zur leichtern Uebersicht des Ganzen
das Angemessenste sein.

§ 145.

1. Absterbende epische Dichtarten. — a) Die deutsche Heldensage lebte zwar theilweise im eigentlichen Volksgesange diesen ganzen Zeitraum hindurch fort, was nicht nur durch
mehrfache Berufungen darauf bei einzelnen Schriftstellern bis gegen

--- --- --- --- --- --- ---

§ 144. 1) Aus dem 15. Jahrhundert kann dafür, dass grössere strophische
Gedichte sowohl gesungen als gelesen wurden, Michael Beheim Zeugniss ablegen.
Er dichtete unter anderm sein weitschichtiges Buch von den Wienern in einer
Strophe, die er die Angstweise nannte, 'zu lesen als einen Spruch, oder zu singen
als ein Lied'; s. v. Karajans Ausgabe S. VII; LXXX. In Caspars v. d. Röhn Heldenbuch ist ebenso vom Lesen, wie vom Singen die Rede, S. 159; 221; 233; es scheint
aber, dass letzteres nur bei den kürzern Stücken stattgefunden hat.

das Ende des sechzehnten Jahrhunderts[1], sondern auch durch das § 145
Volkslied von Hildebrand bezeugt wird, welches sich in der
vom fünfzehnten bis nach der Mitte des siebzehnten Jahrhunderts
gangbaren Abfassung erhalten hat[2]; allein dass daraus grössere epische Dichtungen neu entstanden wären, lässt sich kaum annehmen.
Die wenigen ausführlichen, in diesen Fabelkreis fallenden Darstellungen, die wir jetzt zuerst kennen lernen, der Hörnen Siegfried[3]
und Etzels Hofhaltung[4], beide äusserst roh und ungeschlacht,
und die zweite noch dazu von dem dürftigsten, wohl gar nicht auf
alter, echter Sage beruhenden Gehalt, lassen ältere Gestaltungen
vermuthen, wovon sie wohl nichts als Ueberarbeitungen sind[5]. Dergleichen wurden auch mit andern umfangreichen Darstellungen deutscher Heldensagen vorgenommen, die im vorigen Zeitraum zu Stande
gekommen waren, und für welche sich noch immer eine grosse Vorliebe unter dem Volke erhielt. Die bemerkenswertheste ist die in
einer Handschrift[6] erhaltene Umarbeitung der Nibelungen, unter dem
Titel der Nibelunger liet[7], welche sich hauptsächlich an die
zweite Textklasse (C) des älteren Gedichtes anlehnt, aber die unvollständige Vorlage aus einer Handschrift der anderen Textklasse
ergänzte[8]. Auch wurden die Nibelungen noch im fünfzehnten und

§ 145. 1) Sie sind zusammengestellt von W. Grimm, deutsche Heldensage
S. 301 ff. vgl. S. 378.   2) Es ist in der alten vierzeiligen Strophe und früh auf
fliegende Blätter gedruckt worden: nach einem o. O. u. J. zuerst bekannt gemacht
von Eschenburg im d. Mus. 1776. 1, 391 ff. und mit erneuter Orthographie in seinen
Denkm. S. 437 ff.; besser in der Gebr. Grimm Ausg. der beiden ältesten d. Gedichte
S. 53 ff. (wo auch weitere literarische Nachweisungen gegeben sind); zuletzt in
einem von dem grimmischen etwas abweichenden Texte in Uhlands alten hoch-
und niederd. Volksliedern 1, 330 ff. Eine niederdeutsche Fassung, in einem Drucke
aus der ersten Hälfte des 16. Jahrhunderts erhalten, ist nach Ausweis der Reime
nur eine Uebersetzung aus dem Hochdeutschen: sie ist herausgeg. von Bartsch
in der German. 7, 284 ff.; vgl. Gödeke im Weimar. Jahrb. 4, 11 f. Ein Paar Bruchstücke aus Handschriften in v. d. Hagens und Primissers Heldenbuch 2, 234 (hinter
Caspars v. d. Röhn Heldenbuch); über ein Bruchstück einer Hs. von 1493 vgl.
Wagner im Anz. f. Kunde d. deutschen Vorzeit 1863, Sp. 439 f. Ueber die Geschichte
des Liedes vgl. A. Edzardi, in der German. 19, 315—326; 20, 320 f.; 21, 51—53.
3) S. § 102; über die Literatur des Gedichts vgl. auch v. d. Hagens Grundriss
S. 48.   4) Nur aus Caspars v. d. Röhn Heldenbuch bekannt; vgl. W. Grimm,
Heldensage S. 277.   5) Vgl. auch den Spruch von König Etzel in Kellers Erzählungen aus altd. Handschriften, Stuttgart 1855. 8. (35. Publicat. d. litt. Vereins),
der ebenfalls nur Bearbeitung eines ältern Gedichtes ist (Bartsch im Anz. f. Kunde
d. deutsch. Vorzeit 1855, Sp. 301). Zu dem Stoffe vgl. R. Köhler in der Germ. 14,
243 ff.   6) Der des Piaristencollegiums zu Wien.   7) Mittheilungen daraus
gab Holtzmann in der German. 4, 315—337. Herausgegeben von A. v. Keller, als
142. Public. des litter. Vereins. Tübingen 1879. 8. Vgl. noch R. Stölzle, ist der Bearbeiter des Siegfriedsliedes mit dem Bearbeiter des Nibelungenliedes k identisch?
in den Blättern f. d. bayer. Gymnasien 18, 8—19.   8) Vgl. Holtzmann a. a. O.
und Bartsch, der Nibelunge Nôt 1, S. XXVIII f.

§ 145 sechzehnten Jahrhundert mehrfach mit zeitgemässer Umänderung der Sprachformen abgeschrieben und in einzelnen Handschriften mit Interpolationen, besonders aus dem Liede vom Hörnen Siegfried vermehrt[9]; die Kudrun ist uns sogar nur in einer Abschrift aus dem sechzehnten Jahrhundert erhalten; aber mit grösserer Vorliebe wendete man sich nicht den ältern und ausgezeichnetsten epischen Dichtungen dieses Kreises, sondern den jüngern und schwächeren zu. Diese wurden nicht bloss in der Sprache verjüngt, sondern auch zum Theil in eine andere Versart umgesetzt, oder mehr und weniger erweitert und nachher vom Ende des fünfzehnten bis kurz vor Ausgang des sechzehnten Jahrhunderts fleissig gedruckt. Dahin gehören **Ortnit, Wolfdietrich, der grosse Rosengarten** und **Laurin**, welche zusammen, die ersten drei aus den alten vierzeiligen Strophen in achtzeilige gebracht, unter dem Titel **der Helden Buch** oft herausgegeben wurden[10]; ferner das **Eckenlied** oder **Ecken Ausfahrt**[11] und **Riese Siegenot**[12], die, in der alten dreizehnzeiligen Strophe gelassen, aber in weiterer Ausführung, einzeln erschienen. Ausserdem wurden alle diese Dichtungen nebst Dietrichs Drachenkämpfen, dem Hildebrandsliede und Etzels Hofhaltung, obschon zum Theil nach andern, als den gangbarsten, in die alten Drucke aufgenommenen Recensionen[13], auch noch besonders, meist sehr verkürzt, bearbeitet in dem um 1472 geschriebenen Dresdener

---

9) Der Art war die Handschrift, von welcher nur das von Weigand in Haupts Zeitschr. 10, 142 ff. mitgetheilte Aventiurenverzeichnis (aus dem Anfang des 15. Jahrh.) erhalten ist; vgl. Bartsch a. a. O. 1, S. XXV ff. Anderer Art sind die Interpolationen der Hundeshagenschen Handschrift; vgl. Zarncke in der 3. Ausg. des Nibelungenl. S. 423 ff. und Bartsch in der German. 13, 196 ff. 10) Die älteste Ausgabe o. O. u. J. in fol., die jüngsten Frankfurt a. M. 1590 in fol. und in 4. Einen Wiederabdruck der ältesten Ausgabe veranstaltete Keller: Das deutsche Heldenbuch. Nach dem muthmasslich ältesten Drucke neu herausgeg. Stuttg. 1867. 8. (87. Publicat. des litter. Vereins). Vgl. über die weitere Literatur v. d. Hagen a. a. O. S. 11 ff.; Gödeke's Grundriss S. 83; Keller a. a. O. S. 764 ff.; ein Bruchstück einer Hs. des 15. Jahrhs. ist mitgetheilt von Crecelius, in der Zeitschr. f. d. Alt. 19, 468—470; vgl. 20, 128. 11) Aelteste Ausgabe Augsburg 1491. 8.; über andere v. d. Hagen a. a. O. S. 36 ff., W. Grimm a. a. O. S. 213 und v. d. Hagen, Heldenbuch (1855) 1, S. XLV ff. Ein Wiederabdruck des Strassburger Druckes von 1559 durch Schade. Hannover 1853. 8. 12) Heidelberg 1490 und öfter; v. d. Hagen, Grundriss S. 26; W. Grimm S. 271; v. d. Hagen, Heldenbuch (1855) 1, S. XXXVII ff. und § 103, 14. Wiederabdruck der Nürnberger Ausgabe von Gutknecht um 1560 durch Schade. Hannover 1850. S. Dieses Gedicht nebst dem Eckenlied und einigen andern in diesen Kreis fallenden in halb erneuter Sprache bearbeitet in v. d. Hagens Heldenbuch, Berlin 1811. 8. 13) Vgl. W. Grimms Heldensage S. 213 ff.; 227; 235; 270 f.; 276. Der Ortnit und Wolfdietrich ist nach dem Texte gearbeitet, den wir in der Ambraser Hs. besitzen; für die Drachenkämpfe lag ihm die Bearbeitung vor, welche in der Piaristen-Hs. (herausgeg. von Stark) erhalten ist: den Rosengarten bearbeitete er nach einem verlorenen Texte (§ 102, S. 219); über die Be-

Heldenbuch[14], welches gewöhnlich nach dem einen der beiden Schrei- § 145
ber[15] das Heldenbuch Kaspars von der Röhn[16] benannt wird.
In dieser überaus rohen, geistlosen und von Seiten der Sprache ganz
barbarischen Behandlung[17] zeigt sich das volksthümliche Epos vor
seinem völligen Erlöschen auf der tiefsten Stufe der Entartung. Die
im sechzehnten Jahrhundert versuchte Einkleidung einzelner ihm bis
dahin eigenthümlich gebliebener Stoffe in die dramatische Form[18],
wovon mehr weiter unten, vermochte auch nichts weniger, als in
diesen einen sie neu belebenden Geist zu erwecken.

§ 146.

b) Grössere romanartige Dichtungen, wie die alten Rittermären gewesen, konnten auch nicht wieder recht in Aufnahme und
zu einer Art Blüthe kommen, obgleich bis tief in das fünfzehnte Jahrhundert herein dergleichen immer noch bisweilen in Helden-, Liebes-,
Wunder- und Prüfungsgeschichten, öfter freilich blossen Uebersetzungen, hervortraten. So das niederdeutsche, auf kärlingischer Sage
beruhende Gedicht von Valentin und Namelos[1], wahrscheinlich
zu Anfang dieses Zeitraums nach einem niederländischen Werke bearbeitet, und die demselben Fabelkreise angehörigen, im fünfzehnten

---

arbeitung des Laurin vgl. Deutsches Heldenbuch 1 (Berlin 1866), S. 293 ff. Ueber
das Verhältniss dieses Heldenbuches zu den älteren Texten vgl. noch Gödeke in
Pfeiffers German. 1, 239 ff.   14) Ausserdem enthält es noch ein Gedicht, das
Meerwunder genannt, und eine Bearbeitung von Herzog Ernsts Geschichte
(letztere eine Verkürzung des alten Druckes, aber beide Texte auf einen älteren
Text des 14. Jahrhunderts weisend; vgl. Bartsch, Herzog Ernst S. LXXIX ff. und
§ 91, 32). Alle Stücke sind entweder in der achtzeiligen Strophe oder in der
Berner Weise. Herausgegeben in v. d. Hagens und Primissers Heldenbuch.
15) Die beiden Schreiber unterschied zuerst Zarncke (in der German. 1, 53—63);
nach ihm hat Kaspar den Ecke, den Rosengarten, Sigenot, Meerwunder, Herzog
Ernst und Laurin geschrieben; am Schlusse des letzteren nennt er sich. Vgl.
auch Gödeke a. a. O. S. 239.   16) Im Jahre 1474 wurde in Leipzig in der Nation
der Baiern immatriculiert *Casper von der Rön de Münderstatt*; am Schluss des
Laurin nennt er sich *Kasper von der Roen purdich von münerstat in Francken*.
Vgl. Zarncke in den Berichten d. sächs. Gesellsch. d. Wissensch. 1870, S. 207.
17) Ueber den poetischen Werth vgl. W. Grimm a. a. O. S. 372 f. und Gervinus 2³,
104 ff. (2⁵, 257 ff.)   18) Eine schon im 15. Jahrhundert gemachte sehr rohe
dramatische Bearbeitung des Rosengartens, sowie eine des 16. Jahrhs. wurde oben
(§ 102, 21) erwähnt.

§ 146. 1) Vgl. § 141, 2. Vollständig gedruckt in Staphorsts Hamburg, Kirchen-
geschichte 4, 231 ff., besser bei Klemming, Samlingar utgifna af svenska fornskrift-
sällskapet (Stockholm 1846. 8.) 3, 67 ff.; von einer Uebersetzung ins Oberdeutsche
ist ein Bruchstück gedruckt im d. Museum 1784. 2, 91 ff. Näheres über die Literatur in v. d. Hagens Grundriss S. 163 und 539, und Grässe, Sagenkreise S. 277 f.;
über die Sage vgl. Schmidt, Wien. Jahrbüch. 31, 136 ff. Ob die nächste Quelle des
deutschen Gedichts das niederländische gewesen, von dem Hoffmann, altd. Blätt. 1,
204 ff., eine Probe bekannt gemacht hat, weiss ich nicht (es ist gewiss, wie die

§ 146 Jahrhundert gleichfalls aus dem Niederländischen in schlechtes, mit niederdeutschen Reimwörtern gemischtes Hochdeutsch wörtlich übertragenen Geschichten von **Malagis, Reinold von Montalban** oder die **Heimonskinder**, und **Ogier von Dänemark**: allen drei Gedichten[2], wovon die beiden ersten ihrem Inhalt nach sich an einander reihen, liegen Sagen aus der zweiten Hälfte des ganzen kärlingischen Kreises zum Grunde[3]; vom Ogier gibt es zwei Bearbeitungen, eine kürzere, welche die Jugendgeschichte des Helden, und eine längere, die auch dessen spätere Abenteuer enthält und sich auf jene bezieht[4]. Ebenfalls eine kärlingische, vorzugsweise in den Niederlanden entwickelte Sage behandelt das in mitteldeutscher Sprache

übrigen in diesem § erwähnten niederländischen Werke nach einem französischen bearbeitet). Nach der Probe muss das niederländische viel ausführlicher gewesen sein.   2) Bruchstücke aus ihnen stehen in Fr. Adelungs fortgesetzten Nachrichten S. 55—68; 92—97; in den Heidelberger Jahrbüchern 1808, S. 416 ff. und in Mone's Anzeiger 1837, Sp. 199 ff. (zu dem Anfang dieses Bruchstückes findet man den niederländischen Text bei Hoffmann a. a. O. 5, 94, Z. 1665 ff.). Aus dem Reinold gab Görres in Fr. Schlegels d. Museum 4, 298 ff. Proben, aber in modernisierter Sprache. Die Geschichte des Malagis, nach den Handschr. in Prosa bearbeitet von Follen, steht im Morgenbl. 1829, Nr. 1—6; 16—32; vgl. Gervinus 2[3], 74—89 (2[2], 216 ff.). Die Heimonskinder wird Fr. Pfaff für den litt. Verein herausgeben. Eine niederrheinische Prosabearbeitung veröffentlichte Reifferscheid in Zachers Zeitschr. 5, 274 ff.   3) Vgl. § 55, 9 und zu den dort angezogenen Werken Schmidt a. a. O. S. 110—115; 126—129, und Mone's Anzeiger 1836, Sp. 63 ff.; 314 f. Der franz. Renaus de Montauban ist herausgegeben von H. Michelant. Stuttgart 1862. 8. (67. Public. d. litt. Vereins); doch kann dieser Text dem niederländischen Gedichte nicht vorgelegen haben; der franz. Ogier ist herausgegeben von Barrois. Paris 1842, der Roman de Maugis ist noch unediert (Hs. in Paris, Nr. 766, früher 7183). Ueber eine isländ. Bearbeitung, die Mágussaga, ihre Quellen und ihr Verhältniss zu dem altfranz. Gedichte vgl Suchier in der Germ. 20, 273 ff. (wo S. 255 ff. auch über die deutschen Versionen der Heimonskinder gehandelt ist), R. Köhler, ebend. 21, 19 ff. und die Abhandlung von F. A. Wulff, Notices sur les sagas de Mágus et de Geirard. Lund 1874. 4. Die isländ. Saga ist jetzt von G. Cederschiöld. Lund 1884. 4. hrsg. Ueber die niederl. Gedichte u. die davon erhaltenen Bruchstücke vgl. Hoffmann (Horae Belgicae 1, 57—60 (2. Ausg. S. 7—10); 5, 45 ff.; Gervinus 2[3], 74; 98 (2[3], 218 ff.) und Jonckbloet, übers. von W. Berg 1, 99. 169. 172.   4) Den Urheber der deutschen Uebersetzungen vermuthete Hoffmann (Horae Belg. 5, 100 ff.) in Johann von Soest (s. Anm. 18), der sich daran früher versucht habe, als an der Uebertragung der Kinder von Limburg, aber doch erst nach 1471. Gervinus (2[3], 90, Anm. 108; 2[4], 72, Anm. 88) hält es dagegen für ganz unmöglich, dass Johann von Soest der Uebersetzer des Malagis, des Reinolds und der beiden Theile des Ogiers gewesen sei; Hoffmann (Hor. Belg. 1[2], 8) hält neuerdings den Johann den clerk, der sich in der Bearbeitung des Ogier nennt, nicht für den deutschen Uebersetzer, sondern für den herübergenommenen Namen des niederländischen Dichters, in dem er Jan de Clerc (Jan Boendale) erblickt; Gervinus (2[3], 223) stimmt damit nur insofern nicht, als er jenen Johann den Clerk nicht mit Jan Boendale verwechselt wissen will. Martin endlich (in Zachers und Höpfuers Zeitschr. 1, 277) nimmt den Johann unbedenklich für Johann von Soest. Ich vermag mich für keine dieser Ansichten zu entscheiden, weil ich alle diese Gedichte, von denen noch keins vollständig gedruckt ist, zu wenig kenne.

wohl erst im fünfzehnten Jahrhundert verfasste Gedicht von **Karl** § 146
und Elegast[5], welches in der Darstellung ganz von der mittelniederländischen, in die niederrheinische Compilation des **Karlmeinet**[6] aufgenommenen Dichtung[7] abweicht. Ferner gehören hierher
die theils auf einheimischen, theils auf fremden Ueberlieferungen beruhenden Geschichten von **Friedrich von Schwaben**[8], einer Umbildung der Wielandssage[9], die, nach der metrischen Rohheit zu
urtheilen, sicherlich nicht älter als die erste Hälfte des fünfzehnten
Jahrhunderts ist[10], und der **Königstochter von Frankreich**[11],
gedichtet durch den **Büheler** oder **Hans von Bühel**, der, wie er
selbst angibt, in Poppelsdorf bei Bonn lebte, aber, wie seine Sprache
beweist, aus dem Elsass gebürtig war[12] und im Februar 1401[13] jene
Erzählung, die eine schon früher aus Frankreich nach Deutschland
herübergenommene Geschichte zum Inhalt hat[14], verfasste. Der Dichter stand, wie er in einem zweiten Werke, der poetischen Bearbeitung der sieben weisen Meister (§ 149), angibt, im Dienste des Erzbischofs von Köln[15] und gehört unter den erzählenden Dichtern dieser
Periode zu den bessern. Aelter, noch aus dem vierzehnten Jahrhundert, ist die Bearbeitung desselben Stoffes von **Schondoch**[16].

---

5) Mittheilungen darüber gab Bech in der German. 9, 320—337. 6) Vgl.
über diese § 92, 9 ff. 7) Herausgegeben von Hoffmann im 4. Theile der Horae
Belgicae und von Jonckbloet 1859. Der niederrheinische Text in Kellers Ausgabe
des Karlmeinet S. 575—606; vgl. dazu Bartsch, über Karlmeinet, Nürnberg 1861,
S. 76—87. 8) Noch ungedruckt; Auszug und Stellen daraus in Bragur 6, 1,
181—189; 2, 190—205; 7, 1, 209—235, und in v. d. Hagens German. 7, 95—115;
vgl. F. Adelungs fortges. Nachrichten S. 109 ff. und v. d. Hagens Grundriss S. 188 f.
Mittheilungen über Hss. im Anzeiger f. Kunde d. d. Vorzeit 1854, Sp. 212 und in
der German. 15, 356. 9) Vgl. v. d. Hagen in seiner German. 7, 96; K. Meyer
in der German. 14, 255 ff. 10) Vgl Gervinus 2², 110 (nach 2¹, 265 spät aus dem
14. Jahrhundert); nach Docens Vermuthung (in v. Aretins Beitr. 1807, S. 1199) und
der Jahreszahl in einer Handschrift (vgl. Hoffmanns Verzeichniss der Wiener Handschriften S. 175) fiele es erst zwischen 1462 u. 1464; nach W. Grimm (Heldensage
S. 402) noch in das 14. Jahrhundert. 11) Gedruckt 1500 in kl. fol. und 1508
fol. zu Strassburg; danach neu abgedruckt: Des Buhelers Königstochter von Frankreich mit Erzählungen ähnlichen Inhalts verglichen und herausgeg. von Merzdorf.
Oldenburg 1867. 8. Auszüge gab Elwert im deutsch. Museum 1784. 2, 256 ff.; vgl.
noch Görres, Volksbücher S. 137 ff.; v. d Hagen, Grundriss S 200 f. und Grässe,
Sagenkreise S. 284 f. 12) Vgl. R. Bechstein in den Blätt. f. liter. Unterh. 1868,
S. 185, und Strobl in der German. 12, 112. 13) Man findet meist angegeben
1400; der Dichter sagt aber V. 8221 *Als man schrib tusent und vierhundert jar
und zwen monat.* 14) Es ist derselbe Stoff, den ein ungenannter Dichter des 13.
Jahrhs. in einem Gedichte in Reimpaaren, Mai und Beaflor (Erster Druck.
Leipzig 1848. 8.) bearbeitet hat, und der auch dem Volksbuch von der geduldigen
Helena zu Grunde liegt; vgl. Merzdorfs Einleitung. 15) Vgl. Kellers Ausgabe
von Diocletians Leben S. 211 f. 16) v. d. Hagens Gesammtabenteuer 1, 169
bis 188. Von demselben **Schondoch** besitzen wir auch eine Legendendichtung,
der Littauer, die Bekehrungsgeschichte eines heidnischen Königs in Preussen,

21*

§ 146 Aus dem Niederländischen ins Hochdeutsche übersetzte die Kinder von Limburg oder Margarethe von Limburg[17], eine von
Heinric van Aken zwischen 1250—1317 verfasste poetische Erzählung, die wiederum auf einem französischen Original beruht, Johann von Soest, eigentlich Johann Grumelkut, geboren 1448
zu Unna in Westphalen, der sich nach seinem Jugendaufenthalte von
Soest nannte. Wegen seiner schönen Stimme liess ihn der Herzog
von Cleve zum Sänger ausbilden; nach manchen Wanderungen kam
er 1471 an den Hof zu Heidelberg, wo er kurfürstlicher Singermeister
wurde. Später trat er als Arzt in verschiedenen Städten auf, zuletzt
in Frankfurt am Main, wo er seine, uns bis auf eine grössere Lücke
erhaltene Lebensbeschreibung in Reimen abfasste und im Jahre 1506
starb[18]. Den genannten Roman bearbeitete er für den Kurfürsten
Philipp von der Pfalz wahrscheinlich im Jahre 1480[19]. Endlich
verfasste sogar noch zwischen 1475 und 1508[20] Ulrich Füterer[21], ein Baier, der auch als Maler[22] und als Verfasser einer prosaischen 'Beschreibung vom Herkommen des Hauses Baiern'[23] bekannt ist, sein Buch der Abenteuer[24], eine grosse cyclische

herausgeg. und Hugo von Langenstein zugeschrieben von Lassberg: Ein schön
und anmuetig Gedicht, wie der Littower wunderbarlich bekert ward, ans Licht
gestellt durch Meister Seppen von Eppishusen. Constanz 1826. kl. 8.   17) Das
niederländ. Original ist herausgeg. von Ph. van den Bergh. 2 Theile. Leiden 1946
bis 47. 8. Die hochdeutsche Uebersetzung existiert handschriftlich in Heidelberg
(Nr. 87; Wilken S. 337) und ist noch ungedruckt: Auszug in Mone's Anz. 1835,
Sp. 164 ff.; vgl. Gervinus 2², 90 f. (2¹, 224 ff.) Ob mit der bei Jacob Püterich (S. 11)
erwähnten Margarethe von Limburg ein älteres deutsches Werk, oder das niederländische gemeint sei, bleibt ungewiss.   18) Vgl. über ihn v. Fichards frankfurtisches Archiv 1, 75 ff.; Hoffmann in Prutz' literar. Taschenbuch 4, 191 ff.'— Er
schrieb auch noch andere Sachen; so 1495 ein Gedicht, wie man eine Stadt re-
gieren soll (vgl. Anzeiger f. Kunde der deutschen Vorzeit 1865, Sp. 469); vgl. Gervinus 2³, 224, Anmerk. 260.   19) Die Heidelberger Hs. gibt 1470 an; diess muss
aber, da er erst 1471 nach Heidelberg kam, für eine spätere Jahreszahl stehen,
Hoffmann (Horae Belg. 5, 103) vermuthet daher 1480.   20) Nach Pfeiffer, Wigalois S. XVII, um 1480.   21) Vgl. über sein Leben und seine Schriften jetzt
besonders R. Spiller in der Zeitschr. f. d. Alt. 27, 262—294. Die Namensform Fö r -
terer beruht auf fehlerhafter Schreibung.   22) Vgl. F. Kuglers Handbuch der
Geschichte der Malerei 2, 93.   23) v. d. Hagens Grundriss S. 170 f. Ausgewählte
Stücke sind herausgeg. von Würthmann im Oberbayer. Archiv für vaterländische
Geschichte 5 (München 1944), 48 ff. Vgl. auch v. Aretin, literär. Handbuch f. d. baier.
Geschichte S. 161 ff. und Kluckhohn, über die bayer. Geschichtsschreiber Hans
Ebran von Wildenberg und U. Fütrer, in den Forschungen zur deutschen Ge-
schichte, 7. Bd., 1. Heft.   24) Gedruckt sind nur Bruchstücke: der Prolog in
v. Aretins Beiträgen 1807, S. 1212 ff.; die Geschichte des Iweins grossentheils in
Michaelers Ausgabe des hartmannschen Gedichts (§ 94, 12); aus dem Schluss des
Lanzelets ein Stück, welches Füterers sehr umfassende Kenntniss der alten Rittermären beweist, im N. litterar. Anzeiger 1808, Nr. 4. 5. (vgl. Pischons Denkmäler
der deutschen Sprache 2, 22 ff.). Auszüge hat Hofstätter gegeben in seinen altd.

Dichtung[25] von dem Ursprung der Helden- und Ritterorden, dem Ar- § 146
gonautenzuge, dem trojanischen Kriege und den Helden des bretonischen Sagenkreises, es ist in der Strophe des jüngern Titurel abgefasst
und in einem weitläufigen, den Herzog Albrecht IV († 1508) verherr-
lichenden und dem Lanzelet voraufgehenden Prologe diesem Gönner
gewidmet. Ein Beispiel von noch späterer Erneuerung einer bereits
in der ersten Hälfte des dreizehnten Jahrhunderts bearbeiteten Ritter-
und Liebesgeschichte ist der 1522 in Herzog Ernsts Ton[26] umge-
dichtete Wilhelm von Orlens[27]. Fast alle diese Werke sind der
Art, dass sie, das eine mehr, das andere weniger, entweder durch
Gehalt oder durch Darstellungsweise und Form, oder auch durch beides den tiefen Verfall der epischen Dichtart darthun, die im dreizehnten Jahrhundert vor allen übrigen kunstmässig ausgebildeten reich
und voll geblüht hatte. — c) Gereimte Legenden wurden bis
gegen die Mitte dieses Zeitraums noch sehr häufig in beiden Hauptmundarten bearbeitet. So verfasste Walther von Rheinau ein
Marienleben[28], nach einem lateinischen Reimgedicht[29], dem auch
ein anderes Marienleben von Wernher, einem Schweizer, folgt[30]:
beide gehören in die erste Hälfte des vierzehnten Jahrhunderts, während ein von einem bairischen Dichter nach derselben Quelle gearbeitetes Marienleben noch etwas älter ist[31]. So besitzen wir
unter dem Titel der Maget Krone[32] eine Legendensammlung aus

---

Gedichten aus den Zeiten der Tafelrunde. Wien 1811. 2. Bde. Vgl. jetzt besonders
Spiller a. a. O. und Hamburger, Untersuchungen über Ulrich Fürtrers Dichtung
von dem Gral und der Tafelrunde. I. Strassburg 1882. 8.   25) Die darin behandelten Helden- und Rittergeschichten findet man verzeichnet in v. d. Hagens
Grundriss S. 153 ff. (vgl. 537 f.) und bei Gervinus 2³, 66, Note 69 (2³, 192, Note
200); die ausführlichste ist die des Lanzelets, mit der das Ganze abschliesst. Ueber
diesen vgl. A. Peter, die deutschen Prosaromane von Lanzelot, in der Germ. 28,
129—185. Woraus er die einzelnen Geschichten entlehnte, ist noch nicht vollständig ermittelt. Was bei ihm von der Geschichte des Wigalois vorkommt, ist
vielleicht, nach Benecke's Vermuthung (Wigalois S. XXVII), Auszug aus dem
gleichnamigen, 1472 abgefassten Prosa-Roman. Die Sage von Iwein scheint er
auch nicht von Hartmann v. Aue, sondern irgend anderswoher genommen zu
haben. Mehrmals beruft er sich auf den von ihm hochgepriesenen Albrecht von
Scharfenberg (§ 94, 98; altdeutsches Museum 1, 568—573). Dass Fütrer die
Quellen unmittelbar benutzt habe, auf die Grässe a. a. O. S. 247 hinweist, be-
zweifle ich.   26) Vgl. § 73, 11.   27) Vgl. § 95; und Gervinus 2³, 108, Anmerkung 139 (2³, 262, Anm. 313).   28) Herausgeg. von Keller. Tübingen 1849
bis 1855. 4.; vgl. Mone in s. Anzeiger 5, 322 ff. und in s. Schauspielen des Mittelalters 1, 181 ff.   29) Vgl. Massmann in den Heidelb. Jahrbüchern 1826, S. 1184.
    30) Noch ungedruckt; Auszüge in v. d. Hagens German. 8, 239—264. Er
nennt Dionysius als seine Quelle, was aber nicht das lat. apokryphische Evangelium ist; vgl. Schönbach in Haupts Zeitschr. 17, 524.   31) Nur in Bruchstücken einer Grazer Hs. erhalten; herausgegeben von Schönbach in Haupts Zeitschrift 17, 519—560.   32) Mittheilungen darüber gab Zingerle, *der Maget Kröne,*

§ 146 der zweiten Hälfte des vierzehnten Jahrhunderts, welche das Leben der Jungfrau Maria und eine Anzahl von Legenden heiliger Jungfrauen behandelt, von einem ungenannten alemannischen Dichter; gleichfalls alemannisch eine Caecilia[33] in sehr unregelmässigem Versbau, einen vielleicht auf einem ältern Gedicht beruhenden Christophorus[34], dessen Legende auch ein jüngerer bairischer oder österreichischer Dichter behandelt hat[35], eine Maria Magdalena in stark ausgeprägtem alemannischem Dialekt, mit lebhaften Zügen aus dem Sittenleben der Zeit[36]; die Marter der heil. Margareta von Hartwig von dem Hage[37], der auch ein Gedicht von den sieben Tageszeiten[38] verfasst hat, worin er seinen Namen in akrostichischer Form nennt. Von den niederdeutschen waren viele blosse Uebertragungen älterer und jüngerer hochdeutscher oder niederländischer; so wurde das verschiedentlich überarbeitete und, wie die ausserordentlich zahlreichen Handschriften beweisen, viel gelesene Marienleben Bruder Philipps[39] aus dem vierzehnten Jahrhundert[40], in diesem Zeitraum auch ins Niederdeutsche übertragen[41]. Das Leben Christi ist behandelt in dem 1331 beendeten und zu Ehren des Deutschordens und seines Hochmeisters Luther von Braunschweig gedichteten Libellus septem sigillorum von Thilo von Kulm[42],

ein Legendenwerk aus dem 14. Jahrhundert, Wien 1864. 8. (Abdruck aus den Sitzungsber. der Akad.). Dass der Schreiber ein Baier war, suchte Birlinger in Kuhns Zeitschr. für vergleich. Sprachforschung 14, 445 f. nachzuweisen. 33) Hrsg. v. Schönbach in Haupts Zeitschr. 16, 165—223. 34) Hrsg. von Schönbach a. a. O. 17, 85—141. 35) Diese Bearbeitung ist ebenfalls von Schönbach, Zeitschrift f. d. Alt. 26, 20—84 herausgeg. 36) Mittheilungen in Mone's Anzeig. 8, 451 ff.; vgl. besonders J. Haupt in den Sitzungsberichten der Wien. Akademie 34, 279 ff. 37) Vgl. über den Dichter Docen im Museum f. altd. Literatur und Kunst 2, 265 ff. 38) Den Inhalt bildet die Deutung der kirchlichen Horen auf das Leiden Christi. Ein anderes Gedicht gleichen Inhalts von einem Frauenlob nachahmenden Dichter ist herausg. von Wätzoldt als Pariser Tagezeiten. Hamburg 1880. 8. Vgl. dessen Dissertation Paris 1875. 8.; Bartsch in den Gött. Gel. Anz. 1881, St. 27; Bech in der German. 27, 385—399. 39) Herausgeg. von H. Rückert: Bruder Philipps des Carthäusers Marienleben. Quedlinburg und Leipzig 1853. 8.; einen Auszug gab Docen, Miscell. 2, 70 ff.; vgl. weitere Nachweisungen in v. d. Hagens Grundriss S. 256 ff. Bruchstücke von Hss. in Zachers Zeitschr, 15, 280 ff.; von Sieber im Programm des Gymnas. zu Leitmeritz. 1853. 8., andere im 30. Bde. der Verhandlungen d. hist. Vereins f. Oberpfalz u. Regensburg. Vgl. noch Siller in Wagners Archiv 1, 497 ff. Auch Philipp folgt dem in Anm. 29 erwähnten Reimgedicht. 40) Rückert setzt das Werk noch ins 13., Pfeiffer, Nicolaus von Jeroschin S. XXX f. in die erste Hälfte des 14. Jahrhunderts. 41) Rückert in seiner Ausgabe betrachtet als die originale Gestalt des Gedichtes das Oberdeutsche (vgl. auch Rückerts Ausgabe des welschen Gastes S. 506. 511); allein die Reime des Dichters beweisen, dass er vielmehr im Nordosten Deutschlands zu Hause war, so dass die niederdeutschen Hss. dem Originale beinahe näher stehen als die oberdeutschen. Vgl. Jos. Haupt, Bruder Philipps Marienleben. Wien 1871. 8.; und schon Pfeiffer, Nicolaus von Jeroschin S. XV. 42) Noch ungedruckt; vgl.

der wahrscheinlich auch die poetische Paraphrase des Buches Hiob § 146
verfasst hat[43], die 1338 unter dem Hochmeister Dietrich von Altenburg vollendet wurde[44]. Auch die Reisen des heiligen Bran-
danus, eine vielverbreitete[45] und durch ihren Inhalt mit der Vision
des Tundalus[46] (§ 90) verwandte Legende[47], sind aus dem Hochdeutschen ins Niederdeutsche übersetzt[48]. Nach und nach wurden
Legendendichtungen seltener und von prosaischen verdrängt. Im
sechzehnten Jahrhundert verschwand diese Dichtart unter den Protestanten natürlich ganz, oder gieng in die moralische und komische
Erzählung über, wie namentlich bei Hans Sachs, dessen schwankartige Legenden allerliebst sind. — Unter den spätern hochdeutschen
Legenden in Reimen ist die bekannteste das Leben der heiligen
Elisabeth von Johannes Rothe[49], aus dem ersten Viertel des
fünfzehnten Jahrhunderts, deren poetischer Werth aber, wie der ebenfalls von Rothe verfassten gereimten Passion[50] und der übrigen
Legenden dieses Zeitraums, nur sehr gering ist. Der Dichter, aus
Kreuzburg gebürtig, Stadtschreiber zu Eisenach, später Domherr an
der Frauenkirche daselbst, und im Jahre 1434 in hohem Alter gestorben[51], hat die Elisabeth in seiner letzten Lebenszeit, nach seiner

Strehlke in den Script. rer. Prussic. I, 646 f., Zeitschr. f. d. Alt. 13, 516—519. Auf
Wunsch Luthers von Braunschweig ist auch die poetische Paraphrase des Buches
Daniel im Jahre 1340 verfasst: vgl. Pfeiffer, Nicolaus v. Jeroschin S. XXVI f.
Strehlke a. a. O. 645 f.   43) Vgl. zu dieser: W. Müller, über die mitteldeutsche
poetische Paraphrase des Buches Hiob. Halle 1883. 8. dazu Bech, in der Germania 29,
389 ff.   44) Vgl. Pfeiffer, Nicolaus von Jeroschin S. XXVII f. Haupts Zeitschr. 13,
510. 535.   45) Ueber die Geschichte und Verbreitung dieser Legende s. La légende
latine de S. Brandaines, avec une traduction inédite en prose et en poésie romanes, pu-
bliée par Achille Jubinal. Paris 1836. 8.   46) Niederdeutsch ist die Geschichte
des Tundalus aus H. Korners Chronik mitgetheilt von Pfeiffer in der Germ. 9, 274
bis 278.   47) Gedruckt bei Bruns, romantische und andere Gedichte in alt-
plattdeutscher Sprache. Berlin 1798. 8., und besser bei C. Schröder, St. Brandan.
Ein lateinischer und drei deutsche Texte. Erlangen 1871. 8.   48) Vgl. C.
Schröder in der German. 16, 60 ff. Dagegen erklärte Willems (Reinaert de Vos
S. XVIII f.) und nach ihm Blommaert (Oudvlaemsche Gedichten 1, 91) den niederdeutschen Text für eine verkürzte Uebersetzung des niederländischen; umgekehrt
lässt Martin (in Zachers und Höpfners Zeitschr. 1, 162) dem niederländischen ein
niederdeutsches Gedicht zu Grunde liegen, während Jonckbloet für das niederländische ein hochdeutsches Original annimmt (Geschiedenis der mnl. Dichtkunst
1, 413). — Ueber andere Legenden in niederdeutscher Sprache vgl. Kinderling, Geschichte der niedersächsischen Sprache S. 299 ff. und Gervinus 2³, 112; 272 f. (2³,
208. 457).   49) Gedruckt in Menkens Scriptt. Rer. Germ. II; der dort fehlende, in akrostichischen Strophen abgefasste Prolog in Bragur 6, 2, 140 ff.; vgl.
v. d. Hagen Grundriss S. 299 ff. Eine andere Fassung des Prologs theilt mit Witzschel, über das Leben der heil. Elisabet, in der Zeitschr. d. Vereins f. thüringische
Gesch. 7, 359 - 412.   50) Mittheilungen darüber gibt Bech in der German. 9,
172 ff. Auch einen Pilatus hat Rothe gedichtet; vgl. Herschel im Anz. f. Kunde
d. d. Vorzeit 1864, Sp. 364 ff.   51) Ueber den Dichter vgl. Michelsen in der

§ 146 im Jahre 1421 vollendeten [52] thüringischen Chronik geschrieben [53], daher die dichterische Mattigkeit wohl begreiflich und erklärlich ist. Von grösserem Werthe ist die ebenfalls dem fünfzehnten Jahrhundert angehörige Legende von den Jacobsbrüdern von einem sonst unbekannten Dichter Kunz Kistener [54], welche einen auch sonst verbreiteten Legendenstoff behandelt [55].

§ 147.

2. Fortdauernde und neu aufkommende epische Dichtarten: — a) Reingeschichtliche Dichtungen, denen ähnlich, die gegen Ende der vorigen Periode schon häufig vorkamen [1], wurden auch in dieser, noch ausser den eigentlichen Volksliedern von historischem Inhalt, fortwährend abgefasst. Die poetischen Weltgeschichten hörten zwar auf und die gereimten Landes- und Ortschroniken machten gleichfalls allmählig der prosaischen Geschichtschreibung Platz [2]; aber einzelne in diesen Jahrhunderten auftretende Personen, die irgend eine Rolle spielten, so wie öffentliche Begebenheiten der verschiedensten Art, als Kriegszüge, Fehden, Belagerungen, Bürgertumulte, Festlichkeiten u. a., gaben bis zu Ende des sechzehnten Jahrhunderts bald zu grössern, bald zu kleinern Reimwerken Helden und Gegenstände her [3]. Um das Poetische oder Unpoetische der

---

Zeitschr. d. Vereins f. thüring. Geschichte 3. Band, 1. Heft; und namentlich Bechs durch die aus den erkannten Akrosticben gewonnenen Resultate überraschenden Forschungen über Joh. Rothe in d. Germ. 6, 45—50. 257—287. 7, 354—367. 9, 172 bis 179. Vgl. auch Bechstein, zur neueren Literatur über Joh. Rothe, in der Zeitschrift d. Vereins f. thüringische Gesch., N. F. 9, 259—267.   52) Diese Jahreszahl ergibt sich aus dem von Bech nachgewiesenen, durch die Chronik hindurchgehenden Akrostichon; vgl. German. 6, 47.   53) Dass die Legende nach der Chronik entstanden ist, weist Witzschel a. a. O. S. 25 ff. des Separatabdruckes nach.
54) Herausgeg. nach der Wolfenbütteler Hs. von Gödeke. Hannover 1855. 8.; das Gedicht wurde von Pamphilus Gengenbach erneuert; vgl. Gödeke's Pamph. Gengenbach S. 629 ff. Bruchstücke einer zweiten Handschrift haben sich in Frankfurt gefunden, und sind von R. Wülcker in der German. 17, 55 ff. herausgegeben worden.   55) Vgl. R. Köhler, die Legende von den beiden treuen Jacobsbrüdern, in der German. 10, 447—455.
§ 147. 1) S. § 97.   2) Mehrere hoch- und niederdeutsche nach der Mitte des 14. Jahrhunderts fallende führt Mone auf, Quellen und Forschungen 1, 215 ff. Noch 1599 schrieb Jacob Ayrer eine Bamberger Chronik in elenden Reimen, die Jos. Heller herausgegeben hat, Bamberg 1838. 8.   3) Vieles der Art ist noch ungedruckt oder zerstreut in den verschiedenartigsten Büchern. Eine Anzahl kleinerer Stücke ist zusammengetragen, aber in sehr unkritischen Texten, von O. L. B. Wolff in seiner Sammlung histor. Volkslieder und Gedichte der Deutschen. Stuttgart und Tübingen 1830. 8. Auch biblische und andere Geschichten aus dem Alterthum wurden in Reime gebracht und vorzüglich zu erbaulichen und moralischen Erzählungen verarbeitet, wie namentlich von Hans Sachs; vgl. § 149.

Stoffe kümmerte man sich dabei wenig[4], und in der Regel war auch § 147
die Behandlung so beschaffen, dass ausser dem Reim nur etwa der
Silbenfall einen Unterschied von der prosaischen Darstellungsweise
bemerkbar machte. Von einzelnen Dichtern, die sich mit dergleichen
Stoffen befasst haben, verdient aus dem vierzehnten Jahrhundert hier
eine besondere Erwähnung Peter Suchenwirt[5], der uns Ehrenreden auf verschiedene Edle seiner Zeit, so wie andere, gleichzeitige
Ereignisse besprechende Gedichte hinterlassen hat. Suchenwirt, ein
Fahrender[6], den als den besten Wappendichter, mit wörtlicher Wiederholung eines bei ihm selbst vorfindlichen Ausspruchs, einer seiner
Zeitgenossen rühmt[7], dichtete nach der Mitte des vierzehnten Jahrhunderts und lebte vielleicht bis über dessen Ende hinaus, meistens
in Wien. Von seinen hierher fallenden Gedichten sind die meisten
in kurzen Reimpaaren und nur wenige in ganz einfachen Strophen
abgefasst: jene hat er gewiss immer nur gesagt, diese vielleicht
gesungen. Die eigentlichen Ehrenreden, die vorzüglich Fürsten
und Edle aus Oesterreich und den Nachbarlanden feiern, theils bei
ihren Lebzeiten, theils nach ihrem Tode, sind fast alle in einer sehr
bestimmten, sich in den Hauptzügen wiederholenden Manier abgefasst; die meiste Lebendigkeit, Frische und Freiheit von dieser Manier findet sich noch in dem Gedichte von Herzog Albrechts Ritterschaft. Aus dem fünfzehnten Jahrhundert Hans Rosenblüt, genannt der Schnepperer[8], unter seinen Zeitgenossen einer der
merkwürdigsten, meist in Nürnberg lebend, aber als Wappendichter

---

4) So brachte z. B. ein gewisser Thomas Prischuch aus Augsburg im Jahre
1418 die Geschichte der Costnitzer Kirchenversammlung in Reime (des Concils
Grundveste), die er dem Kaiser Sigismund widmete; herausgeg. in v. Liliencrons
histor. Volksliedern Nr. 50; vgl. schon F. Adelung, fortgesetzte Nachrichten S. 199 ff.
    5) Ausgabe seiner Werke von Al. Primisser: Peter Suchenwirts Werke aus
dem 14. Jahrhundert. Mit Einleitung, historischen Bemerkungen und einem Wörterbuch. Wien 1827. 8. Auch die nicht darin aufgenommene Ehrenrede auf einen
verstorbenen Grafen Wernher von Honberg in v. Lassbergs Liedern. 2, 321 ff., die
v. d. Hagen, MS. 4, 92 ff., wo sie auch abgedruckt ist, ohne Grund in die erste
Hälfte des 14. Jahrhunderts setzt, glaube ich mit Zuversicht Suchenwirt zusprechen
zu dürfen: Grafen von Honberg sind bis 1360 nachweisbar (Wackernagel, Baseler
Handschriften S. 5, Note). Fünf unedirte Ehrenreden S.'s sind von G. E. Friess,
Wien 1878. 8. (Aus d. Sitzungsber. d. Akad.) herausgegeben. Vgl. auch § 165, die
Anmerkung zu Suchenwirt. Suchenwirts auf den Deutschorden bezügliche Ge-
dichte sind auch gedruckt und erläutert in den Scriptores rer. Prussic. 2, 155—161.
Vgl. noch F. Kratochwil, der österreich. Didactiker P. Suchenwirt, sein Leben und
seine Werke. Programm des Gymnas. zu Krems 1871.   6) S. § 141, 6.   7)
S. F. Adelung a. a. O. S. 216 und Gervinus 2³, 186, Note 244 (2⁴, 388, Anm. 465).
8) d. h. der Schwätzer, wie er auch wirklich daneben in den Handschriften heisst;
vgl. Schmeller, baier. Wörterb. 3, 493 (2², 573); Gervinus 2², 202, Anm. 265; 2⁴, 407,
Anm. 479; Schade im Weimar. Jahrb. 2, 93 f. und besonders Keller, Fastnachtspiele
3, 1077 ff.

§ 147 auch die Höfe aufsuchend[9], schon 1427 und noch 1460 und zwar in mehreren Gattungen als Dichter thätig[10], der u. a. den von den Nürnbergern über die sie bekriegenden Fürsten bei Hempach (1450) erfochtenen Sieg zu verherrlichen trachtete[11] und in seinem Lobspruch auf Nürnberg[12] (1447) die Verfassung und Institutionen dieser Stadt, die wahrscheinlich seine Vaterstadt war, warm und innig gepriesen hat[13]. Nicht sowohl wegen des poetischen Verdienstes seiner historischen Reimereien, als ihrer Zahl, ihres Umfangs und zum Theil auch ihres thatsächlichen Inhalts halber, ist zu nennen Michael Beheim[14]. Sein schon öfter erwähntes Buch von den Wienern[15], welches die von Beheim als Augenzeugen dargestellte Geschichte des Aufruhrs der Wiener unter Friedrich III, der Belagerung des Kaisers in seiner Hofburg und der nächstfolgenden Ereignisse in Oesterreich enthält (1462—1465), ist theils während dieser Nothzeit, theils bald nachher abgefasst. Ausserdem hat er ein grosses Gedicht über das Leben und die Thaten des Kurfürsten Friedrichs I von der Pfalz (des sogenannten bösen Fritz) 1469 angefangen, worin er hauptsächlich eine von dem Caplan Matthias von Kemnat wenig früher verfasste Prosachronik in Verse brachte[16]. Beide Werke Be-

---

9) Vgl. § 141, 7.   10) Vgl. über ihn Canzlers und Meissners Quartalschrift für ältere Litteratur und neuere Lectüre 1, 1, 51 ff., Gervinus 2³, 202—210 (2², 405—411), wo noch anderer Gedichte von ihm Erwähnung geschieht, die sich auf historische Personen und Begebenheiten beziehen; und besonders Keller a. a. O.; dazu auch R. Köhler in der Germania 6, 106—109; ferner C. Wendeler, Studien über H. Rosenplüt I—II, in Wagners Archiv 1, 97—133. 385—436. G. Milchsack zu Rosenblut, im Archiv f. Lit. Gesch. XI, 169.   11) Das Gedicht ist zuerst gedruckt in J. P. Reinhards Beiträgen zu der Historie Frankenlands etc. (Baireuth 1760) 1, 227 ff.; dann in Canzlers und Meissners Quartalschr. 3, 4, 27 ff.; bei Wolff a. a. O. 49 ff.; am besten bei v. Liliencron a. a. O. Nr. 93. Ueber die metrische Form des Gedichtes vgl. § 139, 6.   12) Herausgeg. von Lochner im Programm des Nürnberger Gymnasiums 1854.   13) Eine ergänzende Nachahmung, worin eine statistische Uebersicht namentlich der gewerblichen Thätigkeit Nürnbergs gegeben ist, verfasste am Schluss des Jahrhunderts der Nürnberger Kunz Haas (herausgegeben von Barack in der Zeitschr. f. deutsche Kulturgeschichte, Jahrg. 1859, S. 376 ff.; einen zweiten Druck des Gedichtes von 1492 wies Barack nach im Anzeiger für Kunde d. d. Vorzeit 1864, Sp. 95 f): vgl. über diesen Lochner im Anzeiger für Kunde d. d. Vorzeit 1871, 140 ff; 170 ff. und Bartsch in der Allg. D. Biographie. Ueber ein anderes Spruchgedicht von ihm, von etlichen Stenden der Welt, vgl. Uhlands Schriften zur Gesch. der Dichtung und Sage 2, 530 f.   14) Vgl. § 141, 3.   15) Herausgeg. durch v. Karajan, Wien 1843. 8.; neue (Titel-) Ausgabe. Wien 1667. 9.   16) Von Beheims Werke ist das zweite Buch herausgeg. von C. Hofmann in den Quellen und Erörterungen zur bayerischen und deutschen Geschichte, 3. Bd. München 1863. 8.; vgl. Koch, Compendium 2, 308 und v. Karajan a. a. O. S. LXVIII ff. Das Werk des Matthias von Kemnat ist ebenfalls von C. Hofmann (im 2. Bde.) herausgegeben; dass er darin seinen Freund, den Humanisten Peter Luder ausgeschrieben, zeigt Wattenbach in seiner Abhandlung über diesen in der Zeitschrift für Geschichte des Oberrheins 23. Bd. Vgl.

heims sind strophisch abgefasst[17]; das Gleiche gilt von den kleineren § 147 Stücken[18], worin Beheim seine Herkunft und Lebensgeschichte, so wie eine Reise über See erzählt, und von den historischen Gedichten auf die Türkenangelegenheiten, über die ungarischen Erbschaftsgeschichten zur Zeit Kaiser Friedrichs III etc.[19]. Nicht viel später (1474) verfasste der Neusser Stadtsecretarius Christian Wierstraat seine wegen ihrer künstlichen metrischen Form bemerkenswerthe Reimchronik von Neuss zur Zeit der Belagerung durch Karl den Kühnen[20]. Aus dem sechzehnten Jahrhundert ist hervorzuheben Johann Fischart[21], dessen glückhaftes Schiff (1576) bei aller seiner didaktischen Tendenz sehr vortheilhaft unter den übrigen hierher fallenden Stücken dieses Jahrhunderts hervorragt. Fischart, der sich vor und in seinen zahlreichen Schriften und Schriftchen, deren über fünfzig ihm mit Sicherheit beigelegt werden können[22],

---

noch K. Hartfelder, Matthias von Kemnat, in den Forschungen zur d. Gesch. 22, 329—349. 17) Vgl §. 144, 1. 18) Sammlung für altd. Litter. S. 37 ff.; 54 ff.

19) Herausgegeben von Karajan: Zehn Gedichte Michael Beheims zur Geschichte Oesterreichs und Ungarns, mit Erläuterungen. Wien 1849. 4. (Aus den Quellen u. Forschungen zur vaterländischen Geschichte. Wien 1849. 4. abgedruckt.)

20) Nach den Drucke von 1494 herausgegeben von E. v. Groote. Köln 1855. 8.; vgl. Bartsch in der Germania 1, 242 f. 21) Ueber sein Leben und seine Werke vgl. besonders Vilmar in der Encyclopädie von Ersch und Gruber, 1. Section, 51. Theil, S. 169 ff. W. Wackernagel, Johann Fischart von Strassburg und Basels Antheil an ihm, Basel 1870. 8. 2. Ausg. 1874.; Erich Schmidt in der Allg. D. Biographie; ferner Heinrich Kurz in seiner Ausgabe von F's sämmtlichen Dichtungen. 3 Bde. Leipzig 1866—67. 8. (als 8.—10. Bd. der Deutschen Bibliothek); Vilmar, zur Litteratur J. Fischarts. Marburg 1846. 4. (Programm des Gymnasiums), 2. vermehrte Aufl. Frankfurt a. M. 1865. 8.; E. Weller, neue Originalpoesien J. Fischarts. Halle 1854. 8. (dazu Vilmars Recension in den Gotting. GA. 1851, Nr. 136); Höpfner, Reformbestrebungen S. 20 ff.; L. Spach, Oeuvres choisies 1, 129—150. Ausserdem vgl. noch Hallings Einleitung zu der Ausgabe des Glückhaften Schiffs; Flögel, Geschichte der komischen Litteratur 3, 327 ff., Geschichte des Burlesken S. 234 f., Jördens 1, 518 ff.; 6, 93 ff. (die aber beide mit noch mehr Vorsicht zu benutzen sind, als Halling); v. Meusebach, der eine Jahre eine Ausgabe der von ihm gesammelten Werke Fischarts vorbereitete (seine Sammlungen sind in den Besitz der königl. Bibliothek zu Berlin übergegangen; unter Benutzung derselben veröffentlichte C. Wendeler: Fischart-Studien des Frh. K. H. G. v. Meusebach. Halle 1879. 8.) in der Hall. Litter. Zeit. 1829, Nr. 55 f. und Gervinus 3², 121 ff. (3², 165 ff.) Herm. Kurz, Fischart in Tübingen? In der Germania 16, 79 ff. Dederding, zur Charakteristik Fischarts. Programm der Luisenstädt. Gewerbeschule in Berlin 1876. 4. Rückbeil, kleine Beiträge zur Literatur Fischarts. Sondershausen 1890. 4. (Programm.) C. Wendeler und G. Dederding, zu Fischart, im Archiv f. Litt. Gesch. 6, 487—511. G. Dederding, ein Stammbuchblatt Fischarts, ebend. 10, 421 f. Wendeler in der Zeitschr. f. d. Alt. 22, 252 ff. und im Archiv f. Lit. Gesch. 10, 423. W. Crecelius, Fischartstudien in Birlingers Alemannia 9, 236—240. Derselbe, zur Fischartbibliographie, in Wagners Archiv 1, 12 f. (vgl. 225 f.) und in Alemannia 3, 262 f. 6, 127. Werthlos ist: R. Weitbrecht, Joh. Fischart als Dichter und Deutscher. Stuttgart 1879. 16. 22) Ein Verzeichniss sämmtlicher Schriften gibt Vilmar in dem ge-

§ 147 die verschiedensten Namen gibt, Menzer, Reznem, Ellopo-
skleros u. s. w. [23], entweder zu Mainz oder zu Strassburg[24] um die
Mitte des sechzehnten Jahrhunderts [25] geboren, wurde in Worms von
seinem Gevatter Kaspar Scheid erzogen, gieng zu Anfang der siebziger Jahre nach Strassburg, wo er 1574 auf der Universität immatriculiert und im Sommer desselben Jahres zum Doctor der Rechte
promoviert wurde. Um eine feste Stellung bemüht, war er von 1581
bis 1582 als Advocat am Reichskammergericht zu Speier thätig, wurde
etwa 1583, jedenfalls mehrere Jahre vor 1586, Amtmann zu Forbach
bei Saarbrück, starb aber schon im Winter 1589—1590. Fischart war
ein Mann von der wärmsten vaterländischen Gesinnung, kaum minder vertraut mit dem heimischen Alterthum, als mit dem classischen,
und von einer staunenswürdigen Kenntniss aller Aeusserungen des
deutschen Lebens zu seiner Zeit. Sein glückhaftes Schiff[26], worin
er sich Ulrich Mansehr von Treubach nennt, hat die Wasserfahrt
zum Gegenstande, welche eine Anzahl Züricher Schützen im Laufe
eines Tages (20. Juni 1576) von ihrer Vaterstadt bis Strassburg, wo
ein grosses Armbrustschiessen stattfand, ausführte, ein Ereigniss, das
zu jener Zeit grosses Aufsehen machte und das der Nachwelt im Gedächtniss zu erhalten, auf verschiedene Weise Sorge getragen ward[27].
— Bei der herrschenden Neigung zum Sinnbildlichen und zur Allegorie, die sich in alle poetischen Gattungen eindrängte, darf es nicht
Wunder nehmen, dass man auch sehr häufig b) Allegorische Geschichten und Erzählungen dichtete, die gewöhnlich in das
Gebiet der didaktischen und beschreibenden Poesie stark hinüber-
spielten. Dahin gehören zunächst viele von den kleinern Gedichten
in Erzählungsform, die man unter die allgemeine Bezeichnung von
Reden mit einbegriff, und in denen Gegenstände sehr verschiedener
Art behandelt sind, mit besonderer Vorliebe aber die Minne[28]. Bereits in der vorigen Periode, zumal nach der Blüthezeit der höfischen

---

nannten Artikel bei Ersch und Gruber und Gödeke's Grundriss S. 356 ff.
23) Vgl. Wackernagel a. a. O. S. 8 f.   24) Für Mainz entscheidet sich Gödeke,
Grundriss S. 356; für Strassburg Wackernagel in der in Anm. 21 angeführten
Schrift.   25) Nach Gödeke zwischen 1545—1550; nach Wackernagel S. 12
um 1550.   26) Von dem Gedichte sind zwei alte, aber sehr selten gewordene
Drucke o. O. u. J. vorhanden. Nach einem derselben, dem gleichzeitigen Nachdruck
des andern, herausgeg. von K. Halling. Tübingen 1828. 8., besser in der Ausgabe
von Kurz und bei Gödeke, J. Fischarts Dichtungen. Leipzig 1880. 8. Nach Hallings Ausgabe, mit Auslassung eines kleinen Stücks, auch in Wackernagels LB. 2,
139 ff.   27) Vgl. über die Reise des Züricher Breitopfs etc. (von Ring), Baireuth 1757. 8.; jetzt aber namentlich J. Bächtold, das glückhafte Schiff von Zürich.
Nach den Quellen des Jahres 1576. Zürich 1880. 4., wo eine geschichtliche Darstellung des Strassburger Festes, dann aber der Nachweis, dass Fischart mehrere
lat. und deutsche Dichtungen über das Ereigniss benutzt hat.   28) Sie sind

Poesie, waren dergleichen Minne-Allegorien nicht ungewöhnlich; un- § 147
ter ihnen verdient der Minne Lehre von Heinzelein von Konstanz [29], dem Küchenmeister des Grafen Albrecht von Hohenberg
und Heigerloch († 1298), hervorgehoben zu werden, ein heiterer Nachklang aus einer besseren, der Kunst günstigeren Zeit [30]. Aus dem
Anfang dieses Zeitraums gehören unter den Stücken gleichen oder
verwandten Inhalts, deren Verfasser wir kennen [31], zu den bessern
die Jagd von Hadamar von Laber [32], einem bairischen Ritter [33]
im Dienste Ludwigs des Baiern, worin in der Strophenform des jüngeren Titurel der liebende Dichter sich als Jäger darstellt, der mit
seinem Herzen als Hunde das edle Wild, die Geliebte, erjagen will [34];
ferner einige Gedichte Peter Suchenwirts, aus dem fünfzehnten
der Minne Regel von Eberhard von Cersne [35] aus Minden,
im Jahre 1404 nach dem lateinischen Buche des Kaplan Andreas

---

näher charakterisiert und mehrere davon aufgeführt bei Gervinus 2³, 224 ff. (2⁴,
421 ff.)   29) Gedruckt in Müllers Sammlung 1 (unter dem Titel: der Gott
Amur); in Pfeiffers Ausg. der Weingartner Handschrift; kritische Ausgabe (worin
auch die beiden andern Gedichte Heinzeleins, das Streitgespräch zwischen einem
Ritter und einem Pfaffen, und das andere zwischen den beiden Johansen [dem
Täufer und dem Evangelisten] enthalten sind) durch Pfeiffer: Heinzelein von Konstanz. Leipzig 1852. 8. Vgl. über den Dichter noch Lassberg, Liedersaal 2, 8. XVII;
Hoffmann, Wiener Handschriften S. 255 (dagegen Pfeiffer im Vorwort S. XV);
Benecke zu Iwein ² S. 292, 1621. Zu den zwei Johansen vgl. R. Köhler in der Germania 24, 385—391.   30) Pfeiffer im Vorwort seiner Ausgabe.   31) Von
unbekannten Verfassern steht manches der Art in v. Lassbergs Liedersaal und in
der zweiten (gedruckten) Abtheilung des Liederbuchs der Clara Hätzlerin. Besonders erwähnt sei hier ein nur bruchstückweise erhaltenes Gedicht auf Ludwig
den Baiern, welches Pfeiffer in seiner Forschung und Kritik auf dem Gebiete des
deutschen Alterthums I (Wien 1863. 8.), 45—84 herausgegeben; der Herausgeber vermuthet als Verfasser des Kaisers oberster Schreiber, Ulrich von Augsburg; vgl. dagegen Liter. Centralbl. 1864, Nr. 7, Sp. 162 und Pfeiffers Entgegnung,
die Kanzleisprache Kaiser Ludwigs des Baiern, in der German. 9, 159 ff.   32)
Herausgeg. von J. A. Schmeller: Hadamars von Laber Jagd und drei andere Minne-
gedichte seiner Zeit und Weise: des Minners Klage, der Minnenden Zwist und
Versöhnung, der Minne Falkner. Stuttgart 1850. 8. (20. Publicat. d. litter. Vereins.)
Neue Ausgabe von K. Stejskal. Wien 1850. 8. (vgl. Bartsch in den Gött. Gel.
Anz. 1891, Nr. 41; Seemüller im Anz. f. d. Alt. 7, 36—55; Tomanetz in Zachers
Zeitschrift 12, 243—250). Vgl. noch K. Stejskal in der Zeitschr. f. d. Alt. 23, 263
bis 299 und in der Allg. D. Biographie 17, 465 f.   33) Ueber die Familie vgl.
Plass, die Herren von Laber, in den Verhandlungen des hist. Vereins von Ober-
pfalz und Regensburg, 21. Band und besonders Stejskal in der Einleitung seiner
Ausgabe.   34) Eine ähnliche Jagdallegorie hat Stejskal in der Zeitschr. f. d.
Alt. 24, 254—268 herausgegeben.   35) Herausgeg. (mit einem Anhange von
Liedern) von Fr. X. Wöber. Unter Mitwirkung von A. W. Ambros (bezüglich der
musikalischen Stellen), Wien 1861. 8.; vgl. Bech in der German. 7, 481 ff. Den
Familiennamen des Dichters weist aus Urkunden nach Bech in der Germania
6, 269 ff.

§ 147 bearbeitet[36], und aus dem sechzehnten Jahrhundert viele Gedichte
von Hans Sachs[37]. Eins der bekanntesten grössern Werke dieser
Art, das zum Theil eine sagenhafte Grundlage hat, ist die Mohrin
Hermanns von Sachsenheim[38] (1453), welche der Dichter, der
sein Werk einem bairischen Fürstenpaare gewidmet hat, in hohem
Alter verfasste[39]; der poetische Gehalt des Gedichtes verliert sich
sehr in der breiten, oft höchst trockenen Darstellung. Auch wirkliche Begebenheiten kleidete man in das Gewand der Allegorie. So
wurde eine Reihe von Abenteuern aus dem Leben Kaiser Maximilians I[40], angeknüpft an seine Brautwerbung um Maria von Burgund,
in einen poetischen, zu seiner Zeit berühmt gewordenen und lange
bewunderten Roman gebracht, der unter dem Namen Theuerdank
zuerst 1517 erschien[41], flach und ärmlich in der Anlage, farblos
und frostig in der Darstellung und voll der ermüdendsten Wieder-

---

36) Vgl. Bech a. a. O. 7, 481; dem Herausgeber war der lateinische Text
nicht zur Hand.   37) Vgl. über ihn § 149. Geb. 1494 zu Nürnberg, wo er
sich auch nach vollbrachter Wanderschaft als Schuhmacher niederliess und 1576
starb. Eine Lebensbeschreibung Hans Sachsens von Ranisch erschien Altenburg 1765. 8., Docen gab 1803 ein Andenken an H. Sachs auf einigen Blättern
heraus. Vgl. noch besonders J. L. Hoffmann, Hans Sachs, sein Leben und Wirken
und seine Dichtungen, Nürnberg 1847. 8.; ferner K. A. Mayer, im Archiv f. d. Stud.
der neueren Sprachen 40, 241—292. Schönbach, Studie über H. Sachs, in der
Wiener Abendpost, 1879, Beilage 176—181. G. W. K. Lochner, Urkunden H. Sachs
betreff., im Archiv f. Litt. Gesch. 3, 26—44. K. Gödeke, die Büchersammlung des
H. Sachs, ebend. 7, 1—6. Ohne Werth sind: E. K. J. Lützelberger, Hans Sachs.
Sein Leben und seine Dichtung. Nürnberg 1574. 8.   Fleck, Charakteristik der
Poesie des Hans Sachs. Programm der Gewerbeschule zu Dortmund 1882. (Nr.
335).   38) Sie erschien zuerst Strassburg 1512. fol. und dann in der ersten
Hälfte des 16. Jahrhunderts noch mehrmals; ein Auszug (nach der Ausgabe von
1538) in Reichards Bibliothek der Romane 7, 41 ff; eine Probe bei Wackernagel, LB.[1] 997 ff. ([1] 1359 ff.) Kritische Ausgabe von E. Martin. Stuttgart 1879.
(Bibliothek d. litt. Vereins). Vgl. Bech in der Germania 29, 385.   39) Er
starb 1458. Wenige Jahre vorher (1455) verfasste er ein zweites Gedicht zu Ehren
der Jungfrau Maria, genannt der goldene Tempel: vgl. altd. Mus. 1, 612 ff. und
v. d. Hagens Grundriss S. 451 ff. Gedruckt in Martins Ausgabe. Keller in der Vorrede zu Meister Altswert ist geneigt, ihm auch die beiden Gedichte 'des Spiegels
Abenteuer' und das 'Sleigertüchlin' beizulegen; weitere Unterstützung dieser Vermuthung gab Gödeke in der German. 1, 361 f., während sich Wackernagel, Litt.-
Gesch. S. 293 ([1] 374) aus metrischen Gründen gegen dieselbe ausspricht. Martin
S. 9 entscheidet sich für Gödeke's Annahme.   40) Geb. 1459, gest. 1519.
41) Diese erste, höchst prachtvolle Ausgabe erschien zu Nürnberg. fol.
Sie ist mit den alten Holzschnitten für die Holbein-Society in London (1882) neu
publiziert worden. Ihr folgten bis 1537 noch mehrere. Burkard Waldis arbeitete das Gedicht, aber nicht zu dessen Vortheil, um (erste Ausgabe Frankfurt a. M. 1553. fol. und mehrmals aufgelegt; vgl. Buchenau, über B. Waldis im
Marburger Gymnas. Progr. 1858. 4. S. 25 f.; 36 f.); eine noch schlechtere Umarbeitung unternahm Matth. Schultes, Ulm 1679. fol. Ganz frei in Alexandrinern
ist die handschriftlich existierende Bearbeitung J. A. Jormanns vom Jahre 1680.

holnngen. Den ersten Entwurf dazn hatte der Kaiser selbst gemacht § 147
und ihn auch schon theilweise ausgeführt [42], dann aber zur Ueberarbeitung und Vollendung an Melchior Pfinzing [43], seinen Geheimschreiber, übergeben, unter dessen Namen er gewöhnlich geht.

§ 148.

c) Das Thierepos war in der vorigen Periode zwar nicht ganz
aus der poetischen Literatur der Deutschen verschwunden, aber seit
der im zwölften Jahrhundert unternommenen und im dreizehnten er-
neuten hochdeutschen Bearbeitung einer französischen Auffassung der
Sage[1] scheint bis zum Ende des fünfzehnten kein ähnliches Werk
im eigentlichen Deutschland zu Stande gekommen, vielmehr die Thiersage im Ganzen hier allmählig verhallt und nur hie und da in einzelnen damit in ursprünglichem Zusammenhang stehenden Fabeln und
Abenteuern eine Erinnerung daran geblieben oder neu geweckt zu
sein[2]. Unterdessen hatte sie in Flandern, wahrscheinlich in der ersten Hälfte des dreizehnten Jahrhunderts, ihre der Anlage wie Ausführung nach vollkommenste und kunstmässigste Gestaltung in dem
Reinaert[3] erhalten, dessen Verfasser Willem[4] nach der zwanzigsten

Nach dem 1517 gedruckten Text ist der Theuerdank neu herausgegeben und mit
einer historisch-kritischen Einleitung versehen von K. Haltaus, Quedlinburg und
Leipzig 1836. 8. Neue Ausgabe von Gödeke. Leipzig 1878. 8.   42) Ueber des
Kaisers und Pfinzings Antheil am Theuerdank, so wie über die Herausgabe dieses
auch in der Geschichte der Buchdrucker- und Holzschneidekunst merkwürdigen
Werkes und über das ganze Literatur vgl. ausser den neuesten Herausgebern einen
Aufsatz von Heller in den Beiträgen zur Kunst- und Litt.-Gesch. Heft 1. 2. Nürnberg 1822. 8. S. LXXXVII ff.   43) Geb. zu Nürnberg 1491, seit 1513 Probst
zu St. Sebald in seiner Vaterstadt, ohne sein altes Verhältniss ganz aufzugeben,
dann kaiserlicher Rath und Pfründner an mehreren Stiftern, unter andern in Mainz,
wohin er 1521 zog. Daselbst starb er auch 1535.
   § 148. 1) S. § 91.   2) J. Grimm, Reinhart Fuchs S. CCVIII ff.   3)
Zuerst herausg. aus der Comburger Handschrift von Gräter in Odina und Teutona,
Breslau 1812. 1, 276 ff.; besser und mit einem Fragment der Fortsetzung von J.
Grimm in Reinh. Fuchs S. 115 ff. Auch Willems (Reinaert de vos. Gent 1836. 9.,
2. Ausg. 1850) hat für diesen Theil den grimmischen Text beibehalten und die
Abweichungen und Erweiterungen darunter gesetzt, welche die in der sogenannten
holländischen Handschrift aufbewahrte jüngere Ueberarbeitung darbietet, woraus
denn auch, mit Benutzung des schon früher gedruckten Fragments, die Fortsetzung als zweiter Theil vollständig geliefert ist. Auf Gräters und Willems' Texte
beruht die Ausgabe von Jonckbloet, van den Vos Reinaerde. Groningen 1856. 8.
(vgl. Holtzmann in d. Germ. 3, 121 f.) Neueste Ausgabe von E. Martin. Paderborn
1874. 8. Eine Uebersetzung ins Hochdeutsche ist von A. F. H Geyder erschienen
(mit Anmerkungen), Breslau 1844. 8.   4) Er bezeichnet sich auch als Verfasser
eines Madoc, eines erzählenden Gedichtes, welches wahrscheinlich auch auf franz.
Quelle beruhte (nach Leo in Haupts Zeitschr. 4, 565 ff. liegt ein keltisches Gedicht
zu Grunde, welches die Thiersage behandelte; madog heisst keltisch der Fuchs).
In Willem erblickt Willems den Namen des Ueberarbeiters und Fortsetzers und
vermuthet diesen in einem auch sonst bekannten Willem Utenbove; in Serrure's

§ 148 Branche des französischen Renart [5], die in den Anfang des dreizehnten Jahrhunderts fällt, dichtete [6], aber seinem Original sich weit überlegen zeigt [7]. Im vierzehnten Jahrhundert wurde das Gedicht Willems fortgesetzt [8], indem der Zweikampf zwischen Reinaert und Isengrim hinzukam; im fünfzehnten erfuhr es eine Umarbeitung durch Hinric von Alkmar, der Erzieher eines lothringischen Prinzen war [9], und das alte Werk mit Capitelüberschriften und einer prosaischen Glosse versah [10]. Diese erneute und weitergeführte flandrische Dichtung war es nun, die in fast wörtlicher Uebersetzung [11] nach Niederdeutschland herübergebracht, hier und dann durch verschiedene Uebertragungen und Bearbeitungen auch anderwärts dem Thierepos eine Aufnahme und Verbreitung verschaffte, wie keiner seiner frühern Gestaltungen in Deutschland, Frankreich und den Niederlanden zu Theil geworden war. Der Urheber dieses zuerst 1498 bekannt gewordenen niederdeutschen Reineke Vos [12], der nicht früher als in den letzten

---

vaderlandsch Mus. 2, 251 ist auf einen 1198 vorkommenden Wilhelmus physicus hingewiesen (vgl. Martin in Zachers Zeitschr. 1, 162 f.); J. Grimm sah mit besserem Rechte in Willem den ersten Dichter.   5) Vgl. Knorr, die zwanzigste Branche des Roman de Renart und ihre Nachbildungen. Eutiner Programm 1866. 4.
6) Die entgegengesetzte Ansicht, dass der Reinaert ein ursprüngliches flämisches Werk sei, das wahrscheinlich schon dem Verf. der ältesten Branche des Renart vorgelegen, suchte Willems a. a. O. S. XXXIX ff. zu begründen; ihm trat Jonckbloet, in seiner Geschiedenis der mnl. Dichtkunst bei, der (ebend. 2, 71—74) im Reinaert eine Parodie der lothringischen Heldengesänge (Chanson des Lorrains) erblickte; er nahm aber seine Zustimmung in seiner Ausgabe und in seiner Étude sur le Roman de Rénart, Groningen 1863. 8. (vgl. dazu J. Grimms Recens. in den Gött. GA. 1863, S. 1361 ff. kl. Schr. 5, 455 ff.) zurück und vertritt hier die Uebersetzung aus dem Französischen.   7) Jünger als spätestens 1250 kann der Reinaert nicht sein, da sich um diese Zeit schon Beziehungen darauf finden; nach Willems wäre der erste Theil bereits 1170, die Umarbeitung und Fortsetzung in der Mitte des 13. Jahrhs. entstanden; vgl. J. Grimm, Reinhart S. CXLIX ff.; Willems S. XVI; XXVI—XXXIX; J. Grimm in den Gött. GA. 1837, Nr. 88.(kl. Schr. 5, 265 ff.) — Vor 1290 wurde das flämische Gedicht von einem Balduinus in lateinische Distichen übersetzt: herausgeg. von Campbell. Hague 1859; und von Knorr: Reinardus Vulpes. Eutini 1860. 8.
8) Diese Fortsetzung in den Ausgaben von Willems und von Martin.   9) Ein Hinric von Alkmar ist von 1457—1478 nachgewiesen, aber nicht der Reinaertbearbeiter; vgl. Prien, zur Vorgeschichte des R. V. (in Paul und Braune, Beiträge 8, 1—53) S. 4 ff.   10) Von Hinrics Werke haben sich nur einige Blätter eines in das Jahr 1497 fallenden Druckes, im Besitz des Senators Culemann in Hannover, bis jetzt aufgefunden: dieselben sind abgedruckt im 12. Theile von Hoffmanns Horae Belgicae. Hannover 1862. 8. vgl. Prien a. a. O. S. 8 ff.   11) Vgl. Willems a. a. O. S. L f.   12) Die erste Ausgabe erschien zu Lübeck 1498; die zweite Rostock 1517, der im Laufe des 16. und 17. Jahrhunderts noch sehr viele, aber immer schlechter werdende folgten (vgl. J. Grimm a. a. O. S. CLXXVII ff.; Gödeke's Grundriss S. 107). Den Druck von 1498 liess Hakemann vollständig wieder auflegen, Wolfenbüttel 1711. 4. Danach der Text in Gottscheds Ausg. Leipzig 1752. 4. (mit einer Abhandlung von dem Urheber, wahren Alter und grossen Werthe des

Jahrzehnten des fünfzehnten Jahrhunderts entstanden sein kann [13], § 148 und aus dem wir allein den Namen Hinrics von Alkmar erfahren, lässt sich mit Sicherheit nicht angeben: nach einer ziemlich alten, nicht ganz unglaubwürdigen Ueberlieferung soll er Nicolaus Baumann geheissen haben [14], nach den Ergebnissen anderer Untersuchungen war es der Drucker Hermann Barkhusen [15]. Wer aber auch der Uebersetzer gewesen sein mag, seine Arbeit, mit vielem Geschick ausgeführt, musste, bei der öffentlichen Stimmung in Deutschland zur Zeit ihres Erscheinens, hier um so grössern Beifall finden [16],

Gedichts, nebst prosaischer Uebersetzung und Auslegung), und etwas verändert in der von Bredow, Eutin 1798. S. besorgten. Weniger Werth haben die Ausgaben von Scheller, Braunschweig 1825. S. und Scheltema, Haarlem 1826. Am besten die von Hoffmann: Reineke Vos. Nach der Lübecker Ausg. von 1498. Mit Einleitung, Glossar und Anmerkungen. Breslau 1834. 8. (2. Ausg. 1852. 8.) und die von A. Lübben (mit Einleitung, Anmerkungen und Wörterbuch), Oldenburg 1867. S., in der auch die von Hoffmann weggelassene prosaische Glosse mitgetheilt ist (vgl. Strobl in der German. 12, 490—492 und Lübbens Entgegnung ebendas. 13, 127 f.). Neueste Ausgabe von C. Schröder. Leipzig 1872. 8. (vgl. Bäthcke in der Germania 19, 105 ff. und Schröder ebend. 19, 112 ff.; Lübben in Zachers Zeitschr. 5, 57 ff.) Zur Kritik und Erklärung vgl. Lübben, die Thiernamen in R. V. Oldenburger Programm 1863; denselben in der Germania 8, 370 ff.; Latendorf in der Germania 9, 207; 451—455, und in dem Schweriner Programm 1865. 4., Zur Kritik und Erklärung des Reineke Vos.; Schiller in der Germania 13, 160; Lübben in Zachers Zeitschrift 3, 306; ferner Korrespondenzblatt d. V. f. nd. Sprachf. 6, 31; Germania 21, 350 f.; Jahrb. des Vereins f. nd. Sprachforschung 1875, S. 92 ff. und H. Lörsch in der Zeitschrift d. Aachener Geschichtsvereins 2, 117—126. — Ueber den Werth des Reineke im Vergleich mit dem Reinaert vgl. J. Grimm a. a. O. S. CLXVI, Hoffmann. Einleitung seiner Ausgabe und Gervinus 2³, 409 ff. (2³, 638 ff.): die beiden letztern stellen es höher als Grimm. 13) Hoffmann in seiner Ausgabe S. V vermuthet zwischen 1470—1490. 14) Jedenfalls scheint er ein Niedersachse an der untern Elbe nach der Ostsee zu gewesen zu sein, der aber auch im rheinischen Westphalen gelebt haben muss. Diess würde mit der Nachricht, die Rollenhagen in der Vorrede zum Froschmäuseler von der Autorschaft Nic. Baumanns gibt, sehr gut stimmen. Was sich zu ihren Gunsten sagen lässt, findet man bei J. Grimm a. a. O. S. CLXXIII ff. Die seitdem von Lisch (im Anhange zur Geschichte der Buchdruckerkunst in Mecklenburg bis zum Jahre 1540, Schwerin 1840. 6) neu aufgenommene Untersuchung sichert zwar N. Baumanns Aufenthalt am Mecklenburger Hofe zwischen 1507 und 1520 und seinen im letzten Jahre zu Rostock erfolgten Tod; aber über seinen Antheil am Reineke hat auch diessmal kein befriedigendes Ergebniss erlangt werden können. 15) Vgl. Zarncke in Haupts Zeitschr. 9, 374—388; und Levercus ebenda 11, 374 ff. Dagegen macht Latendorf in dem Anm. 12 angeführten Programm die aus Barkhusens bekannten Schriften sich ergebenden sprachlichen Verschiedenheiten geltend; aber auch für Baumann ist Latendorf nicht. 16) Davon zeugen schon die zahlreichen Ausgaben. Auch eine hochdeutsche, schlecht gerathene Uebersetzung des Reineke erschien bereits im 16. Jahrhundert von Mich. Beuther, gedruckt als zweiter Theil des Buches Schimpf und Ernst, Frankfurt a. M. 1544, und oft aufgelegt (vgl. Zacher, die deutschen Sprichwörtersammlungen, Leipzig 1852. S. S. 37 f.). Ueber

§ 148 je mehr sie, besonders in ihrer zweiten, dem ursprünglichen Reinaert fremden, erst dem niederländischen Ueberarbeiter und Fortsetzer angehörigen und nichterisch bei weitem schwächern Hälfte, sich als Satire auf das Thun und Treiben der Gewalthaber und ihre Vasallen und Räthe, so wie auf das sittenlose und ränkevolle Leben der höhern Geistlichkeit darstellte. Seitdem ist diese Dichtung nie in Vergessenheit gerathen und mehr, als jede andere aus dem Mittelalter, der neuern und neuesten Zeit verständlich und zusagend geblieben[17]. — In einer gewissen Verwandtschaft damit steht durch den Gegenstand, aber tief unter ihr in Rücksicht des poetischen Gehalts und der Darstellung die um etwa hundert Jahre jüngere Froschmäuseler[18] von Georg Rollenhagen[19], ein Gedicht, das zum Theil wirklich dem Reineke, wiewohl zunächst der Batrachomyomachie nachgebildet ist[20], dabei aber auch noch in Anlage und Ausführung vieles enthält, das als eigenthümliche Erfindung des Dichters angesehen werden darf. Vorzüglich und absichtlich auf Belehrung ausgehend, braucht es die Thierfabel nur als Rahmen, um darin die verschiedenartigsten Dinge einzufassen, und gehört insofern fast noch mehr der didaktischen, als der epischen Gattung an.

---

eine andere hochdeutsche Bearbeitung aus dem 17. Jahrhundert, woraus die verschiedentlich als Volksbuch gangbare Prosa hervorgegangen ist, so wie über lateinische, dänische, schwedische Uebersetzungen des Gedichts vgl. J. Grimm a. a. O. S. CLXXIX f.   17) Bekannt sind die neudeutschen Bearbeitungen von Goethe und Soltau, jene in Hexametern (zuerst 1794 gedruckt), diese in der Versart des Originals, d. h. in kurzen Reimpaaren (zuerst Berlin 1803. 8.).   18) Zuerst gedruckt Magdeburg 1595. 8., zuletzt Frankfurt und Leipzig 1730. 8.; eine ziemlich ausführliche Inhaltsanzeige bei Jördens 4, 378 ff.; im Auszuge bearbeitet von K. Lappe, Stralsund 1816. 8.   Neueste Ausgabe von Gödeke, Leipzig 1876. 8. 19) Geboren 1542 zu Bernau in der Mark, gestorben als Rector zu Magdeburg 1609; vgl. Bragur 3, 427 ff. und Lütken, Leben des G. Rollenhagen, Berlin 1846 bis 1847.   Einen Brief von G. Rollenhagen hat A. Kirchhoff in Zachers Zeitschrift 5, 74—76 mitgetheilt.   Sein Sohn, Gabriel Rollenhagen, hat sich ebenfalls dichterisch, auch in niederdeutscher Sprache, bekannt gemacht: vgl. K. Th. Gaedertz, Gabriel Rollenhagen, sein Leben und seine Werke. Leipzig 1881. 8. (dazu Zachers Zeitschrift 14, 122 ff.).   20) In der Vorrede zu seinem Gedicht, in der er sich auch über die Vortrefflichkeit des Reineke Vos auslässt, berichtet Rollenhagen, wie er zuerst auf der Universität Wittenberg durch die Vorlesungen des Professors Veit Ortel von Winsheim über die Batrachomyomachie zu einer Uebertragung derselben ins Deutsche und dann durch den Rath seines Lehrers zu der weitern, mehr auf didaktische Zwecke gerichteten Ausführung seiner Arbeit veranlasst worden sei. — Die früher ausgesprochene Ansicht von Gervinus (3², 125), Rollenhagen habe sich Fischarts Flohhatz zum unmittelbaren Muster genommen, hat Gervinus selbst in der 4. Bearbeitung zurückgenommen; sie ist schon deswegen nicht haltbar, weil vor 1570, wo der Froschmäuseler, der Vorrede nach, in der Hauptsache schon fertig war, die Flohhatz sich nicht zurückverfolgen lässt; die erste bekannte Ausgabe erschien 1573 (wieder abgedruckt in Braune's Neudrucken.

§ 149.

d) Für keine der in früherer Zeit aufgekommenen und ausgebildeten epischen Dichtarten verringerte sich die Vorliebe bis gegen
den Ausgang des sechzehnten Jahrhunderts weniger, und keine wurde
auch mit besserm Erfolge geübt, als die kleine poetische Erzählung. An Stoffen dazu fehlte es weniger als je: zu den alten,
von denen noch immer viele wiederholt benutzt wurden, war eine
Menge neuer hinzugekommen. Dahin gehören, ausser dem, was griechische und römische Autoren in Uebersetzungen reichlich darboten[1], den sieben weisen Meistern und der Disciplina clericalis des
Petrus Alfonsus[2], das von Heinrich Steinhöwel[3] verdeutschte
Decameron des Boccaz[4], das auf einem indischen Original beruhende[5],
daraus ins Arabische[6], von da ins Hebräische[7], und daraus wieder
von Johann von Capua, einem getauften Juden, um 1270 unter dem
Titel 'Directorium humanae vitae, alias parabolae antiquorum sapien-
tum' ins Lateinische übersetzte Buch der Beispiele der alten
Weisen[8], welches Antonius von Pforr[9], Kirchherr der Pfarr-

---

Halle 1677. S.). Gleichwohl kann auf die Gestalt, in welcher der Froschmäuseler
gedruckt erschien, die Flohhatz eingewirkt haben; vgl. Wackernagel, Johann
Fischart S. 113.

§ 149. 1) Worüber besonders Gervinus 2[7], 158 ff. und 472 (2[5], 313 ff.) nachzulesen ist.   2) Vgl. über diese beiden Sammelwerke § 87, 9. 10.   3) Geb.
um 1420 in Weilderstadt an der Wirm, promovirte 1442 als Doctor der Medicin
in Padua, war Arzt in Esslingen, seit 1450 Stadtarzt in Ulm, wo er 1483 starb.
Ueber sein Leben und seine sonstigen Schriften vgl. Keller hinter der Ausgabe
des Decameron, bei welchem übrigens Steinhöwels Autorschaft keineswegs fest-
steht, S. 673 ff. und die dort angeführten Schriften: dazu Rochholz in der Germania 14, 411 f.   4) Der älteste Druck o. O. u. J. ist wahrscheinlich ein Ulmer
von 1472 (vgl. Keller a. a. O. S. 681 ff.); darauf eine ganze Reihe von Ausgaben im
15. und 16. Jahrh.; vgl. Ebert, bibliograph. Lexicon Nr. 2551 ff. Einen Wiederabdruck der ältesten Ausgabe veranstaltete Keller: Decameron von Heinr. Steinhöwel. Stuttg. 1860. 8. (51. Public. d. Litt. Vereins).   5) Ueber die Geschichte
dieser Beispielsammlung ist zu verweisen auf die Untersuchungen von Benfey in
seinem Pantschatantra (vgl. § 97, 9), wonach Holland in seiner Ausgabe des deutschen Buchs der Beispiele S. 242 ff. die Resultate übersichtlich gegeben hat.
6) Calila et Dimna ou fables de Bidpai, en arabe p. p. Silv. de Sacy, Paris 1816.
4. Uebersetzt von Phil. Wolff, Stuttgart 1837. 2 Bdchen. 12. 2. Ausgabe unter dem
Titel: Das Buch der Weisen in lust- und lehrreichen Erzählungen des indischen
Philosophen Bidpai, Stuttgart 1839. 8.   7) Die hebräische Uebersetzung ist
aller Wahrscheinlichkeit nach vor 1250 beendigt; als ihr Verfasser wird ein Rabbi
Joel genannt.   8) Nach Handschriften und alten Drucken herausgeg. von W.
L. Holland. Stuttgart 1860. 9. (56. Public. d. Litt. Vereins). Ueber die Handschr.
vgl. Holland S. 192 ff., über die alten Drucke S. 200 ff. und Gödeke's Grundriss
S. 359, und über das Werk überhaupt Götting. GA. 1843, Nr. 73 ff.   9) Dieser
nennt sich als Uebersetzer in einem Akrostichon, welches Bech in der Germ. 9,
226 ff. aufdeckte.

22*

§ 119 kirche zu Rotenburg am Neckar (1477)[10], auf Veranlassung des Grafen
Eberhard von Würtemberg verdeutschte[11], andere aus dem Lateinischen, Italienischen und Französischen übersetzte Prosa-Novellen und
Romane, wovon unten mehr, und die sogenannten Gesta Romanorum[12], eine in lateinischer Sprache abgefasste Sammlung von
kleinen Historien, Novellen, Anekdoten, Beispielen etc. mit (sicher
nicht ursprünglich dazu gehörigen) moralischen und mystischen Auslegungen, worin auch die Erzählungen von, den sieben weisen Meistern aufgenommen sind und von der es auch eine alte deutsche
Uebersetzung aus dem vierzehnten Jahrhundert gibt[13]; das lateinische Original ist aller Wahrscheinlichkeit nach in England am Ende
des dreizehnten oder am Anfang des folgenden Jahrhunderts entstanden[14]. Da die ganze Masse des Stoffes sehr verschiedenartig war,
so giengen daraus auch Gedichte von dem mannigfaltigsten Charakter hervor. Im Ganzen jedoch blieben die Unterarten, die schon

---

10) Er kommt urkundlich bereits 1458 vor; vgl. Bech a. a. O. S. 227 und
Barack in der Germania 10, 115 ff.   11) Nach Benfey und Holland ist es
übrigens zweifelhaft, ob die Vorlage des deutschen Uebersetzers Johanns von
Capua Directorium gewesen; vgl. Holland S. 257.   12) Sowohl die lateinischen Texte, wie die deutschen, englischen etc. Uebertragungen bezeugen mehrere, in der Zahl der Geschichten und in den aufgenommenen Erzählungen selbst
von einander abweichende Redactionen der Sammlung. Die gangbarste lateinische,
die sich in einzelnen Geschichten wieder auf ein älteres gleichnamiges Werk bezieht, hat man, besonders auf die Autorität von Warton (the history of english
poetry, neue Ausg. London 1824. 4 Bde. S. 1, S. CCLVIII ff.), dem Benedictiner
Petrus Berchorius oder Pierre Bercheur (starb 1362) zugeschrieben und ihre Entstehung um 1340 gesetzt. Dieser kann jedoch zufolge der Nachricht, auf die sich
Warton hauptsächlich stützt, höchstens für den Urheber der Moralisationen oder
Auslegungen gelten. In neuester Zeit ist von verschiedenen Seiten auf den Chronisten Helinandus (gest. 1227) als den Verfasser oder Compilator der Gesten gerathen worden (vgl. Droncke in Mone's Anzeig. 1836, Sp. 454 und Grässe hinter
seiner Uebersetzung 2, 294 ff.).   13) Herausg. von Keller: Gesta Romanorum,
das ist der Roemer Tåt. Quedlinb. u. Leipzig 1841. S. Hs. in München. Vgl. auch
Schmeller in Haupts Zeitschrift 1, 411—416.   14) Vgl. Oesterley's Ausgabe
S. 257 ff. Nach K. Roth in der Germ. 4, 271 wären die Gesta Rom. aus der Mitte
des 13. Jahrhunderts; nach Gödeke, Every Man S. 23 aus der Mitte des 14. Jahrhunderts und in England entstanden. Bezüglich der frühern Ansichten verweise
ich auf Warton a. a. O. 1, S. CLXXVII ff.; Ebert a. a. O. Nr. 8445; Grässe a. a. O. 2.
285 ff. und Gervinus 2³, 166 ff. (2⁵, 321 ff.) Die älteste lateinische Ausgabe (o. O. u.
J.) ist zu Cöln 1472 in fol., die älteste deutsche zu Augsburg 1489 in fol. erschienen. Zwölf Erzählungen, doch ohne die Auslegungen, sind aus einer wohl
noch dem 14. Jahrhundert angehörenden deutschen Handschr. der Gesten gedruckt
hinter den Fabeln aus den Zeiten der Minnesinger (s. § 120, 9). In neuester Zeit
sind herausgegeben von A. Keller, Gesta Romanorum, 1. Bd. (enthält den latein.
Text), Stuttgart u. Tübingen 1842. S. Eine auf gründliche Vorarbeiten gestützte
kritische Ausgabe hat H. Oesterley begonnen: Gesta Romanorum. I. Berlin 1871.
S., wo in der Einleitung über die Geschichte und die Handschriftenklassen des
Werkes eingehend gehandelt wird. Vgl. auch Oesterley in der German. 14, 82 f.;

das dreizehnte Jahrhundert gekannt und geliebt hatte[15], die vorherr- § 149
schenden; nur war es bei den erstern jetzt noch viel entschiedener
auf Belehrung und Nutzanwendung abgesehen, und diese, wenigstens
als Schluss angehängt, liebte man sehr an heitern und komischen
Erzählungen oder Schwänken. — Von novellenartigen Geschichten
verdienen hier aus dem vierzehnten und fünfzehnten Jahrhundert
besondere Erwähnung der Ritter von Staufenberg[16], der, von
einem unbekannten elsässischen Dichter[17], einem Nachahmer Konrads
von Würzburg, wohl nicht später als am Anfang des vierzehnten
Jahrhunderts[18] verfasst und am Schlusse des sechzehnten von Fischart
überarbeitet wurde[19], und zwei poetische Bearbeitungen des Buches
von den sieben weisen Meistern[20], deren eine, Diocletians
Leben, von Hans von Bühel[21] (1412) herrührt[22] und mit einer
deutschen, aus dem Lateinischen übersetzten Prosa einer Heidelberger
Handschrift in nahem Zusammenhange steht[23]; die andere[24], roher
und kürzer, ist aus dem Lateinischen von einem ungenannten Dichter
übertragen. Zu den besten Erzählungen und Schwänken gehören aus
der Mitte dieses Zeitraums die von Hans Rosenblüt[25]; andere,

15, 104 f. Liebrecht ebend. 15, 357—366. Eine neudeutsche Uebersetzung des lat.
Textes, aber ohne die Moralisationen, mit zwei Anhängen (wovon der erste die
in der latein. Redaction nicht enthaltenen, aber entweder in der altd. gedr. Bearbeitung, oder in einer grimmischen Handschrift befindlichen Geschichten, der
andere die von dem lateinischen abweichenden Erzählungen der englischen Redaction übersetzt gibt), erklärenden Anmerkungen und einer Abhandlung über den
wahren Verfasser, den Zweck und die Ausgaben der Gesta Roman. hat Grässe,
Dresden und Leipzig 1842. 2 Bde. 8. geliefert.   15) S. § 95.   16) Hrsg.
mit einer Einleitung (worin aber hinsichtlich des Verfassers sehr fehl gegriffen
ist) und lithogr. Platten von Ch. M. Engelhardt, Strassburg 1823. 8.; kritische Bearbeitung, worin die reinen mhd. Sprachformen hergestellt sind, durch O. Jänicke
in den Altdeutschen Studien, Berlin 1871. 8. S. 1—61; über einen alten, wahrscheinlich um 1480 zu Strassburg erschienenen Druck vgl. Engelhardts Einleitung
S. 11 und 65 ff. und Gödeke, Grundriss S. 292.   17) Vgl. J. Grimm, Reinhart
Fuchs S. CXI.   18) Vgl. O. Jänicke a. a. O. S. 54 ff. und schon Mone im badischen Archiv 1, 52. Früher setzte man ihn frühestens an den Schluss des 14. Jahrhunderts: Gött. GA. 1824, Nr. 84, S. 836; Hoffmann, Fundgruben 1, 355.   19)
Diese Ueberarbeitung ist öfter gedruckt worden; vgl. Engelhardt a. a. O. S. 12 f.;
Hallings Ausgabe des glückhaften Schiffs, S. 59 ff.; 251 ff.; v. d. Hagens Grundriss
S. 191. Nach Wackernagel, Joh. Fischart S. 96, rührt von Fischart nur die Vor-
rede zu dieser Erneuerung her.   20) Vgl. § 57, 9.   21) Vgl. § 146, 12 ff.
22) Herausg. von Keller. Quedlinburg und Leipzig 1841. 8.   23) Es ist die
Heidelberger Hs. 149; vgl. Gervinus 2³, 172. 482 (2⁵, 329).   24) Gedruckt in
Kellers altdeutschen Gedichten, Tübingen 1846. 8. S. 15—241. Früher waren einzelne Stellen daraus in v. d. Hagens Grundriss S. 303 ff. und eine Erzählung in
Kellers Einl. zum Roman der sept sages S. CIX ff. gedruckt. Daselbst S. CXXIV ff.
und Diocletians Leben S. 39 ff. ist auch nähere Auskunft über die alten Drucke
der deutschen Prosa von den sieben weisen Meistern gegeben (die ältesten o. O.
u. J. und Augsburg 1473).   25) Die vollständigsten Mittheilungen über die ihm

§ 149 weniger bekannte und auch wohl minder werthvolle, dichtete sein, wie es scheint, etwas jüngerer Zeitgenosse Hans Folz[26], der, zu Worms geboren, als Barbier und Meistersänger zu Nürnberg lebte[27]. Heinrich Wittenweiler's, eines Thurgauers[28], vor 1453 gedichteter Ring[29] darf auch zu den Schwänken gezogen werden, wenn auch die Absicht des Dichters eine lehrhafte ist und auf eine Anweisung im Hofieren und Kriegführen hinaus läuft; die hinein verwebte Erzählung einer Bauernhochzeit mit ihren Folgen bildet den Haupttheil und berührt sich mit einem älteren, den gleichen Gegenstand behandelnden Gedichte von Metzen Hochzeit[30]. Eine Menge anderer kleinerer Erzählungen, zum Theil sehr derber Natur, sind ohne Namen der Verfasser überliefert[31]; darunter ein viel be-

---

beigelegten Gedichte findet man bei Keller, Fastnachtspiele S. 1082—1195, wo auch die meisten abgedruckt sind; dazu Nachlese zu den Fastnachtspielen S. 301 ff.; R. Köhler in der German. 6, 106—109; Lambel in Wagners Archiv 1, 212—221 ('der kluge Narr'); einige sind nur Umarbeitungen älterer Gedichte (vgl. Bartsch in der Germ. 8, 41 ff). Die in einer Dresdener Handschr. befindlichen verzeichnet v. d. Hagen a. a. O. S. 365 ff. Einige sind auch gedruckt, aber zum Theil in erneuerter Sprache, im deutschen Museum 1782, October, in Canzlers u. Meissners Quartalschrift 1, St. 1, in Bragur 5, 78 ff., in Wackernagels altd. Lesebuch, in Hans Sachs von Göz 3, 170 ff. und im Liederbuch der Hätzlerin S. 290 ff.; über ältere Drucke vgl. v. d. Hagen a. a. O. S. 367. Ueber Rosenblüts Schwank, Disputatz eines Freiheits mit einem Juden (bei Keller S. 1115 fl.) vgl. R. Köhler in der German. 4, 482—493; vgl. auch Gödeke's Grundriss S. 98 und Liebrecht in der Germania 5, 487; über sein 'Memorial der Tugend' Archiv f. Lit.-Gesch. 9, 441—43.   26) Vgl. über ihn und die ihm zugeschriebenen Sachen besonders Keller a. a. O. S. 1195 bis 1324, wo auch sehr viel von denselben nach Handschriften gedruckt ist; dazu Nachlese S. 309 ff. Ein Meistergesang von ihm in dieser Nachlese S. 310 ff., sein Spruch von der Pest herausg. von Martin. Strassburg 1879. 8. In einem Schwank von einem Pfarrer nennt er sich Hans Zapf zu Nürnberg, Barbierer: er ist gedruckt in Kellers Erzählungen aus altdeutschen Handschriften, S. 111 ff, wo auch S. 228 f.; 256 ff.; 387 ff. Schwänke von Folz stehen. Vgl. auch altd. Museum 2, 317 ff.; v. d. Hagens Grundriss S. 368; 554; Zarncke in Haupts Zeitschr. 8, 537 ff. und Anm. 27.   27) Seine dichterische Thätigkeit setzt Schade im Weimar. Jahrb. 2, 110 ff. (wo eine Reihe von 'Klopfan' von ihm stehen) ins dritte Viertel des 15. Jahrhunderts, vielleicht auch noch etwas früher, und wahrscheinlich bis in die Mitte der Achtziger; Wackernagel in Haupts Zeitschr. 8, 507 ff. (wo Spruchgedichte von Folz mitgetheilt sind) zwischen 1447 und 1480. Vgl. jetzt besonders G. W. K. Lochner, Urkunden Hans Folz betreffend, im Archiv f. Lit. Gesch. 3, 324 bis 329; auch A. Reifferscheid, zur Folzbibliographie, in Zachers Zeitschr. 8, 185 f. und Gödeke in der German. 15, 198 ff.   28) Vgl. Bächtold in der German. 20, 66—68; Uhland ebend. 1, 329. Einen Heinrich von Wittenwille weist Bächtold in einer St. Galler Urkunde von 1426 nach.   29) Herausgeg. von L. Bechstein, mit Einleitung von A. Keller, Stuttgart 1851. 8. (23. Publicat. des Litt. Vereins.)   30) Gedruckt in v. Lassbergs Liedersaal 3, 399 ff.; auch im Liederbuche der Hätzlerin S. 259 ff.   31) Die meisten sind enthalten in Kellers Erzählungen aus altdeutschen Handschriften. Stuttgart 1855. 8. (35. Publicat. des Litt. Vereins); einiges auch in Kellers altdeutschen Gedichten. Tübingen 1846. 8. (unter dem-

liebtes Gedicht, Bruder Rausch, welches, auf alter Sagenüber- § 149
lieferung beruhend, in seiner ältesten bekannten Fassung aus dem
fünfzehnten Jahrhundert niederdeutsch, in hochdeutscher Bearbeitung
im sechzehnten Jahrhundert sehr verbreitet war [32]. Ganze Reihen von
Schwänken und Schalksstreichen wurden, in ähnlicher Weise wie
im Pfaffen Amis, in zwei Gedichten verarbeitet, dem Pfarrer vom
Kalenberg [33] von Philipp Frankfurter, der zu Wien lebte [34],
aus dem Schlusse des vierzehnten Jahrhunderts, und dem Peter
Leu [35], gewissermassen der Fortsetzung des Kalenbergers (daher er
auch der andere Kalenberger heisst) von Achilles Jason Widmann [36], aus dem sechzehnten. Die Helden beider Geschichten, von
denen der erste, Weigand von Dewin [37], in die Zeit von Otto dem
Fröhlichen († 1339) [38] fällt, haben, wie kaum zu bezweifeln ist, wirklich existiert [39]. In einer gewissen Verwandtschaft steht durch seinen
Inhalt mit diesem und dem vorigen Gedichte Salomon und Markolf, der in einer wohl dem vierzehnten Jahrhundert angehörenden
mittelfränkischen Bearbeitung [40] nach dem Lateinischen, und einer
jüngeren (um 1450) von Gregor Haiden verfassten [41] erhalten

selben Titel fortgesetzt in einzelnen Bogen. 2—7. Tübingen 1555—1580. 8.). Zur
Geschichte der behandelten Stoffe vgl. F. Liebrecht, Beiträge zur Novellenkunde,
in der German. 1, 257 ff. Eine Sammlung von Schwänken des 16. Jahrhunderts
gab Gödeke. Leipzig 1879. 8. heraus.   32) Ueber die alten Drucke, so wie
über dänische, schwedische und englische Bearbeitungen vgl. Schade im Weimar.
Jahrbuch 5, 357 ff., wo auch S. 385—399 der niederdeutsche, S. 400—411 der
zweitälteste hochdeutsche Text gedruckt ist; über einen unbekannten Nürnberger
Druck vgl. Hoffmanns v. F. Findlinge S. 85. Die älteste hochdeutsche Bearbeitung,
Strassburg 1515, ist neu herausgegeben von F. Wolf und St. Endlicher, Wien 1834.
    33) Ueber die alten Drucke vgl. v. d. Hagens Grundr. S. 357 und dessen Narren-
buch, Berlin 1811. 8., worin sich auch eine Erneuerung des Gedichts befindet; so
wie Gödeke's Grundriss S. 117. Eine Stelle aus einem Frankfurter Drucke von
1550 bei Wackernagel, LB.², 947 ff. (⁵ 1385 ff.)   34) Vgl. Wackernagel, LB.¹
Sp. 862.   35) Der älteste Druck ist ein Frankfurter zwischen 1557—59; über
andere Ausgaben vgl. v. d. Hagens Grundriss S. 360 ff.; Gödeke's Grundriss S. 117;
Schade im Weimar. Jahrb. 6, 416 ff. Eine Erneuerung im Narrenbuch; Ausgabe
nach dem ältesten Druck, verglichen mit der letzten Ausgabe von 1620, von Schade
a. a. O. 6, 416—476.   36) Die Vornamen sind sicher angenommen; es ist von
Schade a. a. O. S. 420 f. nachgewiesen, dass der Verfasser Georg Widmann hiess.
Er war aus Hall in Schwaben und lebte noch 1596 in seiner Vaterstadt als juristi-
scher Geschäftsführer des Stiftes Chomburg.   37) Dewen, Theben bei Wien.
    38) Das Buch gibt irrthümlich 1350 an.   39) In Bezug auf Peter Leu
vgl. Schade a. a. O.; und über diese Frage im Allgemeinen Leipzig. Litt. Zeitung
1812, S. 1292 ff.   40) Abgedruckt in v. d. Hagens Gedichten des Mittelalters 1;
vgl. Docen in Schellings Zeitschr. S. 361 ff. und Narrenbuch, S. 498 ff. Vgl. besonders W.Schaumberg, Untersuchungen über das deutsche Spruchgedicht Salomon
und Morolt, in Paul und Braune, Beiträge 2, 1—63. Danach ist die Grundlage,
wenn auch nicht der gegenwärtige Text, älter.   41) Vgl. Docen im altdeutsch.
Mus. 2, 270 ff. und v. d. Hagens Grundriss S. 317 ff. E. Schaubach, Gregor Hayden's

§ 119 ist [42]. Ferner gehören durch ihren Inhalt, wenn auch nicht durch ihre Form hierher die 'wunderbarlichen Gedichte und Historien' des N e i d - h a r t F u c h s, eine Sammlung sogenannter 'Neidharte', d. i. Schwänke, Schalksstreiche und Abenteuer mit Bauern, deren Held Neidhart ist oder sein soll, in lyrischen Formen und mit Eingangs- und Schluss- strophen, die auch einen lyrischen Inhalt haben [43]. In allen Arten der poetischen Erzählung versuchte sich H a n s S a c h s [44], der grösste deutsche Dichter dieser ganzen Periode, und einer der fruchtbarsten überhaupt [45], der in seiner kurzen poetischen bis zum Jahre 1567

Salomon und Morolf. Leipziger Dissertation 1881. 8.   42) Vgl. über die Dich- tung, so wie den Kalenberger und Peter Leu zusammen Gervinus 2², 332 ff. (2³, 519 ff.)   43) Vgl. § 112, und besonders was dort von Wackernagel und aus den Blättern für litterar. Unterhaltung angezogen ist. Ueber zwei alte Drucke, die diese Sammlung enthalten, s. v. d. Hagens MS. 4, 441; 902b f. und Haupts Vorrede zu Neidhart von Reuenthal. Der eine, Frankfurt 1566, ist bei den Stücken, die unter Neidharts Namen bei v. d. Hagen a. a. O. 3, 185—313 stehen, theils neben Handschriften benutzt, theils allein zum Grunde gelegt.   44) Ueber sein Leben vgl. § 147, 37; und zu der dort angeführten Literatur die treffliche Charakteristik bei Gervinus 2², 458 ff. (2³, 693 ff.)   45) Was er von seinen Werken der Auf- bewahrung werth fand, mit Ausschluss der Meistergesänge und anderer lyrischer Gedichte, sammelte er und gab es heraus, Nürnberg 1558—1561. 3 Bde. fol. Mit vielen neuen Stücken vermehrt ist die Ausgabe, die in 5 Foliobänden (die ersten beiden noch bei Lebzeiten des Dichters) Nürnberg 1570—1579 erschien. Am voll- ständigsten ist die zwischen 1612—1616 in 5 Quartbänden zu Kempten gedruckte Ausgabe. Einen Wiederabdruck der alten Ausgabe von 1558 hat Keller begonnen: Hans Sachs. Stuttgart 1870—1882. 8. 14 Bde. (Bibliothek des litt. Vereins); vom 12. Bande an unter Mitwirkung von E. Götze. Eine bibliographische Zusammen- stellung gab E. Weller, der Volksdichter Hans Sachs und seine Dichtungen. Eine Bibliographie. Nürnberg 1868. 8., dazu Weller in Wagners Archiv 1, 462 f. und Germania 25, 230—232. Seine geistlichen Lieder und Psalmen bei Ph. Wacker- nagel, das deutsche Kirchenlied Nr. 238—259, und in seinem grösseren Werke 3, 55 ff. (das Lied 'Warumb betrübst du dich, mein Hertz' ist jedoch wohl nicht von ihm; vgl. Bartsch in der German. 3, 382; Bechstein ebend. 24, 407 ff. 26, 380 f.). Geistliche und weltliche Lieder herausgegeben von Gödeke und Tittmann in den Deutschen Dichtern des 16. Jahrhunderts. 4. Bd. Leipzig 1870. 8. (2. Aufl. 1883). Spruchgedichte ebend. im 5. Bde. Vgl. auch Gödeke in Wagners Archiv 1, 67—72. Hans Sachs' Lobspruch der Hauptstadt Wien in Oesterreich. Zum erstenmale nach dem hs. Texte hrsg. von E. Haueis. Baden bei Wien 1876. 8. Programm. H. Kábdebo, die Dichtungen des H. Sachs zur Geschichte der Stadt Wien. Wien 1878. 8. Ein Lobspruch der Stadt Rostock unter seinem Namen in Schirrmachers Beiträgen zur meklenburg. Geschichte 1872; vgl. darüber Giske im Archiv f. Litt. Gesch. 10, 13—34. Ueber die Handschriften vgl. Naumann, über einige Hand- schriften von H. Sachs nebst ungedruckten Gedichten. Leipzig 1843. 8. Hertel, ausführliche Mittheilung über die kürzlich in Zwickau aufgefundenen Handschrif- ten von H. Sachs. Zwickau 1854. 4. E. Götze, der gedruckte Text des H. Sachs und die Hilfsmittel zu seiner Verbesserung, im Archiv f. Litt. Gesch. 8, 301—316. Derselbe, Neue Mittheilungen über die Schicksale der von H. Sachs eigenhändig geschriebenen Sammlung seiner Werke, ebenda 11, 51—63. Derselbe, das 13. Spruch- buch des Hans Sachs, ebenda 7, 7—23. — Proben aus Hans Sachs Werken von

reichenden Lebensgeschichte die Anzahl seiner grösseren und klei- § 149
neren Gedichte, mit Einschluss von 4275 Meistergesängen, auf 6048
angibt, ein Mann von erstaunenswürdiger Belesenheit, der sich fast
in allen damals in Deutschland geübten Dichtungsarten versucht und
durch viele seiner kleineren Stücke [46], die gleich auf fliegende Blätter
gedruckt und unter dem Volke verbreitet wurden, viel zum Gelingen
des grossen Reformationswerkes mitgewirkt hat [47]. Bei seinen Zeitgenossen in hohem Ansehen stehend und noch von der Nachwelt bis
gegen die Mitte des siebzehnten Jahrhunderts geehrt, wurde er von
da an ein Gegenstand des Spottes und der Verachtung, bis Goethe [48]
und Wieland [49] wieder seine Verdienste öffentlich anerkannten. Hans
Sachs hat eine erstaunliche Anzahl poetischer Erzählungen hinterlassen, deren Stoffe er besonders aus der Bibel, den Uebersetzungen
der Classiker, den Gesta Romanorum, aus Boccaz und historischen
Büchern entlehnte [50]. Viele sind freilich weiter nichts, als höchst
trockene und langweilige Reimereien, das Verdienst vieler andern
ist wenigstens nicht erheblich; gleichwohl bleibt die Zahl der guten
und vortrefflichen noch gross genug. Im Allgemeinen treten die ernst-
haften Stücke gegen die launigen, heitern und komischen sehr in Schatten; unter diesen gehören, wenn man von den Mängeln der Sprache
und Versbildung absieht, nicht wenige zu dem Gelungensten, was die
deutsche Poesie überhaupt in dieser Art aufzuweisen hat. Viel weniger bedeutend, doch immer noch besonderer Anführung würdig,
sind die Schwänke von zwei andern Dichtern des sechzehnten Jahrhunderts, von Burkard Waldis [51] und Lazarus Sandrub. Bur-

---

Bertuch, Weimar 1779. 4. (Vorläufer einer beabsichtigten Ausgabe); Hans Sachs
sehr herrliche Gedichte, 1. Band. Nürnberg 1781. 8. (von Hässlein, eine Auswahl); Auswahl von Büsching in 3 Bänden, Nürnberg 1816—24. 8.; Hans Sachs
im Gewande seiner Zeit von Becker, Gotha 1821. fol. (Wiederabdruck fliegen-
der Blätter mit den Holzschnitten); Auswahl von J. A. Göz, 4 Bde. Nürnberg
1821—30. 12.; von G. W. Hopf. 2 Bde. Nürnberg 1856. 8. (vgl. Bartsch in der Germania 3, 381 ff). 46) Auch durch Flugschriften in Prosa; vgl. K. Hagen,
Deutschlands literar. und religiöse Verhältnisse im Reformationszeitalter 2, 178;
349 ff. Vier Dialoge von H. Sachs gab R. Köhler heraus. Weimar 1858. 8.
47) Luthern feierte er besonders in dem allegorischen Gedichte die wittenbergische
Nachtigall (1523), Buch II, Th. 1, S. 84 ff. der Ausgabe von 1560; bei Göz, Auswahl 4, 33 ff. Vgl. auch Hallersleben, zur Geschichte des patriotischen Liedes,
Arnstadt 1855, S. 23 ff. 48) Durch sein Gedicht, Hans Sachsens poetische
Sendung. Welchen Einfluss Goethe von H. Sachs erfahren, hat er im letzten Theil
von Dichtung und Wahrheit erzählt. 49) Im Nachwort zu dem Goethe'schen
Gedichte, D. Merkur 1776, April. 50) Viele Schriftsteller, die er entweder
aus ihren Werken oder doch dem Namen nach kannte, und auf die er sich beruft,
führt Ranisch auf S. 133 ff. 51) Ueber sein Leben vgl. Höfer in seinen Denkmälern niederd. Sprache und Literatur. 2. Bdchen. Greifswald 1551. 8. Gödeke,
Burchard Waldis, Hannover 1852. 8.; Mittler, Herzog Heinrichs von Braunschweig

346   IV. Von der Mitte des vierzehnten bis zum Ende des sechzehnten Jahrhunderts.

§ 149 kard Waldis, um 1495 geboren zu Allendorf an der Werra[52], in seinen jüngern Jahren Mönch zu Riga, wo er in Folge der Reformation mehrere Jahre in schwerem Gefängniss schmachten musste, später evangelischer Geistlicher und Pfarrer zu Abterode in Hessen, wo er noch 1556 lebte[53], war ein viel gereister, welterfahrener und gelehrter Mann, der sich auch in andern poetischen Gattungen versucht hat, namentlich in Bearbeitung von Psalmen und in Fabeln[54]. In die Sammlung dieser letztern, die unter dem Titel 'Esopus ganz neu gemacht' erschien[55] und in vier Büchern 400 Fabeln und Erzählungen enthält, sind auch die Erzählungen und Schwänke aufgenommen. Waldis zeichnet sich darin durch eine gebildete Sprache und ein glückliches Erzählungstalent vortheilhaft vor vielen seiner Zeitgenossen aus[56].   Sandrub, der sich einen Studiosen der Philosophie und Theologie nennt, von dessen Lebensumständen aber sonst nichts weiter bekannt ist, verfasste eine Sammlung von gereimten, mit prosaischen Nutzanwendungen versehenen Schwänken unter dem Titel 'Delitiae historicae et poeticae, das ist: Historische und poetische Kurzweil'[57].

§ 150.

e) Epische Volkslieder entstanden im Laufe dieser Jahrhunderte gewiss in unglaublicher Menge.   Diess darf schon, wenn man

Klagelied, mit einem Nachweise über das Leben und die Dichtungen des Burkard Waldis, Cassel 1855. 8.; Berkholz, Burchard Waldis im Jahre 1527 in Riga, Riga 1855. 4. (in den Mittheil. u. Nachr. f. d. ev. Geistlichk. Russlands 1855. 3. Heft); Napiersky, Burkard Waldis, in den Mittheilungen aus der livländischen Geschichte 8 (1856), 330—340; Buchenau, Leben und Schriften des Burkard Waldis, Marburg 1858. 4.; Schirren, Burchard Waldis, in der Baltischen Monatsschrift 3, 507 ff.; Kurz, in der Einleitung seiner Ausgabe; A. Poelchau, in den Mittheilungen und Nachrichten für die evangel. Kirche in Russland NF. 15. Bd. (Aug. u. Sept.) und jetzt besonders Milchsack, Burkard Waldis, nebst einem Anhang: Ein Lobspruch der alten Deutschen. Halle 1881. 8. (vgl. dazu Milchsack im Archiv f. Litt. Gesch. 11, 171 f., auch L. G(eiger) in der Beilage der Allgem. Zeitung 1882, Nr. 204). Unbedeutend ist die Arbeit von Sallmann in der Baltischen Monatsschrift NF. 5. Bd. 52) Nach Gödeke um 1490, nach Buchenau wohl ein halbes oder ganzes Jahrzehnt früher.   53) Kaum aber hat er das Ende des Jahres 1556 erlebt; vgl. Buchenau S. 29.   54) Ueber seine Schriften und deren Ausgaben vgl. Jördens 5, 186 ff.; Buchenau S. 33 ff.; Kurz und Tittmann, in ihren Ausgaben des Esopus, Milchsack a. a. O.   Seine Streitgedichte gegen H. Heinrich d. Jüngern von Braunschweig sind neu herausg. von F. Koldewey. Halle 1883. 8. (Neudrucke des 16. u. 17. Jahrhunderts Nr. 49).   55) Zuerst Frankfurt a. M. 1548. 8. Neue Ausgaben von Heinr. Kurz, Esopus von Burkard Waldis, herausgeg. und mit Erläuterungen versehen. Leipzig 1862. 2 Bde. 8. (Deutsche Bibliothek 1. 2. Bd.; vgl. dazu Liebrecht in der Germania 7, 497—508) und von J. Tittmann. 2 Theile. Leipzig 1882. 8. (D. Dicht. d. 16. Jahrh. 16. u. 17 Bd.).   Wegen der literarischen Nachweise vgl. auch Jördens 5, 186 ff.   56) Vgl. Gervinus 3³, 51 ff. (3⁴, 62 ff.).   57) Gedruckt Frankfurt a. M. 1618; Proben daraus in Bragur 3, 343 ff. und in Wackernagels L.B. 2, 237 f.

erwägt, wie leicht gerade dergleichen kleinere Gedichte verhallen § 150
und untergehen konnten, aus der verhältnissmässig noch immer grossen
Zahl der uns erhaltenen, dann aber auch aus den Hinweisungen geschlossen werden, die sich in gleichzeitigen Schriften auf einst gangbar gewesene und später verschwundene vorfinden; so sind schwerlich noch alle die wohl grossentheils hierher fallenden Gäuchlieder
vorhanden, die Fischart kannte und anführt[1]. Unter allen erzählenden Dichtarten dieser Zeit wurzelte sicher keine mehr in dem eigentlichen Volksleben, als diese, und recht aus der Mitte des Volkes,
aus den niedern Ständen, giengen auch die allermeisten dieser Lieder
hervor, was sowohl im Allgemeinen der Ton und Charakter der auf
uns gekommenen darthut, als noch im Besondern für eine eben nicht
geringe Zahl durch die Namennennung oder wenigstens Standesbe-
zeichnung ihrer Urheber[2] bestätigt wird. In ihrem poetischen Werthe
ausserordentlich verschieden, sind von den seither bekannter gewordenen Stücken[3] viele allerdings sehr roh und unbeholfen; nichts

§ 150. 1) In seiner Geschichtklitterung Cap. 1 und sonst; vgl. Wackernagel,
Johann Fischart S. 54. 2) Sie findet sich gemeiniglich in der Schlussstrophe;
vgl. v. Soltau's Einleitung zu seiner in der folgenden Anmerkung näher bezeichneten Sammlung historischer Lieder, S. LXVI ff. 3) Als im letzten Drittel des
vorigen Jahrhunderts, vornehmlich seit dem Bekanntwerden der im Jahre 1765 von
dem englischen Bischof Thom. Percy herausgegebenen Reliques of ancient English
poetry und des Macphersonschen Ossian, in Deutschland das Interesse für den
Volksgesang erwachte, und namentlich Herder zuerst auf dessen hohen Werth in
seinen Blättern von deutscher Art und Kunst (1773) aufmerksam machte, fieng
man an, die deutschen Volkslieder, epische wie lyrische, die sich aus der Vorzeit
theils handschriftlich oder gedruckt in alten Liederbüchern, auf fliegenden Blättern, in Geschichtswerken und andern Schriften, theils in bloss mündlicher Fortpflanzung erhalten hatten, entweder in Zeitschriften, oder in Sammelwerken für
ältere deutsche Literatur, Geschichte etc. vereinzelt, oder auch in eigens dafür
bestimmten Büchern in alten oder modernisierten Texten herauszugeben, oder
wenigstens Nachricht darüber zu ertheilen. Von Zeitschriften und allgemeinere
Zwecke verfolgenden Sammelwerken sind in dieser Hinsicht besonders zu nennen:
das deutsche Museum, J. C. Adelungs Magazin für die deutsche Sprache, Canzlers
u. Meissners Quartalschrift, des letztern Apollo, Gräters Bragur und dessen Odina
und Teutona, v. Hormayrs Taschenbuch für die vaterländische Geschichte, v. Fichards frankfurt. Archiv für ältere deutsche Litteratur und Geschichte, Büschings
wöchentl. Nachrichten, v. Aufsess' und Mone's Anzeiger; Weimar. Jahrbuch (4,
224 ff. 5, 216 ff.); Eschenburgs Denkmäler, Docens Miscellaneen (1, 261 ff.; 2, 240 ff.),
F. Weckherlins Beiträge, Görres' altd. Volks- u. Meisterlieder (in erneuter Sprache),
Hoffmanns Fundgruben und dessen Horae Belgicae II, W. Wackernagels deutsches
Lesebuch, Band 1 u. 2 (unter denen rücksichtlich der gelieferten Texte auf Docen,
Hoffmann und Wackernagel am meisten Verlass ist); — von ganzen Liedersammlungen: Fr. Nicolai, Eyn feyner kleyner Almanach Vol schönerr echterr lieblicherr
Volkslieder etc. 2 Jahrgänge, Berlin und Stettin 1777—1778. 12. (der Heraus-
geber wollte damit die erwachende Liebe zum Volksgesange lächerlich machen,
bewirkte aber gerade das Gegentheil); Herder, Volkslieder, Leipzig 1778—1779.

§ 150 desto weniger bietet des Guten und Vortrefflichen wegen, was noch
immer übrig bleibt, das epische Volkslied mit die erfreulichste Seite
der erzählenden Poesie dieses Zeitraums dar, und wenn irgend einem
ihrer Zweige eine Blüthe zuzusprechen ist, die das dreizehnte Jahrhundert minder reich entfaltet hatte, so ist es dieser. — Ueber die
äussere Form dieser Dichtung ist das Allgemeinste bereits oben (§ 140)
vorgebracht worden. Rücksichtlich ihrer Behandlung gilt ungefähr
dasselbe, was von der Darstellungsweise in den Volksgesängen der
zweiten Periode bemerkt ist (§ 41): die Erzählung ist selten ruhig
und gleichmässig fortschreitend, meist skizziert, nur andeutend, sprin-
gend und lückenhaft, der Phantasie der Hörer oder Leser die Ergänzung und Ausfüllung fehlender Mittelglieder, der musikalischen

---

2 Bde. S. (darin Lieder der verschiedensten Nationen in Uebersetzungen und nur
sehr wenige deutsche, die hierher gerechnet werden können); A. Elwert, ungedruckte Reste alten Gesanges nebst Stücken neuerer Dichtkunst. Giessen und
Marburg 1784. S. (enthält 12 deutsche Volkslieder); L. A. v. Arnim u. Clem. Brentano, des Knaben Wunderhorn, Heidelberg 1806 ff. 3 Bde. S. (eine zwar sehr reiche
und schätzbare Sammlung, die aber mehr literarhistorischen Werth haben würde,
wenn die alten Texte nicht meist zu willkürlich behandelt wären. Neue Ausgaben
von Birlinger und Crecelius. 2 Bde. Wiesbaden 1872—77. S. und von Boxberger.
2 Bände. Berlin 1879—83. S. Zur Geschichte und Kritik der Texte, wie zu den
Quellen vgl. Birlinger und Crecelius in Birlingers Alemannia Bd. 2—11; Atzler in
der Festgabe für W. Crecelius [Elberfeld 1881] S. 124 ff.); Büsching und v. d.
Hagen, Sammlung deutscher Volkslieder, Berlin 1807. 12.; J. G. Meinert, Alte deutsche Volkslieder in der Mundart des Kuhländchens. Wien 1817. 8.; Frh. v. Erlach, die Volkslieder der Deutschen, Mannheim 1534—37. 5 Bde. (eine rohe Zu-
sammenraffung von Stücken, die in den bereits aufgeführten Büchern enthalten
sind, vermischt mit andern Poesien); A. Kretzschmer und W. v. Zuccalmaglio (v.
Waldbrühl), Deutsche Volkslieder mit ihren Original-Weisen. Berlin 1840. 2 Bde.
S. (auch in dieser Sammlung darf man nicht zu stark auf die Echtheit der Texte
bauen; L. Erk und W. Irmer, die deutschen Volkslieder mit ihren Singweisen.
Berlin u. Crefeld 1838. 6 Hefte. 12.; Neue Sammlung, von L. Erk, Berlin 1841 ff).
Die erste selbständige Sammlung, die eigentlich kritischen Werth hat, ist von Hoffmann und E. Richter, Schlesische Volkslieder mit Melodien, Leipzig 1842. 8.; den
reichsten und zugleich zuverlässigsten Schatz haben wir beisammen in Uhlands
Werke, Alte hoch- und niederdeutsche Volkslieder mit Abhandlung und Anmerkungen, 1. Band, Stuttgart u. Tübingen 1844—45. 8. (2. Aufl. 1881); der 2. Bd., Abhandlung, erschien in Uhlands Schriften zur Geschichte der Dichtung und Sage,
3. Band, Stuttgart 1866. 8. (nach Uhlands Tode und leider unvollendet), die Anmerkungen ebenda 4. Band, Stuttgart 1869, S. 1—325. Eine kritische Sammlung
ist auch die von Simrock, die deutschen Volkslieder. Frankf. a. M. 1851. S. Die
musikal. Seite ist musterhaft behandelt in: Altdeutsches Liederbuch. Volkslieder
der Deutschen nach Wort und Weise. Gesammelt und erläutert von F. M. Böhme.
Leipzig 1876. S. und Westfälische Volkslieder in Wort und Weise, hrsg. von Al.
Reifferscheid. Heilbronn 1879. (Vgl. R. Köhler im Anz. f. d. Alt. 6, 263—275). Eine
Sammlung Schweizerischer Volkslieder. Mit Einleitung u. Anmerk. herausg. von
L. Tobler. Frauenfeld 1882. S. (Bibliothek älterer Schriftwerke der deutschen
Schweiz. Bd. 4). Niederdeutsche Volkslieder (Die nd. Liederbücher von Uhland

Weise die innere Bindung und Ausgleichung, so wie die harmonische § 150
Färbung des scheinbar Abgerissenen und Unebenen und aller schroffen
und grellen Gegensätze in der Darstellung überlassend; dabei fest-
haltend an gewissen Ausdrücken, Wendungen und Bildern, die entweder ganz unverändert, oder nur mit geringer Abweichung in einzelnen Zügen wiederkehren[4]. Ihrem Inhalte nach beruhen sie theils
auf Sagen, theils auf wirklicher Geschichte und Tagesereignissen,
doch ist diess nicht bei allen auf gleiche Weise in die Augen sprin-
gend und nachweisbar. In vielen nämlich sind oft mit Tilgung aller
Eigennamen und individuellen Beziehungen, die ursprünglich gewiss

---

und de Bouck), hrsg. von der german. Section des Vereins für Kunst und Wissenschaft in Hamburg. Hamburg 1883. 8. In allen diesen Sammlungen, so wie in
dem, was Talvj (Frau Robinson) in ihrem Versuch einer geschichtlichen Charakteristik der Volkslieder germanischer Nationen etc. Leipzig 1840. 8. von deutschen Liedern aufgenommen hat, sind epische und lyrische Stücke; in mehrern,
wie namentlich in der von Herder, dem Wunderhorn und denen von Erlach, von
Kretzschmer, von Erk und Irmer, auch viele Poesien, die erst in neuerer und
neuester Zeit entstanden sind, und wieder andere, die gar nicht eigentliche
Volkslieder heissen können. — Vorzugsweise historische Lieder liefern: O. L.
B. Wolff in der in § 147, 3 angeführten Sammlung; L. Rochholz in seiner Eid-
genössischen Lieder-Chronik, Sammlung der ältesten und werthvollsten Schlacht-,
Bundes- und Parteilieder (der Schweizer, beginnend von 1243 und bis zur Reformation reichend, zum Theil in urkundlichen, zum Theil in übersetzten oder
frei bearbeiteten Texten, mit historischen Erläuterungen). Bern 1835. (zweite,
wohlfeile Ausgabe 1842) 8.; Fr. L. v. Soltau, Einhundert deutsche historische
Volkslieder, in den urkundlichen Texten chronologisch geordnet. Leipzig 1836. 8.;
zweiter Theil, von Hildebrand bearbeitet, Leipzig 1856. 8. (in der lehrreichen Einleitung zum 1. Theile dieser Sammlung, welche ausser eigentlichen Liedern auch
andere historische Gedichte enthält, die beiden vorigen aber bei weitem dadurch
an Werth übertrifft, dass sie lauter alte beglaubigte Texte liefert, ist ausführlich
über die Literatur des deutschen historischen Volksliedes gehandelt; vgl. damit
Mone's Anz. 1838, Sp. 56 ff.; 386 ff.; 1839, Sp. 66 ff.; 186 ff.; 475 ff.), u. Ph. M. Körner,
Historische Volkslieder aus dem 16. und 17. Jahrhundert (nach fliegenden Blätt.).
Stuttgart 1840. 8. Die beste und vollständigste kritische Sammlung lieferte v.
Liliencron, die historischen Volkslieder der Deutschen vom 13.—16. Jahrhundert,
Leipzig 1865—69. 4 Bde. 8. (mit einem Nachtrag, die Töne und das alphabetische
Verzeichniss enthaltend, 1869; diese treffliche Sammlung schliesst mit dem Jahre
1554; vgl. Bartsch in der German. 11, 102—110. 15. 384); woran sich anschliesst
die in den folgenden Zeitraum hinüberreichende Sammlung von E. Weller, die
Lieder des dreissigjährigen Krieges, Basel 1855. 8. (mit Vorwort von W. Wackernagel); 2. Ausgabe 1858. Opel und Cohn, der dreissigjährige Krieg. Eine Sammlung von historischen Gedichten und Prosadarstellungen. Halle 1862. Die historisch politischen Volkslieder des dreissigjährigen Krieges. Gesammelt von F. W.
Frh. v. Ditfurth, herausgegeben von K. Bartsch. Heidelberg 1882. 8. Derselbe,
die historisch. Volkslieder vom Ende des 30jährigen Krieges bis zum Beginne des
7jährigen. Heilbronn 1877. 8. Derselbe, die historischen Volkslieder des bayerischen Heeres von 1620—1870. Nördlingen 1871. 8. 4) Vgl. Lachmann, über
das Hildebrandslied S. 3 und 37 (kl. Schriften 1, 409 und 445), Gervinus 2³, 310 ff.

§ 150 immer mehr oder weniger bestimmten Personensagen und Zeitbegebenheiten angehörenden Stoffe genereller gefasst und behandelt, so
dass sie gewissermassen den Anschein frei erfundener erhalten haben[5].
Demnach zerfallen die epischen Volkslieder in drei Klassen: in solche,
die auf namhaft gemachte Personen und Ereignisse bezügliche Sagen
darstellen; in eigentlich historische, die entweder geradezu, oder unter
sinnbildlicher Einkleidung Zeitbegebenheiten behandeln; und in bal-
laden- oder romanzenartige Gedichte, die in dem angegebenen Sinne
von allgemeinerem Inhalte sind[6]. Diese, durch ihren ganzen Charakter dem lyrischen Volksliede noch näher als die Stücke der beiden
andern Klassen verwandt, bilden am unmittelbarsten den Uebergang
von der epischen zu der lyrischen Gattung.

§ 151.

Was α) die Stücke der ersten Klasse betrifft, so ist bereits erwähnt worden (§ 145), inwiefern die deutsche Heldensage sich noch
lebendig im Volksgesange erhielt. Zu den übrigen grossen, im vorigen Zeitraum vorzugsweise für erzählende Gedichte benutzten Fabelkreisen scheint er sich wenig oder gar nicht gewandt zu haben. Es
waren besonders vereinzelte Wunder- und Liebesgeschichten, wie die
vom Herzog Ernst[1] in der nach dem Helden benannten Strophe,
von dem edlen Möringer[2], die nach einer Jahreszahl unter einer
Aufzeichnung des Liedes in einer Handschrift des fünfzehnten Jahrhunderts schon um die Mitte des vierzehnten bekannt gewesen sein
muss[3] und ihrem Ursprunge nach sicher so weit hinaufreicht[4], ein

---

(2[b], 490 ff.) und den Aufsatz in d. deutsch. Vierteljahrsschrift, 1843, Heft 3, S. 125
bis 177.   5) Vgl. Gervinus 2[2], 298 ff. (2[b], 482 ff.)   6) Auch eine Art von
Thiermärchen ist Gegenstand des Volksliedes geworden: dahin gehört besonders
die Vogelhochzeit; vgl. Wackernagel, Leseb. 2, 229 ff. u. Hoffmann, Schles. Volkslieder S. 71 ff.
§ 151. 1) Gedruckt Erfurt 1502; nach dem Drucke 'Nürnberg durch Kune-
gund Hergotin' wieder abgedruckt in Haupts Zeitschr. 8, 477—507; ein kürzerer
Text in der Dresdener Hs. des Heldenbuches (§ 145, 14); nach beiden in der ältern
Gestalt des 14. Jahrhs., die ihnen zu Grunde liegt, bei Bartsch, Herzog Ernst
S. 197 ff.; vgl. § 91, 32 und die dort erwähnte Arbeit von R. Hügel. Vgl. noch v.
d. Hagens Grundriss S. 183 und Ebert, bibliograph. Lexicon Nr. 6907.   2) Gedruckt in Bamberg 1493. 4. und aus einer handschriftlichen Chronik von 1533 in
Bragur 3, 402 ff., woraus es wieder Büsching und v. d. Hagen ihrer Sammlung
S. 102 ff. mit veränderter Schreibung einverleibt haben; am besten bei Uhland S. 773
bis 783. Mittheilung von Lesarten durch v. Löffelholtz aus einer Chronik von
Weissenborn im Anz. f. Kunde d. d. Vorzeit 1863, Sp. 215. Zwei Strophen darin
sind grossentheils aus einem Liede Walthers v. d. Vogelweide entlehnt; vgl. Lachmanns Walther[3] S. XI und v. d. Hagen, MS. 3, 613a.   3) Vgl. Weckherlins Beiträge etc. S. 75.   4) Vgl. Bartsch, Herzog Ernst S. CX ff.; über die Sage vom

im fünfzehnten Jahrhundert vielfach umhergesungenes Lied [5], von § 151 **Heinrich dem Löwen**, vielleicht noch am Schlusse des vierzehnten Jahrhunderts von einem im mittleren oder nördlichen Deutschland heimischen Dichter, **Michel Wyssenhere**, in einer das Möringerlied nachahmenden Form [6], gedichtet [7], und ausserdem in einer Bearbeitung im Hildebrandstou vorhanden [8], welche der Maler Heinrich Götting in Dresden 1585 verfasste [9]; von dem **Tanhäuser** [10], dem **Ritter Trimunitas** [11] u. a., welche der Volksgesang mit Vorliebe aufgriff und bald ausführlicher, bald gedrängter und knapper behandelte. — β) Zu historischen Liedern lieferten vorzüglich die in diese Zeit fallenden zahlreichen Kriege und Fehden, Belagerungen und Erstürmungen von Städten und Schlössern [12], und daneben Geschichten von Wegelagerern, Land- und Seeräubern, berüchtigte Mordthaten und merkwürdige, ein allgemeineres Interesse in Anspruch nehmende Personen reichlichen Stoff [13]. So riefen im vierzehnten und fünfzehnten Jahrhundert unter den Schweizern die Bündnisse und Fehden einzelner Cantone, vornehmlich aber ihre ruhmvollen Schlachten gegen Oesterreich und Burgund zahlreiche Lieder hervor [14], wovon die ausgezeichnetsten und berühmtesten gedichtet haben **Hans**

Möringer vgl. Uhland in der German. 4, 50. 95 f. und Bartsch a. a. O. 5) Vgl. Mich. Beheim in Mone's Anz. 1839, Sp. 561 und Seb. Brants Narrenschiff, Ausg. von Strobel S. 204, 10. 6) Ueber das Verhältniss zum Möringer, so wie über Wyssenhere's Sprache und Zeit vgl. Bartsch a. a. O. S. CXIV. 7) Nach einer Handschrift von 1474 gedruckt in Massmanns Denkm. 1, 123 ff. und bei O. L. B. Wolff a. a. O. S. 22 ff. 8) Druck o. O. u. J. 8. Vgl. Gödeke's Grundriss S. 292; Bartsch a. a. O. S. CXXI. Erneuert in Simrocks Volksbüchern 1, 1—40 und in dessen geschichtl. deutschen Sagen, Frankfurt a. M. 1850, S. 279—301. Auszug in Reichards Bibliothek der Romane 9, 127 ff. 9) Vgl. P. Zimmermann in der Braunschweig. Zeitung 1880, Nr. 258; auch dessen Arbeit, Heinrich der Löwe in deutscher Sage und Dichtung, Braunschweigische Anz. 1881, 2.—8. April. 10) In alten Drucken vorhanden, aus deren einem es in Mone's Anz. 1839, Sp. 469 ff. steht; vgl. auch v. d. Hagen, MS. 4, 429, Note 2. 11) Von Martin Maier von Reutlingen, der auch noch Anderes gedichtet hat (vgl. Koch, Compendium 1, 129, N. 36 und Bartsch in der Allgem. D. Biogr.), 1507 verfasst; nach dem ältesten Drucke (Nürnberg bei Gutknecht) bei Gödeke und Tittmann, Liederbuch aus dem 16. Jahrhundert, Leipzig 1867. 8. (2. Aufl. 1881), S. 340 ff.; aus einem Nürnberger Druck von 1532 in Adelungs Magazin II, 2, 51 ff., aus einem andern in Körners Sammlung S. 69 ff. aufgenommen. In diesem Druck heisst der Ritter Driamus, in noch andern (s. Mone's Anz. 1538, Sp. 386; 1839, Sp. 364 f.) Trinumitas. 12) 'Wie denn bey uns noch der Landsknecht Brauch ist, die allweg von jren Schlachten ein Lied machen.' Aventin, bei Schmeller, baier. Wörterbuch 3, 439. 13) Vgl. Gervinus 2⁴, 196 ff. (2⁴, 402 ff.) 14) Das älteste bekannte, noch in die vorige Periode gehörige ist das vom Bunde zwischen Freiburg und Bern (1243). Beisammen stehen viele dieser Lieder in der Sammlung von Rochholz und bei Wolff a. a. O. S. 449 ff., sämmtlich sind sie zu finden in v. Liliencrons historischen Volksliedern.

§ 151 **Halbsuter**[15], ein Luzerner, der um 1382 urkundlich nachgewiesen ist, und die Schlacht bei Sempach (1386), in welcher er selbst mitgefochten, in einem längeren Liede besang, welches später mit andern Liedern über dasselbe Ereigniss zu einem grössern Liede vereinigt wurde[16]; und **Veit Weber** aus Freiburg im Breisgau, der in den Reihen der Schweizer gegen Karl den Kühnen focht und in fünf Liedern (seit 1474) die Verbindung der Schweizer gegen und ihre Siege über Burgund feierte[17]. Andere entstanden in Norddeutschland unter den Dithmarsen über ihre im fünfzehnten und beginnenden sechzehnten Jahrhundert gegen raub- und eroberungssüchtige Edle und Fürsten siegreich ausgefochtenen Vertheidigungskämpfe[18]; sie wurden zum Theil beim Tanze gesungen und waren dann eigentliche Balladen[19]. Auch im innern Deutschland fehlte es nicht an historischen Liedern. Aus der Zeit, die der Reformation vorhergieng, finden sie sich zwar noch sparsamer, weil nichts Grosses geschah, und Vorfälle von geringerer Bedeutung den Liedern, die sie etwa veranlassten, gewiss nur selten weite Verbreitung verschafften und ihre Dauer sicherten. Desto häufiger aber werden sie in den beiden ersten Dritteln des sechzehnten Jahrhunderts[20], wo sich so Vieles

---

15) Wackernagel im altdeutschen LB 4. u. 5. Ausg. schreibt nach Lachmanns unrichtiger Vermuthung durchaus Kalbsuter. Vgl. Liebenau, der Dichter Hans Halbsuter, in den Monatsrosen des Schweizer Studentenvereins 15, 186—200. 16) Vgl. über das Verhältniss der verschiedenen Bearbeitungen O. Lorenz, die Sempacher Schlachtlieder, Germania 6, 161—185; A Lütolf, Lucerns Schlachtlieder-Dichter im 15. Jahrhundert, besonders Hans Halbsuter und das Sempacherlied (Aus dem Geschichtsfreund Bd. XVIII), Einsiedeln 1861. 8.; und besonders v. Liliencron a. a. O. 1, 115—145, wo sämmtliche verschiedene Redactionen kritisch mitgetheilt sind. Das grössere Lied, welches Aeg. Tschudi in seiner Schweiz. Chronik 1, 529 ff. aufbewahrt hat, ist in gutem Text zu finden bei Wackernagel, altd. LB.² 919 ff., das ursprüngliche ältere Lied bei Uhland S. 404—409; in übersichtlicher Weise beide Texte combiniert bei Wackernagel⁴ 1105 ff. (⁵ 1285 ff.) Die Schweizer Schlachtlieder sind auch von Ettmüller gesammelt herausgeg. in der Zeitschr. f. vaterländ. Alterthumskunde, Bd. 2, Zürich 1843. 4. 17) Sie stehen in Diebold Schillings Beschreibung des burgundischen Krieges, S. 120; 146; 183; 278 und 347. Daraus (mit einem sechsten auf die Schlacht bei Granson, welches aber nicht von Weber ist) herausgegeben von H. Schreiber: Kriegs- und Siegeslieder aus dem 15. Jahrhundert von Veit Weber. Freiburg 1819. 8. Kritisch bearbeitet alle fünf Lieder bei v. Liliencron Nr. 130. 133. 135. 137. 142; das schönste, auf den Sieg bei Murten (1476), bei Wackernagel a. a. O.² 1049 ff. (⁵ 1425 ff.; 1. A. Sp. 803 ff.). Ueber V. Weber vgl. Mone's Bad. Archiv, 1 (1826), 70 ff. 18) Gedruckt in Neocorus Chronik von Dithmarschen, in sächsischer Sprache zum ersten Male herausgeg. von F. C. Dahlmann, Kiel 1827. S. 2 Bde., unter Benutzung handschriftl. Quellen bei Uhland und bei v. Liliencron. 19) Vgl. F. Wolf, über die Lais, S. 233, 69 und v. Liliencron in Haupts Zeitschrift 6, 96. 20) Ueber den Inhalt der historischen Lieder des 16 Jahrhunderts vgl. Gödeke und Tittmann a. a. O. S. 256, wo auch (S. 257 ff.) historische Lieder dieses Zeitraums, mit Angabe der Quellen,

zutrug, was das Volk zur allgemeinsten Theilnahme aufforderte, und § 151
worüber es seine Stimme laut werden liess. So wurden die Helden
der Reformation, die Ereignisse des Bauernkrieges, die Schlacht bei
Pavia, die Belagerung Wiens durch die Türken, die darauf folgenden Kämpfe und Händel der Fürsten mit dem Kaiser und jener unter
einander etc. Gegenstände des Volksgesangs[21]. — γ) Die Lieder der
dritten Klasse stellen meist glückliche oder unglückliche Begebenheiten Liebender dar, so wie komische Vorfälle des täglichen Lebens,
wobei die Liebe aber auch gewöhnlich im Spiele ist, und können
daher am füglichsten Liebesromanzen und schwankartige Lieder genannt werden. Sie sind, da sie weit seltener, als die der beiden andern Klassen; aufgeschrieben wurden und sich Jahrhunderte lang
meist nur in mündlicher Ueberlieferung erhielten, häufig in mehr-
fachen, von einander stark abweichenden Texten auf uns gekommen[22].
Von Seiten ihres poetischen Werthes stehen sie im Allgemeinen unter
allen erzählenden Volksliedern am höchsten, und manche darunter
sind ganz vortrefflich: kühn und keck im Entwurf, von dramatischer
Lebendigkeit, voll des innigsten und tiefsten Gefühls und dabei auch
öfter überaus zart und lieblich in der Darstellung.

B. Lyrische Poesie.

§ 152.

So sehr auch die lyrische Poesie dieses Zeitraums rücksichtlich
alles äusserlich Formellen im Nachtheil gegen die mittelhochdeutsche
steht, so entschieden ist sie ihr doch an Reichthum der Gegenstände

---

stehen. Auch hinter der Reimchronik über Herzog Ulrich von Würtemberg und
seine nächsten Nachfolger, herausgeg. von E. v. Seckendorff, Stuttgart 1863. S.
(74. Publicat. des litter. Vereins) S. 148 ff.; 152 ff.; 156 ff.; 161 ff.; 168 ff. finden
sich historische Volkslieder des 16. Jahrhunderts.   21) Viele hierher fallende
Lieder sind in den oben aufgeführten Zeitschriften und Sammlungen zerstreut gedruckt; ein gutes Theil findet man bei Wolff, v. Soltau und Körner beisammen,
alle in guten Texten mit den nothwendigen historischen Erläuter. bei v. Liliencron. Auch Luther hat sich im historischen Liede versucht: sein Gedicht von
zwei Märtyrern Christi (die 1522 zu Brüssel verbrannt wurden) ist eine Art geistlicher Ballade; gedruckt bei v. Soltau S. 264 ff., W. Wackernagel, LB. 2, 14 ff. und
(nach dem ältesten Druck) bei Ph. Wackernagel, das d. Kirchenlied S. 140 f. und
in dessen gleichnamigem grösseren Werke 3, 3 f. Dergleichen wurden auch noch
sonst gedichtet; vgl. v. Soltau S. 345 ff.   22) Daher hat bei ihnen die Bestimmung des Alters die meiste Schwierigkeit, und von ihnen, wie von der grossen
Mehrzahl lyrischer Volkslieder, gilt vorzüglich, was Wackernagel (LB. 2, S. X) als
Grenze der an Sammler und Herausgeber von Volksliedern zu machenden (bisher
freilich noch selten befriedigten) Anforderungen hinstellt. Unter den Herausgebern
der oben genannten Sammlungen haben vorzugsweise Hoffmann, Uhland u. Liliencron dieser Art von Liedern in der Wiedergabe der Textüberlieferungen ihr volles
Recht widerfahren lassen.

§ 152 und an Mannigfaltigkeit der Arten überlegen. Nicht minder übertrifft sie sie im Allgemeinen durch Natürlichkeit und Wahrheit der Empfindung und durch sinnliche Fülle und Anschaulichkeit der Darstellung, wo sie nach ihrem Herabsteigen aus der conventionellen Ritterwelt sich dem unbefangenen, muntern und frischen innern und äussern Volksleben zugewandt hat und in die grossen religiösen und sittlichen Interessen der Zeit auf die rechte Weise eingegangen ist. Dagegen erlangt sie nicht nur diese Vorzüge nicht, sondern kommt nach und nach überhaupt um allen lebendigen Gehalt, insofern sie die ihr von den meisterlichen Dichtern nach der Mitte des dreizehnten Jahrhunderts gegebenen Richtungen festzuhalten sucht und aus dem Leben sich immer mehr in die Singschulen zurückzieht. Dieser Gegensatz in ihrer Gestaltung, als einer volksmässigen und einer meisterlichen Lyrik, bietet sich von selbst als oberster Eintheilungsgrund für das dar, was hier im Besondern über diese poetische Gattung zu sagen ist.

§ 153.

1. Meistergesang. — Nach dem Abtreten der vielen Dichter, die noch nach der Mitte des dreizehnten Jahrhunderts bis in den Anfang des vierzehnten herein den lyrischen Kunstgesang übten und um deren einen, den berühmten Frauenlob, zu Mainz die erste Genossenschaft bürgerlicher Sänger zusammentrat und sich vermuthlich schon zu einer Art von Schule abschloss[1], entzieht sich die meisterliche Poesie auf mehrere Jahrzehnte fast ganz unsern Blicken[2]. Dass sie während dieser Zeit völlig ausgestorben gewesen, ist nicht wahrscheinlich, wohl aber mögen die gerade damals auf Deutschland lastenden Leiden und Trübsale[3] ihr Leben sehr niedergedrückt und verkümmert haben. Erst nach der Mitte des vierzehnten Jahrhunderts treffen wir wieder auf Meistersänger, und von nun an wächst die Zahl ihrer Schulen mit jedem Jahrhundert. Wie jedoch die ältere Lyrik hauptsächlich im südlichen und mittlern Deutschland blühte[4], so haftet auch der Meistergesang vorzugsweise an den Städten jener Gegenden; nur wenige Schulen lassen sich im Nordosten, und auch diese erst in sehr später Zeit nachweisen[5]. Seit der Reformation

---

§ 153. 1) Vgl. § 78.   2) Vgl. Docen, über die deutschen Liederdichter etc. S. 211. Manches namenlose Lied, namentlich der Kolmarer Handschrift, kann vielleicht diesem Zeitraume angehören, aber es lässt sich bei dem Mangel an bestimmten Anhaltspunkten schwer das Alter festsetzen.   3) Vgl. § 123.   4) Ueber die Meistersänger in Oesterreich vgl. Schröer in den Germanist. Studien von Bartsch 2, 179—239; über die in Strassburg den Vortrag von E. Martin (Strassburg 1882. 8.) und denselben, in den Strassburger Studien 1, 76—96. Einige Meisterlieder in Tönen älterer Dichter theilt Gödeke mit in der Germania 29, 30—37.   5) Näheres bei J. Grimm, über den altd. Meistergesang S. 129; 157.

hegen ihn besonders protestantische Städte, vor allen übrigen Nürn- § 153
berg [6]. — Da die Veränderungen, welche im Laufe der Zeit in den
äussern Verhältnissen der Meister, in der Einrichtung ihrer Schulen
und in den Formen ihrer Poesie eintraten, so viel davon uns bekannt ist oder hierher gehört, schon im vorigen Abschnitt berücksichtigt sind, so bleibt nur noch übrig, ausser der namentlichen Erwähnung einiger der merkwürdigsten oder bekanntesten unter ihnen,
im Allgemeinsten die Gegenstände anzugeben, an die sie sich bei
Abfassung ihrer Lieder hielten, so wie die Weise, in der sie dieselben behandelten, damit auch darin der mit der Zeit zunehmende Verfall und das Absterben dieser Art von Kunst sich darlege.

§ 154.

Im Ganzen blieben alle die Gegenstände, auf welche sich die
bürgerlichen Lyriker gegen das Ende der vorigen Periode mit Vorliebe geworfen hatten, die herrschenden bei den Meistersängern des
vierzehnten und fünfzehnten Jahrhunderts. Die ganze scholastische
Dogmatik mit ihren Grübeleien, Spitzfindigkeiten und Streitfragen,
soweit sie aus den Schulen der Theologen durch unzählige gereimte
und reimlose, auf Erbauung, Belehrung und Polemik gerichtete
Schriften ins Volk gedrungen war und fortwährend drang, vornehmlich Alles, was sich auf die Lehre von der Dreieinigkeit und der
Erbsünde und auf den im fünfzehnten Jahrhundert fast noch mehr
als früher in Aufnahme gekommenen Mariendienst bezog, die heilige
Jungfrau verherrlichen, ihre unbefleckte Empfängniss vertheidigen
sollte [1]; ferner die mystischen Bilder von der Seele Vermählung mit
Gott, die schon ehemals im Schwange gewesenen phantastischen und
nebelhaften Vorstellungen von natürlichen Dingen und deren Zusammenhang mit der übersinnlichen Welt, dazu biblische Geschichten
und Visionen: diess Alles hielt man mit einer erstaunlichen Zähig-
keit fest und suchte ihm in frostigen, stets wiederkehrenden, oft
höchst geschmacklosen Gleichnissen und Allegorien Körper und Kleid

---

6) Wagenseil sagt S. 517, Hans Sachs habe die Schule zu Nürnberg so
sehr in Aufnahme gebracht, dass es damals über drittehalb hundert Meistersänger
dort gab.

§ 154. 1) Unter den Mariendichtungen des 14. Jahrhunderts sind mehr wegen
ihrer künstlichen Form und ihrer Sprache als ihres poetischen Gehalts merkwürdig die Marienlieder von Bruder Hans, nach 1391 in einer stark aus Niederländische streifenden Sprache gedichtet, in der Form der jüngern Titurelstrophe,
bestehend aus einem viersprachigen Einleitungsgedichte (abwechselnd deutsche,
französische, englische, lateinische Strophen) und aus sechs Gesängen von je 100
Strophen, deren Anfangsbuchstaben den englischen Gruss bilden. Herausgegeben
nach einer sehr fehlerhaften Handschrift in St. Petersburg: Bruder Hansens Marienlieder aus dem 14. Jahrhundert herausgeg. von R. Minzloff, Hannover 1863. 8., vgl.

§ 154 zu geben, oder spielte es wohl gar in der Form des Räthsels noch mehr ins Unbestimmte und Unerfassliche hinüber[2]. Ebenso bewegten sich die Meister noch häufig in der Sittenlehre; schon seltener griffen sie Verhältnisse der unmittelbaren Wirklichkeit auf, um daraus Stoff zu Lob- und Strafliedern auf bestimmte Personen und Corporationen oder auf ganze Zustände zu gewinnen. Doch sowohl in den allgemein moralisierenden, als in diesen Gedichten von speciellerer Beziehung machten sich Dürftigkeit des poetischen Gehalts und Trockenheit und Geschmacklosigkeit der Behandlung immer fühlbarer. Mitunter wurden auch wohl für die Ballade und den Schwank geeignete Stoffe in Meistertöne gebracht, und Stücke dieser Art gehören in der Regel noch immer mit zu dem Besten, was diese ausgeartete Kunstpoesie geschaffen hat. Am seltensten scheinen die Liebe und die mit ihr in der ältern Lyrik so eng verbundene Freude an der Natur Gegenstände des meisterlichen Gesanges gewesen zu sein; wenigstens finden sich unter der grossen Masse anderer kunstmässiger Reimereien die Minnelieder ziemlich sparsam[3]. Manche derselben, besonders wenn sie aus der frühern Zeit sind, erinnern noch durch Ton und Farbe an die blühende Minnepoesie des dreizehnten Jahrhunderts; doch blickt auch aus den besten eine gewisse Gezwungenheit und steife Geziertheit heraus[4], wodurch sie eben so unerfreulich von der graziösen Leichtigkeit und empfindungsvollen Belebtheit der guten adeligen Minnelieder, wie von der natürlichen Frische und dem herzlichen Ausdruck der volksmässigen Liebeslieder abstechen. Im sechzehnten Jahrhundert änderten sich die Gegenstände des Meistergesanges insofern, als man in protestantischen

dazu Bech in den Götting. GA. 1863, S. 1286—1310. Ueber andere Handschriften Germania 12, 59 f. 24, 251. Zachers Zeitschrift 11, 218 ff. Vgl. noch Birlinger in der Germania 18, 112 f. J. Franck, in der Zeitschrift f. d. Alt. 24, 373—425. und Ed. Schröder ebend. 25, 127 f.   2) Vgl. hierzu, wie zu dem Folgenden überhaupt, das über das Kolmarer Meistergesangbuch (§ 110, 15) im altd. Museum 2, 146 ff. Mitgetheilte, Docens Beschreibung einer Sammlung alter Meistergesänge in v. Aretins Beiträgen 1811, S. 1428 ff. (wo auch Vieles daraus gedruckt ist), J. Grimm, a. a. O. S. 33 ff.; Gervinus, ausser den in den folgenden Anmerkungen bezeichneten Stellen 2¹, 150; 270 ff. (2³, 448 ff) und besonders die Einleitung von Bartsch, zu den Meisterliedern der Kolmarer Handschrift, namentlich S. 154 ff.   3) Uebrigens ist nicht jedes Lied, das von der Liebe handelt, und von einem Meister herrührt, darum ein eigentlicher Meistergesang. Mancher Meister versuchte sich wohl schon im 14. und 15. Jahrhundert hin und wieder im Volkston, wie im 16. Hans Sachs that, der seine Buhllieder und Gassenhauer ebenso seinen eigentlich schulmässigen Gesängen entgegensetzt, wie seine volksmässigen Umdichtungen von Psalmen, seine Kirchengesänge (vgl. § 149, 45) und seine Lieder von Kriegsgeschrei. Sie waren, wie er sagt, 'in Tönen schlecht (d. i schlicht) und gar gemein', deren sechzehn er selbst erfunden hatte. Vgl. seine poetische Selbstbiographie und Ranisch, S. 120.   4) So die Liebeslieder von Muscatblüt, vgl. Anm. 15.

Singschulen die scholastische Dogmatik, alles Mystische und jene § 154
wunderliche und bodenlose Naturlehre mit Allem, was daran hieng,
fallen liess und sich aufs entschiedenste zu Luthers Bibel und Ka-
techismus und demnächst zu weltlichen, besonders aus dem classischen Alterthum überlieferten Geschichten und Anekdoten, auch zur
äsopischen Fabel wandte[5], um mit diesen nach den Regeln der Tabulatur in Strophenform gebrachten und componierten Texten, völlig
unbekümmert darum, inwiefern sie sich zu lyrischer Behandlung eigneten, und auch ohne das geringste Bestreben, ihnen eine poetische
Seite abzugewinnen, aber in der besten Meinung von der Vortrefflichkeit, Nützlichkeit und zunehmenden Vervollkommnung dieser Kunst[6],
Gott zu preisen, sich und andere christlich zu erbauen, sittlich zu
bessern und zu kräftigen, dann aber auch vorzüglich die neue Glaubenslehre zu befördern und zu befestigen. Noch andere Gegenstände,
namentlich lustige, schwankartige Geschichten in Meistertöne zu fassen,
oder von der Liebe zu singen, kam auch noch wohl vor, aber solche
Dichtungen gelangten schwerlich zur Veröffentlichung in der Schule[7].
Allerdings sind die Lieder dieser Zeit im Ganzen von einem viel ge-
sundern und verständigern Inhalt, als die meisten aus den beiden vorhergehenden Jahrhunderten: allein an einen poetischen Werth ist
bei ihnen nun auch nicht einmal entfernt mehr zu denken. — So
wie die übergrosse Mehrzahl der Meistergesänge dieser Periode noch
in Handschriften begraben liegt[8], und die wenigsten darunter auch
den Druck verdienen möchten, so sind zeither auch nur wenige Meister aus der Masse der übrigen herausgehoben und dabei oft mehr
ihrer sonstigen Werke als ihrer kunstmässigen Lieder wegen besonderer Beachtung würdig befunden worden. Diess letztere gilt auch,
mit Ausnahme des zweiten und dritten, mehr oder weniger von den

---

5) Vgl. die in Bragur 6, 2, 152 ff. gegebene Beschreibung der grossen rüdiger-
schen Sammlung von Meisterliedern, die sehr viele Stücke aus dem 16. u. 17. Jahrhundert enthält, und was Hans Sachs a. a. O. als Inhalt seiner Meistergesänge angibt,
so wie W. Grimm, Thierfabeln bei den Meistersängern, Berlin 1855. 4. S. 5.
6) J. Grimm a. a. O. S. 35, Note 24. 7) Hans Sachs a. a. O. nennt unter seinen
Meistergesängen auch kurzweilige Schwänke, die nicht mit denen in kurzen Reimpaaren, in seine Spruchbücher geschriebenen zu verwechseln sind; vgl. auch J.
Grimm a. a. O. S. 34 u. § 143, 14. 8) Ausser den schon erwähnten (vgl. § 143, 10)
enthalten noch unter den bekannten die Heidelberger Nr. 109; 392; 680 Lieder aus
dem 14. und 15. Jahrhundert, wovon manche in Görres' altdeutschen Volks- und
Meisterliedern bearbeitet sind; ferner die Handschriften Nr. 312; 334; 351, Stücke
von Michael Beheim, deren mehrere in der Sammlung für altd. Litteratur S. 37 ff.
und in der Germania 3, 309 ff. 327 ff. gedruckt sind. Vgl. v. d. Hagens Grundriss
S. 499 ff.; MS. 4, 906 ff. und von Karajans Ausgabe des Buchs von den Wienern,
S. LXXI ff. Aus dem 16. Jahrhundert gibt es sehr viele handschriftliche Sammlungen: in Dresden allein liegen zwei und zwanzig Bände, in Berlin vier; vgl. F.
Adelungs fortges. Nachr. S. IX; v. d. Hagen, MS. 4, 907b; 921 ff. F. Schnorr von

§ 154 hier namentlich aufzuführenden[9], von denen die beiden ersten noch dem vierzehnten, die beiden folgenden dem fünfzehnten und die beiden letzten dem sechzehnten Jahrhundert angehören: Heinrich von Mügeln, ein meissnischer Dichter[10] zur Zeit Karls IV, dem er in einem seiner grösseren Werke ein Denkmal gesetzt hat, und in näherem Verhältniss zu Herzog Rudolf IV von Oesterreich, dem er seine ungrische Chronik widmete, ein Mann von gelehrter Bildung, der auch lateinisch zu dichten verstand[11] und im Jahre 1364 den Valerius Maximus verdeutschte[12], von den spätern Meistersängern sehr hoch gehalten und den Stiftern ihrer Kunst beigezählt[13]; Suchensinn, ein wandernder Meistersänger am Ende des vierzehnten Jahrhunderts[14]; Muscatblüt[15], der wenigstens noch 1437 lebte, da er

---

Carolsfeld, zur Geschichte des deutschen Meistergesangs. Berlin 1872. 8. und denselben über zwei neue Meistersängerhandschriften, im Archiv f. Lit. Gesch. 3, 49 bis 62.   9) Ueber andere, wie Mülich von Prag, Graf Peter von Arberg, Peter von Reichenbach, Meister Meffrid, Meister Anker u. a., die noch dem 14. Jahrhundert angehören, vgl. Bartsch, Meisterlieder S. 179 ff.
10) Aus Mügeln bei Oschatz. Vgl. über ihn und seine Schriften K. J. Schröer, Die Dichtungen Heinrichs von Mügeln (Mogeln) nach den Handschriften besprochen (aus den Sitzungsberichten 55, 451—520), Wien 1867. 8.; Heinrich von Müglin, Fabeln und Minnelieder, herausgeg. von W. Müller, Göttingen 1849. 8.; Zwei Fabeln des Heinrich von Müglin (die nicht bei W. Müller stehen) mitgetheilt von Zingerle, Germania 5, 286 ff.; ein Gedicht auf den Zauberer Virgilius, in Müglins Tone und vielleicht auch von ihm, ebenda 5, 368 ff.; Bartsch, Meisterlieder etc. Nr. 127 bis 128, vgl. S. 180; so wie schon altd. Museum 2, 180 ff. (wo S. 196 ein ihm zugeschriebenes Gedicht gedruckt ist) und Gervinus 2², 154 ff. (2², 369 ff.).   11) Ueber ein lateinisches Gedicht von ihm hat Wilmanns in Haupts Zeitschrift 14, 155 ff. berichtet; vgl. dazu Schröer in der Germania 13, 212 ff.   12) Vgl. Hoffmann, Verzeichniss der Wiener Handschriften S. 202; 214, und Schröer, Dichtungen etc. S. 457.   13) Vgl. Schröer S. 458.   14) Vgl. § 137, 2. 141, 6. Val. Voigt (MS. 4, 892b) zählt ihn in seinem Verzeichniss mit auf; eben so erscheint er in der Kolmarer Handschrift (altd. Mus. 2, 184, Bartsch a. a. O. 181 f.), und in einem historischen Liede des 15. Jahrhunderts wird er neben Regenbogen, Neidhart und Frauenlob gestellt (Menzels Litteratur-Blatt 1842, Nr. 91). Gedruckt ist eine Anzahl Lieder, alle in demselben Ton gedichtet, in v. Fichards frankfurt. Archiv 3, 223 ff., im Liederbuch der Hätzlerin S. 92 f. und bei Bartsch Nr. 171—179; ein Lied, aber ohne seinen Namen, auch im Anhang der Erlösung, herausgeg. von Bartsch S. 192 f.
15) Sein Name (Val. Voigt gibt ihm den Vornamen Hans; v. d. Hagen, MS. 4, 892 b) ist wahrscheinlich ein angenommener. — Lieder Muskatbluts, erster Druck besorgt von E. v. Groote, Cöln 1853. 8.; manches auch in der Kolmarer Hs., vgl. Bartsch S. 185; einzelnes in Aufsess' Anzeiger 1832, Sp. 258 ff.; 1833, Sp. 230 f.; 268 f.; ein Liebes- und ein Frühlingslied im altd. Museum 1, 123 ff.; 2, 189 f.; das erste nebst andern, meist geistlichen und auf die Jungfrau Maria bezüglichen Liedern, in welche auch lateinische Zeilen eingemischt sind, im Liederbuch der Hätzlerin, S. 96 ff. Seine geistlichen Gedichte stehen auch bei Ph. Wackernagel, Kirchenlied 2, 457 ff. Bruchstück einer Hs. in Zachers Zeitschrift 8, 345. Vgl. noch A. Puls, Untersuchung über die Lautlere der Lieder Muscatbluts. Hirschberg i. Schl. 1881. 8. (Kieler Dissert.).

auf die Wahl Albrechts II ein Lied gemacht hat[16], einer der reich- § 154
sten und mannigfaltigsten Dichter, was die Stoffe seiner Lieder betrifft, und überhaupt wohl einer der Besseren seiner Zeit[17], der mit
Glück und Beifall an den Höfen gesungen haben soll[18]; Michael
Beheim[19], der in seinen Meisterliedern grosse Rohheit der Form,
aber wie Muscatblüt einen grossen Reichthum an Stoffen zeigt[20];
Hans Sachs[21], der 1514 in München sein erstes Meisterlied sang
und in seinen zahlreichen Meistergesängen alle poetische Armuth,
alle Mängel und Unformen der Schule zeigt[22]; und Adam Puschmann[23], ein Schüler von Hans Sachs, dem er in einem meisterlichen
Lobgedicht[24] ein Denkmal der Liebe gesetzt hat.

§ 155.

2. Volksmässige Lyrik. — Wenn das, was in der höfischen
und meisterlichen Lyrik der mittelhochdeutschen Zeit eher auf gelehrter, als auf volksmässiger Grundlage ruhte, und mehr willkürlich zum Liederstoff gemacht war, als sich dazu vermöge seiner Natur
aufgedrungen hatte, nebst der formellen Künstlichkeit den Meistersängern dieses Zeitraums als Erbtheil zugefallen war; so zog sich
dagegen Alles, was in jener Kunst allgemein Menschliches und wahrhaft Volksthümliches gelegen hatte und ihr unverwüstliches Lebens-
element ausmachte, mit den leichtern und fasslichern Formen in den
lyrischen Volksgesang, der zwar sicher schon immer neben dem höfischen und meisterlichen Liede bestanden hatte, jetzt aber erst er-
kennbarer aus dem Dunkel heraustritt und für die Geschichte der
deutschen Poesie bedeutender wird. Aus derselben Zeit, wo wieder
nach Frauenlob und seinen Altersgenossen die ersten Meister erscheinen, erfahren wir auch zuerst etwas Näheres über das lyrische Volks-

---

16) Sonst setzte man ihn in die zweite Hälfte des 14. Jahrhunderts; Docen
im altd. Museum 1, 185.   17) Cyr. Spangenberg, von der Musica S. 134 f.,
fand an ihm unter allen Meistersängern am meisten Gefallen.   18) So gibt
Michael Beheim an; vgl. Groote's Ausgabe S. V.   19) Vgl. Anmerk. 8 und
§ 147, 14. Ueber ihn als Meistersänger vgl. Uhlands Schriften zur Geschichte d.
Dichtung und Sage 2, 330 ff.   20) Ein Meistergesang von ihm auch in Wackernagels altd. LB.[3] 1005 ff.; drei in der 5. Ausgabe 1409 ff.; die geistlichen Meistergesänge sämmtlich bei Ph. Wackernagel, Kirchenlied 2, 666—689.   21) Vgl. § 149,
41 ff.   22) Docen, über die deutschen Liederdichter, S. 211. Günstiger urtheilt
über ihn als Meistersänger Gödeke in der Einleitung zu der Auswahl geistlicher
und weltlicher Lieder von H. Sachs, Deutsche Dichter des 16. Jahrhunderts, 4. Bd.
Leipzig 1870. 8. (2. Aufl. 1883). Geistliche Meistergesänge von H. Sachs stehen
auch bei Ph. Wackernagel, Kirchenlied 2, 1136 ff.   23) Geb. 1532 zu Görlitz,
lebte als Schuhmacher zu Breslau, wo er 1600 starb. Vgl. auch § 143, 4. 137, 14,
und besonders E. Götze, Monographie über den Meistersänger Ad. Puschmann in
Görlitz. Görlitz 1877. 8.   24) Gedruckt bei Rausch S. 317 ff., und daraus bei
Wackernagel, LB. 2, 165 ff.

§ 155 lied und zugleich in der Andeutung, dass gleich nach der Mitte des vierzehnten Jahrhunderts die volksthümliche Musik vervollkommnet worden sei[1], eine der mitwirkenden Ursachen sowohl seines Aufschwunges, als der Wiederaufnahme des Meistergesangs. Diese Andeutung gibt die Limburger Chronik[2] des Stadtschreibers Tilemann Ehlen von Wolfhagen[3], die uns auch einzelne Strophen und die Anfänge mehrerer damals gangbaren Volkslieder[4] mit Nachrichten über deren Heimath und zum Theil weite Verbreitung aufbewahrt hat. Daraus geht als allgemeinstes Ergebniss hervor, dass um die genannte Zeit, wie auch schon früher, weltliche und geistliche lyrische Gesänge im Volkston vorhanden waren. Beide Hauptarten dauern diesen ganzen Zeitraum hindurch neben einander fort und gelangen auch ziemlich zu derselben Zeit zur Blüthe.

§ 156.

a) Das weltliche lyrische Volkslied[1] entwickelte sich so ziemlich in denselben Gegenden, in denen der ältere und jüngere Kunstgesang heimisch war, und kam eigentlich auch nur hier zur Blüthe. Diese trat für seine vorzüglichsten Arten gegen das Ende des fünfzehnten Jahrhunderts ein und dauerte ungefähr bis zum letzten Drittel des sechzehnten, wo es wieder in Verfall gerieth. Aus

---

§ 155. 1) Doch 'erst im 15. Jahrhundert hatte sich das Volksthümliche (in der Musik) so geltend gemacht, dass selbst die gelehrten Musiker anfiengen, irgend ein bekanntes Volkslied ihren Bearbeitungen zum Grunde zu legen, sogar in ihren contrapunktischen Messen.' N. Jen. Litter. Zeitung 1842, Nr. 195, S. 803 a.; vgl. dazu Raff im Weimar. Jahrb. 1, 181. 2) Die erste Ausgabe erschien unter dem Titel: Fasti Limpurgenses, 1617. 8.; dann Wetzlar 1720. 8. (in der Sprache modernisiert); dann, aber auch nicht in zuverlässigem Texte, herausgegeben von C. D. Vogel: Die Limburger Chronik, mit einer Einleitung und erläuternden Anmerkungen. Marburg 1826. 8. und neue Auflage 1828. Genauer Abdruck der ersten Ausg. von Rossel, die Limburger Chronik des Johannes, Wiesbaden 1860. 8. Neueste kritische Ausgabe unter Benutzung handschriftlicher Quellen von A. Wyss. Hannover 1883. 4. (Monumenta Germaniae historica, Deutsche Chroniken, 4. Bd. 1. Abth.); dazu schon A. Wyss, die Limburger Chronik untersucht, mit unedirten Fragmenten der Chronik. Marburg 1875. 8. Die für die Geschichte des Volksliedes wichtigen Stellen bei Koch, Compend. 2, 69 ff.; Anderes in Bragur 6, 1, 82 ff.; vgl. auch Massmann in v. Aufsess' Anzeiger 1832, Sp. 23 ff. 3) So nach den neuesten Forschungen von A. Wyss; vgl. Ebert (bibliograph. Lexicon Nr. 7363). Nach Hoffmann, Kirchenlied[3] S. 141 f. begann die Chronik der Stadtschreiber Johannes, der noch 1402 (85 Jahre alt) lebte, im Jahre 1336. 4) Vgl. über diese Lieder Chrysander, deutscher Volksgesang im 14. Jahrhundert, in seinen Jahrbüchern für musikalische Wissenschaft 1. Bd. (Leipzig 1863. 8.); Gödeke und Tittmann, Liederbuch S. XI f.

§ 156. 1) Zu diesem Paragraph und dem folgenden verweise ich überhaupt auf Grüter, in Bragur 3, 207 ff., auf den Abschnitt bei Gervinus 2[2], 292—329 (2[3],

dieser Zeit, in welcher das deutsche Volksleben nach allen Seiten § 156
hin besonders rege war, hat sich eine bedeutende Zahl hierher zu
rechnender Stücke erhalten, zumal in den gedruckten, seit dem Anfange des sechzehnten Jahrhunderts immer häufiger werdenden Liederbüchern, in welchen beliebte Texte mit ihren Melodien, oder auch
ohne dieselben zusammengestellt sind[2]. Indessen auch schon aus
früherer Zeit, wo man doch gewiss eben so selten, wo nicht seltener
als epische, lyrische Volksgesänge aufschrieb, besitzen wir nicht wenige Lieder von volksmässigem Charakter, die damals, wie es scheint,
weit verbreitet waren und vielfach gesungen wurden[3], wie deren eine
Menge, und darunter auch wohl ältere, die von der Augsburger Nonne
Clara Hätzlerin[4] 1471 geschriebene und nach ihr benannte Handschrift[5] enthält. Selbst viele von denen, die uns erst das sechzehnte

---

475—514), auf die deutsche Vierteljahrsschrift 1843, 4. Heft, S. 125—177; Gödeke's
und Tittmanns Liederbuch des 16. Jahrhunderts, die Einleitung, und besonders
auf Uhlands Abhandlung in 3. Bande der Schriften zur Geschichte der Dichtung
und Sage.   2) Bei den musikalischen Liederbüchern war es besonders auf
Bekanntmachung und Verbreitung der gewöhnlich mehrstimmig gesetzten und für
die gesellschaftliche Unterhaltung bei allerlei Festlichkeiten bestimmten Melodien
abgesehen, daher denn oft unter diesen nur einzelne Strophen, ja Zeilen der als
bekannt vorausgesetzten Texte gedruckt sind; vgl. was Georg Forster in der bei
Ph. Wackernagel, das d. Kirchenlied S. 803 f. abgedruckten Vorrede zu seinem
Liederbuche (Ein Auszug guter alter und neuer deutscher Liedlein etc. Nürnberg
1539; spätere Ausgaben erschienen unter dem Titel 'Frische Liedlein') sagt, woraus
auch hervorgeht, dass schon damals öfter die echten Texte der ältern Lieder mit
neuen, von den Musikern selbst verfertigten vertauscht, oder wo jene nicht aufzutreiben waren, ersetzt wurden. Siehe auch Hoffmann, die deutschen Gesellschaftslieder, S. VII; XIII. Zwei der ältesten, die aber eben keine ausgezeichneten
Lieder enthalten, sind die 1512 zu Augsburg u. 1513 zu Mainz erschienenen; ein
Frankfurter Liederbuch von 1552, 'Lieder-Büchlein, darinn begriffen sindt zwey
hundert zwey und sechtzig allerhand schöner weltlicher Lieder', nach dem Exemplar
der Ambraser Sammlung herausgeg. als 'Ambraser Liederbuch' von J. Bergmann,
Stuttgart 1845. 8. (12. Publicat. des litter. Vereins). Vgl. über ehemals oder noch
vorhandene Liederbücher mit und ohne Melodien Koch, Compend. 1, 141 ff.; 2,
84 ff.; Bragur 5, 1, 27 ff.; Docen, Miscell. 1, 255 ff.; Hoffmann, a. a. O. in der Vorrede
und in den Ueberschriften über den einzelnen Liedern und besonders Gödeke's
Grundriss S. 123 ff.   3) Eine Uebersicht handschriftlicher Sammlungen von
Volksliedern (weltlichen und geistlichen) aus dem 15. Jahrhundert nebst einigen
Auszügen und der Nachweisung des daraus anderwärts Gedruckten gibt Hoffmann,
Fundgr. 1, 328 ff. (vgl. auch v. Aufsess' und Mone's Anz. 1832, Sp. 14 f.; 1836, Sp.
333 ff.). Eine handschriftl. Münchener Sammlung des 15. Jahrh. hat Frommann in
Zachers Zeitschr. 15, 104—126 herausgegeben.   4) Ihr Name steht auch unter
andern Handschriften des 15. Jahrhunderts; vgl. Wilkens, Geschichte der Heidel-
berger Büchersammlung S. 488, Nr. 478; S. 519, Nr. 677.   5) Herausg. unter
dem (wenig passenden) Titel 'Liederbuch der Clara Hätzlerin' von K. Haltaus
Quedlinburg und Leipzig 1840. 8. Daselbst sind auch S. XXXVIII ff. aus einer
andern Handschrift (vgl. Bartsch, Bibliographie von 1851, Nr. 58), die zum grossen
Theil dieselben Lieder enthält, die Abweichungen in den Texten, so wie die Stücke

§ 156 Jahrhundert überliefert hat, mögen lange vor dem Niederschreiben und Drucken entstanden und gesungen sein, wie denn ja noch bis in die neuere Zeit herein eine eben nicht geringe Anzahl alter Lieder sich bloss in mündlicher Fortpflanzung erhalten hat. Daher lässt sich auch von den allerwenigsten Ueberbleibseln des weltlichen lyrischen Volksgesanges dieses Zeitraums [6] das Alter genau angeben [7], und eben so mangelt es bei der übergrossen Mehrzahl an jeder nähern Hindeutung auf ihre Verfasser [8]. — Was ihren Inhalt betrifft, so ordnen sie sich darnach zuvörderst in drei Abtheilungen, je nachdem sie entweder als individueller Ausdruck menschlicher Leidenschaft, Empfindung und Betrachtung überhaupt anzusehen, oder durch die allgemeinen Zustände des öffentlichen Lebens, durch besondere Ereignisse in demselben und einzelne dabei vorzüglich betheiligte Personen hervorgerufen sind, oder in näherem Bezuge zu dem eigenthümlichen Leben und Treiben einzelner Stände im Volke stehen.

§ 157.

Unter diesen drei Klassen befasst — aa) die erste nicht nur die meisten, sondern auch die schönsten Stücke. Freilich finden sich unter der grossen Zahl auch viele mittelmässige und schlechte, viele sind durch eine zu grobe Sinnlichkeit entstellt oder arten geradezu ins Zotenhafte aus [1]. Solche unsaubere Gesänge giengen besonders von sittenlosen Geistlichen und Mönchen aus und wurden von ihnen auch bei Gelagen und Schmausereien oft gesungen, wie diess nicht nur das häufig in sie eingemischte Latein [2], sondern auch die von Fischart [3] mitgetheilten Proben von Liedern aus dem Kloster- und Pfaffenleben bezeugen. Das Aergerniss, das so entartete Schösslinge der Liederpoesie bei vielen erregen mussten, mag nicht zum geringen

---

angegeben, die anderwärts in Handschriften oder gedruckten Büchern zu finden sind.   6) Was davon in neuerer Zeit gedruckt ist, findet man grösstentheils in den § 150, 3 angeführten Zeitschriften, Sammelwerken und Liederbüchern, bei Haltaus a. a. O., Ph. Wackernagel, das deutsche Kirchenlied S. 837 ff., Hoffmann, die deutschen Gesellschaftslieder des 16. und 17. Jahrhunderts, Leipzig 1844. 12. (3. Aufl. 1869. 8.), bei v. Reiffenberg, Nouveaux souvenirs d'Allemagne. Brüssel und Leipzig 1843 und in Gödeke's Grundriss S. 129 f.   7) Dasselbe gilt auch von den meisten vor die Reformationszeit fallenden religiösen Volksliedern. 8) Was § 150 über die Herkunft der epischen Lieder bemerkt ist, findet im Ganzen auch Anwendung auf die lyrischen, nur dass hier die Schlussstrophen von den Urhebern, wenn überhaupt etwas, doch nicht leicht mehr als den Stand angeben oder das Geschlecht: denn auch auf Dichterinnen weisen sie bisweilen.

§ 157. 1) Namentlich gilt dies vom Liebesliede; auch das Trinklied verfällt mitunter in einen rohen und gemeinen Ton. Mehrere Belege dazu aus beiden Liederarten finden sich in der Handschrift des 15. Jahrhs., die v. Fichard im Frankfurt. Archiv 3, 203—323 zum grössten Theil hat abdrucken lassen.   2) S. § 155, 35. 3) In der Geschichtklitterung, Cap. 4.

Theil den Eifer verschuldet haben, mit dem ernster und frömmer ge- § 157
sinnte Geistliche und Laien das weltliche Volkslied überhaupt verfolgten. Sie hielten es, das erzählende nicht minder, als das lyrische, für sündhaft und gottlos und vom Teufel eingegeben [4]. So
ergeht sich ein Prosastück des fünfzehnten Jahrhunderts [5] in den
härtesten Anschuldigungen gegen die beim Tanze gesungenen Scham-
perlieder [6] und gegen die, welche sie dichten und vorsingen; so sind
die Vorreden zu den alten gedruckten Sammlungen geistlicher Lieder
der Katholiken und besonders der Protestanten voll von Anfeindun-
gen des weltlichen Gesanges, ja diesen beim Volke zu verdrängen,
oder ihm mindestens entgegenzuwirken, war mit ein Hauptzweck bei
der Herausgabe solcher Liederbücher [7]. — Es lassen sich in dieser
ersten Klasse wieder mehrere Liederarten unterscheiden, von denen
die wichtigsten sind: — *α*) das Liebeslied, auch in diesem Zeitraum die vornehmste aller weltlichen lyrischen Dichtarten, indem
keine andere ihr zugleich an Lebensfülle und Lebensfrische, an Reichthum innerer Entfaltung, Mannigfaltigkeit der Formen und Anschaulichkeit der Darstellung gleich-kommt, und nur wenige mit ihr die
meisten dieser Vorzüge theilen [8]. In ihrer geschichtlichen Entwickelung lässt sich auch am deutlichsten der Zusammenhang der volksmässigen Lyrik dieser Zeiten mit der ältern höfischen wahrnehmen.
Der Uebergang dieser in jene zeigt sich schon in den von der Limburger Chronik aufbewahrten poetischen Bruchstücken, die grossentheils Liebesliedern entnommen sind, und von denen diejenigen, bei
denen kein Verfasser genannt ist und die unter dem Volke gesungen
wurden, durch Ton und Farbe theils dem ältern Minneliede, theils
dem spätern Volksliede verwandt erscheinen, während man in den
ersten Versen, welche dem Ritter Reinhard von Westerburg [9]
(um 1340) beigelegt werden [10], geradezu eine Abkehr von dem alten
sentimentalen Frauendienst gewahrt, wie auch in dem darauf folgenden Anfange eines andern Liedes, welches jener Ritter, als er von
Kaiser Ludwig seines unminniglichen Gesanges wegen getadelt worden, zur Besserung seines Fehls dichtete, nicht sowohl der Ausdruck

---

4) Wie schon im 9. Jahrhundert Otfried (§ 46, 4) und im 13. Bruder Berthold
(vgl. altd. Blätter 2, 120).   5) 'Was Schaden Tanzen bringt' (gedruckt in den
altd. Blättern 1, 52 ff.) S. 53 und 55.   6) Vgl. Weinhold, die deutschen Frauen
S. 370, und Keller, Nachlese zu den Fastnachtspielen S. 342, unten.   7) Vgl.
die Vorreden der alten Gesangbücher bei Ph. Wackernagel, das deutsche Kirchenlied S. 788a; 791a; 793; 796b; 799b; 808a; 809a; 812b; 820b, und Gervinus 3²,
22 f. (3², 25 f.)   8) Ueber das Liebeslied vgl. Uhlands Schriften zur Geschichte
d. Dichtung und Sage 3, 283—549.   9) Vgl. über ihn Martin in Haupts Zeitschrift 13, 372 f. und Lehmann, Geschichte und Genealogie der Dynasten von
Westerburg, Wiesbaden 1866. S.   10) Koch a. a. O. 2, 69 f.; Rossel's Ausgabe
S. 14; Wyss S. 29.

§ 157 wahrer Liebespein, als vielmehr eine Verspottung des alten Tons der Minnepoesie herausklingt. Allein allgemein aufgegeben war damals dieser Ton gewiss noch nicht. Wurde doch schon viel früher die übertriebene Sentimentalität und vorgebliche Liebesnoth einzelner adeliger Dichter von andern, die derber und natürlicher fühlten, verspottet[11]. Noch bestimmter als in jenen Bruchstücken lässt sich aber der Uebergang verfolgen in den lyrischen Poesien dreier namhafter Dichter aus dem Ende des vierzehnten und dem Anfange des fünfzehnten Jahrhunderts, Hugo's von Montfort, Muscatblüts[12] und Oswalds von Wolkenstein. Hugo VIII, Graf von Montfort[13], Herr zu Bregenz, geboren 1357, gestorben 1423, schlägt in seinen lyrischen Gedichten, zu denen ihm einer seiner Diener, Burg Mangolt, die Weisen machte, so wie in seinen übrigen Sachen[14] noch oft den alten Ton des Minneliedes an, woneben sich aber der frischere des Volksliedes bei ihm vernehmen lässt. Gleiches gilt von Oswald von Wolkenstein[15], einem Tiroler, geboren 1367, ge-

---

11. Vgl. v. d. Hagen MS. 3, 332 unter Gedrut u. 2, 173a.   12) Vgl. § 154, 15.   13)
Vgl. über ihn v. Aufsess' Anz. 1532, Sp. 178; 1833, Sp. 261 f.; Gervinus 2*, 220 ff. (2³,
426 ff.); Weinhold, über den Dichter Graf Hugo VIII von Montfort, Herren zu Bregenz und Pfannberg. Gräz 1857. 8. (Aus den 'Mittheilungen des histor. Vereines für Steiermark', 7. Heft). Die erste Ausgabe seiner Gedichte ist die von Bartsch (143. Publicat. d. litter. Vereins). Tübingen 1879. 8. (vgl. Kummer im Anz. f. d. Alt. 6, 317—342); die zweite, von eingehenden historischen, sprachlichen und metrischen Untersuchungen begleitet, von J. E. Wackernell. Innsbruck 1881. 8. (vgl. Bartsch in Gött. Gel. Anz. 1682, Nr. 15). Aus der Heidelberger Hs. 329, die seine Gedichte enthält, waren früher nur Auszüge gedruckt in Fr. Adelungs fortgesetzten Nachrichten, S. 215 ff. und in v. Aufsess' und Mone's Anzeiger 1833, S. 281 f.; 296 f.; 1834. Sp. 200 f.; drei vollständige Stücke in Liederform bei Wackernagel, altd. LB.³ 949 ff. (zwei Gedichte LB.⁴ 1331 ff.) und in der deutschen Litteraturgeschichte von G. und F. Scholl, 1, 453 ff.; noch anderes in Pischons Denkmälern 2, 127 ff. und bei Weinhold S. 39 ff.   14) Er hat auch geistliche Lieder, Spruchgedichte oder sogenannte Reden und Briefe verfasst.   15) Ausgabe seiner Werke von Beda Weber (mit Einleitung, Wörterbuch und Lesarten), Innsbruck 1847. 8. Dazu vgl. B. Webers Monographie, Oswald von Wolkenstein und Friedrich mit der leeren Tasche, Innsbruck 1850. 8. Eine kritische Ausgabe wird von Zingerle vorbereitet; als Vorläufer erschien: Beiträge zur älteren tirolischen Literatur I. Oswald von Wolkenstein, Wien 1870. 8. Vgl. auch Hoffmann, Fundgr. 1, 236 (und Verzeichniss der Wiener Handschriften S. 174; vgl. Haltaus a. a. O. S. XIV ff.); daselbst auch S. 330 f. drei lyrische Stücke, die Hoffmann ihm abspricht, Wackernagel, LB.² 955 f. aber unter seinem Namen gibt (das zweite ist nur der Anfang eines Liedes, die beiden ersten Stollen: vollständig steht es im Liederbuch der Hätzlerin S. 65 f.); ein viertes in v. Aufsess' Anzeig. 1832, Sp. 212; zwei bei Wackernagel, altd. LB.⁴ 1335 ff.; ein Paar andere im Liederbuch der Hätzlerin gedruckte Lieder können von ihm sein; vgl. Haltaus a. a. O. S. XVI. — In mehreren Handschriften, die zumeist deutsche, von dem Mönch von Salzburg (vgl. § 158) herrührende Bearbeitungen lateinischer Hymnen und Sequenzen enthalten, werden dem Wolkensteiner

storben 1445, der ein unstätes Wanderleben führte[16] und in seinen § 157
zahlreichen Gedichten alle Richtungen der lyrischen Poesie einge-
schlagen hat. In den Liedern der drei genannten, so wie in andern
wohl ziemlich gleichzeitigen oder wenig jüngern, die namenlos auf
uns gekommen sind[17], kehren nicht nur allgemeine Züge der mittelhochdeutschen Minnepoesie wieder, sondern auch besondere Formen
und Behandlungsarten — wie die Tageweise oder das Wächterlied,
von dem zahlreiche, zum Theil recht hübsche Beispiele im Liederbuch der Hätzlerin stehen[18], die Tanzlieder oder Reien, Wechselgesänge Liebender, Botenlieder, Neidharte[19] etc. — sind festgehalten[20]
und ziehen sich zum Theil bis in das volksmässige Liebeslied des
sechzehnten Jahrhunderts herein[21]. — β) das Frühlings- und
Sommerlied, als Ausdruck der Freude an der Natur, jetzt schon
öfter selbständig, und mit Glück behandelt, obgleich auch noch häufig,
wie in früherer Zeit, sich mit dem erotischen berührend oder ver-
schmelzend. — γ) das Trinklied, das in der vorigen Periode noch
gar nicht vorkam[22], in dieser dagegen desto besser gedieh. Denn
die Zahl der namentlich im sechzehnten Jahrhundert gangbaren, den
Wein preisenden und zur Erhöhung seines Genusses gesungenen Lie-

---

auch einige Stücke der Art beigelegt; vgl. Mone's Anz. 1838, Sp. 578; Hoffmann,
Verzeichniss der Wiener Handschriften S. 172; altd. Blätter 2, 328.　　16) Zu
seinem Leben vgl. noch J. Zingerle, Margarethe von Schwangau (Oswalds zweite
ihn überlebende Frau) in der German. 16, 75 ff.; J. E. Wackernell, aus der Blüthe-
zeit Oswalds von Wolkenstein, in der Beilage der Allgem. Zeitung 1882, 322; A.
Noggler, hat O. v. Wolkenstein im Jahre 1424 Tirol verlassen? Zeitschrift f. d.
Alt. 27, 179—192; ferner Zeitschr. f. d. Alt. 24, 268 ff.; Anz. des german. Mus. 1880,
Sp. 75 ff. 97 ff.; 1881, 99 f. 296 ff.　　17) Ueber die gedruckten gibt § 156, 3
Nachweisungen.　　18) Vgl. Bartsch, die romanischen und deutschen Tagelieder
S. 45 ff. (Vorträge S. 287 ff.).　　19) Vgl. § 149, 43.　　20) Eine beliebte Form
des Liebesliedes scheint im 14. und 15 Jahrb. auch die des Neujahrswunsches gewesen zu sein; bei der Hätzlerin finden sich mehrere S. 57 ff. (Auch als Briefe
in kurzen Reimpaaren wurden solche Wünsche der Geliebten gesandt; s. ebendaselbst S. 196 ff., vgl. auch Grimm, Mythologie[3] S. 716). Vgl. über diese Gattung
besonders Schade im Weimar. Jahrbuch 2, 75—147 (Klopfan, Ein Beitrag zur Geschichte der Neujahrsfeier), wo eine Menge derartiger Gedichte mitgetheilt sind.
21) Vgl. Heidelberger Jahrbücher 1810, S. 45 ff. Wächterlieder und Tage-
weisen kommen u. a. bei G. Forster a. a. O. und sonst vor; vgl. Ph. Wackernagel,
Kirchenlied S. 840 f.; 856 f.; Hoffmann, Gesellschaftslieder S. 51 f. Noch viel länger
erhielten sich die Tanzlieder oder Reien; vgl. Bragur 3, 225 ff. und Schmeller, baier.
Wörterbuch 3, 499 f.　　22) Wenigstens hat sich kein eigentliches Weinlied in
deutscher Sprache aus so früher Zeit erhalten. Wahrscheinlich fand etwas Aehnliches, wie in der Normandie, wo bis auf Basselins Zeit (Ende des 14. und Anfang des 15. Jahrhunderts), der die Vaux de Vire in der französischen Poesie auf-
brachte, beim Weine Mären erzählt oder Liebeslieder gesungen wurden (A. W.
Strobel, Mittheilungen aus dem Gebiete der alten Litteratur des nördlichen Frankreichs, Strassburg 1834. S.,'1, 21—24), auch in Deutschland statt. Aber lateinische

§ 157 der muss, wovon man sich am besten aus dem achten Capitel von Fischarts Geschichtklitterung überzeugen kann, ausserordentlich gross gewesen sein. Viele davon sind auch noch auf uns gekommen, entweder ganz oder bruchstückweise. Sie stehen im Allgemeinen den Liebesliedern rücksichtlich des poetischen Werthes am nächsten: nicht wenige sind höchst geistreich und witzig in der Erfindung und von unübertrefflicher Belebtheit und sinnlicher Frische in der Ausführung. Verwandt mit ihnen im Inhalt, wenn auch in nicht lyrischer Form, sind die in kurzen Reimpaaren abgefassten Weingrüsse und Weinsegen von Hans Rosenblüt[23] und anderen[24], und ebenso berühren sich damit die Schmauselieder, die, schon in der mittelhochdeutschen Zeit üblich[25], auch jetzt fortdauerten, besonders die sogenannten Martinslieder[26]. — ð) das ermahnende, belebrende und rügende Sittenlied, so wie das ernsthaft oder humoristisch reflectierende und räsonnierende Lied: sie ertheilen bald Lebensvorschriften überhaupt, bald Verhaltungsregeln für einzelne Verhältnisse und Lagen; oder sie geben die Eindrücke wieder, die der Weltlauf im Allgemeinen oder besondere Nöthe und Verlegenheiten im menschlichen Gemüth hervorbringen; oder sie preisen die Sinnesart an, mit der man am leichtesten und besten durch die Welt komme etc. Auch unter den Gedichten dieser Art gibt es manche vortreffliche, zumal unter denen, die in einem heitern, launigen Ton gehalten sind, und auch hier ist der allmähliche Uebergang von dem kunstmässigen Liede des dreizehnten Jahrhunderts zu dem rein volksmässigen der spätern Zeit in einer Reihe von lyrischen Gedichten sehr deutlich wahrzunehmen, die, obgleich sie von Meistersängern abgefasst sind, doch in den Handschriften mitten unter eigentlichen Volksliedern von anderm Inhalt stehen. Dahin gehören namentlich die Lieder von

---

Trinklieder waren hier wohl schon früher bekannt: das berühmte Mihi est propositum etc. nach der Vermuthung des Recensenten in der N. Jen. Litter. Zeitung 1843, Nr. 214. S. 866 vielleicht schon vor 1167. Dem Trinkliede durch den Inhalt verwandt sind auch Gedichte wie der Weinschwelg, das Selbstgespräch eines Alleinzechers vor seiner Kanne (gedruckt in d. altd. Wäldern 3, 13 ff., in Wackernagels altd. LB. und mit Erläuterungen herausg. von Vernaleken in der Germ. 7, 211—221, mhd. und nhd. von Schröer. Jena 1876. 8.), im 13. Jahrhundert, aber nach 1260 gedichtet (wo die Schule von Treviso [vgl. V. 300] gestiftet wurde. Vernaleken a. a. O. S. 210), und das schwächere Seitenstück, der Weinschlund (herausgeg. von Pfeiffer in Haupts Zeitschr. 7, 405 ff.). 23) Am vollständigsten und besten herausgegeben von Haupt in den altd. Blätt. 1, 401 ff. (darnach Proben bei Wackernagel, altd. LB.[2] 1009 ff. ([5] 1371 ff.); weniger gut von Herder im deutsch. Mus. 1780. 2, 483 ff.; vgl. Keller, Fastnachtspiele S. 1168, und Nachlese S. 333. 24) Eine Reihe nicht rosenblütischer, die vielleicht erst ins 16. Jahrhundert gehören, enthält eine Dresdener Handschrift (Nr. 58d); s. die Anfänge bei Keller, Fastnachtspiele S. 1343 f. 25) Vgl. § 112, 17. 26) Vgl. Fischart a. a. O.

Suchensinn[27], von Georg Schilher[28] und mehrere anonyme im § 157
Liederbuche der Hätzlerin[28]. — bb) Die Lieder der zweiten Klasse, die
man unter der allgemeinen Benennung der politischen zusammenfassen kann, und von denen sich manche sehr nahe mit den auf
geschichtliche Begebenheiten und Personen bezüglichen erzählenden
Volksgesängen berühren, sind theils Preis- und Loblieder, theils
Mahn-, Rüge-, Schelt-, Spott- und Hohnlieder. Von den ältern sind
besonders die an Deutschlands Fürsten und Ritterschaft gerichteten
Mahn- und Rügelieder bemerkenswerth, welche die durch die Türken
dem Abendland drohende Gefahr hervorrief. Die jüngern, welche
die Mehrzahl bilden, gehören grösstentheils der Reformationszeit an[30]:
wo sie nicht auf Verherrlichung oder Herabsetzung und Verunglim-
pfung der damaligen Lieblingshelden des Volkes ausgehen, enthalten
sie hauptsächlich entweder Angriffe gegen den Papst und das gesammte katholische Kirchenwesen, oder sie bekämpfen den Kaiser
in seinem Streben wider die deutsche Freiheit[31]. Im Ganzen sind
die Stücke dieser Klasse[32] eben nicht zahlreich, und der dichterische
Gehalt der meisten ist ziemlich unerheblich[32]. — cc) In die dritte
Klasse[34] fallen diejenigen Jägerlieder und Bergreien, die ganz
eigentlich die Freuden und den Preis des Jäger- und Bergmanns-
lebens zum Gegenstand haben, da ausserdem noch viele der Liebes-
romanze, dem Liebesliede und andern Liederarten, weltlichen und
geistlichen, beizuzählende Stücke mit einer jener beiden Benennungen
bezeichnet zu werden pflegen[35], und dann die Studenten- und Sol-

Cap. 4; Hoffmann, Kirchenlied S. 167 und Gesellschaftslieder S. 175 ff.; v. Lilien-
cron in Haupts Zeitschr. 6, 115. 27) Vgl. § 154, 14. 28) In dem Münch.
Meistergesangbuch Jörg Schiller; v. d. Hagens MS. 4, 907a; Bartsch, Meisterlieder
S. 166 f.; drei geistliche Meistergesänge von ihm stehen bei Ph. Wackernagel,
Kirchenlied 2, 840 ff. 29) Nr. 28; 122—124; anderes in v. Fichards Handschr.
30) Vgl. Hallersleben, zur Geschichte des patriotischen Liedes, im Arnstädt.
Gymnasialprogramm 1855, S. 14 ff. 31) Vgl. Joh. Voigt, über Pasquille, Spottlieder und Schmähschriften aus der ersten Hälfte des 16. Jahrhs., in v. Raumers
histor. Taschenbuch 1838, S. 321 ff. 32) Mehrere stehen unter den durch von
Soltau und Körner herausgegebenen historischen Volksliedern, so wie in Wolffs
Sammlung. Eine Anzahl Lieder aus der Reformationszeit, die zugleich religiös
und politisch sind, findet sich zerstreut bei Ph. Wackernagel, das deutsche Kirchenlied. Die reichhaltigste Sammlung von Satiren und Pasquillen aus der Reformationszeit ist die von Schade, 3 Bde. Hannover 1856 ff. 8., darunter gehört aber der
kleinste Theil der Lyrik an. 33) Ein Grund davon darf, wenigstens für die
Spott-, Schmäh- und Hohnlieder aus der ersten Hälfte des 16. Jahrhunderts, in
den strengen Verboten gesucht werden, die seit 1524 der Kaiser durch die Reichs-
tage gegen die Drucken und Verbreiten von Pasquillen und Schmähschriften wieder-
holentlich erliess; vgl. J. Voigt a. a. O. S. 351 ff. 34) Bei ihr verweise ich nochmals auf Bragur 3, 207 ff., auf Hoffmanns Sammlungen und v. Soltau a. a. O.
S. LXXIII ff. 35) Man vgl. das über eine alte Sammlung von Bergreien in
Mone's Anzeiger 1839, Sp. 358 ff. Mitgetheilte (es ist diess die von Schade hrsg.

§ 157 datenlieder und die Lob- und Spottlieder auf die verschiedenen Handwerke. Diese Arten des volksmässigen Gesanges scheinen
sich unter allen am spätesten entwickelt zu haben [36], und wenn man
einzelne Stücke ausnimmt, so hat sich auch keine in ihren Erzeugnissen über das Mittelmässige erhoben, obschon die in ihnen wahr-
nehmbare charakteristische Ausprägung der Lebens- und Empfin-
dungsweise der Stände, von denen sie ausgegangen sind, oder auf
die sie sich beziehen, sie immer merkwürdig macht.

§ 158.

b) Volksmässiges geistliches Lied [1]. — Für die Entwicke-
lung des religiösen Volksgesanges waren schon die beiden der Reformation zunächst voraufgebenden Jahrhunderte darum günstiger als
frühere Zeiten, weil er nicht mehr ganz von dem kirchlichen Haupt-
Gottesdienst ausgeschlossen blieb. Denn bereits im vierzehnten wurden bei demselben hier und da von der Gemeinde deutsche Lieder

Sammlung: Bergreien, eine Lieder-Sammlung des 16. Jahrhunderts, Weimar 1554,
S., nach dem Exemplar der Weimar. Bibliothek, von 1534, dem einzigen dieses
ältesten Liederbuches, denn eine ältere Sammlung von 1531 ist noch nicht aufgefunden) und Gödeke's Grundriss S. 123 f. Ueber eine unbekannte Ausgabe vom
Jahre 1574 vgl. Hoffmann von Fallersleben, Findlinge S. 71 ff. — Eigentlich berg-
männische Lieder enthält die zweite Abtheilung des 2. Hefts der von M. Döring
herausgegebenen 'Sächsischen Bergreyhen', Grimma 1840. 12., wozu eine Nachlese gab R. Köhler, alte Bergmannslieder, Weimar 1859. 12. Ursprünglich bezeichnete Bergreien wirklich die Lieder der Bergknappen, die durch das ganze Land
zogen, und wurde so ein allgemeiner Ausdruck für Volkslied: vgl. Wackernagel,
Johann Fischart S. 20.   36) Indessen kommt selbst schon von den Spott-
liedern auf Handwerke ein frühes Beispiel vor in dem 'bösen Lied von der Gaiss',
das gegen die Schneider zu singen im Jahre 1469 zu Regensburg verboten ward;
vgl. Schmeller, baier. Wörterbuch 2, 73 (1², 946); Schade im Weimar. Jahrbuch 4,
320 ff. und besonders dessen deutsche Handwerkslieder, Leipzig 1865. 8.
§ 158. 1) Zu diesem und dem folgenden § vgl. die beiden ersten Theile von
Rambachs Anthologie christl. Gesänge aus allen Jahrhunderten der Kirche, Altona
1816—22. 4 Bde. 8., Hoffmann, Geschichte des deutschen Kirchenliedes S. 62 ff.
(3. Ausg. 73 ff.), K. E. Ph. Wackernagel, das d. Kirchenlied von Nic. Hermann bis
auf Nic. Hermann und Ambr. Blaurer, Stuttgart 1841. 4. und dessen grösseres
Werk, das d. Kirchenlied von der ältesten Zeit bis zum Anfang des 17. Jahrhs.
(5 Bde.), Leipzig 1864—77. gr. 8., so wie, was die Quellennachweise betrifft, desselben Bibliographie zur Geschichte des deutschen Kirchenliedes im 16. Jahrh.,
Frankfurt a. M. 1855. gr. 8. und die Ergänzungen dazu im 1. Bde. seiner neuen
Bearbeitung des deutschen Kirchenliedes. Ausserdem Frantz, Geschichte der geistlichen Liedertexte vor der Reformation mit besonderer Rücksicht auf Deutschland, Halberstadt 1853; K. S. Meister, das katholische deutsche Kirchenlied in
seinen Singweisen von den frühesten Zeiten bis gegen Ende des 17. Jahrhunderts,
1. Bd. Freiburg i. B. 1862. 8. 2. Bd., bearb. von Bäumker 1883. K. A. Beck, Geschichte des katholischen Kirchenliedes von seinen ersten Anfängen bis auf die
Gegenwart. Cöln 1878. 8.; Hommel, geistliche Volkslieder aus alter und neuer
Zeit, Leipzig 1864. 8.; 2. Auflage 1871; Koch, Geschichte des Kirchenliedes und

oder Leisen[2] angestimmt[3], und im fünfzehnten muss dieser Ge- § 158
brauch immer allgemeiner geworden sein[4], wenn er auch gewiss
lange bei dem Clerus mehr Duldung als Vorschub erfuhr, da erst im
Jahre 1492 eine Provinzialsynode den Beschluss fasste, dass es in
Zukunft selbst Geistlichen erlaubt sein sollte, nach der Messe statt
lateinischer Responsorien ein deutsches Lied zu singen[5], und kaum
viel früher der alte weit verbreitete Ostergesang 'Christ ist erstanden', der schon im vierzehnten Jahrhundert wohl bekannt gewesen
sein muss, als zur Liturgie gehörig, allgemeinere Aufnahme in die
lateinische Agende fand[6]. Viel häufiger jedoch als in der Kirche
scheint man noch immer geistliche Volkslieder bei der häuslichen
Andacht und bei solchen öffentlichen Veranlassungen gesungen zu
haben, bei welchen sie bereits in früheren Zeiten üblich waren[7]. Besonders scheint man den Gesang solcher Lieder oder Leisen, die allgemein bekannt waren, auch bei der Darstellung geistlicher Schauspiele geliebt zu haben. Sie wurden dann entweder von der ganzen

Kirchengesanges der christlichen und insbesondere der deutschen evangelischen
Kirche, 3. Aufl. 8 Bände. Stuttgart 1866—76. 8.; und Schletterer, übersichtliche
Darstellung der kirchlichen Dichtung und geistlichen Musik, Nördlingen 1866.
8. so wie desselben Geschichte der geistlichen Dichtung und kirchlichen Tonkunst. 1. Band, Hannover 1869. 8.   2) S. § 113, Hoffmann a. a. O. S. 68 (3.
Ausgabe 76 f.) und Wackernagel a. a. O. S. 770b.   3) Nach einer Urkunde, auf
die sich Rambach 1, 381 beruft, soll diess in Baiern schon im Jahre 1323 geschehen sein; vgl. Hoffmann, S. 66; 75 (3. Ausg. 75). Diese Angabe soll nach dem
Anz. f. Kunde d. d. Vorzeit 1854, Sp. 141 ff. auf einem Druckfehler beruhen für 1523,
denn in diesem Jahre habe Oekolampadius die ganze Ordnung der Messe in deutscher Sprache erscheinen lassen, und diese Ordnung sei wohl jene Urkunde. Aber
die Sache selbst ist um so weniger zu bezweifeln, als schon im 12. Jahrhundert
deutsche Lieder beim Gottesdienste gesungen erwähnt werden; vgl. die Predigtbruchstücke, welche Grieshaber in der Germania 1, 441 ff. mitgetheilt, und den
§ 113, S. 246. In dem alten Osterliede aus dem 14. Jahrhundert, das dem Konrad
v. Queinfurt beigelegt wird (s. Anm. 18), heisst es Str. 5: *lût klingen hellen süezen
klanc, ir lein in kirchen, ir pfaffen in den koeren, zem widergelt si iur gesanc.
nû singet: Christus ist erstanden wol hiute von des tôdes banden.*   4) Diess
bezeugen unter andern auch die Ueberschriften und Vorbemerkungen über nicht
wenigen Liedern, die Ph. Wackernagel aus dem Psalter ecclesiasticus durch G.
Witzel aufgenommen hat, namentlich die Vorbemerkungen zu Nr. 129. 131. 136.
143. 144. Vgl. auch Hoffmann a. a. O. S. 106 ff, 3. Ausgabe S. 178 ff.   5) Diese
Synode wurde zu Schwerin gehalten. Sie stellte zunächst fest, dass der Priester,
wenn er das Amt der Messe gesungen, die nach den Beschlüssen der heiligen
Canones vorgeschriebenen (lateinischen) Stücke (Gloria in excelsis, das Credo etc.)
singen sollte, ohne etwas wegzulassen, zu mindern oder abzuschneiden; 'oder,
heisst es weiter, es sollen die Geistlichen (Clerici), die eben gegenwärtig sind, ein
anderes Responsorium oder ein deutsches Lied (carmen vulgare) statt der oben
angeführten auf der Orgel oder im Chore singen.' Vgl. Hoffmann a. a. O.
S. 115 f. (3. Ausg. S. 192 f.), wo dieser Synodalbeschluss auch im Originaltext zu
finden ist; so wie S. 370 der dritten Ausgabe.   6) Vgl. Hoffmann a. a. O. S. 53
bis 57; 116 ff.   7) Vgl. § 43 und 113.

§ 158 Versammlung, Darstellern und Zuschauern zugleich, an geeigneter Stelle, zumal im Anfange oder am Ende des Stücks [8], oder von Chören der spielenden Personen allein angestimmt [9]. Dass nun aber auch alle lyrischen Gedichte von religiösem Inhalt und volksmässiger Form, die bis zum Anfang des sechzehnten Jahrhunderts entstanden, wirklich einmal bei einer oder der andern Art gottesdienstlicher Handlungen zu allgemeinerer Anwendung gekommen seien, lässt sich keineswegs behaupten. Was sich davon entweder vollständig oder bruchstücksweise erhalten hat [10], ist theils als unmittelbare und selbständige Fort- und Umbildung des ältern religiösen Volks- und Kunstgesanges zu betrachten, theils ist es andern Ursprungs und in früher, so viel wir wissen, noch nicht dagewesener Weise abgefasst. Zu den Ueberbleibseln der ersten Art gehören vornehmlich Lieder, die zu Weihnachten, Ostern und Pfingsten, in der Passionszeit, an Marienfesten und an andern Feiertagen, auf Bittgängen, Pilgerfahrten etc. gesungen zu werden pflegten [11]. Dann die Stücke, welche nicht sowohl, wie jene, aus dem allgemeinen religiösen Volksleben hervorgegangen sind, als vielmehr, gleich den ältern Ketzerliedern, den besondern ascetischen Stimmungen und Richtungen einzelner Secten ihren Ursprung verdanken. Hier sind namentlich zu erwähnen die Leisen oder Bussgesänge der Geiselbrüder oder Flagellanten, deren Auftreten sich bereits in die vorige Periode erstreckt, indem schon 1260 die Geiselschwärmerei sich von Italien aus nach Deutschland verbreitet hatte. Wenn sie hier auch nur kurze Zeit dauerte, so muss doch von den damals aufgenommenen Bussliedern manches in lebendiger Erinnerung geblieben sein; wenigstens kehren die drei Zeilen, die uns aus jenen allein überliefert worden sind, in den Gesängen der spätern Flagellanten wörtlich oder nur mit geringen Abweichungen wieder [12]. Nachhaltiger wirkend treten sie um die Mitte

---

8) Vgl. Hoffmanns Fundgruben 2, 265, 14 f.; 336, 7 ff., Geschichte des deutschen Kirchenliedes S. 109 f. (3. Ausgabe S. 76 f.), Mone's altdeutsche Schauspiele S. 144, 1178 f. und Ph. Wackernagel, Kirchenlied 2, 341 ff.   9) Wie in dem ersten der von Mone herausgegebenen Stücke (S. 31—42); hier singen zuerst die taufenden Apostel, dann die Täuflinge Strophen allbekannter geistlicher Lieder, aber nur die letztern chorweise und in deutscher Sprache, während von den Aposteln jeder einzeln und lateinisch singt.   10) Manches ist schon früh gedruckt, entweder auf fliegende Blätter oder in Sammlungen (die älteste bekannte ist die Heidelberger vom Jahre 1494); vgl. Hoffmann, Kirchenlied S. 174 ff. (3. Ausgabe S. 480 ff.) und Wackernagel S. 718 ff. Ueber Handschriften, in denen sich vor der Reformation entstandene geistliche Lieder finden, siehe Banga in v. Aufsess' Anzeiger 1833, Sp. 268 ff.; vgl. auch Mone's Anzeig. 1838, Sp. 577 ff.; 1839, Sp. 347. Vieles aus Handschriften oder alten Drucken steht in guten Texten bei Hoffmann, die vollständigste Sammlung alles Bekannten ist die von Ph. Wackernagel.   11) Hierher rechnet unter den von ihm mitgetheilten Stücken Wackernagel besonders Nr. 127—148; 163 u. 164.   12) Vgl. Hoffmann S. 82 f. (3. Ausg.

des vierzehnten Jahrhunderts (1349—50) auf, als die Pest so grosse § 158
Verheerungen anrichtete, und durchzogen scharenweise das Land [13].
Sodann die gleichfalls mit dem Anfang dieses Zeitraums anheben-
den Lieder der Mystiker [14], namentlich Johann Taulers, dessen
Lieder jedoch, wenn sie wirklich von ihm herrühren, uns nur in
stark überarbeiteter Gestalt erhalten sind [15]. Ferner einzelne lyrische
Gedichte geistlichen Inhalts, die im Ganzen einen volksmässigen
Charakter haben, in denen aber noch mehr oder weniger der Ton
des alten religiösen Kunstgesanges nachklingt, worunter eins der ältesten, ein zu seiner Zeit viel gesungenes Tagelied von der heiligen
Passion, um die Mitte des vierzehnten Jahrhunderts ein Ritter gedichtet haben soll. So berichtet die Limburger Chronik zum Jahre

———   ———

S. 132 ff.)   13) Ueber sie und die auf sie bezüglichen Schriften s. Hoffmann
S. 79 ff. (3. Ausg. S. 130 ff.), wo auch ihre Gesänge, so weit sie sich erhalten haben,
eingefügt sind. Den vollständigsten Bericht über die Geisler und ihre Lieder enthält Closeners Strassburger Chronik (er ist mitgetheilt bei Hoffmann 3. Ausg. S. 134 ff.):
früher kannte man nur den unvollständigeren bei Closeners Fortsetzer Jac. Twinger
v. Königshofen. Einen andern Bericht enthält die Limburger Chronik (Rossel S. 16 ff.,
Wyss S. 31 ff., auch bei Hoffmann S. 141 ff.). Selbständig hat sich von den von
ihnen gesungenen Leisen (s. § 140, 22) nur einer erhalten, und zwar in einer stark
ans Niederländische streifenden Fassung (mitgetheilt von Massmann, Erläuterungen
zum Wessobrunner Gebet S. 44 ff., und bei Wackernagel a. a. O. Nr. 723); ins Mittelhochdeutsche umgeschrieben bei Hoffmann, 3. Ausgabe S. 145 ff. Die Geislerlieder
stehen auch bei Ph. Wackernagel, Kirchenlied 2, 333 ff.; der Text einer S. Peters-
burger IIs. ist mitgetheilt von Bartsch in der Germ. 25, 40 ff.   14) Vgl. § 129.
Mehrere anonyme tiefsinnige mystische Lieder sind im Anhang von Bartschens
Ausgabe der Erlösung mitgetheilt; so eines in dialogischer Form, ein Gespräch
zwischen Gott und der Seele (S. 214 ff.), eine beliebte Form, die auch in der
minnenden Seele (S. 216 ff.) und in dem Minnespiegel (S. 242 ff., übersetzt von A.
Freybe, Ein Seel vor Gottes Füssen lag, Leipzig 1870. 8.) wiederkehrt. Vgl. noch
Bartsch, Sprüche und Verse deutscher Mystiker, in der Germania 18, 195—200.
Bech, granum sinapis, deutsches Gedicht und latein. Commentar aus dem Zeitalter der deutschen Mystik mitgetheilt. Zeitz 1883. 4. (Programm), wo Eckart
als Verf. dieses tiefsinnigen mystischen Gedichtes wahrscheinlich gemacht wird.
15) Das bekannteste der ihm beigelegten Lieder, gemeiniglich in einem so
stark überarbeiteten Texte gedruckt (bei Rambach 1, 404; Wackernagel Nr. 119),
dass Banga (a. a. O. Sp. 268) jeden Antheil Taulers daran bezweifeln konnte, gibt
in einer viel alterthümlicheren Gestalt Wackernagel Nr. 729. Voran gehen lässt
er ihm fünf andere Lieder Taulers (Nr. 724—728), entnommen der Kölner Ausgabe seiner Werke (1543. fol.), die sie uns aber schwerlich in der ganz ursprünglichen Gestalt überliefert hat (eben daraus, hier und da aber in der Schreibweise
verändert, hat sie auch B. Hüppe, Lieder und Sprüche der Minnesinger, Münster
1944. 9. abdrucken lassen). Hoffmann, Kirchenlied [3] S. 96 ff., bemerkt zu dem einen
aus der Cölner Ausg. entnommenen Liede 'Schwerlich von Tauler, aber gewiss
aus seiner Zeit'. Vgl. auch S. 107. 109. Die ihm beigelegten Lieder stehen sämmtlich bei Wackernagel, Kirchenlied 2, 302 ff. Auch von zwei Liedern der Pfullinger
Handschrift (a. a. O. Nr. 735 f.) dürfte er, wie Wackernagel meint, vielleicht der
Verfasser sein.

24 *

§ 158 1356, und theilt den Anfang mit; die Kolmarer Handschrift, welche es zum grössten Theile enthält [16], legt es dem Grafen Peter von Arberg bei, welcher urkundlich 1348 nachgewiesen ist [17]. Ein anderes, ein berühmter, wahrscheinlich nicht viel jüngerer Ostergesang, wird Konrad von Queinfurt beigelegt, der Pfarrer zu Steinkirch am Queiss gewesen und 1382 gestorben sein soll [18]. Wie hier dem Ausdruck der geistlichen Festfreude eine Schilderung der zu neuem Leben erwachenden Natur vorausgeht, so füllt die Darstellung der Lust und Wonne, die um diese Zeit unter Menschen und Thieren, in Flur und Wald sich zu regen beginnt, fast ganz einen in volksmässiger Leichform von unbekannter Hand abgefassten niederdeutschen Ostergesang aus [19], dessen Entstehung wohl über das fünfzehnte Jahrhundert zurück reicht, wenn auch die Handschrift, aus der er bekannt gemacht ist, erst in dessen zweite Hälfte fällt. — Auch die religiösen Lieder Hugo's von Montfort sind hierher zu rechnen [20], so wie manches, das in Klöstern gedichtet ist. Endlich die Nachbildungen und Uebertragungen lateinischer Hymnen und Sequenzen, von denen vereinzelte Versuche bereits früher vorkommen [21], die aber häufiger zu werden erst um das Ende des vierzehnten Jahrhunderts anfangen [22], wo sich besonders der Mönch von Salzburg damit hervorthat. Sein Vorname war nach zwei Handschriften, die Stücke von ihm enthalten, Johannes, nach einer dritten, die inhaltreicher ist und auch bestimmtere Nachrichten über den Dichter gibt, hiess er Hermann, war Benedictinermönch zu Salzburg und verfasste seine geistlichen (auch weltlichen) Gedichte in Gemeinschaft mit einem 'Laypriester' Martin auf Begehren des Erzbischofs Pilgrim von Salzburg († 1396) [23], darunter eine der ältesten, wenn nicht die äl-

16) Den vollständigsten Text enthält eine Strassburger Handschrift, danach mitgetheilt von Massmann in v. Aufsess' Anz. 1832, Sp. 25 ff., und nach Massmann bei Wackernagel Nr. 118 und bei Hoffmann, 3. Ausg. S. 83 f.; nach beiden Handschriften bearbeitet bei Bartsch, Meisterlieder der Kolmarer Handschrift Nr. 191, vgl. S. 179 f. Die verschiedenen Texte auch bei Ph. Wackernagel, Kirchenlied 2, 329 ff., ein anderer von Reifferscheid mitgetheilt in Zachers Zeitschrift 9, 157 ff. Kritische Bearbeitung, unter Benutzung aller hs. Quellen, von Bartsch in der Germania 25, 210—226; über die in einer Handschrift erhaltene Melodie vgl. Böhme ebend. 226 ff. 17) Vgl. Bartsch in der Germania 10, 90. 18) Vgl. Hoffmann S. 72 ff. (3. Ausg. S. 60 f.), wo auch S. 69 ff. (3. Ausg. S. 78 ff.) das Osterlied vollständig zu finden ist (darnach bei Wackernagel Nr. 120). Die neueste und beste Ausgabe in zwei Texten s. bei Wackernagel, Kirchenlied 2, 389 ff. 19) Abgedruckt in Haupts Zeitschrift 1, 546 f. 20) Vgl. § 157, 13 f. 21) Vgl. Wackernagel unter Nr. 103. 113. 114. 22) Uebersetzungen und Nachbildungen lateinischer Kirchenlieder im 14. und 15. Jahrhundert bei Hoffmann S. 141 ff.; 3. Ausg. S. 237 ff. Vgl. auch Bartsch, Anhang zur Erlösung, und in der German. 7, 276 ff. 23) Vgl. F. Pfeiffer in den altd. Blättern 2, 325 ff., wo auch ausführliche Nachrichten über diese Handschrift (mit Berücksichtigung der übrigen) er-

teste[24] Uebersetzung des berühmten Stabat mater[25], die er selbst wieder § 15 S umgearbeitet zu haben scheint[26]. Daneben finden sich auch geistliche Lieder, die bloss auf die Melodien lateinischer Kirchengesänge gedichtet sind: so in der 'Passio Christi' von dem Ulmer Chorherrn Martin Myllius (Miller), einem der unmittelbarsten Vorgänger Luthers im Kirchenliede, der 1521 starb[27]. Hier seien auch erwähnt die deutschen Glossenlieder, deren Wesen darin besteht, dass irgend ein lateinischer Kirchentext, gewöhnlich ein Gebet, Wort für Wort, mit einer gereimten Erklärung versehen wird[28]. — Neue Erscheinungen dagegen sind die geistlichen Texte, die, um ihnen desto eher Eingang und Verbreitung unter dem Volke zu verschaffen, oder auch um damit dem profanen Volksgesang entgegenzuwirken, entweder unmittelbar aus weltlichen durch anders gewandte Beziehungen umgebildet, oder in der Versart beliebter weltlicher Lieder gedichtet und deren Melodien untergelegt sind[29]. Von beiden Arten lassen sich frühe Beispiele aufweisen: von der ersten in zwei schon ins vierzehnte Jahrhundert fallenden Liedern, deren eines Umdichtung eines Liedes von Steinmar[30], das andere vielleicht aus einem Liede Neidharts, das aber nicht mehr nachweisbar, umgebildet ist[31], und denen

theilt, so wie einige Gedichte vollständig abgedruckt sind. S. auch F. Wolf in den altd. Blättern 2, 311 ff.; Hoffmann 3. Ausg. S. 239 ff., wo von den ihm beigelegten Sachen das Meiste zu finden ist; Bartsch, Meisterlieder der Kolmarer Hs. S. 184; Ph. Wackernagel, Kirchenlied 1, 365 ff.; 2, 409 ff.; und Jos. Ampferer, über den Mönch von Salzburg, Salzburger Gymnasialprogramm, Salzburg 1864. 4. Eine Anzahl Stücke des Mönchs von Salzburg ist ferner gedruckt im Liederbuch der Hätzlerin S. 253—259; 300—305 und bei Ph. Wackernagel, Nr. 768. 769. 776. (vgl. S. 878 f.), der S. XIII ihm und Heinrich von Laufenberg auch die unter Nr. 770 bis 775; 777—785 gelieferten Gedichte, wenn nicht alle, doch zum Theil zuschreiben möchte; vgl. Hoffmann S. 113 f. Die vollständigste Sammlung von Gedichten des Mönchs gibt jetzt Ph. Wackernagel, Kirchenlied 2, 409—455. Vgl. noch J. Zingerle in der Germania 23, 30 f.   24) Nach Bartsch, Erlösung S. LVII f. gab es vielleicht schon in der zweiten Hälfte des 13. Jahrhunderts eine Uebersetzung, aus welcher ein paar Zeilen in den Mariengrüssen (Haupts Zeitschr. 8, 287) erhalten sein möchten.   25) Gedruckt altd. Blätter 2, 336.; Hoffmann S. 347 f. Nach Ph. Wackernagel, Kirchenlied 2, 459, wo die Uebersetzung nebst zwei andern (S. 460 f.) steht, ist die Autorschaft des Mönchs nicht bezeugt und aus sprachlichen Gründen zu bestreiten.   26) Vgl. Bartsch a. a. O. S. LVII f., wo auch S. 290 ff. eine andere Recension und eine zweite Uebersetzung des 14. Jahrhunderts, die mit einer bei Hoffmann S. 349 f. gedruckten theilweise stimmt, mitgetheilt ist.   27) Vgl. Hoffmann S. 187 ff. (3. Ausg. S. 462 f.), Wackernagel Nr. 167—176 und in dem grösseren Werke Nr. 1336—1346.   28) Vgl. Hoffmann, In dulci jubilo, Hannover 1854. 8. S. 6. f. Zwei solcher Glossenlieder, das eine über Salve regina, das andere über Ave Maria, theilt Fröhner in Haupts Zeitschrift 11, 36 ff. mit.   29) Die fahrenden Geistlichen (Goliardi, Trutanni), die sich seit dem 12. Jahrhundert in Deutschland zeigen, scheinen zuerst Parodien geistlicher Lieder gedichtet zu haben; vgl. Hoffmann, 3. Ausg. S. 371 ff.   30) Vgl. § 112, 14.
31) Sie stehen beide in den altd. Blättern 2, 125 f.; bei v. d. Hagen, MS. 3, 468ccf,

§ 158 sich zunächst eine Anzahl ähnlicher, von Heinrich von Laufenberg[32] und Andern unternommener Umdichtungen aus der ersten
Hälfte des fünfzehnten anschliesst. Heinrich von Laufenberg, Priester
zu Freiburg im Breisgau, seit 1445 im Johanniter-Kloster zu Strassburg, von 1415—1458 literarisch thätig, hat unter seinen zahlreichen
geistlichen Liedern[33], die sich bald in den einfachen Rhythmen des
Volksliedes, bald in den künstlicheren Formen des Meistergesanges
bewegen, viele, die lateinischen Kirchengesängen nachgebildet[34], und
mehrere, die offenbar aus weltlichen Liedern entstanden sind. Letzteres gilt auch von mehreren der sechzehn Lieder einer aus dem
ehemaligen Frauenkloster Pfullingen stammenden Handschrift[35]. Die
Stücke der zweiten Art, in denen nicht der Text, sondern nur Strophenform und Melodie weltlicher Lieder benutzt ist, reichen bis ins
fünfzehnte Jahrhundert hinauf[36]. — Zuletzt ist hier noch zu erwähnen, dass man in diesen Zeiten die schon in der althochdeutschen
Prosa und Poesie vorfindliche und hier und da auch in mittelhochdeutschen Gedichten[37] auftauchende, jetzt aber viel häufiger in Liedern, besonders in oft sehr unsaubern, das Heilige selbst parodie-
renden und entweihenden Liebes- und Trinkliedern[38], angewandte
Mischung lateinischer und deutscher Zeilen oder Wörter auch in
die geistliche Lyrik einführte. Indessen scheint sie in dieser ge-

---

bei W. Wackernagel, altd. LB. 893 f. ([1] 1177 ff.) und bei Ph. Wackernagel unter Nr.
110 (vgl. S. 837, wo das Original gedruckt ist) und Nr. 111.   32) Vgl. über ihn
und seine Umdichtungen Massmann in v. Aufsees' Anzeiger 1832, Sp. 41 ff. und Hoffmann S. 196 f., 3. Ausg. S. 247 f.   33) Sie stehen bei Ph. Wackernagel Nr. 746
bis 767 und in dem grösseren Werke 2, 526—612. Vgl. auch Anm. 23. Ein Gedicht
Heinrichs von Laufenberg in Birlingers Alemannia 2, 223—233.   34) S. F.
Wolf, über die Lais S. 151.   35) Sie wurde zuerst durch Weckherlin, Beiträge S. 84 ff. näher bekannt, der auch einzelne Stücke daraus mittheilte; alle
findet man nun bei Wackernagel, Nr. 730—745 und in dem grössern Werke 2, 631 ff.;
zwei aus weltlichen Texten umgebildete auch bei W. Wackernagel, altd. LB.[2] 975 ff.
([2] 1361 ff.). Andere, auch noch vor der Reformation entstandene Umdichtungen
weltlicher Lieder in geistliche, die Ph. Wackernagel in sein Buch aufgenommen
hat, kann man darin leicht nach den von ihm S. 837 ff. und 893 f. gegebenen Nachweisungen auffinden. — Auch eine der beliebtesten Formen des ältern weltlichen
Kunstliedes, das Wächter- oder Tagelied, kehrt in der geistlichen Lyrik dieser
Zeit wieder; vgl. Liederbuch der Hätzlerin S. 31; Ph. Wackernagel Nr. 747. 749.
798, und Bartsch, die romanischen und deutschen Tagelieder S. 65 ff. (Vorträge
S. 304 ff.).   36) S. Hoffmann S. 196; 199, 3. Ausg. S. 371 ff.   37) S. § 109, 3.
        38) Vgl. über diese Poesien, so wie über die Geschichte dieser Sprach-
mengerei in Deutschland überhaupt, Hoffmann S. 151 ff. und desselben 'Kurze Ge-
schichte der lateinisch-deutschen Mischpoesie' in der Schrift: In dulci jubilo.
Hannover 1854. 9. (2. Ausg. 1861) S. 1 ff.; besonders S. 15 ff; 74 ff. (Ergänzungen
zu der 1. Ausg. im Weimar. Jahrbuch 6, 43 ff.) — Ein Paar andere, nicht lyrische
Stücke der Art, worein die lateinischen Worte des Vaterunsers und des Ave
Maria verwebt sind, hat Zingerle in der Germania 14, 405 ff. mitgetheilt.

rade nicht zu ausgedehnterem Gebrauche gelangt zu sein und auch § 158
nicht lange gedauert zu haben. Von den erhaltenen ernst religiösen
Liedern dieser Art pflegt man, doch ohne rechten Grund, das eine,
welches im fünfzehnten Jahrhundert sehr bekannt sein musste, das
Weihnachtslied 'In dulci jubilo', dem angeblich um die Mitte desselben verstorbenen Peter von Dresden[39] zuzuschreiben; mehrere
andere hat Heinrich von Laufenberg[40], wieder andere Muscatblüt[41] verfasst, der, wie sich aus einem seiner Gedichte ergibt,
auch jenes älteste deutsch-lateinische Weihnachtslied gekannt hat[42].

§ 159.

Aus so verschiedenartigen Elementen war der religiöse Volksgesang zu Anfang des sechzehnten Jahrhunderts erwachsen, als die
Reformation ihn überkam und ihm zuerst, indem sie ihn in dem
Kirchenliede zu einem Hauptbestandtheil des öffentlichen Gottes-
dienstes und zu einem Hauptmittel der häuslichen Erbauung erhob[1],
die rechte Gediegenheit und Selbständigkeit des Charakters und eine
wahrhaft würdige Haltung verlieh. Von je grösserer Wichtigkeit er
dadurch in Zukunft nicht nur für die religiöse und sittliche Bildung
des protestantischen Deutschlands, sondern auch für unsere ganze
neuere poetische Literatur wurde, indem das evangelische Kirchenlied lange die einzige poetische Gattung blieb, die, obgleich sie vorzugsweise von dem Gelehrtenstande geübt ward, doch immer einen
volksmässigen Charakter in Stoff und Form[2] sich bewahrte und nie
aufhörte, ein Eigenthum aller Stände und Klassen des Volks zu sein
und von den höchsten bis in die tiefsten Schichten der Gesellschaft
herab ihre wohlthätigen Wirkungen zu äussern: desto höher ist auch
in dieser besondern Beziehung Luthers Verdienst um die Nation
anzuschlagen, da nicht etwa bloss im Allgemeinen und mittelbar
die Anregung zu dieser neuen Gestaltung der geistlichen Lyrik von

---

39) Er soll 1440 als Lehrer zu Prag gestorben sein. Das ihm beigelegte
Lied, welches Rambach 1, 374 nur in einem spätern, überarbeiteten Text mittheilt,
ist in echter Gestalt zu lesen bei W. Wackernagel, LB. 1, 971 ff. (1³, 1357 ff.); bei
Ph. Wackernagel unter Nr. 125 (vgl. auch Nr. 791), in dessen grösserem Werke 2,
483 ff., wo acht verschiedene Texte abgedruckt sind, und in Hoffmanns Schrift
In dulci jubilo S. 46 ff., wo S. 8 ff. über das Alter des Liedes gehandelt ist; es
wird schon im Leben Suso's († 1365) erwähnt.   40) Bei Ph. Wackernagel
Nr. 763. 765. 767; vielleicht auch 774. 784; und bei Hoffmann, In dulci jubilo S.
55—63 (vgl. S. 10 ff.).   41) Vgl. Liederbuch der Hätzlerin S. 98; 102 ff.
42) Vgl. Hoffmann, In dulci jubilo S. 9 f. — Noch andere von ungenannten Verfassern bei Hoffmann S. 64 ff.; vgl. S. 14 f.
§ 159. 1) Ueber die Literatur der Geschichte der ersten Einführung des
deutschen Kirchengesanges in den protestantisch gewordenen Theilen Deutschlands
vgl. K. F. P. Wackernagel S. XVIII.   2) Das Kirchenlied hat bei uns mehr,
als irgend eine andere lyrische Dichtart, bis in die neueste Zeit herein den alt-

§ 159 ihm ausgieng, vielmehr er es war, der sie zunächst und gleich mit
dem glücklichsten Erfolge unternahm. Indem er selbst eine Reihe
von Liedern dichtete, die sich eben so vortheilhaft durch die Kraft
der Gedanken und die tiefe, auf unerschütterlicher Glaubensfestig-
keit beruhende Empfindung, als durch die Einfalt, Kernigkeit und
Wärme des Ausdrucks auszeichnen[3], diesen zum Theil erweiterte
Bearbeitungen alter lateinischer oder deutscher geistlicher Gesänge
hinzufügte[4] und von seinem Freunde Hans Walther[5] dabei unter-
stützt, den Choralgesang der Gemeinde, wenn auch nicht erst schuf,
doch unendlich vervollkommnete und ordnete[6], wurde er der Vater
des evangelischen Kirchenliedes[7], und bezeichnete er zugleich für

deutschen Strophenbau festgehalten und die Nachahmung romanischer und antiker
Formen verschmäht.   3) Oefter hat Luther den Grundgedanken in seinen
Liedern aus Psalmen entlehnt; nichts desto weniger sind sie als sein volles Eigen-
thum anzusehen.   4) Wie er bei der Bearbeitung und Erweiterung älterer
deutscher Liedertexte verfuhr, kann man am besten ersehen aus W. Wackernagels
LB. 2³, 6 f. und bei Ph. Wackernagel aus Vergleichung von Nr. 191—193; 197 bis
199; 204; 208 mit den bei jeder dieser Nummern citierten ältern Liedern; vgl.
auch Hoffmann S. 58; 122; 131 f. und Gervinus 3², 17 ff. (3¹, 18 ff.); ferner H. A.
Köstlin, Luther als der Vater des evangelischen Kirchengesanges. Leipzig 1881. 8.
(Sammlung musikal. Vorträge, 3. Reihe, Nr. 34); G. Schleusner, Luther als Dichter, insonderheit als Vater des deutschen evangelischen Kirchenliedes. Wittenberg 1883. 8., und G. Lechler, Luther und das Kirchenlied. Vortrag, in der Allg.
evang.-luther. Kirchenzeitung 1883, Nr. 29 f.   5) Er war kurfürstl. sächsischer
Kapellmeister ('Sengermeyster') und auch Liederdichter (s. Wackernagel Nr. 460
und das grössere Werk 2, 187 ff.). 1525 wurde er von Luther bei Anordnung des
evang. Kirchengesanges zu Rathe gezogen. Vgl. über ihn Holstein, der Lieder- und
Tondichter Joh. Walther, im Arch. f. Lit.-Gesch. 12, 185—218. Dass Luther selbst
nicht nur die Musik sehr liebte (vgl. sein Gedicht Frau Musica bei W. Wackernagel
a. a. O. Sp. 20 ff., bei Ph. Wackernagel Nr. 801 [in dem grössern Werke 3, 29],
ebendas. S. 790a Luthers Vorrede zum waltherschen Gesangbüchlein von 1525 und
'Eine unbekannte Schrift Luthers über die Musik' [eine Vorrede vom Jahre 1538] mittheilt von Holstein, Grenzboten 1883, Nr. 26, S. 77—83), sondern auch componierte,
ist bekannt genug. Auch viele andere Dichter des 16. Jahrhunderts waren zugleich
Componisten ihrer geistlichen Lieder; vgl. Gervinus 3², 18 (3¹, 19).   6) Das
gründlichste und umfassendste Werk über den evangelischen Kirchengesang im
1. Jahrhundert der Kirchenverbesserung dürfte wohl das von C. v. Winterfeld sein:
der evangel. Kirchengesang und sein Verhältniss zur Kunst des Tonsatzes. Thl. 1.
Leipzig 1843. 4.   7) Im Ganzen haben wir von Luther 36 Lieder: die erste
Sammlung, in der Stücke von ihm enthalten waren, gab im Ganzen acht Lieder,
wovon aber nur vier Luthern angehörten, und erschien zu Wittenberg 1524. 8.;
doch bereits in demselben Jahre nahmen die Erfurter Enchiridien 18 Lieder von
ihm auf; von den durch Jos. Klug zu Wittenberg gedruckten Gesangbüchern enthielt das vom Jahre 1535 schon ihrer 30 und endlich das von 1543 (1544) alle
sechsunddreissig. Am besten sind sie bei Luthers Lebzeiten gedruckt in den 'Geistlichen Liedern. Gedruckt zu Leipzig durch Val. Babst.' 1545. 4., woraus sie (mit
Vergleichung der 2. Ausg. von 1547) Wackernagel unter Nr. 184 ff., in dem grössern
Werke 3, 1—31, und in einer besonderen Ausg.: Martin Luthers geistliche Lieder,

alle seine Nachfolger in dieser Dichtart den Weg, den sie zu ver- § 159
folgen hatten, wenn sie sie in ihrer Würde und ihrer Wirksamkeit
auf das religiöse Leben des Volkes bewahren wollten. Bald erwachte
auch unter seinen Anhängern in allen Ständen, vornehmlich aber
in dem geistlichen ein grosser Wetteifer in Abfassung und Bearbeitung frommer und erbaulicher Lieder, deren Zahl wie die der sie
enthaltenden Gesangbücher[5] im sechzehnten Jahrhundert ausserordentlich wuchs[9], von denen jedoch im Laufe desselben nur wenige

Stuttgart 1848. 4. zuerst getreu wiedergegeben hat. Vgl. noch Schneider, Martin
Luthers geistliche Lieder. 2. Aufl. Berlin 1856. 8. Luthers geistl. Lieder mit einer
Einleitung und geschichtlich-litterarischen Erläuterungen hrsg. von A. Fischer.
Gütersloh 1883. 4. Gödeke's Ausgabe von Luthers Dichtungen. Leipzig 1883. 8.
O. Kade, ein feste burgk ist unser got. Der neu aufgefundene Luther-Codex vom
Jahre 1530. Dresden 1873. gr. 4. und E. Achelis, die Entstehungszeit von Luthers
geistlichen Liedern. Marburg 1884. 4. Wegen der Aufschlüsse über die ursprüng-
liche musikalische Behandlung dieser Lieder ist unter allen neuern Ausgaben davon
die vorzüglichste die von C. v. Winterfeld: D. M. Luthers deutsche geistl. Lieder.
Leipzig 1840. 4. Ueber das berühmte 'Ein feste Burg ist unser Gott' vgl. noch
J. K. F. Knaake, in der Zeitschr. f. kirchl. Wissenschaft 1881, S. 39—48 (danach ist
das Lied 1527 gedichtet) und Schulze, über die Zeit der Entstehung des Lutherliedes 'Ein feste Burg': in den Blätt. f. Hymnologie 1883, Nr. 5; über Geschichte
und Uebersetzungen des Liedes: Megalandri, D. M. Lutheri canticum canticorum
ed. Joh. Linke. Altenburg 1883. 8. C. Gerbert, die Abfassung des Lutherliedes
'Ein feste Burg'. Zürich 1884. 8. Was in die neuern, noch gangbaren Gesangbücher von Luther und andern ältern Liederdichtern aufgenommen ist, pflegt gemeiniglich mehr oder weniger umgearbeitet und verwässert zu sein. Eine höchst
rühmliche Ausnahme macht in dieser Rücksicht der 'Versuch eines allgemeinen
evangelischen Gesang- und Gebetbuchs zum Kirchen- und Hausgebrauch' (von
Bunsen). Hamburg 1833. 8., worin zwar auch nicht die Texte älterer Lieder mit
urkundlicher Treue abgedruckt sind, aber die nach festen Grundsätzen (vgl. S.
XCVIII) gemachten Aenderungen nie Gedanken und Einkleidung eigentlich ver-
letzen, vielmehr stets von einer zarten, schonenden Hand zeugen (vgl. dazu Evang.
Kirchengesangbuch oder Sammlung der vorzüglichsten Kirchenlieder etc. Halle
1842. 8.). Von Luther stehen darin 25 Lieder (vgl. die Nachrichten von den deutschen Liederdichtern nach der Zeitfolge, S. 854). Ueber Luthers Verdienst um den
Kirchengesang ist insbesondere die unter diesem Titel, Hamburg 1813, erschienene
Schrift Rambachs nachzulesen. 8) Vgl. die 'Aufzählung und Beschreibung
der deutschen Gesangbücher und Gesangblätter, welche vom Ende des 15. bis um
die Mitte des 16. Jahrhunderts gedruckt worden', bei Wackernagel S. 718 ff. und
dessen Bibliographie zur Geschichte des deutschen Kirchenliedes. Die gedruckten
Gesangbücher bis 1524 verzeichnet Hoffmann, Kirchenlied[3] S. 480—485. 9) Eine
1597 zu Greifswald gedruckte Sammlung enthält schon 600 Nummern. Ganz er-
staunlich mehrten sich die Gesänge der evangelischen Kirche aber in den beiden
folgenden Jahrhunderten: im ersten Viertel des 18. sammelte der dänische Justiz-
rath v. Franckenau (gest. 1749) über 33000 geistliche Lieder in 300 Bänden, und
später brachte der Domdechant v. Hardenberg sogar ein Liederregister zu Stande,
welches 72732 Anfangsverse zählte. Ueber ältere Schriften, die von der Geschichte
der Gesangbücher und der einzelner Lieder, so wie von den Dichtern handeln,
s. Koch, Compendium 2, 44 ff. und Rambachs Anthologie 2, 5; 20; 3, S. V; über

§ 159 an Werth den lutherischen nahe oder gar gleich kamen, die meisten
weit hinter ihnen zurück blieben. Eigene, ganz frei und selbständig
von ihren Verfassern gedichtete Lieder erschienen zunächst nicht so
gar häufig: die Mehrzahl der neuen geistlichen Gesänge bildeten
noch eine längere Zeit hindurch Bearbeitungen oder Uebersetzungen
von Psalmen, Umschreibungen anderer biblischer Stücke, wie einzelner Gebete, Lobgesänge, Evangelien, Episteln etc., und aus dem Lateinischen übertragene Hymnen und Sequenzen[10]. Dabei dauerte auch
während dieses ganzen Jahrhunderts und selbst noch bis in weit
spätere Zeiten unter den Protestanten das Umbilden weltlicher Lieder
in geistliche[11] und das Unterlegen religiöser Texte unter Melodien
des weltlichen Volksgesanges fort[12], ja die Umdichtungen nahmen bis
gegen das Ende dieses Zeitraums eher zu als ab, weil man nun auch
nach Luthers Vorgang nicht selten alte katholische Gesänge in deutscher Sprache auf diese Weise den neuen kirchlichen Lehrbegriffen
anzupassen suchte[13]. Von den Dichtern, die sich zur Aufgabe gesetzt, das weltliche Volkslied geistlich umzuarbeiten, sind die bekanntesten Heinrich Knaust (Chnustin)[14] und Hermann Vespasius[15],
von denen der erste sich dabei der hochdeutschen, der andere der
niederdeutschen Sprache bediente[16], und die beide geradezu die Ab-

---

ihren Werth Wackernagel S. XIX; über die geschichtliche Entwickelung des evangelischen Kirchenliedes im 16. Jahrh. Gervinus 3³, 6 ff. (3³, 4 ff.)   10) Ueber
lateinische Kirchengesänge, die übersetzt und umgearbeitet in protestantische Gesangbücher aufgenommen sind, vgl. Mohnike's hymnologische Forschungen, Stralsund 1831 f. 2 Bde. und v. Aufsess' Anzeiger 1832, Sp. 113 ff. Zu vielen so entstandenen Liedern, die Wackernagel mittheilt, findet man bei ihm auch die lateinischen
Originale; in Wackernagels zweiter Bearbeitung enthält der 1. Band auch sämmtliche lateinische Texte, von denen in den folgenden Bänden Verdeutschungen vorkommen.   11) Vgl. Gödeke und Tittmann, Liederbuch aus dem 16. Jahrh.
S. 185.   12) Von den Umdichtungen der bei Wackernagel S. 837 ff. gedruckten
39 Volkslieder fallen die meisten, die bei ihm zu finden sind, erst in das 16. Jahrhundert. Wie viel Lieder noch nach den Weisen weltlicher gedichtet wurden, kann
man recht aus der Ueberschriften der einzelnen Stücke in Wackernagels Buch
ersehen. Selbst Luther hat, wie von Winterfeld in der Vorrede zu seiner Ausgabe der lutherschen Lieder meint, höchst wahrscheinlich die Melodien zu einigen
seiner Stücke dem weltlichen Volksgesange entlehnt. — Auf solche Uebertragungen
von Melodien und auf die geistlichen Umdichtungen bezieht sich auch eine Stelle
in der Einleitung zu Fischarts Geschichtklitterung (bei Wackernagel, d. Lesebuch 3,
474).   13) Vgl. Hoffmann S. 200; 3. Aufl. S. 399 ff.   14) Ueber ihn vgl.
Franck in der Allg. D. Biogr. 16, 272—274; Holstein im Archiv f. Litt. Gesch. 10,
274.   15) Er hiess eigentlich Wopse, nannte sich aber auch Wepse oder Wöpse,
und war Pastor in Stade; vgl. K. E. H. Krause im Programm des Rostocker Gymnasiums 1869. 4. S. 3 ff.   16) Die Sammlungen ihrer Lieder erschienen beide
im Jahre 1571; vgl. die Lieder bei Wackernagel unter Nr. 693—719 und in dem
grösseren Werke 3, S. 737—768; das unter H. Knausts Namen bei W. Wackernagel,
LB. 2, 120. 122 abgedruckte Lied hält sein Bruder, unter Nr. 676, nicht für sein Werk.

sicht aussprechen[17], dass durch diese Texte die weltlichen verdrängt § 159
werden sollten[18]. So verschiedenartig diese geistliche Lyrik rücksichtlich der Herkunft ihrer Stoffe war, auf so mannigfaltige Art
sollte ihr Inhalt nicht bloss beim kirchlichen Gottesdienst, sondern
auch in und ausser dem Hause bei allen Verrichtungen und Begeb-
nissen im Leben des Einzelnen wie der Familie als Mittel der Erbauung und der Befestigung im Glauben dienen. — In der Regel
wurden geistliche Lieder in hochdeutscher und nur selten in niederdeutscher Sprache[19] abgefasst; aber viele übersetzte man aus jener
in diese[20], da im nördlichen Deutschland noch längere Zeit in der
heimischen Mundart gepredigt und gesungen wurde. — Zu rechter
Selbständigkeit, Blüthe und Ausbreitung gelangte diese Lyrik nur
unter den Lutherischen; die Reformierten machten darin zwar einen
guten Anfang[21], beschränkten sich dann aber immer mehr auf blosse
Psalmenlieder, die in dem gottesdienstlichen Gesange der Calvinisten
in ausschliesslichen Gebrauch kamen. Die katholische Kirche bereicherte sich verhältnissmässig wenig mehr mit neuen Liedern: die
Predigt abgerechnet, schloss sie fortwährend so viel wie möglich
die Landessprache von der öffentlichen Gottesverehrung aus[22]. —
Unter den Dichtern, die noch bei Luthers Lebzeiten oder kurz nach
seinem Tode sich im geistlichen Gesange versuchten, gehören entweder wegen des innern Werthes ihrer Lieder, oder weil sie einzelne Arten und Richtungen der religiösen Lyrik vorzugsweise vertreten, zu den merkwürdigsten P a u l v o n S p r e t t e n, genannt
S p e r a t u s[23], J u s t u s J o n a s[24], L a z a r u s S p e n g l e r[25], N i c o l a u s

---

17) Vgl. die Vorreden zu den Gesangbüchern beider Dichter bei Wackernagel S. 833b; 835a. 18) Vgl. § 157, 7. 19) Z. B. von Joh. Freder, s.
Wackernagel Nr. 310—319 (2. Ausg. 3, 206 ff.); von andern namhaften Verfassern
daselbst Nr. 451—454; von unbekannten Nr. 669—672. Vgl. auch Weinhold, Heinr.
Christ. Boie, Halle 1868. 8., S. 2 f. 20) Vgl. Koch a. a. O. 2, 19 f.; Wackernagel
im 1. Anhange S. 755 f.; 761 f.; 777 f. etc. und Joachim Slüter's ältestes rostocker
Gesangbuch vom Jahre 1531 hersg. von C. M. Wiechmann-Kadow, Schwerin 1858.
16. 21) Vgl. Wackernagel S. XXXV und 425 ff. 22) Indessen wurden noch
immer katholische Gesangbücher, theils mit ältern, theils mit neu übersetzten oder
bearbeiteten Hymnen, Psalmen etc. gedruckt, vgl. Gervinus 3², 46 f. (3³, 54), Wak-
kernagel S. 745 f.; 757 f.; 775; 785 f. und Nr. 819—850. Das älteste katholische
Gesangbuch von Michael Vehe (1537) ist neu herausgegeben von Hoffmann von
Fallersleben, Hannover 1853. 8. 23) Geb. 1484 in Schwaben, gest. als evangelischer Bischof zu Liebmühl in Preussen 1554; vgl. über ihn J. C. Cosak, Paulus
Speratus Leben und Lieder. Braunschweig 1861. u. K. Hagen, Deutschlands liter.
und religiöse Verhältnisse im Reformationszeitalter 2, 171 f. Lieder von ihm und
den übrigen hier genannten Dichtern gibt nach den besten alten Texten Ph. Wak-
kernagel. 24) Geb. 1493, gest. als Generalsuperintendent zu Eisfeld in Franken
1555. 25) Geb. 1479 zu Nürnberg, wo er erster Rathsschreiber war, gest.
1534.

§ 159 Decius [26], Michael Weisse [27], der für den Gebrauch der böhmischen Brüdergemeinde die schönsten Lieder, Antiphonien und Sequenzen der böhmischen Brüder, mit einigen eigenen vermehrt, übersetzte [28], und wiewohl er nicht zu der von Luther gegründeten Kirche gehörte, doch mit ihm in freundlicher Verbindung stand; Adam Reissner [29], Erasmus Alberus [30], dessen geistliche Lieder zu denen gehören, die mit am entschiedensten in Eifer und Spott alles papistische Wesen angreifen [31], Paul Eber [32], Nicolaus Hermann [33], Ambrosius Blaurer [34] und die Uebersetzer des ganzen Psalters Hans Gamersfelder [35] und Burkard Waldis [36]; unter denen aus späterer Zeit, wo auf die geistliche Liederpoesie die theologischen Streitigkeiten unwohlthätig einwirkten, ein trockener Dogmatismus und eine finstere Ascetik in ihr herrschend wurden, oder in entgegengesetzter Richtung ein schwülstiger Ton und ein Spielen mit Bildern und Allegorien in sie eindrang, Ludwig Helmbold [37],

---

26) Von seinen Lebensumständen ist wenig bekannt; gegen 1521 war er Prediger zu Stettin.   27) Nicht Weiss (s. Wackernagel S. XXXI), aus Neisse in Schlesien, Pfarrer und Vorsteher der böhmischen Brüdergemeinde zu Landskron und Fullneck, gestorben um 1540.   28) Vgl. Wackernagel S. XXXIII u. 245—310; in dem grössern Werke 2, 229—350.   29) Geb. 1496, lebte als gelehrter Geschäftsmann zu Frankfurt a. M., wo er auch 1572 starb. Wackernagel, Kirchenlied 3, 133 ff., wo seine sämmtlichen Lieder gedruckt sind, nennt ihn Adam Reussner.   30) Geb. 1500 zu Sprendlingen in der Nähe von Frankfurt a. M. oder in der Wetterau, gest. 1553 als Generalsuperintendent zu Neubrandenburg im Mecklenburgischen. Vgl. noch V. Crecelius, im Archiv f. Lit. Gesch. 6, 1—20; und H. Holstein, ebenda 10, 273 f.; über seine Beziehungen zu Erasmus Roterdamus vgl. Schnorr von Carolsfeld im Archiv f. Lit. Gesch. 12, 26 ff.   31) Ueber seine andern satirischen und polemischen Schriften, deren der unruhige, vielfach umhergeworfene Mann viele verfasst hat, vgl. Flögels Geschichte der komischen Litteratur 3, 259 ff. und Schnorr v. Carolsfeld, Er. Alberus als Verfasser der anonymen Schrift 'vom schmalkaldischen Kriege', im Archiv f. Lit. Gesch. 11, 177 ff. 628. 32) Geb. 1511 zu Kitzingen in Franken, zuerst Professor, dann Superintendent zu Wittenberg, gest. daselbst 1569.   33) Cantor zu Joachimsthal in Böhmen, wo er 1561 in hohem Alter starb. Wir haben von ihm zwei Liedersammlungen: 'Evangelia auf alle Son- und Fest-Tage im gantzen Jar in Gesengen für die lieben Kinder im Jochimsthal.' Wittenberg 1560. 8. und 'Die Historien von der Sindfludt, Joseph etc. Für Christliche Hausveter und jre Kinder.' Leipzig 1563. 8. 34) Er gehört der reformierten Kirche an; geb. zu Constanz 1492, wurde Geistlicher in seiner Vaterstadt, predigte aber auf Verlangen von Städten und Fürsten an vielen andern Orten; im Jahre 1548 verliess er Constanz und hielt sich nun hier und da in der Schweiz auf; er starb 1564 zu Winterthur; s. Wackernagel S. 824 ff., der auch S. 464 ff. (in der neuen Bearbeitung 3, 583 ff.) Lieder von ihm mittheilt. Vgl. auch K. Hagen a. a. O. 2, 365 f.   35) Bürger zu Burghausen in Oberbaiern. Sein Psalter ist Nürnberg 1542. 8. gedruckt. Ueber diese und andere Bearbeitungen sämmtlicher Psalmen vgl. Gervinus 3², 43 ff. (3², 48 ff.)   36) S. § 149, 51. Der Psalter erschien Frankfurt a. M. 1553. 8.; vgl. Buchenau in dem oben angeführten Programm über B. Waldis S. 25; 35 f.   37) Geb. 1532 zu

einer der fruchtbarsten Liederdichter seiner Zeit, in dem sich aber § 159 schon die ganze Gesunkenheit dieser jüngern Lyrik der protestantischen Kirche zeigt[38], Nicolaus Selnecker[39], Martin Schalling[40], Bartholomäus Ringwaldt[41], Philipp Nicolai[42], dessen berühmteste Lieder[43] 'Wie schön leuchtet der Morgenstern'[44] und 'Wachet auf, ruft uns die Stimme' beide im Jahre 1598 erschienen sind, Johann Fischart[45], der ausser geistlichen Liedern auch eine Anzahl Psalmen gedichtet hat[46], und der Bearbeiter des ganzen Psalters Ambrosius Lobwasser[47], dessen Psalmen[48] nicht nach Luthers Uebersetzung, sondern nach versificierten Texten in französischer Sprache gefertigt sind[49].

C. Dramatische Poesie.

§ 160.

Bereits in sehr früher Zeit muss es in Deutschland verschiedene Arten mimischer, theils stummer, theils mit Gesang und Wechselreden verbundener Darstellungen gegeben haben, die einen durchaus volksmässigen Ursprung hatten und mit altheidnischen Festen, Spielen, Aufzügen etc. zusammenhiengen[1], von denen dann im Laufe

---

Mühlhausen, wo er auch 1598 als Superintendent starb. Vgl. Thilo, L. Helmbold nach Leben und Dichten. Berlin 1851.   38) Nach Gervinus 3², 38 (3³, 43).
39) Geb. 1532 in der Nähe von Nürnberg, gest. 1592 als Superintendent zu Leipzig. Seine Lieder wurden grösstentheils in dem von ihm Leipzig 1587 herausgegebenen Gesangbuch gedruckt.   40) Aus Strassburg, geb. 1532 und gest. 1608 als Pfarrer zu Nürnberg.   41) Geb. 1530 zu Frankfurt a. d. O.; nach Bekleidung mehrerer geistlichen Aemter seit 1567 Prediger zu Langfeld in der Neumark, gest. wahrscheinlich 1598. Vgl. über diesen besonders als Didaktiker merkwürdigen Dichter Hoffmann, Barth. Ringwaldt u. Benj. Schmolcke. Breslau 1833. 8. (Spenden zur deutschen Litteraturgeschichte 2, 17 ff.); über ihn als Liederdichter Gervinus 3², 36 ff. (3³, 41 f.)   42) Geb. 1556 zu Mengerichhausen im Waldeckschen, studierte in Erfurt und Wittenberg, wurde nach längerem Aufenthalte in der Heimath 1583 Pfarrer zu Herdecke in Westphalen, später in Nieder- und Alt-Wildungen, 1596 bis 1601 Pfarrer in Unna, zuletzt Hauptpastor an der St. Katharinenkirche zu Hamburg, wo er 1608 starb. Vgl. über ihn C. Curtze, Dr. Phil. Nicolai's Leben und Lieder, Halle 1859. 8.   43) Ausserdem hat er noch drei gedichtet, von denen aber eins verloren gegangen ist.   44) Vgl. Keller, Simplicissimus 4, 930.
45) Vgl. § 147, 21 ff.   46) Johann Fischarts, genannt Mentzers, Geistliche Lieder und Psalmen, aus dem Strassburger Gesangbüchlein von 1576, auch dessen Anmahnung zu christlicher Kinderzucht und ein artliches Lob der Lauten, besonders herausgeg. (von Below und Zacher), Berlin 1849. 8.; vgl. auch Höpfner, Reformbestrebungen S. 20, und Gervinus 3², 136 (3³, 49 f.; 182).   47) Geb. 1515 zu Schneeberg in Sachsen, gest. als preussischer Rath zu Königsberg 1585.
48) Sie erschienen 1573 zu Leipzig.   49) Vgl. über dieselben Höpfner a. a. O. S. 24 ff.
     § 160.   1) Als 'den ersten rohen Keim der spätern Dramatik' sieht Wacker-

§ 160 der Zeit gewiss viele verschwanden, andere christlichen Vorstellungen angenähert und mit Gebräuchen und Feierlichkeiten der Kirche
verbunden wurden oder auch so gut wie ganz darin aufgiengen,
einige aber sich unabhängiger und ihrem Ursprung getreuer viele
Jahrhunderte hindurch unter dem Volke erhielten und fortbildeten.
In allen darf man die mehr oder minder fruchtbaren Keime der während dieses Zeitraums zuerst zu einer gewissen Selbständigkeit sich
entwickelnden dramatischen Poesie suchen [2]. Am unmittelbarsten jedoch lehnte sich dieselbe in ihrer Herkunft, wie in ihrer nächsten
Fortbildung an zwei Arten mimischer Vorstellungen an, wovon die
eine, in der das volksthümliche Element vor dem kirchlichen entschieden zurücktrat, anfänglich eine doppelte Bestimmung gehabt zu
haben scheint, einmal die Feier gewisser christlicher Feste zu erhöhen und deren Bedeutung den Laien zu versinnlichen, und dann
dem Volke für seine althergebrachten weltlichen Lustbarkeiten und
Spiele, welche die Geistlichkeit als anstössig zu verdrängen suchte,
einen Ersatz zu bieten; die andere, in der sich der Charakter des
rein Volksmässigen behauptete, zur Vermehrung der Fastnachtslust-
barkeiten diente. Jene ist nach der gangbarsten Meinung aus dem
kirchlichen Gottesdienst, der in seinen Responsorien die Keime dramatischer Gestaltung barg, so zu sagen, unmittelbar, obgleich erst

---

nagel, Litt. Gesch. S. 10 ([2] S. 8), das den Krieg bloss nachahmende Spiel des Waf-
fentanzes an, dessen Tacitus (Germania c. 24) gedenkt.   2) Vgl. § 37 und ausser
dem daselbst Anmerk. 8 Angeführten noch Mythologie[3] S. 722—748 und Gervinus
2[2], 359 ff. (2[2], 554 ff.) — Im Allgemeinen verweise ich zu diesem § und den drei
folgenden auf Gottsched, Nöthiger Vorrath zur Geschichte der deutschen dramatischen Dichtkunst (vgl. dazu: Schauspiele der gottschedschen Sammlung von 1520
bis 1620 [In der Weimar. Bibliothek, darunter mehrere von Gottsched nicht aufge-
führte] im Weimar. Jahrbuch 4, 202 ff.), Flögel, Geschichte der komischen Litteratur
4, 278 ff., Tieck, Vorrede zum ersten Theil seines deutschen Theaters, Hoffmann,
Fundgruben 2, 239 ff., G. Freytag, de initiis scenicae poesis apud Germanos (Berlin
1839. 9.), Mone, Einleitung zu den von ihm herausgegebenen 'Altdeutschen Schauspielen' (Quedlinburg und Leipzig 1841. 8.) und die Vorbemerkungen der einzelnen
'Schauspiele des Mittelalters', 2 Bde., Karlsruhe 1846. 8., Gervinus a. a. O. und 3
73 ff. (3[2], 93 ff.), Alt, Theater und Kirche in ihrem gegenseitigen Verhältnisse historisch dargestellt, Berlin 1846. 8., Prutz, Geschichte des deutschen Theaters, Berlin
1847. 8., A. Pichler, über das Drama des Mittelalters in Tirol, Innsbruck 1850. 8.,
Ed. Devrient, Geschichte der deutschen Schauspielkunst, 3 Bde., Leipzig 1851. 8.,
K. Hase, das geistliche Schauspiel, Leipzig 1858. 8., Reidt, das geistliche Schauspiel des Mittelalters in Deutschland, Frankfurt a. M. 1868. 8., E. Wilken, Geschichte der geistlichen Spiele in Deutschland, Göttingen 1872. 8. Wackernagel,
Geschichte des deutschen Dramas bis zum Anfange des 17. Jahrhunderts, in s.
kl. Schriften 2, 69—145, K. Meyer, das geistliche Schauspiel des Mittelalters. Vor-
trag. Basel 1879. 8., G. Milchsack, die Oster- und Passionsspiele. Literarhist.
Untersuchung über den Ursprung und die Entwickelung derselben bis zum 17.
Jahrh., vornehmlich in Deutschland. (Die lat. Osterfeiern). Wolfenbüttel 1880. 8.

allmählig erwachsen[3] und zunächst 'aus den Monologen und Dialo- § 160
gen herzuleiten, welche die römische Liturgie der Kirche an die
Hand gab. Man habe zuerst einzelne Begebenheiten des neuen Testaments, zumal die Passionsgeschichte, die sich durch ihre ganze
Fassung in den Evangelien schon von selbst zu dramatischer Anordnung dargeboten, hernach aber auch das alten in den Kirchen durch
Geistliche selbst dargestellt; durch Einmischung der Laien und unter
den Händen fahrender Leute seien diese unschuldig einfachen Spiele
allmählig entartet und in weltliche Kurzweil übergegangen'[4]. Jene,
insbesondere die kirchliche Osterfeier [5], gab den Anlass zur Abfassung der ersten religiösen Dramen in deutscher Sprache, der soge-

---

(dazu Schönbach im Anz. f. d. Alt. 6, 301 ff.); Genée, Lehr- u. Wanderjahre des deutschen Schauspiels. Berlin 1882. 6.; Erlauer Spiele. Sechs altd. Mysterien hrsg.
von K. F. Kummer. Wien 1882. 8. (dazu Bartsch in der Germania 28, 103—107;
Wackernell in Zachers Zeitschrift 15, 364—376) wo man S. V—VIII die vollständige
Uebersicht der einschlagenden Literatur findet. 3) Ueber den Zusammenhang
der geistlichen Schauspiele und insbesondere der Passionsspiele mit den Ceremonien
der Messe ist besonders lehrreich Mone in den altd. Schauspielen S. 13 f. und in
den Schauspielen des Mittelalters 1, 5 ff. 4) Anders sieht J. Grimm, Götting. GA.
1838, Nr. 56 (kl. Schr. 5, 277 ff.), die Sache an. Ihm ist das weltliche und komische
Element, das diese Spiele enthalten, das ursprünglichere. 'Die uralte, heidnische oder
weltliche Lust des Volks am Schauspiele drang auch in die Kirche und brachte die
sogenannten Mysterien, Oster- und Weihnachtsspiele hervor, deren heitere und
scherzhafte Folie gerade das echt dramatische Interesse begründet.' Diess sei aber
schon lange vor dem 12. Jahrhundert geschehen, wenngleich erst seit dieser Zeit
einige solcher wirklichen Darstellungen aufgezeichnet worden. Ich glaube, man
wird dieser Ansicht mindestens in so weit beipflichten dürfen, dass das weltliche
Element des geistlichen Schauspiels in Deutschland nicht erst spätere Zuthat sei,
sondern wie das liturgische einen seiner Grundbestandtheile bilde, sobald man sich
daran erinnert, wie früh schon und wie spät noch selbst in die Kirchen das Volk
mit seinen Lustbarkeiten eindrang (s. § 37), wie bereits gegen Ende des 10. Jahrhunderts in Klöstern Scenen aus der Thierfabel mimisch dargestellt wurden (vgl.
F. Wolf, über die Lais S. 238 f.), und wie noch im 13. Jahrhundert Päbste und
Bischöfe gegen den Unfug der theatralischen Spiele in den Kirchen und die Theilnahme der niedern Geistlichen daran eiferten (s. Hoffmann a. a. O. S. 241 ff.), allmählig aber, wie schon Gervinus 2², 364 f. richtig bemerkt hat, darin nachliessen,
wohl aus keinem andern Grunde, als weil die Kirche sich mit der Zeit der mimi-
schen Darstellungen so weit bemächtigt hatte, dass das eigentlich Anstössige zurückgedrängt und das Komische und Possenhafte nur solchen Figuren und Auftritten zugewiesen war, deren Einführung oder Vorstellung sich durch die heil.
Schrift oder die kirchliche Ueberlieferung gewissermassen rechtfertigen oder ent-
schuldigen liess (vgl. § 161, S. 390). 5) Die latein. Texte der Osterfeier lehnen
sich an das Evang. Marc. 16. 1—6 mit Benutzung von Matth. 28, 6. Vgl. Milchsack a. a. O. Andere latein. Texte der Osterfeier sind nun von Kummer in der Zeitschrift f. d. Alt. 25, 251 f. und von Lange im Programm von Halberstadt 1881. 4.
veröffentlicht worden. Vgl. Grieshaber, über die Ostersequenz *victimae paschali*
und deren Beziehung zu den religiösen Schauspielen des Mittelalters. Carlsruhe
1844. 8.

§ 160 nannten geistlichen Spiele oder, wie sie mehr anderwärts hiessen, Mysterien[6]; für diese wurden die ältesten weltlichen Stücke geschrieben, die man Fastnachtsspiele nannte. Anfänglich scheint zu den Mysterien, in denen man meist biblische Geschichten und Parabeln, dann aber auch Begebenheiten der Legende dramatisierte, und die von der Geistlichkeit nicht bloss gutgeheissen, sondern lange Zeit auch gewiss vorzugsweise angeordnet und mit Hinzuziehung von Laien in Kirchen und auf öffentlichen Plätzen aufgeführt wurden, die lateinische Sprache, wenigstens für den ernsten Theil der Handlung, gebraucht worden zu sein. Der Art sind zwei aus Freisingen stammende Dreikönigsspiele[7], welche dem neunten bis elften Jahrhundert angehören, das eine Herodes sive magorum adoratio, das andere Ordo Rachelis betitelt und die Klagen Rahels über ihre gemordeten Kinder enthaltend; ferner das Osterspiel (ludus paschalis) de adventu et interitu Antichristi[8], welches in Tegernsee entstanden ist und früher fälschlich dem Wernher von Tegernsee beigelegt wurde[9], so wie der jüngere[10], aber auch nicht später als in den Anfang des dreizehnten Jahrhunderts[11] fallende Ludus scenicus de nativitate Domini[12], in welchem von den Gesängen in der Regel nur die Anfänge, selten die ganzen Texte mitgetheilt werden[13]. Daneben findet sich bereits ziemlich zeitig, in dem uns in einer Handschrift des dreizehnten Jahrhunderts überlieferten Leiden Christi[14], welches man durchweg gesangweise dargestellt

---

6) Dieser Name, zuerst nur von geistlichen Dramen gebraucht, in denen die Kreuzigung, Begräbniss und Auferstehung des Heilandes dargestellt wurden (s. Freytag, a. a. O. S. 34—36), war besonders in Frankreich, und hier noch in viel weiterem Sinne üblich; in Deutschland scheinen bis zu Anfang des 16. Jahrh. die allgemeinen Benennungen ludus und Spiel gewöhnlich gewesen zu sein, die dann durch Beisätze, wie ludus paschalis, Osterlied, ein geistlich Spiel von — etc. näher bestimmte. 7) Gedruckt bei Weinhold, Weihnachtsspiele und Lieder aus Süddeutschland und Schlesien, Gräz 1853. 8. S. 56—65. 8) Gedruckt bei Pez, Thesaurus novissim. anecdot. II, 3, 185 ff. Vom römischen Kaisertum deutscher Nation. Ein mittelalt. Drama. Von G. v. Zezschwitz. Leipzig 1877. 8. (neue Ausg.: das mittelalt. Drama vom Ende des römischen Kaiserthums deutscher Nation, und von der Erscheinung des Antichrists. Leipzig 1880. 8.). Uebersetzt von J. Wedde. Hamburg 1879. 8. Vgl. Flögel a. a. O. S. 285 f., Freytag S. 43 ff, Scherer, in der Zeitschr. f. d. Alt. 24, 450—455; und zu der formalen Seite: W. Meyer, der Ludus de Antichristo und die lateinischen Rythmen. München 1882. 8. (Aus den Sitzungsber. der Akademie.) — Ein kurzes Osterspiel aus einer Hs. des 13. Jahrhs. bei Mone 1, 15 ff. 9) Vgl. § 90, 4. 10) Das eben erwähnte Spiel vom Antichrist ist bereits darin benutzt. 11) Die Begebenheiten, auf welche darin Bezug genommen wird, fallen zwischen 1175—1208, vgl. Schmellers Vorerinnerung zu den Carmina Burana S. XIII. 12) Gedruckt in Schmellers Carmina Burana, Stuttgart 1817. 8. (16. Publicat. des litter. Vereins) S. 80 ff. 13) Vor den Worten der einzelnen Personen findet man meist *dicat* oder *dicens*, seltener *cantet* oder *cantans*. 14) Zuerst herausgegeben von Docen in v. Aretius Beitr. 7 (1806),

haben muss[15], ein Beispiel, dass man auch einzelne deutsche, nur § 160 gewissen Personen[16] der Handlung in den Mund gelegte Strophen oder Zeilen ernsten Inhalts zwischen den lateinischen Text[17] einschob. Sogar ein vollständig deutsches Passionsspiel[18] aus dem Anfang des dreizehnten Jahrhunderts ist uns, wenn auch nur in Bruchstücken erhalten, und dadurch merkwürdig, dass hier ein höfisch gebildeter Dichter in den reinen Formen der höfischen Poesie und in massvoller, dem Komischen nur wenig Spielraum gestattender Darstellung den Versuch macht, das geistliche Drama von der kirchlichen Sprache zu befreien[19]. Dieser Versuch steht jedoch vereinzelt da; die übrigen etwa noch dem dreizehnten und der ersten Hälfte des vierzehnten Jahrhunderts angehörigen geistlichen Spiele, in denen die deutsche Sprache das entschiedene Uebergewicht über die lateinische erlangt hat, zeigen kaum etwas von höfischer Manier. Dahin gehört das Bruchstück eines Osterspieles aus dem dreizehnten Jahrhundert[20], ferner wegen der Sprache und noch mehr wegen der Behandlung der deutschen Verse das Passionsspiel, aus welchem wir eine Art Auszug in der alten Pergamentrolle der Bartholomäistiftschule zu Frankfurt a. M. besitzen[21]; sie diente wahrscheinlich bei der Aufführung des Spiels dem jedesmaligen Ordner als Leitfaden und enthält daher nur die Anfänge der lateinischen und deutschen Reden und Gesänge, sowie Andeutungen über das, was während des Ganges der Darstellung zu beobachten war. Auch Marien Klage[22] stammt ihren Hauptbestandtheilen nach aus einem Passionsspiel von ziemlich hohem Alter und sicher noch aus dem dreizehnten Jahrhundert[23]. Und spätestens in den Anfang des vierzehnten fällt ein

---

497 ff., dann von Hoffmann a. a. O. S. 245 ff. und von Schmeller a. a. O. S. 95 ff. Die Ueberschrift lautet Ludus paschalis sive de passione Domini. Es ist in der Handschrift nicht vollständig erhalten: der erste Theil, die eigentliche Passion, beinahe ganz; vom zweiten, der Begräbniss, nur ein Paar deutsche Strophen. 15) Indess steht auch hier bei den Personen öfter *dicit, dicat, dicunt*, als *cantat, cantet, cantant*; auch *loquitur intra se* kommt vor. 16) Der Maria Magdalena, dem Kaufmann, der Jungfrau Maria, dem Longinus, Joseph von Arimathia und Pilatus; die meisten darunter haben aber auch lateinische Reden und Strophen zu singen. 17) Er hält sich, wo er nicht strophisch ist, ziemlich genau an die Worte der Vulgata. 18) Unvollständig und mangelhaft herausgegeben von Oehler in Kurz' und Weissenbachs Beiträgen zur Geschichte und Literatur, Aarau 1846. S., S. 223 ff.; vollständig und genau von Bartsch in der German. 8, 273 ff. 19) Nur die Bühnenanweisungen sind noch lateinisch geblieben. 20) Herausgeg. von J. Haupt in Wagners Archiv 1, 355—381. 21) Gedruckt bei v. Fichard, Frankfurter Archiv 3, 131 ff. Collation der Hs. durch F. Pfaff in der German. 25, 417 f. 22) Bei Hoffmann S. 259 ff. Mone, Schauspiele des MA. 1, 31 ff.; Pichler, das Drama des MA. in Tirol, S. 30 ff.; Wackernagel, Kirchenlied 2, 346 ff.; sämmtliche Texte bei Schönbach (§ 161, 23). 23) Diess beweist ihr Vorkommen in einer Handschrift, die nicht jünger als das Ende des 13. Jahrhs. ist: vgl. Mone 1, 27.

§ 160 **Weihnachtsspiel**, welches in einem Bruchstücke erhalten [24], die Personen, wie Augustinus und Virgil durchweg deutsch reden lässt, und welches dadurch Beachtung verdient, dass es ein Beleg eines zu einem geistlichen Schauspiel verarbeiteten Gedichtes in Reimpaaren, der am Ausgang des dreizehnten Jahrhunderts in Hessen gedichteten Erlösung, ist [25]. Diesem Spiele etwa gleichzeitig ist das Spiel **von den klugen und thörichten Jungfrauen** [26], welches 1322 zu Eisenach vor dem Landgrafen Friedrich aufgeführt wurde und ihn so mächtig ergriff, dass er vom Schlage getroffen den Rest seines Lebens hinfällig verbrachte [27]; eine Art Zusammenhang mit den Formen der höfischen Poesie lässt sich hier darin verfolgen, dass der Dichter, der ausserdem wahrscheinlich auch das in derselben Handschrift stehende Spiel von St. **Katharina** [28] verfasst hat, sich der Strophenform des Gedichtes von Walther und Hildegunde bedient [29]. Alle übrigen in einiger Vollständigkeit erhaltenen Stücke dieser Art dürften in die uns überlieferte Gestalt kaum vor der Mitte des vierzehnten Jahrhunderts gebracht sein [30]. Die ersten bekannten Fastnachtsspiele, die,

---

24) Es ist zu finden in v. Stade's Specimen lectionum antiquarum Francic. ex Otfridi libr. evang., Stade 1705. 4. S. 34; und in J. C. Dieterichs Specimen antiquitatum biblicarum, Marpurgi 1642. 4. S. 122, woraus die Mittheilung in v d. Hagens Germ. 7, 349 f. stammt. Wenn Mone, altd. Schauspiele S. 12 das Spiel dem Konr. Hachmann beilegt, so hat er sich von Kinderling, Geschichte der niedersächs. Sprache S. 298, zu einem Irrthum verleiten lassen; v. Stade berichtet nur, dass die Handschrift, der das Fragment zuerst entnommen wurde, aus der Bibliothek des Dichters K. Hachmann herrühre. 25) Vgl. den Nachweis von Bartsch in der German. 7, 35 f. u. § 96, 42. Ein anderes Beispiel von Umarbeitung eines Gedichtes in Reimpaaren zu dramatischer Form, aber zu einem weltlichen Spiele (Fastnachtsspiele), bietet das Spiel von den sieben Farben (Keller S. 774—781), worin das ältere Gedicht (v. Lassbergs Liedersaal 1, 153 ff., Müllers Sammlung, Fragm. S. XXVI ff.) verarbeitet ist; vgl. Bartsch in der German. 9, 38 f. 26) Zuerst herausgeg. von Fr. Stephan, Neue Stofflieferungen für die deutsche Geschichte, Mühlhausen 1847. 8. 2, 173 ff.; dann in L. Bechsteins Wartburg-Bibliothek I. Halle 1855. 8., nach einer andern Handschrift (vom Jahre 1429) durch Rieger in der Germ. 10; 311 ff. Uebersetzt bei L. Bechstein und besonders von A. Freybe, das Spiel von den zehn Jungfrauen, eine Opera seria etc. Leipzig 1870. 8. Vgl. noch über dasselbe Funkhänel, über das geistliche Spiel von den zehn Jungfrauen, Weimar 1855; L. Koch, das geistliche Spiel von den zehn Jungfrauen zu Eisenach, nach Sinn und Tendenz beleuchtet, in der Zeitschr. d. Vereins f. thüring. Geschichte, 7. Bd., 1. Heft; R. Bechstein, zum Spiel von den zehn Jungfrauen, in der German. 11, 129 ff.; denselben, das Spiel von den zehn Jungfrauen. Vortrag. Rostock 1872. 8. und G. Bossert, das geistliche Schauspiel von den zehn Jungfrauen. Heidelberg 1883. 8. 27) Vgl. Menken, Scriptores rer. German. 3, 326; L. Bechstein a. a. O. S. 3 ff.; und Freieslebens kleine Nachlese zu Gottscheds Nöthigem Vorrath S. 7 ff. 28) Gedruckt bei Stephan a. a. O. S. 149 ff. 29) Vgl. § 102. Daneben auch die Nibelungenstrophe in ihrer ursprünglichen Gestalt, mit vier Hebungen in der achten Halbzeile. 30) Dahin gehören die von Kummer herausgegebenen sechs Erlauer Spiele (s. Anm. 2).

gleich den spätern, meistentheils in Possen bestehen, mitunter jedoch § 160 auch politisch-satirischen oder moralisch-belehrenden Charakters, und dann mehr ernst als komisch sind, werden nicht weit über die Mitte des fünfzehnten Jahrhunderts zurückreichen[31]. Wahrscheinlich aber waren schon lange zuvor mit den zu Fastnacht üblichen Verkleidungen mimische Darstellungen burlesker Scenen oder leicht verständlicher Allegorien verbunden, bei denen anfänglich vielleicht gar nicht, oder nur aus dem Stegreif deutsch gesprochen wurde. Auch können wir nicht wissen, ob die Dichter, welche zuerst darauf verfielen, zu solchem Zwecke etwas in dialogischer Form abzufassen, gerade diejenigen gewesen sind, deren Fastnachtsspiele für uns als die ältesten gelten müssen. Das aber lehren uns diese Stücke selbst, dass sie nicht öffentlich, sondern in Privathäusern, wo sich etwa gerade Gesellschaften zu Fastnachtsschmausereien versammelt hatten, aufgeführt worden sind, vermuthlich von jungen Leuten aus dem Bürgerstande und ohne weitere scenische Vorbereitungen, als die im Augenblick, wo die Spielenden eintraten, getroffen werden konnten. Ueberhaupt darf vor dem Ende dieses Zeitraums noch an keine ordentlich eingerichteten oder gar stehenden Bühnen und an Schauspielertruppen gedacht werden[32]. Denn auch im sechzehnten Jahrhundert blieben Kirchen; Märkte und andere grosse Plätze, Rathhäuser, Universitäts- und Schulsäle, Gasthöfe, Fürsten- und Privatwohnungen die Orte, wo man geistliche und weltliche Spiele darstellte, und Personen aus allen Ständen, besonders aber Geistliche und Schullehrer, Schüler[33] und Studenten, Handwerker[34] und andere Bürger[35] die Darstel-

31) Nach Tittmann, Schauspiele aus dem 16. Jahrhundert 1, S. XII f. sind sie in der Geschichte der deutschen Literatur erst seit dem zweiten Drittel des 15. Jahrhunderts nachweislich, reichen jedoch jedenfalls in frühere Zeiten zurück; die ältesten uns aufbewahrten Spiele dieser Art sind in Nürnberg, Augsburg und Bamberg entstanden. Vgl. auch Gervinus 2², 596, Anmerkung 676. Im 14. Jahrhundert war das Fastnachtsspiel sicherlich noch nicht entwickelt, sonst würde es in einem 1356 verfassten, die Fastnachtlust behandelnden Gedichte nicht unerwähnt geblieben sein; vgl. Keller, Nachlese S. 291.   32) Merkwürdig ist folgende Angabe in Palms Ausgabe von Rebhuns Dramen S. 191: 'Johann Schlayss, Diaconus zu Dettingen, lieferte auf Ansuchen eines gewissen Pfister, welcher der Vorrede zufolge mit einer ehrbaren Gesellschaft schon etliche deutsche Komödien gehalten hatte, 1593 eine Uebersetzung des "Joseph" von Aegidius Herrius, einem Wittenberger Theologen.' Vgl. Gervinus 3³, 135.   33) Dass schon im 14. Jahrhundert bei Aufführung geistlicher Schauspiele ausser Priestern auch besonders Schüler thätig waren, erhellt aus dem Schluss der Auferstehung Christi, bei Mone, altd. Schauspiele S. 144.   34) An einigen Orten, wie namentlich in Augsburg, insbesondere die Meistersänger. Auch in Nürnberg gaben die Singschulen der Meistersänger, wenigstens im 16. und 17. Jahrhundert, nach geendigtem Gottesdienste Nachmittags zu St. Katharina dem Volke zugleich etwas zu sehen und zu hören; es wurde dazu durch gedruckte Anzeigen eingeladen: vgl. Tittmann, die Nürnberger Dichterschule S. 179.   35) Von Bürgern

§ 160 ler[36]. Geistliche Stücke, die oft von mehreren Hunderten theils redender, theils stummer Personen aufgeführt wurden, erheischten schon darum zu ihrer Darstellung grosse Räume, zumal alle Mitspieler von Anfang an zugleich auf dem Schauplatz erschienen und in mehrere Gruppen vertheilt, entweder auf ebener Erde, oder auf eigens dazu erbauten Gerüsten von mehreren Stockwerken, sich so lange ruhig verhielten, bis die Reihe sie traf, in die Handlung mit einzugreifen. Erst ungefähr um 1590 oder doch nicht viel früher trifft man in Deutschland auf Schauspieler von Gewerbe, die sogenannten englischen Komödianten, die längere Zeit im Lande umherzogen und in Städten und an Fürstenhöfen ihre zum Theil wenigstens von England mitgebrachten und für die Deutschen bearbeiteten Stücke aufführten. Diese, von den Niederlanden in Deutschland eingewanderten Komödianten waren, wie jetzt zweifellos fest steht, wirkliche Engländer[37], die demnach ihre Stücke in Deutschland schwerlich gleich von vornherein auch in deutscher Sprache gespielt haben werden: vielmehr ist glaublicher, dass sie sie zunächst nur englisch gaben, und zwar an Höfen und in Handelsstädten, wo sie verstanden werden konnten, und erst allmählig, als ihre Truppen durch den Hinzutritt deutscher Mitglieder

zu Kahla und zu Oelsnitz wurde Rebhuns Susanna gespielt; vgl. Palm a. a. O. S. 177 f.   36) In einem 1589 am Berliner Hofe aufgeführten Stücke, 'Eine kurtze Comödien von der Geburt des Herren Christi' (vielleicht von Georg Pondo aus Eisleben und herausgegeben von G. Friedländer, Berlin 1839. 8.) gehörten die Darsteller dem kurfürstlichen Hause, einigen adeligen Geschlechtern und Berliner Bürgerfamilien an. Die meisten waren noch Kinder; die Rolle der Jungfrau Maria aber spielte ein sechzehnjähriges Fräulein von Mansfeld. Sonst wurden Frauenrollen wohl in der Regel, zumal bei öffentlichen Aufführungen geistlicher und weltlicher Dramen von Männern und Knaben gegeben (vgl. u. a. was Flögel 4, 289 f. von einem Schwanke Eulenspiegels beim Osterspiel mittheilt), wohl aus dem Grunde, weil oftmals sehr Derbes auch in den weiblichen Rollen gesprochen wurde. Erst in der Mitte des 17. Jahrhunderts finden wir Frauen als mitspielend erwähnt; vgl. auch German. 17, 216. — An manchen Orten scheint sich im 16. Jahrhundert eine Art stehender Gesellschaften aus Bürgern und Studenten gebildet zu haben, die sich einem Dirigenten unterordneten und von Zeit zu Zeit Stücke aufführten; vgl. Gervinus 3², 99 f. (3⁵, 134 f.).   37) Tieck, deutsches Theater 1, S. XXIII ff. (wo er über sie und die von ihnen aufgeführten Stücke spricht) liess es unentschieden, ob es wirkliche Engländer waren oder junge Deutsche vom Comtoir der Hansa in London, oder Abenteurer und Liebhaber des Theaters, die auf Speculation nach London reisten, mit einem Vorrath von Manuscripten und einstudierten Rollen zurückkamen und so in Deutschland ihr Glück versuchten. Indessen schon Thom. Heywood in der Apology for actors (1612; vgl. Magaz. f. d. Litter. d. Auslandes 1841, Nr. 73) berichtet: 'Der König von Dänemark, Vater des jetzt regierenden, hatte in seinem Dienst eine Gesellschaft englischer Schauspieler, die ihm vom Grafen von Leicester empfohlen worden war. Der Herzog von Braunschweig (vgl. Gervinus 3², 101; 3⁵, 137) und der Landgraf von Hessen unterhalten an ihren Höfen gewisse englische Schauspieler von derselben Qualität. Ingleichen besoldet gegen-

sich ergänzten und vermehrten, mochte die deutsche Sprache an die § 160
Stelle der englischen treten. Dafür spricht auch der Umstand, dass
von den sogenannten 'Englischen Comedien und Tragedien', die von
diesen wandernden Truppen gespielt wurden, der erste Band nicht
früher als 1620 erschien [38], bis wohin jene Umwandlung schon vollständig erfolgt sein konnte. — Die scenischen Einrichtungen [39] waren
im Mittelalter und noch das ganze sechzehnte Jahrhundert hindurch
ausserordentlich einfach. Die geistlichen Spiele wurden ursprünglich
in den Kirchen aufgeführt, aber, als sie mehr und mehr weltlichen
Charakter anzunehmen anfiengen, aus diesen verbannt [40]. Die einfachsten Vorrichtungen, ein paar Bretter oder ein Fass, dienten als
erhöhte Scene, auf welche die jedesmal Agierenden traten. Eine Vervollkommnung war es schon, wenn auch der Zuschauerraum, damit
Jeder sehen könnte, amphitheatralisch emporstieg. Wechsel der Scene
fand nicht statt; aus diesem Grunde wurden die verschiedenen Schau-

---

wärtig der Kardinal von Brüssel Komödianten aus unserm Lande.' Neuerdings ist
durch eine Reihe von Forschungen englischer und deutscher Gelehrter diese Frage
in ein helleres Licht gesetzt worden; vgl. Tittmann, Schauspiele aus dem 16. Jahrhundert 2, S. VIII ff.; A. Cohen im Athenaeum 1850, Nr. 1185; Kobersteins Abhandlung 'Ueber Shakespeare's allmähliches Bekanntwerden in Deutschland und Urtheile über ihn bis zum Jahre 1775' (in Vermischte Aufsätze zur Litteraturgesch.
und Aesthetik. Leipzig 1858. 8.); Fürstenau, zur Geschichte der Musik und des
Theaters am Hofe zu Dresden, 2 Bde., Dresden 1861—62. 8. 1, 75 ff.; 96; Elze, die
englische Sprache und Literatur in Deutschland, Dresden 1864. 8.; A. Cohen,
Shakespeare in Germany in the sixteenth and seventeenth centuries: an account
of English Actors in Germany and the Netherlands etc. London 1865. 8.; R. Genée,
Geschichte der Shakespeare'schen Dramen in Deutschland, Leipzig 1870. 8.; 'Die
Schauspiele der engl. Komödianten in Deutschland, hrsg. v. J. Tittmann. Leipzig
1880. 8. (in der Einleitung); J. Meissner, die englischen Comödianten zur Zeit
Shakespeares in Oesterreich, in Beiträge zur Geschichte der deutschen Liter. in
Oesterreich. 4. Heft. Wien 1883. 8.; K. Trautmann, engl. Komödianten in München
(1597, 1600, 1607) im Archiv f. Lit. Gesch. 12, 311—320.   38) Den vollständigen
Titel s. bei Gödeke, Grundriss S. 409. Dieser erste Band ist 1624 und 1630 neu
aufgelegt; ein zweiter, gleichfalls 1630 gedruckter, der zugleich den Titel 'Liebes-
kampf' führt, enthält schon bei weitem weniger Stücke, die auf englischer Grundlage beruhen (vgl. ausser Gottsched 1, 152 f.; 159 f. und Tieck auch Gervinus 3²,
117; 3², 161). Mehrere von diesen alten, in einer schlechten Prosa abgefassten
Schauspielen sind auch in die 'Schaubühne englischer und französischer Komödianten', 1670. 3 Bde. 8. aufgenommen (vgl. Gottsched 1, 226 f.); zwei, Titus An-
dronicus und Fortunat nach der Ausgabe des 1. Bandes von 1630 gedruckt bei
Tieck.   39) Vgl. hierzu ausser Mone's Sammlung, wo auch Pläne alter Bühnen
gegeben sind, noch besonders Tittmann, Schauspiele aus dem 16. Jahrhundert 1,
S. XXXIII ff.; Leibing, die Inscenirung des zweitägigen Osterspieles vom Jahre 1583
durch Renwart Cysat. Mit 2 Tafeln. Elberfeld 1869. 4.; Wilken, Geschichte der
geistlichen Spiele S. 190 ff. und R. Brandstetter, zur Technik der Luzerner Oster-
spiele, in der Allgemeinen Schweizer Zeitung 1883, Nr. 291 ff. (Separatdruck Basel
1884. 8.).   40) Hoffmann S. 242; Mone, Schauspiele des MA. 2, 368.

§ 160 plätze, auf denen die Handlung spielte, neben einander, oder bei engem Raume über einander gelegt. Für die geistlichen Spiele ergab sich durch die drei Schauplätze, Himmel, Erde und Hölle, eine Dreitheilung: die oberste Abtheilung bildete der Himmel oder das Paradies[41], die untere die Hölle, die mittlere oder eigentliche Bühne, welche die Erde darstellte, wird auch mit dem Namen 'Brücke' bezeichnet[42]. Gleich einfach war der Bühnenapparat; ein Fass musste mitunter die Hölle oder einen Berg vorstellen; den Donner ahmte ein Flintenschuss nach; die Seelen der Sterbenden wurden durch Zettel angedeutet, welche die Engel in den Himmel oder in die Hölle trugen, oder beim Judas durch einen schwarzen Vogel, den er vor dem Munde hält. Mehr Kunst verwendete man, wenn es irgend die Mittel erlaubten, auf das Kostüm, wie das Mittelalter hierin überhaupt Farbenpracht und Glanz zu entfalten liebte.

§ 161.

Von den geistlichen Spielen, die sich aus den beiden der Kirchenverbesserung voraufgehenden Jahrhunderten erhalten haben oder wenigstens wieder aufgefunden und theils gedruckt theils beschrieben worden sind, stellen die meisten neutestamentliche Geschichten oder Legenden dar; seltner bilden Begebenheiten des alten Testaments, entweder selbständig behandelt, oder zwischen evangelische Geschichten eingeschoben, ihren Inhalt, wie jenes in der Susanna einer Wiener Handschrift des fünfzehnten Jahrhunderts[1], dieses in einem zu Anfang des sechzehnten geschriebenen Passionsspiel[2] der Fall ist, worin die neutestamentlichen Geschichten durch vorbildliche Darstellungen aus dem alten Testamente unterbrochen werden[3]. Fast alle sind ohne die Namen ihrer Urheber auf uns gekommen, was weniger auffallen kann, wenn man sich durch ihre Vergleichung überzeugt, dass die, welche gleichartige Gegenstände behandeln, nicht bloss in der allgemeinen Anlage, sondern auch in der Ausführung des Einzelnen Vieles mit einander gemein haben, ja stellenweise oft

41) Daher ist der Name Paradies für die Gallerie in unsern Theatern noch üblich geblieben.   42) Die gleiche Bedeutung scheint der Name 'Burg' gehabt zu haben, der ursprünglich einen besonders erhöhten Raum der Bühne, später aber auch die Bühne im Allgemeinen bezeichnet.

§ 161. 1) Gedruckt in Kellers Nachlese zu den Fastnachtsspielen des 15. Jahrhs. Stuttgart 1858. 8. Vgl. Hoffmann, Verzeichniss der Wiener Handschriften S. 183 f. Ueber diese und andere Bearbeitungen desselben Stoffes vgl. R. Pilger, die Dramatisierungen der Susanna im 16 Jahrhundert, in der Zeitschrift f. d. Philol. 11, 129—217 (auch separat erschienen. Halle 1879, 8); auch H. Grimm, Fünfzehn Essays. N. F. Berlin 1875. 8. S. 147 ff.   2) In der Heidelberger Handschrift Nr. 402. Als Heidelberger Passionsspiel hrsg. v. G. Milchsack. Tübingen 1880. 8. (150. Public. d. litt. Vereins).   3) Vgl. Gervinus 2³, 370 f. (2⁴, 551 f.).

wörtlich übereinstimmen, so dass gewiss nur selten solche Spiele von § 161 Anfang bis zu Ende ganz neu gedichtet wurden, viel öfter dazu eine schon vorhandene, ihrem Ursprunge nach vielleicht sehr alte Grundlage benutzt und neu bearbeitet, oder auch nur durch einzelne eingeschobene Gesänge, Reden, Auftritte erweitert ward[4]. Insbesondere wird diess der Hergang bei Abfassung der Passionsspiele gewesen sein, die von allen zur Aufführung gebrachten geistlichen Dramen, wie es scheint, die häufigsten waren[5] und in der Regel auch wohl zu den umfangreichsten gehörten, da ihre vollständige Darstellung auf zwei bis drei auf einander folgende Tage vertheilt zu werden pflegte. In einer solchen Vollständigkeit aber haben sich bisher nur ein paar Passionsspiele vorgefunden; das Alsfelder Passionsspiel[6], nach seinem in Hessen belegenen Fundorte benannt, und dort wahrscheinlich auch niedergeschrieben und aufgeführt, ist auf drei Tage vertheilt; ihm verwandt, nur in gekürzter Form ein Friedbergisches[7], und beiden wiederum sehr ähnlich[8], aber gewiss viel älter, ein 1498 zu Frankfurt gegebenes, von dem wir ausser der Anlage und der Art der Aufführung nur die Anfänge der einzelnen Reden und Gesänge kennen[9], welches an zwei auf einander folgenden Tagen aufgeführt wurde. Die gleiche Zeitausdehnung hat ein Donaueschinger Passionsspiel[10], und das Luzerner Osterspiel, welches Renwart Cysat im Jahre 1583 in Scene setzte[11]. Die von Virgil Raber 1514 zu Botzen gegebene Passion nahm sogar sieben Tage, aber nicht unmittelbar auf einander folgende, ein, sondern vertheilte sich auf die Festtage zwischen Palmsonntag und Himmelfahrt[12]. Aber auch in eintägigen Darstellungen liess man die ganze Heilsge-

---

4) Vgl. Vilmar in Haupts Zeitschr. 3, 478 f. Den Nachweis der Benutzung älterer Stücke in jüngern findet man in ausgiebigster Weise bei Kummer, Erlauer Spiele, in den Anmerkungen.   5) Vgl. über sie besonders Wilken a. a. O. S. 63 ff. Die Freiburger hat F. Martin im 3. Bande der Zeitschrift der histor. Gesellschaft zu Freiburg (1872) herausgeg.; vgl. dazu denselben über die Freiburger Passionsspiele und das Drama des Mittelalters, in der Liter. Beilage d. Karlsruher Zeitung 1880, Nr. 43 ff.   6) Eine Beschreibung davon und bedeutende Bruchstücke daraus hat Vilmar a. a. O. S. 477—518 gegeben. Vollständig mit Wörterbuch hrsg. von C. W. M. Grein. Cassel 1873. 8.   7) Mittheilungen daraus durch Weigand in Haupts Zeitschrift 7, 545—556. Urkundliche Nachrichten über das Friedberger Passionsspiel geben Schädel und Schenk zu Schweinsberg in den Quartalblättern des histor. Vereins f. d. Grossherzogthum Hessen 1883, Nr. 1, S. 7—10.   8) Viele Anfänge von Reden und Gesänge, so wie verschiedene Andeutungen der Scenerie, des Auftretens der Personen etc. stimmen wörtlich mit dem Alsfelder Stücke.   9) In der § 160, Anm. 21 erwähnten Frankfurter Pergamentrolle.   10) Gedruckt in Mone's Schauspielen des Mittelalters 2, 185 ff.   11) Vgl. die § 160, Anm. 39 angeführte Schrift von Leibing. Eine Biographie R. Cysat's von Hidber enthält der 20. Band des Archivs f. schweizer. Geschichte.   12) Vgl. Pichler a. a. O. S. 61.

§ 161 schichte vorüberziehen, wie in dem Künzelsauer Fronleichnamsspiel[13] zu Ehren des heiligen Kreuzes aus dem Jahre 1479,
worin bereits ältere Stücke benutzt sind, wie ein älteres Fronleichnamsspiel[14] und ein in Reimpaaren verfasstes Gedicht[15], in welchem vor Gottes Throne die vier Töchter Gottes, Erbarmen, Friede,
Gerechtigkeit und Wahrheit um den Menschen streiten. Drei Tage
dagegen dauerte das Egerer Fronleichnamsspiel[16], das von
Schülern auf dem Markte gespielt wurde, es beginnt mit der Schöpfung und dem Sündenfall und schliesst mit der Auferstehung. Ein
dramatisiertes Leben Jesu[17] beginnt mit der ersten Wunderthat
des Heilands bei der Hochzeit zu Kana und führt seine Geschichte
und seine Lehren durch die Passion bis zur Auferstehung hindurch.
In andern Stücken besitzen wir nur einzelne dramatisierte Theile
der biblischen Geschichte, wie in dem Spiele vom Sündenfall[18],
welches Arnold von Immessen, ein Niederbesse, im fünfzehnten Jahrhundert in niederdeutscher Sprache verfasste und das mit
der Geburt Maria's schliesst; oder des Lebens Christi, wie in der
Kindheit Jesu[19], welche in die Klasse der Dreikönig- oder Weihnachtsspiele[20] gehört, bestimmt an den Feiertagen nach Weihnacht
aufgeführt zu werden, und in einem hessischen Weihnachtsspiel[21],
welches ganz in dem burlesken Tone der Spielleute abgefasst ist[22];

---

13) Im Auszuge mitgetheilt von H. Werner in der Germania 4, 338 ff.; der
Anfang durch H. Bauer in der Zeitschrift des historischen Vereins f. d. wirtem-
berg. Franken Bd. 6.   14) Es ist das in Mone's altd. Schauspielen S. 145 ff.
gedruckte; vgl. Werner a. a. O. S. 354. Ueber die Fronleichnamsspiele vgl. Wilken
a. a. O. S. 138 ff.   15) Herausgeg. von Bartsch in der Einleitung zur Erlösung
S. IX ff.; vgl. Werner a. a. O. S. 349 f. Ueber die demselben zu Grunde liegende
Tradition vgl. Heinzel in der Zeitschr. f. d. Alt. 17, 43—51, wo S. 3—42 ein nieder-
rheinisches denselben Gegenstand betreffendes Gedicht, die Minnenrede, mitgetheilt ist; ferner Scherer, ebend. 21, 414—416. Ein lateinisches rhythmisches Gedicht theilt A. Hartmann ebend. 23, 173—164 mit; vgl. besonders S. 164 ff.
16) Im Auszuge mitgetheilt von Bartsch in der German. 3, 267—297; vollständig
herausgeg. v. G. Milchsack. Tübingen 1581. 8. (156. Public. d. litt. Vereins).
17) Gedruckt in Mone's Schauspielen des Mittelalters 1, 49 ff. Es ist einer St.
Gallischen Handschrift des 14. Jahrhunderts entnommen.   18) Der Sündenfall
und Marienklage, zwei niederdeutsche Schauspiele, herausgegeben von O. Schönemann, Hannover 1855. 8.   19) Bei Mone 1, 132 ff., ebenfalls aus einer Handschrift des 14. Jahrhunderts zu St. Gallen.   20) Ueber die Weihnachtsspiele
vgl. Weinhold, Weihnachtsspiele und Lieder aus Süddeutschland und Schlesien,
Graz 1853. 8. Schröer, deutsche Weihnachtsspiele aus Ungarn. Wien 1858. 8.
Lexer im Anhange seines Kärntischen Wörterbuches. Leipzig 1862. 8. Wilken,
Geschichte der geistlichen Spiele S. 1 ff. A. Hartmann, Weihnachtlied und Weih-
nachtspiel in Oberbayern. München 1875. 8. (aus dem 34. Bande des Oberbayer.
Archivs). Pailler, Weihnachtlieder und Krippenspiele aus Oberösterreich u. Tirol.
2 Bde. Innsbruck 1551—64. 8.   21) Herausgegeben aus Vilmars Nachlasse
von K. W. Piderit, Parchim 1869. 8.; vgl. Schröder in der Germ. 15, 376 ff. Uebersetzt von A. Freybe. Parchim 1869. 8.   22) Vgl. Gervinus 2¹, 575 f.

oder der Leidens- und Auferstehungsgeschichte, wie in den Bearbei- § 161
tungen von Marien Klage[23], worunter auch ein paar niederdeutsche[24], deren eine namentlich durch die beigefügten Bühneneinrich-
tungen von Interesse ist[25]; in der Grablegung Christi von Mathias Gundelfinger[26], deren Handschrift[27] auch die genaue
Angabe der Procession der Darsteller enthält[28]; in den Darstellungen
der Auferstehung Christi, von denen die bedeutendste das in niederdeutscher Sprache verfasste Redentiner Spiel[29] ist, so wie in
Christi Himmelfahrt[30], welche da anhebt, wo die Auferstehungs-
spiele schliessen[31]. Wiederum in andern ist das jüngste Gericht

23) Von der einen, die zuerst durch Hoffmann (S. 259—279) bekannt geworden
ist, war schon § 160, 22 die Rede: sie besteht aus zwei Theilen, dem planctus Mariae
virginis und dem ludus de nocte Paschae. Die Handschrift, die sie uns überliefert
hat, gehört dem 15. Jahrhundert an. Auch diese Marien Klage 'findet sich mit
einigen Abweichungen, sodann aber mit ziemlich umfangreichen Zusätzen und
einigen Auslassungen' in dem Alsfelder wie in andern Passionsspielen (auch in
einem aus Schlesien stammenden Bruchstück, welches A. Schultz in der Germ. 16,
57 ff. mitgetheilt hat) wieder. — Von der andern Bearbeitung hat ein kleines Bruchstück zuerst Docen (Neuer litterar. Anz. 1806, Sp. 82 ff.) und darnach Hoffmann
(S. 280 ff.) herausgegeben. Der erstere setzte die Abfassung dieses Stückes gegen
das Ende des 14. Jahrhs. Es scheint mit der andern Marien Klage auf derselben
Grundlage zu ruhen, da in einzelnen Stellen wieder wörtliche Uebereinstimmung
ist. Ueber die Marienklagen vgl. Wilken a. a. O. S. 72 ff. und besonders A. Schönbach, über die Marienklagen. Ein Beitrag zur Geschichte der geistl. Dichtung in
Deutschland. Graz 1874. 4., wo man die vollständigste Sammlung der erhaltenen
Texte findet. Dazu zwei Marienklagen herausgegeben von S. Mayr. Krems-
münster 1682. 8. Programm. Marienklage in Reimpaaren in Mone's Schauspielen
des Mittelalters 1, 210—250, und als 'unser vrouwen klage' kritisch herausgeg.
von Milchsack in den Beiträgen von Paul u. Braune 5, 193—357.   24) Vgl.
Anmerkung 18.   25) Die eine nach einer Handschrift von 1391 bei Mone,
altd. Schauspiele S. 109 ff. unter der Ueberschrift 'Auferstehung Christi' gedruckt;
von der andern, die einen Deutsch-Böhmen oder einen Schlesier zum Verfasser
haben dürfte und wahrscheinlich 1472 niedergeschrieben worden ist, war zuerst
nur der Prolog nach einem ziemlich bedeutenden Bruchstück aus dem Spiele selbst
durch Wackernagels altd. LB.[1] Sp. 781 ff. bekannt geworden, bis Hoffmann S. 296 ff.
das Ganze unter dem Titel 'Osterspiel' veröffentlichte. Die ernste Grundlage bildet
hier nach Wackernagels Bemerkung (LB.[2] Sp. 1013 ff.) der vorhin erwähnte ludus
de nocte Paschae.   26) Bei Mone, Schauspiele des Mittelalters 2, 119 ff.
27) Sie ist vom Jahre 1494 und das Stück wohl nicht viel älter.   28) Eine
solche Procession vom Ende des 15. oder Anfang des 16. Jahrhunderts aus Zerbst
ist auch mitgetheilt in Haupts Zeitschr. 2, 276 ff.   29) Gedruckt nach einer
Handschrift vom Jahre 1464 bei Mone, Schauspiele des Mittelalters 2, 1 ff.; danach
in reines Niederdeutsch umgeschrieben von Ettmüller, Dat spil fan der upstan-
dinge, Quedlinburg u. Leipzig 1851. 8. Vgl. dazu noch Drosihn im Programm des
Neustettiner Gymnasiums 1866; Schröder in der German. 14, 181 ff. und Drosihn
in Zachers Zeitschr. 4, 400—406.   30) Bei Mone a. a. O. 1, 251 ff.; über die
Himmelfahrtsspiele vgl. Wilken a. a. O. S. 130 ff.   31) Auch am Johannistage
wurden geistliche Spiele aufgeführt: vgl. Otto Richter, das Johannisspiel zu Dresden

§ 161 behandelt[32], und wahrscheinlich waren diese bestimmt am letzten Sonntage des Jahres[33] zugleich als eine Art Neujahrsspiel aufgeführt zu werden, wie denn darin ein Glückwunsch zu Neujahr sich findet[34], als Vorläufer der Neujahrsspiele, deren eines sich erhalten hat[35]. Alle diese Stücke sind melodramatisch behandelt, auch Tänze kommen darin vor, bisweilen unter sogenannten hebräischen oder jüdischen, d. h. kauderwelsch klingenden Gesängen ausgeführt[36]; die Reden sind fast durchgängig deutsch, die gesungenen Stellen oft noch lateinisch, zumal wenn ihr Inhalt unmittelbar nachher in deutschen, gesprochenen Versen sich wiederholt. Mit Ausnahme der Marien Klagen fügen sie sämmtlich in den ernsten Gang der heiligen Handlung komische und possenhafte Auftritte und Reden, wozu in der heiligen Geschichte vornehmlich das Leben der Maria Magdalena vor ihrer Bekehrung, die Höllenfahrt Christi und der Einkauf der Salben und Specereien durch die drei Marien, bevor sie das Grab besuchen, Anknüpfungspunkte boten. Die komischen Figuren waren ausser einem Kaufmann oder Marktschreier, seinem Weibe und seinem Knechte besonders auch die Teufel[37]. In dem Alsfelder Spiele ist die Scene zwischen dem Marktschreier und seinem Anhange auf einem der eingelegte Stellen enthaltenden Zettel der Handschrift eingeheftet; anderwärts findet sie sich in den Handschriften selbst[38]. Einige Spiele leiten auch statt mit einem ernst gehaltenen Vorspiele die Haupthandlung mit einer komischen Scene ein; so hebt das Alsfelder Stück nach dem Prolog mit einer Teufelsscene an, und in einem Osterspiel[39]

im 15. u. 16. Jahrh., im N. Archiv f. sächs. Gesch. 4, 101—114, wo man interessante Mittheilungen aus den Rechnungen der Kreuzkirche über dramat. Aufführungen am Johannistage von 1480—1539 findet.   32) So in dem Spiele 'der jüngste Tag' bei Mone 1, 265 ff. Vgl. über derartige Spiele Wilken a. a. O. S. 145 ff.   33) Auf diesen fällt das Evangelium des jüngsten Tages, Matth. 24, 15—36.   34) V. 34.   35) Gedr. bei Mone a. a. O. 2, 367 ff.   36) Ueber Tänze im geistl. Drama vgl. W. Wackernagel in Haupts Zeitschr. 9, 312.   37) Vgl. hierzu Weinhold, über das Komische im altd. Schauspiel in Gosche's Jahrb. f. Litt. Gesch. 1, 1—44, u. Pichler, Eine Teufelscomödie, in der Germ. 11, 96—99.   38) Am ausgeführtesten in den beiden Osterspielen bei Mone und Hoffmann (s. Anm. 25). Auch die Frankfurter Pergamentrolle deutet sie bestimmt genug an, ja selbst in dem alten Spiel vom Leiden Christi (§ 160, 14) blickt, wie Hoffmann S. 297 richtig bemerkt, schon die Grundidee dazu durch; sie würde sich wahrscheinlich von ähnlicher, wenn auch vielleicht bescheidenerer Behandlung als in den späteren Stücken (also ähnlich wie in dem ältesten deutschen Passionsspiele, § 160, 18) zeigen, wenn uns von diesem Spiel der Theil aufbewahrt wäre, der die Auferstehungsgeschichte enthielt. Diess schliesse ich besonders daraus, dass zu Anfang (S. 245) mit dem Kaufmann zugleich dessen Frau auftritt, die in dem uns erhaltenen Theil gar nichts zu thun hat und doch gewiss nicht umsonst erscheint. In einem Spiel von der Kindheit Jesu aus dem 14. Jahrhundert (Mone, Schauspiele 1, 132 ff.) erblickt der Herausgeber (S. 135 f.) die erste Spur des späteren Hofnarren und Hanswursts.   39) Hoffmann a. a. O. S. 297 f.

spricht gleich der Vorredner (Praecursor) in einem burlesken Tone[40]. § 161
Zwischen diesen geistlichen Spielen von vorzugsweise biblischem
Inhalt und denen, die ganz auf dem Boden der Legende erwachsen sind, steht mitten inne Marien Himmelfahrt, ein ziemlich
altes, bis auf einige eingefügte lateinische Gesänge und Predigttexte
ganz in deutscher Sprache abgefasstes und im ernsten Tone gehal-
tenes Werk[41], das mit der Theilung der Apostel anhebt, zum Tode,
dem Begräbniss und der Himmelfahrt Mariä übergeht und wohl mit
der Eroberung und Zerstörung Jerusalems schliessen sollte, aber schon
bei der Belagerung der Stadt abbricht. Dramatisierte Legenden[42]
endlich besitzen wir ausser der schon erwähnten heiligen Katharina[43], die noch dem vorigen Zeitraume angehört, aus dem vierzehnten Jahrhundert in der heiligen Dorothea, die wahrscheinlich nur der erste Theil eines ursprünglich weiter ausgeführten Schauspiels ist[44], und in dem niederdeutschen Theophilus[45], der uns in
drei verschiedenen Texten, die jedoch alle auf eine gemeinsame ältere
Quelle zurückweisen, erhalten ist[46]; aus dem fünfzehnten in dem auf
zwei Tage vertheilten Heilig-Kreuz-Spiel[47], das die Legende
der heiligen Helena, der Mutter Constantins, behandelt, dem Spiel vom
heiligen Georg[48], welches vielleicht bei der Anwesenheit Kaiser

40) Dagegen eröffnete zufolge jener Pergamentrolle das alte Passionsspiel
der heilige Augustin, David, Salomon und mehrere Propheten durch ein Gespräch mit den Juden, welches wahrscheinlich von dogmatischem Inhalte war
und mit dem bei Mone, altdeutsche Schauspiele S. 145 ff. unter der Ueberschrift
Fronleichnam gedruckten Stücke, das nach des Herausgebers Meinung gleichfalls nur als Einleitung zu einem Schauspiel diente, Aehnlichkeit haben mochte.
41) Aus derselben Handschrift, in welcher Christi Auferstehung und der
Fronleichnam stehen, herausgegeben von Mone, altdeutsche Schauspiele S. 21 ff.
42) Vgl. über Legendenspiele Wilken a. a. O. S. 159 ff.   43) Vgl.
§ 160, 28.   44) Nach einer Handschrift vom Jahre 1340 herausgegeben von
Hoffmann S. 284 ff.   45) Ueber die Legende von Theophilus s. Mone's Anz.
1834, Sp. 266 ff.; J. Grimm, Mythologie² S. 969, Note 2; E. Sommer, de Theophili
cum diabolo foedere (Dissertat.) Berlin 1844. 8. (vgl. § 96, 51); v. d. Hagen, Gesammtabent. 3, S. CXXV ff.; Liebrecht in der Germania 1, 265; Köpke, Hrotsuit von
Gandersheim S. 49 ff.   46) Der älteste Text ist der der Helmstädter Handschrift, herausgegeben bei Bruns, altplattd. Gedichte S. 296 ff. (vgl. Sommer a. a.
O. S. 39); und von Ettmüller, Theophilus, der Faust des Mittelalters, Quedlinburg
u. Leipzig 1849. 8.; den Text der Trierer Handschrift gab Hoffmann v. Fallersleben,
Hannover 1853. 8., und neuerdings Bohn (Theophilus, niederd. Schauspiel aus
einer Hs. des 15. Jahrh. der Trierischen Stadtbibl. in den Monatsheften f. Musik-
geschichte IX, 1. 1877), den einer Stockholmer Handschrift Dasend, Theophilus in
Icelandic, low German and other tongues, London 1845. 8. heraus; am besten
(mit dem Helmstädter Texte zugleich) Hoffmann von Fallersleben, Theophilus,
Niederdeutsches Schauspiel in zwei Fortsetzungen, Hannover 1854. 8. Vgl. K. Sass,
über das Verhältniss der Recensionen des niederd. Spiels von Theophilus. Elms-
horn 1879. S. (Leipz. Dissert.) und dazu Lambel in der Germania 26, 370—375.
47) In Kellers Nachlese S. 54 ff.   48) Herausgegeben von Bened. Greiff in

§ 161 Friedrichs III zu Augsburg (1473) aufgeführt [49], sicher aber in Augsburg verfasst wurde, und in dem Spiel von Frau Jutten, welches 1480 ein Mühlhäuser Geistlicher, Theoderich Schernberg, gedichtet und welches die legendenartige Geschichte der Päpstin Johanna zum Inhalt hat, deren ganzer Lebenslauf von dem Augenblick an, wo die Teufel sie zu verführen beschliessen, bis zu ihrem Tode verfolgt wird, worauf dann noch dargestellt ist, wie ihre Seele in der Hölle leidet, endlich aber auf Fürbitte der Jungfrau Maria von dem Heilande begnadigt und in den Himmel aufgenommen wird [50]. In diesen Stücken, von denen das letzte wieder mit halb possenhaften Auftritten die ernsten untermischt, kommen wenig oder gar keine lateinischen Worte vor; das zweite aber ist das einzige, in welchem auch die sonst nie fehlenden Gesänge vermisst werden: weil es sich jedoch noch dadurch von den andern unterscheidet, dass es in einigen nicht schlechthin ausscheidbaren Zwischensätzchen [51] aus der dialogischen in die Erzählungsform überspringt [52], so dürfen wir vermuthen, es liege uns darin nur eine wohl gar nicht zur Aufführung bestimmte Bearbeitung eines ältern, in seiner ganzen Form den übrigen Gedichten dieser Gattung näher stehenden Spieles vor. — Wie in allen diesen geistlichen Dramen, von welcher Seite man sie auch betrachten mag, die dramatische Kunst noch nicht über die allerschwächsten Anfänge hinaus gekommen ist, so zeigen sie auch die ältesten Fastnachtsspiele in ihrer ersten Kindheit [53]. Sie sind in Nürnberg, derjenigen unter allen deutschen Städten, wo das ältere volksthümliche Drama die meiste Pflege fand und auch am besten gedieh, entstanden und rühren, jedoch nur zum Theil, von Hans

der Germania 1, 171 ff., und danach bei Keller, Nachlese S. 130 ff. 49) Greiff vermuthet in dem Dichter den auch sonst bekannten Schüttenhelm aus Augsburg; doch sind seine Gründe als nicht ausreichend zu betrachten. 50) Die Nachricht von dem Verfasser und dem Alter des Stückes gibt ein Mag. Tilesius (vgl. über ihn L. Bechstein, Wartburg-Bibliothek 1, 8 f.), der es zuerst drucken liess, Eisleben 1565; vgl. Gottsched 2, 81 u. 221, wo es auch S. 84 ff. nach der alten Ausgabe wieder abgedruckt ist; wieder gedruckt in Kellers Fastnachtspielen 2, 900 ff. — Vgl. über das Stück und den Dichter Müller, zur Geschichte der Entwickelung des Dramas in Deutschland, Osterprogramm des Posener Gymnasiums 1836 (wiederholt in den Blättern f. litter. Unterhaltung 1846, Nr. 63—67); Kurz, Geschichte der deutschen Litteratur 1, 726; Keller, Fastnachtspiele, Nachlese S. 322. 349; und R. Bechstein, zum Spiel von Frau Jutten (mit Bemerkungen über Th. Schernbergs thüringische Mundart) im Deutschen Museum für Geschichte, Litteratur und Kunst. Neue Folge, Leipzig 1862. 8. 51) Ettmüllers Ausgabe hat dieselben allerdings entfernt. 52) Solchem Uebergang von epischer in dramatische Form begegnet man vereinzelt auch sonst; vgl. Bartsch in der German. 7, 36; und Gervinus 2³, 567. 53) Sämmtliche bekannte Fastnachtsspiele des 15 Jahrhunderts sind gesammelt und herausgegeben von Keller: Fastnachtspiele aus dem 15. Jahrhundert, Stuttgart 1853. 8. (25.—30. Publication des litter. Vereins) und Nachlese,

Rosenblüt[54] her. Unter denen, die ihm mit mehr oder weniger § 161 Grund beigelegt werden[55], ist nur eins, das in seiner Anlage, wenn auch nur sehr von fern, an ein wirkliches Drama erinnert[56]: es behandelt einen Schwank, der vielleicht schon früher in anderer Form dargestellt war. Die übrigen, die wohl als reine Erfindungen des Dichters anzusehen sind, geben weniger Handlungen, als dialogisierte Auftritte in Form eines Eheprocesses[57], oder blosse Unterredungen und Verhandlungen, die theils auf Ertheilung von Lehren und Rathschlägen ausgehen, theils sich um Tagespolitik und Wochenmarktsspässe drehen. Mehrere zeichnen sich durch treffende Satire und derben Witz aus, der aber nur zu häufig in die allergröbsten Zoten und Unflätereien ausartet. Nicht besser sind die gleichfalls in Nürnberg gedichteten Fastnachtsspiele von Hans Folz[55], einem jüngeren Zeitgenossen Rosenblüts; sie waren, wie man in ihrer Verbreitung in alten Einzeldrucken sieht[59], bei den Zeitgenossen beliebt, und bezeichnen auch insofern einen gewissen Fortschritt, als sie bereits eine etwas geschlossenere Form zeigen[60] und auch im Versbau etwas strenger sind[61], aber in Bezug auf Lascivität und Unflätigkeit überbietet Folz seinen Vorgänger. Ausser diesen beiden Namen wird kaum einer genannt: Nicolaus Mercatoris, von dem wir ein Fastelabendspiel vom Tode und vom Leben besitzen[62], ist der einzige bekannte Dichter von Fastnachtsspielen, der uns nach Niederdeutschland weist[63], wohin sonst nur noch wenige anonyme gehören[64],

Stuttgart 1859. 8. (16. Publication), dazu: Vier ungedruckte Fastnachtspiele des 15. Jahrhunderts im Archiv f. Lit. Gesch. 3, 1—25.   54) Vgl. § 147, 8.   55) Feste Kriterien für oder gegen Rosenblüts Autorschaft sind noch nicht gefunden. Man hat als solches den Schlussreim (*uot* oder *üet*) nicht mit Unwahrscheinlichkeit geltend gemacht; doch können auch Stücke von ihm sein, die dergleichen nicht tragen; ebenso spricht der Gebrauch der Priamel für ihn als Autor, wenn gleich auch dies Kriterium nicht sicher ist. Gottsched und Tieck legen ihm alle in der Dresdener Hs. (s. v. d. Hagens Grundriss S. 524) stehenden zehn Stücke bei; andere enthält die Münchener Hs. mit der Bezeichnung schneper. Vgl. hierüber Keller a. a. O. 3, 1081 ff. Gedruckt sind sechs aus der Dresdener Hs. bei Gottsched 2, 43 ff., zwei davon auch bei Tieck 1, 1 ff; sämmtlich bei Keller.   56) Es hat die Ueberschrift 'Von dem Bauer und dem Bock'; bei Keller Nr. 46.   57) Die Form des Processes muss eine der beliebtesten für das Fastnachtsspiel des 15. Jahrhunderts gewesen sein; die im altd. Museum 2, 321 und in Mone's Anzeiger 1839, Sp. 357 von Folz angeführten Stücke (aus den ersten Proben bei Pischon, Denkm. 2, 180), so wie das von 'Rumpolt und Mareth' (Hoffmanns Verzeichniss der Wiener Handschriften S. 185; Keller, Nr. 115-130) haben sie gleichfalls, vgl. Gervinus 2³, 598 ff.   58) Vgl. § 149, 26.   59) Vgl. Gödeke's Grundriss S. 100 f.   60) Vgl. Keller 3, 1196.   61) Vgl. Wackernagel in Haupts Zeitschr. 8, 508.   62) Gedruckt bei Keller Nr. 121.   63) Nach Gödeke (Grundriss S. 298) war der Dichter ein Holsteiner, und fällt, wiewohl sein Spiel erst 1576 gedruckt ward, noch in ältere Zeit.   64) Das bekannteste derselben ist Claus Bur, welches in Mecklenburg entstanden ist (Gödeke's Grundriss S. 298); neu herausgeg.

§ 161 während ausser Nürnberg nur noch einige oberdeutsche Gegenden, die
Schweiz, und hier besonders Basel und Luzern in Betracht kommen[65].

§ 162.

Auf dieser niedrigen Stufe blieb das deutsche Drama im sechzehnten Jahrhundert zwar nicht stehen, doch waren die Umstände,
unter denen es sich weiter entwickelte, nicht günstig genug, um es
in seiner innern und seiner formellen Ausbildung beträchtlich zu fördern. Keine Stadt nahm in Deutschland eine Stellung ein, die sie
zum Mittelpunkt des öffentlichen Lebens, der gesellschaftlichen Sitte
und der geistigen Bildung der Nation machte; die Poesie war im
Ganzen schon zu tief gesunken, den Dichtern alles wahre Kunstge-
fühl und aller Kunstverstand zu fremd geworden: wie hätte da gerade die poetische Gattung gedeihen sollen, die vor allen übrigen der
Anlehnung an einen solchen Mittelpunkt des Volkslebens bedarf, von
allen in ihrer Ausführung die schwierigste ist und einer künstlerischen Behandlung am wenigsten entbehren kann? Wenn es auch
nicht bloss ungelehrte Handwerker waren, die sich mit der Abfassung von Schauspielen abgaben, sondern auch viele Männer aus dem
Gelehrtenstande, besonders Geistliche und Schulmänner sich darin
versuchten, so fanden sich unter diesen doch nicht mehr, die wahren Beruf dazu hatten und sich über die Rohheit und Geschmacklosigkeit des grossen Haufens erhoben, als unter jenen. Indessen
wurde jetzt wenigstens ein Anfang gemacht, die Form des deutschen
Dramas einer Art von Regel zu unterwerfen; es kam auch im Ganzen
mehr Handlung und Bewegung in dasselbe; selbst eine Annäherung
an das, was man unter der Schürzung und Lösung eines dramatischen
Knotens versteht, fand sich bereits hier und da ein; die Charaktere
wurden mitunter, besonders in komischen und possenhaften Stücken,
wenn auch nicht zu völliger Rundung ausgearbeitet, doch in ziemlich bestimmten Umrissen gezeichnet; der Dialog strebte bei einigen
Dichtern schon nach der im Drama erforderlichen Raschheit und Ge-
wecktheit, und einzelne Versuche, den gemein üblichen Vers des
deutschen Schauspiels [1] seiner Rohheit zu entreissen und durch neu
eingeführte Masse Abwechselung und Mannigfaltigkeit in die äussere

von A. Höfer in: Denkmäler niederd. Sprache und Literatur (Greifswald 1850) 1,
1 ff. Ueber die Ausgaben vgl. Gödeke a. a. O. und Keller 3, 1469. Doch haben wir,
wie wohl nur wenige niederd. Fastnachtspiele erhalten sind, Nachricht von der
Existenz zahlreicher: vgl. C. Wehrmann, Fastnachtspiele der Lübecker Patrizier,
und C. Walther, über die Lübecker Fastnachtsspiele, im Jahrbuch des Vereins f.
niederd. Sprachforschung 6, 1-31. 65) Vgl. Keller 3, 1076.
§ 162. 1) Ueber die metrischen Formen des Dramas und die ersten Prosa-
stücke vor Opitz vgl. Zarncke, Geschichte des fünffüssigen Jambus, Leipzig 1865.
4. S. 23 f.

Form der Rede zu bringen, zeigten sich mindestens [2], wenn sie auch § 162
noch keineswegs im Allgemeinen Anerkennung und Nachfolge fanden. Was zunächst, ausser dem Talent einiger Dichter, zu dieser
Vervollkommnung beitrug, waren die Uebersetzungen antiker Dramen,
zuerst der Komödien des Terenz, von denen der von Hans Nyd-
hart in Prosa übersetzte Eunuch 1486 in Ulm und die sämmtlich
von einem unbekannten Uebersetzer ebenfalls in Prosa verdeutscht
1499 zu Strassburg im Druck erschienen. Auch von Plautus wurde
früh Manches in deutscher Sprache bekannt: die Menächmen und
die Bacchides von Albrecht von Eybe kamen zu Augsburg bereits
1511[3] heraus[4]; von Aristophanes' Plutus muss es gleichfalls schon
1531 eine Uebersetzung gegeben haben, die Hans Sachs zu seiner
Komödie 'der Pluto ein Gott aller Reichthumb'[5] benutzte: vielleicht
war sie bei Gelegenheit der Aufführung dieses Stücks in der Origi-
nalsprache, die 1531 in Zürich zu Stande kam[6], gemacht worden[7].
Dazu kamen die dem Terenz nachgebildeten lateinischen Stücke einiger Gelehrten des ausgehenden fünfzehnten und des sechzehnten Jahrhunderts[8], die für die Schuljugend geschrieben und von dieser bei

---

2) Zuerst, so viel ich weiss, bei Paul Rebhun (seine Dramen sind neu her-
ausgegeben von H. Palm, Stuttgart 1859. 8. als 49. Publication des litterarischen
Vereins). In der Susanna (vgl. § 137, 6) sind ausser den lyrischen, die vier ersten
Acte schliessenden Stellen oder den Chören (drei davon bei Ph. Wackernagel, Kir-
chenlied Nr. 443 ff., nach einer Ausgabe von 1537; vgl. S. 747 b; vier in der neuen
Ausg. 3, 775 f. nach der Ausgabe von 1536) streng gemessene, wiewohl der starken
Wortkürzungen wegen oft hart klingende jambische Verse von drei bis zu fünf, und
trochäische von vier bis zu sechs Hebungen. Innerhalb einer Scene wird immer dieselbe
Messung und auch dieselbe Reimart festgehalten; mit dem Scenenwechsel tritt gewöhn-
lich eine Aenderung entweder in beiden zugleich, oder doch in einer von beiden ein.
Das gleiche Verfahren ist in der 'Hochzeit zu Cana' beobachtet; ebenso in seiner
'Klag des armen Mannes'; vgl. Friedländers Vorrede zu dem § 160, 36 angeführten
Stück, S. VIII f.; über seine Verse vgl. auch Zarncke a. a. O. S. 23. In Betreff einiger
jüngeren Dichter, die in der Bildung und in dem Gebrauch des dramatischen
Verses als Rebhuns Nachfolger angesehen werden dürfen, verweise ich auf Gott-
sched 2, 214 f. und auf Gervinus 3², 89 (3⁵, 111).   3) Aufs neue gedruckt Augs-
burg 1518.   4) Proben in der deutschen Litteraturgeschichte von G. und F.
Scholl 1, 509 ff.   5) Gottsched 1, 61.   6) Vgl. Grüneisen, Nicolaus Manuel
S. 41, Anm. 3.   7) Ueber jüngere Uebertragungen altlateinischer und griechischer Komödien und Tragödien vgl. Gottsched (nach Anleitung des 2. Registers
hinter dem 1. Theile) und Gervinus 2², 385 f.; 3², 80 f.(3⁵, 100 f.).   8) Ein viel älteres
Beispiel von Nachbildung der terenzischen Form sind die sechs geistlich-morali-
schen Stücke der sächsischen Hrotsvith (oder Clamorvalidus, wie sie sich selbst
übersetzt; vgl. J. Grimm, latein. Gedichte des 10. und 11. Jahrhunderts S. IX, Anmerkung), die gegen 980 als Nonne zu Gandersheim lebte. Sie sind jedoch nur
dialogisierte Erzählungen in lateinischer Prosa. Konr. Celtis gab sie mit den
übrigen Werken der gelehrten Nonne zuerst heraus, Nürnberg 1501. fol. Seitdem
sind sie oft herausgegeben worden, zuletzt von Barack, die Werke der Hrotsvitha,
Nürnberg 1859. 8. (vgl. Bartsch in der Germania 3, 375 ff.) und die Komödien

§ 162 feierlichen Gelegenheiten aufgeführt [9], dann aber auch häufig deutsch
bearbeitet wurden. Dahin gehört namentlich das, was J o h a n n
R e u c h l i n [10] in dieser Art abfasste [11], dessen Scenica progymnas-
mata [12] 1497 in Heidelberg gespielt, das Jahr darauf gedruckt und
1531 von H a n s S a c h s unter dem Namen H e n n o als Komödie bearbeitet wurden [13]. Wie Reuchlins Stücke auf deutscher Sitte und
deutschem Leben beruhen, so behandeln auch andere berühmte La-
tinisten, wie T h o m a s N a o g e o r g [14] und N i c o d e m u s F r i s c h l i n [15]
in ihren Schauspielen, von denen viele gleichfalls ins Deutsche über-
tragen sind, gleich den deutsch schreibenden Dramatikern ganz volksmässige, aus den kirchlichen Verhältnissen der Zeit, der Bibel, der
heimischen Geschichte und Sage geschöpfte Gegenstände [16]. Nun erst

---

allein von Bendixen, Lübeck 1858. 1862. 8. Die Inhaltsangabe von allen und von
einem auch die Uebersetzung des ersten Actes findet man bei Gottsched 1, 5 ff.;
2, 20 ff. Die von Aschbach aufgestellte Behauptung (Roswitha und Konr. Celtis,
Wien 1867. 8., 2. Ausgabe 1868.), dass ihre Werke eine Fälschung von Celtis seien,
ist durchaus unhaltbar; vgl. darüber und über die Dichterin überhaupt namentlich R. Köpke, Hrotsuit von Gandersheim, Berlin 1869. 8. (besonders S. 237 ff.).
Ihren Abraham übersetzte bereits 1503 Wernher von Themar in's Deutsche, nach
Celtis' Ausgabe; vgl. Wilken, Gesch. der Heidelberger Büchersammlung S. 391.
9) Ueber die Schuldramen vgl. Tittmann, Schauspiele aus dem 16. Jahrhundert 1, S. XVII f.; über Schulkomödien in Sachsen: Fürstenau, zur Geschichte
der Musik und des Theaters am Hofe zu Dresden, Dresden 1861 f. 1, 59 ff.;
Heiland, über die dramatischen Aufführungen im Gymnasium zu Weimar. Ein Bei-
trag zur Geschichte der Schulkomödie (Weimar. Programm), Weimar 1858. 4.;
A. Jundt, die dramat. Aufführungen im Gymnasium zu Strassburg. Strassburg
1881. 4.; L. Rothe, die theatralischen Aufführungen der Stiftsschüler zu Zeitz im
16., 17. und 18. Jahrh., im 16. Bande der N. Mittheil. aus dem Gebiete hist. ant.
Forschungen hrsg. von Opel; insbesondere über lateinische Schulkomödien: Fr.
Straumer im Programm des Gymnasiums zu Freiberg 1868. 4. und Scherer, zur
Geschichte des latein. Dramas im 16. u. 17. Jahrh., in Wagners Archiv, 1, 1—12.
481—496.   10) Geb. 1454 zu Pforzheim, gest. 1521 zu Tübingen.   11)
Siehe Flögel 3, 149 ff.; 4, 294 und Koch 1, 262 f.   12) Sie sind von Gottsched
2, 146 ff. aufgenommen.   13) Vgl. Keller, Fastnachtspiele, Nachlese S. 349, und
Herm. Grimm, das Luzerner Neujahrsspiel und der Henno desReuchlin in Gö-
deke's deutscher Wochenschrift 1854, 6. Heft, S. 1—12, so wie dessen Essays,
S. 119 ff. Ueber den Zusammenhang mit der bekannten französischen Farce
Maître Pathelin vgl. Geiger, Reuchlin S. 82 ff.   14) Kirchmeyer, geb. 1511
zu Habelschmeiss bei Straubingen in Baiern, war an sieben verschiedenen Orten
Pfarrer, gest. 1563 zu Wisloch in der Pfalz. Vgl. über ihn auch Gödeke, Every-
Man etc. S. 109 f. und Scherer in der Zeitschrift für deutsch. Alterthum 23, 190 ff.
15) Geb. 1547 zu Balingen in Würtemberg, gest. 1590. Vgl. über ihn
Strauss, Leben und Schriften des Dichters und Philologen N. Frischlin. Ein
Beitrag zur deutschen Culturgeschichte. Frankfurt a. M. 1856. 8. und Allgem.
Deutsche Biographie 8, 96 ff.   16) Vgl. über diese und andere Verfasser
lateinischer Schauspiele, über diejenigen ihrer Stücke, die deutsch bearbeitet sind,
so wie über theatralische Aufführungen auf Schulen (zuerst in lateinischer, dann
aber auch in deutscher Sprache) und deren ursprünglichen Zweck Flögel 3, 293 ff.;

lernte man ein Schauspiel in Acte und Scenen theilen [17], führte in § 162
Nachahmung der Antike auch Chöre ins Drama ein [18], gewann damit
aber freilich noch immer wenig oder gar keine Einsicht in das, was
die innere Oekonomie eines Stücks ausmacht, wie man denn auch mit
den Benennungen Tragödie und Komödie, die man dem Alterthum entlehnte, ohne jedoch die alte allgemeine Bezeichnung Spiel
(für jedes dramatische Gedicht) und die besondere Fastnachtsspiel (für die eigentliche Posse) aufzugeben, fortwährend sehr schiefe
und unklare Vorstellungen verband [19]. — Ein wesentlicherer Vortheil
erwuchs der dramatischen Poesie daraus, dass sie den Kreis ihrer
Gegenstände allmählig bedeutend erweiterte, und dass darunter viele
waren, die sich durch ihre ganze Natur weit mehr für sie eigneten
und weit eher auf eine Verbesserung ihrer Formen führen konnten,
als diejenigen, auf welche sie sich bis zum Anfang des sechzehnten
Jahrhunderts beschränkt hatte.   Die biblischen Stoffe hielt man allerdings noch lange mit grosser Vorliebe fest und manche von ihnen,
nun vorzüglich alttestamentliche Geschichten, die dazu aber auch am
ersten passten, wurden immer wieder aufs Neue bearbeitet, auch, ja

---

305 ff.; 4, 295 ff.; Koch 1, 263 ff.; Gottsched (nach den Seitenzahlen im 3. Register
bei den Namen Naogeorg, Kirchmeyer, Frischlin, Hayneccius) und Gervinus 2²,
393 f.; 3², 81—89; 95 ff. (2², 604 ff.; 3², 102 ff.).   17) Theils behielt man diese
Ausdrücke bei, theils wählte man deutsche dafür. So finden sich für Act: Wirkung, Handel, Uebung, Ausfahrt; für Scene: Fürtragen oder Fürbringen und Gespräch. Uebrigens ist die Eintheilung in Scenen weit seltener, als die in Acte.
Hans Sachs z. B. hat, wenn ich nicht irre, von jener nie Gebrauch gemacht, während er diese in seinen Tragödien und Komödien, nicht in den Fastnachtsspielen,
immer anwendet. Er hat Stücke von einem bis zu zehn Acten. Andere Dichter
giengen über diese Zahl noch hinaus: nach einem spanischen Original wurde eine
Tragödie in neunzehn Acten bearbeitet und 1520 gedruckt; vgl. Gottsched 1, 52 ff.
        18) So P. Rebhun (vgl. Anm. 2), und schon 1532 Kolross (vgl. Höpfner,
Reformbestrebungen S. 8). Aber wenn der Dessauer Schulmeister Joachim Greff
1545 im Vorworte zu seinem Lazarus schreibt: 'Wir wissen, dass man vor Zeiten
in den alten actionibus zuweilen drein gesungen hat, latein und deutsch, welches
nicht ungeschickt gewesen ist, sonderlich das Volk ein wenig munter und lustiger
wird zu hören' (Höpfner, Reformbestrebungen S. 8), so bezieht er sich damit vielmehr auf die Gesänge der alten geistlichen Stücke.   19) Bouterwek hat (9,
398) behauptet, bei H. Sachs bestehe der Unterschied zwischen einer Komödie
und einer Tragödie nur darin, dass in jener immer, in dieser nie eine oder
mehrere Personen um's Leben kommen. Diess ist aber falsch, wie unter andern
die Komödie von den ungleichen Kindern Evae zeigt, in welcher Abel getödtet
wird (vgl. über den Stoff dieses Stückes J. Grimm in Haupts Zeitschrift 2, 257 ff.
und Fr. Ilwof in der Germania 10, 429 ff., wo auch [wie schon bei Grimm] einer
dramatischen Aufführung der ungleichen Kinder Adams und Eva's gedacht wird,
die bereits 1509 und 1516 zu Freiberg im sächs. Erzgebirge [also vor dem Stücke
des H. Sachs, 1553] Statt fand). Richtiger dürfte es sein zu sagen: ein Stück
hiess Tragödie, wenn es einen ganz traurigen, Komödie, wenn es einen erfreulichen
oder mindestens tröstlichen Ausgang hatte.

§ 162 vorzugsweise von Protestanten, nur dass diese sich in ihren geistlichen Spielen strenger an den Inhalt der Bibel hielten und sie überhaupt im Geist der neuen Kirchenlehre abfassten. Luther selbst
war dem Schauspiel, wo es Mittel der Erbauung und Sittenbesse-
rung werden konnte, nicht abhold; er nahm es sogar in den Vorreden zu einzelnen Büchern des alten Testaments indirect in Schutz[20],
und Paul Rebhun hat geglaubt, seine Susanna nicht besser empfehlen zu können, als indem er die Stellen aus jenen Vorreden, auf
die er sich in der seinem Stücke vorgesetzten Zueignung bezieht, am
Schlusse desselben wörtlich abdrucken liess. In so bescheidenen
Grenzen jedoch, wie Rebhun, hielten sich nicht alle Verfasser geistlicher Schauspiele. Das ganze sechzehnte Jahrhundert hindurch und
selbst noch lange nachher wurden geistliche Stücke von dem unge-
heueren Umfang und in der rohen Manier der alten Mysterien abgefasst und auf öffentlichen Plätzen aufgeführt. Hans Sachs brachte
1558 die ganze Passion in eine Tragödie von zehn Acten, 'vor einer
christlichen Versammlung zu spielen'; der Saul[21] von Matthias
Holzwart[22] wurde 1571 zu Basel[23] von hundert redenden und fünf-
hundert stummen Personen gespielt und brauchte zwei Tage zur Aufführung; Johann Brummer brachte gar die ganze Apostelgeschichte
in eine Tragikomödie, die 1592 am Pfingstmontag zu Kaufbeuern von
246 Personen dargestellt ward[24]. Auch Legenden wurden im sechzehnten Jahrhundert dramatisiert, wie die vom heiligen Meinrad[25],
welches Stück 1576 im Kloster zu Einsiedeln von den Geistlichen
und 'Waldleuten' an zwei Tagen gespielt wurde, und das Spiel von
St. Ursen, dem Schutzheiligen von Solothurn, wo dieses Aufsehen
erregende Stück von Johannes Wagner im Jahre 1581 gegeben
worden ist[26]. Ausserdem aber benutzte man, seitdem Hans Sachs
darin vorangieng, zu den Tragödien und Komödien häufig geschichtliche Begebenheiten, wie Hans Sachs bereits 1527 nach dem Livius
seine Tragödie von der Lucretia dichtete und 1530 eine Virginia

---

20) Vgl. besonders Tittmann a. a. O. 1, S. XVII f.   21) Gedruckt zu Basel
o. O. u. J.   22) Nach Wackernagel, Joh. Fischart S. 85, Anm. 197, ein geborner
Harburger, wurde Stadtschreiber zu Rappoltweiler im Elsass.   23) Staat Gabel
bei Gottsched 2, 230 ist ein Druckfehler; vgl. Gödeke's Grundriss S. 305, 100.
24) Gedruckt zu Lauingen 1592; vgl. darüber Deutsches Museum 1776. 2, 752 ff.
Dazu halte man noch die Beschreibung, die Gottsched 2, 210 ff. von Joh. Crigingers
'Historia vom reichen Mann und armen Lazaro' (1555) gibt, und den Aufsatz in v. d.
Hagens Germ. 3, 150 ff. über Joach. Arentsee's zu Halberstadt im Jahre 1597 vollendete, noch ungedruckte 'Komödie des geistlichen Malefizrechtes'; über die geistlichen
Schauspiele des 16. Jahrhunderts überhaupt aber vgl. Gervinus 3³, 92—95(3³, 93 ff.).
25) Herausgeg. von P. Gall Morel, Stuttgart 1863. S. (69. Publication des litter. Vereins); vgl. dazu Anz. f. Kunde d. d. Vorzeit 1863, Sp. 411.   26) Vgl. Pfeiffer in der

folgen liess; den Inhalt berühmter Romane und Novellen, wie die § 162
Geschichte der Magelona, die 1539 ein Student und später Sebastian
Wild, dieser sammt dem Kaiser Octavian und den sieben weisen
Meistern, dramatisierte, und mehrere derartige romantische Stoffe,
die Hans Sachs seit 1545 behandelte; bisweilen auch die alten Volksepen, wie die Geschichte vom Hörnen Siegfried, welche Hans Sachs
1557 zu einer Tragödie verarbeitete[27], und drei von Jacob Ayrer verfasste Stücke, die Komödie von Hugdietrich und die Tragödien von
Kaiser Ortnit und von Wolfdietrich, welche Producte aber zu den rohesten gehören, die wir von beiden Dichtern besitzen. Andere heimische
Ueberlieferungen wurden ebenfalls dramatisiert, wie in des Schwei-
zers Jacob Ruef im Jahre 1545 verfasstem Spiel von Wilhelm Thellen[28], einem Stoffe den der Dichter schon früher in einer Comedia
de Wilhelmo Tello behandelt hatte[29]; oder es waren Sagen und Fic-
tionen, die schon im classischen Alterthum oder bei den romanischen
Nationen zu Fabeln von dramatischen Dichtungen gedient hatten,
wie Hans Sachs einzelne, ihm durch Uebersetzungen alter Autoren
bekannt gewordene tragische Stoffe der Griechen[30] und die Fabeln
von ein Paar Stücken des Plautus und des Terenz[31] bearbeitete, und
in einer Komödie den Inhalt des aristophanischen Plutus verwendete[32], wie Albrecht von Eybe seine Philogenia[33] nach einem
italienischen, und ein ungenannter Dichter eine Tragödie nach einem
spanischen Original verfasste[34]. Zu den Fastnachtsspielen wurden besonders Schwänke und Anekdoten benutzt, die entweder schon
früher in poetischer oder prosaischer Erzählungsform in Umlauf ge-

---

Germ. 2, 504.   27) Vgl. J. Grimm in Haupts Zeitschr. 5, 1. Nach der Hs. des
Dichters hrsg. in Brauns Neudrucken des 16. u. 17. Jahrhs., Nr. 29. Halle 1880.
8.   28) Nach einem alten Züricher Drucke von 1548 herausgegeben von Fr.
Mayer, Pforzheim 1843. 8. Die Worte im Titel des Stückes 'vorzyten gehalten zuo
Ury und yetz nüwlich gebessert' deuten auf ein älteres Spiel, das sich zu Uri im
Munde des Volkes fortpflanzte. Und ein solches Spiel scheint sich wirklich erhalten zu haben; in der Gottschedschen Schauspielsammlung der Weimarer Bibliothek findet sich: 'Ein schönes Spiel gehalten zu Ury — von Wilhelm Thellen —
sammt dem Thellen Lied. Gedruckt im Jahre 1698.' Vgl. Weimar. Jahrbuch 5, 52,
wo das Stück auch S. 53 ff. abgedruckt ist. Grundidee und Hauptinhalt des Ruef-
schen (oder vielmehr des von ihm gebesserten älteren) Stückes sind aus einem
alten Tellenliede entnommen; vgl. Gotting. G. A. 1843, Nr. 192.   29) Von J.
Ruef (Ruof) giebt es noch andere dramatische Sachen so 'vom Wol- und Uebelstand einer loblichen Eidgenossenschaft' 1539 (herausgeg. unter dem Titel Etter
Heini von H. M. Kottinger, Quedlinburg und Leipzig 1847. 8.), Adam und Eva, gespielt 1550 (herausg. von Kottinger ebendas. 1848. 8.) etc.; vgl. Gödeke, Grundriss S. 302 f.   30) Jocaste, 1550; Clystaemnestra, 1554.   31) Die Menächmen des Plautus 1548, und den Eunuchen des Terenz 1563.   32) Vgl.
Anm. 5.   33) Gottsched 2, 171.   34) Nach der Celestina des Rodrigo Cota

§ 162 wesen, oder über Tagesereignisse sich eben gebildet hatten. Ausserdem wurden auch noch öfter Fabeln zu Komödien und Fastnachtsspielen ganz oder theilweise erfunden; namentlich war diess bei allegorischen Schauspielen der Fall, so wie bei denen, die bald mit einer rein moralischen, bald mit einer satirischen und polemischen Tendenz Zustände der Gegenwart veranschaulichen und Parteizwecken dienen sollten. Von dieser Art sind die Fastnachtsspiele des Baseler Bürgers und Buchdruckers Pamphilus Gengenbach[35], der zwischen 1509—1523 dichtete, seine zehn Alter der Welt, die 1515 von Baseler Bürgern gespielt wurden[36], der in dem gleichen Jahre und 1517 aufgeführte Nollhart[37], und die Gauchmatt der Buhler[38], alle drei von höchst einfacher Anlage und trotz ihrer Bestimmung, in der ausgelassenen Faschingszeit gespielt zu werden, durchaus ernst und insofern wesentlich von den Fastnachtsspielen des fünfzehnten Jahrhunderts verschieden. Das locale Leben der Zeit stellt Valentin Boltz in seinem Weltspiegel[39] dar, welcher im Zusammenhange mit den auf alter dramatischer Grundlage ruhenden Todtentänzen[40] den Tod auf die Bühne brachte und 1551 von der Bürgerschaft zu Basel aufgeführt wurde. Zu den ausgezeichnetsten zählt Burkard Waldis' Fastnachtsspiel vom verlornen Sohn, welches der Dichter 1527 vor versammelter Bürgerschaft zu Riga aufführen liess[41]. Nicht selten wurde das deutsche Schauspiel zur Polemik und zum Pasquill gegen und auf das Papstthum gebraucht. Von diesem Charakter sind die beiden 1522 zu Bern aufgeführten Fastnachtsspiele

---

und seiner Fortsetzer. Vgl. Anm. 17 und v. Schack, Geschichte der dramatischen Litteratur und Kunst in Spanien 1, 156 ff., 3, 553.   35) Pamphilus Gengenbach, herausgegeben von K. Gödeke, Hannover 1856. 8.   36) Wiedergedruckt in Kellers Fastnachtsspielen Nr. 119 und bei Gödeke a. a. O. 76.   37) Bei Gödeke 77, die Interpolationen S. 463 ff.   38) Bei Gödeke S. 177 ff.   39) Vgl. Gödeke's Grundriss S. 303 und Wackernagel, Joh. Fischart S. 52.   40) Vgl. Massmann, die Literatur der Todtentänze. Leipzig 1847. 8. und Wackernagels Abhandlung über den Todtentanz in Basel im 14. Jahrhundert (1856) S. 395 ff. 410. Diese Abhandlung ist eine erweiterte Bearbeitung der gleich betitelten in Haupts Zeitschr. 9, 302 ff. (kl. Schriften 1, 302 ff.) Dazu Rieger in der German. 19, 257 bis 250, die niederdeutsche Bearbeitung, hrsg. von Bäthke. Stuttg. 1876. 8. (Litter. Verein), die von Schröer in der Germania 12, 284—309 herausgegebenen Todtentanzsprüche, und das seinem Inhalte nach verwandte 'Spiegelbuch' (herausg. von Rieger in der German. 16, 173—211), welches, wie der Herausgeber gezeigt hat, aus verschiedenen älteren Stücken zusammengesetzt ist.   41) Vgl. Buchenau, Burk. Waldis S. 14 f. Der vollständige Titel steht S. 30; das einzige Exemplar des Druckes befindet sich in Wolfenbüttel. Herausg. von A. Höfer im 2. Bdchen seiner Denkmäler nd. Sprache und Literatur. Greifswald 1851. 8. und zuletzt von Milchsack in Braune's Neudrucken. Halle 1881. 8.; über diese und andere Bearbeitungen des Stoffes vgl. H. Holstein, das Drama vom verlornen Sohn. Ein Beitrag zur Geschichte des Dramas. Halle 1880, 4. E. Schmidt, Komödien vom

des Nicolaus Manuel[42], seine Todtenfresser und Unterschied § 162
zwischen Papst und Jesus Christus, woran sich der 1525 aufgeführte Ablasskrämer anschliesst; ferner der neue deutsche
Bileams-Esel[43], die 'Komödie von der Reformation, gespielt zu
Paris im Jahre 1524'[44], die durch ihren Inhalt in mehrfacher Verwandtschaft mit dem bekannten stummen Spiele steht, welches einst
vor Karl V aufgeführt sein soll[45], u. a. Mit ausdrücklich erklärter moralischer Absicht ist der 1584 verfasste deutsche Schlemmer,
ein geistlich Spiel, das, wie der Dichter selbst sagt, als ein Spiegel
des ungöttlichen Wesens vieler ruchloser Menschen zu betrachten ist,
von Johann Stricker oder Strizer[46] gedichtet[47], von ähnlichem
Inhalt wie der viel bearbeitete Stoff des Hekastus, der auf der
englischen Moralität Every-Man (1530) beruht, die bald darauf von
Petrus van Diest ins Niederländische, unter dem Titel Homulus von
Christ. Sterck in Köln ins Lateinische übertragen wurde, worauf sie
der Verleger Jaspar Gennep ins Deutsche übersetzte[48]; der Hekastus
selbst, eine freiere Auffassung desselben Stoffes, ist von Georg Lenk-
veld (Macropedius) aus Gemerten bei Herzogenbusch lateinisch verfasst und von des Verfassers Schülern 1538 zu Utrecht aufgeführt,
dann von Laurentius Rappolt deutsch bearbeitet und 1549 zu Nürnberg gegeben worden[49]. Eins der bessern dramatischen Sittengemälde

---

Studentenleben. Leipzig 1880. 8.   42) Geboren zu Bern wahrscheinlich 1484,
zeichnete sich zugleich als Maler und Dichter, als Krieger, Staatsmann und Re-
formator seiner Vaterstadt aus, gest. 1530. Von seinen Spielen giebt es mehrere
alte Drucke (der älteste bekannte ist von 1524); sie sind neu herausgeg. Bern
1836. 8. und mit N. Manuels übrigen vorhandenen Schriften von Grüneisen, Nic.
Manuel. Stuttgart u. Tübingen 1837. 8.; am besten und vollständigsten, mit einer
ausführlichen Einleitung von J. Bächtold. Frauenfeld 1878. 8.; vgl. noch Bächtold in der Zeitschr. f. d. Alt. 26, 99—104; G. F. Rettig und Bächtold im Anzeig. f.
schweiz. Geschichte, 10. Bd., Nr. 1 u. 2; J. R. Rahn, im Repertorium f. Kunst u.
Wissensch. III, 1; E. Weller, in der German. 17, 419—424. Das zweite Fastnachtsspiel bei Grüneisen steht auch bei Tittmann, Schauspiele aus dem 16. Jahrh. 1,
3—15 (mit Einleitung); ein anderes, Elslin Tragdenknaben, bei Keller, Fastnachtspiele 2, 861 ff.; vgl. Gödeke's Gengenbach S. XIX, Kellers Nachlese S. 349. Vgl.
über ihn auch Gervinus 2³, 454 f. (2⁴, 656 f.) und Tittmann 1, 6 ff. Wie N. Manuel
seinen ganzen gegenpäpstlichen Ingrimm auch als Maler ausgelassen hat, ist bei
Wackernagel in Haupts Zeitschr. 9, 353 nachzulesen.   43) Gottsched erwähnt
ihn 1, 54, setzt ihn aber etwas zu früh.   44) Nach einem alten Druck hrsg.
von Grüneisen in Illgens Zeitschr. f. d. histor. Theol. 2 (1839), 156 ff.   45) Vgl.
Gottsched 2, 201 ff.   46) Er war 1570 Pfarrer zu Cismar in Wagrien, wo er
ein geistliches Spiel vom Falle Adams und Eva's schrieb, dann zu Gröbe, zuletzt
zu Lübeck, wo er 1598 starb. Vgl. über ihn und sein Leben besonders Gödeke,
Every-Man S. 111 ff.   47) Gedruckt Magdeburg 1588. 8. und niederdeutsch,
Frankfurt a. d. O. 1593. 8.; vgl. Gottsched 1, 122; 132 ff. und besonders Gödeke
a. a. O. S. 77. 112. f. 224 f.   48) Danach wurde sie 1539 aufgeführt.   49)
* Im Druck erschien Rappolts Bearbeitung erst Nürnberg 1552. Sie ist identisch

§ 162 ist auch B. Ringwaldts Komödie 'Speculum Mundi' [50]. Mehreren
Stücken, in denen theils aus der alten Götterlehre und der volksthümlichen Sage, theils aus der unmittelbaren Wirklichkeit entnom-
mene Figuren die Zustände der Zeit und die Verhältnisse einzelner
Stände noch ganz in rosenblütscher Weise, obgleich mit mehr Anstand, besprechen, und wozu die Fabeln rein erfunden sind, begegnet
man auch in Hans Sachsens Werken. In der Regel gehören die
allegorischen Stücke zu den allerschwächsten, und man sieht aus
ihnen recht deutlich, wie wenig diese Dichter im Stande waren, einen
Stoff zu dramatischer Lebendigkeit zu beseelen und an ihm eine in
stätigem Fortschreiten sich entwickelnde Handlung zur Anschauung
zu bringen, wenn er ihnen nicht schon selbst in seiner Natur und
einer etwaigen frühern glücklichen Gestaltung die Mittel dazu ent-
gegenbrachte. — Auf der Grenzscheide dieses und des folgenden Zeitraums endlich begannen auf das volksthümlich deutsche Drama auch
die Stücke, welche die englischen Komödianten mitbrachten und
spielten, ihren Einfluss zu äussern [51], sowohl in der Zuführung neuer
Stoffe, als in der ganzen Art der dramatischen Composition, die nun,
freilich ohne sich damit der alten Unbeholfenheit und Rohheit zu ent-
winden, im Allgemeinen bunter, belebter und geräuschvoller ward,
und in der, mochte der Gegenstand ernst oder komisch sein, der
eigentliche Narr und Possenreisser kaum mehr fehlen durfte [52]. Auch
geschah es vielleicht in Folge der Form, die jene von den Englän-
dern eingeführten Stücke unter den Händen ihrer deutschen Uebersetzer und Bearbeiter erhielten, dass jetzt schon bisweilen deutsche

---

mit Hans Sachsens Comedi von dem reichen sterbenden Menschen, Hecastus genannt. Vgl. über die Geschichte und weitere Verbreitung des Stoffes, der auf einer
morgenländischen Fabel beruht, besonders Gödeke, Every-Man, Homulus und Hekastus. Ein Beitrag zur internationalen Litteraturgeschichte. Hannover 1865. 8.;
dazu Tittmann a. a. O. 1, S. XXVIII ff.   50) Frankf. a. d. O. 1590; vgl. Hoffmann, B. Ringwaldt und B. Schmolck, S. 31 ff. Ueber andere Stücke von vorzugsweise moralischem Inhalt s. Gervinus 3³, 69 ff. (3⁵, 126 ff.)   51) Hierüber vgl. besonders Gervinus 3³, 100 ff. (3⁵, 136 ff.)   52) Vorgebildet war er schon in den
komischen und burlesken Figuren der alten geistlichen Spiele; vgl. die oben (§ 161,
37) angeführte Abhandlung von Weinhold über das Komische im altd. Schauspiel.
Unter seinen verschiedenen Namen ist Hanswurst (vgl. Wackernagel in der Germania 5, 322 f.) noch keineswegs der üblichste: das Wort kommt zuerst in dem
niedersächsischen Narrenschiff vor (vgl. Tittmann a. a. O. 2, S. XXIV), dann braucht
es Luther im Jahre 1541 (s. Lessings sämmtliche Schriften 11, 176 f.); das älteste
Stück, worin Hanswurst vorkommt, ist ein Fastnachtsspiel (1553) von Peter Probst,
einem Nürnberger (vgl. Gottsched 1, 33 ff. und Flögel, Geschichte des Grotesk-
komischen S. 118 ff. und jetzt besonders P. Probsts Fastnachtspiel mit dem Bauern
Heinz Wurst, im Archiv f. Liter. Gesch. 4, 409—425); bei Hans Sachs findet sich
Wurst-Hans als fingierter Name von Fressern (Schmeller, baierisches Wörterbuch 4, 158).

Schauspiele in reimlosen fünffüssigen Jamben[53] oder in Prosa ge- § 162
schrieben wurden[54].

§ 163.

Im sechzehnten Jahrhundert finden wir das Schauspiel nach und
nach über alle Gegenden Deutschlands verbreitet; eine ganz besondere Pflege fand es in der Schweiz, und von hier aus angeregt, dann
den Rhein abwärts, im Elsass, weiterhin in Franken und in Sachsen,
wo namentlich das Schuldrama einen besonderen Aufschwung nahm.
Unter den vielen dramatischen Dichtern, die im Laufe des sechzehnten und zum Theil auch noch zu Anfang des siebzehnten Jahrhunderts vor dem Erscheinen Opitzens auftraten[1], verdienen zunächst
zwei besonders hervorgehoben zu werden, da in ihren Werken, wenn
sie auch in verschiedenen Graden alle Mängel der übrigen theilen,
doch im Allgemeinen die Fortschritte zumeist wahrnehmbar sind,
welche die dramatische Poesie in diesem Zeitraum machte. Der
eine ist Hans Sachs[2], der sich dieser poetischen Gattung mit dem
meisten Eifer erst in seinen spätern Jahren, besonders seit 1545, zu-
wandte[3]; der andere, dessen vorzüglichste dichterische Thätigkeit

---

53) So wandte diese Versart 1613 Johannes Rhenanus in Cassel in seinem
dem Englischen nachgebildeten Speculum Aistheticum, abwechselnd mit Prosa, an;
vgl. Höpfner, Reformbestrebungen S. 39 ff. Vgl. zur Geschichte derselben Zarncke,
über den fünffüssigen Jambus. Leipzig 1865. 4. und A. Sauer, über den fünffüssigen Jambus vor Lessings Nathan. Wien 1878. 8.   54) Namentlich von
Herzog Heinrich Julius von Braunschweig; vgl. Gottsched 1, 126 f.; 135; 141; 156 f.
Er liess auch bisweilen einzelne Nebenfiguren nicht hochdeutsch, sondern in Volksmundarten sprechen. Dergleichen war aber schon früher nicht unerhört gewesen;
besonders liebte man es, Bauern, Hirten und Fremde plattdeutsch reden zu lassen.
So bedienen sich dieser Mundart die Bauern in des Güstrower Rectors Franz
Omichius (eigentlich Oehmike, Goedeko, Every-Man S. 6) Komödie 'von Dio-
nysii Syracusani und Damonis und Pythiae Brüderschaft' (Rostock 1578) und die
Hirten in der oben (§ 160, 36) angeführten Berliner Komödie, und ähnlich verhält es sich mit einem anderen, fast um fünfzig Jahre älteren Weihnachtsspiel von
Chnustin. In der 1595 zu Magdeburg erschienenen 'schön christlich Action
von der Geburt und Offenbarung unseres Herrn und Heylandts Jhesu Christi',
von M. Joh. Cuno, Diaconus zu Calbe a. d. S., sind unter den 31 Personen auch
vier Schafknechte, zwei gottesfürchtige, die thüringisch, und zwei böse, die säch-
sisch (d. h. niederdeutsch) reden; in der Vorrede wird der Grund dafür angegeben
(vgl. Weimar. Jahrbuch 5, 77). Vgl. Gervinus 3², 104—106 (3², 142 ff.).

§ 163. 1) Ein langes Verzeichniss von dramatischen Stücken enthält Fischarts
Gargantua im 26. Capitel; vgl. Wackernagel, Johann Fischart S. 52. Die vollstän-
digste Uebersicht der dramatischen Literatur der Reformationszeit giebt Gödeke
im 6. Kapitel des 4. Buches seines Grundrisses S. 295 ff.; vgl. dazu Pfeiffer in der
German. 2, 503 ff.; bezüglich der Schweiz vgl. E. Weller, das alte Volkstheater der
Schweiz, Frauenfeld 1863. S. und dessen Nachträge in der German. 25, 361—364.

2) Vgl. § 149, 44 ff.   3) Vgl. Gervinus 2², 478 ff. (2², 693 ff.); 3², 109 f. (3²,
145 f). Sein erstes Stück ist 'das Hofgesind Veneris', ein Fastnachtsspiel vom

§ 163 um 1595 angehoben zu haben scheint[4], Jacob Ayrer[5]. Wie jener, so zeichnet sich auch dieser nicht bloss durch eine grosse Fruchtbarkeit[6], sondern auch durch ein nicht gemeines Talent zu lebendiger Darstellung vor den übrigen Dramatikern dieser Zeit aus; er ist dem erstern sogar in der Kunst der Composition einigermassen überlegen, indem er schon, hauptsächlich in Folge seiner Bekannt-

---

Jahre 1517. Ueber die Reimbehandlung in seinen Dramen vgl. Rachel, Reimbrechung und Dreireim im Drama des H. Sachs und anderer gleichzeitiger Dramatiker. Freiberger Progr. 1870. 4.   4) Nach der Dresdener Handschrift sind die Komödien und Tragödien 1595—99, die Fastnachtsspiele 1595 geschrieben.

5) Geboren wahrscheinlich zu Nürnberg; von seinen Lebensumständen ist wenig mehr bekannt, als dass er Notarius und Gerichtsprocurator zu Nürnberg war, wo er am 26. März 1605 starb. In der von 1599 datierten Bamberger Reimchronik (vgl. § 147, Anm. 2) sagt er, dass er nach der ersten Abfassung derselben, die bis 1570 reichte, noch 23 Jahre zu Bamberg gelebt habe: vgl. Tittmann 2, 123 f. Dass er seine Stücke schon in den Jahren 1570—1589 geschrieben, wie man behauptet hat, lässt sich gar nicht beweisen. Gottsched irrt, wenn er (1, 121) ein 1555 zu Speier gedrucktes Drama für eine ältere Ausgabe des durch Ayrer bearbeiteten Julius redivivus von Nicodemus Frischlin (1, 143) hält. Auf dem Titel jenes Stückes, wie ihn Gottsched selbst aufführt, steht gar nicht der Name von Nicodemus Frischlin, sondern von seinem Bruder Jacob (vgl. auch Kellers Ausg. S. 3435), der Rector der Schule zu Waiblingen (Höpfner, Reformbestrebungen S. 18 giebt irrig an: zu Reutlingen) war und sich durch verschiedene eigene Schriften wie als Uebersetzer von Schriften seines Bruders bekannt gemacht hat (Gödeke, Grundriss S. 294 führt ihn unter den Pritschenmeistern auf, was jedenfalls nicht buchstäblich zu verstehen ist; vgl. Höpfner a. a. O. S. 18). Diese Verwechslung beider Brüder ist noch Tieck (1, S. XVII) entgangen (auch Schäfer, 1, 269, Anm. 28, ist sie nicht aufgefallen), der, so viel ich weiss, zuerst richtige Zeitbestimmungen für die Entstehung von Ayrers Schauspielen gefunden hat. An diesem Irrthum hält noch K. Schmitt in seiner nichts Neues bietenden Schrift, Jacob Ayrer, ein Beitrag zur Geschichte des deutschen Dramas, Marburg 1851. 8. fest. Wichtig sind die Mittheilungen von K. G. Helbig in Prutz' Literar-histor. Taschenbuch 1847, S. 441 ff. und die nachträgliche Berichtigung in den Blättern f. liter. Unterh. 1847, S. 1312; ferner desselben Aufsatz 'Zur Biographie und Characteristik des Jacob Ayrer' in Hennebergers Jahrbuch f. deutsche Literaturgeschichte I (Meiningen 1855. S.), 32 bis 41. Bezüglich der Literatur über Ayrer vgl. Kellers Ausgabe S. 3419 f. Vgl. über Ayrer ausser Tieck und Gervinus 3, 114 ff. (3[5], 150 ff.), auch Bouterwek 9, 466 ff.; Rückert, der Dramatiker Ayrer, in den Blätt. f. liter. Unterh. 1866, Nr. 4 u. 5 (kl. Schr. 2, 223 ff.), und Lötzelberger, das deutsche Schauspiel u. Jacob Ayrer, im Album d. liter. Vereins in Nürnberg 1867, S. 110—155.   6) Wir besitzen von ihm 69 Stücke, von denen 66 in dem 'Opus Theatricum' Nürnberg 1618. fol. vereinigt sind; drei hier nicht gedruckte Dramen stehen in einer Dresdener Handschrift und sind zuerst in Kellers Ausgabe: Ayrers Dramen, Stuttgart 1865. 5 Bde. 8. (76.—80. Publicat. d. litterar. Vereins) als Nr. 67—69 veröffentlicht (vgl. die Titel der einzelnen Stücke bei Gottsched 1, 142 ff., Jördens 6, 555 ff. und Keller S. 3469 ff.). Einige davon bei Tieck 1, 167 ff., und bei Tittmann 2, 157—315, wo auch S. 123 bis 156 über des Dichters literarische Bedeutung, seine Quellen etc. eingehend gehandelt ist; vgl. Pischon 2, 400 ff. Die Fastnachtsspiele sind schon 1610 gedruckt, aber wahrscheinlich erst mit den übrigen Stücken im Opus Theatricum.

schaft mit den von den englischen Komödianten gespielten Stücken[7], § 163 etwas einer Intrigue Aehnliches anzulegen und auszuführen weiss, steht ihm aber nach in der Behandlung der Sprache und des Verses und nicht minder an Gemüth und Menschenkenntnis, an Witz und Laune, so wie an Reinheit und Unschuld der Darstellung. Von beiden Dichtern besitzen wir Tragödien, Komödien und Fastnachtsspiele in grosser Anzahl: Hans Sachs sagt selbst (im Jahre 1567), dass er bei Durchmusterung seiner achtzehn Spruchbücher 'fröhlicher Comedi, trauriger Tragedi und kurzweiliger Spil' im Ganzen 208 gefunden habe, und setzt hinzu, dass die meisten in Nürnberg gespielt worden seien, und dass man auch in andern nahen und fernen Städten sich dieselben zu verschaffen gesucht habe[8]; von Ayrer sind 33 Komödien und Tragödien, darunter nur ein einziges geistliches Stück, und 36 Fastnachtsspiele[9]. Diese letzten, die bei Ayrer auch schon Possenspiele heissen, sind beiden, besonders Hans Sachsen, im Ganzen am besten gelungen, bei weitem dramatischer als die rosenblütschen und viele darunter in ihrer Weise vortrefflich zu nennen[10]. Von Ayrer gibt es auch eigentliche Singspiele[11], die ersten dieser Art, die man in deutscher Sprache kennt[12]. Sie sind in verschiedenen, doch in einem und demselben Stücke nicht neben einander vorkommenden Strophenarten abgefasst und jedes der

---

ausgegeben (vgl. Keller S. 3425). Ausserdem soll er noch 40 Schauspiele gedichtet haben; sie sind aber nicht gedruckt, obgleich jene Sammlung selbst ihre Fortsetzung ankündigt.   7) Dass er bei mehreren seiner Dramen Werke der englischen Bühne benutzte, hat Tieck 1, S. XVIII ff. im Allgemeinen bemerkt und an einzelnen Stücken nachgewiesen; vgl. Gervinus a. a. O. und besonders A. Cohen, Shakespeare in Germany, London 1865. gr. 8.; Genée, Geschichte der Shakespeare'schen Dramen in Deutschland, Leipzig 1868. 8.; Tittmanns Einleitung zu seiner Auswahl von Ayrers Stücken; Lützelberger, Ayrers Phönizia und Shakespeare's Viel Lärm um Nichts, im Album d. literar. Vereins in Nürnberg 1868, S. 1—72 und Wolff, zur Kenntniss der Quellen von Jacob Ayrers Schauspielen. Berlin 1875. 4. (Programm der Luisenstädt. Gewerbeschule). In der Vorrede des Opus Theatr. heisst es, Ayrer habe in seinen Dramen 'alles nach dem Leben angestellt und dahin gerichtet, dass mans — gleichsam auf die neue englische manier und art — alles persönlich agirn und spilen kan'; vgl. Keller 1, 6.   8) Was er davon für den Druck bestimmte, und von Gottsched verzeichnet ist, steht in den oben angeführten Ausgaben seiner Werke. Einige Stücke, die zu seiner Charakterisierung als Dramatiker vortrefflich ausgewählt sind, bei Tieck 1, 19 ff. und Wackernagel, Lesebuch 2, 57 ff.   9) Unter diesen sind auch die Singspiele mitbegriffen. Gottsched verzeichnet nur 34.   10) 47 Fastnachtspiele von ihm aus den Jahren 1518—1554 sind neu herausgeg. von F. Götze in Braune's Neudrucken von Literaturwerken des 16. und 17. Jahrhunderts. Halle 1880—84. 8.   11) Er nennt sie Singets Spil, einigemal auch Singents Spiel (d. h. singendes Spiel, ein zum Singen bestimmtes Spiel).   12) Auch in ihnen zeigt sich Nachahmung englischer Vorbilder; vgl. Tieck 1, S. XVIII f. und XXIX unten. Von ganz anderer Beschaffenheit waren, auch abgesehen vom Inhalt, die älteren Schauspiele,

§ 163 Melodie eines beliebten und bekannten Volksliedes angepasst, wonach es bei der Aufführung von Anfang bis zu Ende abgesungen sein muss. — Von den übrigen Dichtern dieser Zeit, die sich im Schauspiel versucht haben, mögen hier noch genannt werden Paul Rebhun[13], dessen Susanna und Hochzeit zu Cana bereits oben erwähnt wurden, nächst Hans Sachs vielleicht der begabteste unter den ältern, der mit jenem Stücke das der Form nach zur Antike sich wendende Kunstdrama und dem Inhalte nach die grosse Reihe biblischer Stücke des sechzehnten Jahrhunderts eröffnet, Nicodemus Frischlin, der nicht nur lateinische[14], sondern auch deutsche Dramen (die Komödien Frau Wendelgard, Joseph, Ruth, die Hochzeit zu Cana) verfasst hat[15], und der Herzog Heinrich Julius von Braunschweig[16], der sich unter den jüngern auszeichnet, und dessen gleichfalls zum Theil von den englischen Schauspielern angeregte Komödien[17] noch mehr Anlage zeigen als Ayrers[18]. Ferner erwähne ich drei als Rebhuns Schü-

---

in denen gesungen wurde, wie sich aus dem darüber in und zu den vorhergehenden §§ Bemerkten ergibt.   13) Er nannte sich auch lateinisch Paulus Perdix; sein Geburtsort ist unbekannt (nach Tittmann war er wahrscheinlich ein Berliner); er hatte zu Wittenberg in Luthers Hause gelebt, dann Schulämter zu Kahla, Zwickau und Plauen verwaltet, wurde 1542 auf Luthers Empfehlung Pfarrer zu Oelsnitz und Superintendent der im Bezirk Voigtsberg gelegenen Pfarreien, und starb 1546. Ausgabe seiner Dramen von H. Palm, Stuttgart 1859. 8. (49. Publication des litterar. Vereins), wo im Schlusswort des Herausgebers (S. 175 ff.) auch des Dichters Leben und dichterischer Charakter behandelt ist. Die Susanna steht auch bei Tittmann 1, 25—106. Vgl. § 137, 6. 162, Anm. 2.   14) Vgl. oben § 162, 15. 15) Deutsche Dichtungen von Nicod. Frischlin theils zum erstenmal aus den Hss., theils nach alten Drucken herausgeg. von D. Strauss. Stuttgart 1857. 8. (41. Publication des litterar. Vereins). Ein erzählendes Gedicht, die Hohenzollersche Hochzeit ist herausgeg. von Birlinger, Freiburg 1860. 8.   16) Geb. 1564, gest. 1613. Die Schauspiele des Herzogs Heinrich Julius von Braunschweig. Nach alten Drucken und Handschriften herausgeg. von W. L. Holland. Stuttgart 1855. 8. (36. Publication des litterar. Vereins); neueste Ausgabe von J. Tittmann. Leipzig 1880. 8.; dazu H. Grimm, das Theater des Herzogs Heinrich Julius von Braunschweig, in Westermanns Illustr. Monatsheften 1856, December-Heft. (wiederholt in seinen 'Fünfzehn Essays' Neue Folge) und O. v. Heinemann, Herzog Heinrich Julius und die Anfänge des deutschen Theaters: in Heinemann, Aus der Vergangenheit des Welfischen Hauses. Wolfenbüttel 1881. 8. Er bezeichnet sich in den Titeln seiner Stücke durch die aus den Anfangsbuchstaben seiner Namen, Würden etc. gebildete, hier und da etwas abgeänderte Chiffre IIIbaldcha (gedeutet bei Gottsched 1, 139 und bei Gervinus 3², 115 [3³, 156], Holland S. 840 f.; etwas abweichend von Cohen, Shakespeare in Germany S. XL, Anm. 2, wo cha als episcopatus Halberstadensis antistes erklärt wird.)   17) Die Entstehungszeit derselben lässt sich nicht näher bestimmen als durch die auf den Drucken genannten Jahre 1593 und 1594.   18) Vgl. Gervinus 3², 114 ff. (3³, 155 ff.), der für das wichtigste die in Prosa geschriebene 'Komödie von Vincentio Ladislao Satrapa von Mantua' erklärt, welche von Gottsched um 1591 angesetzt (Hoffmann im Weimar. Jahrb. 4, 213 setzt sie 1594, aber fragend), wenigstens schon vor 1601

ler zu betrachtende Dichter, den Zwickauer Hans Ackermann[19], § 163
Verfasser eines verlornen Sohnes (1536) und eines Tobias (1539),
Hans Tirolf aus Kahla, der die Heirath Isaaks (1539) bearbeitete[20]
und Naogeorgs Pammachius in fünffüssigen Jamben übersetzte, und
Johann Chrysaeus, der 1544 in seinem Hofteufel die Geschichte
Daniels in der Löwengrube dramatisierte; ferner Lienhart Kul-
man[21], dessen letztes Stück, die Wittfrau, gegen die communistischen
Tendenzen der Wiedertäufer gerichtet, auch sein bestes ist[22]; Jacob
Funkelin[23], der 1550 in Biel sein Spiel vom reichen Mann und
armen Lazarus zur Aufführung brachte, in welches ein Zwischenspiel
von dem Streit der Venus und Pallas[24] in drei Acten, vor der Tafel
des reichen Mannes gegeben, eingeschoben ist; Sebastian Wild,
der in seiner 'Tragedi' von dem Doctor und dem Esel[25] die alte
Parabel vom Vater und Sohn mit dem Esel, die es der Welt nicht
recht machen können, in die höchsten Lebenskreise versetzt behandelte[26] und damit Repräsentant einer aus dem alten Fastnachtsspiele
hervorgegangenen dramatischen Gattung ist[27]; Petrus Meckel[28],
dessen 'Anklage des menschlichen Geschlechts'[29] die schon in den
alten Fastnachtsspielen häufige Form des Rechtsstreites trägt, aber
nicht zum Aufführen, sondern zum Lesen bestimmt war; Bartholo-
maeus Krüger[30], dessen 'Action von dem Anfang und Ende der

---

abgefasst sein muss, da in diesem Jahre eine gereimte Bearbeitung davon durch
El. Herlicius erschien (Gottsched 1, 151; vgl. Weimar. Jahrb. 4, 211; 216 f.). Gervinus nennt es das 'unstreitig eigenthümlichste und originalste Stück, was diese
Zeit aufzuweisen hat'.   19) Vgl. über ihn und die folgenden drei, sowie noch
andere von Rebhun mehr oder weniger abhängige Dichter Palms Ausgabe der
Rebhunschen Dramen, und Holstein in Zachers Zeitschrift 12, 455.   20) Rebhun
begleitete das zu Wittenberg erschienene Stück mit einer poetischen Vorrede.   21)
Geb. zu Krailsheim in Würtemberg 1495, studierte in Erfurt und Leipzig, ward
1522 Rector an der Spitalschule zu Nürnberg, 1549 Prediger zu St. Sebald da-
selbst, verlor diese Stelle als Anhänger Osianders, wurde 1556 Superintendent zu
Wiesensteig, 1558 Pastor zu Bernstadt bei Ulm und starb 1562.   22) Die
Wittfrau wurde 1544 zu Nürnberg gegeben; sie ist wieder gedruckt in Tittmanns
Schauspielen aus dem 16. Jahrhundert 1, 113 ff. Vgl. über den Dichter 1, 102 ff.
und Gödeke's Grundriss S. 320.   23) Aus Constanz, ward 1550 Prediger zu
Biel, wo er seine Stücke aufführen liess. Vgl. über ihn Rochholz in der Germ. 14,
412 ff. Er hat ausser Schauspielen auch geistliche Lieder gedichtet.   24) Das
Zwischenspiel ist wiedergedruckt bei Tittmann 1, 169 ff.   25) Der Dichter nennt
sich in der Widmung des Buches (1566) einen Bürger zu Augsburg, wo er wahrscheinlich der Meistersängerschule angehörte; vgl. Tittmann 1, 207, wo S. 209—215
das Stück neu gedruckt ist.   26) Ueber andere dichterische Behandlungen der
Parabel bei Boner und H. Sachs vgl. Tittmann S. 204 f.; über die sonstigen dramatischen Werke Wilds S. 206 f.   27) Vgl. Tittmann 1, S. XXIV.   28) Gebürtig aus Pfeddersheim und Schulmeister zu Neustadt an der Aisch.   29) Bei
Tittmann 1, 255—286; über den Dichter vgl. ebenda 1, 249 ff.   30) Geboren zu

§ 163 Welt'[31], die ganze Heilsgeschichte bis zur Wiederkehr Christi beim jüngsten Gericht umfassend, eines der ausgezeichnetsten Stücke des sechzehnten Jahrhunderts ist[32]; endlich hauptsächlich nur ihrer Fruchtbarkeit halber Joachim Greff[33], der zuerst 1535 zu Magdeburg eine gereimte Uebersetzung der Aulularia des Plautus erscheinen liess, worauf seine Tragödie Judith (1536), sein 'Mundus, ein schön neues Spiel von der Welt Art und Natur' (1537), die drei Historien der Patriarchen Abraham, Isaak und Jacob (1540), ein geistlich Spiel auf das heilige Osterfest (1542) und 1545 sein Lazarus folgten[34]; sowie Georg Mauritius[35] und Wolfhart Spangenberg[36].

D. Didaktische Poesie.

§ 164.

Wie entschieden auch immer die Wendung, welche die dichterische Thätigkeit bereits früher, vorzüglich aber seit der Mitte des vierzehnten Jahrhunderts, durch die politischen, bürgerlichen und gesellschaftlichen Zustände Deutschlands, das ganze geistige und sittliche Leben der Nation und die Bewegungen in der Kirche erhielt, sie der Didaktik zuführte, und eine wie grosse Menge ganz oder hauptsächlich didaktischer Reimwerke des verschiedensten Inhalts wir aus dieser Periode auch noch neben dem besitzen, was von ähnlicher Beschaffenheit die übrigen Gattungen der Poesie hervorgebracht haben: so sind doch verhältnissmässig nur wenige darunter, die einen

---

Spernberg, war Organist und Stadtschreiber zu Trebin. Vgl. allgem. D. Biographie 17, 226 ff.   31) Gedruckt 1580. 8.; neu herausgeg. bei Tittmann 2, 7—120; vgl. über den Dichter S. 3 ff. Ausser einem zweiten Drama von geringerer Bedeutung, dem Spiel von den bäurischen Richtern und dem Landsknecht (1580, neu herausgeg. von J. Bolte. Leipzig 1884. 16.) erschien von ihm 1591 zu Berlin sein treffliches Volksbuch 'Hans Clauerts wirkliche Historien', welches die Schelmenstreiche eines Trebiner Stadtkindes berichtet. Tittmann S. 6. Neue Ausgabe in Braune's Neudrucken. Halle 1881. 8.   32) Gödeke's Grundriss S. 312. 33) Aus Zwickau, studierte zu Wittenberg zu Anfang der dreissiger Jahre, wurde 1541 Schulmeister und Rector zu Dessau, wo er noch 1545 war. Sein Todesjahr ist unbekannt. Vgl. über ihn K. v. Webers Archiv für die sächsische Geschichte 4 (Leipzig 1868. 8.), 406; Scherer, deutsche Studien 3, 11 ff.; Holstein im Archiv f. Litt. Gesch. 10, 154 ff. und oben § 162, Anm. 18.   34) Sie sind mit Ausnahme der Aulularia sämmtlich zu Wittenberg in 8. erschienen. Er hat ausserdem eine Vermahnung an die deutsche Nation wider den türkischen Tyrannen, Wittenberg 1541. 4., geschrieben.   35) Geb. zu Nürnberg 1539, wo er auch 1610 als Rector starb. Seine zehn Schauspiele wurden zu Leipzig erst einzeln in den Jahren 1606 und 1607, dann im letztern Jahre zusammen gedruckt.   36) Aus Mansfeld, lebte aber später in Strassburg; er nannte sich auch Lycosthenes Psellionoros. Uebersetzungen griechischer und lateinischer Dramen und eigene Stücke von ihm erschienen zwischen 1603 und 1615. Vgl. Wackernagel, Johann Fischart S. 114 f. und Scherer in Martins Strassburger Studien 1, 374—375.

Anspruch darauf haben, hier namhaft gemacht zu werden[1], und auch § 164
bei diesen, die grossentheils eine moralische und nächstdem eine religiöse oder politische Tendenz haben, darf man dann in der Regel
viel weniger ihr poetisches Verdienst, als die Bedeutung in Anschlag
bringen, die sie sonst für die Bildungsgeschichte der Deutschen haben.
Sie lassen sich am besten nach ihrer Darstellungsform, die entweder
vorzugsweise rede- und spruchartig, oder erzählend, oder dialogisch
ist, in drei Klassen ordnen.

§ 165.

1. Unter den didaktischen Gedichten, in denen die Rede- und
Spruchform vorherrscht, sind die merkwürdigsten: aus dem Anfang dieser Periode, vielleicht noch in den Schluss der vorigen hin-
überreichend, das mystische Gedicht von den sieben Graden, unter
denen der Dichter siebenerlei Gebete versteht, welche die Seele gen
Himmel leiten, und wahrscheinlich von demselben Mönch von
Heilsbronn verfasst, welchen ein gereimtes Nachwort zu dem im
Uebrigen prosaischen Buche von den sechs Namen des Fronleichnams
als Verfasser desselben nennt[1]; aus der zweiten Hälfte des vierzehnten Jahrhunderts die moralischen Reden Heinrichs des Teichners[2], eines Oesterreichers, der von 1350—1377 dichtete[3] und mei-

---

§ 164. 1) Wie höchst unpoetisch schon oft die Gegenstände der didaktischen
Reimereien dieser Zeit sind, kann man unter andern aus den Titeln der Werke
entnehmen, die v. d. Hagen in seinem Grundriss S. 414 ff. aufführt.

§ 165. 1) Das Buch von den sieben Graden ist herausgeg. von Th. Merzdorf, der Mönch von Heilsbronn, Berlin 1870. 8. S. 69 ff. Hier ist in der Einleitung
auch von der Wahrscheinlichkeit der von Pfeiffer und Gervinus herrührenden Annahme gehandelt, dass der Mönch die beiden genannten Werke und ausserdem
die Tochter Syon (vgl. § 120, 17) und ein gereimtes Alexiusleben (gedruckt bei
Merzdorf S. 145 ff. und schon früher bei Maassmann, Sanct Alexius' Leben in acht
gereimten mhd. Bearbeitungen, Quedlinburg und Leipzig 1843. 8. S. 77 ff.) verfasst
habe. Vgl. Gervinus 2², 304 ff. und besonders A. Wagner, über den Mönch v. Heilsbronn. Strassburg 1876. 8., wo die Tochter Syon und Alexius dem Dichter mit Recht
abgesprochen werden; vgl. auch Denifle im Anz. f. d. Alt. 2, 300 ff., sowie Zeitschr.
f. d. Alterth. 20, 92—113. Prosatractate des Mönches von Heilsbronn in der Ale-
mannia 3, 97 ff. 207 ff.	2) Vgl. über ihn M. Schottky in den Wien. Jahrb. 1815,
Bd. 1, Anz. Bl. S. 26 ff. und besonders v. Karajan, über Heinrich den Teichner.
Ein Vortrag. Wien 1854. 8., und dessen grössere Arbeit, über Heinr. den Teichner.
Wien 1855. 4. (vgl. dazu Pfeiffers Kritik in der German. 1, 375 ff.), worin (wie bei
Schottky) eine Menge grössere und kleinere Stellen aus den mehr als 70000 Verse
umfassenden 706 Gedichten des Teichners mitgetheilt sind. Drei Gedichte sind
in Docens Miscell. 2, 228 ff. gedruckt; andere ihm zugehörige (in denen sich am
Schluss der tichtnaer, d. h. der teichnaer, nennt) in v. Lassbergs Liedersaal (vgl.
Götting. GA. 1822, S. 1125 ff.); eins im Liederbuch der Hätzlerin S. 186 f. Vgl. v.
d. Hagens Grundriss S. 409 ff. und Hoffmanns Verzeichniss der Wiener Handschr.
S. 156 ff. Die auf den Deutschorden in Preussen bezüglichen Gedichtstellen sind
auch gedruckt und erläutert in den Scriptores rer. Prussic. 2, 161 ff.	3) Die

§ 165 stens in Wien lebte, eines älteren Zeitgenossen Suchenwirts, der ihn in einer seiner Reden rühmt und seinen Tod beklagt[4], und einige diesen ähnliche Stücke von Peter Suchenwirt[5]; aus dem fünfzehnten der Ritterspiegel[6] von Johannes Rothe[7], der sich in einem durch das ganze Gedicht laufenden Akrostichon als Verfasser nennt[8], wahrscheinlich zwischen 1400—1402 gedichtet, mit einem Eingange in achtzeiligen Strophen, im Uebrigen aber strophenlos in verschlungenen Reimpaaren; von demselben Dichter ein kleines Lehrgedicht, des Rathes Zucht[9], worin den Lenkern einer Stadt Vorschriften ertheilt werden, zum Theil in leoninischen Hexametern geschrieben, und ein anderes, von der Keuschheit[10], an dessen Schlusse sich Johannes Rode nennt[11]: die Blume der Tugend[12] von Hans Vintler[13], 1411 nach dem um 1320 gedichteten und dem Tommaso Leoni zugeschriebenen italienischen Werke Fiori di virtù gearbeitet[14] und durch culturhistorische Schilderungen des Aberglaubens anziehend[15]; das von einem alemannischen Dichter in der ersten Hälfte des fünfzehnten Jahrhunderts, wahrscheinlich während des Constanzer Concils (1414—1418) verfasste Lehrgedicht des Teufels Netz (seyi)[16], worin in Form eines Gesprächs zwischen einem Ein-

Annahme v. Karajans, dass das Gedicht 'von der büren kriec' zwischen 1328 bis 1330 entstanden sei, ist von Pfeiffer a. a. O. S. 379 widerlegt.   4) Vgl. § 141, 12.
5) Vgl. § 147, 5. Ein hierher fallendes Stück, das Primisser nicht kannte, befindet sich im Liederbuch der Hätzlerin S. 203 ff.   6) Herausg. in den Mitteldeutschen Gedichten von Bartsch, Stuttgart 1860. 8. (53. Public. des litter. Vereins) S. 98—211; vgl. Einleitung S. XXIV ff.   7) Vgl. § 146, 19.   8) Dieses vom Herausgeber nicht erkannte Akrostichon wies Bech nach in der German. 6, 52 ff.
9) Herausgegeben unter dem Titel: von der stete ampten und von der fursten ratgeben, von Vilmar, Marburg 1835. 4. Rothe als Verfasser wies Bech nach in der German. 6, 273 ff. 7, 354 ff., der auch den richtigen Titel herstellte.   10) Mittheilungen daraus machte Kinderling in Adelungs Magazin 2, St. 4, S. 108 ff. Vgl. auch Bartsch in den Heidelberger Jahrbüch. 1872, S. 10 f.   11) Vgl. Bech in der German. 7, 366 f.   12) Gedruckt Augsburg 1486. Kritische Ausg. von J. V. Zingerle. Innsbruck 1874. 8. Ueber die Handschriften vgl. schon Zingerle, Beiträge zur älteren Tirolischen Literatur II. Hans Vintler, Wien 1871. 8. (aus dem 66. Bande der Sitzungsberichte). Eine alte Bearbeitung der Bürgschaft, die sich schon im ital. Original findet, theilte Zingerle mit in Zachers Zeitschrift 2, 85 ff. Eine genauere Vergleichung mit dem Original findet sich in Zingerle's erwähnten Beiträgen. Vgl. auch Adelungs Jac. Püterich S. 34 ff. Ueber das Ganze vgl. Gervinus 2³, 357 ff. (2², 610 ff.).   13) Konrad heisst er in der Innsbrucker Handschrift, Hans in den alten Drucke von 1486; diese Angabe ist die richtige, vgl. Zingerle in seiner Ausg. im Gegensatz zu seinen Ausführungen in Haupts Zeitschr. 10, 255 ff.   14) Diesen Nachweis führte Lappenberg in Haupts Zeitschrift 10, 259 ff.   15) Den hierauf bezüglichen Abschnitt, gedruckt auch in Grimms Mythol.¹ Anhang S. LI ff. (3¹, 420 ff.), glaubt Zarncke in einer Abhandlung über Vintlers Werk in Haupts Zeitschr. 9, 68—119, als ein eingeschobenes Gedicht, das nicht von Vintler herrührt, bezeichnen zu dürfen; vgl. dagegen Zingerle, Beiträge II, 67.   16) Des Teufels Netz, herausgeg. von Barack, Stuttgart 1863.

siedler und dem Teufel die Sünden und Laster aller Stände scharf § 165
mitgenommen werden; ferner eine Anzahl weltlicher und geistlicher
Priameln[17]; die theils von Hans Rosenblüt[18], theils von andern bekannten Verfassern, wie von Hans Folz[19] und Sebastian
Brant[20], meist aber von unbekannten herrühren[21], der Spiegel
des Regiments von Johann von Morssheim (derselbe war 1491
Vogt zu Germersheim, 1511 pfälzischer Hofmeister), von der Untreue
des Hoflebens handelnd, 1497 verfasst, aber erst 1515 veröffentlicht[22],
und Sebastian Brants[23] Narrenschiff[24], das berühmteste Werk

---

8. (70. Public. des litterar. Vereins), nach drei Handschriften, die durch ihre Ab-
weichungen auf ein vollständigeres Original, als jede von ihnen ist, hinweisen.
Die erste Nachricht über das Gedicht gab Pfeiffer in seiner German. 3, 21 ff.
17) Vgl. § 115, 2. Viele sind gedruckt in Eschenburgs Denkmälern S. 394 ff., in
Lessings Leben 3, 220 ff. (an beiden Orten aber in erneuter Schreibweise), in Weckherlins Beiträgen (mit besseren Lesarten in einer alten Sammlung, s. Gött. GA. 1812,
S. 1869; diese Sammlung ist von Keller herausgegeben unter dem Titel 'Alte gute
Schwänke' Leipzig 1847. kl. 8. 2. Aufl. Heilbronn 1876); andere hat Leyser zuerst
bekannt gemacht im Bericht aus die Mitglieder der deutschen Gesellschaft in Leipzig
1837, S. 14—27; wieder andere Rodler in der German. 3, 368 ff., Zingerle ebend. 5,
44 ff. Hohenbühel-Heufler ebend. 28, 417 ff. Vgl. v. d. Hagen, Grundriss S. 412 ff. und
besonders Keller, Fastnachtspiele S. 1161—1167, und Nachlese S. 324.   18)
Die Ueberschrift über von Eschenburg benutzten Handschrift gibt unter den Verfassern der darin enthaltenen Priameln den Schnepperer (Rosenblüt) an.   19)
Er ist unter dem Palbirer in Eschenburgs Handschrift ohne Zweifel zu verstehen. Ein paar Spruchgedichte von ihm hat Wackernagel in Haupts Zeitschr. 8,
507 ff. herausgeg.; eine andere Art sind die Wünsche enthaltenden Klopfan, über
die ausführlich handelt Schade im Weimar. Jahrbuch 2, 75 ff., wo viele derselben
mitgetheilt sind.   20) Sie sind gedruckt in Strobels neuen Beiträgen.   21)
Ueber den Gebrauch der Priamel im Fastnachtspiele vgl. Gödeke, Grundr. S. 95.
      22) Oppenheim 1515. Neue Ausgabe von Gödeke, Stuttg. 1856. 8. (37. Publ.
des litterar. Vereins). Sein Gedicht wird mehrfach citiert und benutzt von Agricola u. a., vgl. über ihn auch Cyr. Spangenberg, von der Musica S. 135 f. R. Köhler
in der Germ. 20, 383 f. 21, 66.   23) Geb. zu Strassburg 1459, lehrte zu Basel,
wo er auch seit 1475 studiert hatte und 1485 Doctor juris geworden war, die
Rechte, ward 1501 zum Rechtsconsulenten seiner Vaterstadt berufen, bald darauf
(1503) auch zum Stadtschreiber (Kanzler) und von Kaiser Maximilian zum Rath
und Pfalzgrafen ernannt und starb zu Strassburg 1521.   24) Es erschien zuerst,
jedoch ohne die erst in späteren Ausgaben hinzugekommenen beiden Kapitel, die
der Schlussrede vorhergeben, 1494 zu Basel. In demselben Jahre folgten noch
drei Nachdrucke, im nächsten Jahre die zweite echte Ausgabe. Auch die späteren
theilen sich in echte und unechte. Eine Ausgabe nach den Originaltexten der
Baseler Drucke von 1494 und 1499 hat A. W. Strobel besorgt: Das Narrenschiff
von D. Sebastian Brant, nebst dessen Freiheitstafel. Quedlinburg u. Leipzig 1839.
8. Musterhaft ist die von ausführlicher Einleitung und Commentar, wie von Mittheilungen aus Brants übrigen Gedichten begleitete Ausgabe von Zarncke: Seb.
Brants Narrenschiff. Leipzig 1854. gr. 8. Neueste Ausg. von K. Gödeke. Leipzig
1873. 8. Eine Uebersetzung in's Neuhochdeutsche, begleitet von Abdrücken der
Holzschnitte der alten Ausgaben, erschien von Simrock, Berlin 1872. 4. (vgl. Gödeke in Gött. GA. 1872. St. 27 und Simrock in Birlingers Alemannia 1, 307—320).

§ 165 des als Schriftsteller äusserst thätigen Mannes[25], der seine Zeit zu beurtheilen und ihre Gebrechen mit kräftigem Pinsel abzuschildern verstand, ohne eigentlich poetisches Talent zu haben. Sein zu Basel verfasstes Gedicht, in welchem überall eine gründliche und umfassende Kenntniss der alten Classiker durchblickt, verspottet und geiselt die mancherlei Thorheiten und Gebrechen jener Zeit. Der ausserordentliche Beifall, den es fand, zeigt sich auch darin, dass es bald nach seinem Bekanntwerden ins Lateinische, Niederdeutsche, Holländische, Englische und Französische übertragen ward, und dass der berühmte Theolog Geiler von Kaisersberg[26] daraus noch bei Lebzeiten Brants die Texte zu Predigten nahm[27]. Aus dem sechzehnten Jahrhundert sind hervorzuheben die Narrenbeschwörung[28] und die Schelmenzunft[29] von Thomas Murner, einem Franciscanermönch aus Strassburg[30], der ein sehr unruhiges Leben führte[31], an den Religionsstreitigkeiten den lebhaftesten Antheil nahm, anfänglich der Reformation geneigt, dann aber zu Luthers heftigsten Gegnern

---

Vgl. J. L. Hoffmann, S. Brants Narrenschiff, im Album d. literar. Vereins in Nürnberg 1849, S. 1—46; Scherer in Wagners Archiv 1, 190; Crecelius, zur Litteratur des Narrenschiffs, in der Alemannia 3, 46; Schmidt, histoire littéraire de l'Alsace 1, 189 ff. Ueber die dem Ganzen zu Grunde liegende Einkleidung vgl. ausser Zarncke noch Gervinus 2⁵, 619 f., Zarncke, zur Vorgeschichte des Narrenschiffes, Leipzig 1868. S. (aus dem Serapeum abgedruckt). 2. Mittheilung, Leipzig 1871. 8. und R. Boxberger, im Archiv f. Lit. Gesch. 9, 261 f.   25) Vgl. § 119, 11.   26) Vgl. § 171.   27) Vgl. über den Verfasser, den Werth und das Literarische des Gedichtes und andere deutsche und lateinische Werke von Brant die Einleitungen von Strobel und Zarncke, des letzteren Anhang; Gödeke's Grundriss S. 141 ff.; Gervinus 2², 391 ff. (2⁵, 614 ff.); Hagen, Deutschlands litterar. und religiöse Verhältnisse im Reformationszeitalter 1, 341 f.; 375 ff.; und W. Wackernagel, Johann Fischart S. 79 ff. 86. 87. 93. 107.   28) Sie erschien zuerst 1512 zu Strassburg und wurde mehrmals aufgelegt. Die echten Ausgaben sind sehr selten, häufiger wird die Umarbeitung von Georg Wickram gefunden (zuerst gedruckt 1556). Neue mit einer werthvollen Einleitung über den Dichter versehene Ausg. von Gödeke. Leipzig 1879. 8.   29) Auch sie kam schon 1512 zu Frankfurt heraus und wurde dann wiederholt gedruckt; in neuerer Zeit herausgegeben (nach dem Druck von 1513) durch G. E. Waldau, Halle 1788. S. Photolithogr. Ausgabe. Berlin 1881. S., mit Vorwort von W. Scherer.   30) Nicht aus Obernehenheim bei Strassburg: vgl. A. Stöber in der Revue d'Alsace 1867, S. 129 ff.   31) Geboren 1475, studierte in Paris Theologie, dann in Freiburg die Rechte, 1506 von Max I zum Dichter gekrönt, 1509 Doctor der Theologie, von Heinrich VIII nach England berufen, von dort 1523 zurückgekehrt, starb etwa 1535 oder 1536. Ueber Murner und seine Schriften vgl. G. E. Waldau, Nachrichten von Th. Murners Leben und Schriften, Nürnberg 1775. S, Flögel, Geschichte der komisch. Litteratur 3, 156 ff., Jördens 3, 738 ff., Strobel in seinen Beiträgen zur deutschen Literatur und Literaturgeschichte; Gervinus 2², 417 ff. (2⁵, 645 ff.), und besonders Lappenberg in seinem Ulenspiegel, Leipzig 1854, S. 387—411; auch Schmidt, histoire littéraire de l'Alsace 2, 209 ff.; über seinen Aufenthalt in Basel: Th. v. Liebenau, im Basler Jahrbuch 1. Bd. (1879). Vgl. auch L. Geiger, deutsche Satiriker des 16. Jahrhs. Berlin 1878. S.

gehörte und gegen ihn das Gedicht vom grossen lutherischen § 165 Narren richtete[32]; in Sprache und Darstellung tiefer als Brant stehend, ihn aber an Witz übertreffend, der nur zu oft geschmacklos und fratzenhaft erscheint, Verfasser zahlreicher Schriften, unter denen die beiden erst genannten die besten sind, während zwei andere satirische Gedichte, die geistliche Badefahrt[33], und die in Prosa mit untermischten Versen abgefasste Gäuchmatt[34] viel werthloser sind; Ulrichs von Hutten[35] im Jahre 1520 gedichtete Klage und Vermahnung gegen die Gewalt des Papstes[36], worin er wie in allen seinen lateinischen und deutschen Schriften (erst in der letzten Zeit fieng er deutsch zu schreiben an) als ein rüstiger Kämpfer gegen das Papstthum und den Obscurantismus erscheint, und mit das Heftigste, was zu Anfang der Reformationszeit in deutscher Sprache geschrieben worden, aber nur von geringem poetischen Werthe[37]; die besten unter Hans Sachsens eigentlichen Spruchgedichten; eine Mahnrede an die Deutschen von dem ersten Satiriker dieses Zeitraums, Johann Fischart, ein kleines, aber für die Zeit, worin es entstanden, vortreffliches Gedicht, dessen nächster Anlass von einem Deutschland als weibliche Figur darstellenden Bilde, das ihm vorgesetzt ist, entnommen wurde[38]; und die lautere Wahrheit

---

32) Strassburg 1522. Wieder gedruckt in Scheibles Kloster Bd. 10; beste Ausgabe von H. Kurtz. Zürich 1848. 8.   33) Strassburg 1514. 4. Ein anderes satir. Gedicht ist die Mühle von Schwindelsheim (Strassburg 1515), in welcher Murners Name nicht genannt ist, das ihm aber Zeitgenossen beilegen. Vgl. Albrecht in E. Martins Strassb. Studien 2, 1—52.   34) Basel 1519. 4. 35) Geb. 1488 auf seinem väterlichen Schlosse Steckelberg bei Fulda, gest. 1523 auf der Insel Ufnau im Züricher See.   36) Herausgegeben mit anderen, theils poetischen theils prosaischen Stücken Huttens und einigen seiner Zeitgenossen von Al. Schreiber unter der Ueberschrift 'Klagred Hutteni an alle hohe und niedere Stände deutscher Nation' (Gedichte von Ulrich von Hutten etc.) Heidelberg 1810 und 1824. 8. Eine (wenig kritische) Gesammtausgabe seiner Werke von E. Münch, Leipzig 1821 ff. 5 Bände (der fünfte enthält die deutschen Schriften, aber in erneuerten Texten); eine musterhafte kritische Ausgabe sämmtlicher Schriften ist die von E. Böcking, Leipzig 1859—70. 5 Bde. und Suppl. Band 1. 2. Uebersetzung der Gespräche von D. V. Strauss (Leipzig 1860. 8.), dem wir auch die treffliche Biographie Huttens verdanken: Ulrich von Hutten, 2 Bde. Leipzig 1858; 2. Ausg. 1871. 8.; vgl. dazu die schöne Charakteristik bei Gervinus 2³, 429 ff. (2³, 660 ff.), der auch die 'Klage und Vermahnung' im Auszuge gibt; und L. Geiger in der Allgemeinen Deutschen Biographie 13, 464—480.   37) Ein bisher unbekannt gebliebenes (lateinisches) Jugendgedicht Ulrichs von Hutten theilt G. Bauch mit im Archiv für Literatur-Geschichte 10, 429 ff.   38) Das Bild steht in den Eikones etc., einem Anhange zu dem Buche des Matth. Holzwart (vgl. über ihn § 162, 22) 'Emblematum tyrocinia etc.' Strassburg 1581, wozu Fischart auch eine Vorrede geliefert hat. Das Gedicht findet man in Bragur 3, 336 ff. (wo von S. 329 an auch nähere Auskunft über Holzwarts Buch gegeben ist) und bei Wackernagel, Lesebuch 2³, 161 ff. Ueber Fischart als satirischen Dichter vgl. Hallersleben, zur Ge-

§ 165 von Bartholomäus Ringwaldt[39], worin, was schon der vollständige Titel sagt, gelehrt wird, 'wie sich ein weltlicher und geistlicher Kriegsmann in seinem Beruf verhalten soll'. Alle diese Poesien schliessen sich durch ihren Inhalt, wie durch ihre Behandlung mehr oder weniger nahe an die grossen und kleinen Sitten- und Spruchgedichte der vorigen Periode an, nur dass sie sich im Allgemeinen viel mehr und viel unmittelbarer auf die Zustände und Verhältnisse, die Gebrechen, Thorheiten und Laster der Zeit einlassen, denen sie ihre Entstehung verdanken. Der Ton, in dem sie abgefasst sind, ist sehr verschieden: bald mehr ruhig betrachtend oder schildernd, bald eigentlich belehrend und ermahnend, oder klagend, eifernd und strafend, mitunter auch satirisch, und diess aufs entschiedenste in dem berühmtesten aller didaktischen Werke dieses Zeitraums, in dem Narrenschiff, und in den beiden, diesem nachgeahmten, nicht viel später fallenden Gedichten Murners.

§ 166.

2. Von den didaktischen Gedichten, die entweder ganz in Erzählungsform abgefasst sind, oder deren Hauptinhalt wenigstens eine erzählende Einrahmung erhalten hat, gehören mit die besten kleineren Hans Sachsen an, der es liebte, diese Darstellungsart bei allen möglichen moralischen Gegenständen in Anwendung zu bringen. Sie bestehen vorzüglich in Fabeln, Legenden und Allegorien, fingierten Visionen [1], oder sie lehnen sich an irgend ein anderes wahres oder erfundenes Ereigniss an, oft bloss damit ein Eingang gewonnen werde. Für die nicht der alten Sprache kundigen Fabeldichter mehrten sich die Stoffe, die sich ihnen zur Bearbeitung darboten, durch die prosaischen Uebersetzungen der Apologen des Aesop und anderer Fabelsammlungen, wovon mehr im Abschnitte von der Prosa. Fabeln oder Beispiele, und zum Theil noch bessere als jene, besitzen wir auch noch von andern, zum Theil älteren Dichtern, theils in lyrischen, also der Form nach nicht hierher gehörigen Gedichten, wie bei Heinrich von Mügeln [2] und bei andern Meistersängern [3],

---

schichte des patriotischen Liedes S. 5 ff. — Das Gedicht 'die Gelehrten, die Verkehrten' ist, wie Scherer in der Zeitschr. f. d. österr. Gymnasien 1867, S. 485 nachweist, von Fischart nur überarbeitet und aus zwei verschiedenen Gedichten zusammengesetzt; vgl. dagegen Literar. Centralblatt 1868, Sp. 483 f.   39) Gedr. zuerst 1585 und dann öfter. Stellen daraus in der § 159, 41 angeführten Schrift von Hoffmann und bei Wackernagel, a. a. O. 2, 179 ff. Vgl. Hallersleben a. a. O. S. 9 f.

§ 166. 1) Eine solche ist der Landsknecht Spiegel, den Wackernagel, LB. 2. 107 ff. aufgenommen hat.   2) Vgl. § 154, 10 ff.   3) Thierfabeln bei den Meistersängern, Berlin 1855. 4. (Aus den Abhandlung. der Berliner Akademie.)

theils in der gewöhnlichen Form der Reimpaare, wie bei einem un- **§ 166**
genannten mitteldeutschen Bearbeiter des Aesop und Avian[4], bei
Gerhard, Dechant von Minden[5], der 1370[6] in niederdeutscher Sprache
102 Beispiele nach Aesop und dem Anonymus von Nevelet nicht ungeschickt bearbeitete, und bei einem gleichfalls niederdeutschen, aber
ungenannten Dichter, von welchem sich 125 Fabelerzählungen, jede
mit einer vierzeiligen Nutzanwendung am Schlusse versehen, in einer
Wolfenbüttler Handschrift finden[7]. Auch beim Teichner finden sich
unter seinen zahlreichen kurzen Lehrgedichten etwa ein Dutzend Fabeln[8]; aus dem vierzehnten und fünfzehnten Jahrhundert besitzen
wir eine Anzahl in Handschriften zerstreuter, deren Dichter nicht bekannt sind[9]. Unter Hans Sachsens Zeitgenossen gehören hierher
Burkard Waldis, dessen Esopus bereits bei den poetischen Erzählungen erwähnt wurde[10], und Erasmus Alberus[11], in dessen
Fabeln viel Satire gegen Papst- und Mönchthum ist[12], so wie mehreres
unter den kleinen erzählenden Stücken, womit der einige Jahrzehnte
später fallende Eucharius Eyring[13] die von ihm gesammelten la-

---

4) In einer Leipziger Handschrift; Mittheilungen daraus in den Altdeutschen Blättern 1, 113 ff.   5) Seine Beispiele sind von F. Wiggert aufgefunden worden, der Proben daraus in seinem 'Zweiten Scherflein zur Förderung der Kenntniss älterer deutscher Mundarten und Schriften', Magdeburg 1836, S. 28—70, mitgetheilt hat. Vollständige Ausg. von W. Seelmann. Bremen 1878. S. Vgl. Strauch im Anz. f. d. Alt. 5, 239—246; Sprenger im Jahrbuch des Vereins für nd. Sprachforschung 1878, S. 98 ff., 5, 188, und im nd. Korrespondenzblatt 5, 21. 61 f., 8, 45; denselben, in dem Programm: zu Gerhard v. Minden. Northeim 1879. 4.; A. Lübben, in der Festgabe f. W. Crecelius (Elberfeld 1881) S. 108—111; Tamm, in Paul u. Braune, Beiträge 9, 361—364.   6) Dieses Jahr nennt die poetische Vorrede, welche Wiggert für einen späteren Zusatz hält. Auch der Zweifel, ob Gerhard etwa bloss der Veranlasser der Sammlung gewesen (Wiggert 69), scheint unbegründet. W. Grimm, Athis und Prophilias S. 7 (kl. Schr. 3, 217) gibt als Abfassungszeit 1378 an, verweist dabei aber auch auf Wiggert.   7) Nachricht und Proben davon gab Hoffmann von Fallersleben in der Germ. 13. 469 ff., und liess dann folgen: Niederdeutscher Aesopus, Berlin 1869. 8.   8) Vgl. v. Karajan, über Heinrich den Teichner, Wien 1855, S. 24.   9) Sie sind gedruckt in den Erzählungen aus altdeutschen Handschriften gesammelt von Keller, Stuttgart 1855. S. (35. Publicat. des litter. Vereins).   10) Vgl. § 149, 51 ff. Die Sprichwörter in dem Esopus sind behandelt von Sandvoss, Sprichwörter aus Burkhard Waldis, mit einem Anhang zur Kritik des Kurtzischen B. W. Friedland 1866. 8.   11) Vgl. § 159, 30.
12) Sie sind unter dem Titel 'Das Buch von der Tugent und Weissheit' zu Hagenau 1534. 4. gedruckt. 2. Ausg. 1539. gr. 4.; erst die dritte Ausgabe (Frankfurt a. M. 1550. 4.) hat den längeren Titel (nach Weissheit); 'nemlich, 49 Fabeln, der mehrer Theil auss Esopo gezogen, unnd mit guten Rheimen verkleret'; vgl. Zarncke in Haupts Zeitschr. 9, 378; Gödeke's Grundriss S. 360. Ein Paar Proben bei Pischon, Denkm. 2, 583 ff.   13) Geb. 1520 zu Königshofen in Franken, trat von der katholischen Kirche zur evangelischen über, wurde Pfarrer im Koburgischen und starb 1597. Seine 'Proverbiorum Copia, etlich viel hundert lateinischer und teutscher schöner und lieblicher Sprichwörter etc., mit schönen Hi-

27 *

§ 166 teinischen und deutschen Sprichwörter erläutert hat[14]. — Von andern hierher fallenden grössern Compositionen verdienen eine besondere Erwähnung: aus dem vierzehnten Jahrhundert ein allegorischdidaktisches Gedicht, der Kranz der Maide von Heinrich von Mügeln[15], in welchem Karl IV und er selbst auftreten, und das von den Vorzügen der verschiedenen als Jungfrauen personificierten Wissenschaften und Künste vor einander und von dem Verhältniss der einzelnen Tugenden zur Natur handelt[16]; aus dem fünfzehnten zwei symbolisierend-ascetische Dichtungen, der Spiegel menschlichen Heils und das Buch der Figuren von Heinrich von Laufenberg[17], jenes, vom Jahre 1437, nach dem Speculum humanae salvationis[18], das schon im vierzehnten Jahrhundert von Konrad von Helmsdorf[19] und um die Scheide dieses und des folgenden Jahrhunderts von dem Cisterciensermönche Andreas Kurtzmann[20] zu Neuberg in Steiermark verdeutscht worden war, dieses, vom Jahre 1441, wahrscheinlich nach einem andern lateinischen Originale bearbeitet, beide sehr umfangreich, meist Geschichten aus dem alten Testament und andere weltliche enthaltend, die sämmtlich, weltliche wie geistliche, als Figuren oder Symbole zu Ehren der Jungfrau Maria betrachtet werden[21]; aus dem sechzehnten Bartholomäus Ringwaldts Vision, christliche Warnung des treuen Eckarts[22], eine Schilderung vom Zustande des Himmels und der Hölle enthaltend, in die viele Ermahnungen und Warnungen eingewebt sind. — 3. Ganz oder zum grossen Theil dialogisierte didaktische Poesien

---

storien, Apologis, Fabeln und Gedichten gezieret', erschien zu Eisleben 1601 bis 1603 (vgl. Zacher, die Sprichwörtersammlungen S. 16), in 3 Theilen; vgl. Adelungs Magazin 1, 2, 154 ff. und 2, 1, 82 ff., wo auch Proben daraus mitgetheilt sind. — Ueber noch andere Fabeldichter des 16. Jahrh. s. Bragur 3, 319 ff. und Eschenburgs Denkmäler S. 365 ff.   14) Sprichwörter in poetischer Form finden sich auch häufig bei dem Teichner, vorzugsweise freilich aus dem Freidank entlehnt (vgl. v. Karajan a. a. O. S. 25). Eine Sammlung gereimter Sprichwörter sind E. Alberus' Praecepta morum utilissima ex variis autoribus Germanicis rhythmis non inepte reddita, Frankfurt o. J.; vgl. Adelung a. a. O. 2, 1, 94; deutsches Mus. 1788, 2, 477; Zacher a. a. O. S. 12.   15) Vgl. § 154, 10 ff.   16) Es ist noch nicht gedruckt. Näheres darüber in Wilkens Gesch. der Heidelberger Bibliothek S. 309 ff. und bei Gervinus 2², 156 f. (2², 370 ff.).   17) Vgl. § 158, 32.   18) Vgl. über dasselbe Piper, Mythol. der christlichen Kunst 1, 149 ff.   19) Vgl. G. Scherer, S. Gallische Handschriften. S. Gallen 1859. 8. S. 18 ff. 92.   20) Vgl. Schönbach, Mittheilungen aus altdeutschen Handschriften. 1. Stück, Wien 1878. 8. (Aus den Sitzungsberichten der Akademie). Der Dichter, der auch Legenden von Albanus, und Amicus und Amelius verfasste, starb 1428.   21) S. über sie Engelhard in seiner § 149, 16 angeführten Ausgabe des Staufenbergers S. 16 ff; Ebert, bibliograph. Lexicon, Nr. 21576 ff., Massmann in v. Aufsess' Anz. 1832, Sp. 41 ff. und Gervinus 2², 275 ff. (2², 459 ff.)   22) Das Gedicht ist zuerst gedruckt zu Frankfurt a. d. O. 1588. 8.; auch in's Niederdeutsche übertragen und als Comödie

des verschiedensten Tons wurden besonders im Reformationszeitalter § 166 beliebt[23]. Die werthvollsten finden sich bei Hans Sachs unter den Stücken, die er Kampfgespräche[24] oder schlechtweg Gespräche überschrieben hat, und in denen er theils göttliche und allegorische, theils menschliche Wesen über sittliche, religiöse und gesellschaftliche Zustände der Zeit sich unterreden lässt[25].

VIERTER ABSCHNITT.
Prosaische Literatur.

A. Romane, kleinere Erzählungen, Fabeln und Legenden. — Satire.

§ 167.

Die zahlreichen hierher gehörigen Schriften, die nach dem Verfall und Zurücktreten der ältern Erzählungspoesie einen Hauptbestandtheil der Unterhaltungslectüre dieser Zeiten bildeten, behandeln grossentheils solche Gegenstände, wie sie während der vorigen Periode und auch noch während dieser von den epischen und episch-didaktischen Dichtern bearbeitet wurden, oder diesen nah verwandte. Sehr viele sind geradezu aus andern Sprachen übersetzt, andere aus ältern deutschen, meist auf fremder Ueberlieferung beruhenden Gedichten aufgelöst, und von den übrigen, die auf eine freiere Weise entstanden sind, weist wenigstens eine grosse Zahl durch ihren Stoff auf nicht heimische Quellen zurück[1]. Indem sie also grösstentheils der Herkunft und den Stoffen nach eben so unvolksthümlich sind, als die meisten erzählenden Werke der frühern Kunstpoesie, hat hier auch noch bei Aneignung des Fremden eine freie, neugestaltende künstlerische Thätigkeit in ungleich geringerem Grade gewaltet, als

---

bearbeitet; s. Hoffmann, Barthol. Ringwaldt etc. S. 22—28; 38—40, und Pischon. Denkmäler 2, 359 ff.   23) Vgl. Gervinus 2, 451 f. (2⁵, 652 f.)   24) Solche Kampfgespräche finden sich schon in viel früherer Zeit; eines der ältesten Beispiele von Heinzelein von Constanz; vgl. § 147, 29.   25) Bisweilen hat er die Gesprächsform auch zur Thierfabel benutzt; vgl. Wackernagel a. a. O. 2, 103 ff. (1. Ausgabe Sp. 77 ff.).

§ 167.   1) Wackernagel, Joh. Fischart S. 91, Anm. 193 führt eine Stelle aus Fischarts 'Podagrammischem Trostbüchlein' (1577) an, worin Fischart als 'erdichtete Geschichten' aufführt: 'Kaiser Ottavian, Ritter Galmi, Pontus, Wigoleis vom Rad, Trew Eckart, Brissonet, Lewfrid mit dem Goldfaden, Peter mit den silbern schlüsseln, Ritter vom Thurn, Melusina, Tristant, König Lober und Maller, Hug Schappler, Valentin und Urso, Olivier und Artus, Reinhart und Gabrioto, Euriolus und Lucretia, Florio und Biancefora und das ganze Heldenbuch samt den Centonovella.'

§ 167 bei jenen älteren, nicht aus heimischem Boden erwachsenen Dichtungen. Iu Rücksicht des Gehaltes und der Form stuft sich ihr Werth sehr mannigfaltig ab. Im Ganzen jedoch findet etwas Aehnliches statt, wie bei den erzählenden Gedichten dieses Zeitraums: unter den kleinern Stücken trifft man verhältnissmässig auf viel mehr gute, als unter den umfangreicheren. Diess lässt sich nicht bloss von den Uebersetzungen und den weniger freien Bearbeitungen, deren Werth, wie sich von selbst versteht, hauptsächlich von dem der Originale abhängt, sondern auch von den übrigen behaupten. Als Denkmäler der Sprachbildung und des Geschmacks dieser Jahrhunderte bleiben aber auch unter den Werken, die in anderer Hinsicht ganz unbedeutend und schlecht sind, noch immer viele von Wichtigkeit.

§ 168.

Von den Romanen[1] sind bei weitem die meisten mehr oder minder treue Uebersetzungen, vorzüglich französischer und lateinischer Prosawerke. Insbesondere gilt diess von den Ritter-, Helden-, Liebes- und Glücksgeschichten und den Wundererzählungen, deren Originale theils eine sagenhafte und historische Grundlage haben, theils rein erfunden sind. Dass dergleichen Werke nicht erst in diesem Zeitraum, sondern bereits früher bei uns Eingang fanden, konnte oben[2] wenigstens an e i n e m alten Beispiele gezeigt werden. Zu den besten oder merkwürdigsten, die im Laufe des fünfzehnten und sechzehnten Jahrhunderts durch Uebersetzungen eingeführt wurden, gehören Loher und Maller[3], ein zum kärlingischen Sagenkreise gehörender Roman, der im Jahre 1405 von Margarethe, Gräfin von Widmont und Gattin Herzog Friedrichs von Lothringen, nach einem lateinischen Buch französisch bearbeitet und dann ebenso wie der deutsche Hug Schapler[4], der die fabelhafte Geschichte von Hugo Capet behan-

---

§ 168. 1) Im Allgemeinen verweise ich hier auf Reichards Bibliothek der Romane, Th. 1—7. Berlin 1778—1781; Th. 8—21. Riga 1782—1794. 8., Kochs Comp. 2, 230 ff., Görres, die deutschen Volksbücher, F. W. V. Schmidts Recensionen in den Wiener Jahrbüchern der Liter. 29, 71 ff. und 31, 99 ff., Grässe, die grossen Sagenkreise, Gervinus 2², 238—266; 329—358 (2³, 334—367. 514—554); Dunlop's Geschichte der Prosadichtungen, in Liebrechts deutscher Bearbeitung, Berlin 1851. gr. 8. und Bobertag, Geschichte des Romans und der ihm verwandten Dichtungsgattungen in Deutschland. 1. Abtheilung. 2 Bde. Breslau 1876—84; dazu Scherer, die Anfänge des deutschen Prosaromans und J. Wickram von Colmar. Strassburg 1877. 8. 2) S. § 121, 41. 3) Von ihm gibt es einen alten Strassburger Druck von 1514 (das Vorhandensein eines älteren von 1513 wird bezweifelt); nach einer Handschrift bearbeitet von Fr. Schlegel, Frankfurt a. M. 1805 und wieder abgedruckt im 7. Bde. seiner Werke. Neue Bearbeitung auf Grund des alten Druckes von Simrock in seiner Bibliothek der Romane, Novellen, Geschichten etc. Stuttgart 1868. 8. 4) Gedruckt zu Strassburg 1500 und öfter; vgl. Deutsches

delt[5], von ihrer Tochter Elisabeth, Gräfin von Nassau und Saar- § 168
brücken, 1437 ins Deutsche übersetzt wurde; Pontus und Sidonia,
aus dem französischen erst um 1480 gedruckten Romane[6] zweimal
übertragen, einmal[7] durch Eleonore, geborene Prinzessin von Schott-
land und Gattin Siegmunds von Oesterreich, mit dem sie von 1448
bis 1480 vermählt war[8], und dann von anderer Hand in einer nur
handschriftlich erhaltenen Verdeutschung[9]; Melusine, von Thüring
von Ringoltingen[10] aus Bern im Dienste des Markgrafen Rudolf von
Hochberg 1456 verdeutscht[11]; Fortunatus, der, wir wissen nicht
aus welcher Sprache, nicht unwahrscheinlich nach spanischer um die
Mitte des fünfzehnten Jahrhunderts[12] aus älteren, vornehmlich wohl
in Nordfrankreich heimischen Ueberlieferungen[13] entstandener Quelle,
übersetzt[14], und dem Stoffe nach, was die Grundzüge eines Haupt-
theils betrifft, schon in den Gesta Romanorum enthalten[15]; Fiera-
bras[16], ein Roman des kärlingischen Sagenkreises, wiederum nach
dem Französischen; die Haimonskinder, ein kärlingischer Roman, der in zwei verschiedenen Bearbeitungen, einer französischen
und einer wahrscheinlich niederländischen nach Deutschland gekom-

---

Museum 1784. 2, 327 ff.   5) Das altfranzösische Gedicht von Hugues Capet ist
jetzt herausgegeben in den Anciens Poëtes de la France (Paris 1864. 12.), wo in
der Einleitung auch über das deutsche Volksbuch gesprochen ist.   6) Ueber
die Quellen des französischen Buches vgl. altd. Mus. 2, 314 ff. und v. d. Hagens
MS. 4, 594.   7) Der älteste unter den vielen bekannten deutschen Drucken
ist der Augsburger von 1485. Dieser Roman wurde auch in das noch zwölf andere
Ritter- und Liebesgeschichten enthaltende, von dem Buchdrucker Feierabend hrsg.
Buch der Liebe, Frankfurt a. M. 1587. fol. aufgenommen, und nach diesem Text
und einem anderen alten Druck (von 1539) erneut in Büschings und v. d. Hagens
Buch der Liebe, Berlin 1809. 8.   8) Sie stand in fortwährendem Verkehr mit
Heinrich Steinhöwel und Niclas v. Weyl; vgl. Keller in seiner Ausgabe von Steinhöwels Decameron S. 675.   9) In der Heidelberger Handschrift 142; vgl. Gervinus 2², 250 (2³, 351).   10) Oder wie Mone, Anzeiger 1839, Sp. 612 den Namen
in einer Handschrift gefunden, Thüring von Ruggeltingen.   11) Gedruckt
(Strassburg um 1474, vgl. Gödeke, Grundriss S. 120) und Augsburg 1474. fol., dann
öfter auch im Buch der Liebe. Die literarisch wichtige Stelle, worin der Uebersetzer sich nennt, theilt Pfeiffer (German. 12, 3 ff.) aus einer Handschrift des 15.
Jahrhunderts vollständiger mit, als sie in den alten Drucken sich findet. Ueber
die Sage vgl. Desaivre, le mythe de la mère Lusine (Meurlusine, Merlusine, Mel-
lusigne, Mellusine, Mélusine, Méleusine). Saint-Saixent 1883. 6. (vgl. die Zeitschrift Mélusine II, 1 [1884]) und Th. Puymaigre), le mythe de la mère Lusine,
im Archivio per lo studio delle tradizioni popolari II, 4.   12) Nach Gödeke,
Grundriss S. 119, um 1440.   13) Die britische Herkunft des Stoffes ist nach
Zacher (in seiner Zeitschr. 1, 254), der auf den Artikel Fortunatus in Ersch und
Grubers Encyclopädie verweist, sehr zweifelhaft.   14) Der älteste bekannte
Druck des deutschen Buches ist 1509 in Augsburg erschienen.   15) Kap. 120
des lat. Textes. Vgl. F. W. V. Schmidts Uebersetzung von Thom. Deckers Zauber-
tragödie 'Fortunatus und seine Söhne'. Berlin 1819. S. im Anhange S. 161 ff.
16) Die älteste bekanntere Ausgabe ist 1533 zu Simmern gedruckt; danach in

§ 168 men sein muss, nach jener unter dem Titel 'Eyn schön lustig Ge-
schicht, wie Keyser Carle der gross vier gebrüder, Hertzog Aymons
sün, sechzehn jar lange bekrieget etc.', zu Simmern 1535 erschienen,
während aus der andern, die im Inhalt mit dem auch aus dem Niederländischen übertragenen Gedicht von Reinold von Montalban[17]
gestimmt haben wird, und die höchst wahrscheinlich ein Cölner Druck
von 1604 enthielt, das noch gangbare Volksbuch von den vier Hai-
monskindern geflossen ist[18]; die schöne Magelone, aus dem französischen Originale, welches auf einer in Südfrankreich[19] localisierten
Sage[20] beruht, 1535 von Veit Warbeck übertragen und in demselben
Jahre in Augsburg gedruckt[21]; Kaiser Octavianus, nach einem
französischen Originale, welches zunächst aus einem ältern gereimten
umgebildet und dieses wieder aus einer lateinischen Quelle geflossen
sein soll[22], von Wilhelm Salzmann deutsch bearbeitet; Euriolus
und Lucretia[23], ein von Aeneas Sylvius (Pius II) im Jahre 1444
lateinisch abgefasster Roman, dem eine wahre, zwischen Kaiser Siegmunds Kanzler Caspar Schlick und einer edlen Bürgerin zu Siena
vorgefallene Geschichte zum Grunde liegen soll, im Jahre 1462 von dem
als Uebersetzer auch sonst rühmlich bekannten Niclas von Weyl[24]

Büschings und v. d. Hagens Buch der Liebe. Ausserdem gibt es eine Frankfurter
o. J. und eine solche von 1594.   17) Vgl. § 146.   18) Vgl. v. d. Hagens
Grundriss S. 147; 539.   19) Die Existenz eines vor dem Ende des 12. Jahr-
hunderts verfassten provenzalischen Werkes ist nicht zu erweisen, doch machen
die Namen eine solche wahrscheinlich (vgl. Diez, Poesie der Troubadours S. 206,
2. Aufl. S. 154).   20) Stofflich verwandt mit der Magelone ist das altdeutsche
Gedicht, der Busant (in Meyers und Mooyers altd. Dichtungen. Quedlinburg und
Leipzig 1833. 8. Nr. II und v. d. Hagens Gesammtabent. 1, 337 ff.); vgl. über die
Sage v. d. Hagen a. a. O. S. CXXXIII ff.; Liebrecht in der German. 1, 260 f. und R.
Köhler ebendas. 17, 62—64.   21) Dann öfter; auch im alten Buch der Liebe.
22) In den Reali di Francia wird die Geschichte des Octavianus von Fiora-
vante, König von Frankreich, erzählt (Bd. 2, Cap. 42 ff.) und dieser zu einem Ahn-
herrn Karls des Grossen gemacht. Wenn Grässe in den Anmerkungen zu seiner
Uebersetzung der Gesta Romanorum (2, 281) in der von ihm im ersten Anhange
(2, 152 ff.) mitgetheilten Erzählung 'die gänzlich vereinfachte Geschichte' des Romans vom Kaiser Octavianus zu finden meint (vgl. auch Hall. Litt. Zeitung 1842,
Nr. 222, S. 557 f.), so irrt er: mit diesem hat sie nichts gemein als den Namen des
Kaisers, ihr Inhalt ist kein anderer als der der Crescentia; vgl. § 91, 9.   23)
Ueber die Erzählung vgl. Kellers Recension von E. v. Bülows Novellenbuch in den
Heidelberger Jahrbüch. 1837, S. 664 ff. und Gervinus 2⁵, 361 ff.   24) Er war
anfänglich Schulmeister zu Zürich, nachher (1445—1447, vgl. Hagen, Deutschlands literar. und religiöse Verhältnisse im Reformationszeitalter 1, 95 f.) Rathsschreiber in Nürnberg, 1449 und noch 1462 Stadtschreiber zu Esslingen, wo er
neben seinem Amte junge Leute im Schreiben und Dichten unterrichtete, 1469
gab er in Folge von Streitigkeiten mit dem Rathe seine Stellung auf, und trat in
die Dienste des Grafen Ulrich von Würtemberg, dessen Kanzler er 1470 wurde.
Vgl. über ihn Pischon, Denkmäler 2, 229 f.; und besonders: Niclasens von Wyle
zehnte Translation mit einleitenden Bemerkungen über dessen Leben und Schriften,

aus Bremgarten in der Schweiz verdeutscht[25]; endlich **Amadis** § 168 **aus Frankreich**, der berühmteste unter den Romanen, deren Stoff nicht aus älterer Ueberlieferung geschöpft, sondern erst in diesen Zeiten erfunden ist, ursprünglich spanisch verfasst und in Spanien seit dem vierzehnten Jahrhundert nachweislich[26], von dort nach Portugal durch Vasco Lobeira und als Amadis de Gaule nach Frankreich verpflanzt, womit der französische Bearbeiter Frankreich nur sein altes Eigenthum zurück zu erobern behauptet[27]. Er besteht ursprünglich nur aus vier Büchern, die bei weitem vorzüglicher sind als die Romane, die sich als Fortsetzungen in noch zwanzig Büchern und mehreren Anhängen nach und nach an ihn anschlossen. Der Verfasser der ersten deutschen Bearbeitung[28] ist nicht bekannt, er muss aber Protestant und seiner Sprache nach ein Schwabe gewesen sein, bei dem die Anfänge der Sprachmengerei und des späteren Schwulstes bereits ersichtlich sind[29]. Von der Berühmtheit dieses

---

hrsg. von Heinr. Kurz, Aarau 1853; so wie Keller in seiner Ausgabe von Steinhöwels Decameron S. 674 f. und von N. v. W's Translationen S. 365 ff. und Gervinus 2[1], 354 ff. Wahrscheinlich war Niclas auch Maler; vgl. Kurz a. a. O. und Literar. Centralbl. 1853, Sp. 723. Urkundliche Nachweise über ihn gibt J. Müller im Anz. d. german. Mus. 1870, Sp. 1—7. Ueber seine Beziehungen zur Pfalzgräfin Mathilde (von Oesterreich), einer für das Literurleben jener Zeit bedeutenden Frau, vgl. Martin, Erzherzogin Mechtbild. Freiburg 1871. 8. und Strauch, Pfalzgräfin Mechtild in ihren lit. Beziehungen. Tübingen 1883. 8. Ueber seine Sprache vgl. Kehrein im Archiv f. d. Studium der neueren Sprachen 7, 378.   25) Gedruckt Augsburg 1473 und öfter, namentlich auch in den Ausgaben von Niclasens 'Translation oder Tütschungen etc. etlicher bücher Euee silvij: Pogii florentini etc.' zuerst o. O. u. J. (um 1478), dann auch 1510. 1536. Neue Ausgabe: Translationen von Niclas von Wyle, herausg. von Keller, Stuttgart 1861. 8. (57. Public. d. litter. Vereins). Eine viel schlechtere Bearbeitung desselben Gegenstandes ist die Geschichte von Camillus und Emilia im alten Buch der Liebe; über andere vgl. v. Bülow's Novellenbuch, Leipzig 1834—1836. Th. 1, S. XXXVIII ff.   26) Der spanische Dichter Ayala (etwa 1342—1407) erwähnt ihn bereits in seinem Gedichte el rimado de palacio; vgl. Keller hinter seiner Ausgabe des 1. Buches des deutschen Amadis S. 439.   27) Dass der Amadis auf alter bretonischer Sage beruhe, die von nordfranzösischen Sängern zuerst poetisch gestaltet und dann nach Spanien gebracht wurde, ist nicht mit Sicherheit erwiesen und wird von F. Wolf geradezu bestritten; vgl. Keller a. a. O. S. 437 f. Ebert a. a. O. Nr. 479 findet es am wahrscheinlichsten, dass die ersten 13 Bücher in Spanien entstanden seien; vgl. damit und über die ganze Amadisliteratur F. W. V. Schmidt in den Wiener Jahrb. der Literatur Bd. 33, Grässe, S. 400 ff.; Dunlop a. a. O. S. 86; 147 ff.; 153 ff.; 167 f.; 480; Keller a. a. O. S. 437 ff.; Braunfels, kritischer Versuch über den Roman A. von Gallien. Leipzig 1876. 8.; Braga, Formação de Amadis. Oporto 1878 und Baret, de l'Amadis de Gaule. Paris 1873.   28) Das erste Buch erschien Frankfurt a. M. 1569, und ist von Keller, Amadis. Erstes Buch. Nach der ältesten deutschen Bearbeitung (Stuttg. 1857. 8.) als 40. Publication des litterar. Vereins neu herausgegeben. Alle 24 Bücher wurden, jedes einzeln, gleichfalls zu Frankf. a. M. seit 1591 gedruckt: sie finden sich selten beisammen. Ueber die deutschen Ausgaben vgl. Keller S. 447 ff.   29) Vgl. Keller S. 461 f.

§ 168 Romans zeugt die Thatsache, dass man in Frankreich einen besondern Abdruck der in ihm vorkommenden Reden, Briefe und Monologe veranstaltete [30], der dann auch ins Deutsche übertragen wurde [31]. — Unter den Romanen, die prosaische Umarbeitungen älterer deutscher Gedichte sind, ist kaum einer, der in den Kreis der deutschen Heldensage eingreift, denn der Anhang zum Heldenbuch (§ 145), eine Art prosaischer, aber sehr verworrener Bearbeitung deutscher Heldensagen, der die Ueberschrift führt 'von Helden, Gezwergen und Riesen' und in Auszügen aus älteren Gedichten, zum Theil denselben, die wir kennen, zum Theil anderen besteht [32], kann kaum zu den Werken erzählender Prosa gerechnet werden, so dass hier nur die noch als Volksbuch umgehende Prosa vom hörnen Siegfried in Betracht kommt, welche allerdings ausdrücklich angibt, dass sie auf einem französischen Buche beruhe [33], die aber diese Berufung wohl nur um sich zu empfehlen fingiert hat und vielmehr aus einem interpolierten Texte des uns erhaltenen Siegfriedsliedes [34] aufgelöst und erweitert ist [35]. Abgesehen von diesem einen Beispiele [36] beruhen die übrigen aus Gedichten aufgelösten Prosaromane auf höfischen Quellen; das, zwar nicht zur deutschen Heldensage im engern Sinne gehörige, aber doch heimische und früh bei uns eingeführte fremde Sagen behandelnde Volksbuch von Herzog Ernst ist nicht aus der Auflösung eines ältern Gedichts, sondern aus der Uebersetzung einer lateinischen Prosa geflossen [37]. Unter jenen sind die bekanntesten und zugleich werthvollsten der Wigalois, der 1472 aus dem gleichnamigen Gedichte Wirnts von Grafenberg [38] hervorgieng, aber erst 21 Jahre später gedruckt wurde [39] und der Tristan, nach dem Gedichte Eil-

---

30) 1560 erschien in Paris eine Prosa-Sammlung aus den Büchern 1—12 unter dem Titel Trésor de tous les livres d'Amadis de Gaule, in 8.; vgl. Keller S. 441.   31) Er erschien unter dem Titel 'Schatzkammer schöner zierlicher Orationen, Sendbriefe etc. Aus den 24 Büchern des Amadis' in mehreren Auflagen, zuerst Strassb. 1597. — Ueber eine dramatisierte Bearbeitung des Amadis vgl. Gödeke's Grundr. S. 313 u. Keller S. 457; Fischarts Gedicht 'Eine Vorbereitung in den Amadis' (vgl. Gödeke S. 387, Nr. 6) ist bei Keller S. 418 ff. abgedruckt.   32) Vgl. W. Grimm, Heldensage S. 257 ff.   33) Vgl. v. d. Hagens Grundriss S. 52, Lachmanns Kritik der Sage von den Nibelungen S. 439 und J. Grimm in Haupts Zeitschr. 8, 1 ff.   34) Vgl. § 145.   35) Vgl. Müllenhoff, zur Geschichte der Nibelunge Not, S. 40.   36) Denn die Existenz eines prosaischen Riesen Siegenot (v. d. Hagens Grundr. S. 30; 526) ist sehr zweifelhaft.   37) Vgl. Docen im altdeutsch. Museum 2, 248; v. d. Hagens MS. 4, 77, Note 2; Haupt in seiner Zeitschrift 7, 266 f. und besonders Bartsch, Herzog Ernst S. LXXII ff., wo S. 227 ff. der Text des Volksbuches nach einer Handschrift, mit den Lesarten der daraus hervorgegangenen Drucke herausgegeben ist. Ueber das lateinische Original vgl. § 91, 30.   38) Vgl. § 94.   39) Wigoleyss vom rade von grafenberg (sic!), Augspurg 1493. fol.; Strassburg 1519. fol. u. öfter; dann auch in das alte Buch der Liebe und in Reichards Bibliothek der Romane 2, 11 ff. aufgenommen; s. Benecke's Vorrede zum Wigalois, S. XXVII ff.

harts von Oberge[10] von einem gleichfalls ungenannten Verfasser be- § 168
arbeitet[11], der am Schlusse sagt, er habe das ältere Werk in diese
Form 'von der Leute wegen gebracht, die solcher gereimter Bücher
nicht Gnade hätten' etc.; eine andere Prosa des Tristan, von welcher sich Bruchstücke gefunden haben, beruht auf dem französischen
Prosaroman[42]. — Ganz selbständig der Abfassung nach und erwachsen aus volksthümlichen, zum Theil aber auch der Fremde entlehnten und in Deutschland heimisch gewordenen Sagen, aus gangbaren
Schwänken, Witzen und Scherzen sind drei berühmte Volksromane,
von denen der älteste, der die Abenteuer und Schwänke von Tyll
Eulenspiegel erzählt, dem Ende des fünfzehnten Jahrhunderts angehört. Die Geschichte dieses Lieblings der untern Volksklassen,
dessen historische Existenz mit Recht behauptet worden ist[43], und
auf den viele dem Pfaffen Amis beigelegte Streiche übertragen wurden[44], ist ursprünglich in niederdeutscher Sprache[45] abgefasst[46], wie
der Stoff auch in Niederdeutschland heimisch war, aber in dieser
ältesten Gestalt nicht erhalten, sondern in einer daraus hervorgegangenen hochdeutschen Bearbeitung[47], an welcher Thomas Mur-

40) Vgl. § 91. Es ergibt sich das aus der Schlussschrift, in welcher aber
des Dichters Name in Filhart von Obret entstellt ist.   41) Die älteste Ausgabe
dieser 'Histori von herren Tristrant vnd der schönen Isalden von irlannde' vom
Jahre 1484 ist erst kürzlich wieder zum Vorschein gekommen (Pfaff wird darüber
demnächst in der Germania berichten): es folgt der Augsburger von 1498 und ein
undatierter Wormser. Gleichfalls im alten Buch der Liebe und darnach erneut in
Büschings und v. d. Hagens gleichnamiger Sammlung. Kritische Ausgabe von Fr.
Pfaff. Tübingen 1881. S. (152. Public. d. litt. Vereins); dazu Lichtenstein im Anz.
f. d. Alt. 9, 159—165 und Pfaff, im Literaturblatt f. germ. und rom. Philol. 1881,
Nr. 1. Vgl. über diesen Roman Leipziger Zeitung 1812, St. 62 ff.; v. d. Hagens
MS. 4, 588 und Lichtenstein, zur Kritik des Prosaromans Tristrant und Isalde.
Breslau 1877. S. (dazu Bartsch in der Germania 23, 345 ff.).   42) Vgl.
Bartsch in der Germania 17, 416—419.   43) Vgl. Hoffmanns Fundgruben 2,
243, Anmerkung 3, und besonders Lappenberg in seiner gleich zu erwähnenden
Ausgabe; die Existenz bestritt W. Grimm in Haupts Zeitschrift 1, 32 f.
44) Vgl. § 93.   45) Darauf deutet das Dyl (statt Till) der ältesten Ausgabe
und anderes; vgl. Gödeke im Weimar. Jahrbuch 9, 15 ff. und Grundriss S. 117.
46) Dass der Eulenspiegel gegen 1483 von einem Laien in niederdeutscher Sprache
abgefasst worden, schloss Lessing (Leben 3, 136 f.; Sämmtliche Werke 11, 492 f.)
aus dem alten zu Augsburg 1540 erschienenen Druck des hochdeutschen Textes.
Diess alte niederdeutsche Original hat Grässe (Lehrbuch der allgem. Literärgeschichte 2, 1020) wirklich in einer um 1495 gedruckten Ausgabe nachweisen
wollen.   47) Auf dem Strassburger Druck von 1519 beruht die musterhafte
Ausgabe von Lappenberg: Dr. Th. Murners Ulenspiegel, Leipzig 1854. S. (Wiederabdruck der Strassburger Ausgabe. Leipzig 1882. 9.). Es folgt der kölnische von
Servais Kruffter, den Lappenberg zwischen 1520—30 setzt (Kruffter druckte von
1518—1531, bis 1519 in Basel, vgl. Gödeke's Grundriss S. 117); neue Ausgabe:
Tyel Ulenspiegel in niedersächsischer Mundart nach dem ältesten Drucke des

§ 168 ner[47] vielleicht einen Antheil hat, der aber in keinem Falle als Verfasser des Eulenspiegels angesehen werden darf, da in diesem hochdeutschen Texte Zeilen fehlen, welche in späteren Drucken sich finden, also nur aus älteren Exemplaren ergänzt sein können[19]. Er war das beliebteste Volksbuch, welches eine Menge Bearbeitungen erfuhr, und sich bald in einen protestantischen und katholischen Eulenspiegel schied, von Fischart in Verse gebracht[50] und in verschiedene Sprachen übersetzt[51], sowie von Hans Sachs und Jacob Ayrer mehrfach als Quelle benutzt wurde[52]. Die beiden andern Volksromane sind erst zu Ende des sechzehnten Jahrhunderts erschienen: die tragische Geschichte des Schwarzkünstlers Faust und die komisch-satirische von den Schildbürgern, auch das Lalenbuch genannt. Die älteste Bearbeitung von jenem Romane, dessen Träger eine zu ihrer Zeit viel besprochene Persönlichkeit war[53], deren die Sage sich bemächtigte[54], erschien 1587 zu Frankfurt am Main[55], und fand solchen Beifall, dass schon im folgenden Jahre eine neue Auflage nöthig wurde und gleichzeitig eine von Tübinger Studenten herrührende gereimte Bearbeitung zu Tage kam[56], und G. R. Widmann 1599 eine zweite Bearbeitung unternahm[57]. Die Schildbürger, welchen ein

---

Servais Kruffter photolithographisch nachgebildet, Berlin 1865. (Die Sprache dieser Ausgabe ist aber nicht, wie der Titel angibt, niedersächsisch, sondern niederrheinisch; vgl. Blätter f. liter. Unterh 1866, S. 159). 48) Lappenberg sieht Murner als Verf. an; vgl. dagegen Gödeke im Weimar. Jahrb. 4, 15 ff., der nur zugibt, dass Murner im äussersten Falle den Eulenspiegel zuerst in's Oberdeutsche übersetzte. 49) Vgl. Gödeke a. a. O., der die Existenz einer Ausgabe vor 1519 aus der Erwähnung in einer Schrift von 1515 (De generibus ebriosorum) nachweist. Eine Ausgabe von 1515 ist inzwischen in London aufgefunden worden. 50) 'Eulenspiegel Reimensweis', vgl. Hallings Ausgabe des glückhaften Schiffs S. 69 ff ; 259; Hall. Litt. Zeitung 1829, Nr. 55, Sp. 439. 51) Ueber die Uebersetzungen vgl. Lappenbergs Ausgabe. 52) R. Köhler im Weimar. Jahrb. 5, 477 ff. hat gezeigt, welche Abenteuer des Eulenspiegels H. Sachs bearbeitet hat. 53) Ueber sein Leben vgl. W. Creizenach in der Allgem. D. Biographie 6, 583—557. 54) Ueber die Bildung der Sage vgl. Görres S. 207 ff., besonders nachzulesen ein Aufsatz von Stieglitz in Fr. Schlegels deutschem Museum 2, 312 ff., vervollständigt in v. Raumers histor. Taschenbuch 5, 125 ff.; E. Sommers Artikel Faust in Ersch und Grubers Encyclopädie 1, 42, 93—118; Düntzer, die Sage von Dr. Joh. Faust. Leipzig 1846. 8.; Hauffe, die Faustsage und der historische Faust. Luxemburg 1862. 8.; Th. Zahn, Cyprian von Antiochien und die deutsche Faustsage. Erlangen 1882. 8. und H. Grimm, die Entstehung des Volksbuches von Dr. Faust. In 'Fünfzehn Essays' 3. Folge. Berlin 1882. (zuerst in den Preuss. Jahrb.). 55) Bei Joh. Spies; sie ist wieder abgedruckt in Scheible's Kloster 2, 933—1072; und sorgfältiger in: Das älteste Faustbuch. Wortgetreuer Abdruck der Editio princeps des Spiesschen Faustbuches vom Jahre 1587. Nebst den Varianten des Unicums von 1590. Mit Einleitung und Anmerkungen von A. Kühne. Zerbst 1868. 8. Auch in Braune's Neudrucken von Literaturwerken des 16. und 17. Jahrhunderts, Nr. 7 und 8. Halle 1878. 8. 56) Gedruckt bei Scheible 11, 1—216. 57) Sie

sehr alter Gedanke, 'von Leuten, die klüglich reden und kindisch § 168 handeln', zu Grunde liegt⁵⁸, erschienen 1598⁵⁹ und wurden später mit einem zweiten Theile vermehrt⁶⁰. — Hier mag auch noch zweier anderer deutschen Romane gedacht werden, von denen der eine gewiss, der andere wahrscheinlich Original ist. Jener ist der einen ganz historischen Stoff, die Geschichte Kaiser Friedrichs III und seines Sohnes Maximilian mit Verhüllung aller Eigennamen darstellende **Weiss-Kunig** (d. i. der weise König), den Kaiser **Maximilian I** entworfen und sein Geheimschreiber **Marx Treizsauerwein**⁶¹ 1512 ausgeführt hat, ein Werk von sehr untergeordnetem Werth und das prosaische Seitenstück zum Theuerdank⁶²; der andere der **Goldfaden** von **Georg Wickram** aus Kolmar, Stadtschreiber zu Burgheim, der auch sonst noch als Romanschreiber und Verfasser eines vielgelesenen Unterhaltungsbuchs (§ 169) bekannt ist und in der Mitte des sechzehnten Jahrhunderts lebte⁶³. Der Goldfaden, der nicht zu den schlechtesten erzählenden Prosawerken dieses Zeitraums gehört, erschien zu Strassburg 1557⁶⁴. — Zwar nicht eigent-

---

erschien 1599 zu Hamburg in drei Bänden. 8. Ein Abdruck der widmannschen Erzählung, ohne seine und eines späteren Ueberarbeiters (Pfitzers, Nürnberg 1674) weitschweifige Anmerkungen, besorgte Keller 'Das ärgerliche Leben und schreckliche Ende des vielberüchtigten Erzschwarzkünstlers Joh. Faust.' Reutlingen 1834. und neuerdings für den litterarischen Verein. Tübingen 1880. 8. Ueber andere Ausgaben, Bearbeitungen, Uebersetzungen etc. vgl. Ebert a. a. O. Nr. 7371 ff. und Schade im Weimar. Jahrbuch 5, 243 ff.   58) Vgl. Vridank 52, 9 f. und W. Grimms Anmerkung dazu S. 356 f.   59) Der Verfasser nennt sich M. Aleph Beth Gimel, und als fingierten Druckort Misnopotamia, vgl. Gödeke, Grundriss S. 424 f.   60) Mit diesem erschien das Ganze unter dem Titel 'der Grillenvertreiber', Frankfurt 1603. 8. Von diesem Grillenvertreiber erschien ein 2. Theil Frankfurt 1605 (unter dem Titel: Witzenbürger) und ein dritter noch in demselben Jahre. Der erste Theil ist bearbeitet in v. d. Hagens Narrenbuch aufgenommen, von dem zweiten nur ein Auszug in dem Anhang, der auch von der weiteren Litteratur handelt, womit aber zu vergleichen ist Leipz. Litt. Zeitung 1812, Nr. 161 ff.   61) Vgl. über diesen D. Schönberg im Archiv f. österreich. Geschichte 48, 355 ff. und daraus Wien 1873. 8. abgedruckt.   62) Gedruckt Wien 1775. fol. mit vielen schönen Holzschnitten (Proben in Pischons Handbuch der deutschen Prosa, Berlin 1819. 8. 1, 17 ff. und in dessen Denkmälern 2, 220 ff.). Vgl. R. v. Liliencron. der Weisskunig Maximilians I, im Historischen Taschenbuch 5. Folge, 3. Jahrg. (1873). 63) Ueber ihn und sein Leben vgl. Heinr. Kurz in seiner Ausgabe des Rollwagen-Büchleins S. V ff.; Erich Schmidt, im Archiv f. Lit. Gesch. 8, 317—357; Scherer in der § 169, 1 erwähnten Schrift; auch F. X. Kraus in der Zeitschrift f. d. Alt. 23, 205 f. Er gründete 1546 in Kolmar eine Meistersängerschule: vgl. Bartsch, Meisterlieder S. 2. Ueber sein Fastnachtspiel vom treuen Eckart vgl. Gödeke's Grundriss S. 369 und Pfeiffer in der Germania 2, 505. 64) Danach herausgegeben von Clem. Brentano, Heidelberg 1809. 8. (vgl. Heidelberger Jahrbücher 1810. 2, 285 ff. — W. Grimm, kl. Schr. 1, 261 ff.); Inhalt und Proben bei Pischon, Denkmäler 2, 436 ff.

§ 168 liches Original, aber ganz freie, durch einen seltenen Reichthum an
Kenntnissen aller Art begünstigte und mit wahrhafter Genialität und
bewundernswürdiger Sprachgewalt ausgeführte Umarbeitung und Erweiterung eines französischen Originals ist Johann Fischarts be-
rühmtestes Werk, Geschichtklitterung oder, wie es ursprünglich
hiess, Geschichtschrift[65]. Es beruht auf dem ersten Buche des
satirisch-humoristischen Romans Gargantua und Pantagruel[66] von
François Rabelais[67], dessen Stoff wiederum aus einem älteren, schon
im fünfzehnten Jahrhundert gedruckten französischen Buche entnommen ist[68], und stellt 'das Leben eines riesenhaften, in sinnlicher Fülle
überstrotzenden Geschlechtes' dar, in einer vom Originale so unab-
hängigen Weise[69], dass man sieht, wie Fischart nur der äusseren
Anregung bedurfte, um den ganzen Reichthum seines Geistes zu entfalten[70]. Dagegen ist der Lügenroman, der Finkenritter, dessen
Grundidee schon in älteren gereimten Lügenmärchen vorgebildet ist[71],
nicht von Fischart verfasst[72], der in mehreren seiner Werke aller-

---

65) Der ganze merkwürdige Titel (der aber nicht vor allen Ausgaben gleich
lautet) ist zu weitläufig, um hier ganz mitgetheilt werden zu können (man findet
ihn u. a. in Gödeke's Grundriss S. 390). Er fängt in der 2. Ausgabe (1582) die
zuerst den Titel Geschichtklitterung führt, an 'Affentheurlich Naupengeheurliche
Geschichtklitterung, von Thaten und Rahten der vor kurtzen langenweilen Vol-
lenwolbeschreiten Helden und Herren Grandgusier, Gargantoa und Pantagruel etc.'
Fischart nennt sich hier Huldrich Elloposcleros. Gedruckt zuerst 1575. 8, und
dann oft bis 1631 (eine Ausgabe von 1552, die Grässe nach der Hall. Litter. Zeit.
1842, Nr. 223, Sp. 562 noch besessen haben will, nennt von Meusebach, dem hier
wohl die erste Stimme gebührt, ein Trugbild). Vgl. über die Literatur das § 147
Citierte, worunter die Stücke der Hall. Litterar. Zeitung nicht zu übersehen sind;
dazu C. Wendeler, zur Schwanklitteratur in Fischarts Gargantua, in der Zeitschrift
f. d. Alt. 21, 435—463. Proben bei Wackernagel, Lesebuch 2, 135 ff. 3, 2, 471 ff. und
bei Pischon a. a. O. 2, 455 ff.   66) Der Titel ist Vie, faicts et dicts heroicques
de Gargantua et de son filz Pantagruel. Eine vortreffliche Uebersetzung lieferte
G. Regis, Leipzig 1832 ff. 8.   67) Geb. 1483, gest. 1553.   68) Vgl. Grimm,
Mythologie² 509 (1. Ausg. S. 313); über die mythische Grundlage des Gargantua
besonders Gaidoz, Essai de mythologie celtique. Paris 1868. 8.   69) Nach
Barthold, Gesch. d. fruchtbring. Gesellschaft S. 16 soll Fischart in der Umgebung
Herrn Quirin Gangolfs von Geroldseck, der mit dem Pfalzgrafen oft über die Vo-
gesen gegangen, Rabelais' Gargantua kennen gelernt haben; eine andere Vermu-
thung stellt Wackernagel, Joh. Fischart S. 60, auf.   70) Vgl. die treffliche
Charakteristik von Gervinus 3², 149 ff. (3⁵, 202 ff.) und Wackernagel, Joh. Fischart
S. 24 ff. 34 ff.; auch Ganghofer, J. Fischart und seine Verdeutschung des Rabelais.
München 1880. 8.   71) Vgl. Müllers Sammlung 3, S. XIV; v. Lassbergs Liedersaal 2, 385; Massmanns Denkmäler 1, 105 ff.; Suchenwirt.S. 148 f.; Haupts Zeitschrift 2, 560 ff.; Pfeiffers altd. Uebungsbuch S. 153 f. und insbesondere Müller-Frau-
reuth, die deutschen Lügendichtungen bis auf Münchhausen. Halle 1881. 8. (wo
S. 24 ff. auch vom Finkenritter gehandelt ist).   72) Die Annahme beruhte auf
mündlichen Aeusserungen v. Meusebachs.

dings darauf Bezug nimmt[73], aber einmal in so ungenauer Weise, § 168
wie es bei seiner Autorschaft nicht erklärlich wäre[74].

§ 169.

Was die vielen, in Novellen, moralischen Beispielen, Schwänken,
Anekdoten und Märchen bestehenden kleinern Erzählungen betrifft, so kann hier eben so wenig auf ihre Entstehungsart[1], als auf
die Namhaftmachung der bedeutendsten und gelungensten näher eingegangen werden. Es wird genügen, einige der bekanntesten und
zu ihrer Zeit gelesensten Sammlungen anzugeben, worin dergleichen
Stücke entweder schon vor ihrem Erscheinen in deutscher Sprache
vereinigt waren und bei ihrer Uebersetzung gelassen wurden, oder
in die sie erst deutsche Bearbeiter und Verfasser brachten. Jenes
gilt von den sieben weisen Meistern[2], den Gesten der Römer, die schon im vierzehnten Jahrhundert in deutschen Prosen vorhanden gewesen sind[3], dem Buch der Beispiele[4] und von dem
gegen Ende des fünfzehnten verdeutschten Decameron des Boccaz,
welchen wir Heinrich Steinhöwel verdanken[5], der die Novelle von
Griseldis[6] auch einzeln übertrug, dabei aber nicht dem italienischen
Texte, sondern der lateinischen Uebersetzung von Petrarca folgte[7],
wie schon vor ihm Niclas von Wyle gethan, der die Erzählung von
Guiscard und Sigismunde nach der lateinischen Uebersetzung von
Leonardus Aretinus übertrug[8], während Albrecht von Eybe dem Boc-

73) In der Geschichtklitterung, wenigstens in den Ausgaben beider Werke
von 1582; vgl. Haupt in v. Aufsess' Anzeiger 1533, Sp. 130, wo auch Sp. 74 f. durch
Hoffmann Nachricht von einem alten Druck gegeben ist. Nach einem andern ist
der Finkenritter aufgenommen in Reichards Bibliothek der Romane 16, 63 ff. Vgl.
über die Drucke Gödeke, Grundriss S. 420.   74) Vgl. Wackernagel, Johann
Fischart S. 96 f., Anmerk. 202.

    § 169. 1) Manche von ihnen sind aus älteren deutschen Gedichten aufge-
löst, wie einige der in den altd. Blättern 1, 117—163; 300 ff. aus einer Leipziger
Handschrift des 15. Jahrhunderts mitgetheilten; die letzte, die von Crescentia, ist
Bearbeitung des alten § 91, 8 angeführten Gedichts; sie steht auch in Wackernagels altd. LB.[2] 987 ff. ([a] 1399 ff.); vgl. Keller, Fastnachtspiele 3, S. 1139 ff. Eine
andere Bearbeitung der Crescentia findet sich in dem Anm. 11 erwähnten Seelentrost.   2) Vgl. § 87, 9. und § 149, 20.   3) Vgl. § 149, 13. Ein Stück einer
andern deutschen Uebersetzung ist German. 29, 344 mitgetheilt.   4) Vgl. § 149, 4 ff.
    5) Vgl. § 149, 3. Dass Steinhöwel der Uebersetzer sei, vermuthete schon
Panzer, und ist jetzt wohl nicht mehr zu bezweifeln; vgl. Kellers Ausgabe S. 681 ff.
    6) Eine ältere Griseldis hat C. Schröder im 5. Band der Mittheil. d. deutsch.
Gesellsch. in Leipzig (1873. 8.) herausgegeben. Ueber die Griseldissage und deren
verschiedene Bearbeitungen vgl. R. Köhler in Ersch' und Gruber's Encyclopädie,
und in Gosche's Archiv f. Litt. Gesch. 1, 409 - 427.   7) Vgl. Keller S. 685.   8)
Es ist die zweite seiner Translationen (in Kellers Ausg. S. 79 ff.); in der Einleitung
zu derselben gedenkt er auch seiner Uebersetzung der Griseldis; dies scheint demnach eine andere zu sein als diejenige, welche Keller dem Steinhöwel beilegt.

§ 169 caz selbst dieselbe Geschichte nachbildete und seinem Ehestands-
büchlein[9] einfügte[10]; dieses von dem Buche der Seelen Trost,
welches in der Gegend von Köln entstanden, die Erklärung der zehn
Gebote zum Gegenstande hat und bei diesem Anlass eine bedeutende
Anzahl von gut vorgetragenen Erzählungen und Legenden als Exem-
pel mittheilt[11], darunter eine Bearbeitung der Geschichte von Amicus
und Amelius[12], und eine Geschichte desselben Inhalts, wie Schillers
Gang nach dem Eisenhammer[13]; ferner von einer Reihe von Erzählungen, welche Hermann Korner in die niederdeutsche Bearbeitung
seiner Chronik aufgenommen hat[14]; von dem Buche Schimpf und
Ernst[15], welches der durch treffliche Darstellungsgabe sich auszeich-
nende und auch als Prediger bedeutende[16] Barfüssermönch Johann
Pauli[17] zu Anfang des sechzehnten Jahrhunderts (1518) verfasste, und
von drei ähnlichen jüngern Unterhaltungsbüchern, Georg Wickrams

---

9) Vgl. § 171.   10) Eine andere Novelle in diesem Buche ist die, wie
Albrecht sagt, aus dem Lateinischen entlehnte, in Leonh. Meisters Beiträgen
zur Geschichte der deutschen Sprache, Heidelberg 1780, 1, 135 ff. aufgenommene
Novelle vom jungen Procurator, die Goethe wiedererzählt, aber wohl aus anderer Quelle geschöpft hat.   11) Der Titel lautet in den alten Drucken 'Der
seelen trost mit manigen hübschen Exempeln durch die Zehen gebot und mit
ander guten lere' (Augsburg 1478 und 1483); aus einer Handschrift in Stuttgart gab Pfeiffer in Frommanns Deutschen Mundarten 1, 170 ff.; 2, 1 ff.; 289 ff.
eine beträchtliche Anzahl von Erzählungen. Vgl. noch Latendorf zur Literatur
des Seelentrostes (Handschriften und Drucke), im Anzeiger für Kunde d. deutsch.
Vorzeit 1866, Sp. 307 ff.   12) Herausgegeben (aus v. Groote's Handschrift) von
Carové im Taschenbuch für Freunde altd. Zeit und Kunst 1816, S. 343 ff.; daraus
in Wackernagels altd. LB.² 981 ff. (³ 1313 ff.) und hinter Wackernagels Ausg. des
armen Heinrich S. 91 ff. Eine niederdeutsche Bearbeitung der Sage in den Anm. 14
erwähnten Erzählungen (Germania 9, 261 ff.). Ueber die Fortdauer der Sage vgl.
W. Grimm, Athis und Prophilias S. 46 (kl. Schr. 3, 265).   13) Hrsg. in v. Aufsess'
Anz. 1833, Sp. 107; danach bei Wackernagel a. a. O. 986 ff. (³ 1311 ff.); und nach der
Stuttgarter Handschrift bei Pfeiffer Nr. 33. Daselbst Nr. 79 derselbe Stoff, den Schiller in der Bürgschaft behandelt hat (vgl. § 165, 12).   14) Sie sind herausg. von
Pfeiffer in der Germ. 9, 257—289 (auch besonders erschienen Wien 1864. 8.); wo
auch nachgewiesen ist, dass diese deutsche Bearbeitung von Korner herrührt; sie
ist 1431 beendigt worden. Vgl. dazu Höfer in der German. 23, 229—236.   15)
Die älteste bekannte Ausgabe von Schimpf und Ernst ist (mit einer Vorrede von
1519) zu Strassburg 1522 erschienen. Später wurde das Buch vom Verfasser und
auch von Anderen vielfach vermehrt und oft gedruckt; s. Ebert a. a. O. Nr. 15996
und Lappenberg, Ulenspiegel S. 365. Schimpf und Ernst von Joh. Pauli, herausg.
von G. Th. Dithmar 1856. 8.; die beste Ausgabe ist die von H. Oesterley, Stuttgart 1866. 8. (85. Publicat. des litter. Vereins), mit Nachweisen über Ursprung und
Verbreitung der Erzählungen.   16) Eine deutsche Predigt aus einer Handschrift seiner Predigten hat Bartsch in Birlingers Alemannia 11, 136 - 145 mitgetheilt.   17) Um 1455 von jüdischen Eltern geboren und wahrscheinlich dieselbe
Person mit dem anderweitig bekannten Johannes Pfedersheimer, lebte als Christ
einige Zeit in Strassburg und später gegen vierzig Jahre lang als Lesemeister im
Barfüsserkloster zu Thann im Elsass; vgl. K. Veith, über den Barfüsser Joh. Pauli

Rollwagenbüchlein[18], bestimmt, wie der Verfasser selbst sagt, § 169 in Schiffen und auf den Rollwagen (man verstand darunter Fuhrwerke, die an bestimmten Tagen den Verkehr zwischen entfernter liegenden Ortschaften vermittelten), desgleichen in Scheerhäusern und Badstuben erzählt zu werden; Jacob Frey's, Stadtschreibers zu Maursmünster, Gartengesellschaft[19] und Hans Wilhelm Kirchhofs[20] im Jahre 1562 geschriebenem Buch unter dem Titel Wend-Unmuth[21]. Schimpf und Ernst, das Rollwagenbüchlein und die Gartengesellschaft blieben bis tief in das siebzehnte Jahrhundert hinein beliebte Unterhaltungsschriften[22]. — Von prosaischen Fabeln, die in diesem Zeitraum erschienen, findet sich der grösste Reichthum in dem von Heinrich Steinhöwel[23] nach der Mitte des fünfzehnten Jahrhunderts aus dem Lateinischen übersetzten Aesop und den Anhängen dazu[24], worin auch viele Stücke stehen, die mehr eigentliche Erzählungen als Apologe sind. Steinhöwel muss zu den besten

und das von ihm verfasste Volksbuch Schimpf und Ernst, nebst 46 Proben aus demselben. Wien 1839; Lappenberg, Ulenspiegel S. 363, F. Vetter in der Germ. 27, 224, und die Einleitung Oesterley's zu seiner Ausgabe. 18) Auch unter dem Titel Rollwagen von Schimpf und Ernst gedruckt. Die älteste bekannte Ausgabe ist von 1555. 8. (o. O.); neue Ausgabe im 7. Bande von Heinr. Kurz' Deutscher Bibliothek, Leipzig 1865. kl. 8.; wo im Anhang die Zusätze der Ausgaben von 1557 und der Mühlhäuser o. J. mitgetheilt sind; vgl. über das Buch und die beiden zunächst folgenden die Leipziger Literar. Zeitung 1812, Nr. 161 ff. 19) Gedr. Strasaburg 1557. 8. 20) Kirchhof, wahrscheinlich 1525 in Cassel geboren, war Landsknecht gewesen, zog 1554 nach Marburg, um der Medicin obzuliegen, 1555 zu seinen kranken Eltern nach Cassel, wo er seinen Vater in dessen Amtsgeschäften unterstützte, wurde um 1582 Burggraf zu Spangenberg und scheint um 1603 gestorben zu sein. Vgl. über ihn G. Th. Dithmar, Aus und über H. W. Kirchhoff, Programm des Marburger Gymnasiums 1867. 4. und besonders Oesterley im 5. Bde. seiner Ausgabe S. 3 ff. 21) Der erste und beste Band erschien 1563 in Frankfurt a. M. (zweite Ausgabe Frankfurt 1565. 8.), nachher folgten noch fünf Theile. Neue Ausg. von H. Oesterley, Wendunmuth von H. W. Kirchhoff, 5 Bde., Stuttgart 1869 (95—99. Public. des litter. Vereins). Der fünfte Band enthält Nachweise über den Verfasser, sein Leben und seine Werke, so wie über Verbreitung und Quellen der im Wendunmuth vorkommenden Erzählungen. 22) Zwei andere Novellensammlungen sind die beiden Bücher von Michael Lindener, der erste Theyl Katzipori, 1558. 8., und Rastbüchlein, o. O. u. J. 8. und o. O. 1558. 8.; vgl. Gödeke, Grundriss S. 375 und Wackernagel, Johann Fischart S. 104. Neue Ausgabe von F. Lichtenstein. Tübingen 1883. 8. (163. Public. d. litt. Vereins). Ueber andere Sachen von ihm vgl. Wendeler, M. Lindener als Uebersetzer Savonarolas u. Herausgeber theologischer und historischer Schriften, im Archiv f. Lit. Gesch. 7, 434—484; denselben, in der Zeitschr. f. d. Alt. 21, 435 ff., und F. Bobertag, Val. Schumann und Mich. Lindener, zwei deutsche Humoristen des XVI. Jahrhs., im Archiv für Lit. Gesch. 6, 129—149. 23) Vgl. § 149, 3. 169, 5. 24) Seine Uebersetzung der äsopischen und anderer lateinischer Fabeln, denen das sagenhafte Leben Aesops voraufgeht, erschien mit den lateinischen Texten zwischen 1476 und 1480 zu Ulm, dann auch ohne diese, und später noch mit Stücken von Seb. Brant vermehrt. Neue Ausgabe von H. Oesterley. Stuttgart 1873. 8. (117. Publicat. d. litter.

§ 169 Prosaikern seiner Zeit gerechnet werden und nimmt als Uebersetzer
eine bedeutende Stellung ein, indem er ausser dem schon erwähnten
Decameron des Boccaz und dem Aesop auch des Boccaz Werk von
den berühmten Frauen (de praeclaris mulieribus)[25], den Apollonius
von Tyrus[26] und anderes aus dem Lateinischen übertrug[27]. Aus dem
fünfzehnten Jahrhundert hat sich auch ein handschriftliches Fabel-
buch erhalten, in welchem die kurzgefassten und als Sprichwörter
bezeichneten Lehren jedesmal der betreffenden Fabel vorausgehen[28].
Im sechzehnten Jahrhundert bearbeitete Luther etliche äsopische Fabeln, zunächst für seinen Sohn[29], und spricht sich in der Vorrede[30]
mit der höchsten Anerkennung über den Werth der äsopischen Fabeln aus, verwirft aber den zu seiner Zeit gangbaren deutschen 'Esopus'[31] und will dafür einen gereinigten ('gefegten'), zu dem die von
ihm bearbeiteten Stücke ein Anfang sein sollen; andere verheisst er
mit der Zeit zu 'leutern und zu fegen'. — Unter der Menge der
Legenden in ungebundener Rede mögen hier allein die hervorgehoben werden, welche in einem grössern ascetischen Sammelwerke,
dem Buch von der heiligen Leben, enthalten sind, das Hermann von Fritzlar[32], einer der bessern Prosaisten seiner Zeit,
schon auf der Scheide des vorigen und des gegenwärtigen Zeitraums
nach und aus vielen andern Schriften veranstaltete[33]. Zu den legen-

---

Vereins). Vgl. Lessings sämmtliche Schriften 9, 51 ff.; Ebert a. a. O. Nr. 250 ff. und
Keller, Steinhöwels Decameron S. 677 ff. 25) Von etlichen frowen, 1473 der
Herzogin Eleonore von Oesterreich zugeeignet und wahrscheinlich in demselben
Jahre (zu Ulm) gedruckt; eine Ausgabe von 1571 (Augsburg) ist zu bezweifeln;
vgl. Keller a. a. O. S. 683. 26) Gedruckt zu Augsburg 1571 fol. und öfter;
vgl. Keller a. a. O. S. 679. Ueber das einleitende Akrostichon, worin Steinhöwel
seinen Namen nennt, vgl. Bartsch in seinen Germanist. Studien 2, 305 ff.; Scherer,
in der Zeitschr. f. d. Alt. 22, 319 f., Bartsch, in der Germ. 23, 351 ff. 27) Vgl.
über beide Uebersetzungen altd. Mus. 2, 269, Massmann, Denkmäler 1, 10, Anm. 2,
und die Litteraturgesch. der beiden Scholl 1, 513 ff. 28) Handschrift in Erlau;
Beschreibung und Proben daraus in v. d. Hagens German. 4, 126 ff. 29) Sie
sind im Jahre 1530 und im 5. Bande der Jenaer Ausgabe seiner Werke gedruckt;
auch bei Gödeke, Luthers Dichtungen S. 155 ff. (vgl. S. 364 f.). Ueber Luthers 'Ein
newe Fabel Esopi newlich verdeutscht gefunden, vom Lewen und Esel', 1528. 4.,
die nicht nach Aesop ist, vgl. Pischon, Denkmäler 2, 516, Anmerk. 30) Bei
Wackernagel, Lesebuch 3, 1, 193 ff. 31) Es ist diess wohl kein anderer als
der von Steinhöwel. 32) Ueber sein Leben vgl. Pfeiffer vor seiner Ausgabe
S. XIII ff. Von seinen Lebensumständen ist wenig bekannt; sicher ist nur, dass
er grössere Reisen nach Italien und Spanien unternommen hat; auch in Paris war
er. Dass er dem Dominikanerorden angehört, wie K. Schmidt (Tauler S. 47) vermuthete, hält Pfeiffer für eben so unerweislich, wie dass er Franciscaner gewesen;
nach Pfeiffer war er wahrscheinlich ein begüterter Laie. 33) Herausgeg. von
Pfeiffer im 1. Bde. seiner deutschen Mystiker, Leipzig 1845. 8. Vgl. dazu J. Haupt,
Neue Handschriften zum Hermann von Fritzlar. Wien 1874. 8. (Sitzungber. der

denartigen Erzählungen gehören auch die sogenannten Predigtmär- § 169
lein[34], welche bereits im dreizehnten Jahrhundert vereinzelt[35], aber
in diesem Zeitraume häufiger vorkommen. Man verstand darunter
aber nicht allein Erzählungen von geistlichem, sondern auch von weltlichem und nicht immer sehr erbaulichem Inhalte, welche die Geistlichen zur Veranschaulichung der Moral ihrer Predigten in dieselben
einzuflechten liebten. Sie sind meist vortrefflich erzählt und somit
nicht werthlose Denkmäler der Prosa des fünfzehnten Jahrhunderts[36].
— Satirische Schriften, grosse und kleine, entstanden auch
noch in anderer Form, als der erzählenden, besonders im Zeitalter
der Reformation und auch noch später in ausserordentlicher Zahl[37].
Zu den geistreichsten, witzigsten und zu ihrer Zeit gelesensten gehören mehrere von Johann Fischart, namentlich Aller Practik Grossmutter, gegen das Unwesen der Kalendermacher und
Wahrsager jener Zeit gerichtet[38], angeregt durch Rabelais' Progno-
stication pantagrueline[39], aber mit starker Benutzung einer kurz vorher zu Ingolstadt erschienenen ähnlichen Practik[40], und der Bie-
nenkorb des heiligen römischen Immenschwarms[41], welcher die erweiterte Bearbeitung eines holländischen Werkes ist[42] und
ebenso wie das auf einem französischen 1576 erschienenen Gedichte,

---

Akademie). Wie er selbst sagt, ist sein Buch, das er durch einen Andern in den
Jahren 1343—1349 schreiben liess, 'zusammengelesen aus vielen anderen Büchern
und aus vielen Predigten und aus vielen Lehrern'; vgl. Wackernagel, altd. LB.[1],
856—859. Gedruckt waren früher nur einzelne Legenden in Massmanns Denkmälern 1, 118 ff., in dessen Ausgabe von S. Alexius S. 156 ff. und in der Litteraturgeschichte von G. u. F. Scholl, 1, 399 ff.; andere Stellen aus dem Buch bei Wackernagel a. a. O. 675 ff.; ([2]653 ff., [3]1181 ff.), der auch von später aufgezeichneten Legenden die von den sieben Schläfern aus einem Passionale aller Heiligen (in einer
Handschr. von 1458) mittheilt, Sp. 977 ff. Die Legende von S. Silvester in Wackernagels Ausgabe des s. Heinrich S. 79 ff. Ein früheres Werk Hermanns, die Blume
der Schauung, mystischen Inhalts, ist verloren; vgl. Pfeiffer a. a. O. S. XX.
34) Eine Sammlung solcher aus dem 15. Jahrhundert hat Pfeiffer herausgegeben
in der German. 3, 407 ff.; vgl. dazu Liebrecht ebenda 5, 45 f. Anm. Von ähnlichem
Charakter sind die niederrhein. Erzählungen in dem Seelentrost (vgl. Anm. 11).
35) Vgl. § 121, 18 am Ende.   36) Ueber die sogenannten Ostermärlein
vgl. Hoffmann, Kirchenlied 3. Ausg. S. 198 f.; Schmeller, baier. Wörterbuch 2, 606
([1]2, 1634 f.)   37) Die reichhaltigste Sammlung von Satiren des 16. Jahrhs. verdanken wir Schade, Satiren und Pasquille aus der Reformationszeit herausgeg.,
Hannover 1856 ff. 3 Bde. 8. Vgl. auch A. Baur, Deutschland in den Jahren 1517
bis 1525. Ulm 1872. 8.   38) Gedruckt 1572. 4. und öfter; Proben bei Wackernagel, Lesebuch 3, 1, 459 ff. Neuer Druck der ersten Ausgabe in Braune's Neudrucken. Halle 1876. 8.   39) Vgl. Vilmar in Ersch und Grubers Encyclopädie,
Fischart S. 180.   40) Vgl. Höpfner, Reformbestrebungen etc. S. 20.   41)
Gedruckt zuerst 1579. 8. Vgl. Th. Kessemeier im Programm der Realschule zu
Bremen 1577. 4.   42) Vgl. darüber, so wie über andere satirische Schriften
Fischarts Gervinus 3[2], 129 ff. (3[3], 173 ff.) und die § 147 angeführten Bücher.

§ 169 Blason du bonnet carrré, beruhende[43] Jesuiterhütlein[44] und andere Schriften Fischarts den Jesuitenorden bekämpft.

B. Geschichtliche und beschreibende, rednerische, didaktische Prosa.

§ 170.

Auf die Bildung des rein geschichtlichen und des beschreibenden Stils sind die prosaischen Unterhaltungsbücher dieses Zeitraums, so wie die Uebersetzungen der classischen Historiker gewiss nicht ohne Einfluss geblieben. Schon im vierzehnten und fünfzehnten Jahrhundert und im ersten Jahrzehnt des sechzehnten erschien neben den prosaischen Bearbeitungen mehrerer ältern Reimwerke, die bei den des Lateins unkundigen Laien lange die Stelle wirklicher Geschichtsbücher vertreten hatten[1], eine ganze Reihe geschichtlicher Darstellungen oder Chroniken in ungebundener Rede, unter denen, ausser der schon erwähnten Limburger[2], zu den merkwürdigsten gehören die im Jahre 1362 vollendete, auf der älteren sogenannten repgowschen Chronik[3] beruhende strassburgische Chronik[4] von Fritsche Closener[5] und die zum grossen Theil daraus geschöpfte, zwanzig Jahre später begonnene[6] elsassische

---

43) Den Quellennachweis lieferte Heinr. Kurz in Herrigs Archiv f. d. Studium der neueren Sprachen 34, 61 ff.   44) Gedruckt zuerst 1580. 8. Neu herausgegeben von Chr. Schad, Leipzig 1845. 8. (nach der Ausgabe von 1593). Er richtet sich insbesondere gegen Joh. Nas, der zwischen 1567 und 1589 zahlreiche Streitschriften in römischem Sinne schrieb. Vgl. über diesen Wagners Archiv 1, 49—66.
§ 170. 1) Die alte Kaiserchronik (§ 91) befindet sich prosaisch bearbeitet in vielen Handschriften; vgl. Hoffmanns Verzeichniss der Wiener Handschriften S. 13 und besonders Massmann, Kaiserchronik 3, 53 ff. Ueber die Prosaauflösungen von Rudolfs Weltchronik, die sogenannten Historienbibeln, vgl. § 97; über zwei andere Prosawerke, die Auflösungen von Enenkels Weltchronik (§ 97) und einem ähnlichen poetischen Werke sind, vgl. Massmanns Eraclius S. 371 f., Wackernagel, Baseler Handschriften S. 31 ff. und Massmann, Kaiserchronik 3, 44 f.   2) Vgl. § 155.
3) Vgl. § 121, 37.   4) Herausgegeben nach der einzigen bekannten, in Paris aufbewahrten Handschrift, aber mit etwas veränderter Schreibung von A. Schott und A. W. Strobel, Stuttgart 1842. 8. (1. Publication des litterar. Vereins, vgl. Massmanns Anzeige in den Münchener G. A. 1842, Nr. 256—259); danach in einer Prachtausgabe von Strobel und Schneegans im Code historique et diplomatique de la ville de Strassbourg 1 (Strassburg 1843. 4.), 1—158; am besten von Hegel im 1. Bande der Strassburger Chroniken (Chroniken deutscher Städte, 8. Bd., Leipzig 1870. 8.). Eine Probe in der deutschen Litteraturgeschichte von G. und F. Scholl 1, 439 ff.   5) Geb. zwischen 1300 und 1320, war Chorherr zu Strassburg und starb 1384.   6) K. L. Roth, über den Zauberer Virgilius (Germ. 4, 281, Anm. 56), setzt sie in's Jahr 1386; Massmann, Kaiserchronik 3, 249 zwischen 1382—96.

von Jacob Twinger von Königshofen[7], der ausser Closener[8] § 169
auch die gereimte, nicht die in Prosa aufgelöste Kaiserchronik benutzte[9], die thüringische im Jahre 1421 vollendete von dem schon
mehrfach[10] erwähnten Eisenacher Geistlichen Johannes Rothe[11],
der sich in einem durch das ganze Werk gehenden Akrostichon als
Verfasser bezeichnet und jene Jahreszahl nennt[12], die Berner von
Diebold Schilling[13], der an den von ihm geschilderten Schlachten und Ereignissen des burgundischen Krieges selbst betheiligt gewesen war[14], und Petermann Etterlins[15] Chronik der Eidgenossenschaft[16]. Besonders an den beiden zuletzt genannten
Werken nimmt man die Fortschritte wahr, welche in der Behandlung historischer Stoffe schon vor dem Eintritt der Kirchenverbesserung gemacht waren. Viel mehr noch vervollkommnete sich die
Form der geschichtlichen Darstellung im Laufe des sechzehnten Jahrhunderts: es zeigte sich bald in einzelnen Geschichtsbüchern der
wohlthätige Einfluss von Luthers Schreibart. Bereits sein älterer

---

7) Geb. zu Strassburg 1360, gest. daselbst als Domherr 1420. Seine grössere
Chronik, die er bis zum Jahre 1414 fortführte, ist erst neuerdings (in den Strassburger Chroniken von Hegel) gedruckt, eine von ihm selbst darnach gefertigte
kleinere (die auch früher abbricht) herausgegeben von Schilter, Strassburg 1698. 4.
Vgl. noch Topf. zur Kritik Königshofens, in der Zeitschrift f. d. Gesch. d. Oberrheins, 26. Bd., 1. Heft. Proben daraus, wie aus den meisten übrigen in diesem §
erwähnten Schriftstellern, bei Wackernagel, deutsches Lesebuch 1 und 3, 1 und
bei Pischon, Handbuch der deutschen Prosa und Denkmäler, Bd. 2.   8) Vgl.
A. Schultz, Closener und Königshofen. Beiträge zur Geschichte ihres Lebens und
der Entstehung ihrer Chroniken, in den Strassburger Studien 1, 277—299.   9)
Vgl. Massmann a. a. O.; über andere Quellen S. 350 ff.   10) Vgl. § 146, 49. 165, 7.
       11) Abgedruckt ist die Chronik bei Mencken, Scriptt. Rer. Germ. II, Nr. 24
und neu herausgegeben von R. v. Liliencron (im 3. Bande der thüringischen Ge-
schichtsquellen), Jena 1859. 8. (dazu Bech's Kritik in der Germania 5, 226—247).
Vgl. noch Witzschel, die erste Bearbeitung der düring. Chronik von Joh. Rothe,
Germania 17, 129—169; R. Bechstein, zu der thüringischen Chronik des Joh.
Rothe, Germania 4, 472—482, worin die Spracheigenthümlichkeiten des Verfassers
behandelt werden; Witzschel, Beiträge zur Textkritik der thüring. Chronik des
Joh. Rothe. 2 Programme. Eisenach 1874—75. 4. und denselben im Anzeiger für
Kunde d. d Vorzeit 1874, Sp. 251 ff.   12) Das Akrostichon ist erkannt und besprochen von Bech, in der Germania 6, 45 ff. Dadurch ist der Widerspruch von
Lucas (über den Krieg von Wartburg S. 39 f.), wonach Rothe nicht der Verfasser
sei, hinfällig.   13) Er war aus Solothurn gebürtig und von 1465 an Gerichts-
schreiber zu Bern. Von seiner Chronik ist nur der Theil, der die Zeit von 1468
bis 1480, und in dieser besonders die Kriege der Schweiz mit Burgund schildert,
als 'Beschreibung der Burgundischen Kriegen' etc. Bern 1743. fol. herausgegeben.
       14) Er ist nicht zu verwechseln mit einem gleichnamigen, etwas jüngeren
Diebold Schilling, der zwischen 1518—1524 starb, und eine bis 1509 reichende
Schweizerchronik schrieb (abgedruckt nach der Originalhandschrift Luzern 1862. 4.).
       15) Lebte zu Anfang des 16. Jahrhunderts als Gerichtsschreiber zu Luzern.
       16) Sie wurde gedruckt Basel 1507. fol. und 1752. 1764. fol.

§ 170 Zeitgenosse, Johann Turmair, nach seiner Vaterstadt Aventinus genannt[17], schrieb seine bairische Chronik, die er zuerst
lateinisch verfasste[18], dann aber mit Erweiterungen deutsch bearbeitete und nach der Schlussschrift 1533 vollendete[19], in einer kräftigen,
kernigen Sprache und mit nicht zu verkennender historischen Kunst[20].
Nicht minder trefflich, wo nicht noch vorzüglicher von Seiten der
Form sind Sebastian Francks[21] bis auf das Jahr 1531 herabgehende Weltgeschichte[22] und dessen Chronik des ganzen
deutschen Landes[23], in denen sich mit am deutlichsten die Bildung erkennen lässt, welche in Folge von Luthers Verdienst um die
deutsche Prosa überhaupt auch bald die historische Schreibart erlangte[24], die bis zum Jahre 1570 angelegte schweizerische Chronik[25] von Aegidius Tschudi[26] und die zuerst niederdeutsch ungefähr im Jahre 1532 geschriebene, nachher aber auch von dem Verfasser selbst zweimal hochdeutsch bearbeitete pommersche[27] von

---

17) Geb. zu Abensberg in Baiern 1477, lehrte an mehreren Universitäten, ward
dann Erzieher baierischer Prinzen, die ihn nachher bei seinen historischen Studien
in aller Art unterstützten, und starb 1534 zu Regensburg. Vgl. Th. Wiedemann, Joh.
Turmair, genannt Aventinus. Freising 1858. 8.   18) Gedr. 1554. Neue Ausgabe in
Joh. Turmair's, gen. Aventinus, sämmtliche Werke. 2. Bd. Annales ducum Boiariae,
bearbeitet von S. Riezler. München 1881—82. 8.   19) Vollständig erst 1566
fol. zu Frankfurt a. M. herausgegeben. Neue Ausgabe von Lexer. München 1882 ff. 8.
20) Vgl. über ihn K. Hagen, Deutschlands litterar. und religiöse Verhältnisse
im Reformationszeitalter 1, 213 f. Seine kleineren histor. und philol. Schriften
sind herausg. München 1880. 8. Vgl. noch Muncker, über 2 kleinere deutsche
Schriften Aventins. München 1879. 8. und J. W. Schulte, zur Geschichte des
Aventinschen Nachlasses, in der Monatsschrift f. Westdeutschland 1880, S. 265—272.
21) Geb. 1500 zu Wörd (Donauwörth), gehörte zu der Secte der Wiedertäufer,
hielt sich an verschiedenen Orten des mittleren und südlichen Deutschlands auf,
ohne je ein öffentliches Amt zu bekleiden, und starb vermutblich zu Basel um
1545. Er hat zahlreiche Schriften, theils historischen und kosmographischen,
theils didaktischen, mystischen und polemischen Inhalts hinterlassen. Vgl. über
sein Leben und Wirken besonders Hagen a. a. O. 3, S. IX f; 3, 314 ff. und K. Hase,
Sebastian Frank der Schwarmgeist, Leipzig 1869. 8.; F. Weinkauff, in der Alemannia 5, 131—147. 6. 49—86. 7, 1—66, so wie Latendorf, S. Franck, ein unbe-
kanntes Werk zur Geschichte seines Lebens, im Anzeiger f. Kunde d. deutschen
Vorzeit 1868, Sp. 5 ff. und A. Feldner, die Ansichten S. Francks von Woerd nach
ihrem Ursprunge und Zusammenhange. Berlin 1872. 4. (Programm).   22) Sie
erschien in demselben Jahre zu Strassburg als 'Chronica, Zeytbuch und geschycht-
bibel von anbegyn' etc.; mit einer Fortsetzung, Ulm 1536. fol.   23) Die 'Chronica. Des gantzen Teutschen lands, aller Teutschen Völker Herkommen' etc. ist
gedruckt Augsburg 1538. fol. und öfter. Vgl. über beide Jördens 1, 557 ff.
24) Ueber ihn als Historiker vgl, Hagen a. a. O. 3, 391 ff.   25) Sie ist nur zum
Theil (bis 1470 reichend) von Iselin herausgegeben 'Chronicon Helveticum', Basel
1734 u. 1736. 1 Bd. fol. Aus seinem beschreibenden Werk Rhaetia, Basel 1538. 4.
gibt Wackernagel, Lesebuch 3, 1, 391 ff. Einiges.   26) Aus Glarus, geb. 1505,
zuletzt Landammann in seiner Vaterstadt, wo er 1572 starb.   27) Die niederdeutsche Chronik ist zuerst nach des Verfassers eigener Handschrift mit einer

Thomas Kantzow[28], auf dessen Stilbildung Luthers Beispiel gleich- § 170
falls unverkennbar eingewirkt hat. Nicht um gleicher stilistischen
Vorzüge willen, sondern vornehmlich nur als charakteristische Denkmäler von der Sinnesart und Handlungsweise des Zeitalters und besonders von dem Leben der höhern Stände verdienen die Selbstbiographie des Ritters Götz von Berlichingen[29] und die bis
zum Jahre 1602 reichenden Denkwürdigkeiten des Ritters Hans
von Schweinichen[30] eine besondere Erwähnung. Eine reiche
Quelle für die Culturgeschichte im weitesten Sinne, Rechtsgeschichte,
häusliches und öffentliches Leben, Mythologie und Volksglauben,
Schwank und Novelle ist die Zimmerische Chronik[31], welche
Graf Froben Christoph von Zimmern[32] in Gemeinschaft mit seinem

---

Auswahl aus seinen übrigen Schriften herausgegeben von Böhmer, Stettin 1835. 8.
In derselben Handschrift steht auch seine erste hochdeutsche Bearbeitung des
Werkes, herausgegeben durch v. Medem, Anklam 1841. 8. (aber mit willkürlich
geänderter Schreibung). Späterhin überarbeitete es Kantzow nochmals in hochdeutscher Sprache und führte es viel mehr aus, als in den beiden ersten Ab-
fassungen. In dieser Gestalt, aber nach einer fehlerhaften Abschrift und mit Ergänzung der fehlenden Theile aus Nic. v. Klemptzens Pommerania ist Kantzows
Chronik von Kosegarten unter dem Titel Pommerania herausgegeben, Greifswald
1816. 17. 2 Bde. 8. Die Originalhandschrift dieser zweiten hochdeutschen Bearbeitung ist erst 1537 wiederaufgefunden worden: ein möglichst treuer Abdruck davon
steht zu erwarten. Vgl. Kosegarten, Nachricht von der Wiederauffindung der durch
Th. Kantzow eigenhändig geschriebenen zweiten hochdeutschen Abfassung seiner
pommerschen Chronik etc. Greifswald 1842. 8.   28) Wahrscheinlich 1505 zu
Stralsund geboren, studierte zu Rostock, stand dann als Geheimschreiber in den
Diensten mehrerer pommerschen Fürsten, gieng 1539 nach Wittenberg, wo er in
freundschaftliche Verbindung mit den Reformatoren, vorzüglich mit Melanchthon
und Buggenhagen kam, kehrte krank nach Stettin zurück und starb daselbst 1542.
       29) Geb. 1480 zu Hornberg, gest. daselbst 1562; er schrieb, wie er selbst
sagt, als alter, betagter Mann. Gedruckt ist sein Leben zu Nürnberg 1731 und
1775. 8. und darnach herausgegeben (in erneuerter Sprache) durch Büsching und
v. d. Hagen, Breslau 1813. 8. und C. Lang, Heilbronn 1832. 12.; zujüngst 'Ritterliche Thaten Götz v. Berlichingens mit der eisernen Hand. Neuerlich aus den
verglichenen Handschriften gezogen und lesbar gemacht von M. A. Gessert.' Pforzheim 1843. 8. Neuere Ausgabe von Schönhuth. 2. Aufl. Heilbronn 1859. 8.
30) Geb. 1552, gest. 1616. Die Denkwürdigkeiten sind unter dem Titel 'Lieben,
Lust und Leben der Deutschen des 16. Jahrhunderts in den Begebenheiten des
schlesischen Ritters H. v. Schweinichen' herausgegeben von Büsching, Breslau 1820
bis 1823. 3 Bde. 8. Neue Bearbeitung von A. Diezmann, Leben, Lieben und Thaten des Hans v. Schweinichen etc. 2 Bde. Leipzig 1869. 8. (Bibliothek der besten
Werke des 18. und 19. Jahrhunderts. 15. und 16. Band). Neueste Ausgabe von
Oesterley. Breslau 1879. 8.   31) Herausgegeben von Barack, 4 Bde. Stuttgart
1869. 8. (als 91—94. Publication d. litterar. Vereins). 2. verbesserte Aufl. Freiburg i. B. 1881—82. 8. Vgl. dazu Liebrecht, in der Germania 14, 385—405, wo
Nachweise über die Verbreitung einer Reihe von Erzählungen gegeben sind; Ha-
genmeyer, étude sur la chronique de Zimmern. Paris 1882. 8. und J. Martinow,
im Polybiblion 1882, Octob.   32) Geb. 1519 zu Mespelborn, studierte in Tü-

§ 170 Secretär, Johannes Müller[33], unter Benutzung von Aufzeichnungen seines Oheims, des Grafen Wilhelm Wernher, in den Jahren 1564 bis 1566 verfasst hat. — Den historischen Werken durch ihren Inhalt zunächst verwandt sind die Reise-, Länder- und Erdbeschreibungen, die dieser Zeitraum schon in beträchtlicher Zahl aufzuweisen hat. Wie jene berühren sie sich in ihren Anfängen vielfach mit der erzählenden Dichtung, indem die frühesten hierher fallenden Schriften Wirkliches und Wahres mit fabelhaften Geschichten, Wundersagen und märchenhaften Berichten in buntester Mischung durchflechten[34]. Diess ist z. B. der Fall bei der berühmtesten unter den ältern Reisebeschreibungen, der des englischen Ritters John Maundeville[35], die, im Jahre 1356 vom Verfasser wahrscheinlich zuerst in französischer Sprache geschrieben, aus dieser von ihm nachher auch ins Englische übertragen, von wahrscheinlich fremder Hand in die bekannte lateinische Bearbeitung, die gemeiniglich für die Urschrift gehalten wird, redigiert[36], nach dem französischen Texte zu Anfang des fünfzehnten Jahrhunderts zuerst ins Deutsche übersetzt[37], die weiteste Ausbreitung fand[38] und lange ein vielgelesenes Volksbuch blieb. Erst allmählig treten Darstellungen dieser Gattung aus dem Gebiet der Fabel mehr heraus und empfangen ihre Stoffe ausschliesslicher aus wirklicher Erfahrung oder aus gelehrter Ueberlieferung, so dass sie dadurch auch für die Wissenschaft von grösserer Bedeutung zu werden anfangen, was unter den spätern insbesondere von zwei Werken gilt, die sich überdiess noch sehr vortheilhaft von Seiten der stilistischen Behandlung auszeichnen, von den Erdbeschreibungen Sebastian Francks[39] und Sebastian Münsters[40].

bingen, in Frankreich und den Niederlanden, starb zwischen 1566 und 1567. Vgl. über ihn, seinen und Müllers Antheil an der Chronik Barack a. a. O. 4, 450 ff.
33) Johannes oder Hans Müller, zimmerischer Secretär zu Messkirch, später zimmerischer Obervoigt zu Oberndorf am Neckar, wo er 1600 oder 1601 starb.
34) Vgl. Gervinus 2³, 248 f. (2⁵, 344 f.). 35) Bekannter unter den Namen Johannes de Mandeville und Joh. von Montevilla. Er machte in den Jahren 1322 bis 1355 eine Reise in den Orient und von da zurück. 36) Vgl. C. Schönborns bibliographische Untersuchungen über die Reise-Beschreibung des Sir John Maundevile, eine zu Breslau 1840. 4. erschienene Glückwünschungsschrift.
36) Diese erste deutsche Uebersetzung ist von Michael Velser, gedruckt Augsburg 1481; sie ist hochdeutsch. Eine niederdeutsche, die sich in einer Handschrift zu Berlin befindet, soll vom Jahre 1430 sein (eine Probe daraus bei Pischon. Denkmäler 2, 224 ff.). 38) Namentlich in der um 1483 von dem Metzer Domherrn Otto von Diemeringen nach dem französischen und dem lateinischen Text gemachten Bearbeitung, die auch dem Volksbuch zum Grunde liegt (vgl. über dieses und die alten Ausgaben von Otto's Bearbeitung Görres, die deutschen Volksbücher S. 53 ff. und altd. Museum 1, 246 ff.). 39) Sein Werk führt den Titel 'Weltbuoch: spiegel und bildtniss des gantzen erdbodens etc.' Tübingen 1534. fol. 40) Geb. 1489 zu Ingelheim, erst Franciscaner, nach dem Austritt aus dem Orden seit 1529

§ 171.

Die Pflege der bereits um die Mitte des dreizehnten Jahrhunderts von den Franciscanern mit dem glücklichsten Erfolge ausgebildeten und gefestigten geistlichen Beredsamkeit übernahmen, wie oben bemerkt wurde[1], zunächst die Männer, welche sich zuerst ganz selbständig und gleich mit bewundernswürdigem Geschick der Muttersprache zur Einkleidung von Gegenständen des rein abstracten und speculativen Denkens bedienten und dadurch viel eigentlicher noch, als die alten St. Galler Mönche[2], die Väter unserer philosophischen Prosa wurden, die vorzüglich aus dem Dominicanerorden hervorgegangenen Mystiker[3]. Sie beginnen mit dem schon früher[4] genannten Meister Eckhart[5], der mit seiner Wirksamkeit noch

Professor zu Basel, wo er 1552 starb. Seine 'Cosmographia. Beschreibung aller lender etc.' wurde zuerst 1544 fol. in Basel gedruckt.

§ 171. 1) Vgl. S. 276 und 289. 2) Vgl. S. 87. 3) Ueber die Mystiker, ihre einzelnen, durch verschiedene Zwischenglieder vermittelten Parteien (Brüder des freien Geistes, Jünger der ewigen Weisheit oder Gottesfreunde etc.), ihre Stellung und Bedeutung in der Geschichte der deutschen Literatur und der religiösen und philosophischen Bildung vgl. Canzlers und Meissners Quartalschrift, Jahrg. 1, St. 1, S. 88; St. 2, S. 83 ff.; Docen im Morgenblatt 1807, S. 769 ff.; Gervinus 2³, 135 ff. (2³, 290 ff.); W. Wackernagels Aufsatz 'die Gottesfreunde in Basel' (in den Beiträgen zur vaterländ. Geschichte, Basel 1843, wiederholt in den kl. Schr. 2, 146 ff.); K. Schmidts in den folgenden Anmerkungen näher bezeichnete Schriften; W. Preger, Geschichte der deutschen Mystik im Mittelalter. 1. 2. Theil. Leipzig 1874 bis 1881. S. (dazu Denifle in D. Lit. Zeitung 1882, Nr. 6; Schmidt in Revue critique Nr. 8 und Denifle, 'eine Geschichte der deutschen Mystik' im 75. Bande d. histor. pol. Blätter; Strauch im Anz. f. d. Alt. 9, 113—144). Ihre Werke sind, nach den Handschriften kritisch bearbeitet, in Pfeiffers Sammlung 'Deutsche Mystiker des 14. Jahrhunderts' 1. Band, Leipzig 1845. 8. (enthaltend Hermann von Fritzlar, Nicolaus von Strassburg, Bruder David), 2. Band 1. Abtheilung 1857. (Meister Eckhart) vereinigt. Dazu kommen noch: Predigten und Tractate deutscher Mystiker, herausgegeben von Pfeiffer in Haupts Zeitschrift 8, 209—258, 422—464, und Sprüche deutscher Mystiker, von demselben, in der German. 3, 225—243. Die Namen der meisten Verfasser dieser Predigten und Sprüche sind unbekannt und nicht anderweitig nachgewiesen. Vgl. noch J. Haupt, Beiträge zur Literatur der deutschen Mystiker. I. II. Wien 1874—79. 8. (Aus den Sitzungsberichten der Akademie), im zweiten Hefte behandelt H. einen unbekannten Mystiker, Hartung von Erfurt.

4) § 121, 22. 5) Seine Predigten, Tractate und Sprüche, und sein Liber Positionum sind von Pfeiffer im 2. Bde. (1. Abtheilung) seiner Mystiker herausgegeben. Dazu als Ergänzung Predigten von Eckhart, herausgeg. von Sievers in Haupts Zeitschrift 15, 373—439. A. Lasson, zum Text des Meister Eckhart, in Zachers Zeitschrift 9, 16—29. Bruchstücke in der Germania 20, 223 ff. Tractate Meister Eckharts, in der Alemannia 3, 15 ff. 97 ff. vgl. Denifle in der Zeitschrift f. d. Alt. 21, 142 f. Früher war nur Einzelnes gedruckt; die Stücke im Anhang zu den 1521 und 1522 zu Basel erschienenen Ausgaben von Taulers Predigten bieten keine echten und reinen Texte. Nach zwei Handschriften liess Fr. Pfeiffer eine Predigt und nach einer dritten ein Stück aus einem Tractat in der deutschen Literaturgeschichte von G. und F. Scholl (1, 355 ff.) drucken; aus einer vierten

§ 171 ganz in das Ende des vorigen Zeitraums fällt, aber wegen seines Zusammenhanges mit den Uebrigen besser hier behandelt wird.   Bruder Eckhart", wahrscheinlich in Thüringen um 1260 geboren, studierte zu Paris, wo er auch zuerst als Lehrer auftrat und vielleicht schon durch die Theorie der Begharden oder Brüder des freien Geistes angezogen wurde. In Rom zum Doctor der Theologie ernannt, nachdem er schon früher in den Dominicanerorden getreten, ward er 1303 dessen Provinzialprior in Sachsen, wurde 1307 beauftragt die Klöster in Böhmen zu visitieren, gieng 1311 – 12 nochmals nach Paris zurück, und wirkte seit 1312 in Frankfurt⁷ und Köln, besonders aber in Strassburg, wo sich ein Kreis von Jüngern, vor allem Tauler und Heinrich von Seuse, um ihn sammelte. Wegen seiner pantheistischen und mystischen Lehren zerfiel er mit der Kirche, ohne jedoch aus ihrer Gemeinschaft ganz auszutreten; aus der gegen ihn eingeleiteten Untersuchung frei hervorgegangen, wurde er zu Anfang des Jahres 1327 nochmals vor ein von dem Erzbischof von Köln präsidiertes Inquisitionsgericht gefordert, dem gegenüber er eine Erklärung ab-

---

Handschrift ist eine Predigt in Mone's Anzeiger 1837, Sp, 71 ff. mitgetheilt, zwei Predigten (von Pfeiffer bearbeitet) in Wackernagels altd. LB.³ 1097 ff. Der neue Tractat Meister Eckharts, den Preger in der Zeitschr. für histor. Theologie 1864, S. 163 ff. veröffentlichte, ist, wie Pfeiffer (Germania 10, 377) bemerkt, weder neu, noch von Eckhart, sondern von Bruder Franke von Köln, und von Pfeiffer herausgegeben in Haupts Zeitschrift 8, 243 ff.   6) Vgl. über sein Leben, seine Schriften u. die Hauptsätze seiner Lehre K. Schmidts Abhandlung: Meister Eckart, ein Beitrag zur Geschichte der Theologie und Philosophie des Mittelalters, in den theologischen Studien und Kritiken, 1839, S. 663 ff.; Martensen, Meister Eckart, Hamburg 1842. 8.; Steffensen, Meister Eckhart und die Mystik, in den protestant. Monatsblättern 1859. 5. Heft; Hollenberg, über Meister Eckhart und die deutsche Mystik seiner Zeit, in der Zeitschrift für christliche Wissenschaft 1859, Nr. 36 ff.; Joseph Bach, Meister Eckhart, der Vater der deutschen Speculation. Als Beitrag zu einer Geschichte der deutschen Theologie und Philosophie der mittleren Zeit. Wien 1864. 8; R. Heidrich, das theologische System des Meister Eckhart, Posen 1864. 4.; Preger, kritische Studien zu Meister Eckhart, in der Zeitschrift für historische Theologie 1864. 4. Heft; A. Lasson, Meister Eckhart der Mystiker. Zur Geschichte der religiösen Speculation in Deutschland. Berlin 1868. 8. (dazu Preger in der Germania 14, 373 – 380); Preger, Meister Eckharts Theosophie und deren neueste Darstellung, in der Zeitschrift für luther. Theologie 1870, S. 59 ff.; Preger, Vorarbeiten zu einer Geschichte der deutschen Mystik im 13. u. 14. Jahrh. in der Zeitschr. f. histor. Theologie 1869, 1. Heft, und dessen Abhandlung, Meister Eckhart und die Inquisition, München 1869. 4; Jundt, essai sur le mysticisme de M. Eckart. Strasbourg 1871. 8.; F. X. Linsenmann, der ethische Charakter der Lehre Meister Eckharts. Tübingen 1873. 4.; Preger im 1. Bde. seiner Geschichte der Mystik; und E. Kramm, Meister Eckharts Terminologie in ihren Grundzügen dargestellt, Zeitschrift f. d. Philol. 16, 1 – 47. Ein Gedicht auf M. Eckhart ist herausgegeben von Höfler in der Germania 15, 97 ff.   7) Vgl. Euler, Meister Eckhart in Frankfurt; im Archiv f. Frankfurter Geschichte N. F. 5. Band. Frankfurt 1872. 8.

gab, die man als einen Widerruf auffasste', die aber nichts als eine § 171
Widerlegung falscher Deutung einiger seiner Sätze war. Er starb
wahrscheinlich noch in demselben Jahre[9], jedenfalls vor 1329[10].
Eckhart ist der eigentliche Vater der deutschen Mystik, die er zuerst
zu einem tief durchdachten philosophischen Systeme ausgebildet hat.
Die übrigen Mystiker fallen zum Theil in den Schluss der dritten,
zum Theil erst in den Anfang dieser vierten Periode. Als Prediger
zeichnen sich besonders, ausser Meister Eckhart selbst, Nicolaus
von Strassburg und Johann Tauler aus[11]. Jener, zu Strassburg geboren, ebenfalls dem Dominicanerorden angehörig, war längere
Zeit Lesemeister zu Köln, 1326 päpstlicher Nuntius und Aufseher
über die Klöster seines Ordens in der deutschen Provinz[12], wurde
bei der ersten gegen Eckhart gerichteten Untersuchung vom Papste
zum Specialinquisitor bestellt und ihm hauptsächlich ist wohl Eckharts Freisprechung zu verdanken; auch bei der zweiten nahm er
sich seines Meisters und Ordensbruders warm an und erliess mit ihm
einen Protest gegen das eingeleitete Verfahren[13]. Tauler, wahrscheinlich 1300 zu Strassburg, oder nach andern Angaben zu Köln
geboren, lebte und predigte als Dominicanermönch an mehreren Orten
Deutschlands, besonders in Strassburg, wo er auch nach zwanzig-
jährigem Aufenthalte im Jahre 1361 starb[14]. Nach ihnen verdient nur

---

8) So thut es noch Pfeiffer, Mystiker 2, S. XIV; vgl. dagegen Preger in
der Germania 14, 377 ff. und in seiner Geschichte der Mystik 1, 475 ff.   9) In
dem liber de viris illustribus ordinis praedic., von dem Mone im 2. Bande der Quel-
lensammlung zur Badischen Landesgeschichte einen Auszug gibt, wird sein Tod ins
Jahr 1327 gesetzt; vgl. Preger a. a. O. S. 375.   10) In einer am 27. März 1329
erlassenen päpstlichen Bulle wird seiner bereits als eines Verstorbenen gedacht.
11) Ueber die Predigten in Hermanns von Fritzlar 'Buch von der Heiligen
Leben', vgl. § 169, 32 f. Andere Prediger, von deren Lebensverhältnissen wir aber
nichts wissen, sind Arnold der Rote, der Giseler, Bischof Albrecht, der von Kronen-
berg, Heinrich von Eywint, Bruder Albrecht der Lesemeister, der Kraft v. Boy-
berg (sicher der Bruder Craft in den altd. Blättern 2, 97 ff.), Bruder Franke von
Köln (vgl. Anm. 5), und Johannes von Sterngassen; vgl. Haupts Zeitschr. 8, 209 ff.
Einer Reihe anderer Namen von Mystikern begegnen wir in den von Pfeiffer (Ger-
mania 3, 225 ff.) herausgeg. Sprüchen deutscher Mystiker.   12) Vgl. K. Schmidt,
Joh. Tauler S. 57.   13) Predigten von ihm stehen im 1. Bande der deutschen
Mystiker, S. 259 ff. (vgl. S. XXII—XXV); eine auch in dem Buche der beiden
Scholl 1, 361 ff., drei in Mone's Anz. 1838, Sp. 271 ff. (von diesen steht die erste,
nach einer anderen Handschrift mit den Lesarten einer dritten, auch in den altd.
Blättern 2, 167 ff.).   14) Vgl. Karl Schmidt, Joh. Tauler von Strassburg, Hamburg 1841. 8.; Pischon in v. d. Hagens German. 1, 276 ff. und § 159, 15; O. Ritt-
horn, Tauleri vita et doctrina. Jena 1574. S. (Dissertation); ferner K. Schmidt,
Nicolaus von Basel Bericht über die Bekehrung Taulers. Strassburg 1875. 8.;
Denifle, Taulers Bekehrung, kritisch untersucht. Strassburg 1879. S.; dazu Strauch,
im Anz. f. d. Alt. 8, 203—215; R. Hoffmann, Johann Tauler. Vortrag. Berlin 1883.
8.; H. Nobbe, über das Hauptthema der Predigten Joh. Taulers. Zeitschrift f.

§ 171 noch ein Kanzelredner vor der Kirchenverbesserung namentlich hervorgehoben zu werden, der berühmte ihr unmittelbar voraufgehende und ihr vorarbeitende Johann Geiler von Kaisersberg. 1445 zu Schaffhausen geboren, nach dem Wohnort seines Grossvaters, der den früh verwaisten Knaben erzog, von Kaisersberg genannt [15], studierte er zu Freiburg im Breisgau und zu Basel, wo er Doctor der Theologie ward, lehrte und predigte zu Freiburg und Würzburg, ward 1478 als Prediger nach Strassburg (seit 1486 ans Münster) berufen, wo er bis zu seinem 1510 erfolgten Tode fast ununterbrochen verweilte [16]. Unter seinen zahlreichen deutschen Schriften [17], deren Hauptmasse Predigten bilden [18], haben die 146 Predigten, die er im Jahre 1498 über Brants Narrenschiff hielt [19], eine besondere Berühmtheit gewonnen [20]. Wenig älter und in seiner Art nicht weniger anziehend ist Johannes Veghe, der vor den Nonnen in Niesing seine Predigten in niederdeutscher Sprache hielt. In den dreissiger Jahren des fünfzehnten Jahrhunderts in Münster geboren, gehörte er seit

---

d. gesammte luther. Theologie 1878, S. 426—437; P. Mehlhorn, Taulers Leben, in den Jahrbüch. f. protest. Theologie 1883, 1. Heft, und Denifle, Taulers Bekehrung. Antikritik gegen A. Jundt, les amis de dieu. München 1879. 8. (Aus dem 84. Bd. der Histor. polit. Blätter). Luther schätzte ihn sehr hoch. Die älteste Ausgabe seiner Predigten erschien in Leipzig 1498. 4. In neuerer Zeit wurden sie in der Sprache verjüngt mehrmals herausgegeben, u. a. Frankfurt a. M. 1826. 3 Bände. 8. 2. Ausg. von Hamberger. 3 Bde. 1864. 8. und in 2. Aufl. 3 Theile in 1 Bd. Prag 1872. 8. Aus zwei Strassburger Handschriften gibt zwei Predigten Wackernagel, altd. LB.³ 657 ff. (² 1199 ff.)   15) Gegen abweichende Ansichten neuerdings festgestellt von A. Stöber in der Revue d'Alsace 1866, S. 59 ff.; vgl. Wackernagel, Joh. Fischart S. 11, Anm. 26.   16) Vgl. v. Ammon, Geilers von Kaisersberg Leben, Lehren und Predigten. Erlangen 1826. 8., K. Hagen a. a. O. 1, 122 ff.; L. Dacheux, un réformateur catholique à la fin du XV' siècle. Jean Geiler de Kaysersberg, prédicateur à la cathédrale de Strasbourg 1478—1510. Étude sur sa vie et son temps. Paris 1876. 8. (deutsch bearbeitet von W. Lindemann. Freiburg 1877. 8.); E. Martin in der Allg. D. Biogr. 8, 509 ff. und Schmidt, histoire littéraire de l'Alsace 1, 335 ff.   17) Sie sind wohl am vollständigsten verzeichnet in Oberlins Dissertation 'De Johannis Geileri Caesaremontani scriptis germanicis', Strassburg 1786. 4. (vgl. auch Jördens 2, 592 ff., Pischon 2, 251 ff. und Gödeke's Grundriss S. 149 ff.). Geiler v. K's. älteste Schriften, herausgegeben von L. Dacheux. 2 Abth. Freiburg 1877—83. 8. Geilers v. Kaisersberg ausgewählte Schriften nebst einer Abhandlung über Geilers Leben und echte Schriften von l'h. de Lorenzi. 1—3 Bd. Trier 1881—83. 8.; Birlingers Alemannia 3, 1 ff. 13 ff. 129 ff.   18) Aus dem davon unter verschiedenen Titeln gedruckten Sammlungen gibt Wackernagel, Lesebuch 3, 1, 5 ff. ansehnliche Proben (aus der christlichen Pilgerschaft, dem Hasen im Pfeffer, der Seelen Paradies und der Postille).   19) Vgl. § 165, 27. 20) Sie wurden zuerst lateinisch gedruckt, Strassburg 1510; eine deutsche Uebersetzung oder vielmehr Bearbeitung davon, 'D. K. Narrenschiff uss latin in's tütsch bracht', besorgte der Barfüsser Joh. Pauli, Strassburg 1520 (einige kleine Stücke daraus bei Pischon 2, 288 ff. und bei G. und F. Scholl 1, 529 ff.), der auch andere Predigten Geilers 'aus dessen Munde', doch keineswegs treu, 'aufgeschrieben', oder

1451 der Brüderschaft des gemeinsamen Lebens (§ 130, 4) an, und starb § 171
1504 [21]. Nach dem zweiten Jahrzehnt des sechzehnten Jahrhunderts
ragt Luther vor allen seinen Zeitgenossen auch als Redner hervor:
sein grosses oratorisches Talent offenbart sich nicht bloss in seinen
Predigten, sondern auch, und noch gewaltiger, in seinen Sendschreiben,
Briefen und Streitschriften [22], denen nur etwa in der Kraft und überzeugenden Wahrheit der Gedanken und in der innerlichen Wärme
des Ausdrucks, aber nicht in der Handhabung der Sprache und in
der Benutzung ihrer Mittel einiges von dem an die Seite gesetzt
werden darf, was Ulrich von Hutten [23] und Ulrich Zwingli [24]
in dieser Art geschrieben haben; von jenem sind in dieser Beziehung
besonders merkwürdig die zuerst lateinisch abgefassten Sendschreiben
'Die verteutscht clag au Hertzogen Fridrichen zu Sachsen', und 'Ein
Clagschrift an alle stend Deütscher nation', beide im Jahre 1520
veröffentlicht [25]; dieser nimmt auch als Verfasser von Predigten [26]

im Auszuge als 'aufgelesene Brosämlein' herausgegeben hat; vgl. Oesterley, Einleitung zu Pauli's Schimpf und Ernst S. 1; Wackernagel, Johann Fischart S. 46,
Anmerk. 103, wo auch von der Bearbeitung der Narrenschiffpredigten durch N.
Höniger (Basel 1574. S.) die Rede ist.   21) F. Jostes, Johannes Veghe, ein
deutscher Prediger des 15. Jahrhs. Halle 1883. 8.; dazu Strauch im Anz. für d.
Alt. 10, 202—215.   22) Von Luthers Predigten erschien die Sammlung, welche
er selbst für sein bestes Buch hielt, unter dem Titel 'Kirchenpostille' zuerst Wittenberg 1527; unter seinen grösseren Sendschreiben ist eins der herrlichsten und berühmtesten das 'An den Christlichen Adel deutscher Nation: von des Christlichen
standes besserung' vom J. 1520. (Auch in den Braune'schen Neudrucken; eine
treue Reproduktion der Ausg. von 1520 erschien Potsdam 1883. 4.) Ueber Luther
als Prediger vgl. Jonas, die Kanzelberedsamkeit Luthers. Berlin 1852. 8. Eine
musterhafte Auswahl von Stücken aus Luthers prosaischen Werken (Sendschreiben
und Briefe (darunter auch sein Testament), den Glauben, Wider die stürmenden
Bauern, die [schon erwähnte] Vorrede zum verdeutschten Aesop und die letzte
Predigt) hat Wackernagel im deutsch. Lesebuch 3, 1, 65 ff. geliefert, theils nach
den ältesten Drucken einzelner Schriften und den alten Wittenberger Ausgaben der
Werke, theils nach dem (den Urschriften näher stehenden) Manuscript der Ausgabe de Wette's zu Luthers Briefen, Sendschreiben und Bedenken, Berlin 1825 ff.
5 Thle. S. Ueber die verschiedenen Ausgaben von L.'s sämmtlichen deutsch geschriebenen Werken, so wie über alte Drucke einzelner Schriften vgl. J. G. Walchs
Ausgabe (die sogenannte hallische, 1737—1753], Bd. 24, Jördens 6, 689 ff., Pischon
2, 516 ff. und § 134, 4. Vgl. noch Kawerau, über den Verfasser der '21 Predigten
und Sermone von 1537' in Luther's Werken, Zeitschr. f. Kirchengesch. 5, 499—504.
      23) Vgl. § 165, 35.   24) Geboren wahrscheinlich 1484 zu Wildhausen in
Toggenburg, studirte in Wien und verwaltete zuerst ein Schulamt in Basel, dann
nach einander mehrere geistliche Aemter, seit 1519 das eines Predigers am grossen
Münster zu Zürich. Er fand seinen Tod in der Schlacht beim Kloster Kappel im
Jahre 1531.   25) In Böckings Ausgabe; von jener der Anfang der Vorrede
bei Pischon 2, 577 f., diese ganz bei Wackernagel, a. a. O. Sp. 211 ff.   26) Seine
deutschen Schriften sind in neuerer Zeit herausgegeben von Schuler und Schult-
hess, Zürich 1828 ff. 3 Thle. S. Von einigen der bedeutendsten und auch für die

§ 171 unter den Prosaisten seiner Zeit eine ausgezeichnete Stelle ein. Von jüngern geistlichen Rednern ist Luthers Schüler Johann Mathe-sius[27] einer der gemüthvollsten und populärsten[28]. — Wie die red-nerische, so entwickelte und vervollkommnete sich auch die lehr-hafte Prosa zuerst und hauptsächlich durch den Gebrauch, den man von ihr bei Behandlung von Gegenständen der Religion und der Sittenlehre machte. Wenn sie noch anderweitig zur Anwendung kam, so geschah diess entweder, wiewohl schon früh[29], nur mehr ausnahms-weise, indem gerade für den schriftlichen Lehrvortrag die lateinische Sprache am längsten ein ausschliessliches Recht zu behaupten suchte, oder die didaktischen Schriften von nicht rein religiösem oder rein moralischem Inhalt bewegten sich um die grossen kirchlichen und politischen Zeitfragen und griffen dann doch auch immer tief in das Gebiet der Religion und der Sittenlehre ein. Unter den religiös-didaktischen Schriften sind nun die wichtigsten die theils speculativ-theologischen, theils mystisch-ascetischen, die aus Eckharts Schule oder aus verwandten Geistesrichtungen hervorgiengen, zunächst die, welche ihn selbst zum Verfasser haben, sodann die Tractate von Nicolaus von Basel[30], dem Begründer des mystischen Vereins der Gottesfreunde[31]; von Rulman Merswin, Nicolaus' Freunde

---

Geschichte unserer rednerischen und didaktischen Prosa wichtigsten (Predigten, 'Usslegen und gründ der schlussreden oder Artickeln'[1523], 'Ein trüw und ernst-lich vermanung an die frommen eidgenossen'[1524], 'Antwurt über doctor Martin Luthers buoch, bekenntnuss genannt' [1525] sind Proben bei Wackernagel a. a. O. Sp. 233 ff.; vgl. auch Pischon 2, 540 ff.   27) Geb. 1504 zu Rochlitz in Sachsen, wurde nach Vollendung seiner Studien in Wittenberg, wo er zu Luthers Tisch-genossen gehört hatte, zuerst Schulmann, dann Pastor zu Joachimsthal in Böhmen und starb daselbst 1565 (oder 1566?)   28) Seine Predigten sind in mehreren Sammlungen erschienen. Aus der 'Bergpostilla, oder Sarepta' (1562) gibt Wacker-nagel a. a. O. Sp. 417 ff. die erste vollständig; Bruchstücke aus anderen Sammlungen bei Pischon 2, 592 ff. Von den 17 Predigten, die er über Luthers Leben hielt, hat A. J. D. Rust eine neue Ausgabe besorgt: M. Joh. Mathesius, Leben Dr. M. Luthers, in 17 Predigten. Berlin 1841. 8.   29) Vgl. § 121 gegen das Ende.   30) Geb. etwa 1305 zu Basel, wirkte hauptsächlich in seiner Heimath, und wurde als Be-gründer des Vereins der Gottesfreunde, der der Kirche gefährlich erschien, 1383 zu Wien, wohin er sich mit zwei Gefährten gewendet hatte, der Inquisition über-liefert und verbrannt. Vgl. über sein Leben und seine Schriften K. Schmidt, Nic. von Basel. Leben und ausgewählte Schriften, Wien 1866. 8., dazu Nicolaus von Basel, Bericht von der Bekehrung Taulers, hrsg. von C. Schmidt. Strassburg 1875. 8. und die Anm. 14 erwähnten Arbeiten von Denifle.   31) Vgl. über diese ausser der eben angeführten Schrift von Schmidt, dessen Buch, die Gottesfreunde im 14. Jahrhundert. Historische Nachrichten und Urkunden. Jena 1855. 8., und über Joh. Tauler S. 191 ff.; Wackernagels in Anm. 3 citierter Aufsatz; Joh. Falke in der Zeitschr. für d. Kulturgeschichte 1, 295 ff.; v. d. Kemp, de duitsche Gottes-freunde en de Nederlandsche Devoten. Studien en bijdragen op't gebied der histor. Theologie 1871, 2. Heft; A. Jundt, les amis de dieu au XIV' siècle. Paris 1879. 8.

und Gesinnungsgenossen[32], dem Verfasser des Buches von den neuen § 171
Felsen[33]; von Johann Tauler, der von Eckhart und dem eben
genannten Nicolaus der mystischen Richtung zugeführt wurde und
sie nach ihrer gemüthstiefen Seite, indem er die Lehre von der Liebe
in den Vordergrund stellte, ausbildete, theils in seinen Predigten,
theils in seinen Tractaten, unter denen jedoch das ascetische Werk
'die Nachfolgung des armen Lebens Christi' ihm mit Unrecht beigelegt worden ist[34]; von Heinrich dem Seusen, aus dem edlen,
unweit des Bodensees ansässigen Geschlechte der vom Berg nicht
lange vor 1300 im Hegau geboren, in seinem achtzehnten Jahre zu
Constanz in den Dominicanerorden getreten, in Köln zum Priester
geweiht, und nun nach dem Geschlechtsnamen seiner Mutter sich
Heinrich den Seusen nennend (daher sein latinisierter Name
Suso), später nach Ulm gekommen, wo er lange lebte und 1365
starb, Verfasser vielverbreiteter mystischer Schriften[35], unter denen das
Büchlein von der ewigen Weisheit', in der Form von Wechselreden oder Disputationen zwischen der ewigen Weisheit und ihrem
Diener abgefasst, das wichtigste ist[36]; von Heinrich von Nördlingen, der, ein Haupt der mehr kirchlichen Parthei der Gottesfreunde in

---

(Vgl. dagegen: Denifle in den Hist. pol. Blättern Bd. 84.); M. Rieger, die Gottes-
freunde im deutschen Mittelalter. Vortrag. Heidelberg 1879. 8. und Denifle, die
Dichtungen des Gottesfreundes, in der Zeitschr. f. d. Alt. 24, 200—219. 290—324.
    32) Vgl. Denifle, die Dichtungen Rulman Merswins, in der Zeitschrift f. d.
Alt. 24, 463—540. 25, 101—122.   33) Herausgegeben von K. Schmidt, Leipzig
1859. 8., und in Diepenbrocks Suso-Ausg. (Anm. 35), wie auch die alten Ausgaben
Suso's das Werk enthalten.   34) Strassburg 1621; in erneuerter Sprache von
Casseder, Luzern 1823; die Vorrede bei G. u. F. Scholl 1, 405 ff. Neueste Ausgabe
von Denifle: Buch von geistlicher Armuth. München 1877. 8., der das Werk mit
Recht Tauler abspricht.   35) Sie wurden zuerst 1482, dann 1512 zu Augsburg gedruckt, in verjüngter Sprache durch M. Diepenbrock (Heinrich Suso's,
genannt Amandus, Leben und Schriften. Regensburg 1829. 3. Aufl. Augsburg 1854.
8.) und von Denifle (H. Seuse, Schriften in der jetzigen Schriftsprache von F. H.
S. Denifle. 1. Bd. München 1876—80. 8.) herausgegeben. Vgl. noch Amandus des
seligen, genannt Heinrich Suso, Leben und Schriften, Wien 1863. 8.; L. Kürcher,
Heinrich Suso, Abhandlung über Ort und Zeit seiner Geburt, im Freiburger Diö-
cesan-Archiv 1868; W. Volkmann, der Mystiker Heinrich Suso, Programm des
Gymnasiums in Duisburg 1869. 8. und Preger im 2. Bande seiner Geschichte der
Mystik; eine populär gehaltene Biographie von Denifle in Alte und Neue Welt
1883, Heft 10 f. Vgl. auch F. Vetter, ein Mystikerpaar des 14 Jahrhs. Schwester
Elsbeth Stagel von Toess und Vater Amandus (Suso) von Konstanz. Vortrag.
Basel 1882. 8.   36) Stücke daraus nach Handschriften bei Wackernagel, altd.
Leseb.² 871 ff. (⁴ 1213 ff.), Griesbaber, Aeltere noch ungedruckte deutsche Sprach-
denkmäler religiösen Inhalts, S. 36—47 und bei G. und F. Scholl 1, 413 ff., die auch
zwei Bruchstücke aus 'Seuse's Leben', von ihm selbst geschrieben, mittheilen.
Vgl. auch Bormann in v. d. Hagens German. 2, 172 ff.

§ 171 Basel [37], ebenso wie Heinrich der Seuse [38] viele Briefe über religiöse Dinge, meist an Frauen, unter andern an eine Klosterjungfrau, Margarethe Ebner [39], gerichtet hat [40]; und von Otto von Passau, der gegen Ausgang des vierzehnten Jahrhunderts als Franciscanermönch und Lesemeister zu Basel lebte und nach der gewöhnlichen Angabe im Jahre 1386 [41] sein Buch 'Die vier und zwanzig Alten oder der güldene Thron der minnenden Seelen', eine christliche Tugendlehre zum Gebrauch der Gottesfreunde, vollendete [42]; ferner das von Luther hochgehaltene, aus dem Ende des vierzehnten Jahrhunderts herrührende Büchlein von der deutschen Theologie [43], welches Luther einem sonst unbekannten deutschen Herrn und Priester zu

37) Er war in Basel 1338, 1339, 1347 oder 1348; vgl. Wackernagel in Haupts Zeitschrift 9, 327, Anm. 38) Seine Briefe sind besonders hrsg. v. W. Preger, Leipzig 1867. 8., über sein Brief buch vgl. Denifle, zu Seuses ursprünglichem Briefbuch, in der Zeitschr. f. d. Alt. 19, 346—371; Preger, die Briefbücher Susos, ebend. 20, 373—415, und Denifle, ein letztes Wort über Seuse's Briefbücher, ebend. 21, 89—142. 39) Die Briefe an M. Ebner sind gedruckt in Heumanns Opuscula, Nürnberg 1747. 4. Vgl. Pischon, Handbuch der deutschen Prosa S. 13 ff., wo auch Proben stehen, und jetzt besonders Ph. Strauch, Margaretha Ebner u. Heinr. v. Nördlingen. Freiburg i. B. 1882. 8. Ihre Schwester war Christina Ebner, die wahrscheinlich das mystische Büchlein von der gnaden überlast (herausgeg. von C. Schröder als 108. Publicat. des litterar. Vereins, Stuttgart 1871. 8.) verfasst hat (Schröder S. 48 f.), ein Seitenstück zu den älteren Offenbarungen der Schwester Mechthild von Magdeburg (hrsg. von P. Gall Morel, Regensburg 1869. 8.), in welcher E. Böhmer (Jahrbuch der deutschen Dantegesellschaft 3, 101 ff.) die von Dante erwähnte Matelda zu erblicken glaubt (vgl. Preger in den Sitzungsberichten der Münch. Akademie 1873, 2. Heft, und Strauch in der Zeitschrift f. d. Alt. 27, 368 ff.). Andere mit der Mystik in nächster Beziehung stehende Frauen sind Elsbeth Stagel (vgl. Aum. 35) und Adelheid Langmann (Die Offenbarungen der Adelheid Langmann, Klosterfrau zu Engelthal. Herausg. von Ph. Strauch. Strassburg 1878. 8.; dazu vgl. Denifle im Anzeig. f. d. Alt. 5, 259 ff.); vgl. auch Strauch, kleine Beiträge zur Geschichte der deutschen Mystik: Zeitschr. f. d. Alt. 27, 365—381. 40) Dergleichen hat W. Wackernagel in seinem Anmerkung 3 angeführten Aufsatze mitgetheilt. 41) Nach dem Schluss der Heidelberger Handschrift (Wilkens Geschichte der Heidelberger Bibliothek S. 319, Nr. XXVII) erst 1418. 42) Gedruckt o. O. u. J., dann Augsburg 1480 und öfter. Zwei Bruchstücke aus einer Berliner Handschrift bei Pischon, Denkmäler 2, 245 ff. Andere Beispiele der Lehrprosa des 14. Jahrhunderts findet man bei Wackernagel, altd. Leseb. [2] Sp. 889—892; 901—906, und in Docens Misc. 1, 140 ff. (ein von dem Herausgeber unpassend überschriebenes Bruchstück einer Rede oder Predigt über die Streitfrage, wie der Mensch selig sei? gegen Meister Eckbart gerichtet; vgl. Gervinus 2[2], 145, Anm. 174; 2[4], 120, Aum. 151). 43) Schon 1516 erschien ein Theil davon unter dem Titel 'Eyn geystlich edels Buchleynn von rechter underscheid vnd vorstand, was der alt und new mensche sey', wozu Luther eine Vorrede geschrieben hatte. Er besorgte auch die erste vollständige Ausgabe, Wittenberg 1518, der noch in demselben Jahre ein Leipziger Nachdruck folgte. Von den vielen neuen Auflagen und Bearbeitungen (vgl. über dieselben Pfeiffers Ausg. S. III ff.) ist die Ausgabe von Grell, Berlin 1817, in der Sprache modernisiert, die von Biesenthal, Berlin 1842, nach dem Nachdruck von

Frankfurt zuschreibt[14]; viele von Luthers und Zwingli's[45] grössern § 171 und kleinern deutsch abgefassten Werken, namentlich diejenigen, welche zur Erläuterung der heiligen Schrift und einzelner Bücher daraus, so wie zur Begründung und Auslegung der allgemein christlichen oder der besondern confessionellen Glaubenssätze bestimmt sind, noch eine sogenannte, aber von einem Gegner der Reformation, dem Bischof Berthold von Chiemsee, geschriebene, im Jahre 1527 beendigte deutsche Theologie[46] und mehrere von Sebastian Francks theologischen Schriften, vornehmlich sein Lob des 'thorechten' göttlichen Wortes[47]. Zu den vortrefflichsten Werken dieses Zeitraums, die eine praktische Lebensweisheit lehren und Vorschriften für besondere Lebensverhältnisse ertheilen, gehören aus dem fünfzehnten Jahrhundert Albrechts von Eybe[18] Ehestandsbuch[49] und sein Spiegel der Sitten[50], aus dem sechzehnten Johann Fischarts grossentheils nach dem Plutarch abgefasstes phi-

---

1518 veranstaltet; am besten nach einer Handschrift herausgegeben von Pfeiffer, Stuttgart 1851. 8.; 3. Aufl. Gütersloh 1875. 8., seitdem noch Deutsche Theologia d. i. ein edles Büchlein von rechtem Verstande, was Adam und was Christus sei. Mit dem Vorwort Dr. Martin Luthers und J. Arnds, Leipzig 1858. 16. Vgl. noch Lisco, die Heilslehre der Theologie deutsch. Nebst einem auf sie bezüglichen Abriss der christlichen Mystik bis auf Luther, Stuttgart 1857. 8.; Reifenrath, die deutsche Theologie des Frankfurter Gottesfreundes aufs Neue betrachtet und empfohlen, Halle 1863. 8. und Jundt, das Büchlein des Frankfurter-Deutschherre und Gottesfreundes Eyn deutsch Theologie neu untersucht. Strassburger Programm von 1881, Nr. 441. Ueber die Literatur vgl. auch N. Jen. Litt. Zeitung 1842, Nr. 258. 44) Dass der Verf. ein Frankfurter war, scheint auch die Ueberschrift in der von Pfeiffer edierten Handschrift zu bestätigen (Hie hebet sich an der Frankforter); vgl. Blätter f. literar. Unterhaltung 1861, S. 905 f. und den Aufsatz in Nr. 195 des N. Frankfurter Museums von 1861. 45) Seine Schrift, 'wie man die jugendt.... leeren sölle' (1526) ist neu herausg. Zschopau 1879. 8. (Sammlung selten gewordener pädag. Schriften. 4. Heft.) 46) Sie wurde im nächsten Jahre zu München gedruckt. Proben bei Wackernagel, Lesebuch 3, 1, 273 ff. Neue Ausg. von Reithmeier, München 1852. 47) Mit anderen Schriften, die er theils selbst abgefasst, theils übersetzt hat (darunter auch 'Ein Lob der Thorheit', Uebertragung des berühmten Werkes von Erasmus; vgl. K. Hagen a. a. O. 1, 405 ff.) zusammen gedruckt o. O. u. J. Stellen bei Wackernagel a.a.O. Sp. 343ff.; Anderes von Franck, das hierher fällt, bei Pischon 2, 474 ff. 48) Er gehörte einem edlen, aus Franken stammenden Geschlechte an; geb. 1420, wurde er nach Vollendung seiner Studien beider Rechte Doctor, Archidiaconus in Würzburg, Domherr zu Bamberg und Eichstädt, auch Kämmerling des Papstes Pius II und starb 1475. 49) Von seinem Ehestandsbuch oder, wie der Titel eigentlich lautet, 'Ob einem manne sey zu nemen ein elich Weib oder nit', worin mehrere Novellen eingeflochten sind (vgl. § 169, 9) und das er nach R. Köhler(Germ. 14, 303) 1472 schrieb, ist die älteste bekannte Ausgabe o. O. u. J. (Nürnberg, Koburger 1472), dann zwei von 1472, und bis 1495 noch vier andere (kleine Proben bei Pischon 2, 242 ff. und G. u. F. Scholl 1, 509 f.); über spätere Ausgaben vgl. E. Weller im Anz. f. Kunde d. d. Vorzeit 1857, Sp. 37. 50) Gedruckt Augsburg 1511. — Von Albrechts Ueber-

§ 171 losophisches Ehezuchtbüchlein[51]. Unter den Prosaisten, die sich in andern Gattungen des Lehrstils versucht haben, sind die merkwürdigsten Albrecht Dürer[52], Luthers älterer Zeitgenosse, dessen mathematisch-artistische Schriften, unter ihnen die berühmteste, 'Vier Bücher menschlicher Proportion', die ersten in deutscher Sprache sind, die Gegenstände dieser Art mit Klarheit und nicht ohne stilistische Gewandtheit behandeln, und die beiden, um wenige Jahrzehnte jüngern Ausleger deutscher Sprichwörter, Johann Agricola[53] und Sebastian Franck, dessen Sammlung[54] die ausgezeichnetste unter den im sechzehnten und siebzehnten Jahrhundert

setzungen dramatischer Werke war oben (§ 162, 4. 33) die Rede. 51) Erste bekannte Ausg. Strassburg 1578; Proben bei Wackernagel a. a. O. Sp. 501 ff. In heutiger Sprache bearbeitet von R. Weitbrecht. Stuttgart 1880. 8. — Ein anderes lehrhaftes Prosawerk Fischarts, seine Uebersetzung von W. Lazius' Wanderungen der Völker', ist gedruckt in der Alemannia 1, 113—145 52) Der berühmte Maler, geb. zu Nürnberg 1471, gest. daselbst 1528. Ueber sein Leben und seine übrigen Schriften vgl. Jördens 1, 397 ff.; J. Heller, das Leben und die Werke A. Dürers, Bamberg 1827. (2. Bd. Leipzig 1831). 8.; A. v. Eye, Leben und Wirken Alb. Dürers. Nördlingen 1860. 8. 2. Ausgabe 1865.; Thausing, Dürer. Geschichte seines Lebens und seiner Kunst. Leipzig 1876. 8. Sein Tagebuch der Reise in die Niederlande ist Leipzig 1883. 8. herausgegeben. 53) Er soll eigentlich Schnitter geheissen haben, geb. 1492 zu Eisleben, gest. als Hofprediger und Generalsuperintendent in Berlin 1566. Ausgabe seiner Schriften von B Kordes. Altona 1817. 8.; Starck, über Leben und Schriften des Joh. Agricola, genannt Islebius. Schwerin 1875. 4. (Programm); G. Kawerau, Joh. Agricola von Eisleben. Berlin 1881. 8.; und Archiv f. Litt. Gesch. 10, 6—12. 273. Seine Auslegungen deutscher Sprichwörter erschienen in mehreren Sammlungen: die erste Ausgabe (300 Sprichwörter) zu Hagenau 1529. 8., und dieser hochdeutsche Text ist, wie Latendorf (Agricola's Sprichwörter, ihr hochdeutscher Ursprung und ihr Einfluss auf die deutschen und niederländischen Sammler, Schwerin 1862. 8.) nachgewiesen hat, der ursprüngliche, denn die Annahme des niederdeutschen Druckes von 1528 ist nur der Dedication entnommen (er erschien zu Magdeburg o. J. 8.); der andere Theil (150 Sprichw.) erschien ebenfalls 1529; 1534 zusammen 750 Sprichwörter, von jeder Ausg. gibt es mehrere Auflagen. Vgl. noch Franck, die Ausgabe der Sprichwörter Agricola's vom Jahre 1548 im Anz. f. Kunde d. d. Vorzeit 1865, Sp. 358 ff.; Latendorf ebendas. 1866, Sp. 207 ff., 1868, Sp. 47 ff., 1878, Sp. 180 ff. Vgl. noch C. Schulze, Joh. Agricola und Seb. Franck und ihre Plagiatoren, im Archiv f. d. Studium der neueren Sprachen 32, 153—160. Proben bei Pischon 2, 551 ff. 54) Die erste namenlose Ausgabe erschien 1532 (S. Francks erste namenlose Sprichwörtersammlung vom Jahre 1532 hrsg. von F. Latendorf. Pösneck 1876. 8. Vgl. Anz. f. Kunde d. d. Vorzeit 1876, Sp. 363 f.), mit Namen wurde die erste Ausgabe der 'Sprichwörter, Schöne, Weise, Herrliche Cluogreden, uund Hoff sprüch' etc. gedruckt Frankfurt a. M. 1541. 4. und in demselben Jahre auch 'Annder theyl der Sprichwörter' etc. Proben bei Wackernagel a. a. O. Sp. 367 ff.; eine Bearbeitung von B. Guttenstein, 'Des deutschen Wiedertäufers und Zeitgenossen Luthers Sebast. Francks Sprichwörter, Erzählungen und Fabeln der Deutschen'. Frankfurt a. M. 1831. 12. Vgl. noch Latendorf, Seb. Franci de Pythagora eiusque symbolis disputatio. Sverini 1868. 4.

veranstalteten ist [55]. — In der andern Hälfte des sechzehnten Jahrhunderts gerieth die deutsche Beredsamkeit wieder tief in Verfall.
Die Kanzelvorträge wurden trocken, spitzfindig, gemein polemisch
und mit todter Gelehrsamkeit überladen, und in den Streitschriften,
welche die verschiedenen Religionsparteien wechselten, suchte man
einander in der Regel nur an Bitterkeit, rohem Eifer und niedrigen
Schmähungen zu überbieten, wobei auf Sprache und Darstellung weiter keine Sorgfalt gewandt wurde. Auch der Lehrstil gieng eher
zurück, als vorwärts: Fischart steht auch darin um diese Zeit so gut
wie einzig da. — In das sechzehnte Jahrhundert fallen auch die ersten auf uns gekommenen deutschen Grammatiken, unter denen die
von Valentin Ickelsamer, so viel bekannt, die älteste ist [56]. Die
nächste Grammatik ist die von Albert Oelinger, Notar zu Strassburg, die allerdings erst nach der von 1572 datierten des Laur.
Albertus erschien (1573), aber von letzterem bereits im Manuscript
benutzt wurde [57]. Noch früher wurde die deutsche Rechtschreibung,
über deren Regelung schon im fünfzehnten Jahrhundert Niclas von
Wyle nachgedacht hatte [58], zum Gegenstand besonderer Schriften
genommen, zuerst von Fabian Frangk [59], der 1531 ein Buch 'Teutscher Sprach Art und Eigenschafft' herausgab, und dann in einer
grossen Anzahl ähnlicher Anleitungen, die aber wie jene älteren Grammatiken [60] nur als die ersten unbeholfenen Versuche in der wissenschaftlichen Auffassung und Darlegung des deutschen Sprachorganismus beachtenswerth sind.

§ 171

55) Vgl. W. Grimm, Vridanc S. CVIII f. — Ueber die ältesten Sprichwörtersammlungen vgl. Hoffmann von Fallersleben im Weimar. Jahrbuch 2, 173 ff.
Die älteste niederdeutsche ist die des Anton Tunnicius (1513), neu herausgegeben
von Hoffmann, Berlin 1870. 8.; vgl. dazu Hoffmann in der German. 15, 195 ff.
56) Gedruckt zuerst o. O. u. J. (wahrscheinlich 1531 oder bald danach), dann zu
Nürnberg 1537. S. Neue Ausgaben von Kohler. Freiburg 1881. 8. und 'Vier seltne
Schriften des 16. Jahrhs. Berlin 1882. kl. 8'. mit einer ungedruckten Abhandlung
über V. J. von F. L. K. Weigand. Hrsg. von H. Fechner. Bruchstücke daraus bei
Pischon 2, 601 ff. Andere deutsche Grammatiken des 16. Jahrhs. führt Hoffmann,
die deutsche Philologie im Grundriss S. 139 (in K. v. Bahders Bearbeitung. Pader-
born 1883. 8. S. 80); R. v. Raumer, der Unterricht im Deutschen, 3. Aufl. Stutt-
gart 1857. 8. (vgl. noch besonders dessen Geschichte der germanischen Philologie
S. 61 ff.) und J. Müller, Quellenschriften zur Geschichte des deutsch-sprachlichen
Unterrichtes bis zur Mitte des 16. Jahrhunderts. Gotha 1882. 8. auf.   57)
Vgl. v. Raumer, Gesch. der germanischen Philologie S. 65.   58) Von seinen
Bemerkungen theilt er in der 19. Geschrift seiner 'Translation' vom Jahre 1478
einige mit.   59) Vgl. Franz Weber, Magister F. Franck, der erste deutsche
Orthograph, Abdruck aus der Zeitschrift für Geschichte und Alterthum Schlesiens,
Breslau 1863, S. 6 ff.   60) Ueber die von P. Rebhun schon 1543 unternommene,
aber nie gedruckte deutsche Grammatik vgl. Palm, Rebhuns Dramen S. 176 f.

REGISTER.

Druck von J. B. Hirschfeld in Leipzig.